研究叢書35

民国後期中国国民党政権の研究

中央大学人文科学研究所 編

中央大学出版部

まえがき

本書は、中央大学人文科学研究所研究チーム「国民党期中国研究」（責任者土田哲夫）の共同研究の成果である。人文科学研究所における私たちの研究チームは当初、五・四運動研究会として発足し、その後、民国史研究会と改称し、今日に至っている。私たちの共同研究の成果は、人文研叢書としては、第一論文集『五・四運動史像の再検討』（中央大学出版部、一九八六年三月）、第二論文集『日中戦争――日本・中国・アメリカ』（同前、一九九三年三月）、第三論文集『民国前期中国と東アジアの変動』（同前、一九九九年三月）にまとめられている。第一論文集では、中華民国史を民国前期（一九一二～二八年）と民国後期（一九二八～四九年）に区分することを提唱し、第三論文集で民国前期の研究に取り組んだ。本書は私たちにとって第四論文集となり、民国後期、すなわち一九二八年から一九四九年まで約二二年間存在した国民政府――私たちの共同研究テーマでは国民党政権と称する――の研究を課題として設定した。本書の構成は目次のとおりであるが、以下に本書所収各論文の梗概を紹介する。

斎藤道彦「序論　民国後期中国における国民党政権の鳥瞰図」は、第一に、民国後期中国国民党政権を鳥瞰し、国民党の組織構成、国民政府機構、国民政府の経済・教育・外交等諸政策、軍事機構および国民党・国民政府が取り組んだ戦争を略述している。第二に、その中で民国後期研究の基礎作業として党・政・軍の構図の整理をめざし、省党部、国民党大会と国民党中央執行委員会全体会議、中央執行委員会・中央特別委員会、中央常任委員会、中央政治委員会（政治会議）、国民政府軍事委員会などを取り上げている。

第一部　支配の理念と構造

斎藤道彦「孫文と蔣介石の三民主義建国論」は、孫文の三民主義建国論について、『建国大綱』などを概観し、孫文の三民主義・五権憲法構想は、基本的に近代国家の基本的政治原理に合致しているとする。ついで、蔣介石の三民主義建国論を検討し、蔣介石・国民党が追求し実現した「中華民国憲法」は、孫文遺教、「三民主義」共和国、五権分立＝五院制政府、国民の自由権、四大民権、国民大会代議制、地方自治、民生主義経済政策などの規定が盛りこまれている点で、孫文の三民主義建国論、民主憲政思想を体現しようとした憲法であり、孫文が提唱し、蔣介石・国民党が追求してきた三民主義建国運動の頂点であるとし、蔣介石は国民党・国民政府において、一貫して憲政への移行を積極的に推進する役割を果たしたとの見解を打ち出している。

土田哲夫「抗戦期の国民党中央党部」は、中国国民党政権の内部構造、統治の特質、特に抗戦期に表われたその変化と問題点を明らかにすべく、抗日戦争期における国民党政権の中核に位置する国民党中央党部の組織と実態について、党中央常務委員会会議記録などの国民党内部刊行物と党務関係資料を駆使し、抗戦後の国民党政権の軍事化のなかでの党の弱体化、臨時全国代表大会における組織・指導体制の改編、中央党部の機構と権限、党の政策決定、とくに党総裁蔣介石の役割、党中央責任者の交替や中央委員の構成に見られる抗戦期の党内派閥、党部職員の構成と特徴などにかんして検討を行なっている。

中村元哉「国民党政権と南京・重慶『中央日報』」は、南京および重慶で発行されていた国民党機関紙『中央日報』（一九二九年二月〜四九年四月）を人事・社論・経営の三側面から分析している。同紙は国民党機関紙であったにもかかわらず、必ずしも国民党政権の意思を忠実に反映していたわけではなく、国民党機関紙という制度的束縛のなかにあって徐々に自立性を高めていく傾向にあった。この自立性は、国民党内の派閥闘争や各党員の政策理念の相違に由来すると同時に、政治の民主化とメディアの市場化をも背景として形成されたものであり、国民党の宣伝政策が革命政党のそれから近代国家のそれへと変質していくなかで出現した政治現象でもあった。このような国民党機関紙『中央日報』の自立性は、換言すれば、訓政期の政治体制の脆弱性を物語っており、近年の「弱い一党独裁体制論」を支持する一つの論拠となっている、と論じている。

味岡徹「国民党政権の地方行政改革」は、国民党政権の地方行政改革への取り組みの過程を政権成立初期から日中戦争終結後までの時期について検討している。国民党政権は地方自治の推進を重要任務としていたが、一九三〇年代はじめに内外情勢の変化により蔣介石の主導下に集権主義的地方行政制度改革が行なわれた。しかし、一九三五年以降再び地方自治の推進が重視され、集権主義的改革は一定程度、妥協を余儀なくされた。復活した地方自治推進策は日中戦争終結後まで継続されたが、形式主義的また党派主義的な政策方針のために十分な成果をあげるにはいたらなかった、と論じている。

笠原十九司「国民政府軍の構造と作戦——上海・南京戦を事例に——」は、国民政府軍の構造と作戦について、日中戦争初期の上海戦・南京戦を事例として検討している。上海戦・南京戦は、国民政府がはじめて日本軍と本格的に戦闘した現代戦争、国家防衛戦争であった。国民政府軍最高指導者であった蔣介石は、満州事変・第一次上海事変以後、日本の中国全面侵略が不可避であることを確信し、「安内攘外政策」によって本格的な対日防衛戦争の準備を行なった。蔣介石の対日戦争の戦略は、日本軍の主力を上海・南京戦に引きつけて消耗を強い、日本軍の速戦速決作戦を挫折させて長期持久戦に引きずり込み、この間に日中戦争が第二次世界大戦に発展することによって、日本は米・英列強に敗退し、中国も勝利を獲得するというものであったが、国軍への構造変換を遂げる機会と条件を十分に持たないまま、上海・南京戦、日中戦争に取り組んだ国民政府軍の構造と作戦、指揮ならびに戦闘は、多くの矛盾と限界を露呈し、中国側の犠牲を膨大なものにしたものの、最終的には蔣介石の対日戦略は勝利を獲得した、と論じている。

姫田光義「抗日戦争における中国の国家総動員体制――「国家総動員法」と国家総動員会議をめぐって――」は、国家総動員体制問題を検討している。中国の国家総動員体制は日本にくらべて遅れをとり、中国国民政府は敗退を重ねる過程で物力・人力・資源等の開発・動員・組織化を行なわなければならなかった。そのなかでもっとも系統的組織的に展開された動員体制は「国民精神総動員運動」だったが、それは国民精神の高揚、国民意識の強化、国民の戦争への結集に役だったものの、制約があった。これに対し、物力・財力等の動員は非系統的・間に合わせ的に行なわれていたが、戦況が相対的に膠着・安定すると、「国家総動員法」を制定・公布し、「国家総動員会議」を設置するによって、系統的組織的に進められるにいたった、とし、この体制の成立過程、その具体的内容、それらと精神動員との関連、その成果と限界等を分析している。

第二部　国民統合と地域社会

深町英夫「日常生活の改良/統制――新生活運動における検閲活動――」は、中国国民党政権が一九三四年から一九四九年の間に推進した、中国史上最初の全国的大衆動員運動であった新生活運動を取り上げ、主にこの運動における検閲活動について検討している。国家権力は、日常生活の様々な習慣を改良/統制し、「規律」・「清潔」を実現すべく、社会生活のもっとも微細な部分に直接介入することを試み、都市社会のあらゆる職業・階層・集団の成員に自身の就業・就学領域と個人生活の「衣食住行」について検閲活動を行なわせ、自己の身体の挙止動作の「規律」・「清潔」を実現・維持させようとしたが、この活動は既存の統治枠組みのなかで政治権力に依存して行なわれたため、一般人民が自発的・主体的にこの運動に参加し支持するよう促すことはできず、逆に往々にして人民の面従腹背の反応を惹起し、中国人民の中国国民党政権への懐疑・反感すら醸成した、と論じている。

石川照子「抗戦期におけるYWCAの活動と女性動員」は、清末に誕生し、中華民国、中華人民共和国を通じて一一〇年以上にわたる歴史を有する中国YWCAを取り上げ、上海YWCAを中心とした抗戦期における組織・社会活動について検討している。YWCAは、戦時服務活動、難民・流亡学生救済活動、識字教育などの戦時活動を積極的に展開したが、同時に従来からの託児所、語学・手芸・料理等の補習班、成人教育・女工教育、体育・演劇などの日常活動も継続していった。国民党・中国共産党は、それぞれに女性を戦争に動員しようとし、YWCAメンバーも加わった新生活運動促進婦女指導委員会が抗戦期における女性運動を担っていった、と論じている。

塩出浩和「武漢・南京政権成立後の広州――一九二七年一月〜八月――」は、北伐の進行にともなって南方革命政権の「首都」ではなくなった広州が「非中央化」する政治過程について検討している。商人を中心とする広州市の民衆は、「国民政府」が広州に存在していたときにはこれに反発し、一九二四年の商団事件では下からの「自治」の再編は中国国民党につぶされてしまったが、一九二七年の四・一二以後は、南京国民政府と蔣介石にみずからを一体化してゆき、民衆の「国民化」が進行していった。この「国民化」の傾向は、税制改革問題での政府との対立によって削がれたが、広州民衆は「商事公断処」の設立や香港ストライキ参加労働者への支援、日本軍の山東出兵反対・日本商品ボイコット運動のなかで「自治」の再建に取り組んでいった、と論じている。

笹川裕史「重慶戦時糧食政策の実施と四川省地域社会」は、重慶国民政府の対日抗戦を支えた戦時糧食政策について、政策を受けとめる地域社会に主な視点を置き、その政策過程の構造的特質を考察している。重慶国民政府にとって重要な糧食供給源であった四川省を取り上げ、歴史継承態としての四川省の行財政機構や社会構造の特質が政策過程にどのような独自性を付与したのか、また政策の実施とそれにともなう諸矛盾が四川省という地域社会をどのように翻弄し変容させていったのかという問題について、当時の調査報告・行政檔案などを駆使し検討している。その作業を通じて、戦時体制へと移行した国民党政権の性格を、理念や制度、あるいは中央レベルの政策決定だけではなく、地域社会との相互規定性においてとらえる方法的視点の重要性を提起している。

第三部　国際関係と辺疆問題

服部龍二「「田中上奏文」と日中関係」は、一九二〇年代末から中国で流布された「田中上奏文」の発端、同文書の流通経路、同文書に対する日本外務省、中国国民政府外交部の立場を検討している。同文書の発端については、蔡智堪がみずから皇居で筆写したと主張しているが、これは国民政府外交部にも信用されておらず、床次竹二郎・牧野伸顕も直接関与しなかった。同文書は、東方会議の内容と離反しており、一九二九年上半期に中国東北の主導で作成された可能性が高い。同文書の流通経路については、太平洋問題調査会の中国側代表・遼寧省国民外交協会・新東北学会に注目する必要がある。米国務省には、英語版「タナカ・メモリアル」が伝わっていた。重光葵駐華公使から抗議をうけた国民政府外交部は、同文書を偽書と認識し、同文書の誤りは『中央日報』に公表された。しかし、中国外交は外交部によって一元化されていたわけではなく、複雑な中央―地方関係に加えて、地方の内部では政策的に分裂していた側面もあった。こうした中国外交の多層構造が日本を翻弄し続けた末に満州事変を迎えた、と論じている。

光田剛「華北抗戦と国民党政権」は、一九三三年二～五月の華北での対日抗戦の政治・軍事両面の指導体制を検討し、この時期における国民党政権の「安内攘外」政策の問題点を検討している。蔣介石軍事委員長―宋子文行政院長代理が中央で抗戦を指導し、華北現地で張学良がそれに協力して抗戦を指揮するという体制は、二月～三月の熱河抗戦の敗北によって破綻した。その結果、中央政府では宋子文にかわって汪精衛が行政院長となったが、新たな抗戦指導体制を構築するのは容易ではなかった。いったん長城線まで撤退していた関東軍が再侵攻してくる情勢下で、五月になってようやく華北現地の指揮を委ねられたのが黄郛であった。この黄郛を中心に関東軍との停戦交渉が行なわれたが、汪精衛―蔣介石指導部と黄郛は、この交渉に望む方針をなかなか一致させることができず、そこには「安内攘外」政策が包含する本質的困難が存在していた、と論じている。

吉田豊子「第二次世界大戦末期の中ソ関係と中国辺疆――アルタイ事件をめぐる中ソ交渉を中心に――」は、第二次世界大戦末期の中ソ関係史のなかで一九四四年春に中国・モンゴル境界紛争地域で起こった軍事衝突（アルタイ事件）を取り上げ、蔣介石檔案を中心史料として新疆・モンゴルという中国の辺疆問題を検討している。近現代中国の課題は、清朝版図の回復であったが、中国は、新疆・モンゴルに対する主権要求において、同じ連合国であるソ連との関係をこわすわけにはゆかず、「忍耐と緩和」の外交方針を取らざるをえなかった。アルタイでは、盛世才の統治に反対するカザフ族の反乱が発生し、これを鎮圧しようとする中国軍とカザフ族を支援するモンゴル軍との衝突が発生した。ソ連はモンゴルを支持し、中国はアメリカに支持を求め、アメリカはウォレス使節団を派遣した。このように、ここには中ソ関係・米中関係・米ソ関係が絡んでいた。国民政府は、盛世才を解任したが、中ソ関係は悪化してゆき、この事件はその後のヤルタ協定から中ソ交渉へと進展する中米ソ関係を確定する契機となった、と論じている。

附録・中村元哉「国民党政権研究のための文書館・図書館案内」は、国民党政権関連第一次史料を所蔵する檔案館（文書館）・図書館の手引きである。若き研究者・民国後期研究を志す人々に活用して頂きたい。

また、今回の新しい試みとして各論文の中文要旨を付した。

各論文が民国後期研究全体の中でどのような部分を検討しているのかについては、本書序論を参照されたい。

本研究チームの共同研究は、振り返って見ると一九七〇年代半ばの五・四運動研究会発足以来、約三〇年続いてきたことになるが、本チーム発足以来——私との交友では大学院時代から約四〇年来——よき研究仲間であった古厩忠夫氏が二〇〇三年に逝去されたことは痛恨の極みである。謹んで哀悼の意を表し、本書を氏の霊前にささげたい。

二〇〇四年九月六日

研究会チーム
国民党期中国研究
（執筆　斎藤道彦）

目　次

まえがき

序論　民国後期中国における国民党政権の鳥瞰図……斎　藤　道　彦……1

はじめに……1
一　中国国民党の組織……4
二　国民政府の機構……26
三　軍と戦争……32
おわりに――民国後期中国国民党政権の歴史的性格……39

第一部　支配の理念と構造

第一章　孫文と蔣介石の三民主義建国論……斎藤道彦……49
はじめに……49
一　孫文の三民主義建国論の概観……51
二　蔣介石の三民主義建国論……61
おわりに……98
第二章　抗戦期の国民党中央党部……土田哲夫……105
はじめに……105
一　抗戦開始と党の改編……107
二　党中央の機構と権限……113
三　国民党の政策決定……119
四　党中央の人事と権力変動……127
おわりに……140
第三章　国民党政権と南京・重慶『中央日報』……中村元哉……157
はじめに……157
一　制度・政策からみた南京・重慶『中央日報』……159

目　　次

二　宣伝機構と南京・重慶『中央日報』の人事……163
三　国民党政権と南京・重慶『中央日報』社論……168
四　『中央日報』の経営自立化への道程……175
おわりに……180

第四章　国民党政権の地方行政改革……味岡　徹……189
はじめに……189
一　蔣介石の行政論と政権成立初期の地方行政政策……191
二　満州事変後の集権的地方行政改革……197
三　保甲と地方自治の矛盾の調整……206
四　日中戦争および戦後内戦時期の地方行政制度……210
おわりに……218

第五章　国民政府軍の構造と作戦　——上海・南京戦を事例に——……笠原十九司……229
はじめに……229
一　国民政府の対日戦争構想と軍備……235
二　上海・南京戦の作戦と戦闘の構造……260
おわりに——上海・南京戦の歴史的評価……279

第六章　抗日戦争における中国の国家総動員体制……姫田光義……297
――「国家総動員法」と国家総動員会議をめぐって――
はじめに……297
一　「国家総動員法」の制定過程……298
二　「国家総動員法」の骨子……302
三　国家総動員会議常務委員会会議とその予備会議……305
おわりに――中国の国家総動員体制の歴史的意味……310

第二部　国民統合と地域社会

第一章　日常生活の改良／統制……深町英夫……317
――新生活運動における検閲活動――
はじめに……317
一　検閲の方法……321
二　検閲の内容……324
おわりに……338

第二章　抗戦期におけるＹＷＣＡの活動と女性動員……石川照子…349
はじめに…349
一　抗戦開始前後のＹＷＣＡ…351
二　抗戦期のＹＷＣＡの活動…359
おわりに…369
第三章　武漢・南京政権成立後の広州
──一九二七年一月～八月──……塩出浩和…381
はじめに…381
一　支配の再編と清党…383
二　労使関係の調整と新税問題・自治の再構築…391
三　治安問題と対日運動…400
おわりに…404
第四章　重慶戦時糧食政策の実施と四川省地域社会……笹川裕史…415
はじめに…415
一　中央における政策決定とその拘束力の低さ…417
二　四川省における独自な基準設定とその特質…424
三　県および末端レベルの矛盾とその対処…432

おわりに……443

第三部　国際関係と辺疆問題

第一章　「田中上奏文」と日中関係……服部龍二……455
はじめに……455
一　蔡智堪と王家楨……457
二　太平洋問題調査会……466
三　流　通……468
四　駐華日本公使館と国民政府外交部……473
五　遼寧省国民外交協会……477
六　満州事変へ……480
おわりに……482
第二章　華北抗戦と国民党政権……光田剛……495
はじめに……495
一　熱河抗戦期……497
二　長城抗戦期……500

三　第一次関内抗戦期……502
四　第二次関内抗戦期……505
おわりに……515
第三章　第二次世界大戦末期の中ソ関係と中国辺疆
――アルタイ事件をめぐる中ソ交渉を中心に――……吉田豊子……529
はじめに……529
一　前史……532
二　アルタイ事件の勃発……535
三　ソ連政府の声明とタス通信の報道……541
四　ウォレス使節団の訪中……553
五　盛世才の解任……557
おわりに……561
附録　国民党政権研究のための文書館・図書館案内……中村元哉……575
あとがき
索引

序論　民国後期中国における国民党政権の鳥瞰図

はじめに

一九四九年の中華人民共和国成立後の中国近現代史研究では、中国においてはもちろんのこと、日本においても中国共産党党史史観の影響が色濃く、「中華民国史」研究は正当な地位を占めておらず、研究テーマとしてすら十分には位置づけられていなかった。

しかし、日本では、中国文化大革命（一九六六～七六年）の過程で中国近現代史を見直そうという問題関心が生まれ、模索が開始された。その中で「民国史」研究を確立することが必要であるという認識が成長してゆき、大局的には中共党史史観から自立した視点を確立する過程を次第にたどってきた。その先駆的な成果として、山田辰雄『中国国民党左派の研究』（慶應通信、一九八〇年六月）、中国現代史研究会編『中国国民政府史の研究』（汲古書院、一九八六年一二月）などがある。私たちの研究チームも、第一共同研究論文集『五・四運動史像の再検討』（中央大学出版部、一九八六年三月）で中華民国史を前期（一九一二～二八年）・後期（一九二八～四九年）に区分することを提案し、第三共同研究論文集『民国前期中国と東アジアの変動』（同前、一九九九年三月）では民国前期研究を行ない、「近代化」を主軸とする民国史研究の視点を提起してきた。横山宏章は、『中華民国史 専制と民主の相克』（三一書房、一九九六年九月）、『中華民国 賢人支配の善政主義』（中央公論社、新書、一九九七年一二月）などで独自の視点を提起した。野沢豊編『日本の中華民国史研究』（汲古書院、一九九五年九月）は、「民国史」という問題意識を持った動き以外も含む日本における中華民国史関連の研究成果を総合的に概観したものであった。

中国では、張憲文主編『中華民国史綱』（河南人民出版社、一九八五年一〇月）が発表された。その内容は依然として中共党史史観の影響が根強いものではあったとは言え、民国史研究という領域が中国で市民権を得たことは画期的であった。中国では、その後続々と資料・論文が発表され、二〇〇二年には北京で「中華民国史国際学術討論会」が開催されている。(1) 台湾では、張玉法『中華民国史稿』（連経出版事業公司、一九九八年六月）が発表された。これは、主として台湾に蓄積されている中華民国史関連の第一次史料と研究の成果を吸収した力作であった。

民国後期の国民党・国民党政権に対する評価も、中国・日本では中共党史史観の強い影響の下で「反動・反革命」・「売国」・「新軍閥」・「封建ファシズム」などと片づけられてきた。一方、中共党史史観の対極に立つはずの国民党史史観においても、中国共産党は「反動・反革命」とされており、奇妙な相似が存在する。それは、国共双方がみずからを革命集団と認識し、相手をその妨害者と見なし、争ってきたからであった。双方の歴史認識は、この抗争の歴史に規定されていた。しかし、近年、史実に基づく地道で精緻な研究がすすめられてきており、姫田光義編著『戦後中国国民政府史の研究 一九四五—一九四九年』（中央大学出版部、二〇〇一年一〇月）などの成果が発表されている。私たちの今回の研究課題は、中華民国後期の中国を支配した中国国民党と国民政府、すなわち国民党政権である。本書は、以上に触れた諸成果を参照しながら、従来未開拓であった分野に踏みこもうとするものである。

本稿の第一の課題は、本書所収各論文の理解を助けるために、ごく鳥瞰的にではあるが民国後期中国の構図について国民党政権に即して概観することである。

ところで、民国後期の諸問題を検討しようとするとき、まず突き当たるのが国民党、国民政府、軍の構造・構成、それらの関係が複雑でわかりにくいという問題である。わかりにくさの理由は、根本的には「訓政」・「以党治国」というシステムにある。一九二四年一月の第一回全国代表大会（一全大会）以後、国民党の最高意思決定機関が全国代表大会であり、大会から次の大会までの間の指導機関が中央執行委員会であるということは、一時期を除き変わらないが、中央執行委員会から次の中央執行委員会までの間の主要な指導機関の名称が時期によって変化したり、主要指導機関が代わったりして、資料・論文等を読んでいて国民党の機構と国民政府の機構および軍の機構との区別やそれらの関係がよく理解できないことがある。さらに、資料・論文の記述が混乱している場合も少なくない。

そこで本稿の第二の課題は、民国後期研究の基礎作業として国民党政権の構図を多少なりとも整理してみることである。取り上げる項目は、省党部、国民党大会と国民党中央執行委員会全体会議、中央執行委員会と中央特別委員会、中央常務委員会、中央政治委員会（政治会議）、国民政府軍事委員会などである。(2)不完全な整理にとどまるが、国民党・国民政府の全体像把握、個別問題理解のための手掛りとなれば幸いである。

なお、党・政・軍と項目を区分したが、これは便宜的なものであり、「訓政」・「以党治国」システムの性格からいって画然と区別することはできない。たとえば、政治委員会は党の機構であり、かつ事実上、政府機構でもある。国民政府委員も、党の任命である。軍事委員会は政府機構とされているが、党が任命し、かつ主要任務から見れば軍事機構であり、時として（二八年二月～）政府の最高機構と位置づけられ、抗日戦争中には、軍事委員会委員長は党・政・軍の統一指揮権を持つ、すなわち「訓政」の権力保有者である国民党をさえ指揮する権限が与えられる（一九三七年九月〜）、といった具合である。今回取り上げた項目以外にも、党機構・政府機構・軍事機構で整理すべき課題があるが、紙数の関係で取り上げない。

一　中国国民党の組織

民国後期国民党政権の目標・理念は、孫文（中山）の三民主義建国論を継承し、実行することであった。中国国民党は、「訓政」期に「以党治国」体制を敷いたが、そのなかで、憲法草案を作成し、憲政への移行を追求していった。抗日戦争開始後には、国防最高会議（後述）のもとに国防参議会が設置され、国民党臨時全国大会（三八年三月）は抗戦の必要に応じて国防参議会を廃止し、国会に代わる機構として国民参政会を設置した（四七年五月、廃止）。四六年一月には政治協商会議が開会され、「和平建国綱領」が決定された。同年一一月には孫文の構想に基づいて国民大会が招集された。そこで制定され、翌四七年に施行された中華民国憲法は、私見であるが、大局的に見れば孫文三民主義建国論の理念の集大成であった。[3]

国民党内の三民主義理念の解釈については、蔣介石（中正）[4]・汪精衛（兆銘）・胡漢民・戴季陶（伝賢）[5]・孫科・陳立夫[6]その他の人々による各種の見解の分析という課題がある。

1　党の組織構成

国民党の党組織と党員構成については、詳細な研究が進められているが、[7]ここでは、党組織構成の概略を見ておこう。

総理制・総裁制

一全大会（二四年一月）では、党の最高責任者として「総理」が置かれ、「孫先生」の名が書きこまれていたが、孫文死後（二五年三月）、後継者に引き継がれることはなく、「総理」の地位は孫文のみのものとなった。その後一三年間は総理に匹敵する役職は置かれなかったが、国民党臨時全国代表大会（三八年三月）は「総裁」制を敷き、蔣介石が総裁、汪精衛が副総裁に選出された。「総裁」には、「総理」に次ぐ強大な権限が付与された。

党部

一全大会（二四年一月）が決定した「中国国民党総章」によれば、国民党の党部組織は全国（中央）・全省・全県・全区・区分部の五段階に分かれ、全国代表大会、全省代表大会、全県代表大会、全区代表大会、区分部代表大会が各党部組織の高級機関であり、それぞれの休会中はそれぞれ中央執行委員会・全省執行委員会・全県執行委員会・全区執行委員会・区分部執行委員会が責任を負い、区分部が党の基本組織とされている。熱河・チャハル・綏遠の三特別行政区域およびモンゴル・チベット・青海等の党部は特別地方党部とされ、省の場合と同じ構成をとった。政府機関・会社・労働組合・議会などの非党組織には、党団（党グループ）を組織するものとされた。また、中央監察委員会は中央執行委員会の財政・党務等を監督するものとされた。

(1)　最高（中央）党部

第一回全国代表大会（略称：一全大会、二四年一月）で、最高党部には、組織部（部長：譚平山）・宣伝部（部長：戴季陶）・工人（労働者）部（部長：廖仲愷）・農民部（部長：林祖涵、その後、彭素民）・青年部（部長：鄒魯）・婦女部（部長：曽醒）[8]が設置された。調査部・軍事部は、設置が延期された[9]。一期一中全会（二四年二月）で、海外部（部長：林森）が増設された。

(2)　地方党部（省・県・区）

一全大会終了後、北京・四川・上海・漢口・ハルビンの五か所に「執行部」を設置することとなったが、ハルビン・四川には設置されなかった。以下に、省党部成立状況を整理する（表1）。

表1　省党部成立状況（『八十年大事』、李雲漢第二編五二〇頁、第三編五四～五五頁、三〇九頁による）

年月日	正式に成立した省市党部	準備中・整理中・指導中など
一全大会終了（一九二四年一月）後	三か所に「執行部」（北京・上海・漢口）。	
二全大会（一九二六年一月）	一一省区（広東省・湖南省・湖北省・直隷省・山東省・河南省・チャハル省・綏遠省・内モンゴル・江西省・江蘇省）、特別市党部は四市（広州・北京・漢口・ハルビン）。	準備中八省。
四全大会（一九三一年一一月）	七省市（江蘇省・浙江省・江西省・山西省・南京特別市・上海特別市・青島特別市）。	整理中九省市。指導中一二省市。
五全大会（一九三五年一一月）	一五省市（浙江・江蘇・江西・山西・南京・上海・青島・広東・広西・山東・河北・湖南・湖北・綏遠・広州）。	
一九四三年一月一六日	新疆省党部成立。	
一九四八年一二月二九日	中央常務委員会は蔣経国を台湾省党部主任委員とした。	

(3)　海外党部

一期一中全会（一九二四年一月〜二月）は、海外部の増設を決定した。四全大会（三一年一一月）への報告では、国外（海外）党部は、総支部一四、直属支部二六であり（李雲漢第三編五五〜五七頁）、五全大会（三五年一一月）での報告では、総支部一二、直属支部三八であった（同前三一〇頁）。

(4)　特別党部

国民党は、特別党部を設置した。特別党部には、軍隊党部・海員党部・鉄道党部があった。

一九三一年一一月の時点では、次のようであった。

軍隊特別党部として正式に成立していたのは、一七個陸軍師・中央軍校・中央軍校武漢分校・首都衛戍司令部・海軍・国民政府警衛軍第一師であった。

海員特別党部では、広東省港澳輪船公司が準備中だった。

鉄道特別党部で正式に成立していたのは、二（京滬《こ》鉄道・滬杭鉄道）、整理中が一、準備中が五であった（同前五七〜五八頁）。

五全大会（三五年一一月）での報告では、次のようであった。

軍隊特別党部として正式に成立していたのは一一二であった。軍隊党部は、六全大会（四五年五月一八日）で廃止された。

鉄道特別党部で正式に成立していたのは、九であった。

海員特別党部は、もとの広東省港澳輪船公司が海員特別党部に改組され、各港埠に区党部、各船隻に区分部がつくられた（同前三一一頁）。

全国代表大会・中央全会・中央常会

二四年一月、国民党は改組し、国民革命に取り組んでいった。すでに述べたように、党の最高決定機関は大会、大会と大会の間の指導機関は中央執行委員会、中央執行委員会全体会議と中央執行委員会全体会議の間の指導機関は中央常務委員会というシステムで運営されていったが、一九二七年九月一五日、国民党中央執行委員会は党の分裂状況を克服するため、中央特別委員会を設置し、南京・武漢・上海（西山会議派）の各方面から委員三二名を選出した。中央特別委員会は二七年一二月二八日、廃止され、二期四中全会（二八年二月）は中央執行委員会・中央監察委員会を復活させた（『八十年大事』、李雲漢第三編二五頁）。そこで、二四年一月から四九年までに開かれた国民党全国代表大会および国民党中央執行委員会全体会議（中央全会）（表2）、中央執行委員会・中央特別委員会の任期・人数・氏名（表3）を一覧表に整理する。

表2　大会（国民党全国代表大会）・中央全会（中央執行委員会全体会議）一覧表

（『八十年大事』、「蔣公年表」、栄孟源、『一、二全大会』、李雲漢第五編三五九～三六二頁、三六七～三六九頁による）

大会・中央全会	開催年月日	開催地	重要議案
第一回全国代表大会（一全大会）	一九二四年一月二〇日～三〇日	広州	「国民政府設立の必要提案」決定。「中国国民党総章」・「中国国民党政綱」制定。「規律問題案」・「海関問題案」・「党歌制定案」決定。「一全大会宣言」決定。
一期一中全会	一九二四年一月三一日～二月六日	広州	常務委員選出・中央党部各部長選出。海外部増設決定。「中央執行委員会各部組織問題案」・「対外問題態度案」・「広東政治財政統一問題案」。

一期二中全会	一九二四年八月一五日～九月一日	広州	（栄孟源によれば、一期二中全会資料は見つかっていない。）
一期三中全会	一九二五年五月一八日～二五日	広州	「総理遺嘱接受宣言」・「時局についての宣言」・「総理遺嘱接受訓令決議案」・「党軍校・軍隊への訓令決議案」・「全党員への訓令決議案」。
第二回全国代表大会（二全大会）	一九二六年一月一日～一九日	広州	「総理遺嘱接受決議」。「労働運動案」・「青年運動案」・「農民運動決議案」・「婦女運動案」・「商民運動決議案」・「中国国民党総章」第一回修正案・「党化教育に力を注ぎ基礎を育成する案」・「政府が平民教育を施行し力を注ぎ党義を宣伝することを発令する要請案」・「三民主義を学校の主要学科とするよう明定する案」・「士兵経済生活改良案」。役員選出。
二期一中全会	一九二六年一月二二日～二五日	広州	「政治委員会組織条例」決定。中央執行委員会政治委員会を設置。
二期二中全会	一九二六年五月一五日～二二日	広州	「連席会議組織大綱案」・「党務整理」案。中央常務委員会主席：張静江（人傑）。
二期臨時全会	一九二六年七月四日～六日	広州	「国民革命軍出師宣言」・「中央委員会各部間事務処理関係改善案」・「革命軍出師にかんし各級党部と全党員への訓令案」。
二期三中全会	一九二七年三月一〇日～一七日	漢口	中央常務委員会制設置。「党の指導機関統一決議案」・「革命勢力統一決議案」・「財

			政統一決議案」・「外交統一決議案」・「中央執行委員会軍事委員会組織大綱」・「軍事委員会総政治部組織大綱」・「政治委員会および分会組織条例修正」・「国民革命軍総司令条例」・「全国人民に対する宣言」・「全国農民に対する宣言」・「全党員への訓令案」。
中央特別委員会	一九二七年九月一六日成立	南京	「中央党部組織案」・「国民政府組織案」・「党務統一方法案」・「訓政実施方案委員会組織大綱」・「国民政府監察院組織法案」。
二期四中全会	一九二八年二月二日〜七日	南京	「中央党部改組案」・「政治委員会改組案」・「中華民国国民政府組織法」「規律整頓方案」「革命勢力を集中し、期限内に北伐を完成させること」・「共産党の陰謀を制止する案」決定。
二期五中全会	一九二八年八月八日〜一五日	南京・中央党部	「総理埋葬案」・「北伐将士奨励令決」・「総理遺教により訓政時期約法を公布し五院を設立する等の案」決定。
第三回全国代表大会（三全大会）	一九二九年三月一五日〜二八日	南京	「中国国民党総章」第二回修正案。「訓政時期党政府人民政権治権区分方略案」・「訓政時期物質建設実施順序および経費案」・「教育宗旨およびその実施方針」・「総理の主要な遺教は中華民国訓政時期の最高根本法である案」・「訓政綱領追認案」・「地方自治方略・順序を確定し政治建設の基礎を立てる案」・「全国国民軍将士を慰労し戦死将士遺族見舞い案」・「国軍編遣進行順序大綱を国民政府整軍綱領とする案」。

三期一中全会	一九二九年三月二八日～四月八日	南京	「党部組織修改案」・「中央政治会議案」役員選出。
三期二中全会	一九二九年六月一〇日～一八日	南京	「訓政時期規定案」（六年と規定）・「県自治完成案」・「人民団体組織方案」・「蒙蔵決議案」。
三期三中全会	一九三〇年三月一日～六日	南京	「党務推進工作案」・「党員県連工作方針」・「中央執行委員会政治会議条例修正案」・「節約励行運動案」。
三期四中全会	一九三〇年一一月一二日～一八日	南京	一九三一年五月五日国民会議招集決定。 「中央の政治を刷新し制度を改革し綱紀を整頓し最短期内に施政の中心を確立し行政効率を高める案」・「中華民国国民政府組織法修正案」。 中央各部部長選出。
三期第一回臨時全会	一九三一年五月一日～二日	南京	「中華民国訓政時期約法草案案」・「実業建設順序案」・「不平等条約廃除案」・「国民政府に対する赤匪剿滅報告決議案」。
三期五中全会	一九三一年六月一三日～一五日	南京	「中央政治会議条例修正案」・「国民政府組織法修正案」・「全国一致赤匪剿滅案」。
三期第二回臨時全会	一九三一年一一月九日～一一日	南京	第四回大会準備。 汪精衛ら三四八名党籍回復決定。 「財政委員会設立案」・「中央党部組織改進案」・「地方自治推進」決定。

第四回全国代表大会（四全大会）	一九三一年一一月一二日～二三日	南京・中央大学大講堂	「国難会議組織案」・「日寇の侵略暴行に対する決議案」・「中国国民党総章案」・「党義教育案」・「訓政時期約法の国民生計に関する規定に依拠しその実施方針を確定する案」・「訓政時期約法の国民教育規定に依拠しその実施方針を確定する案」・「辺区建設方針を確定ししっかり推進する案」。
四期一中全会	一九三一年一二月二二日～二九日	南京・中央党部	「国民政府組織法修正案」・「中央執行委員会組織大綱」。組織・宣伝・訓練等の部を委員会（組織委員会・宣伝委員会・訓練委員会・民衆運動指導委員会・海外党務委員会）・特種委員会（財務委員会・撫卹委員会等六委員会）と改める。「中央政治会議組織原則」決定。政府役員選出。
四期二中全会	一九三二年三月一日～六日	洛陽	「国難期間臨時党務工作綱要案」。「行都・陪都地点確定案」（洛陽を行都、長安（西京）を陪都とする）。軍事委員会設立。「軍事委員会暫行組織大綱修正案」。
四期三中全会	一九三二年一二月一五日～二二日	南京	国民参政会招集決議。一九三五年三月国民大会招集決議。「本党整理実施方案案」・「国力を集中し危亡を挽救する案」。
四期四中全会	一九三四年一月二〇日～二五日	南京	林森、国民政府主席連任決定。「海員運動統一案」・「モンゴル党部設立案」・「徹底して以党治国を実施する案」・「地方行政制度改革案」。

四期五中全会	一九三四年一二月一〇日～一四日	南京	「中華民国憲法草案案」・「中央地方権責区分綱要案」。一九三五年一一月一二日第五回全国代表大会開催決定。
四期六中全会	一九三五年一一月一日～六日	南京	「救亡大計案」・「生産建設に努力し自救を図る案」・「財政部貨幣・金融安定方法案」。
第五回全国代表大会（五全大会）	一九三五年一一月一二日～二三日	南京	「中国国民党党員守則案」・「国民大会招集・憲法草案宣布案」・「本党の理論を統一し本党の宣伝を拡大する案」・「しっかりと地方自治を推進し訓政工作を完成させる案」・「国難時期力量集中国防充実建設案」・「西北国防の経済建設案」・「青年訓練政策確定案」・「全国で節約を励行し生産を集中させる案」・「今後の教育改進方針案」。
五期一中全会	一九三五年一二月二日～七日	南京	「今後の党務工作綱領案」。「中央執行委員会組織大綱案」（中央執行委員会の中に常務委員会が置かれ、その下に秘書処、部を復活させて三部（組織部・宣伝部・民衆訓練部）、八委員会（海外党務計画委員会など）、各特種委員会（華僑捐款保管委員会など）、各付属機関（中央統計処・中央広播無線電台〔ラジオ放送局〕管理処など）、および政治委員会を設置し、政治委員会の下に九専門委員会（法制・内政・外交・国防・財政・経済・教育・土地・交通）を設置）。一九三六年五月五日憲法草案宣布・一一月一二日国民大会開催決定。中央役員選出。

五期二中全会	一九三六年七月一〇日〜一四日	南京	「国防会議を組織し、広東・広西両省の軍事・政治を調整する案」・「各地老同志救済案」・「租佃制度改革案」。
五期三中全会	一九三七年二月一五日〜二二日	南京	「赤禍根絶案」・「国防経済建設」・「救国の大計促進案」「中国経済建設方案」・「中央常会の主席制を解消し常務委員制に復する案」。
臨時全国代表大会	一九三八年三月二九日〜四月一日	武昌	「抗戦建国綱領決議案」・「党務を改進し党政関係を調整する案」（領袖制を敷き、総裁・副総裁を設置し蒋中正を総裁に選出する、三民主義青年団を設立する）・「中国国民党総章」第三回修正案・「国民参政会組織」案・「非常時期経済方案」・「長期抗戦の目的を達成するため一致努力し兵役制度を推進する案」・「戦時各級教育実施方案綱要案」・「今後の国家の一切の建設は軍事中心とし全国に一致努力し抗戦に利し復興を期すことを告知する案」。
五期四中全会	一九三八年四月六日〜八日	漢口	「三民主義青年団組織要旨案」・「国民参政会組織条例案」・「党務改進・党政関係調整改進案」。
五期五中全会	一九三九年一月二一日〜三〇日	重慶	「国防最高委員会組織大綱案」・「党の工作方法の改進案」・「第二期財政金融計画」・「三民主義読物編輯」・「国際宣伝実施方案改進案」。 国防最高委員会設置決議（委員長・蒋介石）。
五期六中全会	一九三九年一一月一二日〜二一日	重慶	「総理（孫文）を中華民国国父とする案」。 蒋介石を行政院長とする。

五期七中全会	一九四〇年七月一日〜八日	重慶	「党務報告決議」・「政治報告決議」。
五期八中全会	一九四一年三月二四日〜四月二日	重慶	「注音識字運動を推進し文盲を一掃する」・「地価申告を実施し土地政策を実現する」・「日用消費物品専売の実施計画」・「総理国防計画の段階的実施」・「戦時党政三年計画」・「国防工業戦時三年計画綱要」・「各省田賦暫時中央接管案」。
五期九中全会	一九四一年一二月一五日〜二三日	重慶	「国家総動員実施強化綱領案」・「本党今後党務推進方針確定」・「戦時人民団体指導方針案」・「行政効能を増進し法治制度を履行し政治を公明化する案」・「当面の戦時経済基本方針確定案」・「総裁に大権を授与し迅速な抗戦勝利を完成し建国の完成を期する案」。
五期一〇中全会	一九四二年一一月一二日〜二七日	重慶	「党務改進案」・「戦時財政の合理的統一計画政策を強化し国家経済を豊かにし抗戦に利する案」・「積極的に西北を建設し抗戦力量を増強し建国の基礎を築く案」・「兵役行政を推進し兵源を豊かにする案」・「政府は速やかに工業会法を制定し工場を発展させ生産を増加すべき案」・「物価統制強化方案」。
五期一一中全会	一九四三年九月六日〜一三日	重慶	「党務報告についての決議案」・「憲政実施に関する総報告決議案」・「国民政府組織法修正」（国民政府主席を陸海空軍大元帥とする）・「文化運動綱領草案」・「戦後工業建設綱領案」・「戦後外資奨励実業発展確定案」・「物価統制強化案」決定。

			一年以内に国民大会を招集し憲法を制定することを決定。蔣介石総裁を国民政府主席兼行政院長とする。
五期一二中全会	一九四四年五月二〇日～二六日	重慶	「中央・地方行政関係確率案」・「地方自治推進強化案」・「物価統制強化方案緊急措置案」・「出版検査制度改進案」。
第六回全国代表大会（六全大会）	一九四五年五月五日～二一日	重慶	蔣介石総裁連任。「土地政策綱領」・「農民政策綱領」・「本党政綱・政策案」・「憲政実施促進各種必要措置案」・「中国国民党総章」修正案・「国民大会招集日案」・「憲法草案についての案」・「戦士授田案」。「党員守則を国民守則と修正する要請」案・「青年運動方針確定要請案」・「工業建設実施綱領」・「戦後社会安全初歩施設綱領案」・「三民主義政綱に基づき各民族の民族地位を明確に承認し、当然の権力を与える案」・「前方省区の施政方針を迅速適切に定め抗戦を全うする案」・「中央が速やかに台湾の法律的地位を確定する要請案」・「社会保険を実施し社会の安全を策す案」・「本党の農工政策を確定し建国の基礎を定める案」・「淪陥（被占領）区反攻力量増強案」・「中共問題政治的解決追求」決議・「本党の政綱・政策および憲政実施促進必要措置」（軍隊党部廃止・県市正式民意機構設立・学校党部廃止）・「華僑善後救済案」。
六期一中全会	一九四五年五月二八日～三一日	重慶	「中央執行委員会組織大綱」修正（中央常務委員を二五名に増加）決定・「水利建設製作・公布綱領案」。中央常務委員二五名選出。宋子文を行政院長に選任。

六期二中全会	一九四六年三月一日～一七日	重慶	国防最高委員会を廃止し、政治委員会復活を決議。「党務報告決議案」・「政治協商会議決議案」・「国民大会本党代表選挙案」。
六期三中全会	一九四七年三月一五日～二四日	南京	「憲政実施準備案」・「党団関係案」。
六期四中全会	一九四七年九月九日～一三日	南京	「統一中央党部・団部組織案」・「中国国民党当面の組織綱領」。
六期臨時全会	一九四八年四月四日～六日	南京	中華民国総統・副総統候補者検討、党としては候補を出さないことを決定。
非常委員会	一九四九年七月一六日	広州	

なお、各参照資料により、収録している議案名に違いがある。

表3　中央執行委員会・中央特別委員会一覧
（李雲漢第五編三九五～四一〇頁による）

中央執行委員会	任期	人数（氏名）
第一期中央執行委員	一九二四年一月～一九二六年一月	二四名（胡漢民・汪精衛・李大釗ほか）
第二期中央執行委員（四・一二以前）	一九二六年一月～一九二七年八月	三六名（汪精衛・胡漢民・蔣介石・宋慶齢・李大釗ほか）
中央特別委員会	一九二七年九月～一九二八年二月	三二名（李宗仁・馮玉祥・蔡元培・汪精衛・蔣介石・閻錫山・胡漢民・孫科・何応欽ほか）

第二期中央執行委員（四・一二以後）	二期四中全会（一九二八年二月）～一九二九年三月	三六名（汪精衛・胡漢民・蔣介石・宋慶齢・孫科・何応欽ほか）
第三期中央執行委員	三全大会（一九二九年三月）～一九三一年一二月	三六名（蔣介石・何応欽・胡漢民・孫科・閻錫山・宋慶齢・汪精衛ほか）
第四期中央執行委員	一九三一年一二月～一九三五年一一月	七二名（蔣介石・汪精衛・胡漢民・孫科・何応欽・閻錫山・馮玉祥ほか）
第五期中央執行委員	一九三五年一一月～四四年五月	一二〇名（蔣介石・汪精衛・胡漢民・閻錫山・馮玉祥・孫科・何応欽・陳誠ほか）
第六期中央執行委員	一九四五年五月～五〇年八月	二二二名（何応欽・孫科・陳誠・馮玉祥・宋慶齢・閻錫山ほか）

孫文死後の二全大会（一九二六年一月）は、中国国民党総章を修正し、①常務委員会九名からなる中央常務委員会を設置し、②各特種委員会設立の根拠を修正された中国国民党総章に求め、③一全大会後設けられた各地執行部を廃止し、④中央監察委員会の職権を強化した（李雲漢第二編六九〇～六九一頁）。中央常務委員会（中央常務会議。略称、中央常会）の選出機関・人数・氏名・主席を、表4に整理する。

表4　中央常務委員会（常務会議）一覧
（「蔣公年表」、『八十年大事』による）

選出機関	日付	人数・氏名	主席

一期一中全会	一九二四年一月三一日	三名（廖仲愷・戴季陶・譚平山）	
二期一中全会	一九二六年一月二二日	九名（譚延闓・蔣介石・譚平山・林祖涵・胡漢民・陳公博・甘乃光・楊匏安）	
二期二中全会	一九二六年五月一九日		張静江。
中央常務委員会	一九二六年七月		蔣介石。
二期三中全会	一九二七年三月	九名（汪精衛・譚延闓・蔣介石・孫科・顧孟余・譚平山・陳公博・呉玉章・徐謙）	
二期四中全会	一九二八年二月七日	蔣介石・于右任・戴季陶・丁惟汾・譚延闓ら（『八十年大事』）	
五期一中全会	一九三五年一二月		胡漢民、（副主席・・蔣介石）
中央常務委員会	一九三六年一二月二三日		西安事変発生により、居正を常務委員会主席代理とした。
五期一〇中全会	一九四二年一一月二七日	一五名（陳果夫・何応欽ら）	
六期一中全会	一九四五年五月三一日	二五名（于右任・居正・孫科など）	

蔣介石

孫文亡きあとの国民党のなかでもっとも強力な権限を握った蔣介石については、「個人独裁」という評価が定着しているが、最近の中国の研究では、孫文の三民主義・民主憲政という政治理念、民主集中制という政治体制、胡漢民・汪精衛らとの国民党内派閥闘争、馮系・桂系・奉系などの地方軍事実力派との抗争、国民参政会（一九三八〜四八年）・政治協商会議（四六年）における国民党外勢力との関係などの要素によって、蔣介石自身は個人独裁志向を持っていたが、事実上、その願望は制約されていたとの見方が現われている。(10)

国民党内派閥闘争

二五年の西山会議派（林森・張継・鄒魯・謝持・居正ら）、国民党左派（汪精衛ら）、二七年の寧漢（南京・武漢）対立と寧漢合流、一九二八年の「改組同志会」（陳公博・顧孟余ら改組派）結成、三一年五月の改組派による広州独立と国民党中央・国民政府の樹立など、国民党内派閥闘争問題も検討が必要である。(11)

宣伝部と各種運動

党宣伝部との関連では、『中央日報』等各地の党報・党営文化事業・出版事業などの実態も検討を要する問題である。国民党はまた、婦女運動・青年運動・労働運動などにも取り組んだ。一九三〇年代から四〇年代にかけて取り組まれた新生活運動は、蔣介石が三四年二月、南昌で発起し、推進した重点課題だったが、その性格をどうとらえるかをめぐっては、さまざまな視点が提起されている。(12)

調査統計局

国民党は三八年、臨時全国代表大会を開き、蔣介石は軍事委員会の調査統計局を、国民党中央直属の調査統計局（中統）・軍事委員会直属の調査統計局（軍統）・軍事委員会辦公庁直属の特検処（郵政検査）の三つに改組した。中統は一九四二年、三組・三処・五室・四会に拡大し、調査員約三、〇〇〇名、通信員約一〇万名を擁した。

軍統は八処・四室・四会で、四三年五月、アメリカ中央情報局と中米特種技術合作所（中米合作所）を設立し[13]、戴笠が主任となった。中米合作所には、二、〇〇〇名のアメリカ人が在職した（張玉法三二九頁）。

三民主義青年団

国民党臨時全国代表大会は三八年三月、三民主義青年団の設立を決定し、七月九日、成立した。団長は、党総裁蔣介石が兼任した。四七年九月、中央党団連席会議および六期四中全会が開催され、中央党部・団部組織案が決定され、党・団の合併が決定された（李雲漢第三編六八一頁）。

2　政府指導機関

国民政府事項の最高権力機関としては、中央政治委員会（中央政治会議、一九二四～三七年。二七年九月～一二月は機能停止）・国防最高会議（国防最高委員会、三七～四七年四月）・中央政治委員会（四七年四月～四九年）・非常委員会（四九年七月～）が設けられた。

中央政治委員会（中央政治会議）（二四～三七年）

国民党中央執行委員会は二四年七月一一日、政治委員会・軍事委員会等の特種委員会を設置した。政治委員会は党に対して責任を負い、国民政府は政治委員会に対して責任を負うものとされた（李雲漢第二編四五七頁、張玉法一八九頁）。

国民党二期一中全会（二六年一月二三日）は、中央執行委員会特設の政治指導機関として中央執行委員会政治委員会を設置することを決定した。同年七月、政治委員会は政治会議と改称した。

同会議は同年九月、機能停止した。中央政治会議は、中央特別委員会が党務を統括していた時期は停止していたが、二八年一月一一日、復活した（『八十年大事』、李雲漢第二編八六三頁）[14]。この間、武漢では二七年三月、三中全会が開かれ、政治委員会を復活させたが、同年八月、武漢政府は崩壊した（李雲漢第二編八六三頁）。中央政治会議は二八年三月七日、蔣介石を主席とした（同前八六四頁）。

国民党二期五中全会（二八年八月）は、北伐完成をうけて軍政の終結・訓政への移行を提起する。中央常務委員会は二八年一〇月三日、「訓政綱領」、「中華民国国民政府組織法」を決定した。「訓政綱領」は、「中国国民党中央執行委員会政治会議」は「国民政府の重大な国務の施行を指導・監督する」と規定した（李雲漢第五編一六一頁）。中央執行委員会第一七九回常務会議は同月二五日、「中央政治会議暫行条例」を決定し、「政治会議」を「全国で訓政を実行する最高指導機関」と定めた（同前一六二頁）[15]。国民政府は同月二六日、「国民政府訓政時期施政宣言」を発表した（同前一六四頁）。

中央政治会議は一九三一年六月、蔣介石を主席とした（『蔣公年表』）。中央政治会議は三二年一月一三日、特務委員会を設置し、于右仁・馮玉祥ら一三名を委員とし、緊要政務の処理に当たらせた（『八十年大事』）。政治会議は三五年一一月、政治委員会と改称された（張玉法一八九頁）。三五年の五全大会からは主席制を採った（同前一九〇頁）。五期一中全会（三五年一二月）は、「中央執行委員会組織大綱」を決定した。それによれば、中央執行委員会のなかに常務委員会が置かれ、その下に秘書処、部を復活させて三部、八委員会、各特種委員会、各付属機関および政治委員会を設置し、政治委員会のもとに九専門委員会が設けられた。中央政治委員会主席には汪精衛、同副主席には蔣介石、国民政府主席には林森、行政院長には蔣介石が選出された（『八十年大事』、李雲漢第三編二七二〜二七七頁）。

中央常務委員会は西安事変発生により、三六年一二月一三日、林森を政治委員会主席代理とした（『八十年大事』)。三七年一一月一六日、汪精衛が中央政治委員会主席となった(『八十年大事』)。
以上に述べた中央政治委員の選出機関・人数・氏名・主席等を整理する(表5)。

表5　中央政治委員会一覧(一九二四年七月〜)
(「蔣公年表」、『八十年大事』、李雲漢による)

選出機関	日付	人数・氏名	主席	備考
国民党中央執行委員会	一九二四年七月一一日	八名(孫文・胡漢民・廖仲愷・汪精衛・譚延闓・譚平山・伍朝枢・邵元冲)	孫文(一九二五年三月死亡)	政治委員会設置。
一九二六年一月二三日、国民党二期一中全会は、中央執行委員会特設政治指導機関として中央執行委員会政治委員会を設置することを決定。				
中央常務委員会	一九二六年一月二三日	九名(汪精衛・譚延闓・胡漢民・蔣介石・伍朝枢・孫科・譚平山・朱培徳・宋子文)		
一九二六年七月、政治会議と改称。				
二期三中全会	一九二七年三月	一五名(汪精衛・譚延闓・蔣介石・孫科・顧孟余・譚平山・陳公博・徐謙・呉玉章・宋子文・宋慶齢・陳友仁・鄧演達・王法勤・林祖涵)		
一九二七年九月、機能停止。				
一九二八年一月一一日、復活。				

中央政治会議	一九二八年三月七日		蔣介石	
一九二八年一〇月二五日、中央執行委員会第一七九回常務会議、「中央政治会議暫行条例」決定、「政治会議」を「全国で訓政を実行する最高指導機関」と定めた（李雲漢第五編一六二頁）。				
三期五中全会	一九三一年六月	三〇余名（胡漢民・于右任・葉楚傖・林森・王寵恵・何応欽・戴季陶など）		
中央政治会議	一九三一年六月一七日		蔣介石	
一九三五年一一月、政治委員会と改称。五全大会、主席制決定。				
五期一中全会	一九三五年一二月		汪精衛	政治委員会の下に九専門委員会（法制・内政・外交・国防・財政・経済・教育・土地・交通）設置。
中央常務委員会	一九三六年一二月二三日		林森（政治委員会主席代理）	西安事変発生による。
一九三七年八月、国防最高会議設立。				
	一九三七年一一月一六日		汪精衛	
中央常務委員会	一九四六年四月一七日	二五名（張人傑・李煜瀛・閻錫山ほか）		

一九四七年四月二四日、国防最高委員会廃止。
一九四七年四月二八日、政治委員会復活。
一九四九年七月一六日、非常委員会成立。政治委員会の職権を代行。

国防最高会議（委員会）（一九三七年八月～四七年四月）

中央常務委員会は三七年八月一二日、国防会議・国防委員会を廃止して国防最高会議[16]を設置することとし、同月一六日、国防最高会議が中央政治委員会の職権を代行することとした。国防最高会議は、陸海空軍総司令蔣介石を主席とし、中央政治委員会主席汪精衛を副主席とした（『八十年大事』）。

国民党は三七年八月、抗戦期間中の国家の最高指導部として国防最高会議を設立した。三七年八月、蔣介石は国防最高会議主席に就任した。国防最高会議は国民党中央執行委員会に直属し、軍事委員会委員長蔣介石が主席となり、常務委員九名は主席が指名した。国民党五期五中全会は三九年一月、国防最高会議を国防最高委員会に改組し、主席は委員長と改めた。国防最高委員会は同年二月七日、成立した。四七年四月二四日[17]、国防最高委員会は廃止を宣言した。六期二中全会（四六年三月一六日）は、国防最高委員会を廃止し、中央政治委員会を復活させることを決議した。四七年四月二八日、中央政治委員会が復活した（『八十年大事』）。

中央執行委員会非常委員会（四九年七月～）

四九年四月二八日、中央常務委員会第一八七回会議は、「中央執行委員会非常委員会組織条例」を決定し、中央常務委員会のもとに非常委員会を設置し、非常委員会は中央政治委員会の職権を代行するものとした。中央常

務委員会第一九七回会議は同年六月一一日、一一名の非常委員（主席：蔣介石・副主席：李宗仁・孫科・居正・于右仁・何応欽・閻錫山・呉忠信・張群・呉鉄城・朱家驊・陳立夫）を選出し、非常委員会は同年七月一六日、広州に成立した（『八十年大事』、李雲漢第三編七三七～七三九頁、第五編三九五～四一一頁）。

二　国民政府の機構

中国国民党は一九二五年七月一日、「中華民国国民政府」を設立した。二五年から二八年六月までは北京の中央政権に対抗し、それに取って代わるための期間であった。同政府は二七年四月、南京に移転した。国民革命軍は二八年六月、北京を占領し、全国政権となった。(18) 国民党政権は、国民政府主席を置くと共に、孫文遺教に基づき五院制を敷いた。五院のなかでは、行政院がもっとも重要な位置を占めた。

㈠　内閣

行政院は二八年一〇月二九日、業務を開始した（『八十年大事』）。『政府職官』によれば、同年同月から四九年一二月までの約二一年間に、次の一三内閣が成立した。

① 譚延闓内閣（二八年一〇月二五日就任～三〇年九月二二日死亡）
② 蔣介石内閣（三〇年一一月二二日就任～三一年一二月一五日辞任）
③ 孫科内閣（三一年一二月二八日選任～三二年一月二八日辞任）
④ 汪精衛内閣（三二年一月二九日就任～三五年一二月一日辞任）
⑤ 蔣介石内閣（三五年一二月一六日就任～三八年一月一日辞任）
⑥ 孔祥熙内閣（三八年一月四日就任～三九年一一月二五日辞任）

⑦　蔣介石内閣（三九年一二月一一日～四五年六月四日辞任）
⑧　宋子文内閣（四五年六月二五日～四七年三月一日辞任）
⑨　張群内閣（四七年四月二三日就任～四八年五月二五日辞任）
⑩　翁文灝《こう》内閣（四八年六月一日就任～四八年一一月二六日辞任）
⑪　孫科内閣（四八年一二月二三日～四九年三月一二日辞任）
⑫　何応欽内閣（四九年三月一二日選任～一九四九年六月六日辞任）
⑬　閻錫山内閣（四九年六月六日提任～四九年一二月三一日辞任）

このうち、「選任」とは中国国民党中央執行委員会による選出、「提任」とは総統が指名し、立法院が任命を決定したことを意味する。

国民政府の行政制度問題としては、蔣介石は四〇年七月の五期七中全会で行政三連制を提案し、同年一二月には中央設計局が設置された。蔣介石は四三年二月一八日、全国で行政三連制を厳格に実行するよう指令した（『八十年大事』）。

㈡　国民政府の諸政策

(1)　経済建設政策

国民党・国民政府の経済建設政策をざっと見ると、二八年六月公布の行政院組織法では、農鉱部・工商部・交通部・鉄道部・建設委員会が国民政府の実業を管掌する部会だったが、三〇年一一月の行政院組織法の修正により、農鉱部・工商部は合併されて実業部となり、初代実業部長には孔祥熙が就任し、三二年一月には陳公博、三五年一二月には呉鼎昌に交替した。同年には、国民政府には実業部・交通部・鉄道部のほかに建設委員会・全国経済委員会・軍事委員会付設の資源委員会（三五年四月設置）が設置されていた。資源委員会は、資源の調査・

統計・研究を担当し、各種国防資源建設計画・戦時動員計画を作成すると共に冶金・燃料・化学・機械・電気など五種の国防工鉱業を担当した。実業部は、四カ年計画（一九三三〜三六年）を策定した。鉄道部は、日中全面戦争開始以前に長江以南の浙贛《かん》・粤《えつ》漢・杭甬・蘇嘉・同蒲・江南・淮南等の鉄道路線を完成させた（張玉法一九三頁ほか参照）。農村経済については、詳細な研究が蓄積されてきている。[19] 国民政府は、また一九三五年に幣制改革に取り組んだ。[20] 蔣介石は、三六年六月には国民経済建設運動を提唱し、翌六月には国民経済建設運動委員会が設立された（張玉法一九三頁）。

二六〜三六年の中国経済の成長率（東三省を除く）は六・四%という成果をあげた（同前）。世界恐慌の時代にあって中国経済がこうした成果をあげたことは、注目に値する事象である。

(2) 教育政策

国民政府下の教育政策を見ると、初等教育は小学校六年（六〜一二歳）で、初級四年・高級二年に分かれ、中等教育は中学校六年（一二〜一八歳）で、普通中学三年・師範学校三年、高級三年に分かれ、高等教育は大学四、五年、専科二、三年、その上は研究院（大学院）となっていたが、就学率はきわめて低かった。海外留学生の国別比率は、一九二九年の場合、日本六一・七%、アメリカ一六・四%、フランス一〇%、その他一一・九%だった（同前一九五頁）。

国民党・国民政府は孫文遺教に基づき、訓政期の重点課題として地方自治に取り組んだ。訓政期間の地方行政制度は、省（市）・行政督察専員区・県（市）の三級に分けられた。一九三一年三月修正公布された省政府組織法によれば、省主席は国民政府が指名することとなっていた。省と同等の行政単位である市は、院（行政院）轄市である。抗戦前夜に行政院に直属していた特別市は、南京・上海・北平・天津・青島・西安・重慶・威海衛行政区であった。行政督察専員区は、省と県の間の特殊組織だった。三二年八月、行政院は「各省行政督察専員暫行条例」を公布し、行政督察専員区には行政督察専員区公署が設けられ、省政府の補助機関とされた（同前一九〇、一九一頁）。市以下の行政単位は、区・坊・閭・鄰であった。

孫文の建国構想によれば、訓政期の最重要課題は地方自治であり、県レベルにおいて四大民権を実施することであった。孫文においては、これは全国規模で憲政を実施するための、国民の訓練の機会と位置づけられていたのであるが、二八年九月公布の県組織法によれば、県長は民政庁が候補を指定し、省政府の決定を経て任用された。この点では、県レベルの自治は実施されなかったことになる。

ところが、二八年公布・三〇年修正の市組織法では、市参議会規定があり、三三年三月には市議会組織法・市参議員選挙法が公布された。これに基づいて、北平では同年八月一日、選挙により市参議会が設立され、広東省では三四年八月一五日、選挙により省参議会が設立され、孫文構想でも訓政期間中は自治単位とされていなかった省・市で地方自治が一部ながら前倒し実施された。また、二八年公布・二九年修正の県組織法にも県参議会の規定はあるにはあったが、実施はされなかった。一方、三二年一月五日、広州中央党部と国民政府が廃止されたのち、国民党は西南執行部を設立、政府は西南政務委員会を設立し、三三年には西南政務委員会が公布した県市自治法規に基づき、広東全省九四県で選挙により県参議会が設立され、さらに三五年には、全省九四県に区民代表大会・郷（鎮）民会議・里民会議・鄰民会議が設立された（同前一九〇〜一九二頁）。

広東は、地方自治の先進省であった。地方自治の実施実態については、今後、ていねいに明らかにしてゆく課題が残されている。

国民政府は三九年九月一九日、新県制を公布し、二九年修正の県組織法に取って代えた。新県制では、「県」の基層組織は六〜一五戸からなる「甲」で、甲の上は六〜一五甲からなる「保」で、保長は甲長の互選である。保の上は「郷」あるいは「鎮」で、郷鎮の上は「区」、区の上が県となっていた。郷鎮と区には、人民代表会議が設置された（同前一九二頁）[21]。

(3)　外交政策

外交政策としては、国交関係、不平等条約等の問題、抗日戦争へと進展する対日関係、地方外交などがあげられる[22]。

国交関係としては、中華民国前期（一九一二〜二八年）の北京政府期に、中華民国が大使館を設立したのはソ連のみで、公使館・兼公使館はアメリカ・日本・イギリス・フランス・ドイツ・イタリアなど二二か国だったが、南京国民政府樹立後では、一九三〇年二月に在外公館を大使館・公使館・代理公使館の三級に分け、一九四九年までに大使館を設置したのは、ソ連・アメリカ・日本・イギリス・フランス・ドイツ・イタリアなど計三一か国・地区、公使館・代理公使館を設置したのは、ポルトガル・オーストリア・スペインなど計一八か国だった。この他、国民党は北京政府が設立した駐国際連盟中国全権代表事務所を引き継いだ（同前一九六〜一九八頁）。

不平等条約等の問題をめぐっては、南京国民政府は北伐期間中の二七年二月には漢口英租界回収協定、九江英租界回収協定、二九年八月には天津ベルギー租界回収協定を締結し、同年一〇月には中英双方は鎮江英租界回収照会を交換し、三〇年四月には中英は威海衛回収専約および協定を締結した。南京国民政府は二八年六〜七月の間に、ベルギー・イタリア・デンマーク・ポルトガル・チェコなどと通商条約を結び、アメリカ・ドイツ・ノルウェー・オランダ・イギリス・スウェーデン・フランス・日本と関税自主条約を結んだ[23]（同前一九八頁）。

領事裁判権をめぐっては、中国において領事裁判権を持っていた一九か国中三か国（ドイツ・オーストリア・ロシア）はすでに北京政府時期にそれを廃止していたが、南京国民政府の成立後、新たに九か国（ベルギー・イタリア・デンマーク・ポルトガル・スペイン・オランダ・ノルウェー・日本・スウェーデン）が新条約によりこれを廃止し、メキシコが二九年一一月の声明で自動放棄した。第二次世界大戦以前に解決していなかったのは、六カ国

（ペルー・スイス・イギリス・アメリカ・フランス・ブラジル）のみだった（張玉法一九八頁による。『八十年大事』では、食い違いがある。）。

対外関係では、国民政府にとっては対日・対米・対ソ関係などがとりわけ重要であったが、なかでもこの時期特別重要な位置を占めたのが対日関係問題であったことは言うまでもない。この点では、日本史研究からの分析とのすり合わせが重要である。(25)日中間の軋轢のなかでは、情報・宣伝戦という問題もある。二〇年末に中国で流布され、中国では今日でも本物と信じられている「田中上奏文」は、その一例である。汪精衛は重慶の国民政府と対立し、四〇年三月三〇日、南京に国民政府を樹立した。汪精衛国民政府問題(26)については、とくに汪精衛らの意図と実態を掘り起こす課題がある。また、中国では他国ではあまり見られない地方政府による地方外交という問題があり、視野に収めておく必要がある。

(4)　民族関係問題

国内あるいは隣接地域民族関係をめぐる問題としては、徳王の内モンゴル自治運動(27)、四〇年の第一四世ダライ・ラマ転世大典参加など対チベット関係問題、東トルキスタン共和国問題(28)などがあり、日本・ソ連・イギリスなどとの関係がこれらに絡んでいるが、対ソ関係問題では、これまでソ連側史料を見ない研究がほとんどであった。旧ソ連アルヒーフがすでに開かれている以上、決定的な立ち遅れがあると言わなければならない。

総じて、国民党・国民政府は「中国」の建設、「中国人」の形成という意味での「国民」統合に取り組んだわけであるが、それに対する各地域の反応も検討課題である。国民党・国民政府は中国共産党との軍事対決に敗北し、四九年一二月七日、台北への移転を決定し、同月九日、行政院は台北で執務を開始し、ここに大陸における国民党・国民政府政権は消滅したのであった。

三　軍と戦争

すでに述べたように、軍は「国民政府軍事委員会」のもとにあり、「国軍」を名乗ることもあった。国民革命から国共軍事対決にいたる過程における軍を見ると、北伐および剿共戦では黄埔軍官学校系の、単純化して言えば蔣介石系の軍隊にいわゆる各地方軍が加わり、抗日戦争中は中国共産党軍の参加があったという複雑な構成となっていたが、国民党の「以党治国」体制下にあっては、軍の中核部隊はあくまでも党の軍隊であるという本質に変わりはなかった。

1　戦争──北伐から国共軍事対決へ

一九二五年七月二六日、国民政府所属各軍は、国民革命軍と改称された[29]。国民政府軍事委員会は同年八月二六日、国民革命軍を五軍編成とした（第一軍軍長・蔣介石、第二軍軍長・譚延闓、第三軍軍長・朱培徳、第四軍軍長・李済深、第五軍軍長・李福林）。国民政府は二六年六月五日、蔣介石を国民革命軍総司令に任じた。蔣総司令は二七年五月一日、三方面北伐計画を立て、第一路総指揮を何応欽、第二路総指揮を蔣総司令兼任（総参謀長白崇禧が代理）、第三路総指揮を李宗仁とし、馮玉祥を国民革命軍第二集団軍総司令とした。軍事委員会は二七年一一月四日、国民革命軍を五方面に分けた。一路は何応欽、二路は白崇禧、三路は李宗仁、四路は程潜、五路は朱培徳であった（『八十年大事』）。北伐の過程で、国民革命軍は組織を拡大していった。

北伐（一九二六年七月～二八年六月）終了後、国民党・国民政府が直面し、取り組んだ戦争としては、蔣桂戦争（一九二九年三月～六月、一一月～一二月）、蔣馮戦争（一九二九年一〇月～一二月）、蔣唐戦争（一九二九年一二月～三〇年一月)、中原大戦(一九三〇年五月～一一月)などの対反蔣戦争、江西を中心とする剿共戦(一九三〇年一二月～三四年一〇月)、上海事変(一九三二年一月～三月、中国名は淞滬戦)、熱河戦(一九三三年一月～五月、うち一月～三月を中国では長城戦と呼ぶ)、福建事変(一九三三年一一月～一二月)、抗日戦争(一九三七年七月～四五年八月)、国共軍事対決(一九四六年六月～五〇年六月)などがあった。また、一九三六年の西安事変は、軍事衝突にまでは至らなかったが、蔣介石が張学良らに拘禁され緊張が高まったひとこまであった。[30]

2　軍事機構

国民党は当初は党本部のもとに、ついで国民政府のもとに軍事委員会を設置し、抗日戦争の進展にともなって戦区を設置・調整していった。国民政府は三三年六月一七日、兵役法を施行し、四四年一一月一六日、行政院に兵役部を設置した。四二年三月二九日には、国家総動員法を施行し、同年五月一日、国家総動員会議を設置した。抗日戦争中の兵源は徴兵制と募兵制が併用され、当初は各省に兵役管区司令部が設置され、四一年には全国は一〇九師管区に分けられ、抗戦八年の期間中に一、四〇〇余万人を徴募兵した(同前三二八頁)。本章では、軍事機構については軍事委員会に限定し、さらに軍組織の大まかな規模について紹介するにとどめる。

㈠　軍事委員会(一九二三年～四六年)

一全大会の前年の二三年、国民党本部軍事委員会が設立された。二四年秋、軍事委員会は改組された(「蔣公年表」)。二五年七月一日、大元帥府は国民政府に改組され、同月三日、国民政府軍事委員会が設立され、汪精衛が主席となった。二六年四月、中央党政連席会議は、蔣介石を軍事委員会主席とした(「蔣公年表」)。

二七年七月、国民政府軍事委員会は改組され、蔣介石・胡漢民・閻錫山・李烈鈞らが委員となった。二期四中全会(一九二八年二月)は、蔣介石を軍事委員会主席とした(同前)。軍事委員会は、「国民政府の最高機関」と位置づけられた（李雲漢第二編八六五頁）。三二年一月二八日、上海事変が発生すると、翌二九日、中央政治会議は、軍事委員会の設立、国民政府の洛陽への移転、外交部声明の発表を決定した（李雲漢第三編一八六〜一八七頁）。この決定に基づき、国民政府は軍事委員会設立等につき四期二中全会に検討を要請し、同会は三月五日、軍事委員会の設立、軍事委員会暫行組織大綱修正案を決定し、三月六日、蔣介石が軍事委員会委員長に就任した（同前第三編一九五頁）。

軍事委員会は三七年八月二〇日、統帥部を設置し、軍事委員会委員長蔣介石が大元帥に、参謀総長には程潜（三八年一月、何応欽に交替）が、副参謀総長には白崇禧が就任した（張玉法三二七頁）。国民党中央は三七年九月、軍事委員会委員長が陸海空軍最高統帥権を行使するものとし、党・政・軍の統一指揮権を持たせ、軍事最優先の態勢を敷いた。軍事委員会は、国民政府の最高機関であった。軍事委員会には、軍令・軍政・軍訓・政治の四部を常設し、軍事委員会は四七年、国防部に改編された（李雲漢第三編一九六頁）[31]。

以上を、表6に整理する。

表6　軍事委員会主席（委員長）・委員（一九二三〜四六年五月）
（『八十年大事』、「蔣公年表」、李雲漢第二編八〇五頁、李雲漢第三編一九五頁による）

日付	主席（委員長）	組織名・委員など
一九二三年		国民党本部軍事委員会。委員：蔣介石など。
一九二四年二月三日		国民党本部軍事委員会。委員：蔣介石など。

一九二四年七月一一日		国民党本部軍事委員会。委員：許崇智・楊希閔・劉震寰・譚延闓・樊鐘秀・胡漢民・廖仲愷・蔣介石・伍朝枢。顧問：ゴヴォロフ。
一九二四年秋		軍事委員会改組。委員：蔣介石など。
一九二四年一〇月一四日	蔣介石（委員長）(32)	
一九二五年七月三日	汪精衛（主席）	組織名：国民政府軍事委員会（以下、同じ）。委員：汪精衛・胡漢民・蔣介石・伍朝枢・廖仲愷・朱培徳・譚延闓。
一九二六年四月一六日～	蔣介石（主席）	中央政治委員会・国民政府軍事委員会連席会議が主席決定。
一九二七年三月一一日（二期三中全会）～	主席団七名（汪精衛・唐生智・程潜・鄧演達・譚延闓・蔣介石・徐謙）	一六名（現任軍職者一〇名：蔣介石・李宗仁・唐生智・朱培徳・李済深・程潜・譚延闓・馮玉祥・張発奎・何応欽。非現任軍職者六名：汪精衛・孫科・鄧演達・顧孟余・宋子文・徐謙。）
一九二七年七月七日～		国民政府軍事委員会改組。四六名（蔣介石・胡漢民・馮玉祥(33)・閻錫山・李烈鈞ら）。
一九二七年九月二〇日～		中央特別委員会、于右任・方振武ら六六名を軍事委員会委員に決定。
一九二八年二月七日～	蔣介石（主席）	国民党二期四中全会が主席決定。委員：于右任ら七三名。
一九二八年二月二三日		国民政府軍事委員会改組。
一九三二年一月二八日		中央政治会議、軍事委員会設立決定。
一九三二年一月二九日		委員：蔣介石・馮玉祥・閻錫山・張学良ら。
一九三二年三月		四期二中全会、軍事委員会設立。

一九三二年三月六日～四六年五月三一日	蔣介石（委員長）	委員：馮玉祥・閻錫山・張学良・李宗仁・陳銘枢・李烈鈞・陳済棠。 一九四六年五月三一日、国防最高委員会、軍事委員会を廃止し、国防部を設立することを決議。同年六月一日、国防部成立（『八十年大事』）。
一九三三年六月二三日		中央常務委員会、馬占山・蘇炳文を委員とする。
一九三五年一二月七日		国民政府、閻錫山・馮玉祥を副委員長に任命。
一九三六年七月二五日		国民政府、李宗仁を軍事委員会常務委員に任命。
一九三六年八月六日		国民政府、白崇禧を軍事委員会常務委員に任命。
一九三六年一二月一二日		何応欽ら六名を委員に追加。
一九三七年八月二〇日		軍事委員会は統帥部を設置し、軍事委員会委員長蔣介石が大元帥に就任した。
一九三八年一月一〇日		国防最高会議常務会議、何応欽を軍事委員会参謀総長、白崇禧を副参謀総長、徐永昌を軍令部長、白崇禧を軍訓部長、陳誠を政治部長に任命。
一九三八年二月六日		軍事委員会政治部を設置（部長：陳誠、福部長：周恩来・黄琪翔）。
一九四六年五月三〇日		国防最高委員会、軍事委員会廃止を決議。
一九四七年四月二四日		国防最高委員会、正式に廃止。

㈡　軍組織の規模

張玉法によれば、北伐終結後、全国陸軍は二二〇万人を擁していた（二二三頁）。軍費支出は国家総収入の八五％を占めていたため、軍の縮小（裁軍）は不可避だった。そこで、二期五中全会（一九二八年八月）は、各地の政治会議を廃止し、軍政を統一し、軍費を国家総収入の五〇％以下とすることを決定した。これに基づき、一九二九年一月、国軍編遣会議が南京で開催され、全国の軍隊を六つの編遣区と中央直轄部隊に分けることを決定した。寧凌・慶山編著『国民党治軍檔案』によれば、二九年はじめの時点での兵力は一八〇余万人であった（一四九頁、中共党史出版社、二〇〇三年三月。以下、『治軍』と略称）。しかし、その配分をめぐって対立が激化し、三全大会（二九年三月）の代表選出をめぐる不満・対立により、反蔣戦争が発生する。まず李宗仁ら桂（広西）系が兵を起こし、「護党救国軍」を名乗った。これに、馮玉祥、唐生智、石友三、閻錫山らが続き、中原大戦と呼ばれる戦争に発展した（張玉法二二三〜二三〇頁）。『治軍』によれば、二九年三月から三〇年一〇月にかけて、二〇余軍、七〇余師、二六路軍が編成された（一五一頁）。

蔣介石は反蔣戦争に対して勝利を収めたが、国民党中央は三〇年一一月、国軍編遣会議を廃止し、陸軍の整編は「陸軍整理委員会」に委ねることにした（張玉法二三一頁）。国民党中央は同年一二月一九日、現有約二八〇師を三段階に分けて六〇師・一五独立旅に縮小することとした（『八十年大事』）。軍事委員会は三二年六月四日、各師の編制を統一し、全国を四八軍・九六師とすることとした（同前）。三三年冬の時点では、囲剿軍の編成は六七軍、新編三軍となっていた（『治軍』一五八〜一六一頁）。

三四年、江西剿共戦の結果、共産党軍主力が江西から出ていったあと、軍事委員会委員長蔣介石は、軍編成を三八年までに国軍六〇個師（一師一万四、四八三人、六〇師合計八六万八、九八〇人）とすることを決定し、一九三六年には一〇個師を編成した（張玉法三二五頁）。

三七年、盧溝橋事件の発生当時、陸軍二〇〇万人、歩兵一八三個師、六〇個独立派旅、四三個独立団を有していたが、四一年には傷亡者は二四〇万人、部隊総数は五〇〇万人に達していた（同前三二七頁）。

集団軍は三八年八月から四一年八月まで三九個、軍団は三八年六月から九月までに三八個編成され、多くの軍団は集団軍に所属し、軍団が所轄する軍の多くは集団軍と重複しており、編成は時期により変化し、混乱していたという。各路軍は抗日戦争以前には一〇余、軍の番号は七〇余であった（同前三二八頁）。軍事委員会は三七年一〇月一二日、新編第四軍（軍長・葉挺、副・項英）を設置した（『八十年大事』）。

張玉法は、抗日戦争について、①三七年七月の盧溝橋事件（張玉法は「盧溝橋事変」と呼んでいる）から三八年一〇月の広州陥落、武漢撤退まで、②三九年一月の魯蘇戦区・冀察戦区の成立から四一年一二月の太平洋戦争勃発まで、③四二年一月から四四年一二月の日本軍の一号作戦の終結まで、④四五年一月から八月までの四期に区分している（三八四頁）。

四二年一月、同盟国は蔣介石を同盟軍中国戦区最高統帥とした。同年三月、国家総動員法が公布され、五月、国家総動員会議が設立された（「蔣公年表」）。

抗日戦争終了後、陸軍総部は四五年八月三〇日、漢口前進指揮所、同年九月五日、杭州前進指揮所、同年九月六日、広州前進指揮所などを設置した（『八十年大事』）。国民党軍は四六年六月から五〇年六月までの軍事対決において、内戦開始時の兵力は約四三〇万人だったが、計八〇七万余の将兵が殲《せん》滅された。うち、死傷一七一万余、捕虜四五八万余、投降六三万余、人民解放軍への編入一一三万余とされる（『治軍』五〇五頁）。台湾に逃れた兵力は、五〇余万であったという（曹剣浪『国民党軍簡史』、解放軍出版社、二〇〇四年一月、九〇七頁）。

おわりに――民国後期中国国民党政権の歴史的性格

以上は、国民党・国民政府にかかわる民国後期中国の全体像をごく大ざっぱにとらえようとしたにすぎず、このほかに触れていない問題も多数ある。民国後期の期間はわずかに二二年と短いが、限られた紙数のなかで問題を全面的・網羅的に提示することなどとても不可能であるほど、問題は複雑多岐にわたっている。また、国民党・国民政府研究の成果の上に、中国共産党や民主党派について見直す課題や、ＹＭＣＡの活動、胡適・梁漱溟など国民党政権期における文化・思想領域その他の問題も大きな研究課題であることは、言うを待たない。

二四年から四九年までの間に、国民党の「大会」は計七回、民国後期に限定すれば計五回開催された。「中央執行委員」は、二四年から四九年までの間に七回選出され、民国後期に限定すれば計四回選出された。この間に数カ月間、「中央執行委員会」および「中央監察委員会」は機能停止し、「中央特別委員会」に取って代わられた時期が入った。

党の代表は、二四年一月から二五年三月までは「総理」孫文であったが、孫文死後は「総理」の地位は継承されることがなく、「総理」にかなりの程度匹敵する地位である「総裁」が設置されるのは約一三年後の三八年（臨時全国代表大会）であり、その後、四九年までの約一一年間は党の代表が「総裁」蒋介石であることは変わらない。中央執行委員会から中央執行委員会までの間の責任代表機関として「中央常務委員会」が置かれたが、二五年から三八年までの期間は基本的に合議制であり、「中央常務委員会主席」に強い権限は与えられなかったと見られる。

国民政府の代表は、少なくとも形式上は「国民政府主席」であった。「国民政府主席」は、二五年成立から四七年までの間には、「全国を総覧し、陸海空軍総司令を兼務する」と位置づけられた時期（二八年一〇月〜）もあり、「国家元首」であるが、実質的な権限を持たないと位置づけられた時期（三一年六月〜）もあったが、訓政期の国民政府は国民党の下部機関であり、国民政府主席といえども国民党によって任命されたのであった。四七年の憲政実施によって、訓政は終了し、四八年、「中華民国」政府代表は「中華民国総統」蔣介石となったが、国共軍事対決により、成立したばかりのこの政府は短期間に大陸から駆逐された。

国民党は二四年七月、党と政府を連絡する機関として「中央政治委員会」（二六年七月〜三五年一一月は政治会議）を設置した。同委員会は二七年九月から一二月まで機能を停止した。同委員会は二八年一〇月、「訓政実行の最高指導機関」と位置づけられた。三七年八月、「国防最高会議（三九年一月、「委員会」と改称）」（「主席」蔣介石、のち「委員長」蔣介石）が設置され、「政治委員会の職権を代行」し、「国家の最高機関」とされた。同委員会は四七年四月に廃止され、政治委員会が復活した。四九年、中央常務会議は、「政治委員会の職権を代行」する機関として「中央非常委員会」を設置した。

国民党はまた二五年七月、軍事機構として「国民政府軍事委員会」（「主席」汪精衛、その後、蔣介石）を設置した。しかし、同委員会は「国民政府の最高機関」と位置づけられた時期もあり、この時期は単なる軍事機関にとどまらない権限を行使した。同委員会は、三七年には「国防最高会議（委員会）」に改編され、「国家の最高機関」とされた。「国防最高会議（委員会）」は、政治委員会と軍事委員会の機能・権限をあわせ持つ機構になったものと見られる。抗日戦争終了後の一九四七年四月、同会議は廃止され、軍事に特化された「国防部」に改編された。

民国後期中国とは、中国国民党が国家の全権力を掌握していた時代であった。他面では、国民党は全国全地域を完全掌握することはできず、基本的には中国共産党の支配地域の成長と対決しつつ、抗日戦争という共通の敵との闘いにおいてはこれと連合せざるを得なかった。言いかえれば、国民党の最大の敵は、抗日戦争においては日本であり、日本軍が消滅したあとは中国共産党であった。国民党にとっては、三七年から四五年にかけての八年にわたる日本との全面戦争は「三民主義」のなかの民族主義の課題であり、抗日戦争の勝利はその一つの決着であった。中共との対決は、国民党においては、中国共産党が国民党を「反動・反革命」と見なしていたのと同様に、「反動・反革命」をいかに克服するかという問題であったが、この対立は客観的に見れば、国民党コースの革命によって議会制民主主義の近代国家を建設するか、それとも中共コースの革命によってソ連型社会主義国家を建設するかという革命コースの争いであり、中国近代化の試みは、国民党・国民政府によって担われたのであった。私見であるが、この闘争における国民党の敗北は、中国における近代国家建設の挫折ととらえられる。

（1）謝維「〝中華民国史（一九一二―一九四九）〟国際学術討論会綜述」（『近代史研究』二〇〇三年第一期）参照。

（2）使用する主な参考資料は、次のとおりである。

資料名	略称
中国国民党中央委員会党史委員会編『中国国民党八十年大事年表』中国国民党中央委員会党史委員会、一九七四年八月。 なお、同書は、一〇年ごとに出ている国民党年表の一つである。このほか、『中国国民党七十年大事年表』、『中国国民党九十年大事年表』、『中国国民党一百週年大事年表上・下』がある。	『八十年大事』

「先総統蔣公年表」(張其昀主編・中国文化大学中華学術院編『先総統蔣公全集付録』所収、中国文化大学出版部、一九八四年一〇月)。	「蔣公年表」(頁数は記入しない)
栄孟源主編『中国国民党歴次代表大会及中央常全会資料(上、下冊)』光明日報出版社、一九八五年一〇月。	栄孟源
中国第二歴史檔案館『中国国民党第一、第二次全国代表大会会議史料』江蘇古籍出版社、一九八六年九月。	『一、二全大会』
張朋園・沈懐玉合編『中央研究院近代史研究所史料叢刊(6)国民政府職官年表第一冊(一九二五〜一九四九)』中央研究院近代史研究所、一九八七年六月。	『政府職官』
李雲漢『中国国民党史述』近代中国出版社、一九九四年一一月。	李雲漢第二〜五編
張玉法『中華民国史稿』連経出版事業公司、一九九八年六月。	張玉法
曹剣浪『国民党軍簡史　上・下』解放軍出版社、二〇〇四年一月。	曹剣浪

(3) 憲政実施に関連して、中村元哉『戦後中国の憲政実施と言論の自由』東京大学出版会、二〇〇四年八月がある。

(4) 蔣介石研究については、網羅的なものではないが、楊樹標・楊菁「評蔣介石研究」(『史学月刊』、開封、二〇〇二年八月。『K4中国現代史』二〇〇三年第三期所収による)が、中華人民共和国における蔣介石研究の変遷について述べている。楊樹標は『蔣介石伝』(北京団結出版社、一九八九年)の著者である。

(5) 戴季陶研究については、劉利民「近二〇年来戴季陶研究綜述」(『甘粛社会科学』、二〇〇三年四月)参照。

(6) 陳立夫については、張敏「従〝三民主義〟到〝中国文化〟——陳立夫統一観的演変」(『K4中国現代史』二〇〇三年第四期所収による）がある。
（7）国民党の党組織と党員構成については、土田哲夫「中国国民党の統計的研究、一九二四～四九年」（『史海』第三九号、一九九二年六月）その他、王奇生『党員、党権与党争――一九二四～一九四九年中国国民党的組織形態』上海書店出版社、二〇〇三年一〇月その他がある。
（8）李雲漢によれば、曽醒はまもなく病気のため辞職し、「廖冰筠、その後、何香凝」がそのあとを引き継いだ（第二編四五六～四五七頁、五一四頁）。
（9）李雲漢第二編四五六頁による。『八十年大事』では、「軍事部（部長・許崇智）」。張玉法には「調査部・軍事部」はあるが、部長名はない（一五八頁）。
（10）劉会軍・鄭率「論蔣介石個人独裁的制約因素」（『東疆学刊』、二〇〇三年三月。『K4中国現代史』二〇〇三年第一一期所収による）。
（11）国民党内派閥闘争問題については、郭緒印主編『国民党派系闘争史』上海人民出版社、一九九二年九月がある。
（12）新生活運動については、本書所収深町英夫論文ほかがある。
（13）「蔣公年表」では、中米合作所は「一九四三年四月設立」。
（14）張玉法は、「一九二八年三月、復活」としている（一八九頁）。これは、武漢の動きを採ったものと見られる。
（15）三期中央常務委員会第二回会議は一九二九年四月一五日、「政治会議条例」を制定し、政治会議は全国で訓政を実施する最高指導機構と位置づけた。
（16）張玉法は、一九〇頁では「国防最高委員会」としているが、三二二頁では「国防最高会議」としている。
（17）国民党中央は一九四六年三月、国防最高委員会を廃止し、中央政治委員会を復活させた（張玉法三二二頁）。
（18）南京国民政府については、史全生・高維良・朱剣『南京国民政府的成立』河南人民出版社、一九八七年八月、徐矛『中華民国政治制度史』上海人民出版社、一九九二年七月、家近亮子『蔣介石と南京国民政府　中国国民党の権力浸透に関する分析』慶應義塾大学出版会、二〇〇二年三月などがある。

(19) 農村経済については、内山雅生『中国華北農村研究序説』金沢大学経済学部、一九九〇三年三月ほか、弁納才一『華中農村経済と近代化――近代中国農村経済史論再構築の試み』汲古書院、二〇〇四年二月ほかなどがある。
(20) 幣制改革については、野沢豊編『中国の幣制改革と国際関係』東京大学出版会、一九八一年二月がある。
(21) 土地行政問題については、笹川裕史『中華民国期農村土地行政史の研究――国家――農村社会関係の構造と変容――』汲古書院、二〇〇二年一一月が詳細な分析を行なっている。
(22) 中華民国時期の外交史としては、石源華『中華民国外交史』上海人民出版社、一九九四年一二月がある。
(23) 久保亨『戦間期中国〈自立への模索〉関税通貨政策と経済関係』東京大学出版会、一九九九年六月は、第一次世界大戦の終結から第二次世界大戦にかけての時期の関税自主権回収問題・幣制改革問題などを検討している。
(24) 憲政実施・国共軍事対決期(一九四五年～一九四九年)の中ソ関係については、薛銜天《せつかん》『中蘇関係史(一九四五年～一九四九年)』四川人民出版社、二〇〇三年一一月がある。
(25) 民国後期研究と日本史研究の関係は大変密接であり、研究成果も多数にのぼるが、その双方を視野に収めたものとして、星野昭吉「『蘆溝橋事件』までの日本の対中政策の展開――華北分治工作の推進と抗日民族統一戦線の形成過程」(藤井昇三編『一九三〇年代中国の研究』、アジア経済研究所、一九七五年一一月)、安井三吉『盧溝橋事件』研文出版、一九九三年九月、笠原十九司『日中全面戦争と海軍――パナイ号事件の真相』青木書店、一九九七年八月その他がある。
(26) 汪精衛国民政府問題については、黄美真・張雲編『汪精衛国民政府成立』上海人民出版社、一九八四年四月、同編『汪精衛集団叛国投敵記』河南人民出版社、一九八七年六月その他がある。
(27) 徳王については、ドムチョクドン述・森久男訳『徳王自伝:モンゴル再興の夢と挫折』岩波書店、一九九四年二月がある。
(28) 東トルキスタン共和国問題については、王柯『東トルキスタン共和国研究 中国のイスラムと民族問題』東京大学出版会、一九九五年一二月がある。

(29)　なお、国民革命史については、野沢豊編『中国国民革命史の研究』青木書店、一九七四年五月、栃木利夫・坂野良吉『中国国民革命』法政大学出版局、一九九七年一二月、坂野良吉『中国国民革命政治過程の研究』校倉書房、二〇〇四年三月などがある。

(30)　抗日戦争に関しては、さまざまな角度から多数の研究があるが、本研究チームも第二共同研究論文集『日中戦争——日本・中国・アメリカ』で検討を行なった。

(31)　張玉法は、軍事委員会が国防部に改組されたのは「一九四六年五月」であったとしている（三二六頁）。

(32)　『八十年大事』は、一九二四年一〇月一四日、「蔣中正は軍事委員会委員長として各軍を統率し、商団を囲剿」としている。

(33)　『八十年大事』による。馮玉祥は「八月」就任と記述しているものもある。

（斎藤　道彦）

第一部　支配の理念と構造

第一章　孫文と蔣介石の三民主義建国論

はじめに

孫文（一八六六〜一九二五年）らが一九〇五年、「中国同盟会」を結成したのは、「中華民族」意識に基づく「中国人」による「中国」を建国することを目的としていた。(1)「中国」は、一九一二年一月一日、「中華民国」という国号を付されて成立はしたものの、中国国民党は政権を掌握することができず、第二革命、第三革命の失敗を経て、孫文死後の国民革命・北伐によって、中華民国成立から約一七年後の二八年六月に国民党は北京政権を打倒し、一二月に東北易幟《えきし》が実現することによって、ようやく全国におよぶ政権を掌握することができたのだった。

蔣介石は、孫文の三民主義、五権憲法、「軍政・訓政・憲政」三段階論、訓政期以党治国論、大中華主義（中華民族意識、清朝領土の継承）、反帝国主義およびキリスト教信仰、儒教を中心とする中国伝統思想の重視などを継承したと見られるが、本章では建国構想問題に着目し、三民主義、五権憲法、「軍政・訓政・憲政」三段階論、訓政期以党治国論などの建国論に焦点をあてる。

三民主義・五権憲法論に基づく建国論は、蔣介石が孫文から継承したもののうちのもっとも重要な部分であるが、中国近現代史の一般解説書で蔣介石の建国論がどのようなものであったのかについて正面から説明したものはないようである。また、専門論文になると、その全体像などは語る必要もない常識として扱い、それについての知識を前提として個別の問題に入ってゆく傾向が見られる。

そこで本章では、蔣介石の言論に即して彼の建国論の全体像を明らかにすることを目的とし、まず孫文の建国論を概観し、次に蔣介石の建国論を①南京国民政府成立以前（～一九二七年四月）、②南京国民政府成立から盧溝橋事件まで（二七年四月～三七年七月）、③抗戦建国時期（三七年七月～四五年年八月）、④憲政移行・国共軍事対決の敗北まで（四五年八月～四九年一二月）の四時期に分けて、蔣がいかに孫文の建国構想を継承しようとしたか、蔣がどのように建国論を語ったかを見てゆく。そして、従来否定的な評価にほとんど塗りこめられていた四七年中華民国憲法の性格を論ずる。なお、建国構想問題を全面的に検討するには、国民政府が推進した諸政策と蔣介石の関わりについて解明することが必要となるが、それは本章の課題ではないので、必要に応じて触れるにとどめ、全体については取り上げない。(2)

蔣介石の著述は蔣介石自身が書いたのかどうかという政治家一般に共通する問題がある。波多野乾一訳『中国の命運』（日本評論社刊、一九四六年二月）(3)によれば、同書は「旨を陶希聖、朱其華〔家驊?〕、陳布雷に含めて撰述せしめたもの」（三頁）とのことである。その他の著述についても、別に筆者がいると言われるが、現在の資料状況では蔣自身の思想との一致不一致を問題にできる条件はないので、本章では「蔣介石」の名で発表された文章はすべて蔣自身のものと見なして論ずることにする。

一二年から四九年までの中華民国期の政府名称としては、歴史学的には「中華民国政府」(4)がふさわしいだろうが、蔣介石・国民党・国民政府は二七年以降、台湾統治時期にいたるまで、自称として「国民政府」という名称を用いており、歴史研究においても、二七年～三七年の時期に限定した政府名称としては、「南京国民政府」が用いられ、三七年から四六年五月までについては「重慶国民政府」[5]が用いられる。『蔣公全集』での時期名称とそれぞれが含んでいる文章・講話等の発表時期は、北伐時期（二四年五月～二九年九月）、統一時期（三〇年一一月～三七年七月）、抗戦時期（三七年七月～四五年五月）、戡《かん》乱（反乱平定）時期（四五年一一月～五〇年一月）、復興時期（五〇年三月～七四年一月）となっているが、本章では、すでに述べた四時期に区分する。

一　孫文の三民主義建国論の概観

まず、孫文の三民主義建国論の主なものを概観しておこう。

(1)「四綱」論

『軍政府宣言』[6]（〇六年）は、「中国人が中国を治める」ための「国民革命」を掲げ、「自由・平等・博愛の精神」による「駆除韃虜〔韃虜の駆除〕」、「回復中華〔中華の回復〕」、「建立民国〔民国の樹立〕」、「平均地権〔地権の平均〕」を「四綱」とした（中国国民党中央委員会党史委員会編訂『国父全集　第一冊』二八五～二八六頁。中央文物供応社、一九七三年六月。以下、『国父全集（一）』と略称。第二冊以下も（二）（三）とする）。このうち、「中華の回復」については、孫文は『孫文学説（心理建設）』[7]（一九年六月）で、一二年一月一日に「中華民国」が成立したことにより、「中華の回復、民国創立の志は、ここにおいてついに成った」と述べている（同前五〇六頁）。つまり、「中華の回復」とは、「中国人」が「中国」の主権を掌握すること、すなわち満州族の支配を排除した漢族中心の国家＝「中華民国」を創設するという意味だと理解される。

(2)「三序」論（「軍政・訓政・憲政」三段階論）

『軍政府宣言』（一九〇六年）は、「四綱」実現の手順として、三年間の「軍法の治」、六年間の「約法の治」ののちに「憲法の治」を行なうとし、これを「序に三あり」とした。（同前二八六頁）。

『建国方略』は、『孫文学説（心理建設）』、『実業計画（物質建設）』[8]、『民権初歩（社会建設）』[9]の三つの部分からなるが、孫文は『孫文学説（心理建設）』で、「革命進行の時期は、三つである。第一は軍政時期、第二は訓政時期、第三は憲政時期である」（同前四六四頁）、「今、わが党の方略は、軍政を三年、訓政を六年と定め」る（同前四六九頁）と述べている。

これは通常、「三序」と呼ばれるが、本章では「『軍政・訓政・憲政』三段階論」と呼ぶことにする。

(3)「地方自治」論

孫文は『軍政府宣言』では、「約法の治」においては「地方自治」が実施されるとした（同前二八六頁）。『孫文学説（心理建設）』でも、「第二（訓政時期）」に「約法（現行のものではない）を施行し、地方自治を建設」すると述べている（同前四六四頁）。

『地方自治開始実行法』[10]（一九二〇年三月一日）では、「地方自治の範囲は、一県をもって充分の区域とすべし」とし（『国父全集（二）』一六九頁）、地方自治の事務内容として、①「戸籍調査」、②（地方自治）「機関の設立」、③「地価の決定」、④「道路建設」、⑤「荒地の開墾」、⑥「学校の設立」の六項目をあげている（同前一六九頁）。これを「地方自治事務六項目」と名づけておこう。②には、「選挙権、罷官権、創制権、複決権」の実行が含まれる。

中国国民党特設辦事処での講演『五権憲法』[11]（二一年七月）では、「憲法では、五権分立が規定されるほか、もっとも重要なのは県自治で、直接民権が行使されることである」（同前四二四頁）と述べ、地方自治の単位は県であるとしている。

(4)　「三民主義」論

孫文は一九〇五年一一月二六日、「『民報』発刊の辞」[12]（『民報』創刊号）で、「三大主義」すなわち「民族」・「民権」・「民生」を発表した（同前八〇頁）。

『三民主義』（一九一九年）では、「民族主義」については、複数の民族を融合したアメリカのように「満・蒙・回・蔵」を「漢」に融合して「中華民族」とするとし（同前一五四～一五六頁）、「民権主義」については、「選挙の権」、「複決の権」、「創制の権」、「罷官の権」を「四大民権」とし、「軍政」・「訓政」に触れている（同前一五七～一五八頁）。「民生主義」については、「民生主義とは、社会主義である」としている（同前一五九頁）。

一冊にまとめられた『三民主義』[13]は、孫文が二四年一月二七日から八月二四日までの毎日曜日に広州の中山大学で行なった講演である。「民族主義」のなかでは、中国＝「次植民地」（『国父全集（一）』一七頁）、「帝国主義」と「民族自決」（同前三五～四〇頁）、日本が中国を攻撃すれば、「一〇日以内に中国を滅ぼすことができる」（同前四六頁）、中国人＝「ばらばらの砂」（同前五〇頁）、「中国固有の道徳」（忠孝・仁愛・信義・和平）[14]などについて語っている（同前五五頁）。「民権主義」のなかでは、「天下為公（天下を公と為《な》す）」（同前七二頁）、「自由・平等・博愛」（同前八〇頁）、「先知先覚者」＝「発明者」、「後知後覚者」＝「宣伝家」、「不知不覚者」＝「実行家」（同前一〇四頁）、「三権分立」（同前一〇八頁）、「普通選挙」（同前一一〇頁）、「四種の民権」＝「選挙権・罷官権・創制権・複決権」（同前一一七頁）、「政権」＝「四種の民権」、「治権」＝「五権憲法」（同前一四七頁、一五一～一五三頁）などについて語っている。「民生主義」のなかでは、「民生主義は社会主義であり、またの名は共産主義、すなわち大同主義である」（同前一五七頁）、「平均地権」、すなわち「地価は地主が自分で決定する」、「政府は彼が届け出た地価に応じて徴税する」、届出以後の値上がり分は公有とするとし（同前一七七頁、一八七頁）、「節制資本

〈資本を節制する〉」（同前一七七頁）では、「中国で民生問題を解決するには」資本の節制だけでは足りず、「実業の振興」が必要であるが（同前一八九頁）、これについては『物質建設』で述べたとし（同前一九一頁）、さらに「食の問題」（同前一九一頁）、「衣の問題」（同前二〇九頁）などを語っている。

(5)「五権憲法」論

孫文は東京における『民報』一周年記念会での講演「三民主義と中国民族の前途」[15]（一九〇六年一二月二日）で、「イギリスの憲法」は「三権分立で、行政権、立法権、裁判権」が独立しているが、「将来の中華民国の憲法」は「五権分立」であり、三権のほかに「考選権」と「糾察権」を設け、「考選権」とは独立の機関を設けて上級から下級までの官吏登用に試験を行なうものであり、「糾察権」とは同じく「独立」の機関を設けて「監督・弾劾を所管する」ことであると説明している（『国父全集（二）』二〇五～二〇七頁）。

孫文は『孫文学説（心理建設）』（一九一九年六月）で、「五権憲法」について、「五院制をもって中央政府とする。一は行政院であり、二は立法院であり、三は司法院であり、四は考試院であり、五は監察院である」と言っている（『国父全集（一）』四六四頁）。

『三民主義』（一九二四年）のなかの「民権主義」の部分でも、「五権憲法」（同前一五二～一五三頁）について語っている。

(6)「直接民権」（「四大民権」）・「民有・民治・民享」論

『五権憲法』（一九二一年七月）では、五権憲法に触れた上で、「直接民権は全部で四つある。一つは選挙権で、二つは罷官権で、三つは創制権で、四つは複決権である」としている。このうち、「複決権」については、「立法院がもしも、よい法律を提案したが、立法院中の大多数の議員がこれを通さなかった場合、人民は公意の賛成によって通過させる。この通過権を創制権と言わず、複決権と言うのである」（『国父全集（二）』四二四～四二五頁）

と述べている。「複決権」は、立法院の外で行使されることになるので、のちに出てくる「国民大会」権限に位置づけられることになるものと見られる。

『三民主義』（一九二四年）のなかの「民権主義」でも、「四種の民権」＝「選挙権・罷官権・創制権・複決権」（『国父全集（一）』一一七頁）、「政権」＝「四種の民権」（同前一四七頁、一五一頁、一五三頁）について語っている。このなかで孫文は、「複決権」とは法律の「修正」権であるとしており（同前）、「罷官権」の対象が被選挙人のみに限定されるのか、すべての政府職員におよぶのかについては、述べていない。

孫文はまた、『五権憲法』（一九二一年七月）で、アメリカのリンカーンの「of the people, by the people, for the people」という言葉を「民有」（人民の）・「民治」（人民による）・「民享」（人民のための）と訳したと述べており（『国父全集（二）』四二二頁）、『三民主義』（一九二四年）のなかの「民権主義」でも、「民有・民治・民享」（同前一五四頁）について語っている。

(7)「知難行易」論

孫文は『孫文学説（心理建設）』で、清朝は打倒できたが、三民主義・五権憲法が実現できなかった原因は、「心理の大敵」すなわち「之《これ》を知るは艱《かた》きに非《あら》ず、之を行なうこと、惟《ただ》艱きなり」との思想にあるとし、正しくは「知難行易（知るは難く行なうは易《やす》し）」なのであると主張している（『国父全集（一）』四一九頁）。

(8)「実業計画」論

『実業計画（物質建設）』（一九二一年一〇月一〇日自序）は、次の五つの計画からなる。以下、大項目のみあげてみる。

「第一計画」は、「北方大港」（直隷湾）、「西北鉄道系統」、「モンゴル・新疆への殖民」、「運河を開き中国の北部・西部の通渠および北方大港と連絡」、「直隷・山西の石炭・鉄鉱源を開発し、製鉄所を設立」、「第二計画」は、

「東方大港」（上海）、「揚子江の整備」、「内河商埠（開港場）の建設」、「現存の水路および運河の改良」、「大セメント工場の創設」、「第三計画」は、「広州を一世界大港に改良」、「広州水路系統の改良」、「中国西南鉄道系統の建設」、「沿海商埠および漁業港の建設」、「造船所の創設」、「第四計画」は、「中央鉄道系統」、「東南鉄道系統」、「東北鉄道系統」、「西北鉄道系統の拡張」、「高原鉄道系統」（チベット・青海・新疆の一部・甘粛・四川・雲南など）、「機関車・客車・貨車製造工場の設置」、「第五計画」は、「食糧工業」、「衣服工業」、「住宅工業」、「行動工業」（自動車）、「第五部　印刷工業」、「第六計画」は、「鉄鉱」、「石炭」、「石油」、「銅鉱」、「特殊鉱」、「鉱業機械の製造」、「冶鉱工場の設立」である（同前五一七～六六六頁）。

『三民主義』（一九二四年）の「民生主義」でも、「中国で民生問題を解決するには」資本の節制だけでは足りず、「実業の振興」が必要で（同前一八九頁）、これについては『物質建設』で述べたと語っている（同前一九一頁）。

(9)「以党治国」論

中国近現代史研究の世界では、通常、「以党治国」とは、国民に代わって国民党が全権を掌握し、政治の主権者になることと解されているが、孫文は『五権憲法』（一九二一年七月）では、「以党治国」（党によって国を治める）という表現は欧米で行なわれている「政党政治」の意味としている（『国父全集（二）』四一九頁）。

孫文は、「寧武らが以党治国の主旨を貫徹することを励ます書簡」（一九二二年九月二七日）では、「諸同志が党務を拡張し、実力を養い、以党治国の主旨を貫徹する」よう期待する旨、述べている（『国父全集（三）』八一七頁）。

「四川支部に返信し、党義を宣揚し同志を団結させるよう励ます書簡」（同年一〇月一一日）では、「文（私）は平素、以党治国の義を樹《た》ててきたので、党をきわめて重要視してきた」と述べている（同前八二一頁）。

この二点から「以党治国」の内容を判断することは困難である。

「広州国民党党務会議での講話」（一九二三年一〇月一〇日）では、「ロシア革命党は一〇〇マイルの地で四方八方の敵に応じ、数年のうちについに内乱外患を次第に平定できたのは、軍隊がすべて党員に属していたからである」とし、これにならって「今後は以党治国したい」と述べている（『孫中山全集』第八巻二五八頁）。

ここでは、革命ロシアを手本としているのだということがわかる。

広州中国国民党懇親大会での訓示「党員は官になろうという気持を持ってはならない」（一九二三年一〇月一五日）では、「以党治国とは、本党の党員を用いて国を治めるということではなく、本党の主義を用いて国を治めるということである」とし（『国父全集（二）』五三九頁）、「広東の人心の一半が本党に帰したら、本党は以党治粤《えつ》（党によって広東を治める）を実行してよい」と述べている（同前五四二頁）。ここでは、孫文は、「以党治国」とは国民に代わって党が政治を行なうこととは言っていないという点が注目される。

国民党第一回全国代表大会での「国民政府設立案の説明」（一九二四年一月二〇日）では、「われわれの模範として、「ロシアが完全に以党治国であることは、英・米・仏の政党の政権掌握より一歩進んでいる。われわれには現在、治めるべき国はないので、以党建国と言えるだけである」、ロシア革命が「成功できたのは、すなわちロシアが党を国の上に置いたからだ」と述べ（『国父全集（二）』六一九頁）、国民政府をロシアの政治体制にならって設立することを明らかにしている。

孫文は『三民主義』（一九二四年）の「民権主義」で、「『人民独裁』の政体は、当然、『代議政体』よりずっと改良されている」と述べている（『国父全集（二）』一一八頁）。「人民独裁」については国名はあげていないが、当然、革命ロシアを指している。なお、「人民独裁」論とは、実質はさておき、論理としては党が国民に代わって全権を掌握し、政治の主権者になるということではない。

⑽「中国国民党一全大会宣言」（一九二四年一月）

中国国民党は二四年一月、第一回全国代表大会を開催し、国民革命の方針を決定している。同月二三日決定された「中国国民党第一回全国代表大会宣言」では、「国民党の主義」は「孫先生が提唱している三民主義」であるとしている（胡春恵編『中国現代史史料選輯　民国憲政運動』六一七頁、正中書局、一九七八年一一月。以下、『民国憲政運動』と略称）。

同宣言は、「民族主義」とは「中国民族がみずから解放を求めること」であり、「中国国内各民族」は「一律平等」であると説明している（同前六一八頁）。ここでは、「中華民族」と言わず、「中国民族」と言っている点と「中国国民党」は「中国内の各民族の自決権を承認し」、「自由で統一された（各民族自由連合の）中華民国を組織しなければならないことを厳粛に宣言する」と述べている点が注目される（同前六一九頁）。

孫文は、以下に見る『建国大綱　国民政府建国大綱』[16]（二四年四月一二日、以下、『建国大綱』と略称）でも「国内弱小民族」の「自決自治」と言うが、これは孫文自身の思想というよりも、当時のコミンテルン・中国共産党の政策と言うべきものと見られるが、一九二四年に孫文側がこれを拒否せず、採り入れているという事実は中国近現代史が忘れるべきでない重要なひとこまである。

「民権主義」については、四大民権と五権分立であるとしている（同前）。「民生主義」については、「地権の平均」と「資本の節制」であるとし、「地権の平均」とは「私人が所有する土地は地主が価格を見積もり、それを政府に報告し、国家はその価格に応じて課税し、必要なときにはその価格でそれを買い取る」こととし、「資本の節制」とは「銀行・鉄道・航路などの類は国家がこれを経営管理」し、「私有資本制度に国民の生計を操縦できなくさせる」こととしている（同前六二〇頁）。また、「対外政策」七項目の（一）として「一切の不平等条約」の「解消」（同前六二二頁）、「対内政策」一五項目の（二）として「各省」単位の「憲法」制定、（三）として

「県を自治の単位とする」、（六）として「集会・結社・言論・出版・居住・信仰の自由」などの自由権に属する項目を挙げている（同前六二三頁）。

なお、孫文は「自由権」という用語は用いていない。

⑾『建国大綱』

以上のように見てくると、『建国大綱』（一九二四年四月一二日）が孫文の三民主義建国論の集大成であることがわかる。『建国大綱』は、二五項目にまとめられている。

【軍政・訓政期国民政府】一、「国民政府」は、「三民主義・五権憲法に基づいて中華民国を建国する」。

【民生主義】二、「建設の最初は、民生になければならない」。

【四大民権】三、「次は民権」で、「政府」は「人民」を「訓導」して、「選挙権」、「罷官権」、「創制権」、「複決権」を行使させる。

【民族主義】四、「三番目は民族」で、「国内の弱小民族に対しては」「自治自決できるようにさせ」、「国外からの侵略・強権に対しては」抵抗し、「国際的平等と国家の独立を回復する」。

【三段階論・軍政期】五、「建設の順序」は、「軍政時期」、「訓政時期」、「憲政時期」の「三期に分ける」。六、軍政時期には、「兵力で国内の障害を除去」し、「主義の宣伝によって全国の人心を開化し国家の統一を促進する」。七、「およそ一省が完全に安定（原文「底定」）した日が、軍政を停止し、訓政を開始するときである」。

【訓政期地方自治】八、訓政時期には、県単位で「自治を準備」し、「人口調査」、「土地測量」、「警察・衛生の事務」、「道路建設」、「四権の訓練」を行ない、「議員を選挙」し、「一県の法律を決定」する。こうして「完全自治の一県が成立」する。九、「完全自治の一県」では、「その国民は官員を直接選挙する権」、「直接罷免する権」、「法律を直接創制（制定）する権」、「法律を直接複決する権」がある（四大民権）。一〇、「全県が自治を実施したとき」、「私有地の価格を決定」し、「地主が自主申告」し、「その価格に基づいて徴税」し、「随時、その価格に基づいて売買」する（平均地権）。一一、一二、（略）。一三、各県の中央政府への納付金は、県の歳入の「一〇％」以上「五〇％」以下とする。一四、各「県地方自治政府の成立後、国民代表一名を選出」する。一五、中央および地方のすべての官員は、「中央の考試（試験）を経なければならない」（考試権）。一六、「およそ一省の全県がすべて完全自治に達したときが、憲政開始時期」である。一七、（略）。一八、「県は自治の単位」である。

【五権分立・五院設立】一九、「憲政開始時期に、中央政府」は「行政院」・「立法院」・「司法院」・「考試院」・「監察院」の「五院」を設け、「五権の治」を試行する（五権憲法）。二〇、行政院には、まず「内政部」・「外交部」・「軍政部」・「財政部」・「農鉱部」・「工商部」・「教育部」・「交通部」を設置する。二一、「憲法公布以前は、各院長はすべて総統が任免し、これを督率する」。

【憲政実施・国民大会】二二、「憲法草案」は、「立法院が議訂する」。二三、「全国の過半数の省が憲政開始時期に達したとき、すなわち全省の地方自治が完全に成立した時期に、国民大会を開催し、憲法を決定し、これを公布する。」二四、「憲法公布ののち、中央統治権は国民大会がこれを行使し、国民大会は中央政府の官員の選挙権・罷免権を有し、中央の法律について創制（制定）権を有し、複決権を有する」（四大民権）。二五、「憲法公布の日は憲政実現のときであり、全国国民は憲法に基づき全国大選挙を行なう。国民政府は選挙終了三ヵ月後に解職し、政権を民選の政府に引き渡す。これが建国の大功完成である。」（『国父全集（一）』七五一～七五三頁）

近代国家の基本的な政治原理は、立憲主義・権力分立制・代議制の三つとされる。孫文の三民主義・五権憲法構想は、基本的にこの近代国家の基本的政治原理に合致している。なお、『建国大綱』のなかには「以党治国」への言及はなく、また、憲政実施後においては国民大会が四大民権を行使するとの代議制を規定しているだけで、立法院と国民大会の機能分担についての言及はないことを確認しておこう。孫文死後、中国国民党および蒋介石は、基本的にはこの青写真に忠実に従い、それを実行しようとしたのであったが、一致しない面も生じていった。

二　蔣介石の三民主義建国論

1　南京国民政府成立以前

蔣介石は「一九〇八年、日本に留学していたとき、同盟会に加盟」し（『中国におけるソビエト・ロシア――中国とロシア共産党の三〇年間の関係についての記録』[17]（一九五六年一二月。以下、『中国におけるソビエト・ロシア』と略称）、革命運動に参加した。

中国国民党総理・孫文は二四年、軍官学校を開設し、党軍を創立することを決定し、五月二日、蔣介石が黄埔に設置された陸軍軍官学校（通常、黄埔軍官学校と呼ばれ、中国では黄埔軍校と略称される）の校長兼粤（広東）軍総司令部参謀長に任命された（中国国民党中央委員会党史委員会『中国国民党八十年大事年表』[18]、一九七四年八月。以下、『八十年大事』と略称）。同年八月九日、蔣は孫文の命をうけ、広州商団による武器密輸入事件の処理に取り組み、一〇月一五日、同団を鎮圧した（同前）[19]。

そののち、蔣は『蔣公全集』に見る限り、黄埔軍官学校で少なくとも二回、三民主義について演説を行なっている。

（一）「三民主義と五権憲法概要」（一九二四年一〇月）

第一回目は、二四年一〇月一〇日の双十節にあたっての黄埔軍官学校での検閲後の講話「三民主義と五権憲法る限り、蒋がはじめて学生たちに三民主義・五権憲法について解説を行なった。[20] これは、『蒋公全集』に見る限り、蒋がはじめて三民主義・五権憲法を論じたものである。

蒋は、この講話でまず、同盟会のスローガンは「韃虜の駆除」、「中華の回復」、「民国の建設」、「地権の平均」の四つだったが、「現在、満清は打倒され、中華もすでに回復した。現在、われわれが努力しなければならないのは、民国の建設と地権の平均」であるとし、現在のスローガンは「三民主義と五権憲法」であると言う（『蒋全』四六七頁）。

「韃虜の駆除」とは、清朝の打倒であり、「中華の回復」とは、漢族中心国家＝「中華民国」の創設である。「中華民国」は創設されたが、三民主義を掲げた国民党が政権についておらず、三民主義に基づく建設が行なわれていないので、「民国の建設」、「地権の平均」が残された課題とされているのだということになる。

「三民主義」の第一である「民族主義」とは、「中華民族の独立」、「外国帝国主義」の圧迫を許さないこと、「国内の軍閥を許さないこと」であり、そのためにこの陸軍軍官学校があるのだと説明し、「軍閥」として呉佩孚・陳炯明の名をあげている（同前四六七〜四六八頁）。

ここでは、「民族主義」とは「中華民族の独立」、「外国帝国主義」の圧迫を許さないこととしているが、「中華の回復」がなされたあとの具体的な行動目標の説明がなく、黄埔軍官学校の学生に対して何が課題だと言いたいのかよくわからない点がある。また、「軍閥」として最大の打倒対象である北京政権をあげていないのも、理由がよくわからない点である。反「帝国主義」・反「軍閥」の一般論と見るしかない。

次に、「民権主義」とは、「創制権、複決権、罷免権、選挙権」であるとしている。「創制権」とは「人民に何か意見や才力があれば、何であれ法に基づいて集会し、議会に提出して議決させ、議決後、実行する」（同前四六七頁）ことであると言っているので、ここには言論・集会の自由などが含まれているのだという位置づけになる。「複決権とは、およそ人民が不適当な法律と見なしたもの、および旧派の官僚と議員が以前に決議・選挙したものについて、さらに複議を提出し、それによってひっくりかえす目的を達成すること」（同前四六七頁）と説明している。「複決権」についての蔣のこの説明は、「現在の法律を廃止する権利」という意味であるとしており、孫文が述べた「立法院の意思にかかわらず、人民の公意で法律を決定する権利」という内容については、触れていない。

「民生主義」とは、資源の開発、「資本の節制」により社会の貧富の「均しからざる」を防止すること、および「地権の平均」であると説明している（同前四六七～四六八頁）。これも、孫文が『三民主義』（一九二四年）で『論語』から引用している公平主義・平等主義を引き継いだものである。[21]

「五権憲法」のうち、考試権については、「政府に考試権がなければ、真の才人を活用することができない」と述べ、政府の人材登用権限であるとしている。弾劾権については、「弾劾権とは監督権のことであり、政府がこれを用いて不良議員および腐敗官吏を弾劾する」権利としており、考試・弾劾のいずれも政府の権限であると説明している（同前四六八頁）。

弾劾権についての蔣の説明は、すでに見た孫文の『民報』一周年記念会での講演（〇六年一二月）における説明とはややニュアンスが異なるように思われる。問題は「政府」の概念をどう理解するかにかかわっている。「政府」機構の構成は、各国それぞれ異なる。ドイツ系国家および日本では内閣・行政機構に限定され、司法・立法は含まれないが、英米系国家では司法・立法・行政の総称とされる。欧米型民主主義は、その前提でいずれも三権分立原則をとっているが、蔣介石のように「政府」が「弾劾権」を用いて「不良議員および腐敗官吏を弾劾する」と言うと、蔣は「政府」を総統、五院各院長、行政院各部部長からなる内閣あるいはその一部に限定した狭い意味で解釈しているのではないかと考えられる。これと、「弾劾」（糾察）権が立法院あるいは国民大会の権限の一部と位置づけられる場合と実質がどう違うかは一概には言えないかもしれないが、「政府」の実際の中身が総統、各院長、内閣あるいはその一部のことであり、その意向に監察院が左右され、国民大会代表や立法委員の身分を剥奪することがありうるとすれば、国民大会と立法院の立場は著しく弱いものとなり、五権分立どころか、実質はほとんど総統への全権集中となり、強い総統・弱い国民大会・立法院を意味するものとなる可能性を含むことになるだろう。

（二）「三民主義の要旨と三民主義教育の重要性」（一九二七年）

蔣介石による三民主義についての第二回目の説明は、それから約二年三か月後、二六年七月から開始された北伐進行中の二七年一月、江西教育講習会で行なった講話「三民主義の要旨と三民主義教育の重要性」である。蔣は、この講話で「三民主義教育」の内容を次のように述べている。

まず、「民族主義」とは、「帝国主義」の打倒、「各民族の一律平等」による最終目標としての「世界大同」の実現である。「民権主義」については、「民権革命の対象は、すなわち軍閥」であり、「軍閥」は「国際帝国主義の走狗」であって、「言論・集会・出版・結社の自由権」も「軍閥」によって剥奪されていると述べており、四大民権については説明を省略している（同前五二八〜五二九頁）。

ここでは、前回の説明とは異なる内容が強調されており、「帝国主義」の手先である「軍閥」の打倒は、前回は「民族主義」に位置づけられていたのに対し、今回は「民権主義」に位置づけられている。「民生主義」については、「資本の節制」、「地権の平均」であって、「地権の平均」は「民生主義の基本」であり、「貧を患《うれ》えず、均ならざるを患う」と平等主義を表明する説明に変わりはない（『蔣全』五二六〜五三〇頁）。四・一二の約三か月前であるが、「共産主義」批判はまだない。

南京国民政府成立以前の時期には、蔣は「三民主義・五権憲法」、反「帝国主義」・反「軍閥」を語っているが、反「軍閥」の三民主義における位置づけが変化していたり、「複決権」・「弾劾権」についての説明に孫文の説明と一致していない点などがあった。また、「軍政・訓政・憲政」三段階論・「以党治国」論には触れておらず、「共産主義」批判も、また「倫理・道徳」についても、述べていないことが確認される。

2　南京国民政府成立から盧溝橋事件まで（一九二七年四月～三七年七月）

二五年三月の孫文死後、国民党内には孫文が党内に迎え入れた中国共産党員をどうするかという問題がくすぶっていた。二六年三月一八日には、中山艦が命令なしに広州から黄埔にもどったため、二〇日、蔣が海軍代理局長・李之竜（中国共産党員）を逮捕するという中山鑑事件[22]が発生した。これは、蔣が中国共産党に対してはじめてとった対抗措置ないし攻撃的措置であった。しかし、すでに見たように、その後の二七年一月講話における三民主義の説明では、まだ「共産主義」批判は行なっていなかった。その約三か月後の四月二日、中国国民党監察委員会は上海で全体緊急会議を開き、共産党に対し「非常緊急措置をとる」ことを決定した。[23]蔣介石はこれに基づき、一二日、上海で共産党員一掃の反共軍事行動[24]に踏みきった。

（一）　反共・訓政・安内攘外

(1)　一九二七・四・一二後の共産主義批判

蔣はこの四・一二反共軍事行動後の同年七月七日、上海総商会における歓迎宴での講話「国民革命と経済の関係」で、共産党と国民党との違いを語り、共産党が「階級闘争」論であるのに対し、国民党は「全民〔全国民〕革命」であること、共産党が「私有財産」を否定するのに対し、「三民主義は私有財産を承認する」とし（『蔣全』五三七頁)、「共産主義と三民主義は根本的に異なる」(同前五三八頁)とその違いを強調している。また、「国際帝国主義」の圧迫からの「中華民族」の解放を掲げて(同前)、「上海租界」の回収に言及している(同前五三九頁)。

(2)「訓政」段階・「以党治国」

中国国民党中央常務委員会と国民政府委員会は一九二七年四月一八日、南京に首都を移転することを決定した。蒋はこの南京国民政府成立後、「廉潔な政府をつくり財政の統一を励行しよう」(同年六月二五日)で、「われわれ国民党は以党治国であり、三民主義を前提」としていると述べ、おそらくはじめて「以党治国」に言及した(同前五三六頁)。

二八年六月、国民革命軍は北京を占領し、北伐は基本的に一段落した。国民党・国民政府は、軍政は終了し、訓政段階に入ったとの立場をとり、同年一〇月三日、中国国民党第二期中央執行委員会第一七二回常務会議は「中国国民党訓政綱領」を決定し、二九年三月一九日、第三回全国代表大会はこれを追認した。同綱領は、「訓政期間は、中国国民党全国代表国民大会が国民を指導して政権を行使する」とした(『民国憲政運動』六三〇頁)。同年一二月、張学良の東北易幟により、全国統一は基本的に終了したと考えられた。

三〇年四月二四日、国民政府が公布した「国民会議組織法」に基づいて開催された国民会議は、三一年五月一二日、「中華民国訓政時期暫定約法」を採択し、同年六月一日、国民党はこれを公布し、同日施行した。同約法は、第三〇条で「訓政時期は、中国国民党全国代表大会が国民大会を代表し、中央の統治権を行使する」とし、国民党が国民の主権を代行するという意味の「以党治国」原則を定めると共に、第七条で「建国大綱第八条」に基づく「完全自治の県」が「建国大綱第九条」の定める四大民権を持つこと(同前六五五頁)、人民が「結社・集会の自由」(第一四条)、「言論および著作刊行の自由」(第一五条)を持つこと(同前六五六頁)、『地方自治開始実行法」に基づく「地方自治」（第二九条）、四大民権（第三一条）、五権（第三二条）などを規定した（同前六五七頁）。

国民会議は同年五月一三日、「不平等条約廃止宣言」を発表した。同年六月一日、国民政府は「中華民国訓政時期約法」を公布した。

蔣は、盧山軍官訓練団での講話「外侮に抵抗し、民族を復興する（下）」（一九三四年七月）では、日本の教育の中心は「忠君愛国」であるが「われわれは党を以って国を治める」ので、「忠党愛国」であると言い、「忠」の対象は中国国民党であるとしている。

(3)　地方自治

蔣介石は二八年一一月三〇日、安徽県庁会議での講話「当面する県政の要務」で、「建国大綱中最も重要なのは、県自治の完成である」とし、「戸口調査、土地測量、警備の訓練、道路建設」を課題として掲げている（『蔣全』五六一頁）。

蔣介石は三六年三月一三日、内政部対県市行政講習所における学員への講話「県政の推進と政治建設」で、学ぶべき書物として孫文の『建国大綱』・『地方自治開始実施法』および『李鴻章への上書』をあげ、さらに管仲・商鞅・諸葛亮・王安石・張居正・胡林翼らの名を挙げた上で、『大学』・『中庸』に言及している。ついで、蔣は孫文が『李鴻章への上書』で「人はその才を尽くし、地はその利を尽くし、物はその用を尽くし、貨はその流れを暢《よ》くす」と述べていることを取り上げ、人材の登用、土地の開発、物資の生産・節約、交通の発展を課題として掲げた（『蔣全』一〇二五〜一〇三二頁）。

(4)　建国・建設政策の推進

蔣は、一九二八年に中央が①識字、②衛生、③保甲、④造林、⑤道路建設、⑥合作、⑦国貨（国産品）提唱を党・政工作の七項目運動と規定したが、成果をあげることはできなかった、とのちに述べている（『国父遺教概要』[25]、一九三五年九月、同前七頁）。

蔣は三五年一〇月一四日、「国民経済建設運動の意義およびその実施」で、「国民経済建設運動と新生活運動の二者は、実は相表裏をなしている」との位置づけを語り、「実施要綱」として①農業の振興、②大規模な移民による荒地の開墾と牧畜の経営、③鉱産開発、④労働者の徴集による道路・水利などの建設、⑤鉱業の促進、⑥消費の調整、⑦物資の流通、⑧金融の調整をあげている（同前一〇一三～一〇一七頁）。

蔣は三六年五月一六日、高級行政人員会議閉幕式に出席しての講話「建国の行政」で、建国の基本要務として①「養」（経済）、②「教」（教育）、③「衛」（保衛）、④「管」（管理）をあげ、①では、収支バランスの重視と法幣の信用向上による全国の金融の安定、生産建設、②では教育の質の改善を優先させ、ついで量の発展を謀ること、教師を尊敬する気風、③では国防、保甲・壮丁訓練、警察の充実、④では管理の徹底を掲げ、さらに地方行政について、①河川管理、②道路建設、③各地の保安団体の訓練を省に集中することなどを課題として掲げていている（同前一〇三八～一〇五一頁）。

(5)　安内攘外論と江西剿共戦

蔣は、三〇年一二月から三四年一〇月まで計五回にわたる江西剿共戦に取り組んだ。江西剿共戦は、中国共産党・紅軍を江西から駆逐したという点では成功であり、中国共産党・紅軍を殲滅することはできず、その「大西遷」を許したという点では失敗であった。一九三一年、蔣は「安内攘外」政策を発表し、三一年から三七年の盧溝橋事件の発生までは、対日正面戦争を基本的に避け、安内を優先する立場をとった[26]。

蔣は三一年七月二三日、「全国同胞に一致して安内攘外されんことを告ぐ」を発表した。蔣はこのなかで、「まず赤匪を消滅し、民族の元気を回復しなければ、侮りを禦《ふせ》ぐことはできない。まず粤逆（陳済棠・汪精衛・李宗仁・唐紹儀などの広東独立の動きを指す」を平らげ、国家の統一を完成しなければ、外を攘《はら》うことはできない」と述べている（同前三二五頁）。安内が先か攘外が先かという選択は、蔣にとってはどちらをとってもよいがこちらの方がよりよいというような余裕のある選択ではなく、追い詰められて切羽詰まっての選択だったと思われる。

蔣は同年七月、廬山軍官訓練団での講話「外侮への抵抗と民族の復興（上）」で、対日認識と日本対策について、日本の戦力は陸軍三三〇万人、海軍一二〇万トン、空軍三、〇〇〇機を有し、国民には「忠君愛国」の教育が施されており、戦争遂行の準備万端が整っているのに対し（同前八七五頁）、中国にはまったく準備はなく、このまま「開戦すれば、日本は一〇日以内にわが中国のすべての重要な地区を完全に占領し、滅ぼすことができるだろう」と三二年の一・二八以前に孫文の言葉を引用して述べたことがあると語った上で（同前八七八頁）、「一〇日どころか三日以内に日本はわが中国の沿江・沿岸部をすべて占領」し、西は重慶・成都におよび、南は広東・梧州・邕《よう》寧におよぶとし、「こんなときに日本と正式開戦できると言うのは、まったく痴人が夢を語るもので、あまりにも己《おのれ》を知らず、敵を知らないものである」と危険性を強調し、国防建設に「三〇年努力する」ことを呼びかけている（同前八七八頁）。蔣は、このように日本の強大さ、中国の無力さと長期間にわたる建設の重要性を述べたあとで、「革命的精神」をもって各営〔大隊〕が「営防」、各団〔連隊〕が「団防」、各師〔師団〕が「師防」につとめるなら、日本がいかに強大でも、「中国を滅ぼすことはできない」と言う（同前八八一頁）。正面開戦は避けるが、攻撃があっても防御に徹すれば勝利が得られるとの趣旨と思われる。

蔣は南昌行営拡大記念週での講話「教養衛」（三四年二月一二日）で、「今日の国家の存亡は江西にかかっており、それゆえ江西は民族復興の基礎とならねばならぬ」と位置づけ、「国家建設・民族復興の根本要務」として「教」・「養」・「衛」をあげた。「教」とは「礼義を明らかにし、廉恥を知り、責任を負い、規律を守る」こと、

「養」とは「食・衣・住・行」において「整斉・清潔・簡単・樸実」を実行すること、「衛」とは「規律厳守、命令への服従」、「団結の精神、共同一致」などであるとしている（同前八〇三頁）。そして、これら「教」・「養」・「衛」三者を「一貫する方法は教育である」とする（同前八〇五頁）。ここにあげた課題は、同月一九日から新生活運動[27]として取り組まれる。

（二）『総理遺教概要』

『総理遺教概要』は、蔣が一九三五年九月、峨嵋訓練団で六回に分けて行なった講話で、南京国民政府時期に蔣が三民主義等について語った講話の中でもっとも詳しい説明であり、『蔣公全集』の最初に置かれており、五五頁にわたる。

第一講（同月一四日）は、「総理遺教概要」と題されている。「総理の第一のもっとも重要な遺教は、当然、三民主義である。三民主義とは革命建国の最高原則であり、たとえば孫文学説・実業計画・民権初歩・建国大綱等々はすべて三民主義を実現する具体的方略にすぎない」（同前二頁）とし、「三民主義の内容」については、「民族主義は心理と政治建設の原則」、「民権主義は政治・社会建設の原則」、「民生主義は政治・物質建設の原則」とし、「三民主義とは、心理・物質・政治・社会の四大建設を統合し、それによって国家建設を完成しようとするものであり、国民革命全体の最高指導原則である」と位置づける（同前二頁）。

次に、三民主義実現、国家建設完成のための方案に関する孫文の遺教についての「もっとも精密でもっとも系統的な著作」として『建国方略』をあげる。『建国方略』は、心理建設（孫文学説）・物質建設（実業計画）・社会建設（民権初歩）の三部分からなるが、蔣はこれに政治建設（政府組織と地方自治）をつけ加え、孫文の国家建設方案を「四大部門」からなると説明し、「総理遺教体系表」に図式化する（図1、同前二頁）。

図１　総理遺教体系表

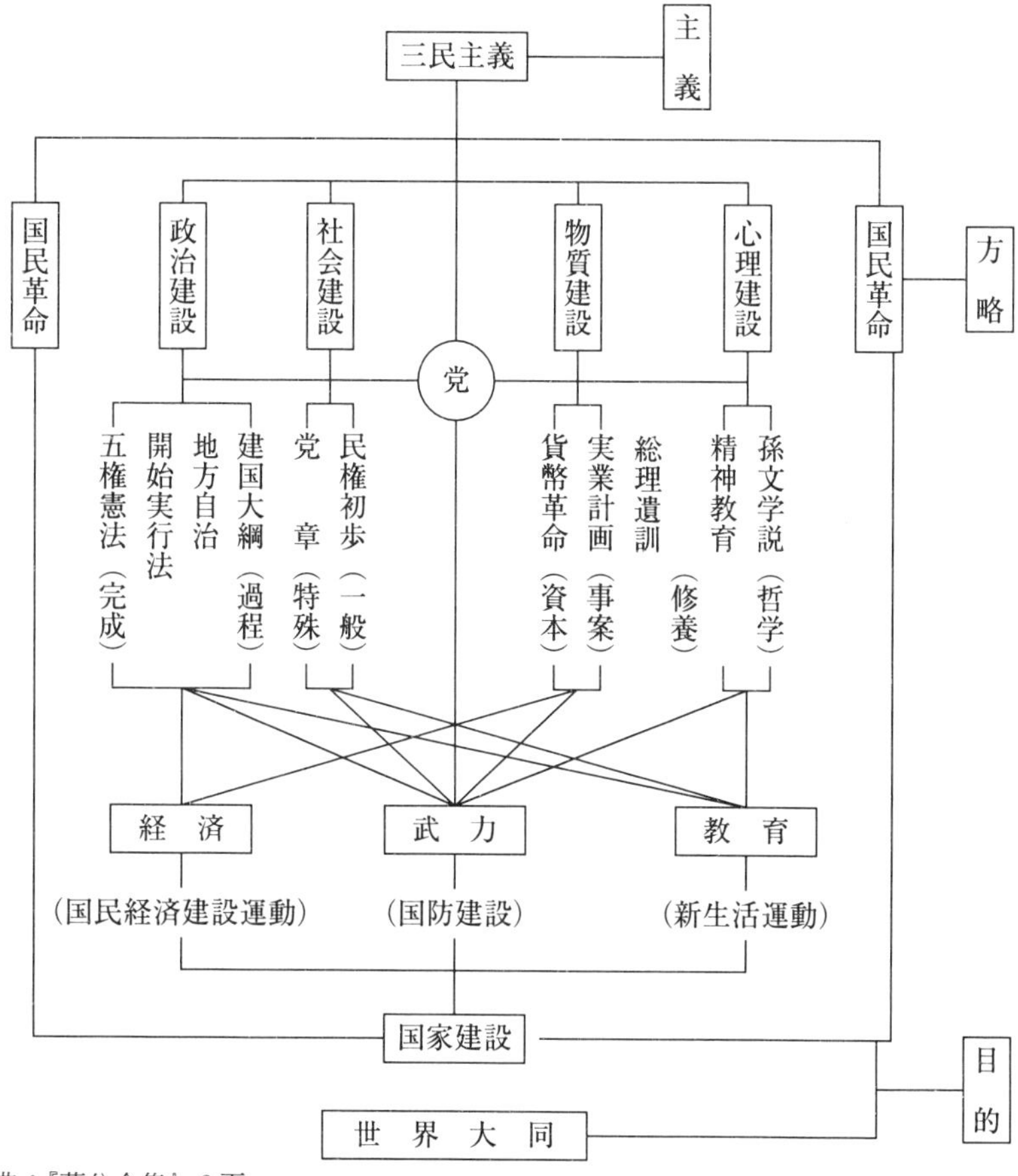

出典：『蔣公全集』２頁。

第一の心理建設については、蔣は、孫文が「知るは易く行なうは難し」という考え方を誤りと批判し、革命が成功せず、国家が弱体である原因は、人民が「深く知ることを求めず、あつく信じない」、「難をおそれて行なわない」という「心理的誤り」にあるとし、「知るは難く、行なうは易し」という革命的心理を建設することを主張した点にあると説明し、これを「篤信主義」、「力行主義」と呼ぶ。

第二の物質建設については、「実業計画」は「国防計画」であるとし、孫文の『物質建設（実業計画）』に基づいて河川・海港の開設、鉄道網の形成、石炭・鉱物の採掘、セメント工場、製鉄工場、機械製造工場、造船所、自動車工場の建設、衣食住等の工業の発展、西北への移民、農業、水利などの発展の項目をあげているが、これらがすべて「国防上の必要に着眼したもの」とその軍事的性格を強調している点に特徴がある（同前二一〜三頁）。

第三の社会建設については、「国民」が「バラバラの砂」の状態にあり、組織的で習慣や団体生活の訓練が欠けており、基本的な集会議事の常識もないので、基本的な民権訓練をし、秩序順守、規律服従を教える必要があるとし、「社会建設の実際の規範とは、国民党の組織である」というのが孫文の教えであると述べている（同前三頁）。

第四の政治建設については、「三民主義」、「五権憲法」、「建国方略」、「建国大綱」などすべての遺教が含まれるとしている（同前三頁）。

第二講（同月一五日）は「政治建設」で、①戸籍調査、②警察・衛生業務、③土地測量、④交通の発展、⑤教育の普及、⑥合作の推進、⑦荒地開墾の七項目を急務として掲げ、さらに、建設の順序として「軍政・訓政・憲政」の三段階論を説明し、『建国大綱』に触れたあとで、『地方自治開始実行法』の課題として、一一（三）で見た地方自治事務六項目をあげている。そののち、「五権憲法」について、「五権分立の政府」、「五権は政府に属する権」などと説明している（同前七〜二三頁）。(28)

第三講（同月一六日）は「物質建設」すなわち「経済建設」で、孫文の実業計画として、①鉄道・道路・運河・水路・商港などの交通の発展、②農鉱業の発展、すなわち、北方大港（直隷港）中心の建設、東方大港（上海）中心の建設、南方大港（広州）中心の建設、鉄道計画、食・衣・住・行（交通）・印刷（工業）、（ここでは蒋は、印刷工業は「すべて中央が統制する」としている）、鉱業計画をあげている（同前三〇〜三五頁）。

第四講（同月一七日）は「心理建設」すなわち「精神建設」で、「知難行易」の「力行」哲学、「中国固有の道徳」、教育の課題、新生活運動などに言及している（同前四三～四九頁）。

第五講（同月一八日）は「社会建設と民生哲学」で、「社会建設に必要な条件」とは「礼・義・廉・恥」(29)の「礼」であるとしている（同前五〇～五一頁）。

第六講（同月一九日）「総理の遺教研究の結論」（同前五〇頁）は、以上を総括し、①「　総理のすべての遺教は『民生』を中心とし、『仁愛』を基礎としている」、②「三民主義は尽善尽美の唯一最高の革命指導原則である」、③「建国方略は、三民主義を実現するもっとも偉大でもっとも精実な方案である」（同前五四頁）、④「総理のすべての遺教は、国民になくてはならない常識であり、一切の教育の基本科目であるべきである」、⑤「三民主義の新中国は、『天下を公となす』の大同世界の真の基礎である」、⑥「　総理が遺教のなかでわれわれに指示された一切の革命建設はすべて、国力を充実させ、現代的新国家を建設することを総目標としている」、⑦「われわれは　総理遺教を実行するには、力を尽くして教育・経済・武力を発展させなければならず、教育はそれゆえ国家精神の基礎を建設し、経済はそれゆえ国家物質の基礎を建設し、武力はそれゆえ国家永久の生命を発揚する」、⑧「われわれは、中国は決して人に滅ぼされることはないことに自信を持たなければならない」としている（同前五五頁）。

（三）　憲政への移行準備

訓政期間は六年と定められていた。訓政の実施を一九三一年からと数えるとしても、三七年が期限となる。国民党・国民政府・蔣介石は当然、訓政から憲政への移行準備を急がなければならなかった。

(1)「中華民国憲法草案初稿」（三四年「草案初稿」）

一九三四年三月一日、憲法起草委員会は「中華民国憲法草案初稿」（以下、三四年「草案初稿」と略称）を発表した（『民国憲政運動』七五〇〜七六九頁）。同「草案初稿」は全一〇章一六〇条構成で、「第一章　総綱、第二章　人民の権利・義務、第三章　国民経済、第四章　国民教育、第五章　国民大会、第六章　中央と地方の権限、第七章　中央政治制度（第一節　国民政府、第二節　総統、第三節　行政院、第四節　立法院、第五節　司法院、第六節　考試院、第七節　監察院）、第八章　省、第九章　地方政治制度（第一節　県、第二節　市）、第一〇章　附則」となっており、次のような特色がある。

①　国家の性格の基本規定として、「中華民国は三民主義共和国である」としている（第一条）。

②　「中華民国の領土」は、「江蘇・浙江省」から「新疆・モンゴル・チベット」までと三〇省をあげており（第四条）、このなかに台湾は含まれていない。

③　自由権については、人民が「言論・著作および出版の自由」（第一三条）、「集会・結社の自由」（第一二条）、財産権（第一六条）等を持つとしつつ、「法律によらなければ、これを停止あるいは規制することはできない」という条件づけをしている。また、四大民権を規定している（第一八条）。

④　「民生主義の経済制度」をとることとしている（第二四条）。

⑤　「三民主義は中華民国の国民教育の根本原則である」とし（第三四条）、「義務教育」を定めている（第三七条）。

⑥　国民大会については、国民大会代表は、各県市およびそれと同等の区域から代表一名、モンゴル・チベットおよび国外華僑の代表の人数は別に定めるものとされ、「普通・平等・直接・無記名投票」の選挙で選ばれ（第四八条）、「国民大会の職権」としては、「総統・副総統・立法院委員・監察委員・司法院院長・副院長・考試院院長・副院長」の「選挙」・「罷免」、「行政院院長の罷免」、「立法原則の創制〔制定〕」、「法律の複決」、

「憲法の改正」などをあげ（第五一条）、総統が国民大会で選出されることを含め、国民大会が四大民権を行使する代議制機構であることを明記した。

⑦「国民政府」は、五権を「総覧する」（第六七条）、「総統および五院はそれぞれ国民大会に対して責任を負う」とし（第六九条）、「法律を公布」し（第七〇条）、「陸海空軍を統率」し（第七一条）、「宣戦・講和および条約を締結の権を行使」し（第七二条）、「戒厳・解厳を宣布」する（第七三条）。

⑧総統については、「総統は対外的に中華民国を代表する」とし（第八〇条）、総統・副総統は「連任一回」のみとしている（第七九条）。

⑨行政院院長は、「総統が国民大会あるいは国民委員会の同意を経てこれを任免する」としている（第八六条）。

⑩立法院は「国民政府が立法権を行使する最高機関」であり（第九二条）、立法院院長・副院長は「立法委員の互選」としている（第九三条）。

⑪監察院院長・副院長は「監察委員がこれを互選する」としている（第一二一条）。監察の対象は、規定していない。

⑫「省」は、「中央が直接管轄する行政区域」としており（第一三〇条）、地方自治の範囲には含めていないが、「省参議会」が「省長を選挙する」としている（第一三三条）。

⑬地方自治については、「県が地方自治の単位である」（第一三九条）、「市は自治団体である」（第一四九条）としている。

三四年「草案初稿」では、総統は元首ですらなく、実質的な権限を持たない名目的大統領（総統）制であり、国民大会は「立法原則を創制」し、立法院は「立法権を行使する」と立法にかんする権限区分をしている。

(2)　「中華民国憲法草案」(五・五憲法草案)

国民政府は一九三六年五月五日、「中華民国憲法草案」(五・五憲法草案)を宣布した(同前八三五〜八五三頁)。同草案は全七章一四七条構成で、「第一章　総綱、第二章　人民の権利・義務、第三章　国民大会、第四章　中央政府(第一節　総統、第二節　行政院、第三節　立法院、第四節　司法院、第五節　考試院、第六節　監察院)、第五章　地方制度(第一節　省、第二節　県、第三節　市)、第六章　国民経済、第七章　教育」となっており、三四年「草案初稿」にくらべてかなり変化している。次に五・五憲法草案の特色をあげてみよう。

①　国家の性格の基本規定について、「中華民国は三民主義共和国である」(第一条)としている点は、三四年「草案初稿」と同じである。

②　「中華民国の領土」は三〇省名をあげ(第四条)、このなかに台湾が含まれていない点は、三四年「草案初稿」と同じである。

③　自由権については、人民が「言論・著作および出版の自由」(第一三条)、「集会・結社の自由」(第一六条)、財産権(第一七条)等を持つとし、「法律によらなければ、これを規制できない」としている点、また、四大民権を持つとしている点(第一九条)は、三四年「草案初稿」と同じである。

④　国民大会については、国民大会代表は、各県市およびそれと同等の区域から代表一名、ただし人口三〇万以上の場合、五〇万人ごとに一名増加し、モンゴル・チベットおよび国外華僑の代表の人数は別に定めるものとされ、「普通・平等・直接・無記名投票」の選挙で選ばれ(第二八条)、「国民大会の職権」として、「総統・副総統・立法院院長・副院長・監察院院長・副院長・立法委員・監察委員」の「選挙」・「罷免」、「法律」の「創制(制定)」、「複決」、「憲法の改正」などをあげ(第三二条)、国民大会が四大民権を行使することを明記している。三四年「草案初稿」では、国民大会権限を「立法原則を創制する」としていたが、「法律」の「創制」等と修正

されている。

⑤「総統」は「国家元首」と書きこまれ（第三六条）、総統は「全国陸海空軍を統率」し（第三七条）、「法律を公布」し（第三八条）、「宣戦・講和を行使し、条約を締結」し（第三九条）、「戒厳・解厳を宣布」し（第四〇条）、「大赦・特赦・減刑・復権を行使」する権限を持ち（第四一条）、「総統は国民大会に対してその責任を負う」ことが書きこまれた（第四六条）。「総統・副総統」は「連任一回」のみである（第四九条）。

⑥「総統」のほか、「立法院」・「司法院院長」・「考試院院長」・「監察院」も「国民大会に対しその責任を負う」とされ（第六三条、第七七条、第八四条、第八七条）、「行政院」・「司法院」・「考試院」の「院長」は「総統が任免」し、「行政院」の「院長」は「総統に対しその責任を負う」こととなっている（第五九条）。

⑦「立法院」は「中央政府が立法権を行使する最高機関」であり（第六三条）、「法律案・予算案・戒厳案・大赦案・宣戦案・講和案・条約案」等の「議決」権を持つ（第六四条）。

⑧「監察院」は「総統・副総統および行政・立法・司法・考試・監察各院院長・副院長の弾劾」も扱うことになっている（第九二条）。

⑨地方自治については、省・県・市をあげ、「省長」は「中央政府がこれを任免する」としている（第九九条）。これは、「中国国民党一全大会宣言」（二四年一月）が「各省人民はみずから憲法を制定し、みずから省長をあげる」としていた方針の修正であり、地方自治権をより制限する規定である。

⑩経済制度については「民生主義」をとることとしている点は（第一一六条）、三四年「草案初稿」と同じである。

⑪「中華民国の教育の宗旨」は「民族精神を発揚し、国民道徳を養成し、自治能力を訓練し、生活の知能を増進する」こととし（第一三一条）、三四年「草案初稿」にあった「三民主義」は削除されている。また、「義務

教育」は「基本教育」と言いかえられている（第一三四条）。五・五憲法草案の場合、立法に関する国民大会権限は「法律」の「創制」とされ、立法院権限は「法律案」等の「議決」権とされていて、どう区別されているのかはよくわからない。

一九二七〜三七年の約一〇年間とは、南京国民政府が成立し、軍政から訓政に移行し、憲政への移行を準備していた時期であった。蔣介石としては、北伐・全国統一を基本的に達成し、反蔣勢力との政治的・軍事的抗争を成功させ、江西剿共戦に取り組み、国内的には建設・制度整備に取り組み、対外的には各種不平等条約の撤廃交渉をすすめ、成果をあげつつある時期でもあった。この間、蔣の軍権は揺るぎないものであったが、党権・政権は磐石とは言えず、国民党内政権抗争期と見なければならない。

3　抗戦建国時期（一九三七〜四五年）

三七年七月七日、盧溝橋事件(30)が発生し、憲政への移行はかなり先送りせざるをえない事態となった。蔣は、三六年の五・五憲法草案発表ののち、「抗戦以前に、政府は三八年一一月一二日に国民大会を開催して憲法を制定・公布することを決定しており、当時、各地の代表選挙はすでに完了していましたが、日本が侵略を強化し、七・七戦争を発動したので」、「戦争終結後、一年以内に国民大会を招集する」ことにしたのだと述べている（「国民大会制憲大会開幕の挨拶」、四六年一一月一三日、『蔣全』一八四三頁）。蔣介石は盧溝橋事件以後、それまで引き延ばしてきた対日全面戦争に踏みきった。

（一）　抗戦建国運動

(1)　「建国運動」

蒋は三七年七月一八日、廬山夏季訓練団での講話「建国運動」で、第一に、「建国の目的」は「民族の独立」・「民権の平等」・「民生の自由」を実現することであるとし（同前一〇六五頁）、第二に、「建設の第一位は民生にあり」とし、「民生を解決する方法」として、①「地権の平均を実行する」、②「資本による操縦を防止し、累進課税を実施する」、③「労資の合作を促進し、労資の仲裁を実施する」、④「国家資本を発達させ、私人企業を保障する」、⑤「政府・人民は協力して清算と分配の問題を解決する」ことをあげ（同前一〇六六頁）、第三に、「建国の三要素」として、①「精神」——「新生活運動」、②「物質」——「国民経済建設運動」、③「行動」——「労働服務運動」をあげ、第四に、「建国着手の方法」として、①「地方自治の推進」、②「国民能力の養成」をあげ、②の内容として、甲、「管」——「管理の訓練」、乙、「教」——「常識の訓練」、丙、「養」——「生産の訓練」、丁、「衛」——「国防の訓練」をあげ（同前一〇六七〜一〇六八頁）、第五に、「建国の原動力」として、「中華民族の固有の徳性」、「すなわち忠・孝・仁・愛・信・義・和・平の八徳」[31]をあげ、そのもとで、「行動の最高基準」としての「誠」[32]、「行動と態度」の面での「厳」、「品格」の面での「智・仁・勇」、「行為の法則」の面での「礼・義・廉・恥」をあげた（同前一〇六八頁）。

国民政府は同年一二月一日、南京から重慶に移転し、重慶は四〇年一〇月一日、正式に陪都（臨時首都）とされ、四六年五月五日、国民政府は重慶から南京にもどることになる。国民政府は三七年八月一四日、国防最高委員会を設置し、蒋が主席となった。

(2)「訓練の目的と訓練実施綱要」

蒋は「訓練の目的と訓練実施綱要」（三九年四月二六、二九日）で、訓練の範囲を「行政訓練」と「党務訓練」に分け、「行政訓練の主要な目的は地方自治の確立」とし、心理（知難行易）、倫理、社会、政治、経済の五分野での建設の課題を掲げ、「党務訓練の主要な目的は、大衆運動を指導すること、集団生活を唱導すること」とし、その「基本科目」として、組織、宣伝、訓練（教育）、労働服務、新生活運動、国民経済建設運動、国民精神総動員運動、衛生運動、拒毒運動（アヘン禁止）、保甲運動、合作運動、識字運動、主義の理論、党と政府の政策などをあげている（同前一二七三頁）。

(3)　「軍事基本常識――『軍事訓練の要領』」

蔣は、党・政訓練班学員に対する講話「軍事基本常識――『軍事訓練の要領』」（一九三九年六月六日、九日）で、孫文の「軍事家」としての側面を強調し、彼の「三民主義、建国方略、建国大綱と軍人精神等が完全に軍事学の原理、原則に依拠して創造されたものだ」と語っている（同前一三一三頁）。四二年三月二九日、国民政府は、「国家総動員法」を公布した（『八十年大事』）。

(4)　『中国の命運』

『中国の命運』（一九四三年）は全八章からなる。第一章では、「中華民族」の歴史を述べ、第二章では、清朝の歴史と革命運動の起源を述べ、南京条約以来の領事裁判権・租界その他の不平等条約を取り上げ（『蔣全』一三一～一三八頁、一五七～一五八頁）、第三章では、不平等条約の深刻化について述べている。第四章では、北伐から抗戦にいたる歩みを述べ、第五章では、抗戦期における不平等条約撤廃の意義を語り、今後の「建国工作の重点」として、「軍政・訓政・憲政」の三段階論、「教育・軍事・経済の合一」を強調し（同前一六〇頁）、「心理・倫理・社会・政治・経済の五項目」をあげている（同前一六〇～一六三頁）。このうち、「倫理建設」については、「国民精神総動員綱領」が「建国の信念と精神の改造を規定しているとして「四維・八徳」[33]をあげており（同前一六一頁）、「社会建設」については、「新生活運動」がその「基本的運動」であるとし（同前一六二頁）、「経済建設」については、「一〇年以内に完成すべき」課題として、土木・機械・電機・航空運輸・水利・建築・衣服・衛生・鉱業生産目標、それに必要とされる各級幹部の人数、それに必要とされる主要物資の数量を具体的にあげている（同前一六四〜一六六頁）。第六章では、「革命建国の根本問題」として、第一に「革命哲学の確立」、すなわち「知難行易」の認識、第二に「社会と学術の風気の改造」、第三に「自由と法治観念の養成」をあげている（同前一六七〜一七五頁）。

蔣は、江西剿共戦、三七年の上海戦などではドイツの軍事支援をうけていたが、『中国の命運』（四三年）では、「日本帝国主義者」の「工業日本、農業亜州」論について、「ナチス・ドイツの『大欧州計画』にも比すべきものであり、その悪辣なことも、また似ている」と批判し、「『大日本主義』は、ナチス主義者のいわゆる『ゲルマン民族優越論』と同じく世界の平和を破壊する思想である」と述べており（同前一八一頁）、日本と戦うなかでアメリカの支援をうけている以上、当然のことであろうが、ナチス・ドイツについても反対する姿勢を明確にしている。

（二）「抗戦建国綱領」・国民参政会・憲政準備

中国国民党は、三八年三月二九日から四月一日にかけて漢口で臨時全国代表大会を開き、①三民主義と孫文の遺教を抗戦・建国の最高の基準とし、②全国抗戦力量は国民党と蔣委員長の指導に従う、③最高民意機構として国民参政会(34)を設立するとの「抗戦建国綱領」を制定した（同前一一四八頁。張玉法『中華民国史稿』三三三〜三三七頁、連経出版事業公司、一九九八年六月）。三月二九日には総裁設置を決定し、四月一日、蔣介石を総裁に選出した（『八十年大事』）。これ以降、蔣の権力は、一九四九年を除いて死ぬまで揺るぎないものとなったと見られる。国民政府は一九三九年二月七日、国防最高委員会を設置し、中国国民党総裁・蔣介石が委員長となった。

蔣は、同年七月に国民党中央が牯嶺《これい》で茶話会を開き、中国青年党・国家社会党・中国共産党および文化界の領袖がこれに参加して国防参議会を設立して政府の諮詢機関とし、同月六日には国民参政会が設立され、各党派・

各民族・各職業・各地域の代表が参加し、第一回大会を開き、抗戦建国綱領を決定した、と述べている。その内容から三点拾い出してみると、①「この綱領は、三民主義が救国建国の最高指導原則であることを確定した」、②「この綱領は、最高統帥の統一的領導権を確定した」、③「この綱領は、国民道徳を養成し、中国文化を擁護する方針を確定した」とある（『中国におけるソビエト・ロシア』、『蔣全』三〇七頁）。

蔣は当日の国民参政会開幕式に出席しての講話「国民参政会の任務」で、「わが国にはすでにして議会はあるが、真の民主憲政の国家となることにはまだ成功していない」、「わが国民参政会は当然議会ではないが、以前の議会の民主政治の失敗を戒めとし、真の民主政治の基礎の樹立を期さなければならない」と述べている（『蔣全』一一六二頁）。

同年九月、国民参政会第一期第四回大会が開催され、蔣は同会での同月一七日の講話「憲政実施において持つべき確かな認識」で、「本会」で「われわれは時期を定めて国民大会を招集し、憲法を制定する議案を決定した」と述べている（同前一三三〇頁）。「国民参政会第四回大会の憲政に関する提案および決議案」は、「憲法起草委員会を設置する」とし（同前八八三頁）、「速やかに地方自治を完成する」、「ただちに党治を終結する」ことを求めている（同前八八四頁）。

蔣は一九四〇年三月四日、中央人事行政会議および各部隊参謀長会議人員に対する講話「当面の建国の要務と五権制度実施の要領」で、「　総理（孫文）がわれわれに残した二つの最も重要な建国の典則は、三民主義と五権憲法である」（同前一三八五頁）、「われわれは、今後、五権憲法の政府を建設しなければならない」、「私は、われわれが五権憲法を実行するなら、現在、すみやかに五種の治権機関が建国の仕事を推進する上で、それぞれが負うべき職責を確定しなければならないと思う」と述べている（同前一三八七頁）。

蔣は四〇年四月一〇日、国民参政会第五回大会での閉幕の辞「国民参政会の成果と当面の重要な計画」で、

「われわれは中国を三民主義共和国に作り上げようとしている以上、われわれの　国父孫先生の民権主義と五権憲法の精神に絶対違反してはならない」と述べている（同前一四三〇頁）。

四一年一一月、国民参政会第二期第二回大会が開催され、蔣は「第二期第二回大会での閉幕の辞」で、「政府は一刻も早く憲政を実施したいと思わなかったことは片時もない」と述べている（『民国憲政運動』九八〇頁）。

四三年八月一日、国民政府主席・林森が病死し、中央常務委員会は同日、蔣（総裁兼行政院院長）を国民政府主席代理とした。国民党五期一一中全会は同年九月一三日、蔣（総裁）を国民政府主席兼行政院院長に選出し、蔣は一〇月一〇日、国民政府主席に就任した。これに先立ち、国民党五期一一中全会は九月一二日、戦後一年以内に国民大会を招集し、憲法を制定することを決定した。第三期国民参政会第二回大会は同月二六日、憲法実施協進会を設立することを決議し、一〇月一九日、国防最高委員会は同会の設置と蔣介石国民政府主席が同会会長を兼任することを決議し、一一月一二日、憲法実施協進会が設立された（『八十年大事』）。

㈢　「三民主義の体系とその実行の順序」

蔣は抗戦期間中に、「三民主義の体系とその実行の順序」（三九年五月七日、講演場所未記載）と題して、三民主義について体系的説明を行なっている。

ここで蔣は、三民主義について「三民主義の体系およびその実行順序表」をつくり、その①原理、②主義、③原動力、④方略、⑤国民革命の順序、⑥目的の六項目を図式化（図2）して示している（同前一一七八頁）。

蔣はまず、「三民主義の哲学的基礎」は「民生哲学」であるとし、国内外の哲学史には唯心史観と唯物史観があるが、いずれも「かたよった考え」であり、孫文の「民生哲学」を基礎とした「民生史観」が精神にも物質にもかたよらぬ見方であり、「民生が歴史の中心」なのであると言う。図2で「民生哲学」の次に「公」が置かれ

図 2　三民主義の体系およびその実行順序表
（民生が歴史の中心）

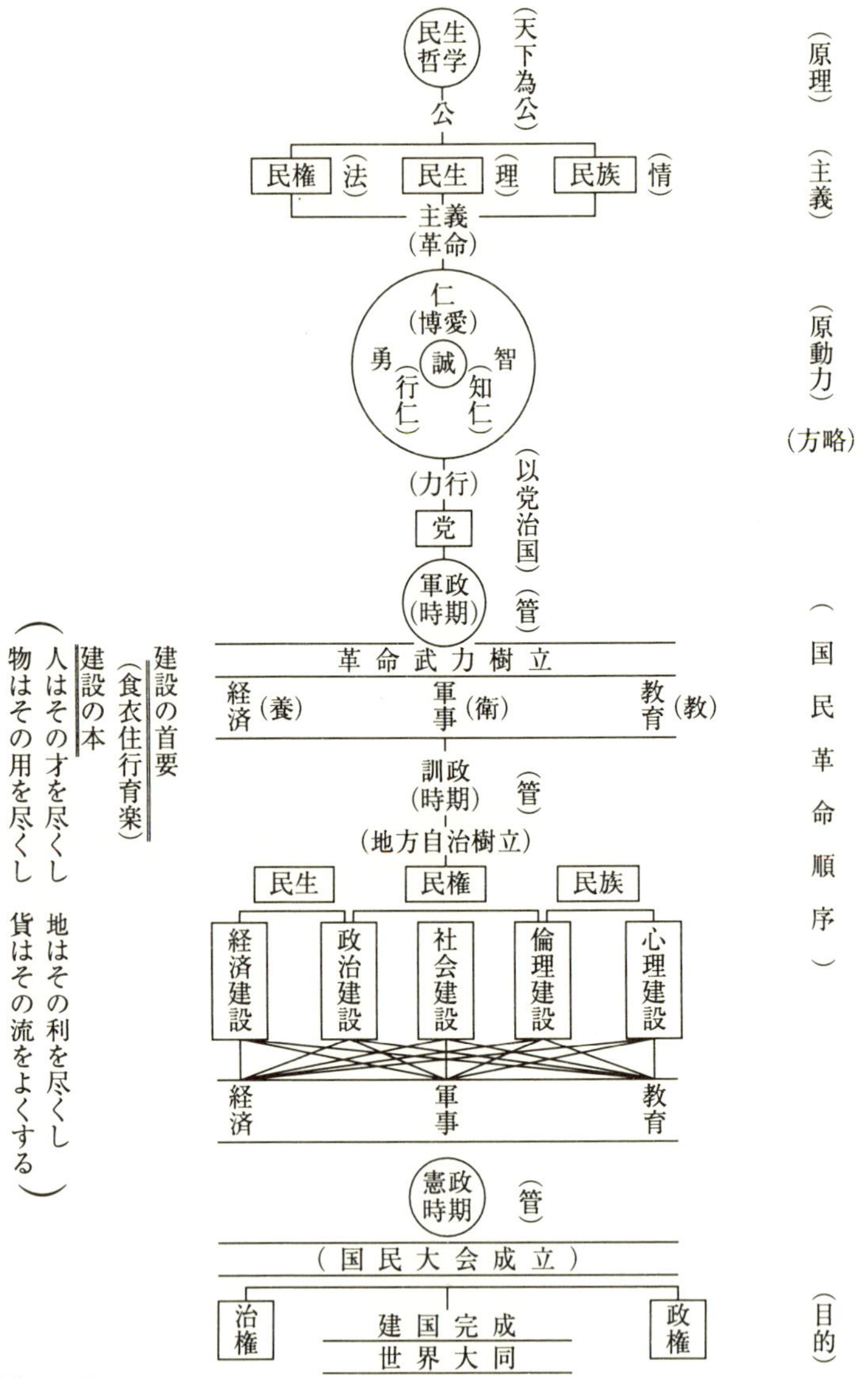

出典：『蒋公全集』1278頁。

ているのは、『礼記』礼運篇の「天下為公（天下を公となす）」、「世界大同」から来ており、これが三民主義の「倫理思想と政治思想の基礎」なのであるとする（同前一二七九頁）。

次に蔣は、現在の世界には「民主主義・共産主義・ファシズム」があるが、いずれも欠点がある、共産主義は「経済を重んずる点で、民生主義に近いが、民族・民権主義を重視しない」し、民生についても「一階級の利益を重視するだけで、全民〔全国民〕の利益を考えない」、「ファシズムは、民族主義を重んずるが、民権と民生を重視」せず、「民族主義も自民族を重んずるだけで、他民族の利益は重視しない」、民主主義は「民権を重んじ、全民の利益を謳っているが、実際は資本主義の気味が重い」し、「民生問題を完全に解決することができず、しかも現在のいわゆる民主主義は選挙方法もきわめて不平等」と批判し、これらに対して、三民主義は「公」を出発点としており、「全国の人民」、「各民族」とも「一律に平等」であるとする（同前一二八〇頁）。

蔣は、さらに「革命の原動力」は「智・仁・勇」の「三達徳」(35)であり、それらを一体化させたものが「誠」であるとし（同前）、倫理の重要性を強調した上で、孫文の「力行」、「知難行易」を説明し、そこから「党」の必要性」を論じ（同前一二八一頁）、「以党治国」は「以党建国」なのであるとする。「国民革命の順序」が「軍政・訓政・憲政」の三段階に分かれると述べ、「軍政」期は「軍法の治」を行ない、「革命の一切の障害を掃蕩する」（同前一二八一二）、「訓政」期は「約法の治」を実行し、「約法で一切の事柄を管理する」と述べ、「この時期の主要な工作は地方自治である」と述べる。

「地方自治の樹立」とは、「心理」・「倫理」・「社会」・「政治」・「経済」の「五種の建設」を行なうことであり、「心理建設」とは「国民精神の建設」（同前一二八三頁）、「倫理建設」とは「国民道徳の建設」であり、孫文の八徳（忠・孝・仁・愛・信・義・和・平）を精神として、「わが国固有の人倫関係」である「五倫」を盛んにすることであるとする。「五倫中の君臣関係は、表面的には現在では過去のものとなっていて不適当に見えるが」、現在では「国民が臣で、国家が君」、「公務員が臣で、国民が君」なのだとし、「忠」とは「国家」・「国民」・「事《つか》える所」に「忠」であるということだとしている。「社会建設」とは事実上、「政治建設」と同じことで、新生活運動もその「一つの実施方法」であり、また、地方自治事務六項目を例としてあげている。「政治建設」にあたっては、「建国大綱」を「法典」とするとした上で（同前一二八四頁）、蔣は地方自治の範囲について、「訓政期にあって地方自治が完成する前は」、「県以下の工作を県政と自治の二項目に分けてよい（いわゆる県政とは、普通に言うところの官治である）。大体において、郷・鎮以下は自治部分であり、すなわち社会建設であると言ってよい。区以上が県政部分であり、すなわち政治建設である」と区分している。「経済建設」については、孫文の「実業計画を全国的経済建設の綱領とするが、基層工作については地方自治開始実行法の遺教に基づいて」、戸籍調査、土地測量、水利建設、荒地開墾、森林造成、交通網整備、工芸教育、合作の推進、食料管理、穀物備蓄制度の実施をあげている（同前一二八四〜一二八五頁）。

以上の課題を推進し、地方自治が完成したのち、「憲法の治」に移行する。蔣は、こうして「一面抗戦しながら、一面建国し、われわれは抗戦勝利の日を建国完成のときとさせたい」と述べている（同前一二八五頁）。ところで、図2では、蔣は、軍政期の課題を「革命武力の樹立」とし、訓政期の課題を「地方自治の樹立」としているのだが、「以党治国」は「革命」から「軍政時期」にかかる部分に置かれていて、「訓政時期」には置かれていないことが注目される。また、地方自治の単位について、蔣は「郷鎮」とし、「県」については半分は「官治」としている点は、孫文が地方自治の単位は「県」であると述べていたのと異なっている。

蔣介石・国民党は、一九三七年七月、日中全面戦争に突入したのち抗戦終了まで、抗戦を第一課題としつつ建国の課題に取り組み、憲政実施の準備もすすめていった。この時期に、蔣介石の党権・政権は揺るぎないものとなった。

4　憲政移行・国共軍事対決時期（一九四五〜四九年）

四五年八月、日本はポツダム宣言を受諾し、日中戦争は終結した。憲政移行・国共軍事対決時期（一九四五〜四九年）は、国民党による時期名称は「戡乱時期」であり、中国共産党による時期名称は「第二次国内革命戦争時期」である。

（一）　和平の模索と憲政への移行

日本軍が中国大陸から姿を消したのち、国民政府代表と中国共産党代表は重慶で会談を重ね、一〇月一〇日、「会談紀要」を発表した。そのうち、「一、和平建国の基本方針」は、「（一）抗日戦争はすでに勝利のうちに終り、和平建国の新段階が始まるが、共同して努力し、和平・民主・団結・統一を基礎とし、また蔣主席の指導のもとに、長期に合作し、断乎として内戦を避け、独立・自由・富強の新中国を建設し、徹底的に三民主義を実行しなければならない」、「（二）蔣主席の唱導する軍隊の国家化、政治の民主化、および党派の平等・合法化は和平建国を達成するために必ず通らなければならない道である」ことを確認するというものであった（『中国におけるソビエト・ロシア』、『蔣全』三二五頁）。

蔣は「三十五年（一九四六年）元旦に全国軍民に告ぐる書」で、「われわれは、できるだけ早く民主憲政を実現しなければならない」、「われわれの国民革命の最終目的は全民（全国民）政治であり、国民大会を開催して政治を民に還すことが唯一の必ず経るべき建国の順序なのである」（『蔣全』三二七頁）、「国家を真に和平建国の道にのせなければならない」（同前三二七頁）と述べ、五月五日開催予定の国民大会への期待を表明している。

一方、国共重慶会談の合意にもかかわらず、国共両軍は各地で衝突をくりかえしていった。この事態をうけて同月一〇日、国民政府代表と中国共産党代表およびマーシャル米特使は協議をまとめ、「一切の戦闘行動を直ちに停止する」こととし、同日から開催された政治協商会議は「一、政府改組案」で、「国民政府委員の定数を四〇名とする」、「行政院部会長官および無任所の政務委員」に各党派・無党派の人士をあてる、「二、和平建国綱領案」として、「和平建国綱領を国民政府施政の基準とする」、「三民主義を尊奉して建国の最高指導原則とする」、「蔣主席の指導」権を承認する、「蔣主席の唱導する『政治の民主化』、『軍隊の国家化』、および党派の平等・合法化は和平建国を達成するために必ず通らなければならない道であることを確認する」、「三、軍事問題案」として「軍隊は国家に属する」こととし、さらに「四、国民大会案」として、「国民政府は一九四五年一一月一二日に国民大会を開催し、訓政を終結する予定だったが、中国共産党と民主同盟が反対したので、延期することとし」、「一九四六年五月五日に国民大会を開催し、第一回国民大会の職権は憲法の制定である」こと、「五、憲法修正原則案」としては、「憲法草案審議委員会を設置し」、「五・五憲法草案修正案を制定する」ことを決定した（『中国におけるソビエト・ロシア』、同前三三二～三三三頁）。

蔣は四六年一月一〇日の「政治協商会議開会の辞」で、「わが中国は三民主義を実行しなければならない」、「わが中国は民主を実現しなければならない」と述べている（同前一七九六頁）。また、同月三一日の「政治協商会議閉会の辞」では、「三民主義の建設を完成し、独立・自由・統一の民主国家をつくりあげる」（同前一七九八頁）、「和平建国綱領」が言論・出版などの自由権を規定していると述べ（同前一七九八頁）、憲政移行を展望して、「今後の建国の重責は国民党一党の責任ではない」としている（同前一八〇〇頁）。

蔣は同年三月一日の国民党「六期二中全会開幕の辞」で、「民主憲政を完成させる」（同前一八〇一頁）、「辺疆の民族自決を扶助して民族主義を貫徹する」、「軍隊の国家化」、「政治の民主化」を提起したと述べている（同前一八〇二頁）。蔣は三月二〇日、「参政会第四期第二回会議開幕の辞」で、「五月五日に招集する国民大会は、必ず予定どおり実施し、われわれの多年来の憲政実施の宿願を達成しなければならない」と述べている（同前一八〇五頁）。四月三日には陸大将官班開学式での講話「整軍の目的と高級将領の責任」では、「われわれの革命建国を完成させ、三民主義の使命を実行する」と語っている（同前一八〇七頁）。同月二四日の軍官総隊長に対する講話「軍官総隊の任務とその訓練の要点」では、実業計画・建国大綱・三民主義に簡単に触れている（同前一八一一頁）。

蔣は同年五月五日、「首都還都慶祝大会での挨拶」で、「われわれ国民政府はまた本日、首都を南京にもどしました」と述べている（同前一八一一頁）。国共両軍の衝突はやまないなかで同日には予定どおり国民大会が開催されたものの、国共間の意見対立により国民大会はさらに一一月に延期された（『中国におけるソビエト・ロシア』、同前三三七頁）。

国民大会は同年一一月一五日[36]、南京で開催された。蔣は同日の「国民大会制憲大会開会の挨拶」で、「各位代表は、人民の付託をうけ、首都に集合し、中華民国憲法制定の大業に参加されました。これは、わが中国が民主憲政の時期に入った始まりです」と述べ、「三民主義を実行し中国を民有・民治・民享で富強・康楽〔安楽〕な国家」にするとの目標を語っている（同前一八四二〜一八四三頁。『民国憲政運動』は「憲法制定国民大会開幕の挨拶」と題している。一〇六九〜一〇七〇頁）。

（二）「中華民国憲法」（一九四七年）の制定・公布

中央常務委員会は四六年一一月二〇日、「中華民国憲法草案」を決定し、二二日、立法院が同案を決定するという手続を経て、二六日、蔣介石国民政府主席は国民政府を代表して国民大会に同案を提案した（『八十年大事』）。『民国憲政運動』は、同月三〇日付の「中華民国憲法草案」を採録している（一〇七四〜一〇九四頁）。国民大会はこの草案を審議し、修正の上、一二月二五日、「中華民国憲法を制定」し（『中国におけるソビエト・ロシア』、『蔣介』四二三頁）、一年後の四七年一二月二五日に憲政を実施することを決定して閉幕した（『八十年大事』）。「中華民国憲法」（『民国憲政運動』一一三五〜一一六一頁）は四七年一月一日、公布された（『中国におけるソビエト・ロシア』、『蔣介』三四二頁）。これを四七年憲法と略称することにする。

同憲法は全一四章一七五条構成で、「第一章　総綱、第二章　人民の権利・義務、第三章　国民大会、第四章　総統、第五章　行政、第六章　立法、第七章　司法、第八章　考試、第九章　監察、第一〇章　中央と地方の権限、第一一章　地方制度（第一節　省、第二節　県）、第一二章　選挙・罷免・創制・複決、第一三章　基本国策（第一節　国防、第二節　外交、第三節　国民経済、第四節　社会の安全、第五節　教育文化、第六節　辺疆地区）、第一四章　憲法の施行および改正」となっており、五・五憲法草案にくらべてまたかなりの変化が見られる。以下に、この四七年憲法の特色をあげてみよう。

①　前文で「孫中山先生が中華民国を創立した遺教」に基づいて憲法が制定されることを明記した上で、国家の性格の基本規定として、「中華民国は、三民主義に基づく民有・民治・民享の民主共和国である」としている（第一条）。

②　中華民国の領土については、五・五憲法草案と違って省名を具体的にあげず、「その固有の疆域」としている（第四条）。これは、日中戦争終了後、中華民国がはじめて台湾を領有するにいたった変化に対応したものである。

③　自由権については、人民が「言論・講学・著作および出版の自由」（第一一条）、「集会・結社の自由」（第一四条）、財産権（第一五条）等を持ち、四大民権を持つとしている（第一七条）。さらに、五・五憲法草案が「法律によらなければ、これを規制できない」としていた幅の広い例外規定は削除し、「以上各条に列挙した自由

権利は、他人の自由を妨げ、緊急危難を避け、社会秩序を維持し、あるいは公共の利益が必要とするものを増進することを除いては、法律でこれを制限するを得ず」としている（第二三条）。これは、五・五憲法草案にくらべれば、例外が具体的に条件づけられている点でより制約的と見られるが、拡大解釈が行なわれるならば、自由権侵害の根拠となりえないわけではないことはもちろんである。

④　国民大会については、「国民大会」は「全国国民を代表して政権を行使する」とし（第二五条）、全国の県市レベルから代表各一名が選出され、人口五〇万人を超える場合は五〇万人につき一名代表を増やし、モンゴル代表は各盟四名、各旗一名、チベット・各民族・国外華僑・職業団体・婦人団体代表の人数は別に定めるものとされ（第二六条）、五・五憲法草案にはあった「普通・平等・直接・無記名投票」の選挙で選ばれるとの規定が削除されている。

「国民大会の職権」としては、「総統・副総統」の「選挙」・「罷免」、「憲法の改正」、「立法院が提出した憲法改正案の複決」をあげており、五・五憲法草案にはあった「立法院院長・副院長・監察院院長・副院長・立法委員・監察委員」の「選挙」・「罷免」権、が削除された。「法律」の「創制（制定）」、「複決」権は、憲法の改正および立法院が提出した憲法改正案のほかについては、「全国の半数の県・市が創制・複決両項の政権を行使したとき、国民大会が方法を制定し、これを行使する」としている（第二七条）。

⑤　総統は「国家元首」であり（第三五条）、「陸海空軍を統率」し（第三六条）、「法律を公布し、命令を発布」し（第三七条）、「条約締結および宣戦・講和の権を行使」し（第三八条）、「戒厳を宣布」する（第三九条）。総統・副総統の任期は「連任一回」のみである（第四七条）。これらは、五・五憲法草案と同じである。しかし、五・五憲法草案が「総統は国民大会にその責任を負う」としていた規定は削除された。

⑥　行政院については、「行政院院長」は「総統が指名し、立法院の同意を経てこれを任命する」としている

（第五五条）。また、「行政院」は「行政院が立法院に対して提出した施政方針および施政報告」についてや、「立法院が行政院の重要政策に賛同」せず、「変更」を求めた場合、「行政院」は「立法院」に変更を求めることができるが、立法院が「原決議を維持」した場合は、「行政院長はその決議をうけ入れるか、辞職しなければならない」など、「立法院に対し責任を負う」としており（第五七条）、五・五憲法草案にくらべて、立法院の権限がより強化されている。

⑦　立法院は「国家最高の立法機関」と位置づけられ（第六二条）、立法院に「法律案・予算案・戒厳案・大赦案・宣戦案・講和案・条約案」等の「議決」権があることは（第六三条）、五・五憲法草案と同じである。各省・直轄市から人口三〇〇万人以下の場合、五名の代表を選出し、三〇〇万人を超える場合は一〇〇万人につき一名増やすこととしている（第六四条）。

⑧　司法院・考試院の「院長」は「総統が指名し、監察院の同意を経てこれを任命する」こととなっている（第七九条、第八四条）。

⑨　監察院については、監察委員は「各省市議会、モンゴル・チベット地方議会、および華僑団体がこれを選挙する」とし（第九一条）、「監察院」の「院長・副院長」は「監察委員」の「互選」であり（第九二条）、監察院の監察対象は「行政院およびその各部会」、「中央および地方の公務人員」、「司法院あるいは考試院の人員」および「総統・副総統」であり（第九八条、第一〇〇条）、国民大会代表および立法院委員は含まれていない点で、立法権への侵害のおそれは解消されている。

⑩　地方自治については、省は「省自治法を制定」し（第一一二条）、「省長は省民がこれを選挙する」（第一一三条）、と五・五憲法草案よりも自治権を広げたほか、「県は県自治を行なう」とした。

⑪　「罷官権」については、監察院の弾劾のほかに、国民の四大民権の一つである「罷官」権の位置づけで、

「被選挙人は原選挙区で法により、これを罷免することを得」と規定されている（第一三三条）。対象は国民大会代表・立法委員・監察委員に限定されており、行政・司法・考試に対する国民の直接的監督権は規定されていない。

⑫「国民経済は民生主義を基本原則とし、地権の平均、資本の節制を実施」するとしている（第一四二条）。

⑬ 五・五憲法草案と同じく、「基本教育」が規定されている（第一六〇条）。

一九四七年「中華民国憲法」の総統（大統領）制は、五・五憲法草案と同じく、広い意味での大統領（総統）制をとっているが、ドイツ・イタリアのような、実権のない名目元首ではなく、アメリカ型もしくは大統領権限が強く、かつ議員内閣制をとっているフランス第五共和制型に似ているが、米・仏のように国民の直接選挙で選出されるわけではなく、米・仏とも異なる独自のタイプである。

ドイツの大統領内閣制では、大統領は元首で、連邦議会議員およびこれと同数の各州代表からなる連邦議会で選出されるが、行政権は首相にあり、大統領権限は名目的なものに限られる。イタリアの大統領内閣制でも、大統領は元首で、間接選挙で選出され、行政権は首相にあり、大統領権限は名目的なものに限られる。アメリカ大統領制では、大統領は元首であり、かつ行政部の最高指導者であり、大統領選挙人団により選出されるので間接選挙ではあるが、実質的には直接選挙と変わらないとされる。大統領は議会には責任を負わず、国民に対して直接責任を負う。各省長官は大統領が議会の承認を得て任命し、大統領に対して責任を負う。議会は、大統領の罷免権を持たない。フランス第五共和制では、大統領は元首であり、国民の直接選挙で選出される。行政部は議員内閣制で運営され、議会に対して責任を負う。四七年中華民国憲法も、行政院は立法院に責任を負う型になっている。

四七年憲法は、大統領内閣制の一種と見られる。この憲法では、国民の選挙権は国民大会と立法院の代表選出において行使される。国民の自由権は、制約的例外事態を除き保障されている。立法院院長・監察院院長はそれぞれ立法委員・監察委員の互選となっており、司法院院長・考試院院長は総統の指名であるが、監察院の同意を条件づけているなどの点で、五権分立原則にそっていると思われる。

横山宏章『中華民国　賢人支配の善政主義』(中央公論社、新書、一九九七年一二月)は、五・五憲法草案は「行政府主導型」であるのに対し、四七年憲法は三権が国民大会から独立していて西欧的議院内閣制に近い、と対比している(二六四〜二六五頁)。金子肇も、「『中華民国憲法』では孫文の意図に忠実ならば強大な権力を持つはずだった国民大会の権限が大幅に縮小され、その代わりに立法院が『民主国家の議会』の性格に接近」したとしている(姫田光義編著『戦後中国国民政府史の研究　一九四五—一九四九年』所収、中央大学出版部、二〇〇一年一〇月)。

孫文の民主憲政構想は、権力を三分割するのではなく、五分割するという五権憲法構想と国民大会が中央統治権を持つということであったが、国民大会の権能については、『建国大綱』(一九二四年)では、「中央政府の官員の選挙権・罷免権」と中央の法律についての「創制〔制定〕権・複決権」について述べていただけだった。その点では、一面、四七年憲法には孫文構想との不一致が指摘できる面が確かにあるが、ここには孫文構想自体のあいまいさという側面もあると言わなければなるまい。なお、五・五憲法草案は行政府主導型の「五権憲法」構想であって西欧的議院内閣制は行政府主導型ではないという対比が成り立つのかと言えば、二〇世紀の主要な近代国家においては、行政主導のいわゆる行政国家となっているという現実が存在するということにも留意しておきたい。

この憲法の全面的な評価は別に専論による検討を必要とするが、孫文遺教、「三民主義」共和国、五権分立＝五院制政府、自由権、四大民権、国民大会、地方自治、民生主義などの規定が盛りこまれている点で、基本的に孫文の三民主義建国論、民主憲政思想を体現しようとした憲法であると見なしてさしつかえないであろう。

国民大会の一般論的な次元での四大民権は、五・五憲法草案にくらべて制約される内容となったが、国民大会と立法院の立法権限分担が整理され、法律・予算等の議決権は立法院権限とされているので、五・五憲法草案が国民大会権限と位置づけていた創制権・複決権は、「全国の半数の県・市が創制・複決両項の政権を行使したとき」に国民大会がこれを行使すると条件づけられ、通常の立法権は立法院権限に位置づけられることがより明確になった。つまり、立法権は立法院が行使し、複決権は国民大会が行使することとなった。「罷官権」については、対象範囲が被選挙人に限定されているが、明文規定が盛りこまれた。また、少なくとも条文規定上から見る限りでは、蔣介石が一九二四年に述べていた政府の弾劾権は議員にもおよぶという解釈は、とり入れられなかった。

今日の中国共産党・中華人民共和国側からの視点としては、張憲文主編『中華民国史綱』（河南人民出版社、一九八五年一〇月）は、蔣介石が提出した中華民国憲法草案について、「五・五憲法草案の総統独裁制」の焼き直しであり、「蔣介石の個人独裁統治の国家制度」であるとしている（六八四頁）。馬洪武・王徳宝主編『中国革命史辞典』（檔案出版社、一九八八年三月）も、この憲法が「総統に絶大な権力を付与していて国民党の一党専制と蔣介石の独裁統治に『合法』の衣を着せることを企図している」とし、尚海・孔凡軍・何虎生主編『民国史大辞典』（中国広播電視出版社、一九九一年九月）も、この憲法は総統が「国家の一切の権力を総覧」し、〝五・五憲法草案〟中の、総統は国民大会にその責任を負うとの規定を放棄した」とし、「総統独裁制」であるとして批判している。

しかし、四七年中華民国憲法では、陸海空軍の統率権、法律の公布権、条約締結権、宣戦・講和権、戒厳宣布権等の議決は立法院権限とされているのだから、総統はこの議決に基づきこれらの権限を行使するのである。また、総統が国民大会に責任を負うとの規定が削除されたものの、国民大会は総統の罷免権を有している。これらの規定は、近代国家の有り様を踏みはずしたものとは言えず、中華民国憲法が「総統独裁制」であるとする批判は、憲法条文論としては当を失していると思われる。ブルジョア民主主義がそもそも欺瞞であるという批判は近代国家の現実に対する鋭い批判という一面を持つが、政治制度というものは、いかなる場合にも条文規定上の制度とその制度の運用実態の両面から見るべきものである。

最近の中国では、かつての「中華民国憲法＝総統独裁制」論とは正反対に、「同憲法＝実質的権限のない名目的大統領制」とする見解も現われている。劉会軍・鄭率は、「『中華民国憲法』は一九三六年の〝五・五憲草〟と政治システム上、根本的な違いがある」、五・五憲法草案は「総統制であり、総統は広範な実際の権力を有したのに対し、『中華民国憲法』が規定した総統権力は大いに制限されており」、「総統は単に至尊の地位の国家元首にすぎず、真の権力は行政院と立法院にあった」とする（「論蔣介石個人独裁的制約要因」、『東疆学刊』二〇〇三年三月。『K4中国現代史』同年第一一期収録による）。しかし、私は、五・五憲法草案と中華民国憲法との間には、部分的相違はあるが、総統権限に関しては基本的には同じだと見る。

四八年一月二一日には第一期立法委員選挙が実施された。蔣は三月二九日の「第一回国民大会第一回会議開会の辞」で、「国民政府を代表し」、この会議が「われわれ中華民国が民主憲政を実行する始まりである」、「国民革命の目的は」、「中国を民有・民治・民享の三民主義の共和国に建設すること」だったと述べ、「　国父の建国大綱に従って、憲法公布後に全国大選挙を挙行し、国民政府は民選の政府に政権を委譲する」としている（同前一九一〇頁）。

中華民国憲法に基づく第一回国民大会は同年四月二九日、蔣介石を中華民国初代総統に選出した（『八十年大事』）。蔣は同年五月二〇日、「初代総統就任宣誓の挨拶」で、「これ〔憲政の実施〕は長期にわたる苦闘によって得られたものであり、これは五〇余年来のわが革命・抗戦の先烈と全軍民の血と汗の結晶である」、「この憲法を厳格に順守することは、憲法実施政府の責任である」と述べている（同前三三〇一頁）。

（三）　国共軍事対決

蔣は四六年七月一六日、青年遠征軍工作検討会議閉幕のさいの講話「いかにわれらの最後の敵を消滅させるか」で、「日本帝国主義者は誠に本党の頑強な敵だったが、本党の革命の最後の敵ではなかった。本党の革命の最後の敵は誰か？　皆も知る通りそれは中国共産党である」と述べるにいたった（同前一八三一～一八三二頁）。もはや、中国の前途には、国共軍事対決で雌雄を決する以外の道は残されていなかった。中国国民党・蔣介石がこのように軍事的対決が重大化するなかでも憲政への移行を棚上げしなかったということは、今日から見れば不可解なくらいである。

中華民国憲法の制定・公布により、中華民国の政治システムはいよいよ孫文が目標とし、国民党・蔣介石らが追求してきた憲政段階に入ったが、歴史はそれをあざ笑うかのように国共内戦はますます激化していった。

蔣は四七年四月二七日、軍官訓練団第一期および綏靖区県政幹部訓練班卒業式での講話「匪賊掃蕩の意義と重要原理の総論」で、中国共産党との軍事対決をテーマとしつつ、「三民主義を建国の最高原則とする」ことを確認している（『蔣全』一八六八頁）。同年九月一三日には中国国民党六期四中全会での講話「四中全会の成果と本党の今後なすべき努力」で、蔣は「三民主義の歴史的使命を早期に完成する」との期待を述べており（同前一八六八頁）、同月一四日には中国国民党六期四中全会と党団連席会議での講話「幹部同志の敵に対する最後の決戦の方法と理論闘争の準備」では、「共産党と理論闘争をする」課題を掲げ（同前一八九六頁）、「われわれの三民主義哲学の精義は、心物一体・知行一致である」、「仁愛」が出発点であると述べている（同前一八九七頁）。

その後、内戦が激化し、蔣は一九四九年一月二一日、「一般社会」および「政府内部」での批判の高まりのなかで引退宣言を余儀なくされ、李宗仁が総統代理となった（同前三四二頁）。中国国民党は同年七月一六日、中央非常委員会を広州に設立し、蔣が主席となり、李宗仁は副主席となった。一方、毛沢東は一〇月一日、北京で中華人民共和国の成立を宣言した。国民党・国民政府の敗勢は決定的となり、台湾の台北に革命実践研究院が設置された。蔣は同月一六日、同院の開学にあたっての講話「革命・実践・研究という三つの名詞の意義とわれわれの革命が失敗した原因」で、「三民主義国民革命の幹部」を訓練することが「本院の教育の宗旨」であると述べている（同前一九二七頁）。国民政府は一二月七日、台湾の台北に移転した。同月一〇日、蔣は成都から台北に到着した。

蔣介石・国民党は抗戦終結後、日中全面戦争で頓挫していた憲政への移行をついに達成した。中華民国憲法の制定は、孫文・蔣介石・国民党が辛亥革命運動以来、三十数年にわたって追求してきた立憲主義（法治主義）・権力分立・代議制による近代国家建設をめざす三民主義建国運動の頂点であり、建国構想の集大成と言うべきものであった。しかし、この四七年憲法は、中国共産党との抜き差しならない軍事対決が拡大し、国民党が敗北することによって、実施開始後、わずか一年半にして中国大陸から姿を消してしまったのであった。

おわりに

以上の観察の結論は、次のとおりである。

孫文の三民主義建国論の諸思想は、立憲主義・権力分立・代議制による近代国家建設構想の一種である。その骨子は、『建国大綱』に集大成された。しかし、三民主義・五権憲法とは言っても、それらをどのように憲法に定式化するかまでは、孫文は言及していなかった。

蔣介石の三民主義建国論は、基本的に孫文思想の祖述者、継承者としての論であった。しかし、孫文思想を実行に移してゆくなかでは、当然、孫文思想の解釈にとどまらず、孫文死後の中国の政治状況の展開過程への対応で変更したり、孫文が語らなかった部分に追加を施したり、孫文存命中とは異なるまったく新しい事態に対応した部分などをともなっていった。

南京国民政府成立以前の時期には、蔣は「三民主義・五権憲法」、反「帝国主義」・反「軍閥」を語っているが、「軍政・訓政・憲政」三段階論・「以党治国」論には触れていないし、「共産主義」批判も、また「倫理・道徳」についても述べていなかった。蔣介石は、その後も一貫して孫文思想の忠実な継承者として振る舞おうとしたが、一九二四年の説明に見たように、蔣の「弾劾権」・「複決権」などの理解は孫文の思想とはいささか異なるものだった。蔣自身はその後、これを修正する講話・文章を発表することはなかったと見られる。

南京国民政府時期（一九二七〜三七年）においては、蔣介石は、四・一二反共軍事行動以後、三民主義と共産主義の違いを語り、孫文の連ソ容共政策を反ソ反共政策に転換し、国民党内から共産党員を一掃し、一九三〇〜三四年の江西剿共戦を展開した点で孫文とは大いに異なっていた。

この時期は、国民党および蔣介石にとっては、訓政を実施し、訓政期建国諸施策を推進すると共に、憲政を準備していった一〇年間であった。この間の憲政準備は、五・五憲法草案に結実した。

この期間には、蔣介石は不平等条約の解消や訓政期以党治国論を語り始める。日本の対中国膨張政策の展開に対応しての「安内攘外」から一致抗日への転換、南京国民政府期・抗日戦争期・国共軍事対決期などの内外政策は、孫文存命中とは異なる新たな局面への対応・模索と位置づけられよう。

蔣介石は孫文『建国方略』の孫文学説（心理建設）・実業計画（物質建設）・民権初歩（社会建設）に、政治建

設（政府組織と地方自治）をつけ加え、孫文の国家建設方案を「四大部門」からなると説明し、「総理遺教体系表」に図式化した。

抗戦建国時期（一九三七〜四五年）における蔣介石の第一の課題が抗戦の維持・抗戦の勝利であったことは言うまでもないが、同時に憲政準備もすすめていった。この時期に、蔣は共産主義の哲学が唯物史観であることを批判し、それに対抗して民生史観なるものを唱えた。

憲政移行・国共軍事対決時期（一九四五〜四九年）には、蔣介石・国民党は、孫文の三民主義・五権分立建国思想を一九四七年中華民国憲法に結実させていった。この憲法には、三民主義国家規定、五院制（五権分立）政府の設立、国民の自由権、四大民権、国民大会代議制、地方自治、民生主義経済政策などが盛りこまれた。この憲法の制定は、孫文が提唱し、蔣介石・国民党が長期間追求してきた三民主義建国運動の頂点となった。しかし、国共軍事対立は激化の一途をたどり、蔣介石・国民党は軍事的敗北を喫して台湾に逃れるにいたり、四七年憲法は大陸から姿を消すことになったのであった。

蔣介石が憲政移行において具体的にどのような役割を果したのかについてはさらに検討を深める必要があろうが、以上の経緯から大局的に判断するなら、蔣介石は国民党・国民政府において、南京国民政府時期、抗戦建国時期、憲政移行・国共軍事対決時期を通じて一貫して憲政への移行を積極的に推進する役割を果したものと見られる。

（1）「中華民族」・「中華民国」・「中国」・「中国人」については、斎藤道彦「中国近代と大中華主義――清末から中華民国へ」（中央大学人文科学研究所編『民国前期中国と東アジアの変動』中央大学出版部、一九九九年三月）参照。

（2）この点については、家近亮子『蔣介石と南京国民政府　中国国民党の権力浸透に関する分析』慶應義塾大学出版会、二〇〇二年三月などを参照されたい。同書については、斎藤道彦「書評　最近の日本における蔣介石関係の書籍三点」（『季刊中国』第七七号、二〇〇四年六月）参照。

（3）原題『中国之命運』（『先総統　蔣公全集』所収、編輯者＝中国文化大学・中華学術院先総統　蔣公全集編纂委員会、主編＝張其昀、出版者＝中国文化大学出版部、一九八四年四月出版。以下、『蔣公全集』または『蔣全』と略称）。『蔣公全集』所収の文章と訳書の訳文は対応していないところがあり、『全集』収録時に加筆修正があったと見られる。なお、同訳書で「宗教」としているのは（七頁、八頁）、原文は「宗族」であり、誤植である。

（4）時期区分と政府名称の問題については、斎藤道彦「民国前期中国と東アジアの変動」（前掲『民国前期中国と東アジアの変動』所収）参照。

（5）石島紀之代表『重慶国民政府の研究（最終報告）』二〇〇四年三月参照。

（6）邦訳に外務省調査部三課編『孫文主義』（一九三五年九月。外務省調査部編『明治百年史叢書　孫文全集　中』所収、原書房、一九六七年八月）がある。

（7）邦訳に前掲『孫文主義』（一九三五年九月。『明治百年史叢書孫文全集　上』所収）がある。

（8）邦訳に前掲『孫文主義』（『明治百年史叢書　孫文全集　上』所収）がある。

（9）邦訳に前掲『孫文主義』（『明治百年史叢書　孫文全集　上』所収）がある。

（10）邦訳に金井寛三訳『三民主義』改造社、改造文庫、一九二九年八月、前掲『孫文主義』（『明治百年史叢書　孫文全集　上』所収）がある。

（11）邦訳に前掲金井寛三訳『三民主義』、前掲『孫文主義』（『明治百年史叢書　孫文全集　上』所収）がある。

（12）邦訳に前掲『孫文主義』（『明治百年史叢書　孫文全集　下』所収）がある。

（13）邦訳に前掲金井寛三訳『三民主義』、前掲『孫文主義』（『明治百年史叢書　孫文全集　上』所収）、安藤彦太郎訳『三民主義上・下』、岩波書店、岩波文庫、一九五七年五月、小野川秀美責任編集『世界の名著六四　孫文　毛沢東』中央公論社、一九六九年七月がある。

(14)「中国固有の道徳」については、斎藤道彦「蔣介石と『礼・義・廉・恥』」(『中央大学論集』第二五号、二〇〇四年三月)参照。

(15)『民報』第一〇号掲載。同誌では、「紀十二月二日本報紀元節慶祝大会事及演説辞」のなかに章炳麟の演説のあとに孫文の演説が収録されており、標題はつけられていない。「三民主義と中国民族の前途」という題は、『国父全集』収録時につけられたものと思われる。邦訳に前掲『世界の名著六四　孫文　毛沢東』所収がある。なお、安藤彦太郎は、「『五権憲法』などは、すでに『民報』発刊の辞にその概要が語られている」と述べているが(同訳『三民主義　下』二四八頁)、「『民報』発刊の辞」には「五憲憲法」への言及はなく、『民報』一周年記念会での講演と混同したものと思われる。

(16)邦訳に前掲『孫文主義』(『明治百年史叢書　孫文全集　上』所収)がある。

(17)同書の邦訳に寺島正訳『中国のなかのソ連』時事通信社、一九六二年一一月がある。なお、「蘇」はロシア語音で「ソヴェート」と表記したいが、本書の統一表記「ソビエト」に従う(前回の『民国前期中国と東アジア世界の変動』所収斎藤道彦論文も同じである)。

(18)孫文が蔣介石に与えた陸軍軍官学校校長辞令の写真が、李雲漢『中国国民党史述　第二編』中国国民党中央委員会党史委員会、一九九四年一一月に収められている。

(19)広州商団事件については、塩出浩和「広東商団事件——第三次広州政権と市民的自治の分裂」(『東洋文庫和文紀要　東洋学報』第八一巻第三号、一九九九年九月)、邱捷「広州商団事変——従商人団体角度的再探討」(『歴史研究』二〇〇二年第二期)などがある。

(20)なお、このうちで、蔣は同盟会の結成を「一九〇六年」としており、奇妙なことに『蔣公全集』に収められたさいにも修正されていない(『蔣全』四六六頁)。正しくは一九〇五年八月二〇日である。姫田光義ほか『中国近現代史　上巻』東京大学出版会、一九八二年六月、一五六頁が「一九〇七年」としているのも、誤りである。

(21)『論語』季氏第十六「丘也聞、有国有家者、不患寡而患不均、不患貧而患不安」。

(22)　蔣介石『中国におけるソビエト・ロシア』(『蔣全』二九二頁)。蔣は、これは自分を中山艦に乗せてウラジオストックに行き、ロシアに送る計画だったと述べている(同前二九三頁)。中山艦事件については、味岡徹「中山艦事件の周辺事情」(『聖心女子大学論叢』第八九集、一九九七年八月)などがある。

(23)　蔣介石『中国におけるソビエト・ロシア』(『蔣全』二九五頁)。

(24)　日本では、これは通常、「四・一二クーデター」と呼ばれているが、「クーデター(coup d'Etat)」とは、国家の武装装置としての軍の全部あるいは一部が「国家(Etat)の危機」という認識に基づき、政府転覆・政権掌握をめざして起こす軍事行動のことなので、革命をめざしている「国民革命軍」の責任者たちによる、国民革命の支持者である中国共産党に対する襲撃にこの用語を用いるのは不適切であり、「四・一二反共軍事行動」と呼ぶことにする。中国国民党の用語では「全面清党」、中国共産党の用語では「四一二反革命政変」・「上海四・一二反共事変」などである。

(25)　中国の伝統的な敬意表現の書き方に従えば、「国父」の前一字分があけられる。この書法は、中華民国成立以後は孫文(国父)・蔣介石についてのみ用いられている。この場合は、書名なので、あけない。

(26)　一九三一年九月から一九三七年七月までの政治・軍事過程については、安井三吉『柳条湖事件から盧溝橋事件へ一九三〇年代華北をめぐる日中の対抗』研文出版、二〇〇三年一二月がある。

(27)　新生活運動については、深町英夫「日常生活の改良/統制――新生活運動における検閲」(本書所収)などがある。

(28)　林恵玉「国民政府の教育政策とメディア」(『中央大学経済研究所年報』第三四号、二〇〇四年三月)参照。

(29)　「礼・義・廉・恥」については、前掲斎藤「蔣介石と『礼・義・廉・恥』」参照。

(30)　安井三吉は、盧溝橋事件における蔣介石の対応について分析を行なっている(『盧溝橋事件』研文出版、一九九三年九月)。

(31)　「八徳」については、前掲斎藤「蔣介石と『礼・義・廉・恥』」参照。

(32) 出典は、『中庸』。
(33) 「四維」とは、「礼・義・廉・恥」のことである。前掲斎藤「蔣介石と『礼・義・廉・恥』」参照。
(34) 四川大学馬列教研室編『国民参政会資料』四川人民出版社、一九八四年六月、重慶市政協文史資料研究委員会・中共重慶市委党校篇『国民参政会紀実（上・下）』重慶出版社、一九八五年一〇月参照。
(35) 『中庸』第二〇章「知仁勇三者、天下之達徳也」。
(36) 『蔣公全集』は「一三日」としているが、一九四六年一一月一五日・一六日『中央日報』および『八十年大事』などによれば「一五日」である。

〔本稿は二〇〇四年度中央大学特定課題研究助成をうけた〕

（斎藤　道彦）

第二章　抗戦期の国民党中央党部

はじめに

中国国民党は、中国史上初めて一党独裁の支配体制（権威主義型党＝国家体制）を建設し、その国民革命の理念にもとづいて対外独立、経済建設、国民教化など国民国家建設の推進に努めた。国民党の全国支配はわずか二〇年余りで崩壊したとはいえ、一九四九年以降の中国共産党による一党独裁支配（全体主義型党＝国家体制）の前段階となり、また戦後台湾では五〇年にわたり国民党の一党支配体制を築き上げたわけであり、その歴史的意義はきわめて大きいといわなければならない。中国史・現代中国研究において国民党研究が重要不可欠である所以である。

中国国民党についての研究は、ティエン（田宏茂）、イーストマン（Lloyd E. Eastman）、山田辰雄らに始まり、最近の王奇生にいたる内外の研究者により、大きく進展してきた。(1)

とくに抗戦期の国民党については、イーストマンやチー（斉錫生）の研究が先駆的であり、抗戦の衝撃による国民党政権の弱体化、政治的退行と空洞化がその崩壊をみずから招いたことを当時としては豊富な資料で明確かつ体系的に論じ、学界に大きな影響を与えてきた。[2] これに対し、抗戦期国民党の変革や制度建設を重視する見解、[3]三民主義青年団の創設と派閥闘争の激化[4]や地方党組織の空洞化を重視する見解[5]などがある。

筆者も、これまで、国民党の党員統計などの党務関係資料をもとに一九二四～四九年の国民党組織についての分析を行なってきた。とくに抗戦期に関し、国民党は日本軍侵入により従来の東部沿海および長江流域の党員と組織を失う大打撃をうけたが、その後、党組織の再建と拡充に成功し、党員数でいえば驚くべき大発展をとげた。だが、抗戦期の党の量的拡大は、実際には党の発展というより拡散であり、党員の社会構成から見ると明らかに質的後退であり、党は多くの問題をかかえていたと論じた。[6] ただ、それは党員統計という数量的データの分析を中心としたマクロ的な検討の試みであり、中央・地方・基層の党組織の実態、党・政・軍関係、党の政策決定、党財政、党内派閥、党の社会統制など多くの問題が、今後の解明に残されている。

本章では、以上のような研究動向と自身の研究上の課題をふまえ、抗日戦争期の国民党中央党部（「党中央」）を対象とし、その抗戦への対応と組織の改編、「党中央」の機構と権限、党の政策決定、党の人事と派閥、党部職員の構成と特徴などに関して、検討を行ないたい。このような具体的実証分析により、中国国民党組織の制度と実態の検討を行ない、さらに中国国民党政権の内部構造、統治の特質、とくに抗戦期に表われたその変化と問題点についての理解をより深めたいと考える。

資料としては、主として中国国民党の内部刊行物と党務関係資料集を利用する。とくに国民党中央執行委員会常務委員会の会議記録[7]は本章のもっとも重要な第一次史料であり、このほか、『革命文献』、『中国国民党党務発展史料』、『中華民国史檔案資料匯編』などの国民党関係の編纂資料集、王子壮、陳立夫など党中央関係者の日記や回想録、[8] 中央研究院近代史研究所檔案館所蔵朱家驊檔案などを利用し、抗戦期の国民党組織の実態を内側から解明していきたいと考える。

以下、はじめに、抗戦開始後の国民党の組織的対応を、南京から武漢・重慶への移転、臨時全国代表大会開催という変動のなかで検討する。続いて、国民党の中央党部の機構と権限、政策決定の仕組み、党中央の人的構成（とくに各部処会責任者と派閥勢力の変遷、職員の構成と特徴）の順で検討していくこととする。

一　抗戦開始と党の改編

1　抗戦開始後の対応

盧溝橋事件後、華北において戦争が拡大するなか、八月五日、国民党中央は中央常務委員および各部部長よりなる連合辦公庁を設けて、随時協議して党組織を統轄、運営し、「抗敵後援工作」を進めることを定め、また、「非常時期工作指導綱要」を制定し、各地党部により抗敵後援会を組織し、指導させることを期した。[9]また、二年前の「梅津・何応欽協定」以来、撤退を余儀なくされていた華北（冀察綏平津五省市）における党の組織と活動の復活がはかられた。[10]

上海戦の勃発後は、戦争全面化の緊迫した情勢のなか、国民党政権首脳は密かに軍事委員会を大本営に改組し、全国総動員を行ない、一致抗戦の体制構築を試みた。[11]また、党中央も全面抗戦に対応するべく、党組織の整理と集権化をはかるとともに、活動を抗戦支援に集中し、軍との連携を強めるべくはかった。

まず、八月二七日開催の第五一次常会では、党中央は以下の方針を確認した。

①各地党部は内部組織を調整し、職員をできるだけ外勤に派遣する。

②中央党部も各部業務を調整し、必要な業務のため各部に残る者および宣城臨時辦事処に派遣される者以外の

職員を、短期訓練後、中央委員の引率の下、江蘇・浙江・福建・広東等沿岸地域および津浦・隴海・平漢三鉄道沿線の各県市党部および甘粛省党部に派遣し、民衆の組織・訓練を支援させる。

③中央党部の女性職員は救護訓練を行ない、本部残留者以外は各地に派遣する。

④華北党部に関して、「非常時期冀察平津党務指導専員辦事処暫行組織辦法」を制定し、方覚慧を指導委員、各党部旧責任者を各組主任とし、早急に成立、活動させる。[12]

また、この日の常会では、蔣介石に党政軍の指揮権を与える重要な決定を行なっている。すなわち、同会は「大本営組織条例」を可決し、軍事委員会委員長（蔣介石）が陸海空軍の最高統帥権を行使すること、委員長に党政統一指揮の権限を授けることを決議し[13]、国民政府を通じて政府機関にも通令された。[14]このほか、党の政策決定の簡素化、集権化もはかられた。第五一次常会では、中央常務委員会を開けない場合、常務委員三人が承認すれば提案を実行でき、後で常会の追認を得ればよい、また中央政治委員会は主席（汪精衛）の承認のみで決裁し、後で同会で追認を得るものと議決した。[15]

さらに、党中央は「非常時期中央及地方党部指導工作方式大綱」を制定し、①軍事委員会に抗敵自衛工作に関して各地党部を指導、命令する権利を与え、②内部留保者を除きできるだけ多くの中央党部職員を軍事委員会に派遣して業務を支援し、各地派遣の党職員も同会の指揮下に入るものとし、③省市党部は各省最高軍政機関と共に党政軍連繋機関を設置し、民衆組織を指導して抗敵後援会を組織する、と定めた。[16]また、中央党政機関が地方党政機関に命じる戦事対応措置については、先に軍事委員会委員長に送り審査施行させることを国防最高会議第二六次常会で決議し、中常会もこれを承認した。[17]

今やすべては抗戦至上、軍事優先となり、党中央は抗戦体制に対応するため意思決定の迅速化と組織の整理縮小、地方党部の支援、抗戦支援を行なったほか、軍事委員会委員長（蔣介石）の党政軍の指揮権を承認し、さらに軍事委員会の党機構への指導、監督権をも承認した。すなわち、党は抗戦優先の大勢のなかで、軍への服従をみずから決めたのである。

では、国民党指導の「抗敵自衛工作」の効果はどうであったのか。党中央には、各地の抗敵講演会の活動で地元軍政当局との摩擦が生じたり[18]、日貨ボイコットにともなう商品検査で紛糾が発生したりしたことが報告され[19]、活発な団体では左翼系が主導権を握ったものと思われる。また、「上海戦開始後、昆山、上海、蘇州、無錫一帯の党、政は全く崩壊し、漢奸が蜂起し」、このため党首脳は軍部から非難されたともいわれる[20]。蔣介石も翌三八年には、「抗戦以来、民衆動員の組織はいたずらに繁雑で空虚な名称があるだけで、確実な効果を収めることは少ない。このため、民衆は国軍の抗戦に協力、支援できず、深甚なる影響を及ぼしている」と党中央を叱責し、改善策を指示しており[21]、党の「抗敵自衛工作」はあまり効果がなかったようである。

さて、一九三七年一一月一六日には、党中央常会は、国防最高会議第三一次常会採択の「非常時期中央軍政機構調整及人員疎散辦法」をうけ、党中央機構の整理縮小と重慶移転を決定した。同辦法は、党中央に関し、以下のように定めた。

①中央執行委員会および監察委員会は秘書処を留め、組織、民衆訓練、宣伝三部は暫時軍事委員会に合併する。
②中央政治委員会は暫く停止し、その職権は国防最高会議が代行する。国防最高会議は軍事委員会委員長の所在地に置く。
③予定移転先は重慶とする[22]。

さらに、同日、党中央は首都撤退、西部移転の準備に入り、西遷職員は全体の五分の一を限度と定め、休職希望者を募集するなど人員整理を行ない、また駐宣城辦事処（安徽省）を撤廃し、保管していた公文書はさらに奥地に輸送させることとした[23]。

また、山東、安徽、江蘇、浙江など戦地となった各省の党部も、続々と省会からの避難、移転を行なった(24)。南京を脱出した党中央秘書処および常務委員会は重慶に到着し、一二月六日から同地での執務を始めた(25)。対日戦全面化と首都陥落の危機的情勢のなか、国民党中央は組織を最小限に縮小し、中央各部を軍事委員会の指揮下に編入されたまま、奥地に避難することとなったのである。

2　党中央の移転と動揺

一九三八年一月には、軍事委員会は制度を改変し、六部制を廃止し、政治部等をおいた(26)。このため、三七年秋以来、第六部に組み込まれていた中央各部は、三八年二月には党中央委員会に復帰することが決まった。だが、復帰にあたり、民衆組織・訓練および宣伝に関する権限は軍政治部に委譲され、また政治部は民衆組織・訓練および宣伝に関し、地方党部に指揮監督を行なう権限を持ち、さらに戦時宣伝のため中央宣伝部の事業を利用し得ることとされ、党の権限はなおも大きく制限された(27)。

民衆動員や宣伝という、本来ならば党が行なうべきもっとも重要な活動が、引き続き軍政治部の管轄となったのは、この時期の党の凋落ぶりと蔣介石ら政軍首脳の党批判を反映するものであろう。実際、この前後、蔣介石は国民党の腐敗と無能、形骸化を厳しく批判しており(28)、また、党内でも積弊を批判し、その改革を求める声が挙がっていた(29)。

また、三七年秋以来、蔣介石は国共両党合同で統一政党組織「国民革命同盟会」を組織することを共産党に提案し、国共間で交渉を行なっていた(30)。交渉は不調に終わったが、蔣のこのような取り組み自体、抗戦のための政治的統一達成への熱意と国民党の現状に対する低い評価を反映するものであろう。

党の権威と権限が低下するなか、国民党政権の要人の間でも中央党部の要職を忌避するものも出た。たとえば、組織部長張厲生は三八年一月には「無知無力で成果もないので辞職したい」と申し出た。[31] もちろん、党常務委員会は辞職を認めなかったが、党中央の中核を担うべき組織部責任者すら消極化していたのである。

このような抗戦開始後の国民党の権限弱体化、軍事委員会の優越、西方移転の繁忙のなかで、武漢で党臨時全国代表大会（三八年三月二九日〜四月一日）が開催され、抗戦に対応した政治体制の構築、国民党の組織・指導体制の改編がはかられたのである。

3　臨時全国代表大会と党組織の改編

「中国国民党総章」の規定によれば、全国代表大会は政府所在地で開催することになっているが、軍事緊迫の折、軍首脳が遠く臨時首都重慶に赴くわけにはいかないという理由で、臨時全国代表大会（略称「臨全大会」）は武漢において開催されることになった。[32] 大会の議事日程、提案内容、大会組織や人事などは、いずれも武漢の党政軍要人たちが「在漢常務委員談話会」の名義で討議し、決定した。[33] 同談話会は第五期中央常務委員会の権限を行使するものとされ、さらに中央常務委員会武漢臨時辦事処が事務機構として設けられ、大会の具体的準備を行なった。[34] 重慶に移っていた党中央機構と党指導者ではなく、武漢の蔣介石および軍・政要人たちが臨全大会の準備と開催の中心となったのである。[35]

臨全大会については、第二次国共合作の頂点であり、「抗戦建国綱領」の制定、国民参政会の開催決定など抗戦期の政治体制を確立するうえで重要な会議であったとして、従来から高く評価されてきた。[36] だが、本章の課題との関連でいえば、臨全大会とこれに続く第五届四中全会における中国国民党の組織と指導体制の改革が、抗戦期およびその後の国民党にとってきわめて大きな意味を持ったのである。とくに重要な党の組織、指導体制の改編は、以下のとおりである。[37]

領袖制度の確立

新たに総裁および副総裁が設けられ、全国代表大会で蔣介石が総裁、汪精衛が副総裁に選出された。党総裁は「総章」規定の総理の職権を代行し、中央執行委員会常務委員会の主席となるとされた。これにより、蔣介石は総理孫文の正統な継承者にして全党の最高指導者としての地位を確立し、その指導権を合法化、制度化したのである。

各級党部の組織、指導体制

従来の委員会制から、省党部（特別市も含む）では主任委員、県では書記長、区以下では書記の各責任者が強い権限をもつ指導体制に改編された。また、①中央執行委員会はその委員の中から省党部主任委員を選定し、赴任させる、②省党部は管轄地域内をいくつかの地区に分け、各委員を派遣し、地区内の県市党部を監督、指導する（「分区督導」制）、③省党部は、全県党代表大会で選出された党部委員のうちから書記長一人を選び、中央に報告、申請し、任命をえるものとされた。

このように、「領袖―幹部―細胞の敏捷呼応の原則に基づき」[38]、地方党部の組織・指導体制が改められ、中央→省→県→区という上からの統制を強化するとともに、各レベルの党部における責任者の権限が強化されたのである。

党政関係

中央では「以党統政」、省および特別市では「党政連繫」、県では「党政融化」の原則を取るものとされた。具体的には、省市党部と省市政府との間では連席会議を毎月一回行ない、また省市党部主任委員は省市政府の会議に出席でき、もって党政の連絡をはかるものとされた。また、県党部書記長は県政府の地方自治指導員を兼ね、県社会科を指導し、民衆の組織、訓練および地方自治の準備、兵役事務にあたるものとされた。

三民主義青年団の設立

「全国の優秀な青年を訓練し、一人一人を三民主義の信徒とする」(39)ことを目的に、青年団を設立し、従来の予備党員制は廃止することが決まった。青年団の団長は総裁（蔣介石）が兼任し、団幹部は団長が指名するものとされた。

監察制度の変更

中央監察委員会から各省党部に中央監察委員を派遣し、常駐させ、監察を行なわせることになり、省監察委員会は廃止された。同様に、県監察委員会、区分部監察委員も廃止された。また、党員監察網を設け、各省駐在の中央監察委員および省党部の分区督察委員により、下級党部および各党員に対する監察を行なうこととされた。

こうして、中国国民党の組織と指導体制は臨全大会により改編されることになった。次節以下では、臨全大会以後の党中央の機構と権限、政策決定、人事と権力について検討を行ない、抗戦期の国民党の制度と実態について考察を深めたい。

二　党中央の機構と権限

本節では、抗戦期の国民党中央の機構と権限について、党「総章」規定の権力機構（全国代表大会・中央執行

図1　中央党部組織・系統図

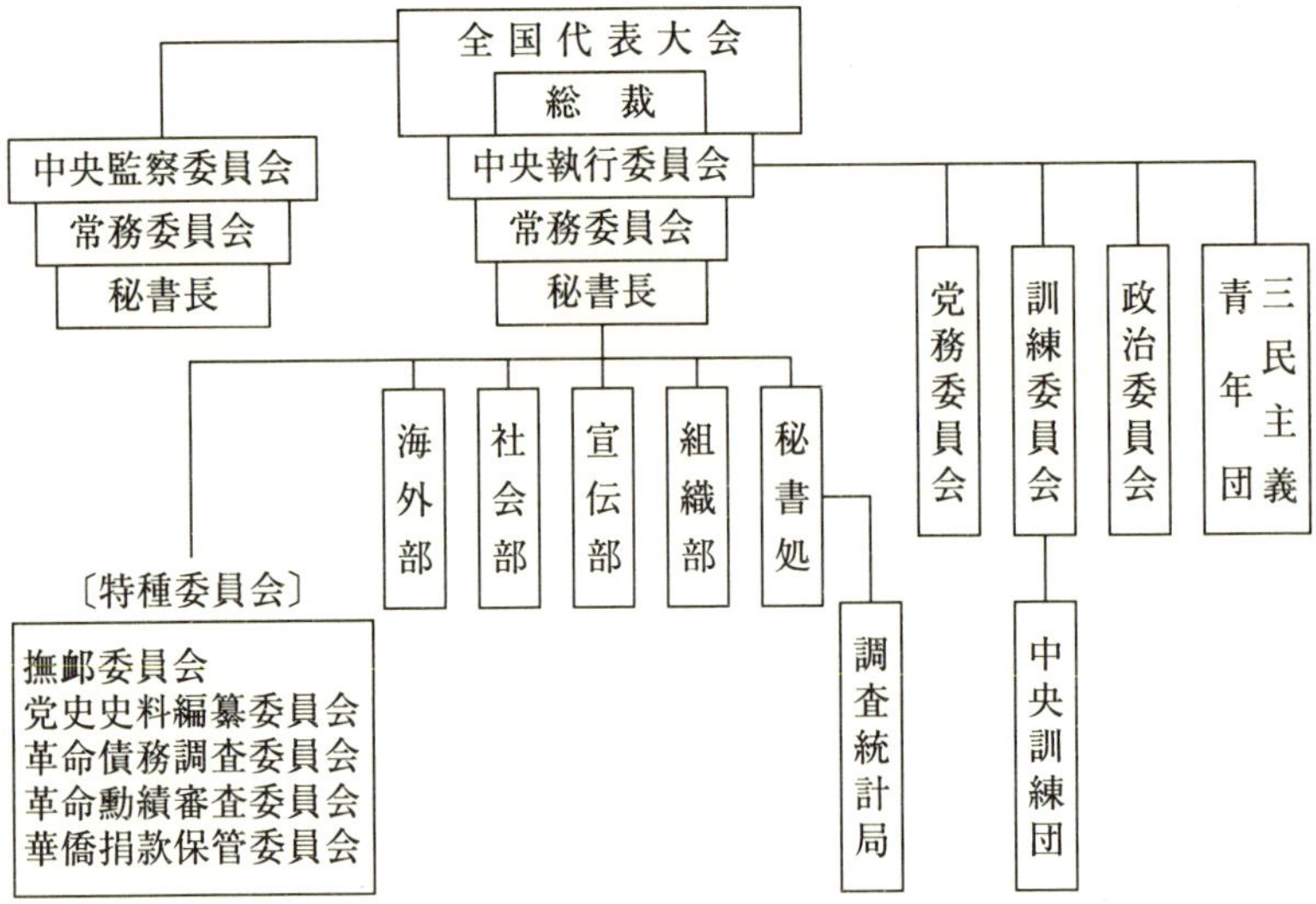

出典：筆者作成。

委員会）と実務機構（各部・委員会・秘書処）に分けて検討していく。図1に臨全大会後の党中央の組織系統を示した。

1　党の権力機構——規定と実際

まず、国民党の中央権力機構とその権限について、党の最高法規である「中国国民党総章」[40]の規定を参照しつつ、説明していこう。

国民党の「最高権力機関」は全国代表大会であり、通常は二年に一度（やむを得ない場合は三年に一度）大会を招集することが定められている（「総章」第二九条）。だが、実際の開催間隔はより長く、また後になるほど開催間隔が開いていった。すなわち、第一回が一九二四年、第二回が二六年、第三回が二九年、第四回が三一年、第五回が三五年、臨時全国代表大会が三八年、第六回が四五年、第七回が五二年（於台北）であり、最初が二、三年に一度、三八年以降は七年に一度の開催であった[41]。会期は、通常の大会は一、二週間だが、臨全大会はわずか四日であった。大会の権限は、政綱と総章の制定・改訂、中央委員会および各部の報告聴取、重要な政策の制定、中央委員の選出などである（第三二条）。

全国代表大会の閉会期間においては、中央執行委員会が権力機関であり、対外的に党を代表し、大会の決議を執行し、各地の党部を組織、指揮し、また中央機関各部を組織し、党財政を統御する権限をもつ（総章第一〇条、第三五条）。中央執行委員会は少なくとも半年に一度全体会（中央全会）を開催することと規定されているが（第三七条）、実際にはそう頻繁ではなく、第五期（三五年一一月～四五年五月）の場合、計一二回開催されたので、平均九・五カ月に一回の割合であった。開催期間は、だいたい一週間程度である（第五期のばあい、平均八・二五日）。

中央執行委員会は、委員のなかから九～一五人を互選し、常務委員会を構成し、中央執行委員会の開かれていない時期の職務遂行にあたる（第三八条）。したがって、ほとんどの時期は、中央執行委員会常務委員会（中常会）が党の最高機関であり、党の重要事項の審議と決定を担当した。四中全会（三八年四月）では、丁惟汾、居正、于右仁、戴季陶、孔祥熙、孫科、閻錫山、馮玉祥、葉楚傖、鄒魯、陳果夫、何応欽、李文範、白崇禧、陳公博の一五名が常務委員に選出された。このほか、党総裁蔣介石（その欠席時は副総裁汪精衛）は中常会の主席として出席する権を有し、さらに五期六中全会（三九年一一月）以後、政府の五院院長も職務上委員として中常会に出席できた。[42] したがって、中常会は党政軍の有力者をほぼ網羅し、人数も二十数名と、協議と決定には適当なサイズの組織であった。

抗戦初期（武漢撤退まで）、中常会の活動は活発で、ほとんど毎週のように開催され、[43] 三八年五月からはさらに月曜の「総理紀念週」後に常務委員談話会（懇談会）も開催されるようになった。[44] だが、党中央の重慶移転後は、後述する党務委員会の設置にともなって基本的に二週間に一回程度の開催となり、[45] さらに月曜の常務委員談話会も中央委員談話会に改められ、頻度も月に一回に減少した。[46] 中常会の政策決定における役割については、第三節で言及する。

2　党の実務機構：中央各部処会

中央執行委員会の下には、秘書処、組織部、宣伝部、社会部、海外部、訓練委員会、党史史料編纂委員会、中央調査統計局などの「部処会」といわれる実務機構があり、実際の党業務を担当した。（図1参照）

臨全大会後の党中央機構の大きな変化の一つは、中央執行委員会秘書長の権限を大幅に拡充し、中央党部の核心的なポストとしたことである。これ以前から、中央執行委員会の事務局である秘書処の長としての秘書長は存在したが、それは単に文書処理、伝達等の事務を行なうだけであった。それが、党改編後は、党内の「一切の機要に参与し」、秘書処事務を管掌する重要な職務となった。[47]

規定によれば、秘書長は総裁の選定、提案により中央執行委員会に任命され、「総裁の命令と中央執行委員会あるいは常務委員会の決議をうけて、一切の事務を掌理する」ものとされた（「修正中央執行委員会組織大綱」第三条。以下「中執会大綱」と略記する)。[48]

この秘書長の規定は、軍事委員会参謀総長の職権規定を想起させる。すなわち、「修正軍事委員会組織大綱」によれば、「参謀総長は委員長の幕僚長であり、本会所属の各部会庁を指導し、委員長を助けて本会の一切の業務を処理する」とされている。[49]

おそらく、蔣介石は、軍における参謀総長をイメージし、自己に忠実かつ有能な人物を党中央のトップに置き、総裁→秘書長の指導ラインをもって、党を全面的に指揮することを企図したのであろう。

また、これと関連する大きな変化に中央党務委員会の新設がある。党務委員会は、規定によれば、「党務の審議、設計及び総裁あるいは常務委員会がゆだねた事柄を掌理し、また各部処の連繫を行なう」ものとされ、秘書長を主任委員とし、総裁が選定した一四～二〇名の委員のほか、各部の正副部長および副秘書長を職務上委員とした（「中執会大綱」第七条）。中央党部のベテラン官僚王子壮によれば、「その任務は実際の党務の進行について計画、立案することにある。各部がその活動及び計画を毎週、同会に報告することとなっているのはその明徴であり、従来のように各部がばらばらに政策を行い、常務委員会が軽率に可決することがないようにするものだ。従って、今後、常会は二週間に一度の開会となるのは党務委員会に日常党務を委ねるからだ」という。[50]

党務委員会は、一九三八年五月二日、最初の委員会が開かれ、第一組（組織・訓練）、第二組（宣伝・文化）、第三組（民衆組織、訓練）、第四組（法制その他）の四組を設け、党務の審議と立案計画にあたることになった。[51]四一年の統計によれば、党務委員会は平均月二回会議を開き、参加者は十数人、党の規定や組織などに関わる議案を審議し、毎回平均四件を議決していた。[52]中央常会の記録を通読した印象では、実際には党務委員会は中常会への提案の予備審査や、法規や組織に関する技術的検討、関連部署間の調整などを行ない、中常会の小委員会として機能していたようである。

次に、中央各部を見よう。臨全大会における中央執行委員会提案（陳立夫起草）は、党中央に組織部、宣伝部、社会部、職業部、文化部、婦女部、調査統計部の七部を設置するという大拡張案を提出したが、大会審議で保留、総裁一任とされ、続く四中全会でも戦時にあたり各機関とも整理に努めているなかで、党中央が組織を拡大することに批判的な空気が大勢を占めた。結局、中央各部は、従来から党機構の中心である組織部、宣伝部と新設の社会部、海外部の四部制になった（民衆訓練部は社会部設立の代わりに廃止された）。[53]新設の二部は、それぞれ「各種民衆団体中の党員工作の指導及び民衆団体の組織とその事業推進の支援を管轄する」、「海外各党部の組織と党員の訓練及び海外宣伝を管轄する」ものとされた（「中執会大綱」第四条）。

ただ、社会部は設置当初から、民衆団体管理に関する権限が党・政・軍のどれに属するのかという微妙な問題をかかえていた。すでに軍事委員会政治部（部長陳誠）が戦時の民衆組織、宣伝、訓練の権限を保有しており、[54]張道藩副部長は権限不明確で業務推進は困難、衝突が起きる可能性もあるといって部の成立延期を求めたほどであった。[55]社会部は一応成立したが、権限不明確という問題は消えず、一九三八年九月、中央党務委員会は権限区分案を定めたが、蔣介石は政治部による民衆の軍事訓練と動員組織整頓を厳命しており、解決は困難であった。[56]結局、党社会部は十分な活動を展開するまもなく、一九四〇年一一月には党から行政院に所属が移され、政府が社会団体の管理を担当し、党中央は党団指導委員会を設けて、社会団体内の党員の組織化と指導、運用を管掌することとなった。[57]

このほか、中央執行委員会の下には、撫卹委員会、党史史料編纂委員会、華僑捐款保管委員会などの五「特種委員会」が引き続き設置され、それぞれの業務を管掌した。

また、中央統計処および組織部党務調査処を合わせ、中央執行委員会調査統計局（中統局）が設置され、統計及び情報工作を担当した。中統局は規定上は秘書処に隷属するとされ（「中執会大綱」第六条）、また中央秘書長朱家驊が中統局長を兼務したが、実際には副局長徐恩曾（三八年六月三〇日～四五年二月五日、副局長）の権力が強く、中央秘書長兼局長の指揮が及ばない巨大で独立的な特務機構として発展していった。[58]

このほか、新たに、訓練委員会（委員長蔣介石兼任）が成立し、「本党の中下級幹部及び全国の政治、軍事、経済、教育機関公務員及び学校教職員に対する思想訓練」を担当した（「中執会大綱」第八条）。これにより、「中央訓練団」が設置され、蔣みずから団長となったほか、各省市県などでもさまざまな訓練団、訓練班が設けられ、盛んに人員の政治・軍事訓練や地方自治・教育・経済などの業務研修を行なった。[59]

なお、三民主義青年団は設立当初は党中央直属の組織とされたが（「中執会大綱」第九条）、よく知られているように抗戦期に飛躍的に発展し、次第に国民党から独立した組織に成長し、党・団の摩擦も発生するようになった。[60]

最後に、中央政治委員会は抗戦期には停止されていたが、規定上は存続し、また歴史的には重要であったので言及しておこう。

中央政治会議、ついで改称して中央政治委員会は、「訓政」の理念にもとづく党による政府の指導監督のため設置され、党・政の連繫及び政策決定の場となったもので、戦前においては重要な権力機関であった。[61]

だが、抗戦開始後まもなく、政治委員会は休止状態に入り、三七年一一月には国防最高会議がその権限を代行し、政治委員会は「暫時停止」することとなり、[62]三九年一月に国防最高委員会に改組された後もその「代行」は引き継がれたため、抗戦期の政治委員会は規約上、名称が残るのみとなった（「中執会大綱」第十条、十一条）。他方、国防最高委員会は党総裁（蔣介石）を委員長とし、法制度的には、抗戦期における党政軍の最高決定機構となった。[63]もっとも、最新の研究によれば、実際に最高国防委員会が果たした政策決定上の役割については、より割り引いて見るべきもののようである。[64]

三　国民党の政策決定

1　制度的決定：中央常務委員会と中央各部処会

次に、抗戦期の国民党の政策決定について検討しよう。

まず、一般的な情況における制度的決定について論じる。

一般的には、国民党では全国代表大会、中央全会の決議を踏まえ、中央常務委員会が党・政にかかわるさまざまな問題の最高決定機関であった。中常会にはその時々の国民党政権の要人がほとんど網羅されているので、党政実力者の合議制による意思決定（寡頭制的決定）ということができる。また、臨全大会後の四中全会決議でも、「中央常務委員会が党政の大計を決定する」とその権限が規定された。(65)

ただ、抗戦前の中常会は「党政」全般を管轄したのに対し、抗戦開始後は国政全体よりは、もっぱら党自体にかかわる問題の審議と決定を行なうようになった。(66) たとえば、一九四一年の中常会決議案の内容は、組織・人事・財務など党組織にかかわるものが約三分の二、党の政策実施にかかわるものが残り三分の一ほどである。(67)

このため、ある党幹部は戦前以来一年数か月ぶりに中央常会に出たところ、「以前は全国政治の中央であったのだが、今や周辺に落ちぶれている」という感慨を抱き、大した重要案件もないのに会議を長々と開き、時間のムダだとさえ感じたという。(68) それは、戦時体制の下での党の地位の低下を反映するものであろう。中央常会は、軍事や政治、外交という重要な国策決定には与れなかったが、それでも党における最高決定機関であったことは変わらない。

いずれにせよ、国民党は巨大な組織であり、党務に限っても中常会で処理すべき業務は膨大であった。このため、月二、三回の常務委員会のほか、前述のように党務委員会での予備審査や調整が行なわれたほか、三九年二月には、常務委員三名が順番でつねに中央党部に詰めて、以下の職務を行なうことと決めた。

①各部処会の請訓事項で、常会で討論する必要のないものについて、随時審査、処理する、

②各部処会の活動報告を審査する。

③各部処会の責任者を随時接見し、業務進行に関して指示をあたえる。(69)

では、中常会で審議する案件はどこから提出されるのか。

通常、党の組織や法規、政策に関する事項は、組織部、宣伝部等の中央各部局が検討、起草し、党務委員会での審議をへて、中常会に提案し、審議、可決されて、実行された。地方党部からの意見や申請は、まず組織部が受理し、審査のうえ、必要と認めれば上記の手続きに回される。各部局からの提案は原案どおり可決されることがほとんどだが、党務委員会や中常会で修正されたり、保留、否決となることもある。(70) また、直接、各部が中常会に提案し、採択された後、規定については党務委員会、予算については財務委員会で検討することとされることもある。(71) 各部局内の処長、科長以下人事については、それぞれの部局で決定し、中常会で追認した（中央直属の部会処の長および委員など上級人事については、後述のように総裁提案となる）。

中央各部局の間で権限が衝突した場合はどうなるであろうか。三八年七月、党員募集の規定に関する組織部と秘書処の規定の衝突の事例をあげよう。このとき、組織部は「徴求党員標準」を、秘書処は「徴求新党員細則」を起草し、共に党務委員会の審議にあげられた。党務委員会は両案に関し、「党員募集の基準はすでに細則中に規定があるので、単独で制定する必要はない。また細則は入党手続きが煩瑣にすぎるので、修正した」とし、要するに組織部案を退け、秘書処案を修正採択して、中常会に提案し、採択された。(72)

これは、第一に、この時期においては、党員募集という党組織にとってもっとも根幹的な業務において、秘書処（秘書長朱家驊）が組織部（張厲生部長）の権限を浸食し、優位に立っていたこと、そして第二に、中央内部で権限が衝突する際、党務委員会（秘書長が主任委員）がその調整を行ない、最終的に中常会で承認していたことを物語っている。(73)

2　総裁蒋介石の指導権

以上のような一般的情況では、党の政策決定は規則と先例にしたがい、制度的に行なわれたが、抗戦期における国民党の政策決定において特徴的なことは、国民党総裁であり、かつ最高国防会議委員長、軍事委員会委員長、行政院長（三五年一二月〜三八年一月、三九年一一月〜四五年六月）を兼ね、四三年には国民政府主席にも就任した蔣介石が、いわば超越的な指導権を有していたことであり、このため、蔣は党総裁としての法的権限によっても、また最高指導者としての人格的権威によっても、国民党の政策決定を左右し得る立場にあったことである。

既述のように、臨時全国代表大会では党総裁が新設され、蔣介石が就任し、総裁は総理（孫文）の職権を「代行」するものと規定された（臨全大会修正「中国国民党総章」第二七条）[74]。総理の職権とは、全国代表大会の主席、中央執行委員会の主席となり、また全国代表大会の決議に対し覆議し、中央執行委員会の決議に関し最終的に決定する権限であり、また全党員は総理の指導に服従し、その主義を励行する義務を負うと規定された（同第二一〜二六条）。したがって、総裁は実質的に、党総章規定の「最高権力機関」である全国代表大会および中央執行委員会を凌駕する権限を持っていたのである。

蔣介石の党中央への指導方法は、会議を通じた制度的なものと、総裁としての指示発令によるものとがある。まず、総裁は全国代表大会、中央執行委員会全体会議のほか、中央常務委員会の主席でもあり、これらの会議における党の組織や人事、政策に関する決定に加わり、これを指導することができた。実際には抗戦期、蔣介石は軍務で多忙であるだけでなく、さまざまな兼職も多く、党務に投入可能な時間と関心は限られており、中常会に出席することは稀であった。臨全大会から六全大会までの七年間、計二一二回の常務委員会のうち、蔣介石が出席したことが明らかなのは、一〇回程度にすぎない[75]。蔣介石は、とくに重要な問題が発生したため、党首脳陣の合意を調達する必要がある場合とか、重要な人事や政策について中常会を通す必要があるときにのみ、主席として出席してその影響力を行使した。

たとえば、汪精衛の重慶脱出（一九三八年一二月一八日）後、蔣は一二月二九日の第一〇七次常会（三八・一二・二九、定例）に出席した。同会の議題は五中全会の開催期日や兵役法施行上の問題などであり、(76)蔣の出席は、議案のためよりは党首脳らを落ち着かせる意味であろう。(77)つづいて、三九年一月一日、蔣が主席となり臨時に第一〇八次常会を開き、汪精衛の対日和平通電（二九日の艶電）に関し討議し、汪の永久除名処分を常務委員全員一致で決議した。(78)

また、憲政実施にかかわり、国民大会の開催と選挙実施に関して、蔣介石はみずから中常会に臨んで、その推進に努めた。すなわち、第一三四次常会（三九・一一・一〇）では、六中全会の日程を決定したほか、翌四〇年一一月の国民大会開催とそのための代表選挙実施を求める六中全会宛提案を可決させ、(79)さらに六中全会後の第一三五次常会（三九・一一・三〇）では、六中全会の議決をうけて、中央党部が国民大会開催および党務改善指示に関して、具体的な実施措置を取るまでを見届けた。(80)結局、代表選挙がまにあわず、国民大会はまたも延期になるが、第一五八次常会（四〇・九・二三）は、蔣総裁主席の下、国民大会の延期を確認し、さらに一〇月に任期満了となる国民参政会を継続し、第二期の代表選出方法を検討することを承認した。(81)

対外問題では、三九年九月七日、蔣は第一二九次常会に主席として臨み、ヨーロッパでの第二次世界大戦勃発に対する対応を協議し、(82)四一年一二月八日には、日米開戦後直ちに臨時常務委員会を開き、日独伊への宣戦布告を決している。(83)また、四四年八月二日には第二六六次常会において、スティルウェル問題に対する蔣の立場を説明し、対米交渉のうえでの足場を固めた。(84)

また、中央各部、委員会の長など重要な人事については、蔣介石は総裁の権限で決定し、その後中常会に渡して正式決定を得るのが普通であった。だが、ときには自ら中常会に出席して、確実を期したこともある。(85)

このほか、蔣介石は、党の組織、人事、政策など党務全般にわたり、総裁の名義でさまざまな直接の指示（手令、手諭）を発し、党をみずから指導しようとした。

蔣介石の直接指示の内容は多岐にわたる。

まず、三民主義青年団の揺籃期、蔣介石は中央秘書長朱家驊や政治部長陳誠らに多くの指示を出し、青年団の育成、発展を促した。[86] 国民党に対しては、四中全会で決議した党政関係および下級党部の改革について実施方法をすみやかに検討すること、[87] 中央委員にその本籍地の戦地党政委員会の委員を担当させること、[88] 党中央に人事審査機構を設立すべきこと、[89] および新党員の募集要件は軍人、農工、教職員および社会服務人員に限るべきことなどである。[90]

蔣の直接指示は、抗戦初期にはそれほど多くないが、汪精衛が重慶を脱出した後の一九三九年頃から次第に増加し、戦争後期には乱発といっていい状態になった。そのなかには、最高指導者の指示としては細かすぎる、あるいは必要性や適切さが疑わしいものもふくまれる。たとえば、四〇年二月には、蔣は四川各地の茶館での宣伝に注意し、実施計画を立てよと指示した。[91] 四三年四月には各党員が学問研究を行ない、党部は学術会議、業務会議を開催するように指示し、このため党部は総裁指示にしたがって実行するため、検討の結果、関連規則を三つも制定した。[92] このように、党中央各機構は、中央委員会全体会議の決議に対してと同様、それがどのような内容であれ、蔣総裁の「手令」には服従し、その実行状況を報告しなければならなかった。[93] 蔣の指示を党中央が修正したのは、きわめて稀である。[94]

このように、戦時にあたり蔣介石に権限が集中し、また蔣自身、さまざまな問題を直接指揮しようという意欲をもっているとなると、党各機関や要人でも、直接蔣に上呈し、その決裁を仰ぐことも多くなった。党の公式の政策決定機構はバイパスされることになったのである。

第五期の中常会記録を通観すると、「総裁の指示に従い」、とか「すでに総裁の許可を得た」といって、党各機関から中常会に提出し、ほとんど審議もなく単に追認をうけるだけという案件が時とともに増加していた。蔣の指示はすでに列挙したとおりであるが、このほか事前に総裁の許可済みとされた案件の例を挙げると、たとえば、第八八次常会では中央調査統計局が「業奉　総裁批准」としてその組織条例を提出し、そのまま可決、施行された。(95) また、三九年一一月、秘書処は、総裁の電令にしたがい、各戦区司令長官兼任の中央委員が戦区および近接地域の省党部の活動を指導することとし、各省党部は主要な活動計画と実施状況をこれに報告する義務を負うという「辦法」を作成し、総裁に上呈して承認を得、その後、中常会の報告事項に提出した。(96) 中央委員を兼任しているとはいえ（主要な軍高官はみな中央委員であった）、戦区司令長官が実質的に管轄内の党部を指揮するという規定は、党の権限と統一性を大きく侵害するものであったが、総裁の指示と承認をすでにえたということで、まったく会議での討論なく、決定されているのである。

もちろん、国民党の公式の機構でなく、蔣介石個人に決定権が集中したと言っても、蔣は党総裁として、規定上も万能の権力を有するのであり、越権行為ではない。また、先述のように、実際には蔣は多数の兼職を持ち多忙であり、常に党務に関心を払っていたわけではなく、重要と考えた問題に対して、あるいは単にその場の思いつきで指示を出していたにすぎず、それ以外の問題は、前記のとおり、制度的な政策決定の場で官僚制的に処理されていた。

だが、蔣がその気になれば、全国代表大会、中央全会、中央常務委員会という党の正式の権力機構、決定機構を超えて、重要な問題について決定し得る権力を保持していたことは、確認しておく必要がある。すなわち、蔣介石がその幕僚ないしスタッフの補助を得て実質的決定を行ない、党中央常務委員会において形式的に承認され、党各機構が執行するということが、とりわけ重要な問題については多くなっていたのである。(97)

表１　抗戦期の国民党中央指導者の変遷

職　務	就任年月日及び人名
総　裁	1938.4.1蒋介石
副総裁[1)]	1938.4.1汪精衛（1939.1.1永久除名）
中央執行委員会常務委員会委員	1938.4.8丁惟汾、居正、于右仁、戴季陶、孔祥煕、孫科、閻錫山、馮玉祥、葉楚傖、鄒魯、陳果夫、何応欽、李文範、白崇禧、陳公博 （以後の変遷、省略）
中央秘書長	1935.12.7葉楚傖→38.4.8朱家驊→39.11.20葉楚傖→41.4.2呉鉄城
調査統計局　局長	1938.4.8朱家驊→44.4.29辞表・徐恩曾代理→45.2.6葉秀峯
副局長	1938.6.30徐恩曾→45.2.5辞職
組織部部長	1935.12.7張厲生→39.11.20朱家驊→44.5.26陳果夫→44.11.20陳立夫
宣伝部部長	1935.12.7劉蘆隠→38.4.8-顧孟余→38.4.28周仏海代理→39.1.29葉楚傖 →39.11.20王世杰→42.12.7張道藩→44.11.20王世杰
民衆訓練部部長	1935.12.7周仏海→37.2.2陳公博→38.4廃止
社会部部長	1938.4.8陳立夫→39.11.20谷正綱→40.12行政院に所属変更
海外部部長	1938.4.8陳樹人→39.11.20呉鉄城→41.4.2劉維熾→43.10.4張道藩→44.11.20梁寒操→44.12.11陳慶雲代理（45.1.8部長任命）
訓練委員会主任委員	1938.5.12陳誠→1944.7.24段錫朋

注：　1）1945年５月16日、六全大会通過の中国国民党総章修正案で廃止。

出典：劉維開編『中国国民党職名録』台北：中国国民党中央委員会党史委員会、1994年、124-150頁。

※五全大会から六全大会にいたる党中央の主要指導者をあげた。

四　党中央の人事と権力変動

本節では、党中央に関して人事面から検討を加える。最初に、中央党部各部長などの党中央指導者の変遷についてまとめ、ついで党内派閥勢力の変遷を第五期、第六期中央委員の派閥構成から検討し、最後に党部の職員について統計資料による分析を行ない、巨大な党組織の実務はどのような人々によって行なわれてきたのか、抗戦期の党組織と党員の大膨張に対して党部職員は対応し得たのかどうか、を考察する。

1　党中央指導者の変遷

表1に抗戦期の党中央指導者の変遷についてまとめた。これを参照しつつ、臨全大会後の中央党部の改編と人事異動による、党内の権力変動をまず論じよう。

新たに総裁直属の要職になった中央秘書長には、ドイツ留学の学者官僚である朱家驊が就任した。朱は浙江省出身、張静江および戴季陶との関係で政界入りし、交通部部長（一九三二年一〇月〜三五年一二月）や浙江省政府主席（三六年一二月〜三七年一一月）を歴任した。三八年一月からは、軍事委員会参事室主任という蒋介石のブレーン機関の長であり、四月に中央秘書長に転じてからは、蒋総裁の権威を背景に権限を振るった。[98] 三九年一一月に朱が組織部長に転じた後、葉楚傖の再任を経て、四一年四月から呉鉄城（元孫科派）が七年余りにわたって党秘書長を務め、戦争末期から戦後の党運営において力をもった。

中央各部のなかでは組織部が各級党組織を支配し得る、もっとも重要な機関であった。臨全大会後も組織部部長に留任した張厲生は、河北省籍でフランス勤工倹学出身。通常ＣＣ系に分類されるが、組織部内にわがもの顔に介入する陳立夫と次第に対立し[99]、陳誠に接近して軍事委員会政治部副部長に就任し（三八年七月〜四〇年八月）、その後は蔣介石直属の行政官を歴任するなど、次第に自立化していった[100]。張厲生についで、三九年一一月には朱家驊が組織部長に就任し、四年半にわたり党組織の統制と発展に努めたが、結局、四四年五月には陳果夫に交替となり、さらに半年余りで陳立夫が部長となり（四四年一一月〜四八年七月）、党組織部は再びＣＣ系の牙城に帰した。

中央宣伝部の部長は交替頻繁であった。宣伝部長は国内外のマスコミの前に出たり、『中央日報』等の党営メディアの報道や言論統制をめぐって党内外から批判されたりすることも多く、地位は高いが難しいポストであったからであろう[101]。臨全大会後、宣伝部部長には旧改組派の顧孟余が任命されたが、顧は香港に居住して病気と称して赴任せず、周仏海副部長が代理として部の業務を処理した[102]。周の重慶脱出後、比較的永く部長職についたのは、張道藩（ＣＣ系）と王世杰（政学系）である。張道藩はイギリスで美術を学び、文筆もよくする文化官僚。王世杰はフランスで博士号を得た憲法学者で、武漢大学学長をへて、一九三三年〜三七年には教育部部長に任じられた。抗戦期には蔣介石の信頼を得て、軍事委員会参事室主任を永く務めたほか、国民参政会秘書長、中央設計局秘書長、外交部長など党政の要職を歴任した。党宣伝部部長職も四年近くにわたる[103]。

社会部と海外部は、組織、宣伝の二部にくらべると規模も重要度もはるかに劣る。

まず、海外華僑工作を担当する海外部の部長は陳樹人（改組派）が一年半担当した後、呉鉄城に交替、その後も一〜二年で頻繁に交替したが、張道藩（貴州出身）を例外として、いずれも広東出身者で占められた。

民衆訓練部の廃止と抱き合わせで設立された社会部の部長には陳立夫がついたが、前述のように軍事委員会政治部（部長陳誠）と管轄が重複し、戦時の軍優位の状況下、業務推進は困難であった。結局、三九年一一月には社会部部長は陳立夫から谷正綱（改組派）に交替し、一年後には党から行政院に移管されることになった。

このほか、新設の訓練委員会（委員長は総裁の兼任）では、当初は陳誠と陳立夫が「召集人」に名を連ね、軍・党のバランスを取っていたが、[104]一月ほどで、陳立夫は排除され、陳誠が責任者である主任委員に任じられた。[105]

2　派閥勢力の変遷：第五期・第六期中央委員の構成分析

次に、党内の派閥勢力の変遷について検討しよう。

国民党最大の派閥といえば、陳果夫、陳立夫兄弟を中心とする「ＣＣ系」である。[106]その起源は、一九二六年五月「整理党務案」可決以後、組織部部長蔣介石の代理として陳果夫が中央党部の接収にあたったことにあり、以来、陳兄弟らは国民党の中央および地方組織の掌握に努め、共産党、西山会議派、改組派（汪精衛系）、胡漢民派などの各党派を排除し、蔣が党内で指導権を確立するために貢献してきた。[107]同時に彼らは、永年中央党部を支配し、全国の党組織にみずからの勢力を扶植し、党内最大の中央系（擁蔣）派閥「ＣＣ系」を形成した。第五次全国代表大会（三五年一一月）では、中央系が汪精衛、胡漢民らのライバルや地方派閥を制して党内の覇権を確立したといわれるが、それはまたＣＣ系の発展にもつながり、中央党部で絶対的勢力を保持し、また相対的多数の中央委員を獲得した。[108]

だが、抗戦初期には、従来党組織を支配してきたＣＣ系の勢力は一時的に退潮を余儀なくされた。それは、彼らの勢力の背景であり、また一心に擁護に努めてきた蔣介石の態度にかかわっている。

第一に、前述のように、抗戦初期、蔣介石は国民党が「弛緩、散漫、空虚、衰弱の情況」[109]に陥ったことを厳しく批判、叱責しており、当然、永年党務を握ってきた陳兄弟らは責任を免れなかった。このため、戦時を理由に党の権限は以前よりも縮小され、また、陳立夫が握っていた党の情報機構も分割され、[110]さらに臨全大会後の中央党部においてもＣＣ系は重要なポストを得られなかったのである。

第二に、抗戦開始後、蒋介石は軍・政の最高指揮権を掌握し、臨全大会で国民党総裁に選任され、全党、全国公認の最高指導者となったため、かつてのように党内権力の獲得と保持のために特定派閥に依存する必要はなくなった。また蒋介石は、党CC系と黄埔系（復興社系）軍人の間の擁蒋派内部の衝突は、中央系の力を損ない、党・国の団結のために有害であると考えていた。[111]

こうして、蒋は、CC系および黄埔系要人に「両組織を解散し、今後は一切公開すべきこと」を命じ、[112]五期四中全会では党内派閥、小組織の禁止が正式に決議された。[113]蒋は、CC系と黄埔系という党、軍の両中央系集団が融和することを望んでいた。[114]

だが、実際には、抗戦期を通じて国民党政権内の派閥活動はなくならず、とくに第六次全国代表大会（一九四五年五月）の前後には、CC系と非CC諸派（朱家驊系、孫科派、三民主義青年団・復興社系等）とが激しい争いをくりひろげた。それは、六全大会自体の戦時体制から戦後の憲政実施に向かう転換点という意義によるばかりでなく、それ以上に、この大会で、五全大会（三五年一一月）以来約一〇年ぶりの中央委員改選が行なわれ、その結果は戦後の各派の政治的地位を大きく規定することになるからであった（臨時全国代表大会では中央委員改選を行なわなかった）。

六全大会前後の党内派閥闘争については、すでにかなり知られている。[115]ここでは、派閥闘争の経過には立ち入らず、第五期中央委員（三五年一一月選出）と第六期中央委員（四五年五月選出）の派閥構成の変化を分析することから、抗戦期の党内諸派の勢力関係の変化を検討したい。

国民党の中央委員（中央執行委員、中央監察委員、および各候補を含む）は第一期の五〇名、第二期の七八名、第三期の八〇名、第四期の一七八名と増加を続け、第五期は合計二六〇名（中央執行委員一二〇名、候補執行委員六〇名、中央監察委員五〇名、候補監察委員三〇名）、第六期はさらに膨張して合計四六〇名（中央執行委員二二二名、候補執行委員九〇名、中央監察委員一〇四名、候補監察委員四四名）に達する。[116]これらの委員全員の派閥分類は決して容易ではなく、また多くの不確定要素を含んでいる。[117]だが、六全大会の直後に刊行された『国民党第六届中委各派系名単』[118]という同時代資料が、第六期中央委員全員の履歴と人間関係について詳細に調査し、派閥分類を行なっており、本資料を批判的に利用することから抗戦期の中央委員の派閥構成とその変動を検討することが可能である。[119]

この資料の出版者である「会報簡訊社」については一切不明であるが、「前言」では「国民党反動集団」を批判し、本文（リスト）では各中央委員の共産党およびソ連に対する態度を重視し、さらに随所で共産党を「我」と記すので、[120]これが中国共産党系の調査資料であることは疑いを入れない。本資料の政治的性格――中共の「国民党反動集団」との闘争のための調査資料――は明確であるが、それゆえにこそ他にないほど、網羅的かつ詳細に第六期中央委員の派閥関係を調べ上げており、有用である。

ただし、本章での利用にあたって、以下の考慮にもとづく修正を加える。

第一に、本資料は一九四五年時点で国民党内の政治的位置と中共への態度をもとに派閥分類を行なっており、国民党の歴史的な派閥区分とは一部合致しないところがある。このため、本章では西山派、胡漢民派、孫科派を設定し、「国民党左派」をより限定し、軍人および地方系内の諸派はより単純化して表示した。

第二に、第六期中央委員の派閥分類について、上記の諸派の該当者を分類し直したほか、不適当と思われるものを修正した。たとえば、本資料で「元老・中間派」に区分されている鄒魯・居正・茅祖権・張知本・焦易堂は西山派に、甘乃光は改組派に、李文範は胡漢民派、張静江は元老・擁蔣派に再分類し、「国民党左派」に区分されているうち覃振は西山派、楊杰は軍人・準直系、馮玉祥は西北軍に改めた。[121]このような派閥分類の修正は合計二四名である。それ以外の第六期中央委員については、基本的に同書の分類にしたがっている。

表 2　国民党第五、六期中央委員の派閥分類[1)]

類別	派閥名	第五期中央委員		第六期中央委員		第六期の増加		備　　考
		人数	比率(%)	人数	比率(%)	人数	比率(%)	
元老	擁蔣派	12	4.6	11	2.4	-1	-2.2	戴季陶系を含む
	中間派	10	3.8	8	1.7	-2	-2.1	
	西山派	10	3.8	8	1.7	-2	-2.1	
党務	ＣＣ系	57	21.9	118	25.7	61	3.8	張厲生系を含む
	朱家驊系	1	0.4	9	2.0	8	1.6	
	改組派	15	5.8	12	2.6	-3	-2.8	即ち汪精衛派
	胡漢民派	13	5.0	8	1.7	-5	-3.3	
	孫科派	9	3.5	10	2.2	1	-1.3	別称「太子派」
	左派	4	1.5	4	0.9	0	-0.6	宋慶齢、李烈鈞等
	転向者	0	0.0	4	0.9	4	0.9	任卓宣、張国燾等
政務	政学系	8	3.1	15	3.3	7	0.2	
	欧米系	8	3.1	28	6.1	20	3.0	
	官僚	5	1.9	7	1.5	2	-0.4	
軍人	蔣直系	16	6.2	65	14.1	49	7.9	黄埔系を含む
	準直系	17	6.5	26	5.7	9	-0.8	
	海軍	2	0.8	2	0.4	0	-0.4	
地方	広東派	18	6.9	20	4.3	2	-2.6	張発奎系及び文官も含む
	広西派	8	3.1	10	2.2	2	-0.9	
	雲南系	1	0.4	7	1.5	8	1.1	
	四川系	2	0.8	9	2.0	7	1.2	西康省も含む
	東北軍系	4	1.5	10	2.2	6	0.7	
	西北軍系	11	4.2	9	2.0	-2	-2.2	
	山西系	5	1.9	6	1.3	1	-0.6	
	蒙蔵新	8	3.1	15	3.3	7	0.2	内蒙古・チベット・新疆
	その他	9	3.5	23	5.0	14	1.5	湖南、陝甘、回馬各系等
華僑		5	1.9	10	2.2	5	0.7	
不明		2	0.8	6	1.3	4	0.5	
合計		260		460		200		

注：　1）中央執行委員、候補中央執行委員、中央監察委員、候補中央監察委員を含む。
出典：『国民党第六届中委各派系名単』（会報簡訊社、1945年6月）、22-23頁の「国民党五六届中委各派系人数比較表」をもとに、派閥分類及び所属成員を修正して作成。修正内容については、本文参照。

第三に、本資料の第五期中央委員のデータと分類は不完全であり、第五期中央委員全員ではなく、死亡、除名、不明等を除いた六全大会時の現員一九一名のみを対象として分類を行なっているため、このままでは使用できない。このため、本章では欠落分六九名のデータを補い、五全大会における選出当時の中央委員二六〇名全員の派閥分類を行なった(122)。その結果は、表2に示すとおりである。

ここから明らかなことは、まず、戦前の第五期ではCC系が最大勢力の五七名、比率では二割強を占めるが、他の党内諸派もばらばらとはいえ、なおかなりの勢力を保っていることである。すなわち、元老諸派計は三二名で一二%、改組派・胡漢民派・孫科派の合計で三七名、一四・三%となる。また中央系軍人（蔣介石直系・準直系）は三三名、一二・七%と比重はなお低く、地方軍系では広東派（一八名、六・九%）と西北軍系（一一名、四・二%）が比較的多くの委員を出しているが、四川、雲南等の地方系の委員はごくわずかである。

では、一〇年後の情況はどうか。抗戦初期、CC系の勢力は一時後退したとはいえ、六全大会のときには「捲土重来」をはかって猛烈に追い上げ(123)、結局、第六期では合計一一八名と倍増し、比率的にも二五・七%と四分の一強を占めた。朱家驊系も、朱一人から九人へと躍進した。これに比して、元老諸派は合計二七名、六・八%、改組派・胡漢民派・孫科派は合計で三〇名、六・五%となり、以上をあわせてもCC系の半分ほどであり、その凋落ぶりは明らかである。また、六期で大きく伸びたのが、黄埔系を含む中央系軍人であり、合計九一名、比率では約二割を占め、CC系に唯一対抗できる勢力となっている。また、政学系・欧米系を含む政務関係も躍進し、合計五〇名、約一割を占めた。ただし、いずれもきわめて分散的な政治家・官僚たちであり、派閥としての勢力にはつながらない。地方系では、抗戦の基地となった雲南、四川は三名から一六名へと増加したが、広東系と西北軍は比率を低下させた。

五全大会から六全大会にいたる党内派閥の勢力変遷は、この中央委員の派閥分類の変化によく現われている。

表3　国民党中央機関職員数

機関別	1939年7月現在		1941年12月末		1942年12月末		1945年12月末	
	人数	比率(%)	人数	比率(%)	人数	比率(%)	人数	比率(%)
中央執行委員会								
秘書処	106	12.3	151	12.3	196	13.0	273	13.6
組織部	121	14.0	198	16.1	216	14.4	413	20.6
宣伝部	122	14.1	195	15.9	235	15.6	318	15.9
社会部[1]	158	18.3						
海外部	62	7.2	112	9.1	111	7.4	300	15.0
訓練委員会	85	9.8	98	8.0	98	6.5	80	4.0
党務委員会	39	4.5	46	3.7	47	3.1	42	2.1
財務委員会[2]			9	0.7	9	0.6	22	1.1
工商運動委員会[3]			17	1.4	15	1.0		
農工運動委員会			27	1.3				
婦女運動委員会			40	3.3	36	2.4	32	1.6
文化運動委員会			65	3.2				
党史史料編纂委員会	70	8.1	126	10.3	141	9.4	157	7.8
撫郵委員会	15	1.7	19	1.5	23	1.5	21	1.0
革命勲績審査委員会	16	1.8	17	1.4	18	1.2	20	1.0
革命債務調査委員会[4]	21	2.4	18	1.5	18	1.2		
華僑捐款保管委員会[4]	11	1.3	11	0.9	11	0.7		
三民主義叢書編纂委員会			25	2.0	68	4.5	76	3.8
文化駅站総管理処[5]			60	4.9	63	4.2		
出版事業管理委員会	65	4.3						
党団指導委員会[6]			23	1.9	32	2.1		
党務工作人員従政資格甄審委員会					32	2.1	33	1.6
中央監察委員会								
秘書処	39	4.5	62	5.1	71	4.7	90	4.5
党務考核委員会			11	0.5				
政治考核委員会			11	0.5				
財務稽核委員会			11	0.5				
合計	865[7]		1227		1505[8]		2002	

注：　1）1940年12月、党中央から政府行政院に所属変更。2）1940年5月再設置。3）1939年5月設置。4）1943年11月撤廃。5）1940年1月設置、43年8月業務は出版事業管理委員会の管轄に。6）1941年1月設置。7）このほか、本年の資料には中央調査統計局149名、三民主義青年団中央団部57名が記載されているが、他との比較のため、合計数から除いた。8）このほか、広播事業指導委員会があげられているが、職員数の記載はない。

出典：1939年：中央党部秘書処人事処編印『中央党部職員録』1939年7月、中央研究院近代史研究所所蔵、朱家驊檔案230、所収。
1941年、1942年、1945年：中国国民党中央執行委員会調査統計局統計処編印『中国国民党党務統計輯要』民国三十年度、表66；民国三十一年度、表81；民国三十四年度、表72。

3　党職員の人数、構成と特徴

最後に、党の組織と活動を支えた党部職員に関して、検討を行ないたい。

まず、抗戦期における中央党部諸機関の職員数を表3に示した。

このうち、一九三九年七月について使用した資料（『中央党部職員録』）には、調査統計局（一四九名）と三民主義青年団中央団部（五七名）の数値があげられているが、他の年についての資料（『中国国民党党務統計輯要』）ではこの両機関が含まれていないため、時系列的比較の便を考えて、両機関を除いた表を作成した。

さて、これによると、三九年の社会部を除くと、中央党部のなかでは組織部と宣伝部の規模がもっとも大きく、合わせて三割以上を占めている。とくに組織部の人員が戦争末期に倍増し、四五年には四〇〇名を超え、単独で二割を占めたのは、CC系領袖の陳立夫の部長就任とかかわるのかもしれない。CC系は、永年党組織を基盤として発展してきた派閥であったため、領袖としてはフォロワーに党部のポストを付与してその忠勤に応えなければならなかったのだろう。なお、海外部の職員数が四二～四五年にかけて三倍にも増加した理由は、判然としない。このほか、中央秘書処も一〇〇～二〇〇名超の職員数を抱える大きな機関であり、とくに抗戦初期の三九年には組織、宣伝の両部にも並ぶ勢いである。特種委員会のなかでは、党史史料編纂委員会の人数が多いが、その他の四委員会はごく小さい。他の委員会では、訓練委員会がつねに八〇～九〇名程度の規模を有する。また、中央監察委員会の秘書処、各委員会の規模はきわめて小さい。

全体数では、三九年の八六五名から四三年の一五〇五名、四五年の二〇〇二名へと着実に増加し、三九年の数値に対する比率では、四三年には一・七倍、四五年には二・三倍となっている。

では、かれら中央党部職員はどのような人々であり、党員全体と比べてどのような特徴を持っていたか、まず

表 4　国民党中央党部職員の社会構成（1941年12月末）

類　別	属性・区分	中央党部職員		新　入　党　員	
		人　数	比率(%)	人　数	比率(%)
年　齢	20歳未満	3	0.2	45,219	9.6
	20～29歳	228	18.6	196,885	42.0
	30～39歳	499	40.7	132,871	28.3
	40～49歳	298	24.3	55,876	11.9
	50～59歳	108	8.8	13,874	3.0
	60歳以上	50	4.1	2,520	0.5
	不　明	41	3.3	21,638	4.6
教育水準	大学・専科以上	573	46.7	8,343	1.8
	（うち国外大学）	(229)	(18.7)		
	軍警学校	44	3.6	4,270	0.9
	特種教育及び訓練	29	2.4	28,721	6.1
	中等学校[1]	277	22.6	113,480	24.2
	小学校	17	1.4	138,637	29.6
	私　塾			105,386	22.5
	未教育	0	0.0	5,293	1.1
	不　明	58	4.7	64,753	13.8
合　計		1,227		468,883	

注：　1）師範学校及び職業学校を含む。
出典：中国国民党中央執行委員会調査統計局統計処編印『中国国民党党務統計輯要』民国三十年度、表67、表68；同　民国三十一年度、表５、表６。

年齢について見てみよう（表4参照）。

　これによると、一九四一年末のデータでは、新入党員[124]は二〇歳代が四二％、ついで三〇歳代が二八％で、二〇歳未満も一〇％近く、青年層が多数を占めるのに対し、中央党部職員は三〇歳代が四割強、ついで四〇歳代が二四％、合計で六五％となり、年齢分布は平均して一〇歳高くなり、中年層が中心となっている。

　両者の違いは、教育水準を見ると歴然とする。すなわち、新入党員では小中学校卒が約五四％、私塾教育や教育歴なしの比率が二割以上となり、大学・専科以上の学歴ある者

表５　国民党中央党部職員の地域構成（1945年12月末）

地　　域[1]	中央党部職員		全　党　員	
	人　数	比率(%)	人　数	比率(%)
江　　蘇	299	14.9	22,856	0.7
浙　　江	237	11.8	282,204	9.1
安　　徽	125	6.2	215,267	6.9
江　　西	66	3.3	135,953	4.4
湖　　北	120	6.0	273,796	8.8
湖　　南	155	7.7	209,662	6.7
四　　川	122	6.1	299,653	9.6
西　　康	4	0.2	21,475	0.7
河　　北	97	4.7	19,670	0.6
山　　東	74	3.7	27,791	0.9
河　　南	53	2.6	135,360	4.3
山　　西	13	0.6	65,189	2.1
陝　　西	3	0.1	154,975	5.0
甘　　粛	3	0.1	87,759	2.8
寧　　夏	0	0.0	15,371	0.5
青　　海	5	0.2	29,346	0.9
福　　建	93	4.6	262,579	8.4
広　　東	351	17.5	243,432	7.8
広　　西	23	1.1	175,374	5.6
雲　　南	12	0.6	74,696	2.4
貴　　州	23	1.1	127,194	4.1
熱 察 綏[2]	8	0.4	15,968	0.5
遼　　寧	18	0.9	32,828	1.1
吉　　林	8	0.4		
黒 竜 江	3	0.1		
新　　疆	2	0.1	28,658	0.9
蒙　　古	1	0.0		
台　　湾	0	0.0	631	0.0
各直属市			17,855	0.6
辺区党部			37,880	1.2
鉄路・公路党部			50,594	1.6
中華海員党部			13,579	0.4
工場、鉱山党部			5,868	0.2
学校党部			8,237	0.3
不　　明	79	3.9		
合　　計	2,002		3,114,638	

注：　1）中央党部職員については籍貫を、全党員については所属党部を表す。2）熱河、察哈爾、綏遠の合計。

出典：中国国民党中央執行委員会調査統計局統計処編印『中国国民党党務統計輯要』民国三十四年度、表１、表75。

の比率は二％にも満たないのに対し、中央党部職員では、大学・専科以上が半数近く、そのうち留学出身者も一八・七％に達しており、かなりの高学歴集団であったことがわかる。別稿で明らかにしたように、一九二〇年代から四〇年代にかけて、一般党員の量的拡大とともに教育水準は次第に低下する趨勢にあったので、[125]中央党部職員と一般の党員との間の知的ギャップはさらに拡大する傾向にあったということができる。

また、出身地域においても、両者のギャップが顕著に見出される。

表5は、四五年末の国民党全党員と中央党部職員の出身地域（ただし前者については所属党部）をまとめ、比較したものである。四五年末は抗戦期でなく、戦後初期になるが、実際にはこの時期、中央党部はなお重慶にあり、翌四六年五月にようやく南京に「還都」したこと、および全党員の分布状況から見て、まだ抗戦末期の情況と大きく変わらないものと判断し、ここで利用することにする。

本表によれば、党員全体の所属地域は全国に分散しているが、最大は四川省、ついで浙江省、湖北省、福建省となり、逆に少ないのは日本軍の占領支配が強かった江蘇省、河北省、山東省と辺疆地域であり、いずれも一％未満である。これに対し、中央党部職員の比率は大きく異なり、最大は広東省の三五一名（一七・五％）だが、これに次ぐ江蘇、浙江両省と安徽省をあわせた長江下流域三省で六六一名（三三・〇％）とほぼ三分の一を占め、以上四省だけですでに一、〇一二名（五〇・五％）と過半を占めている。他方、中国抗戦の拠点となった四川や雲南などの比重はきわめて低い。

この地域分布は戦前の三〇年代の全党員の分布状況に近いもので、[126]中央党部職員は抗戦の影響をあまり受けず、戦前から戦中、そして戦後初期にいたるまで出身地域という面では連続性をもっていたことを示している。だが、組織全体の大きな変化にエリート層が対応しないということは、両者のギャップを拡大することになるだろう。また、このことは、中央党部人事におけるネポティズム（身内びいき）の蔓延をも表わしている。中央党部各部処会の長となるような党高官には浙江省と広東省出身者が多く、彼らが同郷、同学、師弟関係などのつながりのある者を信頼できるとみなし、部下に任用した結果、その地域性が再生産されたわけである。

最後に、抗戦期における党組織と党部職員の全体としての比率の問題に言及しよう。

抗戦期、国民党の規模は急速に拡大し、三八年末には国内党員（省市党部および特別党部党員。軍隊党部および海外党部党員を除く。以下同様）は約六三万、四〇年には約一一八万、四二年には約二〇〇万、そして四五年には約二五〇万、四五年三月には約二六五万となった。[127] またこれとともに地方の党組織、とりわけ区党部、区分部の数も急激に増大した。

このような党員と党基層組織の量的拡大は、当然、中央、地方の各級党部に勤務し、党の組織管理と活動のために働く党専従職員の負担を何倍にも増加させたはずであり、その増員が必要だったはずである。しかし、抗戦期、各級党機関職員の総数は戦前にくらべて縮小傾向にあった。すなわち、二九年一〇月には全党員二六万六、三三八人に対し、党職員は一万五、五五八人（全党員に占める比率五・八％）[128]、三六年には予備党員を含む全党員四九万八、九五六人に対し、党職員は三万六〇〇〇人（七・二％）[129]であったが、四四年には党員数二五五万五、二七九人に対し党職員数二・五万人（〇・九八％）[130]、一九四七年には総数四〇三万五、四一三人に対し、党職員は一万七、八八八人（〇・四％）[131]と、絶対数的にも比率的にも減少しているのである。中央党部職員数が増加傾向にあったこと（表3）を考えると、下級党部における党専従職員はより減少率が高かったはずである。

従って、戦前に比べて抗戦期から戦後の国民党では、党組織と党員数は巨大化したが、組織自体のために働く党職員は逆に減少したため、かりに個々の党幹部や職員が相当の努力を払ったとしても、全体として党の組織管理力と活動の範囲および強度は、大幅に減退せざるをえなかったと考えられる。

本章では、抗戦期の中央党部の制度と実態に関し、中央常務委員会記録などの党内史料と関係諸資料を利用して、分析と検討を加えた。

おわりに

抗日戦争開始後、国民党政権は戦時体制化を進め、軍事委員会（委員長蔣介石）に権限が集中されたが、国民党の権威と権限はより弱まり、一時は軍事委員会に党機構の一部を編入された状態で慌ただしく奥地に移転することになった。だが、武漢における臨時全国代表大会と続く五期四中全会により、国民党は抗戦に対応するため、党組織および指導体制の改編をすすめ、戦争中の再起と発展の契機をつかんだ。

臨全大会後の党中央は中央執行委員会常務委員会とその下の四部、秘書処、各委員会により構成されたが、とくに党総裁直属のポストとして中央秘書長の地位が強化され、また新たに党務委員会が設置され、中央常務委員会の作業部会として機能した。

党の政策決定は、一般的には中央常務委員会による審議と決定という制度的メカニズムで行なわれたが、中常会の決定のおよぶ範囲は、「党政」全体というよりは党のみを中心とするようになった。また、蔣介石は国民党総裁としての権限と戦時の党政軍最高指導者としての権威にもとづき、重要と考えた人事や政策に関して超越的な指導権を発揮し、しばしば直接の指示を下した。その場合、党中常会の審議は形式化することとなった。

臨全大会の後、蔣介石の指示および党決議で「小集団」は禁止されたが、抗戦期を通じて党内派閥の勢力は衰えることはなく、抗戦期の各派の勢力分布と変動は、第五、第六期中央委員の構成の比較に明らかである。党内最大派閥のＣＣ系は、抗戦初期は中央党部の重要ポストも得られず、一時後退したが、また勢力を回復し、第六期中央委員の四分の一をも獲得した。中央党部の職員は、戦前の党活動の中心であった広東、江浙各省の出身が多く、またきわめて高学歴であり、一般党員とは大きな格差があった。また、数的には抗戦期の党組織および党員数が急激に拡大したのにもかかわらず、中央、地方の各級党部で働く党専従職員数は逆に減少しており、党の組織管理および政策実施能力は大きく制約されたことが明白である。

本章は以上のような検討を行なったが、なお残された課題も多い。たとえば、中央党部に関しても、党の財政状況と財務管理、党員監察、組織部・宣伝部などの各部の状況と問題、中央調査統計局の実態等の検討は、省かざるを得なかった。また、地方党部、学校党部、軍隊党部、戦地党部などの下級党部や党員訓練、社会団体統制、三民主義青年団なども、党組織全体を考えるうえで無視し得ない。いずれも、今後の課題としたい。

いずれにせよ、本章で行なった抗戦期の中央党部に関する研究は、中国国民党政権の内部構造、統治の特質、そして抗戦期の特徴と問題点に関して解明を進めるうえで、党の中枢部を政治史的、制度論的に検討した事例研究として一定の意味をもつであろう。本稿が、将来のより深い研究のための基礎の役割を果たすことができれば幸いである。

（1）Hung-mao Tien, *The Government and Politics in Kuomintang China*. Stanford, Cal.: Stanford University Press, 1972 ; Lloyd E. Eastman, The *Abortive Revolution*. Cambridge, Mass.: Harvard University Press, 1974 ; Huang Jianli, *The Politics of Depoliticization in Republican China : Guomindang Policy towards Student Political Activism, 1927–1949*. Bern : Peter Lang, 1996 ; 石井明「孫文没後の中国国民党」（『東京大学教養学部外国語科研究紀要』第二五巻第四号、一九七八年）、山田辰雄『中国国民党左派の研究』慶應通信、一九八〇年、久

保亨「南京政府成立期の中国国民党」(『アジア研究』アジア政経学会、第三一巻第四号、一九八四年)、松田康博「中国国民党の「改造」――領袖・党・政府」(『法学政治学研究』慶應義塾大学大学院法学政治学研究科、第二一号、一九九四年)、横山宏章『中華民国史　専制と民主の相剋』三一書房、一九九六年、深町英夫『近代中国の政党、社会、国家』中央大学出版部、一九九九年、松本充豊『中国国民党「党営事業」の研究』(現代中国研究叢書三九)アジア政経学会、二〇〇二年、家近亮子『蔣介石と南京国民政府』慶應義塾大学出版会、二〇〇二年、中村元哉『戦後中国の憲政実施と言論の自由』東京大学出版会、二〇〇四年、王賢知「抗戦期間国民党組織建設与組織発展的幾個問題」(『近代史研究』一九九〇年第二期)、呂芳上『従学生運動到運動学生（民国八年至十八年）』台北、中央研究院近代史研究所、一九九四年、李雲漢『中国国民党史述』台北、中国国民党中央委員会党史委員会、一九九四年、同編『中国国民党史論文選集』全五冊、台北、中国国民党中央委員会党史委員会、一九九四年、王凌霄『中国国民党新聞政策之研究（一九二八〜一九四五）』台北、近代中国出版社、一九九六年、王良卿『三民主義青年団与中国国民党関係研究（一九三八―一九四九）』台北、近代中国出版社、一九九八年、孔慶泰等『国民党政府政治制度史』合肥、安徽教育出版社、一九九八年、彭敦文「抗戦時期国民党体制変化与組織状況」(第四七回国際東方学者会議シンポジウムII「日中戦争時期の重慶国民政府」発表論文、二〇〇二年五月一七日)、王奇生『党員、党権与党争――一九二四―一九四九年中国国民党的組織形態』上海書店出版社、二〇〇三年等。

(2)　Lloyd E. Eastman, *Seeds of Destruction; Nationalist China in War and Revolution 1937–1949*. Stanford: Stanford University Press, 1984; Hsi-sheng Ch'i, *Nationalist China at War*. Ann Arbor: The University of Michigan Press, 1982. 王賢知前掲論文も両者の大きな影響を受けている。

(3)　李雲漢「抗戦期間的党政関係（一九四七〜一九四五）」(『慶祝抗戦勝利五十週年両岸学術研討会論文集』台北、近代史学会・聯合報系文化基金会、一九九六年）上冊、一〜一九頁、彭敦文前掲論文。

(4)　王良卿前掲書。

(5)　王奇生前掲書。

(6) 土田哲夫「中国国民党の統計的研究（一九二四～四九年）」(『史海』第三九号、一九九二年六月)、同「抗戦時期中国国民党党員成分的特徴和演変」(南京大学学報特輯『民国研究』第六輯、二〇〇一年一二月)。とくに、後者が本章に関連する筆者の先行研究であり、参照を願いたい。なお、国民党政権の性質に関する理論的問題に関しては、土田「国民党政権の性格をめぐって」(『近きに在りて』汲古書院、第八号、一九八五年一一月）参照。

(7) 中国国民党中央委員会秘書処編印『中国国民党第五届中央執行委員会常務委員会会議紀録彙編』刊行年不詳、極機密、上下二冊、同『中国国民党第六届中央執行委員会常務委員会会議紀録彙編』一九五四年、極機密。とくに前者は頻繁に引用するので、以下、『五届中常会彙編』と略記する。

(8) 『王世杰日記』全一〇冊、台北、中央研究院近代史研究所編刊、一九九〇年、陳立夫『成敗之鑑』台北、正中書局、一九九四年、『王子壮日記』全一〇冊、台北、中央研究院近代史研究所編刊、二〇〇一年、蔡徳金編注『周仏海日記全編』北京、中国文聯出版社、二〇〇三年、呉相湘『陳果夫的一生――附：陳果夫回憶録』台北、伝記文学出版社、一九八〇年、陳立夫『成敗之鑑』台北、正中書局、一九九四年、Sidney H. Chang and Ramon H. Myers (ed.), *The Storm Clouds Clear Over China ; The Memoir of Ch'en Li-fu 1900-1993*. Stanford : Hoover Institution Press, 1994.

(9) 中央常務委員会第四九次常会、一九三七年八月五日、秘書処報告、『五届中常会彙編』一六三～一六五頁。〔以後、中央常務委員会の会議は第×次常会と略し、また年月日は西暦の上二桁を略し、三七・八・五のように略記する〕

(10) 第五〇次常会（三七・八・一二）、秘書処呈報、同上、一六七頁。

(11) 大本営訓令、令字第一号（三七・八・二〇）、附「大本営組織系統表」、中国第二歴史檔案館編『中華民国史檔案資料匯編』南京、江蘇古籍出版社、一九九八年、第五輯第二編、軍事（一）、六一七～六二二頁。

(12) 第五一次常会（三七・八・二七）、秘書処報告、『五届中常会彙編』一六九頁。

(13) 同上。ただし、結局、大本営の名称は用いず、軍事委員会を改編拡大することになった。軍事機構の変遷については、本書、笠原論文参照。

(14) 国民政府訓令、密第九二号(三七年九月一七日)、中国第二歴史檔案館編『中華民国史檔案資料匯編』第五輯第二編、政治(一)、南京、江蘇古籍出版社、一九九八年、一四六〜一四七頁。
(15) 第五一次常会(三七・八・二七)、『五届中常会彙編』一六九頁。
(16) 第五四次常会(三七・九・一八)、同書、一七一〜一七二頁。
(17) 国防最高会議密函、同書、一七六頁。
(18) 第五三次常会(三七・九・一四)、蔣介石電および決議、同書、一七〇頁。
(19) 第五七次常会(三七・一〇・二七)、中央民衆訓練部・軍事委員会第六部会呈、同書、一七四〜一七五頁。
(20) これは陳立夫への告発文のなかで言及されており、誇張もあるだろうが、他の情報との齟齬はない。陳志漢報告(三九・四・二四)、『匯編』政治(一)、二七二頁。
(21) 第九二次常会(三八、九・八)、秘書処報告、『五届中常会彙編』二八六頁。
(22) 第五九次常会(三七・一一・一六)、秘書処報告、『五届中常会彙編』一七七頁。
(23) 第五九次常会(三七・一一・一六)、『五届中常会彙編』、一七七頁。なお、一一月二〇日には国民政府も重慶移転を宣言した。国民政府訓令、第七五一号(三七・一一・二〇)、『匯編』政治(一)、一〜二頁。
(24) 第五九次常会(三七・一一・一六)、『五届中常会彙編』一七七頁。
(25) 第六〇次常会(三七・一二・二三)、同上、一七八頁。
(26) 周美華編『国民政府軍政組織史料』台北新店、国史館、一九九六年、第一冊〈軍事委員会(一)〉、七八〜八二頁。
(27) 国防最高会議第四二次常会決議、また第六六次中常会決議(三八・二・三)、「中央組織宣伝民衆訓練三部回隷中央後工作辦法」、『五届中常会彙編』、一八一、一八六頁。
(28) たとえば、「我が党の欠点がもっとも顕著であるのは、組織が弛み、紀律が崩れ緩んでいるため党の精神は衰退し、散漫となり、党の基礎は異常に空虚となり、組織、訓練、宣伝のどの面においても深く確かな成果はなく、各級の党部の活動はいずれも形式化し、党機関は役所と化してしまったことだ。今やわれわれは形式の組織だけがあって実際の訓練がなく、党部だけが存在して党員の活動がなく、党員だけがいて党の活動がない…」。蔣介石「臨時全国代表大会開会詞」（一九三八年三月二九日）、（中国国民党党史委員会編『中国国民党臨時全国代表大会史料専輯』台北、近代中国出版社、一九九一年）上、二四頁。このほかの蔣の党批判は、参照：「改進党務与調整党政関係」（三八・四・八）、（同書）、五一五～五二一頁、同「対日抗戦与本党前途」（一九三八年四月一日講）（『革命文献』第七八輯）、三八三～三八四頁、「喚醒党魂発揚党徳与鞏固党基」（一九三九年一月二三日講）、（『蔣総統集』台北、中華大典編印会、一九六〇年、第二巻）一二一三～一二一九頁。

(29)　范争波撰呈「充実本党力量辦法」（一九三八年七月一二日、中央研究院近代史研究所、朱家驊檔案、二一、人事（二））。

(30)　楊奎松『失去的機会？——抗戦前後国共談判実録』桂林、広西師範大学出版社、一九九二年、五一～七七頁、習五一「抗戦前期国共両党共建一個〝大党〟的談判」（『抗日戦争史研究』一九九六年第一期）一～一九頁、呉相湘『現代史事論叢』台北、遠東公司、一九九九年、二六二～二六七頁。

(31)　ただし、常務委員会は承認せず。第六五次常会（三八・一・二〇）、『五届中常会彙編』一八二頁。

(32)　第七二次常会（三八・三・一〇）、報告、国防最高会議電、同書、一九二～一九三頁。

(33)　第七一次常会（三八・三・四）、本会武漢臨時辦事処主任居正電、同書、一九二頁。

(34)　第六九次常会（三八・二・二二）、汪兆銘電、同書、一八八頁、「中国国民党中央執行委員会武漢臨時辦事処組織条例」、同一八九～一九〇頁、第七二次常会（三八・三・一〇）、同一九三頁。

(35)　臨全大会の準備過程については、前掲『中国国民党臨時全国代表大会史料専輯』上、一～二二頁参照。重慶の党中央要人、とりわけ党元老たちが疎外されていた状況については、『王子壮日記』三八年三月二二日、同二三日条が興味深い。

(36)　張同新「試析国民党臨時全国代表大会」（『民国檔案与民国史学術討論会論文集』北京、檔案出版社、一九八八年）、林泉「中国国民党臨時全国代表大会之初歩研究」（『中華民国史専題論文集　第一届討論会』台北新店、国史館、一九九二年）三五九～四一二頁。

(37)「改進党務並調整党政関係案」（臨全大会第三次常会通過、三八・三・三一）、『革命文献』第七六輯、三一三～三二一頁、「改進党務並調整党政関係案」（五期四中全会通過、三八・四・六）、同第七九輯、四四五～四四七頁、などにもとづく。

(38)「改進党務並調整党政関係案」『革命文献』七六輯、三一四頁。

(39)「対於党務報告之決議案」（臨全大会第三次常会通過、三八・三・三一）、『革命文献』第七六輯、三一二頁。

(40)一九二四年一月、第一次全国代表大会で制定、二全大会、三全大会での修正を経て、一九三八年四月、臨全大会で修正。抗戦期の党総章としてこの一九三八年修正版を用いる。テキストとしては、中国国民党中央執行委員会宣伝部編印『中国国民党党員須知』一九四二年、一三三～一五六頁所収のものを用いた。

(41)劉維開『中国国民党職名録』台北、中国国民党党史委員会、一九九四年。以下、大会、中央全会の開催時期については、すべて本書による。

(42)同書、一三六～一三七頁。

(43)一九三七年七月七日が第四七回会議、三八年七月二八日が第八七回会議（武漢撤退前最後の常会）なので、九・四日に一回（四一回÷三八六日）の割合となる。『中常会彙編』一五七～二六九頁より計算。なお、重慶での中央執行・監察委員会常務委員連席会議（三七・一二・六）は、原則毎週月曜日、総理紀念週後に常会を行なうことを議決したが（『中常会彙編』一七七頁）、臨全大会から武漢撤退まで中常会は武漢で開かれた。

(44)第七六次常会（三八・五・五）、決議、同書、二〇五頁。

(45)『中国国民党党務統計輯要』民国三十年度、表五六、表五八。

(46)『周仏海日記全編』一九三八年八月二二日～一一月二一日の各条、および第一〇〇次常会（三八・一一・一〇）、秘書処報告、『五届中常会彙編』三二三頁、第一三八次常会（四三・九・二〇）、決議、同書、一〇八二頁参照。

(47)『王子壮日記』台北、中央研究院近代史研究所、二〇〇一年、三八年四月二一日条。王子壮（一九〇一～一九四

八）は中央党部に長く勤めたベテラン党官僚である。なお、副秘書長も設置されたが、大した権限はない。
(48)　第七四次常会通過（三八・四・二一）、『五届中常会彙編』、一九八〜一九九頁。
(49)　国防最高会議常務委員会第四二次常会通過（三八・一・一〇）、周美華編前掲書、第一冊、七八〜八二頁。
(50)　『王子壮日記』三八年四月一九日条。
(51)　第七六次常会（三八・五・五）、党務委員会報告、『五届中常会彙編』二〇六頁。
(52)　『中国国民党党務統計輯要』民国三十年度、表五九、表六〇。
(53)　「改進党務並調整党政関係案」『革命文献』第七六輯、三一七〜三一八頁、『王子壮日記』三八年三月三一日条、同四月四日、四月八日条。
(54)　前掲、注(27)。
(55)　ここには、党ＣＣ系と軍側の対抗関係が絡んでいた。『王子壮日記』三八年四月一五日条。
(56)　第九二次常会（三八・九・八）、党務委員会報告、秘書処報告、『五届中常会彙編』二八六頁。
(57)　同委員会の主任委員は組織部長が兼務した。劉維開編『中国国民党職名録』一四一、一四七頁。
(58)　『江蘇文史資料選輯』第二三輯〈中統内幕〉、南京、江蘇古籍出版社、一九八七年、徐恩曾等『細説中統軍統』台北、伝記文学出版社、一九九二年。
(59)　六全大会における中央執行委員会党務報告によれば、一九三八〜四五年の歴年の訓練人数は、①中央訓練団、西北幹部訓練団、戦時工作幹部訓練団等中央機関九万八、八四二人、②各省市、区、県地方行政幹部訓練団（班、所）等地方訓練機関一九六万五、〇二二人、③その他訓練機関一二万五、五〇六人、合計二一八万九、三七〇人にのぼるという。中国国民党党史委員会編『中国国民党党務発展史料——中央常務委員会党務報告』台北、近代中国出版社、一九九五年、四一九頁。
(60)　朱高影「三民主義青年団之研究（一九三八—一九四七）」、国立台湾師範大学歴史研究所碩士論文、一九九二年、王良卿前掲書。

(61) 銭端升は、中央政治委員会は立法原則の確定および予算審議をはじめ、政府機構内での最高権力を擁していたが、後に委員会の成員が膨張しすぎ、権力を他に譲ることになったと論じている。Ch'ien Tuan-sheng, "Wartime Government in China", *The American Political Science Review*, April 1942.『銭端升学術論著自選集』北京、北京師範大学出版社、一九九一年、五一九〜五五六頁所収。

(62) 第五九次常会（三七・一一・一六）、『五届中常会彙編』、一七七頁。

(63)「国防最高委員会組織大綱」第一条：「中央執行委員会於抗戦期間、設置国防最高委員会、統一党政軍之指揮、並代行中央政治委員会之職権、中央執行委員会所属之各部会、及国民政府五院軍事委員会及其所属之各部会、兼受国防最高委員会之指揮」。五期五中全会、一九三九年一月二八日通過、『革命文献』第七九輯、四八二頁。

(64) 劉維開「国防最高委員会的組織与運作」（研究代表者石島紀之『国際シンポジウム「重慶国民政府の歴史的位置」』国際シンポジウム報告集、二〇〇三年）、抄訳版は、石島紀之・久保亨編『重慶国民政府史の研究』東京大学出版会、二〇〇四年に収録。

(65)「関於改進党務及調整党政関係案審査修正案」（三八・四・八）（『革命文献』第七九輯）四四九頁。

(66) Ch'ien, *op. cit.* 筆者が第五期（一九三五〜四五年）中常会記録を通読した印象もこれに一致する。

(67)『中国国民党党務統計輯要』民国三十年度、表五七。

(68)『周仏海日記全編』三八年四月二八日条、五月五日条。周は三五年一二月から三七年二月までは党訓練部部長、ついで三八年四月から一二月（重慶脱出）までは宣伝部部長代理として中常会に列席していた。

(69) 第一一二次常会（三九・二・二）通過、「中央常務委員工作之分配辦法」、『五届中常会彙編』、三七〇頁。

(70) たとえば、中央組織部は、「中央各部須特別注重重慶市党務工作」との総裁手諭を受けて、「推進重慶市党務辦法案」を作成し、党務委員会の審議にかけ、修正通過したが、常務委員会にかけたところ、「交回組織部再行研究」と差し戻されてしまった。提案原文は明らかでない。第一六〇次常会（四〇・一〇・一四）、同書、六三二頁。

(71) たとえば、第一六一次常会（四〇・一〇・二八）通過、「関於推進東北党務辦法案」、同書、六三六頁。

(72)　第八七次常会（三八・七・二八）、党務委員会報告、同書、二七〇頁。
(73)　ただし、これは臨全大会の後まもない時期で、総裁の権威を背景に朱家驊秘書長が大きな権限を振るい、また張厲生組織部長が消極化していたという事情があり、常に党務委員会＞秘書処＞組織部であるわけではない。党の各級組織や党員管理に関する事項は、本来、組織部の職掌である。
(74)　この規定は、六全大会で修正の総章第二六条で「総理の職権を行使する」に改められた。『大陸淪陥以前之中華民国――民国卅七年分中華年鑑』台北、鼎文書局、影印版、一九七三年、一七八頁。
(75)　中常会記録を一通り点検した結果による。『五届中常会彙編』一九六～一三六七頁、参照。
(76)　『五届中常会彙編』三五一頁。
(77)　『王子壮日記』一九三八年一二月二九日条、第四冊、六〇四頁。
(78)　第一〇八次常会（三九・一・一）、「関於汪兆銘違反紀律、危害党国案」、『五届中常会彙編』三五三～三五四頁、秦孝儀主編『総統蔣公大事長編初稿』台北、中国国民党史会、一九七八年、巻四（上）二八七～二八八頁（以下、『大事長編』と略記）。ただし、蔣介石と孔祥熙はより寛大な対応を望んでいたが、圧倒的多数は汪の除名を求め、二時間余りの議論を経て、採決の結果、汪の永久除名を決したという。『王世杰日記』第二冊、一九三九年一月一日条参照。
(79)　第一三四次常会（三九・一一・一〇）、「定期召集国民大会並限期辦竣選挙案」、『五届中常会彙編』、四九七頁。
(80)　第一三五次常会（三九・一一・三〇）、同書、四九九頁。
(81)　第一五八次常会（四〇・九・二三）、同書、六二四頁、『大事長編』巻四（下）五七七頁。
(82)　第一二九次常会（三九・九・七）、『五届中常会彙編』四七三頁。この常会では、汪精衛等が上海で党全国代表大会を招集したことへの対応も重要議題であった。同上。
(83)　『大事長編』巻四（下）七六八頁、『王世杰日記』一九四一年一二月八日条、第三冊、二〇二～二〇三頁、『王子壮日記』同日条、第七冊、三四二頁。ただし、正式の常務委員会とされなかったのか、『五届中常会彙編』には記載がない。

(84) 第二六六次常会（四四・八・二）、「(密) 総裁報告」、『五届中常会彙編』一二五四頁。ただし、『大事長編』巻五（下）五六九～五七〇頁には、蔣が出席したことは明記されていない。

(85) 第二一五次常会（四二・一二・七）、『五届中常会彙編』九五三～九五五頁。この日の重要議題は、中央執行委員会副秘書長の甘乃光から狄膺への交替（甘は国防最高委員会副秘書長就任）、宣伝部部長の王世杰から張道藩へ、副部長の潘公展から程滄波への交替、組織部副部長の呉開先から張強への交替という人事案件のほか、国民政府組織法の修正（司法行政部の司法院から行政院への所属変更）であった。『大事長編』巻五（上）二二四三～二二四四頁は、蔣は中央常務委員会及国防最高委員会連席会議に出席、と記している。

(86) 「総裁兼団長致中央党部秘書長朱家驊、三民主義青年団書記長陳誠限期帰併青年救国団於三民主義青年団手令」（三八・九・一四）、「総裁兼団長致中央党部秘書長朱家驊、中央政治学校教育長陳果夫令擬具体計画訓練三民主義青年団幹部手令」（三九・五・三〇）等。前掲『中国国民党臨時全国代表大会史料専輯』七一一、七五四～七五六頁。

(87) 第九一次常会（三八・九・一）、『五届中常会彙編』二八五頁、所引。

(88) 第一三二次常会（三九・一〇・一九）、同書、四八八頁。

(89) 第一四一常会（四〇・二・二二）、同書、五三七～五四一頁。

(90) 第二一四次常会（四二・一一・二）、同書、九四七頁。

(91) 『中央党務機関三十年度工作成績考察報告』謄写版、（一九四二年）、六～七頁。

(92) 第二二五次常会、一九四三年四月一九日、『五届中常会彙編』一〇二七、一〇三四、一〇八六頁。

(93) 前掲、『中国党務機関三十年度工作成績考察報告』。本書には、国民党に対する「重要手令」が三点、三民主義青年団に対するものが三点（電令一を含む）収録されるとともに、党、団の「遵辦」情況が記載されている。同書、五～八頁。

(94) 筆者は、以下の例を見出しただけである。一九四二年初め、蔣が「各級党部及び団部では以後、総理紀念週を月曜から日曜午前十時からに改め、月曜午前の業務を妨げないようにすべきだ。可否を検討し、決定するように」と指示したのに対し、中常会は討論の結果、従来どおり月曜実施で構わないと議決した（第一九四次常会、一九四二年二月二日、『五届中常会彙編』八三一頁）。このぐらいの問題なら総裁指示に従わなくても構わない、それより日曜日は休みたいということか。なお、党政要人全体が集う国民政府紀念週は月曜開催が続いたが、考試院銓叙部では四二年一月二五日以降、日曜日に紀念週を実施している。『王子壮日記』一九四二年各条参照。

(95) 第八八次常会（三八・八・一一）、中央調査統計局呈、同書、二七四頁。

(96) 第一三五次常会（三九・一一・三〇）、秘書処報告、同書、四九八頁。この日は、蔣も主席として出席している。

(97) 蔣介石は党政軍の最高のポストを兼務していたにしても、彼は何よりも軍人であり、軍事委員会委員長の職務が中核で、通常は軍事委員会で執務し、軍事委員会侍従室、参事室をその幕僚機構とした。したがって、蔣介石が党総裁の資格で党に対する命令を下したとしても、実際は党としての考慮にもとづく決定なのか、それとも軍事的観点にもとづく決定なのか、あるいは行政院長、国民政府主席としての決定なのかは不分明である。蔣の権力の性質と幕僚機構の機能などは、今後検討を深めていくべき問題であろう。蔣介石の侍従室については、下記のすぐれた研究参照。張瑞徳「無声的要角――侍従室的幕僚人員（一九三六-一九四五）」(辛亥革命九十週年国際学術討論会、台北、二〇〇一年一〇月、提出論文)。

(98) 胡頌平『朱家驊先生年譜』台北、伝記文学出版社、一九六九年、杜偉「我所知道的朱家驊」(『中華文史資料文庫』北京、中国文史出版社、一九九六年、第九巻) 五六〇～五六五頁。

(99) 興味深いことに、陳立夫の回想録は、盧溝橋事件および臨全大会のとき、自分は党組織部長であったと記し、張厲生をまるで無視している。単なる記憶の誤りというよりは、自分が党組織を支配しているという意識を永年抱き続けた結果の、深層心理の反映のように思われる。陳立夫『成敗之鑑』台北、正中書局、一九九四年、二〇六、二二一頁。

(100) 謝天培「我所知道的張厲生」(『文史資料存稿選編』北京、中国文史出版社、二〇〇二年、第一二巻)一一八～一二五頁。その後、張は党政考核委員会秘書長(一九四〇年九月～四二年一二月)、行政院秘書長(一九四二年一二月～四五年六月)、内政部長(一九四四年一一月～四九年?)などを歴任した。許師慎編『国民政府建制職名録』台北新店、国史館、一九八四年、三〇一、三三〇、三五〇、四〇二頁参照。

(101) 国民党宣伝部とその文化・宣伝政策、文化界との関係については、中村元哉前掲書がすぐれた開拓者的研究を行なっている。また、本書中村論文も参照。

(102) 周仏海も元々就任に消極的であった。前掲『周仏海日記全編』一九三八年四月三日・九日・二一日各条参照。

(103) 張道藩『酸甜苦辣的回味』台北、伝記文学出版社、一九八一年、万亦吾「王世杰――蔣介石的智嚢」(『武漢文史資料』総第二九輯、一九八七年)。

(104) 第七四次常会、三八年四月二一日、『五届中常会彙編』一九七頁。

(105) 第七七次常会、三八年五月一二日、同書、二〇七頁。

(106) CC系については、『C・C団に関する調査』在上海日本大使館特別調査班、一九三九年、胡夢華「国民党C・C集団的前前後後」(『天津文史資料選輯』第六輯、天津人民出版社、一九七九年)一六六～二一一頁、陳立夫前掲書、王奇生前掲書、二二三～二四六頁参照。なお、菊池一隆「都市型特務〝CC系〟の〝反共抗日〟路線について」(『近きに在りて』第三五、三六号、一九九九年六月、同一二月)は、もっぱら特務活動の面からとらえている。

(107) 陳果夫「民国十五六年間一段党史――紀念張静江先生――」(『改造』第六期、一九五〇年一一月一六日)、同「十五年至十七年間従事党務工作的回憶」(呉相湘前掲書所収)。

(108) 『C・C団に関する調査』六〇～六三頁。

(109) 蔣介石「改進党務与調整党政関係」(三八・四・八)、前掲『中国国民党臨時全国代表大会史料専輯』上、五一七頁。

(110) 陳立夫前掲書、二一九頁。

(111)　王子壮はこう観察している。「常務委員制の時は、蔣先生は自分を中心としていわゆるCC及び黄埔系を組織せざるを得なかったが、その弊害たるや、ただ随所で衝突し、空しく勢力を浪費し、党を破壊するのを見るばかりであった。今や全党は総裁の下に心を一にしたので、総裁もまた天下を公けとする気持ちに立ち、全党に対して公平適切な指示を与えた。それは、全党の人心を奮い起こすのにきわめて重要である」。『王子壮日記』三八年四月二日条、第四冊、四三一頁。

(112)　蔣は、陳果夫、陳立夫、陳布雷、賀衷寒、陳誠、康沢、張道藩、張厲生、周仏海を寓居に呼びつけ、派閥解消を求めた。『周仏海日記全編』三八年四月三日条、陳立夫前掲書、二二四〜二二五頁。

(113)　この決議は、『革命文献』第七九輯〈中国国民党歴届歴次中全会重要決議案彙編（一）〉および『中国国民党臨時全国代表大会資料専輯』（上・下）には収録されていないが、下記資料から確認できる。『王子壮日記』三八年四月七日条、第四冊、四三四頁、第七四次常会（三八・四・二一）、討論事項、「第四次全体会議決議党内不許樹立派別与任何小組織案」『五届中常会彙編』一九七頁。

(114)　『王子壮日記』三八年四月一〇日条、第四冊、四三六頁。

(115)　康沢「我辞職出国考察的原因」（前掲『文史資料存稿選編』第一二巻）二五九〜二六二頁、王良卿「派系政治与国民党第六次全国代表大会」（『国史館館刊』復刊第二一期、一九九六年一二月）一三七〜一五〇頁、王奇生前掲書、第一三章、など。

(116)　『中国国民党党務統計輯要』民国三十四年度、六九頁、劉維開編前掲書、一一七〜一二〇頁、一七九〜一八三頁。

(117)　中央委員に関し、派閥所属のような政治的意味は大きいが確定困難な指標ではなく、年齢、学歴、出身地域などの客観的指標による統計分析を行なうことにも意味があるが、別の機会を期したい。伝記データの不十分な時代に行なわれたものだが、先行研究としては、以下のようなものがある。Robert North, with the collaboration of Ithiel de Sola Pool, *Kuomintang and Chinese Communist Elites*. Stanford : Stanford University Press, 1952 ; Jürgen Domes, *Vertagte Revolution-Die Politik der Kuomintang in China, 1923-1937* ——. Berlin : Walter de

Gruyter & Co., 1969.

(118) 著編者・刊行地不明『国民党第六届中委各派系名単』会報簡訊社刊、一九四五年。表紙には一九四五年九［?・印刷不鮮明］月三一日の日付があるが、巻末の「附録　国民党六届中委名単補誌」は一九四六年二月までの異動情況が補われている。影印版、東洋文庫所蔵。原本はスタンフォード大学フーバー研究所所蔵本。

(119) 王奇生氏の労作が本資料の史料批判を行なわず、後述のような問題点を無視してそのまま利用しているのは、遺憾である。王奇生前掲書、三二九〜三三〇頁。

(120)『国民党第六届中委各派系名単』一〇五、一五五、一七二、二七二、三二八頁等。

(121) この結果、「国民党左派」は宋慶齢、李烈鈞、李済深、陳雪屏の四名とした。

(122) 派閥分類にさいしては、浜田峰太郎『現代支那の政治機構とその構成分子』学芸社、一九三六年、前掲『C・C団に関する調査』、中国社会科学院近代史研究所編『民国人物伝』北京、中華書局、一九七八〜二〇〇二年、既刊一一巻、および各種人名辞典類を用いた。

(123) 重慶市檔案館「軍統関於国民党六大召開時各派系争闘傾軋的情報輯録（一九四五年四-五月）」（『檔案史料与研究』一九九七年第三期）参照。

(124) 抗戦期についての統計資料（『中国国民党党務統計輯要』）では全党員の社会構成データが得られず、各年の新入党員についてのみ年齢、職業、教育水準などのデータが利用可能であるため、比較対象は全党員のかわりに各年の新党員とした。

(125) 土田前掲「抗戦時期中国国民党党員成分的特徴和演変」、表7参照。

(126) 同右、表3・4参照。

(127) 同右、表1参照。

(128) Min-Ch'ien T. Z. Tyau, ed., *Two Years of Nationalist China*. Shanghai : Kelly and Walsh, 1930, p.24b.

(129) 全党員については、中国国民党党史委員会編『中国国民党党務発展史料——組織工作』台北、近代中国出版社、一九九三年、下、五五頁、党職員数は Ch'i, *op. cit.*, p.190 による。

(130) 前掲『大陸淪陥以前之中華民国――民国卅七年分中華年鑑』二〇八頁、Ch'i, *op. cit.*, p.190.

(131) 同右『大陸淪陥以前之中華民国――民国卅七年分中華年鑑』二〇八頁。

〔謝辞〕　本稿の資料の利用に関し、中国国民党党史館、中央研究院近代史研究所檔案館、同図書館、そして吉田豊子氏のご配慮を得た。また、本稿は、二〇〇四年度中央大学特定課題研究の成果の一部である。関係各位に厚くお礼申し上げる。

（土田　哲夫）

第三章　国民党政権と南京・重慶『中央日報』

はじめに

各政党が政策理念を実現するために発行する新聞を「党報」と呼ぶ。現在の中国共産党（以下、共産党）機関紙『人民日報』に代表されるように、中国近現代史上にはさまざまな党報が出現した。中華民国時代の最大の政党である中国国民党（以下、国民党）も、その前身時代を含め、『民報』（中国同盟会機関紙）・『民国日報』（中華革命党機関紙）・『中央日報』（国民党機関紙）など数十種の党報を発行していた。

国民党党報の歴史については、まず台湾で研究がすすんだ。その先駆的業績が、曾虚白『中国新聞史』である。著者の曾虚白は抗戦期の対外宣伝政策に従事した国民党員であったことから、同書は国民党党報の歴史を過大に評価する傾向にある。(1)しかし、台湾の民主化がすすむなかで、より客観的な評価を下す研究も生まれた。王凌霄『中国国民党新聞政策之研究（一九二八―一九四五）』は、大陸時代の国民党政権の報道政策と党報の発展を評価する一方で、政策の不健全な運営と地方レベルにおける法秩序の不貫徹さをも指摘した。(2)

一方、大陸中国における研究動向は、前述の台湾のそれとは対照的である。すなわち、共産党が主導した革命と建国の正統性を強調する「革命中心史観」もしくは抗日民族統一戦線を重視する史観のもとで、従来、国民党党報の歴史は否定的に描かれてきた。しかし、近年の研究成果――蔡銘澤『中国国民党党報歴史研究』は、国民党党報の「抗日」の論調と党報企業化（党報を株式会社化すること）の試みに対して肯定的な評価を下すようになっている。(3)

とはいえ、いずれの研究成果も、国民党党報の中核に位置する『中央日報』と政権内部との関係については詳細な分析を加えていない。つまり、党が政府を指導する、いわゆる党・国家体制（「党国体制」）と形容されるような政治体制のもとで、『中央日報』の論調は国民党中央および国民政府の意向を反映している、もしくは、両者の見解に溝があるとすれば、その場合の『中央日報』の論調は党務の主たる担い手であったCC系の意向にそったものであると理解されている。

本章では、『中央日報』と国民党政権との関係を人事・社論・経営の三方面から再考し、宣伝政策の全般的推移と関連づけながら、「『中央日報』の論調＝国民党中央および国民政府の意向」という等式に実は微妙な揺らぎが生じていたことを確認していきたい。(4) むろん、この揺らぎとは党・政府・軍あるいは党内各派の協調と対立の過程を象徴するものであるが、宣伝・文化政策の本来の目的が情報管理とイデオロギー統制による国家・社会統合の促進および一党独裁体制の維持にあったことを念頭におけば、本章は訓政期の政治体制論をも射程に入れることになる。すなわち、政治体制の構成要素が、（一）体制を支える正統性原理、（二）統治エリートの構成とリクルートシステム、（三）国民の政治意思の表出と政策の形成にかかわる制度・機構、（四）軍隊・警察などの物理的強制力の役割と構造、（五）国家による社会の編成化の仕組みであるとすれば、(5) 宣伝・文化政策を扱う本章は（一）の視角を自動的に取り込むことになる。通常、先進国における規範的構成原理は「自由」・「民主主義」・「平等」であるが、(6) 訓政期の中国は憲政への移行をめざしていたことから、とくに本章では「自由」と「民主主義」にかかわる社論を取り上げることにしたい。[7] また、人事制度をも考察対象とする本章は、さきの構成要素（二）も取り込むことになり、（六）政治体制と経済をいかに関連づけるかは政治学の古くて新しい課題であることから、経営にも着目する本章は、この視点も一部に含むことになる。つまり、本章は、（一）（二）（六）の視点から、限定的に訓政期の政治体制の様態を示すことになるだろう。

なお、『中央日報』は、発行地におうじて、①武漢時期（一九二七年三月—九月）、②上海時期（二八年二月—一〇月）、③南京時期（二九年二月—三七年一二月）、④重慶時期（三八年九月—四六年五月）、⑤南京「復員」時期（四五年九月—四九年四月）、⑥台湾時期（四九年三月以降）の六つの時期に区分される。本章では、訓政期の③～⑤の時期を考察対象として分析をすすめていくことにしたい。

一　制度・政策からみた南京・重慶『中央日報』

1　国民党政権内における南京・重慶『中央日報』の位置

南京『中央日報』の前身は、武漢『中央日報』である。同紙は、国民党が武漢と南京に分裂する政治状況のなかで創刊された。したがって、社長に顧孟余が就任していることからもわかるように、汪精衛ら国民党左派の影響下におかれていた。しかし、四・一二反共クーデターによって南京に蔣介石らの国民政府が樹立されると、武漢でも七月に第一次国共合作が解消され、九月には武漢国民政府が南京国民政府に合流することになった。こうした激変にともない、武漢『中央日報』は廃刊されることになった。[8]

二八年二月、国民党二期四中全会で蔣介石が国民党中央政治会議主席・軍事委員会主席に任命され、蔣介石主導のもとで指導体制の再編がすすむと、国民党の団結と全国の統一をめざして、上海『中央日報』が創刊された。これは、武漢『中央日報』とは一線を画すものであった。しかし、上海は汪精衛ら国民党左派の拠点であり、西山会議派も上海『民国日報』を通じて当地言論界に一定の影響力を保持していた。そのため上海『中央日報』は、蔣介石が期待するような宣伝活動を展開できなかった。それればかりか、蔣介石の意向と対立する論調を掲載することさえあった。(9) そこで蔣介石ら国民党中央は同紙の南京への移転を決定し、中央宣伝部長葉楚傖を南京『中央日報』社長に任命した。中央宣伝部（時期によっては中央宣伝委員会、本章では宣伝部で統一する）の管理下に置かれていた『中央日報』が、蔣介石を中心とする国民党中央の影響下に置かれるようになったのは南京時代からである。

やがて日中戦争の足音が高まってくると、南京『中央日報』は、盧山版を皮切りに（一九三七年七月）、広西・貴陽・湖南・昆明・成都・福州・安徽などの各地に地方版を創刊した。これら抗戦期の地方版は、戦後に旧日本軍の資産を接収したことで、さらなる発展を遂げた。それればかりか、戦後に入ると、上海版・瀋陽版・長春版など新たな地方版が創刊されるにいたった。なお、ここで注意しておかなければならないのは、これら『中央日報』地方版が、宣伝部直轄の党報であったとはいえ、常に各版統一の社論を掲載していたわけではなく、しばしば独自色を打ち出していたことである。(10)

さて、三七年一二月の南京陥落にともない、南京『中央日報』は停刊し、約九か月後の三八年九月、戦時首都重慶で復刊した。この重慶『中央日報』は、戦時の苦境を幾度となく克服した。重慶爆撃により大打撃をうけた同社は、三九年五月から同年八月にかけて『大公報』・『新華日報』ほか七社と、また四二年六月から翌年三月にかけて軍の機関紙『掃蕩報』と「連合版」を発行し、四六年五月まで一日たりとも停刊することはなかった（重慶『中央日報』は四六年五月から『陪都中央日報』と改称）。

重慶『中央日報』は、繰り返すまでもなく宣伝部直轄の党報であったが、一九四三年の制度改革により宣伝部との関係に注目すべき変化が生じた。すなわち、四三年四月の「中央宣伝部直轄党報組織規程」は、「首都の中央日報は総主筆を一名置き、本部［＝宣伝部］が任用する」と規定し、宣伝部の直接の指揮と監督をうける役職として総主筆と社長を併設したのである。これにより、宣伝部直轄でありながら社長の独自性を保持してきた従来の社長責任制（第四節参照）は若干ながら改編されることになった。また、同時期に制定された「中央宣伝部直轄報社分社組織規程」および同年六月に制定された「中央宣伝部直轄報社分社管理規則」により、党報に対する国民党中央の財務管理が強化されることにもなった。制度的には、四三年六月以降、重慶『中央日報』と国民党中央との距離はますます縮まったといえる。(11)

以上のように、南京・重慶『中央日報』は、その創刊経緯からしてみても、また制度上の位置づけからしてみても、地方の『中央日報』各版以上に、また他の党報以上に国民党中央および国民政府に近い党報であった。本章では、このような基本的性格をまず確認したうえで、それでもあえて南京・重慶『中央日報』と国民党中央および国民政府との間に潜む「距離」を分析していくことにしたい。

2　宣伝政策と南京・重慶『中央日報』

しかし、その前に、宣伝政策の推移についてまとめておく必要があるだろう。というのも、次節で指摘していくことになる人事・社論・経営の三方面における国民党政権との「距離」は、宣伝政策全般の動きとも連動しているからである。

国民党は、党の改組を決定した一全大会（二四年一月）で一一の決議案を通過させたが、そのなかでも「組織国民政府之必要案」・「紀律問題決議案」とともに同大会の重要決議となったのが「出版及宣伝問題案」であった。

この決議は、宣伝機関の確立と大衆の指導の必要性を説き、その後の宣伝政策の出発点となった。このことから、当初の国民党の宣伝政策は、党の主義と政策を社会に貫徹し大衆を指導していく、いわば革命政党的観点に立脚したものであったことがわかる。[12]抗戦以前の五全大会（一九三五年一一月）においても、やはり三民主義の宣揚を謳っていた（「統一本党理論拡大本党宣伝案」[13]）。

ところが、全国政権樹立後に訓政を開始した国民党は、その一方で、憲政実施を展望し（五全大会、六全大会［四五年五月］）、戦後五大国の一員としての意識を高めていくなかで、政治の民主化・経済の市場化を含む近代的国家建設にも取り組みはじめ、宣伝政策を調整していくことにもなった。たとえば、六全大会では、三民主義の徹底的実現が目標に掲げられながらも、宣伝部が党と政府の宣伝活動を一括して指導していることが問題となり、政府のスポークスマン的役割をになう行政院新聞局がその後に新設されることになった。また、同大会では、党の財政難や憲政の実施のみならずメディアの市場化をも背景として、党報の株式会社化が提案された。[14]つまり、政策面からみた場合（抗戦から戦後にかけて党の指導力が強化されるような側面があったとはいえ）、近代的国家制度に合致するような宣伝政策も模索されていた。

こうした宣伝政策の推移は、南京・重慶『中央日報』と国民党政権との「距離」を生み出す背景となった。なぜなら、やや結論を先取りしていえば、南京・重慶『中央日報』の人事は、宣伝部や党内派閥との関係からも読み解けるとはいえ、実務経験者や欧米留学組をバランスよく配置しており、メディアの市場化を意識した構成ともなっているからである。また、南京・重慶『中央日報』の社論にみられる政権との「距離」は、時々の党内情勢・内外情勢を反映したものであったとはいえ、政治の民主化に必ずしも消極的でなかった一群が政権内部にも存在していたことを示しているからである。さらに、経営面における南京・重慶『中央日報』の自立化は、党報の株式会社化をめざす政策そのものをストレートに体現したものであったからである。

以上のことから、大局的にみた場合、宣伝政策が革命政党のそれから近代国家のそれへと転換しようとするなかで――挫折はするが――、南京・重慶『中央日報』と国民党政権との「距離」は徐々に広がっていく可能性を有していた、といえる。では、それらの「距離」とは、具体的にどのようなものであったのか。次節で分析していくことにしたい。

二 宣伝機構と南京・重慶『中央日報』の人事

国民党は、一九二〇年代半ばに中央宣伝員養成所（主任は陳秋霖［二五年六月〜八月］・甘乃光［二五年九月〜?］）を開設し、人員の養成に努めてきた。しかし、このリクルートシステムは、さほど機能していなかったようである。むしろ人材は、三〇年代以降、燕京大学・復旦大学・中央政治学校を中心に育成されていった。燕京大学新聞学部は、報道事業にたずさわる人材の育成を目標として、二四年に新設された。復旦大学は二九年に新聞学部を新設し、陳布雷・程滄波ら後に宣伝・文化政策にたずさわる国民党員を招聘し、多くの人材を輩出した。中央政治学校は、三五年、正式に新聞学部を設置し、その後の政策過程のキーパーソンとなる馬星野[15]が実質的な責任者となって人材の育成に努めた。同校は、四三年一〇月、コロンビア大学と提携して新聞学院を新設し、国際宣伝業務を担当する政府高官や戦後の新聞経営をめざす人材を育成した。同学院の院長・副院長には、戦時の対外宣伝の実質的最高責任者であった董顕光・曾虚白が任命されている[16]。

いうまでもなく、中央政治学校は党および政府の行政幹部を育成する場であり、同校新聞学部の卒業生の多くは、政府の宣伝部門へとリクルートされていった[17]。しかし、宣伝部門に特徴的だったのは、抗戦以降、軍事新聞にたずさわる人材が軍事委員会政治部の要請に基づいて中央訓練団新聞研究班で訓練をうけ、『掃蕩報』などの

重慶『中央日報』人事

留学経験[専攻]	新聞・雑誌社の経営経験	新聞・雑誌の編集経験
	『太平洋日報』	『中華新報』、『民立報』、上海『民国日報』
		上海『民国日報』
	長沙『民国日報』、天津『民国日報』	
ロンドン政治経済学院(1930-31)		
?	?	?
?	?	?
——	——	——
ウィスコンシン大学［哲学］(1919-26)		
?	?	?
——	——	——
早稲田大学［政治・経済］(1902-12) ロンドン政治経済学院(1928-29)	『北平晨報』	『晨鐘報』、『晨報』 中央通信社東京特派員
?	?	?
ハーバード大学［政治・法律］(?-1927)		上海『民国日報』、『晨報』
	『富強報』、『晨報』、『新夜報』	『時事新報』、『商報』、『申報』
?	?	?
?	?	?
	杭州『民国日報』	
		商務印書館、『食貨半月刊』
	『国民日報』	
ミズーリ大学新聞学院(1931-1934)		
——	——	——
?	?	?
ピッツバーグ大学［採鉱］(?-1925)		
——	——	——
——	——	——

た、再任者の経歴などについては——で記した。

司中華印刷廠、1988年)、徐友春主編『民国人物大辞典』(石家莊、河北人民出版社、1991年)。

表1　南京・

時期	姓名	生没年	職名	国内の最終学歴[専攻]
1929年2月	葉楚傖	1887-1946	社長	蘇州高等学堂
	厳慎予	?	総編集	
	魯蕩平	1895-1975	総編集	法政学堂
1932年3月	程滄波	1903-	社長	復旦大学
	周邦武	?	総主筆	?
	張客公	?	総編集	?
1938年9月	程滄波	——	社長・総主筆	——
	劉光炎	1904-	総編集	復旦大学
1940年10月	何浩若	1899-1971	社長	清華学校
	陳石孚	?	総主筆	?
	劉光炎	——	総編集	——
1940年12月	陳博生	1891-1957	社長・総主筆	
	詹辱生	?	総編集	?
1942年12月	陶百川	1903-	社長	南方大学［文学］
	潘公展	1895-1975	総主筆	セント・ジョン大学[外文]
	袁業裕	?	総編集	?
	銭滄碩	?	総編集	?
1943年11月	胡健中	1899-	社長	
	陶希聖	1899-1988	総主筆	北京大学［法律］
	陳訓悆	1907-72	総編集	上海同文書院
1945年11月	馬星野	1910-	社長	
	陶希聖	——	総主筆	——
	王新命	?	総編集	?
1947年5月	陳立夫	1900-2001	理事長	北洋大学［採鉱］
	馬星野	——	社長	——
	陶希聖	——	総主筆	——

注　：？は不明箇所を、空欄は人物辞典などで特定できなかったことを示す。ま
出所：「本報歴任重要人事一覧」（胡有瑞主編『60年来的中央日報』台北、裕台公

軍報へとリクルートされていったことである。[18] のちに『中央日報』と『和平日報』（旧『掃蕩報』）が対立するように、少なくとも抗戦期以降のリクルートシステムは、決して安定していたわけではなかった。

では、リクルートシステムが党・政府と軍とに二分されていたことを理由に、南京・重慶『中央日報』の人事制度を中央政治学校とすべてイコールで結びつけてよいのであろうか。確かに、同校新聞学部は『中央日報』・『大公報』・『時事新報』・『新民報』・中央通信社での実習を課していたことから、『中央日報』の記者たちの多くは同校からリクルートされていったと考えられる。しかし、ここで検討すべきは、『中央日報』社の実務（社論の執筆など）を担っていた社長・総主筆・総編集の経歴である。表1で示した歴代の社長・総主筆・総編集のうち、明らかに中央政治学校との関係（教官を含む）が認められるものは、劉光炎・潘公展・馬星野であるが、これが両者を決定的に結びつける根拠となるかどうかはわからない。表1で解明できた経歴からは、留学経験者・実務経験者もバランスよく配置されていることがわかる。

そこで、表1を派閥の視点から読み解いてみる。すると、一つの特徴が浮かび上がってくる。それは、CC系もしくはCC系に近い立場にあったとされる党員が比較的に目立つことである。葉楚傖・程滄波・陳博生・陶百川・潘公展・胡健中（＋陶希聖・馬星野）らがそうである。国民政府の文化・文芸政策は陳果夫・陳立夫・張道藩らCC系を中心に運営されていたことから、[19] この特徴を指摘することはそれほど的外れではないだろう。従来の研究もこの『中央日報』の党派性を意識して、南京『中央日報』と『和平日報』との対立、[20] および湖南『中央日報』と『中興日報』との対立をCC系と三民主義青年団系の派閥闘争として理解している。

しかし、これらの事実を根拠に、CC系と南京・重慶『中央日報』を結びつけることは一面的かもしれない。なぜなら、抗戦期に最高意思決定機関としてしばしば機能していた軍事委員会委員長侍従室第二処（以下、侍従室第二処）との結びつきを指摘できるからである。たとえば、陶希聖の総主筆就任は、陶自身が侍従室第二処第五組の組長であったこと、侍従室第二処主任の陳布雷が蔣介石に推薦したことから実現したといわれている。[21]

このように、ＣＣ系は南京・重慶『中央日報』と国民党中央とを結びつける最有力の党内派閥ではあったが、その他の政治要素も南京・重慶『中央日報』には混在していた。また、南京・重慶『中央日報』が国民党中央にもっとも近い党報であったとはいえ、組織も社長責任制へと変更されたことから、制度上にみられる宣伝部との指導関係はほとんどなかった。[22]つまり、南京・重慶『中央日報』は、ＣＣ系や宣伝部を介して国民党中央と直結していたわけではなく、もう少し幅のある組織としてとらえる必要がある。このように理解すれば、表1からは浮かび上がってこない別の側面も指摘できる。

国民政府期の人材育成過程において、ミズーリ大学の報道学教育が大きな影響を及ぼしていたことは、以前から指摘されている。ミズーリ大学ジャーナリズム学部（the School of Journalism）の創設者ウォルター・ウィリアムス（Walter Williams）が一九二〇年代初頭に北京大学で講演したのを皮切りに、中国では報道学教育に対する関心が高まり、二四年、燕京大学に新聞学部が新設された。同大学は、新聞学部を一旦廃止するが、ミズーリ大学の支援を得て二九年に再度設置した。[23]また、上海で創刊された英文誌『密勒氏評論報』（The China Weekly Review、一七～五三年）も、ミズーリ大学ジャーナリズム学部と人的なつながりを持っていた。[24]さらに、中央政治学校で人材育成に努めていた馬星野、『密勒氏評論報』副編集長の経歴を持ち、中央政治学校新聞学院長に任命された董顕光は、ともにミズーリ大学ジャーナリズム学部への留学経験を持っている。したがって、中央政治学校を卒業した南京・重慶『中央日報』の記者たちの多くは、間接的にミズーリ大学の報道学教育の影響をうけていたと推測される。しかも、戦後復興をめざす困難な状況下で、南京『中央日報』の社長に起用された人物こそが馬星野であった。ミズーリ大学の影響が民国期の新聞・雑誌・出版界に広くおよんでいくなかで、南京・重慶『中央日報』も決してその例外ではなかったこと、それが戦後の経営自立化（第四節参照）を支える一つの背景になっていたことにも注意しておきたい。

三　国民党政権と南京・重慶『中央日報』社論

新聞・雑誌を特徴付けるものに社論がある。民営各紙（誌）の責任者は、経営戦略の一環として社論を重視する傾向にあった。もちろん、党報の南京・重慶『中央日報』が市場原理にしたがって社論を執筆していたとは考えにくいが、体制の規範的構成原理を広く社会に浸透させるためには、国民党政権にとっても社論はもっとも有効な手段であった。同紙の社論には、南京・重慶『中央日報』の性格が凝縮されているといえるだろう。では、その社論はどのように執筆されたのか。

程滄波時代の南京『中央日報』の社論（当時は「社評」）は不定期にしか掲載されていなかったが、その多くは社長責任制のもとで程自身によって執筆されていたという。[25]しかし、言論統制の強まる抗戦期に入ると、社論の執筆過程にも変化が生じた。国内の団結と効率的な宣伝活動を目標に、宣伝部は党報社論委員会（一九三九〜四九年）を設置し、『中央日報』各版の社論を統一しようとした。委員会は党務・政務にたずさわる七名の委員から構成され、週三回のペースで開かれていたという。[26]同委員会は社論で取り上げるべき題目と草稿を検討し、承認された社論原稿は中央通信社および宣伝部のラジオ放送を通じて全国に配信された。だが、この党報社論委員会は当初のうちこそ機能していたが、党務・政務に追われる大半の委員が社論を執筆できなくなり、次第に形骸化していった。[27]抗戦期の重慶『中央日報』および戦後の南京『中央日報』の社論は、社長・総主筆・主筆らの手によって、とくに四三年以降は地位が昇格した総主筆を中心に執筆されていたといわれている。[28]と同時に、侍従室第二処主任の陳布雷がしばしば社論題目の指示と草稿のチェックをおこなっていた[29]（ただし一九四六年五月に侍従室第二処は廃止)。

以上のような内部事情は、一次史料によって裏付けられたわけではない。しかし、複数の回想録が同様の記述をおこなっていることから、南京・重慶『中央日報』の全般的な傾向として理解できるだろう。すなわち、社論執筆過程において、宣伝部の指導力は実質的になく、主たる分担者も社長から総主筆へと移行するなかで、侍従室もしくは陳布雷個人の介入がしばしばみられるようになった、ということである。だが、後者の事実をもって、「蔣介石ら国民党中央―侍従室第二処(陳布雷)―南京・重慶『中央日報』」の指導体制が確立したと理解するのは早計である。侍従室第二処を介しての国民党中央との意思疎通も、決して万全ではなかったからである。その最たる例が、英米との不平等条約撤廃(四三年一月)ニュースを交渉期間中に先行暴露してしまった事件である(四二年一二月二七日)。この事件は国際社会における中国の信用問題にもかかわるだけに、蔣介石の逆鱗にふれたといわれている。[30]この事件を引き起こした陶百川社長は、その後も重慶『中央日報』の論調をめぐって国民党元老らと衝突を繰り返し、[31]四三年一〇月、更迭された。

以下、南京・重慶『中央日報』の社論の分析をつうじて、同紙と政権内部とのさまざまなレベルにおける矛盾と軋轢を指摘していくことにしたい。

ケーススタディ一:「初歩的な基本的処置」(一九三五年一一月二八日社評)

満洲事変以来、国民政府の対日政策は消極的かつ妥協的であった。とくに三五年、日本軍の華北進駐を背景に梅津・何応欽協定が締結されると、国民政府はたびたび反日活動を抑え込もうとした。たとえば、同年六月に公布された「邦交敦睦令」は、隣国を誹謗中傷する活動を禁止している。また、日本軍部が実質的な日本の統治者であることを記した文章(「閒話皇帝」)が『新生週刊』に掲載されると、日本側が猛抗議し、同年七月、国民政府は同誌責任者の杜重遠を処罰した[32]。

このように行政院長汪精衛（一九三二年一月～三五年一二月）らが反日活動を取り締まるなか、この逆風に抗うかのように「抗日」を主張した党報があった。それが、南京『中央日報』である[33]。社評「初歩的な基本的処置」は、反日感情（三五年一一月の親日派汪精衛狙撃事件、同年一二月の「一二・九運動」）が高まるなかで執筆された。

この社評は、次のように問う。人々は国家の危機的な現状を見過ごせないでいるのに、なぜかくも無関心を装っているのか。それは、「不合理な報道政策および不合理な新聞検閲制度」にあるという。そして以下のように主張する。

この［不合理な］政策と制度が、我々の国家および民族の一切の活力を消滅させた。……（中略）……。時局がこのように緊迫した今日、我々が思いつく初歩的かつ根本的な救済方法は、政府が一刻も早く報道政策を変更することである。党部あるいは政府が主管する報道機関は、明確な方法を一刻も早く言論界と協議すべきである。

同社評は、国家に危害を加える事件、民衆の愛国的行動、外国紙の中国批判および彼らが伝える正確なニュースを国内各紙に掲載することで、世論と合致した政治をめざすべきだと主張し、言論自由化へのシグナルを社会に向けて発信した。

だが、この社評の真意は、明らかに別のところにあった[34]。すなわち、国民政府の日本に対する妥協的な姿勢を批判することで、汪精衛を行政院長から引き摺り下ろし、同ポストへ蔣介石を復帰させようとしたのである[35]。したがって、三五年一一月二八日の社評は、南京『中央日報』が世論を重視し、自由の保障を社会に対して確約したことを示すわけではなく[36]、蔣介石と汪精衛との権力闘争を反映したものであった。同社評は、蔣介石を中心とする国民党中央の意向を反映したものであっても、汪精衛が指揮する国民政府の意向を反映したものではなかった。

ケーススタディ二：「言論の自由を論ず」（一九四四年四月二一日社論）

抗戦開始後の重慶『中央日報』は、戦時における自由の制限を繰り返し主張してきた。言論統制の強化をめざす「戦時図書雑誌原稿審査辦法」および「抗戦期間図書雑誌審査標準」の制定をめぐり鄒韜奮ら国民参政会参政員が猛反発するなか、社論「戦時の言論出版の自由」（三八年一一月三日）は事前検閲を重視する論陣を張っていた。[37] 四一年八月、「大西洋憲章」が公表されアメリカを中心に戦後世界秩序が構想され始めたにもかかわらず、重慶『中央日報』は三民主義と抗戦期の法令によって言論の自由を制限すべきだと主張した。[38] 統制重視の姿勢は、四三年秋以降の憲政運動に対して否定的な態度を採っていたことからもわかる。[39]

ところが、前述のような戦時言論統制の正当性を強調した論調は、四四年春からしだいに変化し始めた。その先駆けとなったのが、四四年四月二一日の社論「言論の自由を論ず」である。同社論は、国際報道自由運動を意識して、その後に重慶・南京『中央日報』紙上で展開されることになる報道自由化論を先取りしたものであった。[40] 検閲制度の見直しに言及した宣伝部長梁寒操の談話（四月一九日）[41] をうけて、同社論は、個人の自由よりも民族の利益を最優先するとしながら、以下のように主張した。

過去の検閲制度は慎重になりすぎたが故に、新聞界・著作界からはそれ相応の不満が表明されている。世界各国も環境の変化におうじて政策を絶えず変更している。［したがって、］軍事情勢が実質的に日々有利になっていること、連合国間の関係が実際のところ日々好転していること、新聞界と著作界の責任感が日々高まっていること、国家建設に邁進するなかで正当な世論の力を育成し発揮する必要性が日々高まっていること――これら一連の要因により、宣伝部は検閲基準問題をもっとも開明的な立場から再検討する準備に入っている。我々は今後検閲制度に大きな変更が加えられるだろうと確信する。

一見すると、この社論には情報操作の跡が見受けられる。たとえば、軍事情勢が好転しているとの記述は、日本軍による大陸打通作戦の開始（一九四四年四月一七日）を念頭におけば、到底信用できるものではないだろう。しかし、大陸打通作戦開始直後に国民党政権が日本側の軍事作戦の全貌を正確に把握できていたかどうかは不明であり、同社論が情報操作をおこなっていると推測することにより、ここでの言論統制緩和論を単なる政治宣伝ととらえるのは早計である。

そこで、以下のような政権内部の政策決定過程をふまえて、同社論の緩和論の意味を慎重に分析してみたい。四三年後半からの憲政運動の高まりをうけて、蔣介石は国防最高委員会のもとに憲政実施協進会を新設した。王世杰・孫科・黄炎培を中心に組織された憲政実施協進会は戦時言論統制の緩和を提言し、この提言は、同会会長でもあり軍事委員会委員長でもある蔣介石を経て、侍従室第二処主任陳布雷より宣伝部と行政院へ送付されることになった。しかし、両機関はともに統制の緩和に反対し、侍従室第二処も最終的に両機関の結論を受け入れた。四四年二月の時点で、党・政府・軍いずれの機関も反対の立場をとったのである(42)。

ところが、四四年四月一九日、憲政実施協進会が再度提言すると、侍従室第二処は雑誌・図書の事後検閲を含む統制緩和案を了承した。その後、宣伝部で具体的な検討作業に入り、国民党五期一二中全会（四四年五月）での審議を経て、統制緩和案は制度化された(43)。

この時期、自由化と民主化の実現にもっとも積極的だったのが孫科である。のちに連合政府論を提起する共産党も孫科の自由論を高く評価し、アメリカも、スティルウェル将軍の指揮権譲渡をめぐり蔣介石と対立を深めるなかで、孫科の民主化論に期待を寄せていた(44)。しかし、蔣介石は、国民党の団結を乱しかねない孫科の政治行動を好ましくは思っておらず、孫科の自由化論をたびたび牽制していた。さらに、新聞の検閲を主管する軍事委員会戦時新聞検査局も、依然として厳しい言論統制を実施していた。党内バランスを巧みに操っていたとされる蒋介石も含め、この時期の軍機関は言論統制の緩和には消極的であった。[45]

したがって、もしこの時期の国民党中央および国民政府を蒋介石あるいは軍ととらえるならば、この社論の主張は表面的な政治宣伝ということになる。だが、憲政実施協進会の王世杰・孫科・邵力子、アメリカによって民主派と見なされた党内人士（郭泰祺など）[46]、あるいは統制緩和に向けて検討を重ねていた宣伝部の動向にも注意するならば、同社論は内実をともなったものとしても理解できるだろう。

ケーススタディ三：「我々はどのような憲法を必要としているのか」（一九四六年一一月六日社論）

孫文の「三序」構想の完成を最大の使命としていた国民党は、訓政を開始するにあたり、その期間を六年とした。三六年には、孫文の五権構想を具体化した「中華民国憲法草案」（「五五憲草」）をとりまとめた。この「五五憲草」の特徴は、総統の権限を強化し、立法院の地位を低く押さえたことである。

しかし、国民大会は三〇年代の国難を背景にしてたびたび延期され、憲政実施は戦後に先送りされることになった。憲政への移行が大幅にずれ込むなか、共産党および第三勢力系知識人は憲政運動を組織し連合政府論を提起するなど、「五五憲草」に対する不満を日々高めていった。こうした下からの圧力を背景にして開催されたのが、四六年一月の政治協商会議であった。[47] 同会議は「五五憲草」に大きな修正を加え、立法院の権限を強化すると同時に総統の権限を縮小する修正原則（以下「政協原則」）を決議した。

この「政協原則」に対して、党内のCC系および黄埔・復興社・三民主義青年団系は、すぐさま反発した。彼らは、政協会議閉幕から約一か月後の国民党六期二中全会（一九四六年三月）で、五権憲法の精神を踏みにじる「政協原則」を否認し、あくまでも「五五憲草」を基礎とする憲法の制定を要求したのである。こうした民意を無視した彼らの動きとその後の国共内戦の再開により、四六年一一月一五日の「制憲国民大会」は青年党と民社党の協力しか得られないまま開幕することになった。[48]

ところが、国民大会で制定された「中華民国憲法」は「五五憲草」を忠実に反映した憲法とはならなかった。国民党（孫科・王世杰・邵力子・王寵恵・陳布雷）・共産党・民盟・有識者など総勢三五名から成る憲草審議委員会が、「政協原則」を一部に反映させた「政協憲草」を作成し、それを基礎に「中華民国憲法」が制定されたからである。つまり、政協会議から憲法制定までの国民党内部の憲法案は、CC系・軍統系など反共的と見なされる一群が推す「五五憲草」——蔣介石の本音も「五五憲草」の擁護[49]——と、六期二中全会で彼らからの批判にさらされることになった穏健派（孫科・王世杰・邵力子・陶希聖ら）[50]が推す「政協憲草」とに二分されたのである。

四六年一一月六日の社論は、こうした情勢下で執筆された。

総主筆陶希聖が執筆した同社論[51]は、次のように主張している。「国民大会は立法院とは違う。立法院は法案の技術的側面に関して責任を負うが、国民大会は［法案作成の面で］責任を負うことはできない。……（中略）……したがって、国民大会は国民政府が提出した憲法草案を討論の基礎としなければならない」。では、その草案とは何か。それは「五五憲草の修正案であ」り、「かつて各党各派および無党派人士の意見を採りいれたものである」。つまり、南京『中央日報』は「政協憲草」を支持したのである。しかも、「政協憲草」の基礎となった「政協原則」を「良好作品」として肯定的に評価した。[52]

もちろん、この「政協憲草」は、「政協原則」を忠実に反映したわけではなく、それゆえに共産党および民盟などの第三勢力からみれば民意を踏みにじった草案でしかなかった。南京『中央日報』もそのことを自覚していたからこそ、意図的に「政協原則」を高く評価し、「政協憲草」の民主性をアピールしていたのかもしれない。しかし、ここで重要なのは、南京『中央日報』が「五五憲草」を優先しない社論を掲載したという事実そのものである。

このような南京『中央日報』の論調に対して、南京市党部は猛反発し、主管機関である宣伝部も婉曲に批判したと伝えられている。(53) また、『和平日報』(黄埔・復興社・三民主義青年団系、旧『掃蕩報』)も、「現在の中央日報は、国民大会で政協憲草を通過させるべきだと主張している。これは、国民党に五五憲草に対して妥協的な態度を採るように主張していることに他ならない。」と南京『中央日報』を痛烈に批判した。(54)

一九四六年一一月六日の南京『中央日報』の社論は、世論の支持を獲得するためだけの単なる政治宣伝だったのであろうか。もしそうだとしたら、そのような理解を超越してしまうような内部対立をこの社論は露呈してしまっている。同社論は、多様な意見を調整したうえで掲載された国民党中央の総意ではなく、六期二中全会の穏健派の意向にそったものであった。

四 『中央日報』の経営自立化への道程

南京・重慶『中央日報』の経営体制は、①党が人事・業務・経費のあらゆる面を統括する伝統的な管理体制、②宣伝部直轄でありながら社長が人事・財務の自主権限を一定範囲内で持つ社長責任制(三二〜四七年)、③民営新聞社と同じ組織形態を持つ株式会社制の三体制に区分できる。(55) ①の段階ですら経理部・編集部が独自性を発揮し宣伝部のコントロールがそれほどおよんでいなかったとする指摘もあるが、(56) ともかく体制が①から③へと移行するにしたがって、南京・重慶『中央日報』の経営自立化志向は徐々に強まっていった。

そもそも党報を株式会社化する構想は、南京国民政府成立当時から国民党内部に燻り続けていた。抗戦以前の約一〇年間(一九二六年七月〜三七年七月)は空前の言論ブームであったといわれているが、この時期、営利性の強い新聞（『申報』・『新聞報』・『立報』）はもとより、政治性の強い新聞（『大公報』・『中央日報』・『時事新報』・『大晩報』）も経営の自立化に向けて模索を続けていた。[57] 抗戦期に入ると、党報の主たる財源であった発行収入と党からの補助金が思うように伸びなくなり、重慶『中央日報』も広告料に頼らざるを得なくなった（表2A）。しかし、主たる収入源である広告収入は頭打ちの状態にあり、重慶『中央日報』は増収増益を見込めない苦しい状況にあった（表2A）。同社経理部は、党報であるがゆえの広告収入と発行収入の伸び悩みを以下のように吐露している。[58]

本紙の立場は民営紙とは異なっている。そのため、原稿を受け取るにも厳しい態度で臨まなければならない。たとえば、出版物の広告で本党の思想・政策に違反しているもの、商業広告で誇張した宣伝をおこない商業道徳に違反しているもの、営業広告で意図的に人を欺き良俗を乱しているもの、または法律を無視して他人の過失を責めたてるもの、占星術の広告で人を惑わすものは、すべて掲載の対象外である。したがって、［広告］業務を拡大するさいにはこれらの制約をうけることになり、多方面の広告を掲載する他紙の［経営］状況には遠くおよばない。次に、出版経費の問題であるが、機関、団体、あるいは本党と関係のある事業者がたびたび優待割引を要求し、甚だしくは無料での提供を求めるため、関係職員が対処しがたい事態となっている。これは、他紙の業務事情とは異なるところである。

こうした業務上の困難を克服するために考え出された案が、党報の株式会社化（六全大会）であった。すでに、六全大会以前の四四年時点で、重慶『中央日報』社内には「宣伝を重視」するか「業務を重視」するかについて議論があったが、[59] 抗戦期の早い段階から、社長の程滄波が「編集部は学術化し、経営部は営業化しなければならない。」と繰り返し主張しており、後任の何浩若も経営の自立化に向けて積極的な姿勢を示していた。[60]
一般に、国庫からの資金流入を断ち、資金の自己調達をめざす国民党の営利事業を「党営事業」と呼ぶ。党報の株式会社化もその一環であり、一九四六年七月、成都『中央日報』社が『中興日報』社へと改組したのを皮切りに、四七年五月一八日、上海『中央日報』社が上海中央日報株式会社として再スタートをきることになった（正式な登録は同年一二月）。[61] 党報株式会社化のなかで規模が最大だった南京『中央日報』社も、旧日本軍資産を元手に、四七年五月三〇日、正式に株式会社へと移行した。[62]

党報株式会社化の背景には、党の財政難と戦後の憲政実施があった。[63] だが、そこには戦後特有の社会情勢もあった。すなわち、戦後の言論界が復興・発展し、各社が熾烈な生き残り競争を繰り広げていたことも党報株式会社化をうながした一因であった。[64] 戦後の南京『中央日報』は、「一九四六年度から南京・上海は日増しに繁栄し、南京が首都に再遷都されてからは人口も激増し、新聞業界は空前の発展を遂げている。上海の各地では、紙面の拡充と内容の充実化によって各新聞社が競争を繰り広げ、そのような動きにおうじて本紙も同様の行動を採らざるを得ない。」との内部報告をおこない、経営努力による読者層の拡大を狙っていた。[65]

確かに、南京『中央日報』社の株式会社化は完全な民営化をもたらしたわけではなかった。表1の人事構成や、株の七五％以上を国民党が占有し自由売買を禁止していたことからも明らかである。[66] 定期購読者の内訳も、商工業者三一％、機関・団体二四％、学校一九％、公務員・自由業一一％、軍隊・警察九％、学生五％、その他一％となっており、[67] 当時人気を博していた『観察』誌のように学生層には広く浸透していなかった。[68] さらに、四七年春に戦後国民政府が自由主義経済政策を断念すると、紙の配給制度は公平性を欠いたまま実施されていき、[69] 南京『中央日報』はその恩恵を蒙っていたとされる。[70]

しかし、以前の社長責任制と比較した場合、この株式会社制には前進の跡がみられた。蔡銘澤によれば、組織構造の合理化により業績が改善され、株券を発行することで資金を安定的に集められるようになったという。[71] 業績の改善については、表2B・Cからもわかる。当時インフレが進行していたことを念頭におけば、各項目の収

・南京『中央日報』の経営業績（単位：元）

営業外収入			総収入	総支出	純　益	補　足
財務収入	その他	合計				広告収入/総収入
		452,520	1,112,674	1,227,765	-115,091	39%
		187,440	1,049,748	960,928	88,815	57%
		191,660	957,766	1,172,778	-215,012	59%
40	0	255,250	1,682,052	817,544	864,507	49%
20	310	255,540	1,484,647	996,293	488,350	55%
6,508	0	261,718	1,587,839	1,185,016	402,823	51%

1998年）241頁掲載の宣伝部檔案の数値と照合した。
「特別収入」および合計額については明らかであるので、それらの数値のみを記しておいた。

営業外収入		総収入	総支出	半期純益	補足
副業収入など	合計				広告収入／総収入
	2,406,944,635	3,923,858,650	6,146,291,419	-2,222,432,769	22%
79,910,000	1,449,910,000	58,413,891,200	47,630,742,340	10,783,148,860	51%
5,165,869,840	7,665,869,840	205,532,047,740	197,025,280,613	8,506,767,127	56%
12,369,999,517	14,607,365,981	232,433,118,681	185,289,878,374	47,143,240,307	43%

—163頁より引用。なお、空欄は史料欠落箇所を示す。また、各数値の小数点以下は四捨五入したため、合計額が一致
値を記しておいた）。

C：1946年度営業業績

	広告収入	広告紙面	発行収入	発行部数（1日平均）
1946年1月	14,096,802	1面半	12,214,454	38,500
1946年2月	14,889,940	1面半弱	12,875,219	47,000
1946年3月	35,689,240	2面	31,073,978	56,000
1946年4月	50,854,771	2面	51,228,762	51,000
1946年5月	93,980,630	2面半強	69,552,704	59,000
1946年6月	88,658,470	3面	94,525,852	68,000
1946年7月	129,072,324	3面	83,363,092	78,600
1946年8月	149,965,730	3面	99,345,600	80,500
1946年9月	184,201,325	3面半	112,305,775	87,800
1946年10月	219,293,115	3面半	148,686,148	90,800
1946年11月	256,967,680	4面	189,660,563	99,200
1946年12月	218,469,920	3面半	187,329,489	95,580

出所：中国第二歴史檔案館所蔵中央通訊社檔案「南京中央日報社股份有限公司創立会紀録（1947年5月30日）」（656.4/5612）。

表2　抗戦後期〜戦後の重慶

A：1943年10月〜1944年３月

	営業収入				
	発行収入	広告収入	副業収入	合計	特別収入(補助金)
1943年10月	197,251	428,959	33,944	660,154	140,140
1943年11月	253,527	601,907	6,874	862,308	140,140
1943年12月	198,531	561,800	5,775	766,106	140,140
1944年１月	593,426	831,351	2,025	1,426,802	255,210
1944年２月	403,861	818,024	7,222	1,229,107	255,210
1944年３月	470,031	816,609	39,480	1,326,121	255,210

注１：特別収入（補助金）は、蔡銘澤『中国国民党党報歴史研究（1927-1949）』（北京、団結出版、
注２：1943年10月－12月の「営業外収入」のうち、「財務収入」・「その他」の内訳は不明であるが、

B：1945年９月〜1947年４月

	営業収入			
	発行収入	広告収入	合計	印刷収入
1945年9-12月	637,981,975	878,932,040	1,516,914,015	
1946年上半期	27,146,996,900	29,816,984,300	56,963,981,200	1,370,000,000
1946年下半期	82,069,066,700	115,797,111,200	197,866,177,900	2,500,000,000
1947年1-4月	118,493,054,700	99,332,698,000	217,825,752,700	2,237,366,464

注：1946年１月より株式会社化を試行。
出所(A、B)：中村元哉『戦後中国の憲政実施と言論の自由1945―49』(東京大学出版会、2004年）162
しない場合がある（史料の数値に明らかな計算ミスが認められる場合には、修正後の数

入額の増加を過大に評価することはできないが、たとえば表２Bは、株式会社化を試行した南京『中央日報』が一九四六年一月以降それまでの赤字体質を克服したことを示している。また、表２Cは、一日の平均発行部数の増加と広告紙面の拡大を示しており、経営の自立化へ向けた努力を読み取ることが可能である。経営管理の側面からいえば、株式会社制は、少なくとも開始直後においては、一定の成果を収めたといえるだろう（ただし、株式会社化した他の党報を含め、その後の営業業績が好転し続けたわけではない）。南京『中央日報』は、「党営事業」の範疇に含まれていたとはいえ、党からの補助金を断ち（表２B）、資金面の自立性を徐々に強めていく傾向にあった。

おわりに

従来からいわれてきたように、南京・重慶『中央日報』が国民党中央および国民政府の方針をもっとも代弁していた党報であったことは間違いない。また、蔣介石が南京・重慶『中央日報』をもっとも重視していたことも否定できない。

しかし、国民党内部には派閥が形成され、国民党中央が必ずしも一枚岩でまとまっていたわけではなかった。党・政府・軍の立場も時々の内外情勢におうじて異なっており、国民政府内部にも多様な方向性があった。したがって、南京・重慶『中央日報』が代弁する国民党中央および国民政府の意向とは、それが多数の意向であったとしても、必ずしも党・政府の総意とは限らず、しかもその意向が蔣介石を中心とする党・政府のそれをも反映していないことがあった。今後、南京・重慶『中央日報』の社論・記事を扱うさいに、この点にとくに注意しなければならない。また、南京・重慶『中央日報』の人事が、CC系の影響を強くうけていたとはいえ、そして中央政治学校とのつながりも深かったとはいえ、その他の要素をも含んでいたこと、さらには同紙が経営の自立化を志向し実施したことをも念頭に入れておく必要がある。

以上のように南京・重慶『中央日報』を人事・社論・経営の三側面から再考すると、南京・重慶『中央日報』が国民党政権と無条件に等号で結ばれていたわけではなく、ある程度の自立性が含まれていたことがわかるだろう。とくに、その自立性が新聞・雑誌の市場化・商業化とも連動していたことは、同紙と国民党政権との距離を少しずつ広げる可能性を秘めていた。というのも、市場原理が作用するなかで新たな読者層を獲得し宣伝効果をあげるためには、紙面の大衆化（＝党報の堅いイメージを和らげること）が必要不可欠だったからである。

この南京・重慶『中央日報』の自立性は、さらに踏み込んでいえば、国民党の宣伝政策の変化をも象徴している。つまり、一九二〇年代から四〇年代にかけての宣伝政策が理念的に政治の民主化と経済の市場化を含む近代国家のそれへと変質していこうとするなかで、南京・重慶『中央日報』と政権とを引き離そうとする空間が生じ、その空間が自立性となって現われた、といえる。

こうした南京・重慶『中央日報』の性格は、訓政期の政治体制論にもかかわってくる。すなわち、訓政期の政治体制は、政党国家システム内の全体主義体制に分類されるにせよ、権威主義体制の一類型に分類されるにせよ(72)、近代的な国家建設へと向かっていくなかで、正統性原理を浸透させる重要な場（社論）ですら政権の意思が統一されていなかったこと、軍部との衝突を引き起こしかねない不安定なリクルートシステムのなかで『中央日報』が運営されていたこと、市場化の原理が党報にも持ち込まれていたことから、党の指導性の弱い体制として理解できるだろう。

この弱い独裁体制論は、今後比較政治学者の手を通じてより高次な理論化がなされるべきであるが、ともかく近年の歴史学の研究潮流にそうものであり(73)、その中には、孫文が構想した「党→政→軍」の序列関係が事実上逆転していたとする見方もある(74)。とくに、抗戦期において軍（軍事委員会）が重要な政策を決定していたことは、蔣介石「手令」（直接の指示）のあり方にも現われている(75)。しかし、軍務にかかわる「手令」は一定の効果を収めたとはいえ、それが結果的に体制そのものを崩壊させる一因ともなったようである(76)。派閥闘争による党権の弛緩とも相まって、政治体制そのものが訓政期から憲政期に麻痺状態に陥っていたのであろう(77)。南京・重慶『中央日報』が時おり垣間見せた自立性とは、そのような事態をも象徴していたのかもしれない。

（1）　曾虚白『中国新聞史』台北、国立政治大学新聞学研究所、一九七七年。

（2）王凌霄『中国国民党新聞政策之研究（一九二八―一九四五）』台北、近代中国出版社、一九九六年。
（3）蔡銘澤『中国国民党党報歴史研究』北京、団結出版社、一九九八年。なお、大陸の研究動向は徐培汀『二〇世紀中国新聞学与伝播学――新聞史学史巻――』上海、復旦大学出版社、二〇〇一年に整理されている。
（4）久保亨・中村元哉「『中央日報』紹介」（姫田光義編『中華民国国民政府史の総合的研究　平成九年度～平成一一年度科学研究費補助金基礎研究（B）（一）研究成果報告書』、二〇〇一年）。なお、本章を書きすすめるにあたり、東京の大学院生を中心とする『中央日報』読書会（一九九七年―二〇〇二年）から多くの示唆をうけた。
（5）山口定『政治体制』東京大学出版会、一九八九年、九頁。
（6）前掲書、三八頁。
（7）「平等」は、「自由」と「民主主義」の相克という深刻な問題を含んでいる。そこで、「平等」については別の機会に論じることにし、本章の分析とも併せて、改めて訓政期の政治体制および社会統合の問題を考えることにしたい。
（8）蔡銘澤前掲書、五〇～五一頁。
（9）前掲書、五二～五三頁。
（10）穆逸群「『中央日報』的二二年」（谷長嶺・兪家慶編『中国新聞事業史』北京、中央広播電視大学出版社、一九八七年）三六五頁、三七四頁、王凌霄前掲書、一九三頁。
（11）蔡銘澤前掲書、二三九～二四二頁。
（12）『革命文献　第七六輯　中国国民党歴次全国代表大会重要決議案彙編（上）』台北、中国国民党中央委員会党史委員会、一九七八年、一三～一六頁。
（13）前掲書、二〇九～二一〇頁。なお、三〇年代の国民党は、三民主義と明確に結びついた青天白日満地紅旗（国旗）を社会に広く認知させようとしていた（小野寺史郎「南京国民政府におけるナショナル・シンボルの再編――青天白日満地紅旗をめぐって――」『史学雑誌』第一一三編第一一号、二〇〇四年）。

(14)　中村元哉「戦後国民党政権の文化政策（一九四五～一九四九）――憲政実施と「党国体制」――」（『中国研究月報』第六四六号、二〇〇一年）。
(15)　中村元哉「戦時言論政策と内外情勢」（石島紀之・久保亨編著『重慶国民政府史の研究』東京大学出版会、二〇〇四年）。
(16)　李瞻『世界新聞史』台北、国立政治大学新聞研究所、一九六八年、一〇〇九～一〇一二頁。
(17)　曾虚白前掲書、六八二頁。なお、土地行政においても、「政策の立案主体（地政学会）と執行機関（行政院内政部地政司、のちに行政院地政署・行政院地政部）とは地政官僚の中央政治学校を媒介とする人脈で結ばれていた」（山本真「一九三〇年代～四〇年代、国民政府土地政策の決定過程――『訓政』から『憲政』へ、そして『軍政』への回帰という視点から――」『一九三〇―四〇年代中国の政策過程［二〇〇三年一一月一四―一五日 ワークショップ報告書］』、四頁）、と指摘されている。
(18)　一九三八年五月、武漢大学「留日帰国訓練班」（主任唐澤）に「新聞組」が設置されたのがその始まりである（曾虚白前掲書、六八六～六八七頁）。
(19)　中村前掲論文「戦後国民党政権の文化政策（一九四五～一九四九）――憲政実施と「党国体制」――」。
(20)　王良卿『三民主義青年団与中国国民党関係研究（一九三八―一九四九年）』台北、近代中国出版社、一九九八年、三六五～三七〇頁、林桶法『戦後中国的変局――以国民党為中心的探討（一九四五―一九四九年）――』台北、台湾商務印書館、二〇〇三年、二四六頁。
(21)　胡有瑞主編『六〇年来的中央日報』台北、裕台公司中華印刷廠、一九八八年、五〇頁、徐詠平『陳布雷伝』台北、正中書局、一九七七年、二〇二頁。
(22)　劉家林編著『中国新聞通史（下）』武昌、武漢大学出版社、一九九五年、一八五頁。
(23)　李瞻前掲書、一〇一〇頁。
(24)　山腰敏寛「『ミラーズ・レビュー』誌上の五四運動――エドガー＝スノー登場前史――」（『立命館言語文化研究』

第一四巻第二号、二〇〇二年）。
(25) 胡有瑞前掲書、三〇頁。
(26) 前掲書、四六頁、徐詠平前掲書、二〇一頁。
(27) 胡有瑞前掲書、四六頁。
(28) 穆逸群前掲論文「『中央日報』的二二年」三六五頁。
(29) 馬暁華『幻の新秩序とアジア太平洋――第二次世界大戦期の米中同盟の軋轢――』彩流社、二〇〇〇年、一三二頁。
(30) 徐詠平前掲書、一九六～一九七頁、劉家林前掲書、一八六頁。
(31) 王凌霄前掲書、一九三～一九四頁。
(32) 前掲書、五六～五七頁。
(33) 蔡銘澤前掲書、一五六頁
(34) 前掲書、一五七頁。
(35) 社評「中枢的新気象」（南京『中央日報』、一九三五年一二月一六日）。
(36) 社評「為学生愛国運動我們共同的意見」（南京『中央日報』、一九三五年一二月二〇日）。
(37) 社論「戦時之言論出版自由」（重慶『中央日報』、一九三八年一一月三日）。
(38) 社論「言論自由之限界」（重慶『中央日報』、一九四三年一〇月二日）。
(39) 社論「法律範囲内之自由」（重慶『中央日報』、一九四四年一月一〇日）、馬星野「言論与誹謗」（重慶『中央日報』、一九四四年二月五日）。
(40) 蔡銘澤前掲書、二七三～二八〇頁、中村元哉「抗戦末期の言論自由化政策と国際報道自由運動」（『現代中国研究』第一三号、二〇〇三年）。
(41) 「言論自由与検査制度」（重慶『中央日報』、一九四四年四月二〇日）。

(42) 中村前掲論文「戦時言論政策と内外情勢」。
(43) 前掲論文。
(44) 加藤公一「『スティルウェル事件』と重慶国民政府」(石島・久保前掲書)。
(45) 中村前掲論文「戦時言論政策と内外情勢」。
(46) George Atcheson, Memorandum of conversation (1943.10.12), *Confidential U.S. State Department Central Files : United States-China Relations 1940-1949*, University Publications of America, Inc., 1984.
(47) 西村成雄『中国ナショナリズムと民主主義——二〇世紀中国政治史の新たな視界——』研文出版、一九九一年、第四章。
(48) 横山宏章「中華民国憲法の制定と南京政府の崩壊」(『中華民国史——専制と民主の相克——』三一書房、一九九六年)を主に参照。
(49) 汪朝光「一九四六年早春中国民主化進展的頓挫——以政協会議及国共関係為中心的研究——」(『歴史研究』一九九九年第五期)。
(50) 汪朝光「戦後国民党対共政策的重要転折——国民党六届二中全会再研究——」(『歴史研究』二〇〇一年第四期)。
(51) 胡有瑞前掲書、五〇頁。
(52) 『中央日報』の基本的立場は、政協会議の軽視と国民党主導型の憲政実施であった(山田辰雄「平和と民主主義の段階における中国国民党の戦後政権構想」『現代中国と世界——その政治的展開　石川忠雄教授還暦記念論集』慶應通信、一九八二年、などを参照)。しかし、「政協原則」を支持する含みを持った社論も同紙には掲載されていた(社論「憲法的最低原則」、重慶『中央日報』、一九四六年三月一四日、など)。
(53) 胡有瑞前掲書、五〇頁。
(54) 葉青(任卓宣)「対於五権憲法可以採妥協態度嗎?」(『和平日報』、一九四六年一一月一〇日)、呉曼君「五権憲法不容修改」(『和平日報』、一九四六年一一月一〇日)。

(55) 蔡銘澤前掲書、九三頁、九八〜九九頁、二八八〜二九〇頁。
(56) 銭仲易「抗戦期間中央日報四社長」(『報学雑誌』第一巻第三期、一九四八年一〇月一日)、前掲書、五四頁。
(57) 曾虚白前掲書、三六二〜三七三頁。
(58) 『中央日報社工作報告書(一九四三・一〇・一六〜一九四四・四・一〇)』(一九四四年、南京図書館特蔵部所蔵)。
(59) 前掲書。
(60) 程滄波「新時代的新聞記者」(重慶『中央日報』、一九四〇年四月一日)、銭仲易前掲論文。
(61) 蔡銘澤前掲書、二八〇〜二八一頁。
(62) 中国第二歴史檔案館所蔵中央通訊社檔案「南京中央日報社股份有限公司創立会紀録(一九四七/五/三〇)」(六五六・四/五六一二)。
(63) 松本充豊『中国国民党「党営事業」の研究』アジア政経学会、二〇〇二年、三三〜四〇頁。
(64) 中村元哉「戦後国民政府の言論政策」(『史学雑誌』第一〇四編第四号、二〇〇一年)。
(65) 前掲「南京中央日報社股份有限公司創立会紀録(一九四七/五/三〇)」。
(66) 蔡銘鐸前掲書、二八七頁、二九三頁。
(67) 前掲「南京中央日報社股份有限公司創立会紀録(一九四七/五/三〇)」。
(68) 『観察』第二巻第二四期(一九四七年八月九日)、第三巻第二四期(一九四八年二月七日)、第四期第二三・二四期(一九四八年八月七日)に掲載された各業務報告書を参照。
(69) 儲安平「我們建議政府調査並公布白報紙配給情形」(『観察』第三巻第一九期、一九四八年一月三日)。
(70) 儲安平「白報紙!」(『観察』第三巻第九期、一九四七年一〇月二五日)、「当前報業的幾個実際問題」(『新聞学季刊』第三巻第二期、一九四七年一二月二五日)。
(71) 蔡銘澤前掲書、二八八〜二九四頁。
(72) 本書土田論文、西村成雄「二〇世紀中国『政党国家』体制の射程」(『中国——社会と文化——』第一五号、二〇〇〇年）など。

(73) 土田哲夫「中国国民党の統計的研究（一九二四〜四九年）」（『史海』第三九号、一九九二年）、同「抗戦時期中国国民党党員成分的特徴和演変」（『民国研究』総第六輯、二〇〇一年）、久保亨『戦間期中国〈自立への模索〉——関税通貨政策と経済発展——』東京大学出版会、一九九九年、一二〜一六頁、王奇生『党員、党権与党争——一九二四〜一九四九年中国国民党的組織形態——』上海、上海書店出版社、二〇〇三年、劉維開（加島潤訳）「国防最高委員会の組織とその活動実態」（石島・久保前掲書）、同「以党領政？——訓政前期党政関係的検討——」（『財団法人交流協会二〇〇三年度プロジェクト「中国近代政治史研究の新視角」報告集』二〇〇四年）五八頁など。

(74) 王奇生前掲書、三五九頁。

(75) もちろん、当時の蔣介石は党・政府の最高ポストを兼務しており、それゆえに「手令」は必ずしも越権行為にあたるわけではない。また、通常の政策決定の場も確保されていた。詳細は土田前掲論文参照。

(76) Chang Jui-te, "Ruling From Afar : A New Look at the Wartime Directives of Jiang Jieshi", Ezra Vogel, Diana Lary and Stephen R. Mackinnon (eds.), *China at War* (Cambridge : Harvard University Press, 2004) pp.34-37.

(77) 王良卿前掲書、四四四頁。

［付記］本章は平成一五年度文部科学省科学研究費補助金（特別研究員奨励費）による研究成果の一部である。

（中村　元哉）

第四章　国民党政権の地方行政改革

はじめに

一九二八年に北京政権を倒してほぼ全国を統一した国民党政権（一九二八～四九年）は、その成立当初から行政面でさまざまな課題を抱えており、それらの解決のために種々の行政改革を試みた。

国民党政権において重視された行政改革課題は、第一に多くの近代国家と同じく行政効率の向上であり、第二に同政権が重要な任務とした訓政や地方自治に適した行政制度を整えることであった。同政権の成立初期の行政効率は芳しいものではなかった。行政院主管の雑誌『行政効率』[1]掲載記事によれば、三〇年代前半、各省から中央政府に送られた報告書は戻ってくるのに半月余りから数か月かかり、とくに決算証明書類の公費支出のための審査は一、二年かかることもあるほどであったという[2]。

行政改革の対象は主に二つあった。一つは行政制度であり、もう一つは官吏の統率、いわゆる「吏治の整飭」である。前者の課題は、中央や地方、とくに地方の行政機構を整備して効率的な統治を行なうことであり、後者の課題は優秀で清廉な人材を登用し、必要な訓練を行ない、信賞必罰を実行することであった。

国民党政権は地方行政制度の改革を、政権成立当初から日中戦争を経て戦後にいたるまで一貫して重視し、さまざまな試みを行なった。それは、第一に国民党政権がさまざまな原因により地方を十分掌握できなかったこと、第二に日本という外敵に対して国民を動員できる中央集権的な政治体制を必要としていたこと、第三に共産党の農村への影響力を弱める必要があったこと、そして第四に孫文理論にしたがい地方自治をすすめる必要があったことなどによる。

国民党政権の地方行政制度やその改革に関する研究は一九八〇年代以降急速にすすんでいる。[3] そのなかでは、制度の変遷や実態をはじめとして多くの問題が解明されてきた。

しかし依然十分に検討されていない問題もある。たとえば以下の諸点である。

(一) 蔣介石の「集権」主義が地方行政制度の改革に反映されていることは指摘されているが、[4] それはどのような内外情勢を背景としており、またどのような特徴を持つのか。

(二) 蔣介石の「剿匪」司令部や南昌行営が三〇年代の地方制度変更の「決定権」を握っていたことが指摘されているが、[5] 蔣介石のそのような決定権は一貫して他の勢力を凌駕していたのか。

(三) 地方行政改革の一つの焦点となった保甲制度が三〇年代半ばに自治制度のなかに取り込まれたことは知られているが、[6] それはどのような環境のもとでどのように決定されたのであろうか。

(四) 日中戦争時期以降に本格的に設置された地方民意機関が、行政官と「地方士紳」の干渉や派閥抗争、また自治経費の不足などに苦しんだことは次第に明らかにされているが、[7] 中央政府はその民意機関の制度作りにどのように取り組んだのであろうか。

本章はこうした問題に留意しつつ、国民党政権の主に農村地域における地方行政改革について、政権成立初期から日中戦争終結後までの時期を対象に検討しようとするものである。

一　蔣介石の行政論と政権成立初期の地方行政政策

1　蔣介石の行政論

蔣介石の行政論の特徴は、第一に中央集権的な方法による行政効率の向上上の追求、第二に官吏の資質の向上を重視する点にある。この特徴は、さまざまな行政分野において国民党政権成立初期から日中戦争時期までほぼ一貫している。

(1)　中央集権主義

中央集権主義については、たとえば蔣は一九三一年五月、「統一の重要性は言うまでもない。国家の建設を建築工事にたとえるならば、統一は建築の基礎部分である。基礎がなければ建築はできず、国家は統一がなければ建設できない」[8]と言い、また三四年三月、「一般の行政人員が行政系統を尊重しない」ことを批判して行政系統を守らせることを求めるとともに、「権限を統一、集中させなければならない」[9]と述べている。日中戦争中の三九年五月には、管子を引用して「国家には命令以上に重要なものはなく、我々は国家を盤石にしようとすれば指導者に服従しなければならず、指導者に服従するには指導者の命令に服従しなければならない」[10]と語っている。

(2)　官吏の資質向上

蔣介石は、集権的な行政体制を実現するには、地方行政制度を改革するだけでなく、中央指導者の命令を忠実に実行する地方とくに基層の官僚集団がなければならないと考えた。

蔣は一九三二年の内政会議における演説で官吏の資質向上の必要性に言及した。蔣によれば、「中央政府、省政府、県政府の別を問わず、あらゆる機関の欠点は、時間を大切にしないことと汚職、責任逃れにある」[11]のである。蔣は、さらに官吏の欠点として「仕事ののろさ、責任のがれ、虚偽、放埒さ」と「面従腹背」を挙げ、「中国の政治の欠点がこのように大きいのを見ると、本当に悲しい。中国の一部の官吏は全く良心がない。この欠点が改まらなければ、自立自強は絶対に不可能だ」[12]と嘆いた。

官吏の資質を重視する見方は蔣介石一人だけのものではなかった。時期は若干あとになるが、地方制度研究者のなかからも、「政府軍政当局は地方政治制度の改革にこれほど注意を払っているのに、地方政治制度の実際上の改革は非常に緩慢である。最大の困難はやはり中国人の『決めても実行しない』という悪い習慣である」[13]という意見が出ている。

では、どのようにして官吏の資質を引き上げることができるのか？　蔣によれば、その方法は第一に信賞必罰であった。蔣は、「われわれは今後軍隊を率いる時でも、党部にあっても、政府にあっても、いつも賞罰を厳格にしなければならない。部下に対して厳しいだけでなく、自身に対してもとりわけ厳しくしなければ、部下を心服させ、また自強自立させることはできない」[14]と主張している。

第二の方法は、官吏に対する訓練と教育、そして高級官吏が手本を示すことであった。蔣によれば、「多くの官吏が礼（誠実――引用者、以下同様）・義（博愛）を知らず、廉（分別）・恥（勇気）を考えないので、苛捐雑税は尽きることなく、汚職やゆすりといったことが日常化し、そのために政治は腐敗し、民衆は安心して暮らせず、当然匪賊は日増しに増加する」のであり、「したがって現在の剿匪の根本的方法は人々とりわけ一般の公務員に廉・恥を分からせること、自ら手本を示して礼・義・廉・恥を提唱すること」[15]なのである。

蔣介石は、「我々は絶対的に『人治』を信じてはいけないけれども、いかなる法令、制度もその運用は完全に人に頼っている」[16]として「人」を重視した。そして官吏の中でも基層の県長以下の地方官を重視し、「県長が有能ならば政務はすすみ、主義は実現できる」、また「その地方のよい人物を探してその地方のことを処理させれば、県長はうまくやることができる」と考えていた。[17]

官吏に対する訓練や教育はある程度は行なったが、十分なものではなかった。信賞必罰は、日中戦争以前にあっては監察制度の不備により成果が上がらず、日中戦争時には「行政三聯連制」の一環として政府機関の評価が行なわれたが、賞罰の実施にはいたらなかった。[18]また人事を通じた優れた官吏の登用は、「多くの政治的事柄に関わり、制度の改善ほど行いやすくない」[19]のであった。そのため実際上行政改革は国民党政権時期全体を通じて、主として機構および実務の面ですすめられることになった。

2　政権初期の地方自治推進策と地方制度整備

蔣介石は中央集権主義的改革をすすめようとしたが、一方で国民党政権は孫文の「遺教」にしたがって「地方自治」と憲政を実現しなければならなかった。その意味で、日中戦争以前の地方制度改革にはたしかに「自治と憲政へ移行する」傾向と「集権」の傾向の二つの傾向が存在していた。[20]ただ、政権成立初期においては前者の傾向が優勢であった。

一九二九年三月の国民党三全大会は、「政治報告についての決議案」のなかで「県以下の自治制度を確立しなければならない」[21]と明言し、自治実現の手順を示す「地方自治の方法と手順を確定して政治建設の基礎を作る案」を採択した。[22]同年六月の三期二中全会は、三三年末までに自治準備機関を設置し、三四年末までに「県自治を完成させる」ことを掲げた「県自治完成案」を採択した。[23]

国民党政権は全国統一直後から地方制度の整備に取りかかった。一九二八年九月一五日、国民政府は「県組織法」を公布し、県と県以下の行政組織を定めた。同法によれば、県はいくつかの「区」に分けられ、区は二〇以上の「村」または「里」から構成され、村は一〇〇戸以上の村落、里は一〇〇戸以上の市街地であるとされた。また村、里の住民は、二五戸で「閭《りょ》」を、五戸で「隣」を構成するとされた。

各行政区には「県長」、「区長」、「村長」、「里長」、「閭長」、「隣長」が置かれ、区長以下はその所管地域の「自治事務」を担当し、閭長と隣長は「居民会議」の決定に基づいて任命されることになっていた[24]。同法はさらに区長、村長、里長が同法施行後に民選となりうること、県に「参議会」を設けることを規定しており、基層の自治実現を展望していた。

「県組織法」は、二九年六月と三〇年七月の二回にわたって修正された。二九年六月の修正「県組織法」では二八年の「県組織法」にある「村、里」が「郷、鎮」に改められた[25]。三〇年七月の修正「県組織法」では、一つの区が一〇～五〇の「郷、鎮」から構成され、一つの郷は一〇〇戸以上一、〇〇〇戸未満の村落または一〇〇戸未満の市街地から、また一つの鎮は一〇〇戸以上一、〇〇〇戸未満の市街地からそれぞれ構成されると定められた[26]。

三〇年の修正「県組織法」によれば、県政府は省政府の指揮下の行政機関であるとともに「地方自治を監督する」機関であり、条件が整えば県長は民選されると定められていた。同法はこの自治推進の精神に基づき、区に民選の「区長」が「区自治事務」を管理する「区公所」を、また郷、鎮に民選の「郷長」、「鎮長」が「郷、鎮自治事務」を管理する「郷公所」、「鎮公所」をそれぞれ設けることを定めていた。さらに同様に、閭および隣にもそれぞれの自治事務を管掌する民選の「閭長」および「隣長」を置くとしていた[27]。

しかしこうした法令の整備は進んだものの、国民政府の地方に対する掌握は不十分であり、地方自治の準備はすすまなかった。中原大戦が終結して国内情勢がやや落ち着いた三一年一月、三全大会以来の地方自治推進策を継承し、戦乱で停滞していた地方自治準備を促進するために全国内政会議が開かれた。同会議は施行中の各種法令の柔軟な運用を承認するなどの点で成果があったが、地方自治を大きくすすめるものとはならなかった。

3　農民動員の治安維持策

国民党政権は地方自治準備の一方で、農村の治安維持とりわけ勢力を増しつつあった共産党の活動の鎮圧のために、農民自身に政府の監督下で治安維持を担わせようとした。

一九二九年七月一三日、国民政府は「県保衛団法」を公布し、「人民の自衛能力を高め、軍警を助けて治安を維持する」ために各県、区、郷、鎮、閭に二〇〜四〇歳のすべての男子が参加する保衛団を設置することを命じた。同法は各戸に連座規定を受け入れさせることを定めていた。(28)

続いて同年九月一七日、国民政府は「清郷条例」を施行期間三か月の時限条例として公布した。「清郷条例」は、「全国の匪源を粛清し、訓政を厳格に行なう」ため、すなわち共産党や土匪の活動を抑えるために、省に清郷総局、県に清郷局を設けることを、また県清郷局には区、郷、鎮、閭、隣の各主管人員を通じて「戸口」(住居・人口)の調査を行なうことを命じるものであった。同条例も住民に連座規定を受け入れさせることを定めていた。(29) さらに翌一八日、「郷鎮自治施行法」を公布した。同法は「県組織法」に基づいて郷鎮の機構、郷鎮大会の職権などを定めたものであったが、郷鎮公所の任務には「戸口調査」が含まれていた。(30)

国民政府主席蒋介石は、こうした治安維持関係法令公布の機をとらえて、九月一三日各省政府主席に電報を打ち、「共匪、土匪」の根絶のためには軍隊よりも「保甲の実施と戸口の精査」が有効であるとして、「清郷条例」と「郷鎮自治施行法」の公布の機会に、三か月〜半年以内にすべての県で「保甲」を実施することを求めた。(31)

中国では古来行政末端の事務や治安維持を農村内の有力者や農民に任せる制度があった。秦代には「里、什、伍」と呼ばれる治安維持組織があり、北魏では五「家」（世帯）を一「隣」、五隣を一「里」、五里を一「党」として税の徴収や治安維持を任せる「三長制」が実施された。唐代には県の下に「郷」と「里」があり、里の約一〇〇「戸」（住居）を管轄する「里正」が戸籍の調査、農業生産の監督、治安の維持、税の徴収を請け負った。[32]元は宋は初期に「郷・里制」を、神宗時代に「保甲法」を、また南宋時代に「郷・都・保・甲制」を実施した。元は農村で「郷都制」を実施し、のちにこの下に五〇「家」（世帯）を一社とする「社」制を加えて、福祉、徴税、治安維持などを任せた。明代には一〇戸を一甲とし一一〇戸を一里とする「里甲制」が実施された。清代には初期に主に税務を担った「里甲制」と、一〇戸を一甲とし一〇〇戸を一保として主に流民の組織化を担った「保甲制」が併存し、中期以降後者が治安維持のために重視されて普及したという。[33]

保甲とは、のちに豫鄂皖三省剿匪総司令部が「農村ではあまねく警察を設けることは不可能なので、保甲制度でこれを補う」[34]と述べたごとく、農村末端の治安維持を農民自身に担わせるものであった。

この農民を動員する治安維持策は国民党政権成立初期に一部地域で復活し始めていた。たとえば広東省政府は一九二八年に保甲条例を制定し、河南省政府も同年「保甲連坐」の法を制定した。[35]二九年の蔣の保甲実施の要請は、こうした一部地域の動向を背景としていたと思われる。ただこの蔣の電報は正式な法律ではなく、また保甲の組織や訓練について具体的に述べるものではなかったために、広範な実施にはいたらなかった。[36]

国民党政権成立初期においては、地方行政の中心課題は地方自治の扶植であり、農民を治安維持に動員することは最重要ではなかった。これが変化するのは三二年以降のことである。

二　満州事変後の集権的地方行政改革

国民党政権は一九三〇年一二月から江西省の共産党勢力に対する「囲剿」を開始したが、成果は容易には得られなかった。翌三一年九月の満州事変は、対外的危機をもたらすとともに、同年七月に始まった第三次「囲剿」の継続を困難にした。翌三二年一月には上海事変という局地的な対日戦争も発生した。こうした内憂外患は国民党政権の地方行政に対日戦争の準備と共産党討伐の二つの課題を与えるものとなった。そのために地方行政改革は地方自治から治安維持の重視へ重心を移していくことになる。

1　第二次全国内政会議

地方自治から治安維持重視への転換は、同年一一月に南京で開催された蔣介石派の四全大会でその兆しを現わした。同大会における内政部の政治報告は、「地方自治は三民主義の基本工作である」という立場から三四年末の「県自治完成」の方針を確認した(37)。

しかし同会議における「第三期中央執監委員会党務報告についての決議」は、「国民の自治能力の訓練」と「物質の建設」を「総理が定めた訓政時期の建国の方針」と認めながらも、「しかしこの二者はいずれも必ず国家の統一を前提とする」と述べ、地方自治よりも国家統一が優先するという観点を示した(38)。

三二年一二月一〇日～一五日に開かれた「第二次全国内政会議」は、地方自治推進から治安維持重視へのひとつの転換点となった。

同会議は、「地方自治を完成し、共産党支配地区の善後処理を行ない、国防の基礎を固め、行政効率を高め、内政を統一する」(39)ことを掲げて開催された。内政部長黄紹竑は開会の式辞のなかで、日本の侵略を招いた一因が中国の内政の不良と国力の弱さにあり、水害や伝染病の原因が水利衛生行政の不備にあり、共産党の出現が官吏の汚職、経済の不振そして地方自衛組織の不良にあるとして、「国家を危機から救うには内政を整頓するのが第一の工作である」と述べた(40)。同会議は会期中に、①現行の各省の保衛団を民兵制から徴兵制へ移行させる、②地方自治推進のために県政建設実験区を設ける、③行政機関を簡素にして権力を集中させる、などの改革案を採択した(41)。

当時蔣介石は同年五月に豫鄂皖三省剿匪総司令部を設置してみずからその総司令となり、共産党討伐に力を入れていた。蔣は同会議に対し、軍事委員会委員長として「修改地方行政機関組織案」と「重新制定県区鎮自治法規区或鎮以下施行保甲制度案」の二種の議案を提出した。

前者は、①省政府各庁の「合署弁公」、②県政府各局の「科への変更」、③「行政督察専員」の設置などを求めるものであった。このうち①と②はやがて実施されていくことになる。③の「行政督察専員」制度はすでに「剿匪区」で実施されていたが、蔣はその普遍的実施を提案した(42)。

後者は、従来の地方自治推進策にブレーキをかけ、代わりに保甲を実施しようとするものであった。

蔣は、政権獲得後に政府が出した自治法および付属規程が四十数種にのぼり、民衆も自治関係者も理解できないために「全く効果がない」こと、「五世帯、二五世帯の団体で自治事務を行なうのは東西各国のどこにも見られない」こと、閭長、隣長の誰もが字が読めるわけではなく、自治事務の責任を負わせるのは無理であることなどを挙げて自治制度を批判した。そして「地方制度は実際の必要に適応しなければならず、とりわけ現代の民衆の実情に適合しなければならない」という観点から、①区または鎮を自治の最下級の単位とする、②区または鎮以下では保甲制度を実施し、郷、鎮、閭、隣の名称を廃止する、③剿匪区および自治が効果を上げていない省では現行自治法規の適用を中止する、④区公所は当面県政府の補助機関とする、の四点を提案した。

蔣は後述するようにこのときすでに河南省、安徽省などの「剿匪区」で自治から保甲への転換を進めていた。この提案はその政策を剿匪区以外にも広げようとするものであり、会議で採択された。(43)

蔣はさらに同会議における演説で、「この国家の危急存亡の時には、われわれは当然効率のよい方法でわが国を救わなければならない。わが国を救おうとすれば、最も重要なことはまず『内政を軍令で行なう』(44)ことである」と述べて、効率重視の立場から軍令式行政を提唱した。蔣によれば、「現在の世界の強国で内政を軍令方式で行なっていない国はない。共産党がすごいのは、ロシアのやり方通りに土地、食糧、文化などの施策をすべて軍事化し、内政をすべて軍令方式で行なうやりかたをとっているから」(45)であった。

第二次全国内政会議は、「地方自治」の目標を放棄はしなかったが、蔣介石の集権的な改革案をある程度受け入れた。同会議の「閉会宣言」は、「もし国家総体を単位とする闘争環境の中で生存を求めようとすれば、まず強力な中央政府を樹立しなければならないが、健全な地方政府がなければ中央権力は依拠するところがない」と集権的体制の必要性を指摘した。また会議の「使命」は、「いかに内政を軍令方式で行なって、一つには国防の根幹を作り、一つには政治の基礎を固め、それによって地方自治の事業を発展させる」ことであると述べて、地方自治よりも軍令型の政治を優先する姿勢を示した。(46)

2　自治機関議員選出方法の改変

一九二八年の「県組織法」は県参議会の設置を定めていた。同法に基づいて三二年八月に「県参議会組織法」および「県参議員選挙法」が公布された。(47)「県参議会組織法」は、県参議員を「県の公民が直接選挙する」(48)と定めていた。しかし民意機関の設置にはさまざまな困難があり、実際には県参議会はほとんど設置されなかった。

三四年二月、中央政治会議は自治機関の設立を容易にするために「改進地方自治原則」を採択し、同年四月、行政院はこれを公布した。同原則は、地方自治の進行を「自治扶植の時期」、「自治開始の時期」、「自治完成の時期」の三段階に分け、「自治扶植の時期」においては県・市長は政府が任命し、県・市参議員は一部を県・市長が選任し、郷・鎮・村長らは郷・鎮・村の人民が三人の候補者を選挙で選び、県・市長がその中から決めるといったことを定めていた。[49] さらに内政部は同年五月に「改進地方自治原則要点之解釈」を各省に通達し、県・市長が選任する専門家議員数を県・市参議員の定数全体の半分まで認めた。[50] この時期以降察哈爾、雲南などで県参議会が成立したという。[51] こうした行政機関主導の選出方法は、民意の正確な反映という点では明らかに先の県参議会組織法からの後退であるが、反面で機関の設置を容易にした。この方法は、その後新県制を含む各種の選挙制度に引き継がれることになった。

3　省県行政機構の改革

一九三〇年代前半、蔣介石は地方行政の集権的改革をすすめた。その取り組みは、「現在各省のすべての重要行政の進展はいつも蔣委員長の命令による推進と督促に頼っている」[52] と言われるほどであった。その改革の対象は、上は省政府から下は農村家庭にまでおよんだ。

（1）省政府の「合署弁公」

三四年七月、国民政府軍事委員会委員長南昌行営は「省政府合署弁公弁法大綱」一四条を公布し、湖北、河南、江西などの「剿匪」諸省での先行実施を命令した。「合署弁公」とは、「省政府の意志の統一を守り、一般行政の効率を増進するため」に、省の秘書処、民政庁、財政庁、建設庁、教育庁、保安処（四庁二処）を省政府公署内に集め、その他の機関は廃止あるいは人員を削減して行政費を節約するとともに、四庁二処が上級または下級の政府に行政文書を送る際は省政府の名義を使うなどして[53]、省政府主席の権限を強化するものであった。

これは蒋介石の発案であり、蒋は同年八月一日の中央政治会議宛電報のなかでその意図を説明している。それによれば、地方制度には三つの問題があった。第一は、組織においても経費においても省が大きく県が小さいことであり、「すべての政令を執行する中堅である」県を重視する必要があった。第二は、省で各庁、処が分立して矛盾や齟齬を来していることであり、「全体が一体となった省政府」を築く必要があった。第三は、省政府と省の各庁、処、また県政府と県の各局、科が二つの階層に分かれてしまい、省主席や県長の権限が形骸化していることであり、省政府が中央政府に責任を負い、県政府が省政府に責任を負う体制を作る必要があった。蒋は省制改革の方向を、「省の意志は統一されるべきであり、権力は集中されるべきであり、組織は緊張を保つべきであり、経費は節約すべきである」とまとめている[54]。

「合署弁公」の発案は専ら「囲剿」のためだという見解がある[55]。しかし蒋は、河南、湖北、安徽、江西四省の三三年度における省政府および四庁の保安処経費を除く経常歳出予算が八一万三、〇〇〇元〜一二一万九、〇〇〇元であり、他方四省の各県の平均県政経費が九、八三〇元〜一万五、七〇〇元と少ないことを指摘しており[56]、省と県の政費のバランス改善にも目を配っていた。

「合署弁公」は、まもなく「剿匪」諸省で実施され、三六年一〇月二四日、行政院は「省政府合署弁公暫行規程」を公布して、この制度を全国で実施させることにした。「省政府合署弁公弁法大綱」はこれにともない廃止された[57]。

（2）　行政督察専員制度の創設

行政督察専員制度とは、省政府と県政府の間に数県の行政を監督する「行政督察専員」を置く制度である。省と県の間にこのような行政機関を設置することは、孫文の「建国大綱」が定める省県二級制原則に背くものであった。しかし江西省の剿匪総司令部が共産党討伐のために江西省内を九地区に分けて、各地区に軍政と民政を担当する「党政委員会分会」を設けたのが契機となって、一九三二年八月六日、行政院が一般省を対象とする「各省行政督察専員暫行条例」を公布し、同日、豫鄂皖三省剿匪総司令部が「剿匪区」を対象とする「剿匪区内各省行政督察専員公署組織条例」を制定した。専員制度は、中央政府権限の強化のために省区縮小の実現をめざす蔣介石らにとってその代替制度と言えるものであった。

三六年三月二五日、行政院は上記二種類の専員条例を統合するものとして「行政督察専員公署組織暫行条例」を公布し、同年一〇月一五日、同条例を修正公布し、同時に三二年公布の両条例を廃止した。修正公布された新条例は、専員制度の目的を「官吏の取り締まり、治安の維持、および行政効率の向上」と定めていた。[58]

（3）　県政府の「裁局改科」

三四年一二月三一日、南昌行営は「剿匪省份各県政府裁局改科弁法大綱」を公布し、江西など「剿匪」五省を対象として、県政府の「裁局改科」を命令した。「裁局改科」とは、「県政府権力の責任の集中を図り、その組織を充実させて県政府の効率を増進するため」に、県政府の公安、財政、教育、建設の四局を、教育と建設を合併させて全体で三科に改組し、上級や下級への行政文書は県長の名義で出すようにするなど、県行政を簡素化して県長の指揮下にまとめるものである。[59]三七年六月四日、行政院は「県政府裁局改科暫行規程」を公布し、「裁局改科」は全国で実施されることとなった。

県長の任用は、二九年六月の修正「県組織法」により、省民政庁が候補者二、三名を提出し、省政府が一名を選ぶ方法がとられていた。三二年一二月の第二次全国内政会議で県長の不当な異動には内政部が介入することが決定され、中央政府が省政府の県長任免を牽制できることとなった。[60]

4　農村基層（区、郷鎮以下）の組織化

（1）区制の改編

「区」は県と郷鎮の間に置かれた自治団体を兼ねた行政組織であったが、共産党の活動を取り締まるためには集権的行政組織のほうが望ましいため、一九三二年八月、豫鄂皖三省剿匪総司令部は「剿匪区内各県区公所組織条例」を公布して、区公所の任務を県政府の命令をうけて保甲の監督や指揮を行なうものに変えた。

しかしその後省政府は区長の人選などに力を入れず、区公所の経費も十分支出しなかったため、区以下の行政は改善されなかった。[61] そこで三四年一二月、国民政府軍事委員長南昌行営は同条例に代えて「剿匪省份各県分区設置弁法大綱」を制定し、従来の「区公所」を「区署」と改めて新たな任務を課した。

同弁法大綱によれば、「分区設署」の目的は「確実に県長を補助し、県政の効率を高める」ためであり、「区長」の任務は、保甲や壮丁隊を指揮しての治安維持のほか、水利や教育事業の監督指導など広範にわたっていた。[62]

「区」の自治組織としての意義が薄れたため、三四年二月、中央政治会議は前述の「改進地方自治原則」により、県を地方自治単位とし、郷、鎮、村を地方自治団体として県に直属させ、「区」を原則廃止することを決定した。[63] ただ自治事務は担当しないものの、区が残された地域もあった。[64]

南昌行営は「剿匪省份各県分区設署弁法大綱」が効果を示したため、三五年一月これを行政院に送って広範な施行を求めた。三七年六月五日、行政院は同弁法大綱の方針にそって「各県分区設署暫行規程」を公布し、純然

たる行政組織として「区」を復活させた。同時にもとの弁法大綱を廃止した。[65]しかし区はやがて行政命令の単なる受け渡し機関となるなどの弊害が現われ、[66]後述するように三九年の「新県制」では区は県政府の補助機関となった。

(2) 保甲

一九三一年、陸海空軍総司令蔣介石は江西省で剿共戦をすすめたさい、剿匪区内の修水など四三県で郷、鎮、閭、隣などの自治組織を廃止し、保甲を実施した。[67]

一九三二年八月、蔣介石が総司令を務める豫鄂皖三省剿匪総司令部は「剿匪区内各県編査保甲戸口条例」全四〇条を公布して「剿匪区」における「戸口」の調査と「保甲」の編制を命令した。同条例は、保甲の目的を「民衆組織を厳格なものにし、住居・人口を正確に調査し、自衛能力を高め、『剿匪』と『清郷』（共産党勢力の一掃——引用者）工作を完成させる」ためと定めていた。そして、県長の指揮下に各「区」内に一〇戸を一甲とし一〇甲を一保とする保甲を編制し、戸長、甲長、保長に連座制を盛り込んだ「保甲規約」を結ばせ、保甲加入を拒否したり、組織内に共産党との関係が疑われる者を見つけて通報しなかったりした場合、罰金や拘留を科すことを規定していた。[68]

蔣介石は同条例の公布に際して、保甲実施の訓令を発した。そのなかで蔣は、①区、郷、鎮、閭、隣などの自治組織が健全でなければ、既存の保衛団法、清郷条例は実施できない、②自治組織の長は選挙で選ばれることになっているが、政治を軽視し訓練をうけていない人民は選挙、罷免などの四権を行使することができない、③自治や選挙は個人単位だが、自衛組織は「各戸家長を単位とするべき」であり、選挙で選ばれた自治の指導者に自衛の責任者を兼ねさせるのは無理がある、④農村には「自治と自衛を同時に行なう能力はなく」、共産党支配地区の農民には「自衛安寧の切迫した要求しかない」、と自治組織よりも自衛組織を優先させる理由を述べ、また「剿匪区内各県編査保甲戸口条例」と「剿匪区内各県区公所組織条例」の要点のひとつは「自治と自衛を分け、先に自衛の完成を図ってから自治の推進を行なう」ことだと説明した。(69)

同司令部は三三年四月、同条例中の「壮丁隊」編制規定に基づいて、修正「剿匪区内各省民団整理条例」を公布し、保を単位として「壮丁隊」あるいは「鏟共義勇隊」を組織することを命じた。(70)

保甲は三省剿匪総司令部が管轄する河南、湖北、安徽の三省で直ちに実施され、三六年までに実施地域は一三省と北平、南京の両市に拡大した。(71)

蔣介石によれば、保甲は対内的治安維持組織にとどまるものではなかった。蔣は三四年七月、廬山軍官訓練団に対して、「将来日本と戦うに際して、現在と同様に民衆を組織し民衆を訓練することに十分力を入れ、全国民衆が軍事化し、正式な軍隊の作戦を手伝い、軍民が真に合同して一体となるようにしなければならない」と述べ、「保甲を組織し、民団や壮丁隊を訓練するという古い方法を用いて敵の近代的な新しい軍事方法に抵抗する」構想を提示した。蔣は「これは決して空論や理想ではなく、実際の戦術原則だ」(72)と付言しており、保甲を国防に役立てることを考えていたと見ることができる。

保甲の実施状況について、蔣は三六年五月に保甲の設置と壮丁の訓練が「七、八割が有名無実」であると不満を表明した。(73)しかし同年夏に江蘇、浙江、江西三省を視察したある人物は、保甲の成果について、「保甲組織は政令を実施するうえで極めて便利である」ことと、「その利便性のゆえに政府はいつも保甲を濫用し、郷鎮保甲長を多忙にし、民衆に大きな苦しみを与えている」ことを指摘している。(74)

三　保甲と地方自治の矛盾の調整

三二年以降の一連の中央集権的地方制度改革、すなわち省政府の「合署弁公」、行政督察専員制度の創設、県政府の「裁局改科」、県以下の「分区設署」、末端での保甲実施といった諸政策は、国際的な緊張、共産党との内戦、そして当時の行政効率向上の気運に後押しされて実現したものであった。

しかし集権的な改革は、行政効率の面では一定の効果を上げたが、他面地方自治の推進を阻害した。その矛盾の焦点となったのが保甲である。

1　保甲の地方自治への組み入れ論

蔣介石の自衛優先策により、剿匪区では自治の推進は停止された。三二年一〇月、安徽省の省主席呉忠信が、内政部から「自治籌備委員会」設置を命じられたことについて蔣介石に問い合わせをしたさい、蔣は「郷鎮、閭、隣などの自治をしばらく中止されたい。自治籌委会も設立の必要はない」と呉に回答している。(75)

しかしやがて政府部内に保甲と地方自治を同時進行させせようという意見が出現した。三四年一〇月、内政部は福建省政府が南昌行営の命令で「剿匪」対象県の自治を中止して保甲を始めたことにより行政院の指示を仰いだ。行政院は中央政治会議に検討を求め、同年一一月、中央政治会議は第四三二次会議で「地方の保甲工作は地方防衛に関係し、地方自治の基礎であるから、行政院から各省市政府に対して時期を早めて確実に実行するよう命令すべきである」と決議した。そこで行政院は、内政部にその実施弁法をまとめるよう命じるとともに、各省市政府に対して、保甲を行なわなければならないが、実施弁法については内政部が作成するのを待つように命令した。[76]

内政部は、すでに江蘇、浙江など一九の省が地方自治をすすめており、保甲の実施は既存の自治制度と抵触することになるので、保甲実施を前提として関係する諸法規、制度の「調整」を試み、「調整意見四則」を立案した。

その四則とは、①「保甲を地方自治の基本組織として確定し、保甲を自治の中に組み入れる」、すなわち地方制度の閭、隣の代わりに保甲を用い、保甲制度の「聯」の代わりに郷鎮を用いる、②自治組織としての県保衛団を廃止し、当面保甲の壮丁隊を設置する、③壮丁隊は省保安処の指揮をうける、④当面戸籍法の施行を停止して「剿匪区内各県編査保甲戸口条例」を用いる、[77]というものであった。

行政院は三四年一二月にこの意見を承認し、[78]三五年一月中央政治会議に提出した。

しかしその後、この意見に対して中央政治会議から態度表明がなく、各省は実施方法が決まらないために困惑したという。[79]この問題に前進が見られたのが五全大会であった。

2　五全大会と地方自治

日中間の緊張が高まる中、一九三五年一一月一二日〜二三日に開催された国民党五全大会は、国民党が空前の団結を示した大会として、また蔣介石がいわゆる「最後の関頭」演説を行なった大会として知られているが、憲政の準備と地方自治推進においても一つの画期となった。

同大会は、憲政に関しては、一〇月一六日に立法院で憲法草案の起草が完了したことをうけて、「召集国民大会及宣布憲法草案案」を採択し、三六年中に国民大会を開くことを決定した。完成した憲法草案は、県を「地方自治の単位」とすること、県長は「県民大会」により民選されること、県民大会によって選挙される「県議会」

を設置することを定めていた[80]。

地方自治については、憲法草案に合わせる形で「切実推行地方自治以完成訓政工作案」（以下「推行地方自治案」と略す）を採択した。「推行地方自治案」は、①「剿匪区」を例外としながらも、「全国各地の地方自治を期限を決めて速やかに完成させる」こと、②中央党部に「全国の地方自治の設計および評価機関」として「地方自治計画委員会」を設けること、③各省市に党政当局が合同で組織し前記委員会の指導をうける「地方自治分会」を設けること、④地方自治は努めて「教、養、衛（それぞれ教育、産業振興、治安維持を指す――引用者）の使命を担う」必要があり、また「最優先で保甲組織を設置」し、一九三六年前半に完成させなければならないこと、などを定めていた[81]。

すなわち五全大会は、地方自治の完成を地方行政の中心課題と位置付けるとともに、保甲の「衛」（治安維持）の機能を地方自治の一部として承認した。前者の課題を掲げたのは、憲政実施を展望して地方自治の完成を急ぐ必要があったからであるが、そのことは蔣介石が三二年以来すすめてきた保甲優先策を再び地方自治推進政策に戻す意味合いを持っていた。一方、後者の決定は、内政部の「調整意見四則」にそって、蔣介石の保甲政策を残そうとするものであった。その意味で「推行地方自治案」は地方自治と保甲の妥協の産物であった。

三六年一月、「地方自治計画委員会」が設置された。主任委員は方覚慧、副主任委員は李宗黄と黄季陸であり、一一名の委員には甘乃光などが選ばれた[82]。

地方自治計画委員会は成立後間もなく、「地方自治法規原則」八項を決定した。その要点は、①「保甲を自治組織の中に組み入れ、郷鎮内の編制を保甲とする」、②地方自治の組織系統は、県の下が郷鎮、鎮市の下が区となる、③保甲が自治のなかに入ったので県保衛団法は即刻廃止する、④自治完成の期限は各地の状況を勘案して柔軟に扱う、というものであった[83]。保甲を地方自治に組み入れることは「推行地方自治案」よりも明確に表現された。李宗黄によれば、この「法規原則」は、当時一四省市が基層で保甲を実施し、六省市が閭、隣を実施して「自治と保甲の対立」が起きている状況の解決をはかるものであった。[84]

三六年八月、中央政治委員会は、保甲を自治組織のなかに組み入れるとする「地方自治法規原則」を採択した。[85]立法院は同年九月一八日に同原則に基づいて「保甲条例」全四二条を制定し、翌三七年七月二日同条例を四〇条に修正した。しかし、いずれも公布にはいたらなかった。[86]

3　地方自治推進派の意見

地方自治推進勢力の意見は五全大会に先だって現われていた。一九三五年三月二五、二六日の両日、天津『大公報』に当時国民政府経済委員会顧問であったドイツ人政治制度専門家のヴォルフガング・イエニッケ（Wolfgang Jaenecke）の中国政治制度に対する提案書が掲載された。イエニッケの提案は多岐にわたるが、その一つは、地方自治を「下から上へ順を追って樹立し、ゆるみなく推進すべきだ」というものであった。イエニッケは中国の地方自治について、「中国民衆の自治能力は現在まだ『成熟』しておらず、『養成』が必要であると言う者がいるが、私はこの議論は成立しないと考える。なぜなら地方自治能力の養成は、実際に少しずつ実施し、実際の訓練をさせて初めて成熟するものだからである」と述べ、さらにプロシアの自治の歴史を例に引いて、「私は聡明で善良な中国の民衆についても自治能力があることを信頼すべきであると考える」と主張した。[87]

同年六月、林炳康という人物が『行政効率』誌上でイエニッケの地方自治推進論に賛意を表明し、「地方自治はもとより一挙に完成するものではないが、将来必ずよい成果を生む」と述べて、「地方自治の廃止を主張する者」を批判した。[88]イエニッケの地方自治推進の提言は、地方自治推進派を元気づけるものとなったようである。

また五全大会で「推行地方自治案」が採択される直前の三五年一一月一九日、『中央日報』に「中国地方自治学会」名の「地方自治と自衛制度の調整」と題する記事が掲載された。記事の基本的主張は「推行地方自治案」および地方自治計画委員会の「地方自治法規原則八項」とほぼ同一である。

しかし、同記事は「現在匪賊や共産党の掃討に絶対の自信が持てるようになったことにより、本党の主義政策を地方組織を使って次第に推進できるようになっている」という情勢認識を示したうえで、「現在各地の施政は現行自衛組織の効果にこだわり、自衛だけを行なうという傾向がある」と述べ、また「三省剿匪総部」の「現行」の「県の下を行政区とする」制度は県を単位とする自治に不向きであると指摘して、実際上蔣介石の保甲推進政策を批判した。(89)

五全大会の時期、江西の共産党根拠地の壊滅や憲政実施の気運、さらにイエニッケの地方自治推進論を背景に、蔣介石の保甲推進政策は後退を余儀なくされたと言えよう。ただ、保甲を組み入れた地方自治制度の法令化は日中戦争前には実現しなかった。

四　日中戦争および戦後内戦時期の地方行政制度

一九三七年に日中戦争が始まると、やがて戦争遂行の効率化のために中央レベルで国防最高委員会設置などの集権的改革が行なわれるとともに、中央と省の関係についても制度の集権的な改変が行なわれた。たとえば一九四一年に田賦の徴収権が省から中央政府に移されたこと、またいわゆる財政収支系統の改革により省財政が独立性を失ったことなどが挙げられる。国家行政全体の効率化を図る「行政三聯制」(90)も四〇年から開始された。

地方行政制度においてもさまざまな改革がすすめられた。そしてその制度の多くは戦後も継承された。

1　戦争遂行と省市民意機関

日中戦争時期の地方制度の一つの顕著な特徴は、国民を戦争に動員するために、また憲政実施の準備のために民意機関が設置されたことである。

日中戦争時期の地方行政の基本原則となったのは、三八年三、四月の国民党臨時全国大会で採択された「抗戦建国綱領」である。同綱領は地方政治に関して、①国民の力を結集するために「国民参政機関を組織する」こと、②県単位で「民衆の自衛組織を改善また健全化」し、また「地方自治の条件を早く整えて、抗戦中の政治的社会的基礎を固めるとともに憲法実施の準備をする」こと、③「各級政治機関を改善し、簡素化、合理化して行政効率を高める」ことを定めていた。(91)

このうちの①の方針に基づいて、「国民参政会」の開設が決まり、同年七月にその第一届第一次会議が開催された。

同会議では地方民意機関設置を求める提案が多数出された。国民政府は、「擬設省県参議会推進行政完成自治案」を提出し、「全国の考えと識見を集中させる」ために省県参議会を設けることを提案した。同案は、曾琦らの「尅期設立省県市参政会案」、王造時らの「設立省以下各級民意機関案」、許徳珩らの「擬請従速設立省県及県以下民意機関案」、程希孟らの「設立各級地方民意機関建議案」と合わせて討論され、「原則」採択された。国防最高会議はこれに基づいて「省臨時参議会組織条例」、「市臨時参議会組織条例」の二法案をまとめ、三八年九月二六日、国民政府を通じて公布した。(92)

省市臨時参議会は四〇年八月までに、西南、西北地区を中心に一八の省と重慶市で設置された。(93)省市臨時参議会の参議員は選挙で選ばれるのではなく、たとえば省臨時参議会の場合、省政府や国民党省党部が選んだ候補者のなかから国防最高会議が指名して決まるものであり、その職権も限られていた。しかし省レベルの民意機関の誕生は国民党政権下で初めてであり、戦後における省自治実現の重要な契機となった。

四〇年九月、「修正国民参政会組織条例」が公布され、国民参政会参政員定数中の各省市選出枠の参政員は、それまでの各省市の政府と国民党党部が候補者を選び国民党中央執行委員会が決定する方法から、省市臨時参議会がある省市では、省市臨時参議会が選挙で選ぶ方法に変わった。[94]これにより省市臨時参議会は国民参政会の選出母体という地位を得た。

一九四四年一二月、「省参議会組織条例」および「省参議員選挙条例」が公布された。「省参議員選挙条例」は県参議会が直接省参議員を選出することを定めており、[95]これにより省参議会の中央政府からの独立性は強まった。

2　新県制の制定

県以下の地方行政においては、前述のように「抗戦建国綱領」に基づき、自衛組織を整え、地方自治をすすめることが目標とされた。

三八年四月八日、蔣介石は五期四中全会で「党務の改善と党政関係の調整」と題する講演を行ない、そのさい「県以下党政機構関係草図」という図を提示して県以下の党政組織のあり方を示したが、[96]この「草図」が党内外の人々に注目された。蔣はそれらの人々の意見を取り入れて県以下レベルの新しい行政制度をまとめた。[97]これを法令化したのがいわゆる「新県制」[98]であり、三九年九月一九日、国民政府により「県各級組織綱要」全六〇条として公布施行された。その概略と特徴は以下の諸点である。

第一に、県、郷（鎮）、保甲という三つの行政レベルを設けた。県に県長と県政府、郷（鎮）に郷（鎮）長と郷（鎮）公所、そして保甲に保長、保弁公処および甲長を置いた。広い県では県の下に区を設け、区長と区署を置くことができた。この区署は「県政府の補助機関」であり、独立した行政機関ではない。原則として一区の範囲は一五～三〇郷（鎮）、一郷（鎮）の範囲は一〇保、一保は一〇甲、また一甲は一〇戸とされた。

新県制は、五全大会で決定された保甲を地方自治に組み入れる政策を「郷（鎮）内の編制は保甲とする」（第四条）という形式で法令化した。保甲は農民動員の治安維持組織であるだけでなく、農村自治機構の一部ともなった。蔣介石は三二年、農村には「自治と自衛を同時に行なう能力はない」と述べたが、新県制は自治と自衛の両立をめざした。

第二に、県は「地方自治の単位」とされ、郷（鎮）とともに「法人」とされた。ただ県長は「当面」民選によらないこととされた。

県長を民選とせず、その下の郷（鎮）長が住民の間接選挙によって選ばれることからすれば、郷（鎮）こそが新県制の「自治」の実際上の単位であった。これは孫文の地方自治原則や五全大会の決議と比較すれば、自治範囲の縮小であった。

第三に、県、郷（鎮）、保にはそれぞれ「県参議会」、「郷（鎮）民代表会」、「保民大会」という民意機関が設けられ、県、郷（鎮）、保の自治行政に参与することができた。県参議会の参議員は郷（鎮）民代表会から選出され、郷（鎮）民代表会の代表は保民大会から選出され、保民大会は各戸一人ずつの代表者から構成された。郷（鎮）民代表会は郷（鎮）長を、保民大会は保長を、また戸長会議は甲長を選出すると定められた。[99]

すなわち保民大会、郷（鎮）民代表会、県参議会は、いずれも「戸」を基礎とした組織であり、政権成立初期の「県組織法」の民意機関のような個人単位の組織ではなかった。これは蔣介石によれば、「初期段階の簡便さのため」であり、また中国が「なお農業社会であり、いくつかの工業諸国が個人を単位としているのとは実に異なっている」からであった。[100]

第四に、県は土地税の一部、印花税の一部、営業税の一部などの収入により独立した財政を行なうことができるとされた。郷（鎮）も公営事業を行なう資格を得た。これは県の経済的独立性を強化するための措置であった。

第五に、郷（鎮）長は郷（鎮）中心学校校長および郷（鎮）壮丁隊隊長を、また保長は保国民学校校長および保壮丁隊隊長をそれぞれ「当面」兼任すると定められていた。(101)

この三役兼任制度について蔣自身は、人材と資金の不足を補いつつ権限を集中させ、教育を推進するためと説明している。(102) この制度は、現実には有効な実施が困難であったと思われるが、有能な指導者が大衆を指導するのがよい行政であるという蔣の政治観を反映したものと言えよう。

3　新県制下の県臨時参議会と県参議会

「県各級組織綱要」は、「県参議会」、「郷（鎮）民代表会」、「保民大会」という民意機関の設置を定めていた。蔣介石は新県制の公布に先立って、「各級議事機関の設立は、民権訓練の最上の場であり、また民主政治実行の必要条件である」と述べた。しかしその一方で、県参議会および郷（鎮）民代表会の議員は間接選挙で選ぶこと、また「国民経済を増進させ地方事業を発展させるため」に県参議会に定数の三割を限度として法定職業団体の代表を加えてもよいとする考えを表明した。(103) この原則はのちの「県参議会組織暫行条例」ほかの各種法令に採用された。

一九四〇年四月、新県制公布後初めて開かれた国民参政会第一期第五次大会において、参政員李元鼎らは法令を早く公布して県参議会を成立させることを要求した。(104) 続く四一年三月の国民参政会第二届第一次大会において、邵従恩らは「県市臨時参議会組織法」の早期制定と同年内の各県市臨時参議会設置を求め、大会は他の関係議案と合わせて審議し、新県制の完成までは「各省が状況を斟酌して先に県市臨時参議会を設立すべきである」として政府に実現を求めることを決議した。しかし政府は「県参議会組織条例」を制定中であるとして、県市臨時参議会組織法の制定に応じなかった。(105)

四一年八月九日、「県参議会組織暫行条例」、「県参議員選挙条例」、「郷鎮組織暫行条例」、「郷鎮民代表選挙条例」の四条例が公布された。これらの条例は、県参議会が「全県人民の代表機関」として県予算や県の単行法規の議決権を持つこと、また「郷鎮民代表会」が郷鎮の予算や「郷鎮自治規約」の議決権を持ち、保民大会が保内の「保甲規約」の議決権を持つことを定めていた。(106) 四条例の公布に先立って、県参議員や郷鎮民代表の候補者となるためには、中央政府が関わる試験と審査をうけなければならないという法令も定めていた。(107)

しかし中央政府は、準備が不十分なままに郷鎮民代表会と県参議会を設置しては、制度が「有名無実になり、地方の少数の不良分子に操縦される恐れがある」ことなどを考慮し、郷鎮組織暫行条例のみは即日施行したが、他の三条例は施行しなかった。(108)

県参議会の早期の設立が困難であったため、各省で「県臨時参議会」が作られた。江西省では四〇年に一四県で県臨時参議会が設置されたと報告されている。(109) 中央政府の地元である四川省では、省政府が「四川省各県臨時参議会組織規程」を制定し、国防最高委員会の承認を得た。同規程によれば、県臨時参議員は選挙ではなく、県政府が県民や職業団体の中から定数の二倍の候補者を選び、国民党県党部や職業団体の承認を得て省政府に推薦し、省政府委員会が選任するという方法で決定された。(110) 他の省は四川省の規程を参照して自省の規程を作ったという。(111)

四三年二月、国防最高委員会は「成立各級民意機関歩驟」（各級民意機関成立の手順）を採択した。「歩驟」は、民意機関の設置について、①毎月一回開催の保民大会を六回開いて中央政府の審査をうけなければ、郷鎮民代表会を設置することはできず、②三か月に一回開催の郷鎮民代表会を四回開いて中央政府の審査をうけなければ、県参議会を設置することはできず、③郷鎮民代表および県参議員の試験や審査は考試院が監督し催促すべしとの各条件をつけるとともに、「県参議会組織暫行条例」など三条例の四三年五月五日施行を認めるものであった。(112)

こうした条件整備を経て、行政院は四三年一一月に各省市政府に対して訓令を発し、県参議会を四四年中に成立させること、それが不可能であれば先に県臨時参議会を成立させてもよいこと、また県参議会あるいは県臨時参議会が成立した県では、県政府が「戸口調査と戸籍の作成」、「郷鎮保甲組織の健全化」、「荒れ地の開墾」、「義務労働の推進」などの計画を参議会に審議させてその実現を促すことを命じた。(113)

かくて一九四四年四月までに、後方一七省の新県制実施県一、一〇三県のうちの五三〇県（四八・一％）に県臨時参議会が設置され、後方一七省にある二万九、四九七の郷鎮のうちの一万一、三〇五郷鎮（三八・三％）に郷鎮民代表会が、また同じく三四万二、三〇一の保のうちの二九万七、四七六保（八七・〇％）に保民大会がそれぞれ設けられたという。(114)

4　戦後の地方行政

日中戦争終結後、省市臨時参議会は正式の省市参議会への切り替えがすすみ、一九四六年一二月までに二一の省市で参議会が成立した。(115)

正式の県参議会は戦争末期までほとんど設置されなかった。四五年六月二四日、蔣介石は、同年一一月一二日に予定されていた国民大会に間に合わせるため、同年一一月一日までに全国で正式の県参議会を設立するよう内政部に命じた。同年七月二四日、行政院も県参議会の設置を容易にするために、保民大会および郷鎮民代表会が成立すればすぐ県参議員を選挙してよいとの訓令を出した。(116)

こうした措置により正式の県参議会の設置は進展を見せ、その県数は四六年一一月末までに一、二七二県、四七年一一月末までに一、四六六県、また四八年一一月末までに一、四八八県と増加した[117]。

しかしこうした数値が必ずしも地方自治の完成を意味しないことは国民党自身が理解していた。四六年三月の国民党六期二中全会の「政治報告についての決議案」は、「地方自治は訓政の中心工作であり、過去の大会がいずれも厳粛に決議してきたが、この何年間か政府は確実に執行できず、今日憲政実施を目前にして地方自治がまだ基礎ができていないという結果を招いた」と失政を認めた[118]。

四七年、「中華民国憲法」が公布施行され、地方制度が大きく変わった。省レベルでは、省は「省民代表大会」を開いて「省自治法」を制定し、そのもとで省民が省長および省議会議員を選挙することが可能となった。省長民選および省の立法権を持つ省議会設置の規定は、三六年公布の憲法草案にはないものであった。県レベルでは、県は「県民代表大会」を開いて「県自治法」を制定し、県の立法権を持つ県議会を設置すること、また県長は県民が選挙することが明記された[119]。これらの新制度は世帯単位の間接選挙制度に基づく新県制と必ずしも一致しなかったが、その調整は行なわれず、新県制は維持された。

四六年に始まった国共内戦は、地方行政の角度から見れば、国民党政権の過去の地方行政制度とりわけ新県制の成果を検証する意義を持っていた。

内戦における国民党の優勢が失われつつあった四七年一二月、『中央日報』の社説は、新県制を「民国以来比較的成功した」方法と認めつつも、その改善点として、第一に、郷鎮の範囲を保甲制度よりも自然条件を重視して拡大すること、第二に、「自治の基礎を拡大する」こと、第三に、「教と養の工作を強化する」ことを挙げた。

このうち第二の問題について社説は、県以下の「間接民権」が「国父の遺教と明らかに符合しない」だけでなく、二つの欠点すなわち「選挙が操縦また壟断されやすく、真の民意が表明されない」ことと「土豪劣紳がしだいに台頭し、非常に強固な紳権政治を形成する」ことが避けられないことを指摘し、甲長から県長まですべての首長を住民が直接選挙することを提案した。

　社説はまた第三の問題について、従来の自治行政は「管」（管理）のみを行なってきたので「一般民衆は地方自治がいったい彼らにとってどういう利点があるのか全く分からない」と批判し、「管」を唯一の目的とする「誤った観念」を放棄して国民教育や生産の増大に力を入れることを提案した。(120)

　こうした意見は、危機に瀕する政権を新たな基層の改革によって立て直そうとするものであったが、国民党政権にもはや改革の意思と力はなかったと思われる。

おわりに

　国民党政権はその成立当初から行政効率の向上や地方自治の早期実現を地方行政の主要課題としていた。しかし一九三〇年代に入り、「剿共」や国防の課題が緊急のものになると、集権主義的な地方行政改革が実施されるようになり、とくに基層では自治準備は停滞し、代わりに保甲という伝統的な治安維持組織が作られるようになった。これらの諸改革は蔣介石の集権主義的行政論を反映していたが、当時の内外情勢に対応するものでもあり、一定の成果を収めた。

　自治準備にさまざまな困難があったことは保甲出現の一要因であったが、保甲もやがてさまざまな問題を噴出させた。また保甲は治安維持以上の機能を果たすものではなかった。「剿共」が一定の効果を収め、また憲政実施の準備が進むにつれて、再び自治が重視されるようになった。

　三五年一一月の五全大会において、地方自治を地方行政の第一の課題とする方針が決まり、地方自治推進勢力はある程度力を回復した。しかし保甲を自治に組み入れるという独特な地方制度が生まれることになった。

保甲を自治に組み入れる政策は、日中戦争時期にいたって新県制として制度化され、実施された。新県制は、孫文がめざした地方自治制度と蔣介石の行政論との妥協の産物であった。

国民党政権は地方自治の推進にきわめて不熱心だったとは言えない。しかしたとえば民意機関の設置においては、民意の反映よりも設置自体を重視し、また試験、審査などの制限を設けて国民党支持ではない者を自治から排除しようという傾向があった。同政権の二〇年近くにわたる地方行政改革が国民の十分な信頼を得るにいたらなかったのは、長期の対外戦争および内戦の影響を否定し得ないとしても、こうした形式主義的また党派主義的な行政姿勢にもよるであろう。

（1）『行政効率』（のち『行政研究』）は全国の公務員を対象読者とする半月刊（のち月刊）誌であり、一九三四年六月に行政院内に設置された「行政効率研究会籌備処」によって同年七月に創刊された。同籌備処は同年一二月一日に正式に「行政効率研究会」となった。行政効率研究会の目的は「中央および地方の行政効率を増進させる」ことであり、発起者は行政院長汪精衛で、汪が会長を兼任し、内政部次長の甘乃光が主任となった（「行政効率研究会暫行規程」『行政効率』一号、一九三四年七月一日、三四頁、「本会消息」同誌二号、一九三四年七月一六日、七二頁、「本会消息」同誌二巻五期、一九三五年三月、九四三頁、および張鋭「行政効率是否高調？」同誌二巻七期、一九三五年四月、一〇三七頁）。

（2）孫石生「復興中之行政院効率改進之研究」（『行政効率』五・六号合刊、一九三四年九月一六日）、二五三頁。

（3）その主要なものに、①繆全吉「抗戦前十年行政系統的変革」、中央研究院近代史研究所編『抗戦前十年国家建設史研討会論文集一九二八〜一九三七』下冊、中央研究院近代史研究所、一九八四年一二月、②謝増寿「国民党南京政府保甲制度述論」（『南充師院学報』（哲社版）一九八四年四期）、③張益民「南京国民党政権的郷村機構演変之特点」（『南京大学学報（哲社版）』一九八七年一期、一九八七年二月）、④笹川裕史「国民政府の江西省『剿匪区』統治に関する一考察――地主・郷紳層との関連を中心に――」（『史学研究』広島大学、一八〇号、一九八八年）、⑤沈松僑「従自治到保甲：近代河南地方基層政治的演変、一九〇八～一九三五」（『中央研究院近代史研究所集刊』第一八期、一九八九年六月）、⑥笹川裕史「『七・七』前夜国民政府の江西省農村統治――保甲制度と「地方自治」推進工作――」（『史学研究』一八七・一八八合併号、一九九〇年五月）、⑦袁継成・李進修・呉徳華主編『中華民国政治制度史』湖北人民出版社、一九九一年九月、⑧張玉法「民国初年山東省行政制度的変革一九一二～一九三七」（『中央研究院近代史研究所集刊』第二一期（上）、一九九二年六月）、⑨孔慶泰ほか著『国民党政府政治制度史』安徽教育出版社、一九九八年八月、⑩坂井田夕起子「全国内政会議の開催について―国民政府による統一的地方制度の模索―」（『史学研究』二三〇号、二〇〇〇年一〇月）、⑪李徳芳「南京国民政府郷村自治制度述論」（『河北大学学報（哲社版）』二〇〇二年四期）、などがある。

（4）張益民「南京国民党政権的郷村機構演変之特点」（『南京大学学報（哲社版）』一九八七年一期、一九八七年二月）四四頁。

（5）同前論文、四五頁。

（6）前掲李徳芳「南京国民政府郷村自治制度述論」（『複印報刊資料・中国現代史』二〇〇三年五期）四二頁。

（7）新県制下の四川省民意機関のこうした実態を論じたものとして、①山本真「一九四〇年代国民政府統治下的県市参議会―以四川省之例為中心―」（一九四九年：中国的関鍵年代学術討論会編輯委員会編『一九四九年：中国的関鍵年代学術討論会論文集』、国史館、二〇〇〇年）、②曹成建「二〇世紀四〇年代新県制下重慶地方自治的推行及其成効」（『四川師範大学学報（社科版）』二〇〇〇年六期）、③同「試論二〇世紀四〇年代四川新県制下的基層民意機構」（『四川師範大学学報（社科版）』二〇〇一年五期）、などがある。

（8）「努力完成訓政大業」（一九三一年五月一七日）、張其昀主編『先総統蔣公全集』第一冊、中国文化大学出版部、一九八四年四月（以下『蔣公全集』（一）のように略す）、六一八頁。

（9）「現代行政人員須知」（一九三四年三月二〇日）、『蔣公全集』（一）、八三二頁。

(10)「主管機関与推行政令之要領」(一九三九年五月一四日)、『蔣公全集』(一)、一二九四頁。
(11)「修明内政与整飭吏治」(一九三二年一二月一四日)、『蔣公全集』(一)、六六〇頁。
(12)同前「修明内政与整飭吏治」、六六一頁。
(13)張鋭「地方政制改善的途径(続前期)」(『行政効率』二巻六期、一九三五年三月一六日)一〇一七頁。
(14)「新中国要従我們手裏創造出来」(一九二九年一月一四日)、『蔣公全集』(一)、五七一頁。
(15)「剿匪要実幹」(一九三三年一月三〇日)、『蔣公全集』(一)、六六三頁。
(16)前掲「現代行政人員須知」、八二八頁。
(17)「県長是政治的基本力量」(一九三二年七月一二日)、『蔣公全集』(一)、六四六および六五〇頁。
(18)味岡徹「戦時行政改革と党政工作考核委員会」(石島紀之・久保亨編『重慶国民政府史の研究』、東京大学出版会、二〇〇四年一二月)、参照。
(19)張鋭前掲「地方政制改善的途径(続前期)」、一〇一五頁。
(20)忻平「論新県制」(『抗日戦争史研究』一九九一年二期)一八三頁。
(21)栄孟源主編『中国国民党歴次代表大会及中央全会資料』上冊、光明日報出版社、一九八五年一〇月(以下『大会全会資料』上、のように略す)、六三八頁。
(22)「確定地方自治之方略及程序以立政治建設之基礎案」、『大会全会資料』上、六六〇～六六二頁。
(23)「完成県自治案」、『大会全会資料』上、七六二頁。
(24)「県組織法」(『国民政府公報』第九二期、一九二八年九月)一～七頁。
(25)「県組織法」(一九二九年六月五日公布)(『国民政府公報』第一八四号、一九二九年六月六日)一～六頁。
(26)「県組織法」、中国第二歴史檔案館編『国民党政府政治制度檔案史料選編』(下)、安徽教育出版社、一九九四年一二月(以下『政治制度史料選編』(下)のように略す)、五二四～五二五頁。
(27)同前書、五二五～五二九頁。

(28)「県保衛団法」(『国民政府公報』第二一六号、一九二九年七月一五日)一～五頁。
(29)「清郷条例」(『国民政府公報』第二七二号、一九二九年九月一八日)二～五頁。同条例は施行期間の延長を経て、一九三一年一二月二日に廃止された(謝振民編著『中華民国立法史』(下)、中国政法大学出版社、二〇〇〇年一月、五一七～五一八頁)。
(30)「郷鎮自治施行法」(『国民政府公報』第二七三号、一九二九年九月一九日)三～一四頁。
(31)「蒋主席通電各省政府」(『中央日報』一九二九年九月一五日)。
(32)白鋼主編『中国政治制度史』、天津人民出版社・新西蘭霍蘭徳出版有限公司、一九九一年一二月、二五〇、三四八、四六四頁。
(33)同前書、五七四、七三八～七三九、八一〇～八一二、八八二～八八八頁。
(34)「湖北省政府為請在已建警政区域撤銷保甲事致豫鄂皖三省剿匪総司令部呈」(一九三三年九月二九日)、『政治制度史料選編』(上)、四九三頁。
(35)聞鈞天『中国保甲制度』商務印書館、一九三五年、三七三および四〇七頁。
(36)同前書、四二八～四二九頁。
(37)「中国国民党第四次全国代表大会内政部工作報告」(秦孝儀主編『革命文献』第七一輯(抗戦前国家建設史料―内政方面)、中国国民党中央委員会党史委員会、一九七七年三月)五〇～五二頁。
(38)「対於第三届中央執監委員会党務報告之決議案」、『大会全会資料』下、四〇頁。
(39)「第二次全国内政会議規程」(『中央日報』一九三二年一二月一一日)。
(40)「第二次全国内政会議開幕」(『中央日報』一九三二年一二月一〇日)。
(41)「全国内政会議特刊第七号」(『中央日報』一九三二年一二月一六日)。
(42)「修改地方行政機関組織案(続)」(『中央日報』一九三二年一二月一三日、同一四日、同一五日、同一六日)。
(43)「蒋委員長在内政会議提案」(『中央日報』一九三二年一二月一七日)。

（44）原文は「寄内政於軍令」。『管子』「小匡第二十」にある「作内政而寓軍令（内政を作して軍令を寓す）」を指している。
（45）前掲「修明内政与整飭吏治」、六五九頁。
（46）「全国内政会議特刊第七号」（『中央日報』一九三二年一二月一六日）。
（47）「県参議会組織法」（一九三二年八月一〇日公布）、居伯均主編『中国選挙法規輯覧』第二輯、中央選挙委員会、一九八五年五月（以下『選挙法規』と略す）、四五六頁。「県参議会組織法」と同時に、政府直轄および省轄の市に適用される「市参議会組織法」がほぼ同内容で公布されている。
（48）徐矛『中華民国政治制度史』、上海人民出版社、一九九二年七月、四一三頁。
県参議会はたとえば反蒋介石勢力下の広東省で設置されたという（同上、四一三頁）が、西南政務委員会が制定した自治法規は、県参議員が「各区公民」と商会、農会などの「各界団体」の二種類の有権者群から選出されることを定めており、「県民が選挙する」とした「県組織法」とは異なる方法で選出されたようである（「県地方自治条例」（一九三三年一〇月一七日修正公布）および「県地方自治条例施行細則」（同年一一月二八日修正公布）、蔡鴻源主編『民国法規集成』第三九冊、黄山書社、一九九九年二月（以下『法規集成』三九のように略す）、二〇八および二一二頁）。
（49）「改進地方自治原則」、『法規集成』三九、一四一頁。
（50）「改進地方自治原則要点之解釈」（三四年五月）、『法規集成』三九、二〇四頁。
（51）李進修『中国近代政治制度史稿』、求実出版社、一九八八年二月、三四一頁。
（52）孫石生前掲論文、二五四頁。
（53）「国民政府軍事委員会委員長南昌行営公布《省政府合署弁公弁法大綱》」、『政治制度史料選編』（下）、三四六～三四七頁。
（54）「蒋介石為陳述改革省政各理由並送省政府合署弁公大綱事致中央政治会議電」、『政治制度史料選編』（下）、三五七〜三五九頁。

(55)　袁継成・李進修・呉徳華前掲書、四五四頁。

(56)　前掲「蔣介石為陳述改革省政各理由並送省政府合署弁公大綱事致中央政治会議電」、三五七〜三五八頁。

(57)　「行政院公布《省政府合署弁公暫行規程》」、『政治制度史料選編』(下)、三六五〜三六八頁。

(58)　「行政督察専員公署組織暫行条例」(『行政院公報』第一巻一二号、一九三六年一〇月一九日) 二一一〜二一三頁。

(59)　「国民政府軍事委員会委員長南昌行営頒発《剿匪省份各県政府裁局改科弁法大綱》」、『政治制度史料選編』(上)、五二八頁。

(60)　林代昭・陳有和・王漢昌『中国近代政治制度史』、重慶出版社、一九八八年、四一六〜四一七頁。

(61)　蕭文哲「区公所与区署制度之検討」(『行政評論』一巻一期、一九四〇年一月) 四七頁。

(62)　「国民政府軍事委員会委員長南昌行営制定《剿匪省份各県分区設署弁法大綱》」、『政治制度史料選編』(下)、五三〇〜五三一頁。

(63)　前掲「改進地方自治原則」、『法規集成』三九、一四一〜一四二頁。

(64)　前掲蕭文哲「区公所与区署制度之検討」、四六頁。

(65)　同前論文、四七〜四八頁。

(66)　同前論文、五三頁。

(67)　李宗黄『現行保甲制度』、中華書局、一九四五年版(一九四三年初版)、二六頁。

(68)　「豫鄂皖三省剿匪司令部公布《剿匪区内各県編査保甲戸口条例》」、『政治制度史料選編』(上)、四〇七〜四一四頁。同条例は一九三五年七月に一部修正された。

保甲制度の実態については、たとえば前掲笹川裕史「『七・七』前夜国民政府の江西省農村統治──保甲制度と「地方自治」推進工作──」を参照。

(69)　「豫鄂皖三省剿匪総司令部施行保甲訓令全文」、聞鈞天前掲書、五四七〜五四九頁。

(70)「豫鄂皖三省剿匪司令部修正公布《剿匪区内各省民団整理条例》」、『政治制度史料選編』(上)、四五〇~四五七頁。

(71) 謝増寿「国民党南京政府保甲制度述論」(『南充師院学報』(哲社版) 一九八四年四期 (『複印報刊資料・中国現代史』一九八五年五期所収)) 八六~八七頁。

(72)「抵禦外侮与復興民族」、『蔣公全集』(一)、八八六頁。

(73)「建国的行政」(一九三六年五月一六日)、『蔣公全集』(一)、一〇四六頁。

(74) 張純明「現行保甲制度之検討」(『行政研究』二巻三期、一九三七年三月五日) 二二七頁。

(75)「豫鄂皖三省剿匪司令部為令照部令編査保甲戸口並暫停内政部令弁之郷鎮自治事復安徽省政府代電稿」(一九三二年一〇月一四日)、『政治制度史料選編』(上)、四一五~四一六頁。

(76) 楊蔭清「現行保甲制度的検討」(『行政効率』三巻三期、一九三五年九月一五日) 二四一頁、および陳柏心『中国県制改造』、国民図書出版社、一九四二年五月、二七九頁。

(77) 同前論文、二四一~二四二頁。

(78) 李宗黄前掲書、三一頁。

(79) 楊蔭清前掲論文、二四二頁。

(80)「国民政府立法院三読通過之憲法草案」、繆全吉編著『中国制憲史資料彙編――憲法編』国史館、一九八九年六月、五三八~五三九頁。

(81)「切実推行地方自治以完成訓政工作案原文」(『中央日報』一九三五年一二月二三日)。

(82) 劉維開編『中国国民党職名録』、近代中国出版社、一九九四年一一月、一二六頁。

(83) 李宗黄「地方自治与国家建設」(一九三六年三月一七日)、(『中央党務月刊』第九二期、一九三六年三月) 三〇七頁。

(84) 李宗黄同前論文、三〇七頁。

(85) 陳柏心前掲書、二七九頁。

(86) 李宗黄前掲書、三一頁。

(87) 晏納氏「政制建議書（続）」（『大公報』一九三五年三月二六日）。「氏」は「克」の誤記か。

(88) 林炳康「読晏納克氏的政制建議書以後」（『行政効率』二巻一一期、一九三五年六月一日）一五二五頁。

(89) 「調整地方自治与自衛制度」（『中央日報』一九三五年一一月一九日）。

(90) 行政三連制に関する最近の研究に、①李琪『〝行政三連制〟研究』上海人民出版社、一九九五年七月、②Julia C. Strauss, "Xingzheng Sanlianzhi and Xunlian: Modes of Government of Administration during the Sino-Japanese War,"『中華軍史学会会刊』第三期（下）〈紀念七七抗戦六十周年専号〉、台北、一九九七年一二月、③味岡徹「日中戦争期における国民党政権の『行政三聯制』」（『聖心女子大学論叢』第九六集、二〇〇一年一月）、④前掲味岡徹「戦時行政改革と党政工作考核委員会」などがある。

(91) 「抗戦建国綱領決議案」（一九三八年四月一日）、『大会全会資料』下、四八六頁。

(92) 秦孝儀主編『中華民国重要史料初編——対日抗戦時期』第四編戦時建設（一）、中国国民党中央委員会党史委員会、一九八八年一〇月、二四九～二五一頁、および同戦時建設（二）（以下『戦時建設』（二）のように略す）、一八二一～一八四八頁。

(93) 郎裕憲・陳文俊編著『中華民国選挙史』、中央選挙委員会、一九八七年六月（以下『民国選挙史』と略す）、一二五～一二七頁。

(94) 「修正国民参政会組織条例」（一九四〇年九月二六日公布）、『選挙法規』、一四四～一四五頁。

(95) 「省参議員選挙条例」（一九四四年一二月五日公布）、『選挙法規』、三五四頁。

(96) 「県以下党政機構関係草図」および「附録：県以下党政機構関係草図図例釈要」、『戦時建設』（二）、一九二六～一九三六頁。

(97) 「確定県各級組織問題」（一九三九年六月二八日）、『蔣公全集』（一）、一三二〇頁。

(98) 新県制に関する主要な研究として、①張益民「国民党新県制実施簡論」（『南京大学学報（哲学社会科学）』一九八

六年研究生専刊（一））、②張俊顕『新県制之研究』、正中書局、一九八八年、③忻平「論新県制」（『抗日戦争史研究』一九九一年二期）、④坂井田夕起子「抗日戦争時期における河南省の新県制――抗戦体制構築と国民政府の県制――」（『史学研究』二一三号、一九九六年八月）、がある。

(99)「県各級組織綱要」、『戦時建設』（二）、一九九〇～一九九七頁。

(100) 前掲「確定県各級組織問題」、一三二四頁。

(101) 前掲「県各級組織綱要」、一九九二～一九九七頁。

(102) 前掲「確定県各級組織問題」、一三二三～一三二四頁。

(103) 同前「確定県各級組織問題」、一三二四～一三二五頁。

(104)「国民参政会第一届第五次大会決議案実施情形一覧」、『戦時建設』（一）、八四五頁。

(105)「国民参政会第二届第一次大会決議案実施情形一覧」、『戦時建設』（一）、一〇〇八～一〇一〇頁。

(106)「県参議会組織暫行条例」および「郷鎮組織暫行条例」、『選挙法規』、四七二、五一九、五二〇および五二三頁。

(107)「県参議員及郷鎮民代表候選人考試暫行条例」（一九四〇年一二月一六日公布）、「県参議員及郷鎮民代表候選人検覈弁法」（一九四一年一月二五日公布）、『選挙法規』、四八〇～四八一および四八五頁。

(108) 内政部編「各省実施県各級組織綱要成績総検討」（一九四三年九月）、『戦時建設』（二）、二〇一一頁。

(109)「第三次全国内政会議四川等二十省報告実施新県制概況」（一九四一年一二月）、『戦時建設』（二）、二二一九頁。

(110)『民国選挙史』、一四一～一四二頁。

(111) 同前書、一四一頁。

(112)「関於実施憲政工作進程之総報告」（一九四三年九月八日）、『大会全会資料』下、八五〇頁。

(113)「訓令」仁壹字第二五七四七号（一九四三年一一月二三日）、（『行政院公報』渝字第六巻第一二号、一九四三年一二月三一日）三頁。

(114)「行政院関於成立県各級民意機関之工作報告（節録）」（一九四四年四月）、『戦時建設』（二）、二一九〇頁。

(115) 林代昭・陳有和・王漢昌前掲書、一三四～一三六頁。
(116) 『民国選挙史』、一四三頁。
(117) 内政部民政司「各省市成立各級民意機関情形一覧表」(表五)～(表七)、『民国選挙史』、一四五～一五六頁、の省別数値から算出。
(118) 「関於政治報告之決議案」(一九四六年三月一五日)、『大会全会資料』下、一〇四四頁。
(119) 「中華民国憲法」(一九四七年一月一日公布)、繆全吉前掲『中国制憲史資料彙編――憲法編』、六三三～六三五頁。
(120) 「非剿匪区的基層組織」(社論)、『中央日報』一九四七年一二月九日。

(味岡　徹)

第五章　国民政府軍の構造と作戦
――上海・南京戦を事例に――

はじめに

本章は、日中戦争（一九三七年七月七日～四五年八月一五日）において日本軍と戦った中華民国国民政府（国民政府という）の軍隊である国民政府軍（中国軍）の構造と戦略、作戦ならびに戦闘体制を、同戦争の初期の段階で戦われた上海戦（一九三七年八月一三日～一一月下旬、日本では、第二次上海事変と称し、中国では淞滬会戦または八一三淞滬抗戦と称する）と南京戦（一九三七年一二月一日～一二月一三日、日本では南京攻略戦または南京戦と称し、中国では南京保衛戦と称する）を事例に具体的に分析し、国民政府軍とはどのような歴史的特質をもった軍隊であったのかを、その歴史的意義も含めて解明しようとするものである。

上海戦と南京戦は、日本の軍中央部が当初から明確な戦略と作戦にもとづいて展開したわけではなかった。上海戦は、大山事件（一九三七年八月九日）をきっかけに開始され、予期せぬ苦戦を強いられた上海派遣軍が杭州湾上陸作戦によってようやく上海戦を制して一段落を告げるが、中支那方面軍(1)（上海派遣軍と第一〇軍で編成）の司令部が、首都を陥落させれば国民政府は屈服するという安易な思い込みから、参謀本部の統制に従わずになし崩し的に南京戦に移行、総計約二〇万に達した日本軍を、南京に向かって進撃させ、南京城を包囲攻撃して占領し、日本ではこれで戦争が終わったかのごとく、「戦捷祝賀の提灯行列」を全国で繰り広げたのである。上海戦と南京戦は日本の軍部・政府が「支那膺懲」を叫んで国民政府を打倒、屈服させられるという思い込みで開始し、首都南京の攻略をはかったことにおいて連続性をもった戦闘であった。

国民政府軍の最高指導者の蔣介石も、日本の侵略戦争に対する本格的な防衛戦争を予想して、上海―南京間に広域にわたる国防陣地を構築しており、長江沿いならびに江南地域に張り巡らせた幾重もの防衛陣地線に日本軍の主力を引き寄せ、国民政府軍の精鋭を総動員して日本軍に消耗戦を強い、その間に世界列強による対日実力制裁ないし対日干渉戦争の発動を期待して、日本の中国侵略戦争を挫折させる戦略を立てていた。したがって、中国にとっても、上海戦と南京戦は、上海-南京間の広域の首都防衛陣地における中国防衛戦として連続した戦闘であった。(2)

蔣介石はまた、日本軍との長期持久戦略を策案して、日本軍の主力を上海、南京を中心とする江南地域に引き寄せて、本格的な陣地戦を展開して頑強に抵抗し、「中国を一撃で屈服させる」(3)という日本軍が企図した速戦速決作戦を挫折させ、南京が占領された後は重慶へ遷都して長期持久戦段階に移行する軍事方針を立てていた。

以上のように日本軍と中国軍の双方の戦略と作戦ならびに実際の戦闘経緯を踏まえて、上海・南京戦と日中戦争緒戦段階における連続した戦役としてとらえ、呼称することは歴史的にも妥当と思われる。

日中戦争（中国にとっては抗日戦争）を戦った中国軍は、当時の正式の呼称が国民革命軍であったように、もともとは中国の国民革命（一九二四年～二八年）を遂行するための革命軍として編成された軍隊であった。孫文は最初、国民党軍と命名し、孫文死後、国民党中央委員会によって国民革命軍と改称され（一九二五年六月）、軍事委員会（同年七月成立）によって国民革命軍の編制が正式に実施された。(4)中国革命は国民党軍と共産党軍との内戦というかたちをとって進展した結果、日中戦争時の蔣介石率いる国民政府軍も国民党軍と呼称するのが一般的であるが(5)、本章で国民政府軍あるいは中国軍という用語を使用する。それは、国民党軍という革命政党（中国共産党の立場からすれば敵対する反革命政党ということになるが）の軍隊ではなく、中華民国国民政府の軍隊＝国民政府軍つまり中国という国家の軍隊＝国軍としてとらえようとしたからである。日中戦争は日本と中国という国家間の戦争であり、日本が降伏を迫り、時には和平交渉を行なった相手は国民党政府というよりも中国国民政府と呼称するのが歴史的現実にそくしている。上海・南京戦で日本軍と戦闘した膨大な中国軍は、国民政府直系の中央軍と傍系の地方軍が混在しており、たとえば閻錫山の山西軍や劉湘の四川軍、馮玉祥の河南軍などまでを国民党軍と呼称するにはふさわしくない。国民政府軍を国民党軍と呼称しても、共産党軍が共産党の組織と不可分の構造をもっていたのにくらべて、国民党組織そのものが指揮系統と密接な関係を有するほど周到で徹底してはいなかった。

本章が、国民政府軍事委員長蔣介石のもとに日本軍と戦った中国軍を国民政府軍と称し、特定な場合を除いて国民党軍という呼称を用いないのは以上の理由による。

上海・南京戦は国民政府軍が初めて日本軍と本格的に戦闘した国家防衛戦争であった。それも陸軍、空軍、海軍も総動員しての現代戦争、国力戦を戦ったのである。それまで、革命軍として、北伐による南京国民政府の樹立、さらに国内統一のための地方軍の征圧、共産党の農村ソビエト政権に対する囲剿（包囲攻撃）など、国内戦のみを経験してきた国民党軍が、国家防衛戦争を戦う国民政府軍すなわち中国軍としての戦争指導・作戦・動員体制への転換を余儀なくされたのが、上海・南京戦であった。

従来の中国近現代史研究において、中国共産党中心の革命史研究に関心の比重がおかれてきたために、軍事史研究も紅軍、八路軍、新四軍、人民解放軍など中共軍に研究対象が偏重してきたといえる。したがって、国民革命軍、国民党軍、国民政府軍そのものを研究対象にして分析してきた軍事史研究の著書・論文は、少ない。

上海・南京戦における国民政府軍の構造と作戦を検討するうえで参照した、蒋介石の軍事指導体制や国民党軍、国民政府軍の歴史と構造について、全体的、通史的にまとめたものに、F.F.Liu(6)やHsi-sheng Ch'i(7)、さらには黄仁宇(8)の研究書がある。国民政府軍の構造を知るうえで張瑞徳の研究も参考になる。(9)日本において、国民政府を軍事史的側面から全体的、専門的に分析した文献は管見のかぎりでは未見であるが、(10)国民政府史研究がようやく盛んになってくるなかで、抗日戦争前の国民政府の軍事政策について、蒋介石の軍事思想や軍事指導を中心に分析した姫田光義の研究(11)や蒋介石の対日抗戦戦略を再評価した今井駿の研究、(12)蒋介石の長期的な対日抗戦体制の構築と国民政府の戦時体制の構造を分析した家近亮子の研究、(13)蒋介石の対日戦争観と国民政府の国防計画に注目した江田憲治の研究(14)が現われるようになった。

また、中国において楊天石論文(15)のように、盧溝橋事件前からの蒋介石の対日抗戦戦略とその国防建設を実証的に評価する研究が公刊されるようになったのは注目されてよい。

本章で分析対象とした上海・南京戦を本格的に研究した先行業績に、李君山『為政略殉――論抗戦初期京滬地区作戦』（国立台湾大学出版委員会、一九九二年）がある。同書は、「淞滬之役」（上海戦）と「南京保衛戦」（南京戦）の作戦と指導と戦闘の経緯、ならびに結果と犠牲について、詳細に整理、検討したものである。「政略のために殉ずる」という書名に著者の問題意識が端的に表現されているように、列強の対日実力制裁さらには対日干渉戦争の実施を期待した蒋介石の政略のために、膨大な中国軍将兵が犠牲になった歴史事実を解明して、蒋介石の独断的な戦略とその思想の過誤について、要因を分析しながら批判を展開したものである。

上海・南京戦を同じくとりあげながら、私の視点は、日本軍との実際の戦闘に具現した国民政府軍の構造とその歴史的特質を分析するところにあり、その特質が日本軍の特質と相互に影響しあって上海・南京戦にどのような展開をもたらしたのかを検討するところにある。したがって李君山とは解明する課題が異なっているので、研究内容はそれほど重なってはいない。

南京戦については、上海戦から南京戦へ移行する過程から各陣地戦における中国軍部隊の戦闘と犠牲の実態を丁寧に整理した孫宅巍の研究があり、(16) 南京戦の全貌を知るうえで参考になる。

以上のような国内外の研究状況をふまえて、本章の目的は、これまであまり研究されてこなかった以下の課題について明らかにしようとするところにある。

第一には、中国史上はじめての現代戦争、総力戦として戦われた国家防衛戦争としての日中戦争（抗日戦争）において、蔣介石ならびに国民政府は、いつごろから本格的な戦争を想定した国防作戦計画を作成し、どのように国民政府軍の編成と動員をはかり、軍備の強化と近代化を推進していたのかを検討する。最初に、国民政府の最高軍事指導者であった蔣介石が、どのような構想と戦略にもとづいて対日抗戦の作戦計画を立てたかを検討する。ついで、蔣介石の軍事戦略、思想にもとづきながら、国民政府がどのように戦争動員体制を準備し、戦時体制を構築していったのか、国民政府軍の成立過程と編制のメカニズムを分析したい。それらの検討作業から、一九三〇年代のいわゆる建国期、日中戦争前の蔣介石と国民党ならびに国民政府の中国統一と権力集中・強化の方法とあり方の構造的特質を明らかにし、それが国民政府に蔣介石の軍事独裁権力的な性格を付与したことの意味について検討したい。

第二には、蔣介石国民政府が上海・南京戦を想定してどのように軍備の拡充と国防施設の建設をすすめ、徴兵制度などによる兵員の動員計画を作成したのか、さらに具体的には、何時ごろから上海・南京地域に防衛陣地の構築をすすめ、海軍要塞、空軍基地、防空陣地などの国防施設の建設に着手したのか、等についても事実の経緯を明らかにしたい。

第三には、上海・南京戦の実際の戦闘において、蔣介石、国民政府の軍事行政組織・機関ならびに国民政府軍の作戦・指揮系統はどのように動き、機能したのかについて、その実態を構造的に解明したい。さらに具体的に、上海・南京戦に動員された中国軍の編制と構成の特徴についても分析し、各部隊が全国から動員される経緯と徴兵、補充のあり方についての分析も行ない、総体としての国民政府軍の特質を明らかにしたい。

なお本章では、日中戦争さらに具体的には上海・南京戦において、蔣介石国民政府ならびに国民政府軍の戦争政策と戦争指導、作戦・指揮などの中国側の対応を規定した日本軍と日本政府の中国侵略戦争の遂行過程についても必要に応じて考察する。日中戦争に見る日本の戦争政策の決定と作戦、戦闘指導の遂行は、軍中央内の対立、現地軍の独断専行、政府と軍部の齟齬など天皇制集団無責任体制[17]と規定するのが相応しい体制によって、場当り的で計画性がなく、なし崩し的に展開していくために、戦争相手国の指導者や政府にとっても対抗作戦、対応政策の判断と決定には、柔軟性と速決性が必要とされる。たとえば、日本の政府や軍中央が戦争不拡大方針を声明しても現地軍は戦線を拡大し、天皇や政府・軍中央がそれを追認するというパターンが繰りかえされたし、また政府が和平工作を推進してもそれが戦争指導や戦争終結政策には無力で無関係であることが多かった。

このように一貫性、計画性に欠けていて、予測困難な戦争政策や作戦を強行する日本の軍部と政府の戦争指導のあり方に対応して中国側の戦争指導体制や戦時体制が形成されていった側面も分析の視点として重視しておきたい。

第四には、日中戦争（抗日戦争）の緒戦段階で戦われた上海・南京戦が、国民政府軍の構造さらには国民政府の構造の変質にどのような影響をおよぼしたのか、可能な範囲で考察してみたい。また、中国が被った上海・南京戦の被害と損失を考慮しながら、蔣介石および国民政府の上海・南京戦の戦略と作戦と指導のあり方について、その歴史的な評価を試みてみたい。

一　国民政府の対日戦争構想と軍備

1　国民政府軍の構造の歴史的特質

国民政府軍事委員会主席、国民革命軍総司令であった蔣介石は、国軍編遣委員会委員長となって一九二九年一月から「国軍編遣」（国民革命軍の編制の縮小と軍隊の削減）を実施した。[18] 一か月前の二八年（西暦は下二桁で略記することがある。以下同じ）一二月二五日の張学良の易幟断行によって、東北地方も含めて中国統一を達成した南京国民政府が、軍事、財政の中央化、統一化による中央政府の建設および国防の完成をめざして、国軍（国民革命軍）の統一編制により中央軍を強化し、同時に地方軍、雑軍の整理、削減を実行し、全国の兵員の削減による巨額な軍事費を建設費に充当しようとしたのは、革命政権として必要かつ合理的な施策であった。

しかし、この「国軍編遣」は、北伐軍に合流ないし協力、支持して国民革命軍の一翼を担ってきた地方軍指導者たちにとっては、自己の軍事的基盤を取り上げられ、政治基盤を喪失することを意味した。一方、国民革命軍を国民政府軍として軍事委員会のもとに統一、整理し、中央集権的に再編成することは、国民政府における蔣介石の権力強化を意味したから、国民党、国民政府の集団指導体制を党是として、蔣の独裁化を抑制、阻止しようとした汪精衛、胡漢民ら国民党改組派ならびに反蔣介石派の警戒と反発を招いた。[19]

こうして、「国軍編遣」をきっかけにして、国民党・国民政府内の反蔣介石派と地方軍指導者たちが連合して二年余にわたって反蔣戦争が展開されることになった。二九年二月李宗仁（広西派軍人、広西省基盤）が反蔣戦争に立ち上がったのを皮切りに、馮玉祥（西北軍指導者、河南省基盤）、張発奎（広東系軍人）、唐生智（湖南省出身軍人、湖北省基盤）、閻錫山（山西省基盤）らが相次いで反蔣戦争を繰り広げた。二九年五月、国民党改組派の汪精衛は国民党の護党救国軍の結成を呼びかけ、同年一一月に護党救国軍が組織された。同軍は三〇年二月に護党運動の失敗により解散する。[20]

つづいて、三〇年三月、北伐戦争に参加した国民革命軍の第二、第三、第四集団軍の将領五七人が中華民国軍（討蔣連軍）を組織して、中原大戦を展開する（同年一〇月まで）。[21] ちなみに、国民革命軍の第一集団軍のみが蔣介石を総司令とする南京国民政府系であり、第二集団軍は馮玉祥系、第三集団軍は閻錫山系、第四集団軍は李宗仁・広西系であった。同年九月一日、汪精衛は鄒魯らの西山会議派と連合して北平（北京）に中華民国国民政府を組織して南京国民政府に対抗したが、中原大戦は張学良が蔣介石側に立ったことが功を奏して蔣介石が勝利する。

三一年五月、孫文の遺嘱にいう軍政時期から訓政時期に移行することを提議した蔣介石に対して、胡漢民や汪精衛、孫科らは、それが蔣介石の軍事権力による支配を強めるものであり、民主化ではないと反対して広州国民政府（一九三一年五月～三二年一月）を組織して南京国民政府に対抗した。これに、李宗仁、白崇禧、張発奎、唐生智、許崇智、陳済棠、李烈鈞などの軍指導者も国民政府委員として名を連ねた。[22]

このような再び内戦が勃発しそうな状況のなかで、関東軍が三一年九月一八日の柳条湖事件を口実にして「満州事変」を開始すると、南京国民政府は日本軍の侵略行為を国際連盟に提訴する一方で、救国一致体制を内外に示す必要から広州国民政府との合流に踏み切り、同年一二月一五日、蔣介石は国民政府主席、行政院院長、陸海空軍総司令を辞職するかたちをとった。[23] 代わって国民政府委員会主席に広州国民政府の主席であった林森がつき（三八年一月まで）、行政院院長には、陳銘枢と孫科が短日任命された後、汪精衛（三二年一月二八日就任～三五年一二月一日辞職、その後は蔣介石が三八年一月まで就任）が就任する。こうして、国民政府内の二つの路線の対立に妥協が成立した。すなわち一つは蔣介石を中心に国民党、国民政府、国民政府軍の統一化、集権化を促進し、軍事、内政、外交を一本化して、蔣介石の独裁性を強化して、中国の国家建設、国防建設を早期に実現しようという路線、もう一つは、汪精衛や胡漢民らの主張する「以党治国」の国民革命理念にもとづいて国民党中央は集団指導体制を採用し、国民党組織と政府行政機関を一致させて、民主主義的政治を実現させながら国家建設、国防建設をはかっていこうという路線であるが、軍事力のない後者は、地方軍指導者と手を組んで反蔣戦争、反蔣介石運動を遂行するという手段を取っていた。改組して再発足した南京政府は、両者の妥協、合流という形をとったために、国民政府の「国軍編遣」は不徹底なままで終わり、北伐軍に参加、合流した地方の軍指導者の独自な支配領域は温存されることになった。このため国民政府の権力構造は中央政府と地方軍指導者の地方政権という支配の二重構造が存続することになり、国民政府の統治の統一化を阻害することになった。(24)

関東軍の謀略によって三二年一月二八日に第一次上海事変が始められ、飛行機や戦車など現代兵器を使用した日本軍の南京攻撃も予想されるにおよんで、同月三〇日、国民政府は河南省洛陽への暫定的首都移転を決定し、長期抗戦に備える方針を作成する（洛陽から南京に還都を決定したのは、同年一一月九日）。洛陽で三二年三月一日から開催された国民党中央政治会議では全国軍事の最高機関として国民政府に直属する軍事委員会の設置を決定し、蔣介石を委員長に任命した。(25)

第一次上海事変の最中に設置された軍事委員会は、長期抗日戦を予想して国家防衛戦争体制を構築しなければならないという危急な状況を反映して、さきの南京政府改組以上に、蔣介石と反蔣戦争を遂行した地方軍指導者との妥協という側面が強かった。このとき、軍事委員会委員に任命されたのが、馮玉祥、閻錫山、張学良、李宗仁、陳銘枢、李烈鈞、陳済棠らであり、(26)張学良を除いてそれまで反蔣戦争を戦ってきた軍事指導者が多数を占めていた。このことは、これらの地方の軍事指導者たちが、自己の配下の地方軍を国民政府軍の編制に入れることを意味する。したがって、全国の師団数と兵員数は膨大なものとなるが、内部には中央軍と地方軍、直系軍と傍系軍、装備訓練・戦闘力のすぐれた精鋭軍と装備訓練・戦闘力の劣る雑軍といった二重三重の構造をもち、蔣介石派と反蔣介石派、中央統一派と地方分権派という敵対関係、権力利害対立を内包したままの構造となっていた。[27]このような国民政府軍の複雑な構造が統一作戦、指揮、戦闘が要求される日本軍との国家防衛戦争でどのような作用をおよぼすことになるのか、本章で検討する課題である。

2　蔣介石の対日戦構想

蔣介石が日本の中国侵略戦争の可能性をより現実のものとして認識したのは、一九三一年九月一八日の柳条湖事件に始まった「満州事変」であった。事件三日後の二二日、国民党南京市党部党員大会で蔣介石は、「日本が我が東三省を侵略占領したのは、我が国にとって大変大きな恥辱である。国民が一致奮起して、この危急存亡の危機を救わんことを期す」と演説している。そして彼は「日本人の侵略実行によって、第二次世界大戦はここに始まるのだ。各国の人士がこのことを予見できるか否か分からないが」と嘆いたと彼の側近は記している。[28]

蔣介石は、柳条湖事件に始まる満州事変がその後の十五年戦争に発展していくのを予測していたといえよう。日本の中国侵略戦争が欧米列強あるいはソ連からの軍事制裁や軍事干渉を呼び、日本が制裁に応じないで侵略拡大を強行した場合は戦争、すなわち世界戦争に発展するという蔣介石の予測には確信的なものがあった。そして、彼の対日戦略、作戦はその確信にもとづいて、いかに米、英、ソ連など列強を対日戦争に引きずり込むかということにあり、それは基本戦略として一貫していた。

蔣介石のそうした確信の根拠の一つは、「国民政府は必ず実力で東北の失地を回復する。ならびに国際連盟およびパリ不戦条約、九か国条約の各加盟国がただちに日本に制裁を加えるよう主張する」という中国国民党第四次全国代表大会が発表した対外宣言（一九三一年一一月一四日）にあるように[29]、日本の中国侵略戦争は、第一次世界大戦後に欧米列強を中心に形成された、国際協調主義的な国際法秩序体制にも反するものであり、欧米列強から必ず反発と干渉を呼ぶことになるという国際認識であった。この欧米列強、とくにアメリカ、さらにはソ連の対日干渉戦争の発動の可能性に期待する対外認識は、具体的な戦略、作戦の立案にストレートに現われることになる。

三二年一月二八日の第一次上海事変の勃発は、蔣介石に日本が中国全面侵略戦争を強行する可能性を確信させ、翌二九日の日記には「政府を移転して日本との長期作戦を行なう決意をする」と記している[30]。国民政府が首都を一時南京から洛陽に移転させ、国家防衛戦争を指導できる最高戦争指導機関として軍事委員会を発足させ、日本との国防戦争を想定して全国を四つの防衛戦地区に区分して、その責任者を決定したのは、その危機意識にもとづいたものである。ちなみに第一防衛区（黄河以北）の司令長官は張学良、第二防衛区（黄河以南、長江以北）は蔣介石、第三防衛区（長江以南、浙江・福建両省）は何応欽、第四防衛区（広西・広東両省）は陳済棠とした[31]。第四防衛区の司令長官にそれまでの反蔣介石戦争を戦ってきた広州国民政府委員の陳済棠をあてたことに見られるように、蔣介石は対日戦争を戦うために、徹底した「国軍編遣」による国民政府軍の統一化政策の変更を余儀なくされ、地方軍指導者と軍隊の地方支配を容認するかたちで防衛戦区に編入することで、全国的な国家防衛戦体制を速成的に築こうとしたのである。前項で述べたように、最高戦争指導機関たる軍事委員会に地方軍指導者を委員として網羅した構造になっていたのは、そうした現実的政治的な判断と思惑にもとづいたものであったといえよう。

満州事変、第一次上海事変以後、蔣介石は日本の中国全面侵略戦争を近いものと予想して国家防衛戦争の体制を構築していこうとしたが、彼がどのような対日戦の構想をもっていたのか、以下に検討してみたい。

対日戦力の判断と対日戦争の時期

蔣介石は、一九三二年一月一一日、武嶺学校（軍官学校）で「東北問題と対日方針」と題して行なった講演のなかで、「中国今日の現状と国力では、もしも日本と絶交し、軍事戦争になったとすれば、軍備無くして戦えば、必ず敗北することになる。敗戦の国は必ず領土を失い、主権を喪失することになる。我が国民の上から下まで、もしも屈辱の重さに耐え、心を同じにして力を合わせて有効な対応をすれば、必ずしも領土を分割されて主権を喪失することにならないばかりか、必ず最後の勝利を得ることができる。万が一にでも一時の気晴らしから軽率に絶交、宣戦を口にして、我が四億人民と中華民族の命脈を失うようなことをしては絶対にならない。」と述べている。(32)

満州事変段階では、近代軍事国家日本と中国との軍事力の差は歴然としており、愛国熱にかられて勝算のない対日宣戦布告をして敗北し、日本の植民地となるような軽挙妄動は取らないというのは、国家の軍事指導者としては、合理的で責任ある判断に立っているといえる。満州事変に対する蔣介石の対応は、従来「不抵抗主義」と批判され、敗北主義、投降主義と同義のように評価されてきたきらいがあるが、それは歴史的現実を踏まえたものとはいえない。

蔣介石は三二年二月末に次のような「今後の軍事計画大要」を作成している。すなわち国防は国際間の和平の道義を重視しながら、中国の一切の自衛力を充実させて、長期抗戦を準備し、最後の勝利を目指す。軍備は列強の軍備の程度に依拠しながら、財力の可能な範囲において、現在の陸海空軍の整理と建設をすすめ、軍隊の質を改善し、おもむろに数量の拡充をはかる、というものである。(33)

日本との国家防衛戦争では、対抗できる海軍も空軍も備えなければならない、という当然の軍事論が、蔣介石の「不抵抗主義」や「安内攘外政策」を批判する側には欠如しているといってよい。三二年六月、蔣介石は「攘外するには先ず安内が必要である」という「安内攘外政策」を宣布するが[34]、蔣介石にとっては満州事変や第一次上海事変を契機に民衆の抗日運動を煽動、指導、組織して勢力を拡大し、国民党政府の打倒をはかる革命運動を展開する共産党への政治的警戒、政治的恐怖から、共産党勢力と農村ソビエト政権の掃滅をはかる一方で、即時徹底抗戦を要求する民衆の抗日運動の熱狂と激化が、日本軍の軍事行動の格好の口実とされることを回避したいという、国家指導者の立場があったことも見る必要があろう。これまで、蔣介石が民衆の抗日運動を抑止ないし弾圧したことに対して、彼を反動とみる評価が強かったが、対日戦に勝利するための国防力を構築するために国内統一を強化し、国防建設を推進しようとした軍政指導者としての蔣介石の判断があった事実も考慮する必要があろう。

三三年三月、日本が国際連盟を脱退すると、すでに熱河省を占領して満州国への編入をはかった関東軍は、翌四月には万里の長城を越えて河北省まで侵攻した。関東軍の河北侵攻は三五年から本格化する華北分離工作の先駆けとなったが、こうした日本軍の関内（万里長城内）への軍事侵攻をみた蔣介石は、三四年四月の段階で「倭寇〔日本〕は河北を昔日の東北のように強く欲している。さらに一九三六年以前に我が政府を潰滅させ、中国問題を解決しようとしている」と日記に記している[35]。

日本の中国全面侵略戦争を三六年以前と予想した蔣介石は、「安内攘外政策」を遂行する一方、三六年前までの国防力の建設、強化を最大目標にして、日本軍と戦闘して勝利できる国民政府軍の精鋭部隊の建軍、空軍の建設、永久性陣地、防空陣地、要塞の構築など国防設備の建設をはかっていった。

蔣介石の持久戦略

蔣介石は第一次上海事変の始まった翌日の三二年一月二九日の日記に、「政府を移し、倭〔日本〕との長期作戦を決意する」と記しているように、[36]対日戦争は長期持久戦になることを最初から想定していた。蔣は、同年二月二五日には何応欽に「第二期抗戦計画」の早期作成を指示し、「倭との持久作戦の決心」を告げ、国民党第四回中央執行委員会（同三月一日）では、西安を西京とし、洛陽を行都（仮の都）とすることを決定している。ここで第二期といっているのは、第一次上海事変を第一期として、日本の南京侵攻を予想しての次の段階に備えた抗日戦計画という意味である。三月六日の中央政治会議で軍事委員会委員長に選出された蔣介石は、同月一八日に軍事委員会委員長兼参謀総長に就任、名実ともに国民政府の最高軍事指導者として「第二期抵抗作戦方案」を決定し（同月一〇日）、国民党中央常務委員会も「長期抗日のための国防強化案」を通過させている（同前）。[37]

「第二期抵抗作戦方案」は、日本の軍事目的は南京を占領し、長江流域を征圧するところにあるので、中国軍は上海・南京間の陣地線ならびに長江要塞の防衛を強化し、日本軍の南京侵攻の企図を打破しなければならない、という情況判断にもとづき、上海・南京間に何重もの陣地線を構築して、長期抵抗によって中国を防衛するための作戦方針を立てたものである。

蔣介石の対日持久戦略は第一段階において、上海・南京・武漢という長江流域における戦闘を最も重視して抵抗を行なって、列強の対日武力制裁や対日干渉戦争を引き出すようにし、それが実現しなければ第二段階として、「長征」の紅軍（中国共産党軍）を追撃する過程で国民政府の軍事力を浸透させた、雲南省や四川省などの奥地経済を開発して「民族復興の根拠地」として、長期持久戦に耐えて戦い、最終的には日中戦争に起因する世界戦争によって日本を敗北させる、というものにしだいに収斂していくことになる。[38]

蔣介石が対日持久戦構想をもっとも体系的に論じたものの一つが、徐道鄰「敵か？友か？——中日関係の検討——」という論文で、雑誌『外交評論』（一九三四年一〇月）に掲載されたものである。論文は蔣介石の口述を陳布雷が筆記したものを対日関係に配慮して徐道鄰を筆者としたのである。膨大な論文であるが、そのなかで対日

戦争の見通しをつぎのように論じている。(39)

①　日本が中国を滅亡させるのに、三か月、一〇か月などと長引けば、アメリカやソ連がそのような日本の行為を座視しないであろう。したがって日本は速戦速決で攻撃してくるであろうが、日本は重要な交通の要衝を占領できるだけであり、四五〇〇万平方キロメートルの中国全土と四億八〇〇〇万の人民を滅亡させることはできない。

②　中国は「次植民地」〔蒋介石の規定を後述する〕の地位にあるので、欧米各国は中国に対して錯綜した政治経済関係を有しており、なかでもイギリスの関係はとくに密接であるので、もし日本が中国を滅亡させようとして中国沿岸の海上封鎖をするならば、中国一国を敵にするだけでなく、ソ連、アメリカを敵にし、さらにイギリスおよび全世界を敵に回すことになる。

③　中国の武力は日本には敵わないので必ず大きな犠牲を出すことになる。しかし、日本が中国の首都を占領しても中国の死命を制したことにはならない。日本は中国の交通便利の都市と海港を占領できるだけであり、中国全土を占領することは決してできない。中国の重要都市と海港が全部占領されれば、中国の困難と犠牲は極度に達するが、それでも日本は中国を徹底的に滅ぼすことはできない。

蒋介石の日記史料を中心に分析した楊天石によれば、三四年一〇月一八日に飛行機で蘭州に飛んだ蒋介石は、中国西北の物産の豊かさを眼下に見て、「西北を経営して中国復興の基地にすることを強く思った」と日記に記したという。さらに蒋介石は三四年一〇月に江西ソビエト区を脱出して「長征」を開始した紅軍を追撃しながら、四川省を中心とする西北の経営と雲南、貴州の西南の開発と建設をすすめて、これを予想される抗日戦争の根拠地にする構想をかため、三五年には、四川省に国防工業を建設し、西南に西南各省への道路建設を命じた。三六年になると四川省を軍事、政治、金融の要にして、四川、雲南、貴州を統一して「中国復興の基地」とし、「国家民族生存の最後の保障を確保する」という抗日戦争大後方基地化の計画を具体的にすすめるようになった[40]。

三六年五月、蔣介石はイギリスが中国幣制改革を指導するために派遣した首席経済顧問のリースロスが帰国するのにさいして、「貴国政府に対して、私が日本との戦争は完全に避けられないと考えていると伝えて下さい。しかし、現在私の軍隊は日本軍に対抗できるものではない。……しかし、もしも日本から戦争が仕掛けられれば、私は沿岸地区において最大の抵抗を行い、もしも後退を余儀なくされれば、可能なかぎり戦いながら奥地へと撤退し、そこがどんなに遠隔の奥地であっても、私はそこであなたの政府とアメリカが私を助けに来てくれるまで自由中国を守り続けるつもりです」と語っている。最後に蔣介石はリースロスに対して、アメリカとイギリスが抗日戦争を戦う蔣介石をいつか助けてくれるに違いないと強調したという[41]。

リースロスは地名を記していないが、蔣介石が上海地区で最大の抵抗戦を行ない、最後は四川省の奥地へ移動して抗日戦争を長期持久して英米の対日参戦を待つという、彼の戦略を語っていることは間違いない。

日中戦争を世界戦争へ

第一次上海事変が勃発すると中国外交部はただちに九か国条約加盟国に対して、日本の上海への武力侵略を告発し、各国がすみやかに有効手段を採って日本の不法行為を制止するよう要請した（一九三二年一月三〇日[42]）。上海は中国最大の貿易港であり、列強の中国支配の拠点であり、列強の権益が集中していたので、列強は満州事変よりも一段と強く反発し、アメリカ、イギリス、フランス三国の駐日大使がそろって日本政府に上海戦の戦闘停止を申し入れている（同年二月二日[43]）。

列強の圧力と国際的孤立を怖れた日本は、国際連盟の勧告をうけて第一次上海戦の停戦を決定し、五月五日には停戦協定を結び、実際に上海から日本軍を撤兵させている。そもそも第一次上海事変は、関東軍参謀の板垣征四郎らが列国の注意を上海に引きつけ、その間に満州国を樹立しようと策動した陽動作戦の一つであったから、三月一日の満州国建国によってその目的は果たしたからでもあった(44)。しかし、日本軍の南京侵攻の可能性を怖れて洛陽に首都を移し、持久戦を覚悟した蔣介石にとって、日本が列強の圧力によって第一次上海事変の矛を収め、軍を撤退させた事実は、列強の圧力と対日制裁に対する蔣介石の過度の依頼心を醸成したであろうことは想像に難くない。

蔣介石は、三二年四月「中国復興の道」と題する講演を陸軍軍官学校で行ない、そのなかで三六年に第二次世界大戦が開始される可能性があり、中国存亡の分かれ目になるから、それまでの五年間に最大の努力をして軍備を増強する必要がある。第二次世界大戦中に中国は新しい中国を建設して、国際的に独立・平等を獲得して、富強、復興をはかるチャンスが到来する、と予測を述べている(45)。

日本の中国侵略が列強の干渉を惹起し、それが世界大戦に発展するという蔣介石の確信的な認識を、三四年七月の廬山軍官訓練団に対する講演「外国の侮りの防御と民族の復興」で以下のように述べている(46)。

中国は現在次植民地の地位にある。次植民地とは、国家の圧迫者あるいは保護者が一国家ではなく、世界列強の共同の侵略、圧迫を受け、彼らの共同の植民地になっていることであり、普通の植民地に比べて痛苦はさらに大きい。……現在の中国は世界各国の共同植民地であるから、日本一国が中国を独占する植民地にしようとすれば、世界の各強国と決戦する必要がある。……現在、日本人が一切の軍事的条件を備えて中国を侵略して、さらにどこかの一強国と開戦したとすれば、決して列強に勝てる力量はないし、世界の一切を圧倒することもできないし、日本の侵略的な野心を実現することはできないのである。……日本は全世界の列強を圧倒する力量がない、従って日本は中国を併呑し東アジアの覇権を確立することはできないと断言できる。我々中国には必ず方法と力量があり、絶好の機会の到来を待って日本と抵抗でき、民族を復興するこ

とができる。（中略）

日本の陸軍の戦略目標はソ連であり、海軍の戦略目標は英米である。日本が中国を併呑しようとすれば、まず先にソ連を征服しなければならないし、アメリカを除去し、イギリスを撃破しなければ目的を達成することはできないし、そうするであろう。しかし、中国は現在まだ「次植民地」の地位にあるので、欧米各国は中国に対して錯綜した政治経済関係をもっている。日本がもしも中国の全面侵略を策すれば、中国を敵にするだけでなく、またソ連、アメリカを敵にするにとどまらず、イギリスならびに全世界を敵に回すことになる。

蔣介石はまた、三五年八月二一日の日記に、日本が中国侵略に失敗する経緯の予測を次のように記していた。(47)日本は、①中国は戦わずして屈服すると考えた。②中国に対しては脅迫して分裂させ、土匪、漢奸を使って擾乱させればすむと考えたが、武力を使わなければ中国を征服できなかった。③最後に軍隊で侵攻する。④中国が抵抗する。⑤国際的な干渉をうけ、世界大戦を引き起こす。⑥日本に内乱、革命が起こる。⑦日本の失敗は一〇年以内に起こる。

中国は、欧米列強の政治的、経済的、領土的権益が存続している「次植民地」いわゆる「半植民地」の状態にあるので、日本が中国全面侵略戦争を行ない、中国が抵抗すれば、欧米列強による対日干渉が行なわれ、日本がそれを受け入れなければ欧米列強相手の世界戦争に発展するという蔣介石の予測は一貫している。日本が一〇年以内に敗北するという予測は結果的に的中することになった。三三年三月の国際連盟総会で、関東軍が謀略と侵略戦争によって樹立した満州国を自立国家と認めなかったことに抗議した日本が、四二対一という圧倒的孤立状態で国際社会に背を向けて連盟を脱退していった経緯を見た蔣介石は、日中戦争から世界戦争へという彼の予測をさらに確信したと思われる。

蔣介石はさらに、三六年三月一四日の日記に「世界戦争は必ず日本から始まる、それは日本が独ソ戦争を促そうとしているからだ。もしも日本とソ連が先に開戦すれば、ドイツもこの機に乗じてソ連を攻撃するであろう。総じて、独ソ戦争を日本が引き起こすことができるかどうかの問題ではなく、引き起こさせるようにするのだ。私が推測するに、ヨーロッパ戦の決戦は必ず速まり、そしてアジアの戦争の勝敗の分かれ目は、ヨーロッパ戦の決定の後に来る。最後にヨーロッパと世界各国が連合して日本軍を処置し、アジアの問題を解決することになろう。ああ、我が中国の責任は、実に困難が大きく類がない」と記している(48)。

日中戦争が第二次世界大戦に発展するという蔣介石の予想と戦略は、一つは、国民政府成立以後の日本の対中国政策が、とくに世界大恐慌と昭和恐慌を経験して軍事侵略的になり、九か国条約を中心とするワシントン体制に挑戦し、その崩壊を企図するまでに急進化したことによって生じた、帝国主義国間の矛盾と対立を最大限に利用しようとするものである。

蔣介石は、ワシントン体制下の中国が米、英、仏などの帝国主義列強から相対的な独立と領土、主権を尊重されながらも、「次植民地」といわれる欧米列強の経済的領土的諸権益の存続する国家である現実を認識しながら、日本がそのような列強による中国の共同支配、共同管理をも認めないで、日本だけで中国の権益を独占しようとすることは、欧米列強から実力制裁を受け、対日干渉戦争を引き起こさずにはおかないと考えていた。そうなれば日本は欧米列強との戦争に勝利することは不可能であり、中国は欧米列強と連合して日本と戦えば勝利できる、という確信が蔣介石にはあったのである。

もう一つの予測と戦略は、日ソ戦争から世界戦争へ発展することへの対応として考えられた。日露戦争直後の明治四〇（一九〇七）年に決定された「帝国国防方針」で日本の第一の仮想敵国がロシアとされて以後、日本の仮想敵国の第一はロシア、そしてソ連であった。関東軍が謀略により満州事変を起こし、日本が国策として満州国の樹立を画策したのも、将来のソ連との戦争に備えた前進基地の建設という戦略があった[49]。日本の「ソ満国境」侵犯とシベリア侵攻を警戒したソ連が兵力を国境に集中し、対日非難を強めたことから、日ソ両国の対立と緊張が強まり、三三年から三四年にかけて日ソ戦争論が高まった時期があった。日ソ戦争危機論が噴出するなかで、日本陸軍の参謀本部も一九三四年度対ソ作戦計画を作成して、軍備の拡充をはかった[50]。

三六年六月一〇日に日本の参謀本部が作成した「国防国策大綱」では、「三、先ツ蘇国ノ屈伏ニ全力ヲ傾注スル為　積極而シテ戦争持久ノ準備ニ就テ欠クル所多キ今日　英米少クトモ米国トノ親善関係ヲ保持スルニ非スンハ対『ソ』戦争ノ実行ハ至難ナリ。四、兵備充実成リ且戦争準備概ネ完了セハ蘇国ノ極東攻勢政策ヲ断念セシムル為　積極的工作ヲ開始シ迅速ニ其ノ目的ノ達成ヲ期ス」と対ソ戦争発動を計画していた[51]。同年一一月に日本とドイツが日独防共協定を成立させ、付属議定書・秘密協定でソ連を共通の敵国とする認識を確認するにいたる国際情勢の推移のなかで、蔣介石は日ソ戦争あるいは独ソ戦争の開戦を予測し、それが第二次世界大戦に発展するにともない、中国に対日戦勝利の条件が開けるという見通しを持ったのである。

3　国民政府の対日戦軍備

一九三二年三月八日に国民政府軍事委員会委員長兼参謀総長に就任した蔣介石は、名実ともに中国の最高軍事指導者として、前述した対日戦争の予測と戦略にもとづいて、国民政府の国防計画を作成し、国防力の強化と国防体制の構築に務めた[52]。三五年一二月からは抗日派に狙撃され遭難した汪精衛に代わって蔣は行政委員長も兼職し、軍事・行政の最高指導者となって、国民政府の対日戦の軍備体制の促進と強化に指導を傾注した。

家近亮子は、蔣介石の「安内攘外」政策によってもたらされた一時的な国内安定期（一九三二〜三六年）に、南京政府治下において法律の整備、教育の充実、経済建設、金融システム改革、交通網の整備、出版・通信の振興整備、社会事業の充実等々の国家建設がすすめられたことを実証的に明らかにしたが[53]、蔣介石が対日戦争を戦える近代的な国民政府軍の陸軍、空軍、海軍の建軍と上海・南京地区を中心とする沿岸の陣地、要塞、防空施設の建設などの国防計画を推進していったのもこの時期であった。そして三六年九月一八日の日記には、「東北四省が倭に軍事占領されてからすでに五年になる。今日からは国土回復の準備の時期に入ったという自信がある」と記すにいたるのである[54]。

国民政府の国防計画の作成

一九三三年二月、中国国民党中央執行委員会の中央政治会議は、国防委員会の設置を決定し、同委員会執行委員長は軍事委員長が兼任することとした[55]。国防委員会は国民党の政治軍事の当局責任者を招集して、軍事、外交、財政を統合して敵国に対応する方策を決定し、中国の防衛、救国をはかるための委員会であった。委員は前述の七名の軍事委員会委員に孫科、呉敬恒、戴伝賢、于右仁、胡展堂らを加えたものであった[56]。ただし、その後、この国防委員会が機関として重要な機能を果たすことができなかったのは、同委員を兼任した軍事委員たちの反蔣介石的な軍事行動を見れば明らかである。

馮玉祥は、三三年五月に中国共産党と合作して「チャハル民衆抗日同盟軍」を組織、その総司令となり、さらに抗日同盟軍軍事委員会を組織して委員長に就任し、蔣介石の「安内攘外」政策に反対して徹底的な武力抗日を実行しようとした（同盟軍は一年足らずで解散）。さらに同年一一月、第一次上海事変で活躍した第一九路軍を中心に李済深、陳銘枢ら反蔣介石派が反蔣抗日を掲げて福建独立を企図し、中華共和国人民革命政府（福建人民政府）の樹立を宣言した。福建人民政府は共産党が反対したこともあって、三四年一月蔣介石の軍事進攻により崩壊したが、こうした動きを、蔣介石南京政府に打撃を与える絶好の機会とみた日本の軍部や財界の一部は、李宗仁、白崇禧らの西南派軍人が蔣介石政府から独立して西南政権を樹立するよう、三五年および三六年にまでわたり武器、資金援助などの工作を続けた。(57)

南京国民政府の主要な軍事委員および国防委員たちが、以上のような三〇年の反蔣戦争の再現を思わせる軍事行動をとっている情況下にあっては、蔣介石を執行委員長とする国防委員会が本来の機能と役割を果たすことができないのは当然といえよう。すでに指摘してきたことであるが、国民政府の中央軍事組織、軍事機関が、蔣介石派と反蔣介石派の軍事指導者たちの妥協の産物であり、条例や法令にもとづいて組織や機関が設立され、委員も任命されるが、それは所詮、名目的な看板に等しく、実質的には蔣介石が蔣介石派の人材と人脈を使って独裁的に立案、実施していくことになる。国防委員会もその典型事例といえよう。

ついでに言及すれば、国民政府に直属する軍事参議院は、最高軍事諮問・建議機関であり、軍事、政治を研究し、高級軍官の人材プール機構とされた。参議という名誉を与える論功行賞的な性格をもち、また「国軍編遣」により国民政府軍中央の主流からはずされた高級軍官たちを懐柔するために名誉職につけておくという性格も備えたものだった。参議は九〇〜一八〇名、(58)諮議は六〇〜一五〇名という膨大な人数に達するものであり、実質的な活動機能は果たせなかった機関であった。

蔣介石が三二年七月三〇日の日記に、「国防は一切の建設の中心であり、建国大綱の政治建設はまず国防を強固にすることである。……我が国防の建設を完成すれば、倭寇の強暴を再び怖れる必要はない」と記しながら、彼が国防実施計画を研究し、新兵器工場の建設計画を立案するという情況にあった。(59)

そのような研究作業を経て、三三年七月、蔣介石は軍事委員会委員長として廬山に軍政機関の首長を招集して軍事整理会議を開催し、「軍隊人事制度」「軍隊経理制度」「全国要塞施設」を推進する方針や「空軍建設三年計画」を決定している。同会議では沿海の防衛、航空、軍事、交通、重工業などの国防建設から、徴兵制の実施、陸軍編制統一の問題など重要な国防方針と国防計画を決定している。[60] 蒋介石は三三年七月二七日の日記に、「抗日禦侮は、武力で競り勝てなければ、外力で牽制できなければだめだというのではけっしてない。内政、社会、教育制度の中に、すなわち、国民の軍事教育と団連・保甲制度の中に、その可能性がある」と記している。[61] 蒋介石が対日戦争を国民を総動員しての国力戦（総力戦）と考えていて、総合的な国防建設をめざそうとしたことがわかる。

ただし、以上のような国防建設計画の作成を蒋介石個人で創案することは不可能であり、当時蒋介石政府の軍事政策の立案・実施のブレイン集団であったドイツ軍事顧問団の指導なしには考えられない。[62] 蒋介石はドイツ軍事顧問団長のハンス・フォン・ゼークトや同じく後任者のアレクサンダー・フォン・ファルケンハウゼンを軍事委員会の総顧問として、第一次世界大戦以後のドイツ国防軍の再建の経験やドイツの軍事理論、軍事技術を導入しながら中国の国防建設計画を立案し、中堅を蒋介石派の人脈で固めた軍事委員会の直属機関（訓練総監部、参謀本部、全国経済委員会、建設委員会、黄河水利委員会、財政委員会、首都建設委員会、京滬防衛司令長官公署など）を通して政策として実施していくという方式をもっぱら推進していったように思える。

軍事委員会に直属する参謀本部では、三三年以降、毎年度にわたり国防作戦計画を作成してきたが、「民国二六（一九三七）年度国防作戦計画」は、三七年一月に、程潜参謀総長のもとに甲案と乙案が作成され、三月に完成案にして蒋介石の査閲を得たものである。[63] 甲案は、日本の中国侵略が全面戦争の形を取らずに、華北分離工作のようになし崩し的に侵攻してきた場合の作戦と戦闘序列と戦場区分の設定、戦時動員のあり方を詳細に策定している。これに対して、乙案は日本が一挙に全面侵略戦争を開始した場合の作戦方針、作戦指導、戦闘序列、全国の戦区における軍隊の配備と動員、空軍と海軍の作戦、要塞、交通・通信体制、兵站の配置と任務等々を詳細に規定している。

甲案と乙案は、日本軍部中央、とくに参謀本部に中国侵略政策をめぐって拡大派と不拡大派の対立が顕著になるが、乙案は拡大派の戦略と作戦に対応したもの、甲案は不拡大派の戦略と作戦に対応したものになっている。前述したように、日本の政府と軍部の戦争政策の決定と戦争指導は、天皇制無責任体制下にあって一貫性に欠け、内外の情況に順応、便乗して場当たり的に遂行されるのが特徴であったから、中国の参謀本部が甲案、乙案の防衛計画を準備、作成したのは、「敵情判断」が現実にそくしていた証左である。

甲案、乙案とも、上海・南京戦を想定した戦略と作戦、防衛陣地の構築、戦闘行動などについて具体的に防衛計画を策定しているが、後述の上海・南京地帯の防御陣地の構築と関連するので、そこで具体的な内容に言及したい。

甲案、乙案とも「第一　敵情判断」で、日中戦争から世界戦争への転換、発展の可能性を次のように明記している。

(五) 敵と我が国が正式に戦争に突入した最中に、日ソあるいは日米が戦争を惹起し、甚だしい場合には中国・ソ連・イギリス・アメリカの連合と日本との戦争になる。敵は陸空軍の主力でソ連軍と対戦し、海軍の主力でイギリス・アメリカと対戦し、中国に対しては一部の兵力でしか対応できなくなる。

(六) 中日戦争が世界大戦に発展した初期、あるいは日ソあるいは日米戦争が開戦となった時に、敵軍は中国の資源を略奪して作戦の基礎を強固にするために、先ず主力で我が軍に攻勢をかけ、短期間に中国の抵抗の能力と意志の消滅をはかる。

蔣介石の「日中戦争を世界戦争へ」という認識と戦略が国民政府の国防作戦計画に織り込まれ、それが国民政府の対日戦争の戦略と作戦指導の基本になっていた事実が判明する。

上記の「民国二六（一九三七）年度国防作戦計画」が机上のプランではなく、国民政府の対日戦争に備えた軍備拡充と国防建設の実施をともなったものであったことは、国民党第五期三中全会第二次大会（三七年二月一七日）で何応欽軍政部長が行なった軍事報告（三六年七月〜三七年二月）に明らかである。なお、軍政部は国民政府の行政院の直轄の機関で、全国の陸海空軍の行政関係の業務を統括する機関である。蔣介石は腹心の部下の何応欽を部長につけて軍政部を統御した。同じく行政院の管轄に海軍部が置かれていて、日本でいえば陸軍省と海軍省にあたるが、機構の大小と権限の強弱は比較にならない。また軍事委員会と比較しても機構の規模、権限とも弱小であり、軍事委員長であった蔣介石が三五年一二月〜三八年一月まで行政院院長を兼任し、軍政部の幹部も、部長は何応欽（三〇年三月〜三八年一月）、政務次長は顧祝同（三四年一月〜三六年一二月）、常務次長は陳誠（三六年一二月〜三八年一月）などと蔣介石派の軍人エリートで固めていた。[64] したがって、国民政府における軍政部の役割も蔣介石の独裁的な軍政を補完するものとして機能していたといえよう。

何応欽軍政部長の軍事報告は、三七年二月段階すなわち日中戦争直前の国民政府の軍備状況を包括的にまとめた膨大なものである。報告は国防建設事項として、作戦兵力、戦場区分、全国の国防工事の計画と完成、未完成の総数、海岸防衛と河川防衛の施設と要塞の整備と建設、国防軍備のための資源の開発と統制、防空体制と防空教育、通信、交通・部隊輸送、軍装と糧秣の貯蔵、などの情況をまとめている。さらに軍隊整備事項として、国軍の編制整理、部隊の調整、兵役制度、壮丁（兵役該当青年）の訓練、学生（高等学校以上）の軍事訓練、戦時兵員補充、海軍軍備、空軍軍備の情況を報告している。最後に兵器・弾薬の製造、補充、貯蔵などの情況がまとめられている。[65]

同報告の具体的な内容については、上海・南京戦を想定した防御陣地の構築や国防軍備の建設を事例にして後述するが、ここでは、満州事変・第一次上海事変以後の蔣介石の「安内攘外」政策が国家防衛戦争の体制と軍備を構築していくためでもあり、盧溝橋事件前夜の三七年の初頭には、蔣に対日抗戦の発動を決意させる段階にまで国防建設が進展していた事実を指摘しておきたい。

国軍の編制

中国国民党第三期全国代表大会第一六次会議（一九二九年三月二七日）の軍事報告の決議では、国民政府が国民革命に参加した膨大な軍隊を整理、縮小して正式な国軍（国民政府軍、対外的には中国軍）に改編し、国防計画にもとづいて陸軍、海軍、空軍を建設していく方針を決定した。(66)以後、蔣介石が国民政府軍事委員長として国軍の整理と統一、地方軍と雑軍の縮小と削減を推進し、それが地方軍事指導者たちによる反蔣戦争を惹起してきたこと、さらに満州事変の勃発により、蔣介石が地方軍事指導者たちと妥協するかたちで地方軍を国軍の編制に組み込んだことはすでに述べたとおりである。

一九三七年七月に日中全面戦争が開始されると、翌月八月二〇日に軍事委員会軍令部は国軍を全国八つの戦区に分けて編制し、各区の戦闘序列を決定したが、(67)以下の事例のように、司令長官、副司令長官ならびに配備された軍隊を見れば、日中戦争初期の国民政府軍の構造の特徴を知ることができる。

第一戦区（冀魯戦区）は河北省、山東省を戦区とし、司令長官＝蔣介石のち程潜と蔣介石の腹心をつけたが、副司令長官＝鹿鐘麟（馮玉祥・西北軍系）以下、所属の第一集団軍総司令が宋哲元（馮玉祥・西北軍系）と同副総司令が馮治安（馮玉祥・西北軍系）と万福麟（張学良・東北軍系）で第二集団軍の総司令が劉峙（蔣介石系）と副総司令（すぐに総司令となる）が孫連仲（馮玉祥・西北軍系）となっており、馮玉祥を首領に河北省を支配基盤とした西北軍系の指揮官と部隊が主流となっている。

第二戦区（晋察綏戦区）は、山西省、チャハル省、綏遠省を戦区とし、司令長官が閻錫山、副司令長官は黄紹竑（蔣介石系）、所属の第六集団軍総司令が楊愛源（閻錫山・山西軍系）、第七集団軍の総司令が傅作義（閻錫山・

山西軍系）となっており、閻錫山を首領とする山西軍がその支配基盤である山西省、チャハル省、綏遠省を防衛戦区としている構造がはっきりと現われている。

第三戦区（蘇南・浙江戦区）は上海・南京戦区なので次節で詳述する。

第四戦区（閩粤戦区）は福建省、広東省を戦区とし、司令長官が何応欽（蔣介石系）、副司令長官が余漢謀（広東系から蔣介石系へ）、所属の第四集団軍の総司令は蔣鼎文（蔣介石系）、同第一二集団軍の総司令は余漢謀が兼任している。第一次上海事変のときに軍事委員会が設定した第四防戦区（広西・広東両省）の司令長官に広東系で反蔣介石派の陳済棠を任命したが（前述）、三三年から三六年にかけて華北分離工作とタイアップして西南独立政府を樹立させて蔣介石政府からの分離をはかる工作が、関東軍や満鉄関係者、台湾軍や台湾植民地当局、軍部や政治家・財界人の一部によって強力にすすめられた結果（前述）、蔣介石は日本と反蔣介石派の西南派との関係を警戒し、李宗仁や白崇禧、陳済棠らの西南派の地方軍人指導者たちの地方支配基盤を強化させるような戦闘序列を組むことを回避したことがわかる。

第五戦区（蘇北・魯南戦区）は、長江以北の江蘇省と山東省南部を戦区とし、司令長官は蔣介石からすぐに李宗仁（広西軍系・西南派）が就任、副司令長官は韓復榘（馮玉祥・西北軍系）、所属の第三集団軍の総司令は韓復榘が兼任、副総司令は于学忠（張学良・東北軍系）と沈鴻烈（海軍、中国第三艦隊司令・青島市長）、同じく第五集団軍の総司令は顧祝同（蔣介石系）、副総司令は上官雲相（直隷派・孫殿芳系から蔣介石系へ）が就任している。

魯南戦区は山東省政府主席の韓復榘とその部隊が防衛の中心となったが、韓は山東省を支配基盤にして中央から半独立状態を保ち、反蔣介石の立場を強め、日本軍の山東省侵攻に対して敗北必至と判断すると、部隊保存のため戦わずして一〇万余の部隊を退却させた。このため、三八年一月軍事委員会の軍法会議にかけられ、軍令に違反して無断撤退した罪により銃殺刑に処せられた。韓復榘の事例は国民政府軍の編制に地方軍人指導者の軍隊を組み込んでいる構造の弱点が端的に現われたケースといえよう。

蘇北戦区に配置された第五集団軍は、上海戦に投入されることになる（後述）。

以上、主要な戦区を担当する国軍の編制の特徴を上級指揮官の系列を中心に概観した。集団軍の総司令、副総司令は麾下の軍や師団の統率者であるから、彼らの派閥系列が集団軍に所属する部隊の系列の傾向を示すものと判断して差し支えないと思われる。(68)

国民政府軍の構造と性格を解明するうえで、軍隊の最重要基盤である膨大な数の兵員をどのように調達、動員していたのかを検討する必要がある。すなわち国民政府が国民に兵役義務を課し、強制的に徴集して兵役に服させるための徴兵制度がいつ法的に公布され、それがどの程度まで実行されていたかである。

国民政府が成立した一九二八年に軍政部が「徴兵制実施準備方案」を提出したが、その後、国軍の整理、統一をめぐって蔣介石派と反蔣介石派の内戦にいたるまでの対立、抗争があって実施にいたらなかった。満州事変以後、対日戦争が現実的になるなかで徴兵制の必要性が再認識され、蔣介石軍事委員長は、三二年八月には、河南省、湖北省、安徽省の省政府に対して、徴兵制度の過渡的な便法として、師団管区において民団組織の改革によって兵員を充足させるよう命じている。(69)

国民政府は三三年六月一七日に「兵役法」を公布し、三六年三月一日から実施すると定め、軍政部が中心になってそれまでに約二〇種の兵役法の関連法を制定、徴兵制実施計画を作成、全国に兵営管区を設定し、さらに全国を六〇個師団の管区に分けて徴兵と部隊編成、教育、訓練を行なう政策を定めた。(70)「兵役法」は、兵役を国民兵役と常備兵役とに分けているが、常備兵役は職業軍人に相当する。一般の徴兵制にあたるのは国民兵役で、兵役検査に合格した二〇歳から二五歳の男子が現役三年間、「正役」（予備役）六年間、「続役」（後備役）は正役後の男子が四五歳まで充当されるとなっている。

この「兵役法」の実施の可否は、国民政府の権力支配がどこまで農村におよんでいたかによっており、本書第四章の味岡徹論文で解明した地方行政改革、すなわち保甲制度を中心とする地方自治制度の実施と密接にかかわっていた。法的には実施されていた徴兵制がどの程度機能していたのかについては、上海・南京戦を事例にして次節で検討する。(71)

「兵役法」を三六年から可能な地域から実施し、四〇年に全国的に達成する計画であった国民政府は、対日戦争の逼迫に対応して、予想される膨大な戦死傷兵を補充するための、応急的、強制的な兵士動員体制も実施していた。徴兵制が実施されたばかりで、日本でいう予備役、後備役にあたる在郷軍人が存在しなかったからである。それは「国民軍訓」といって、一般兵士は「壮丁訓練」と称する短期軍事訓練を施しただけで戦場に動員するシステムで、三六年から実施され、同年末には五〇余万人が訓練を終了、約一〇〇万人が訓練中でまもなく終了と報告されている。さらに下級指揮官の養成を「学校国民軍訓」と称して実施、専科（専門学校）以上の学校で三か月の集中軍事訓練に合格した生徒を日本でいう士官候補生とし、高級中学校（高等学校）および同等の学校で同じく三か月の集中軍事訓練に合格した生徒を予備下士官とした。急遽三四年から実施し、三六年末には、士官候補生八八八八人、予備下士官が一万七、四九一人に達したと報告されている。(72)

近代国防軍の建設

革命軍として編成された国民党軍が革命に勝利し、内戦を収拾して国民政府軍として国防軍に構造転換していく過程において、蔣介石は対日戦争を戦うためには近代的な中国軍の建軍を構想した。その具体化の好例が空軍の創設と航空戦力の強化であった。

国民政府の空軍は、二八年一〇月に中央陸軍軍官学校に成立した航空隊に始まり、空軍に関する軍政は同年一一月に成立した軍政部所属の航空署が所轄した。航空隊はその後航空班に改組されたが、三一年七月には航空学校として正式に成立、飛行士と機械技師の養成をめざした。同校は三二年五月には組織を拡充して、中央航空学校と改称、蔣介石が校長に就任し、本校を杭州に置き、洛陽、広州に分校を設けて、多分野にわたって空軍に必要な人材の育成を開始した。三四年五月には、それまで軍政部に所属した航空署を軍事委員会所属の航空委員会に改組した蔣介石は、みずから航空委員会委員長を兼任した。(73)

蔣介石は「空軍が国を救う」をスローガンに掲げて、専門員を海外に派遣して飛行機の購入、飛行機製造工場の視察に努めさせ、国内には飛行機製造工場を建設し、飛行場の建設を推進、防空訓練を実施し、重要な鉄道や鉄橋には防空施設を設置し、中国空軍の兵力と防空力の強化に努めた。三六年一〇月、杭州航空学校の第五・六期生の卒業式に出席し、空軍部隊を閲兵し、演習を視察した蔣介石は、中国空軍の発展に満足を覚え、当日の日記に「五年以内に倭国の空軍に追いつき、我が国の安全を保つことができる」と書いていた。(74)

三七年二月の何応欽軍政部長の軍事報告（前述）によれば、日中戦争直前の当時の段階で、中国空軍の部隊は、合計三五の中隊、大隊を有し、所有飛行機は大小六〇〇余機、発着可能な飛行場は全国で二六二か所とまで拡充している。(75)

蔣介石が近代的な国防軍の建設のモデルにしたのが、ドイツ国防軍であった。(76)蔣介石は国民政府の交通部長で親独派の朱家驊に命じて、第一次世界大戦後の「ドイツ国防軍再建の父」といわれたハンス・フォン・ゼークト将軍を三三年に招聘させ、ドイツ軍事顧問団長に就任させた。ゼークトはドイツ製兵器で武装した近代的な中国中央軍（教導総隊）の建設を蔣介石に具申した。さらに、三四年五月に開かれたゼークトの出席した国軍編制会議において、三四年から三六年にドイツ製近代兵器で再武装した二〇個師団の編制を決定している。ゼークトは、対日防衛戦争に備えた軍備を短期間に効果的に整えることに関心を示し、蔣介石を喜ばせた。

三五年三月からアレクサンダー・フォン・ファルケンハウゼンが軍事顧問団長を引き継ぐが、ドイツ軍事顧問団も三三年の六一名から三五年には七〇名と増加した。中央軍官学校には多くのドイツ人教官が雇われるようになり、毎年一七六名が海外に派遣される中央軍官学校生の留学先も、その主流は黄埔軍官学校時代のソ連からドイツに完全に交替したのである(77)。

国民政府の国軍建設計画にドイツの兵器商人のハンス・クラインが積極的に関与し、ドイツ製兵器の中国への輸出、中国における兵器工場の建設などに着手した。クラインは三四年にベルリンに「ハプロ」という貿易会社を設立し、ドイツ国防軍、財界、金融界への太いパイプを利用して兵器貿易の拡大をはかった。

クラインの計画を受けて、国民政府の資源委員会（一九三二年一一月、参謀本部所属の国防設計委員会として設置され、三五年四月に軍事委員会所属の資源委員会に改組された国防経済建設機関）が積極的に動き、三六年四月、同委員会から派遣された顧振を団長とする訪独団が、一億ライヒスマルクにおよぶ借款を中心とした中独貿易協定（ハプロ協定とも呼ぶ）を締結した。ドイツ側の調印者は経済大臣・国立銀行総裁のシャハトであった。同協定は、中独軍事経済協力の重要な発端となり、以後ドイツ国防軍は、この協定を梃子として中国の国防建設を強力に推進することになった。ドイツ国防軍から中国へ派遣されたライヘナウ元軍務局長は、クラインのハプロとともに中国の軍備拡張計画を作成し、ドイツから高速魚雷艇、高射砲、沿岸警備用の砲台など新鋭の兵器を中国へ輸出し、ドイツ・中国が共同して対日戦争軍備を推進した。彼らは、中独協定にもとづいて、ドイツ国防軍と共同して近代的な中国軍を建設する広範な計画を作成した。それらは、①中国軍を組織的に再編し、蔣介石に直属するドイツ軍顧問団本部を置き、現役のドイツ参謀将校を配属、経済部門、技術部門にもドイツの軍事顧問を派遣する、②ドイツ製兵器で武装され、ドイツ式軍事訓練を施した六個師からなる一〇万人の中国エリート軍を建設し、将来は三〇万人に拡大する、③日本の艦隊の攻撃を撃退できるドイツ製最新鋭兵器を上海・南京間の長江に配備する、④近代兵器運用のため中国人学生にドイツで技術を学ばせ、機械技術者として養成する、などである。
このような中独協定をうけて、資源委員会は三六年七月に「重工業建設三か年計画」に着手、中国の重工業建設・軍需産業建設を強力に推進した。しかもこの三カ年計画は、対日戦を考慮して、中国の工業地域であった沿岸部ではなく、西南中国の奥地に重工業を建設することを前提にしていたのである。[78]
日中戦争前夜の三七年六月末、孔祥熙（行政院副院長）が陳紹寛（軍政部海軍部長）や桂永清（教導総隊隊長）らの代表団を率いて訪独、中独協定にもとづいてドイツ政府と交渉、ドイツから中国へ兵器軍需物資を供給し、軍事技術専門家を派遣することの合意を得ていた。[79]
日中戦争が始まると、国民政府軍は、ドイツのプラント工場で作られた兵器で武装し、それをダイムラー・ベンツのトラックで輸送し、ゼークトの後任のファルケンハウゼンを団長（三五年三月着任）とするドイツ軍事顧問団の強力な軍事指導下に作戦を展開した。さらにドイツは、カモフラージュしながらも大量の軍需物資を香港経由で国民政府に送った。日中戦争の初期は、まさに「第二次日独戦争」の性格をおびたのである。[80]

二　上海・南京戦の作戦と戦闘の構造

1　作戦計画と防衛陣地の構築

国民政府軍事委員会参謀本部が一九三七年一月に作成した「一九三七年度国防作戦計画」では、日本の政府・軍部内の不拡大派に対応したかたちの甲案と拡大派に対応した形の乙案を作成し（前述）、それぞれ上海・南京戦を次のように想定していた。まず甲案である。[81]

① 日本軍の狙いと行動＝長江下流と太湖付近の地区は、我が国の最も重要な経済工業の中心であり、首都の所在地である。敵は上海に相当の軍事基地と有力な部隊を有しているので、この方面に上陸し、海軍と協同して侵攻し、我が国の抵抗の意志を挫くことを企図する。……（この地域の作戦は）将来戦争の爆発する初期段階にあたり、すぐに大規模な武力衝突が発生しなくても、局地的戦争から全面戦争に発展する序幕となる。

② 日本軍の行動の可能性＝敵国は、一貫して中国を武力で恫喝し、戦わずして勝利を得ようとして外交談判を強行する。そして局地的軍事行動によって国策を遂行しようとするが、その局地的軍事行動が戦争への序幕となる可能性がある。例えば、敵が淞滬に増兵し、海軍、空軍でわが首都を攻撃して、中国に対して強制的な談判を押しつけ、威嚇や脅迫を加えようとした時である。

次に乙案である。(82)

日本軍の情況の判断＝敵は世界戦争に対応して、まず資源を略奪して、作戦の基盤を強固にしようと、主力で我が国軍に攻勢をかけ、最短期間で国軍を消滅させる作戦を展開する。その主戦場は華北を中心とする……同時に一部が揚子江河口および杭州湾から上陸し、わが資源を略奪し、首都を威嚇する。また台湾部隊を福建、広州の沿岸に上陸させ、その主力軍の作戦の進展を容易にしようとする。

日本は、一九〇〇年の義和団事件以後、上海に海軍陸戦隊を駐屯させていたが、第一次上海事変以後、上海海軍特別陸戦隊を編成しその半永久的兵営を構築して、三六年末には約二、二〇〇の兵員を駐屯させ、上海公大飛行場の建設を進めていた。日本軍の内部では、陸軍が華北を勢力範囲に設定されていたのに対して海軍は華中・華南をその勢力範囲と設定されていた。満州事変・満州国建国や華北分離工作で「実績」を誇示し、戦時予算を獲得して羽振りよく軍備拡張を進める陸軍に対して海軍は対抗心を募らせ、すでに三六年末には華中・華南で戦争を発動させる作戦計画を立案し、さらに南京渡洋爆撃や上海戦開始の臨戦態勢まで取っていたのである。[83]

国民政府の国防作戦計画は、以上のような日本軍、とくに海軍の作戦動向を察知したうえで作成されたことがわかる。では、日本軍の上海・南京侵攻の可能性に対して、中国軍の作戦計画はどのように構想されていたのか、甲案から見てみる。

① 長江下流地域の国軍は、開戦の緒戦において全力で上海を占領し、どのようなことがあろうとも必ず上海の敵軍を殲滅する。これが全作戦の核心であり、爾後長江と黄浦江の沿岸に上陸する敵を阻止する。上陸に成功した敵に対しては攻撃してこれを殲滅する。やむを得ないときは逐次防衛陣地線に後退し、最後は乍浦―嘉興―無錫―江陰の防衛戦を確保して首都を防衛する。杭州湾と江陰の長江は封鎖を実行して敵艦の侵入を阻止する。杭州湾と江陰の長江は封鎖を行ない、敵艦の侵入を阻止する。

② 空軍は作戦に先立って長江内の敵艦ならびに上海の敵の根拠地を殲滅する。ついで主力で海上の敵の航空母艦、艦隊、輸送船舶を攻撃、さらに沿岸防衛の国軍の作戦に協力する。将来は、全部の重爆撃隊で敵の佐世保、横須賀および日本の空軍基地を襲撃し、さらに東京―大阪の各大都市を破壊し、わが国の空の行動の自由を確保する。

③ 海軍は戦争初期に長江に集中し、陸空軍と協力して敵艦を掃討する。

以上の戦況予想と大局の作戦計画にもとづいて、甲案、乙案ともにより詳細で具体的な作戦計画が、「第七各兵団の任務および行動」「第八　航空と防空」「第九　海軍」「第一〇　要塞」「第一一　交通、運輸」「第一二兵站」「第一三　警備」「第一四　戦場区分」という分野別に立てられている。

ここでは詳細な検討は省略するが、全体的な特徴としていえるのは、一つは、これが机上のプランではなく、実戦を想定した現実的な計画であったことである。戦場区分で「江浙区」の防衛に割り当てられていた第八集団軍と第九集団軍が、そのとおりに第二次上海事変の勃発時に実際に配置されていて、日本軍と戦闘したことからも証明される（三七年八月一三日〜二二日まで、その後は大規模に増援される）。一つは、首都南京の防衛を作戦の中心においたこと。そのためにまずは、日本軍の上海上陸を全力で阻止しようとし、つぎは上海―南京間を長江沿いに遡上する日本海軍の攻撃を阻止しようとし、南通、江陰、江寧などの各区に江岸要塞を構築したこと、さらに上海―南京間の陸上に何重もの陣地線を構築したことである。そのうえに南京―浦口―鎮江―蕪湖一帯の首都圏を防衛する「首都警衛軍」を配備したのである。さらに一つは、日本の海軍が開発・拡充した航空兵力を駆使してくることに対抗して、南京、広徳、杭州に中国空軍の基地を建設するとともに、一方では日本軍機の南京空襲に備えて防空体制を重視し、高射砲などの地上防空兵器を配置し、さらに空軍駆逐部隊を南京や徐州、鄭州などに配置したことである。

中国国民党中央委員会党史委員会編『中華民国重要史料初編――対日抗戦時期　緒編（三）』の「二、抗戦の準備　（一）国防軍備」の「4　蔣委員長国防施設と兵工廠建設の計画と指示」「5　蔣委員長空軍と防空建設の指示」に蔣介石軍事委員長が防御陣地、国防施設の建設を指示した史料が多く掲載されている。これらの史料から、蔣介石は三三年から長江沿岸の要塞防御工事や南京付近の各要塞に通ずる道路の修築を指示していることがわかる。命令や指示は蔣介石軍事委員長が軍事委員会の弁公庁の朱培徳主任あるいは林蔚副主任を通して関係諸機関に電報で通達するかたちや、参謀総長を兼任する蔣介石（一九三二年三月から三五年まで兼任）が参謀次長（三二年四月〜三四年一二月、賀耀組が就任）や軍政部政務次長（三四年一月〜三六年一二月、顧祝同が就任）に電報で指示するかたちをとっている。朱培徳は参謀総長を兼任していた蔣介石のために代理参謀総長も務めていた（一九三四年一二月〜三五年一二月）。

一九三四年になると蔣介石は国防施設建設工事の要求を加速し、南京を中心とする高射砲陣地の構築や防空計画の作成、実施を指示するようになり、同年一一月には首都南京の防空演習を行なうよう、朱培徳弁公庁主任、唐生智訓練総監部総監に指示している。

以上のような上海・南京戦の作戦計画を作成したのは、軍事委員会参謀本部であるが、三二～三五年まで蔣介石が参謀総長を兼任、三四年から三五年までは実務遂行のため朱培徳(84)が代理総長を務めた。三五～三八年まで程潜(85)が総長になっている。参謀本部次長の賀耀組(86)も参謀本部の要職を歴任してきた人物である。したがって、上海・南京戦の作戦計画は、軍事委員会総顧問のファルケンハウゼンやドイツ軍事顧問団の指導と助言を得ながら蔣介石が構想した対日戦略にもとづいて作成され、命令、指示が下されるという性格の強いものであったといえる。

同様に、国防施設建設の行政は行政院直属の軍政部を通して行なわれることになっていたが、軍政部長には蔣介石の軍政の腹心であった何応欽がつき（三〇年三月～三八年一月まで）、実質的な行政を遂行した軍政部政務次長は国民政府中央軍の「八大金剛」の一人といわれた顧祝同(87)が就任（三四年一月～三六年一二月）、続いて長期にわたり国民政府の高級幕僚であった曹浩森(88)が就任している（三六年一二月～三八年一月）。曹浩森は軍政部陸軍署長を務め（二八年一一月～三五年一月）、軍事委員会第二庁の主任も兼任したことのある（三四年三月～三五年五月）人物である。したがって、国防施設建設においても、軍政部は機構的には行政院直属になっているが、実際には蔣介石派の軍人を重要ポストに配置することによって、ファルケンハウゼンを団長とするドイツ軍事顧問団の指導や助言をうけた蔣介石からの命令、指示をもとに実施されるという性格が強かったといえる。

ちなみに上海・南京間の長江沿岸に建設された軍事要塞線は、ドイツ軍事顧問団の計画、指導によっており、彼らは「ヒンデンブルク線」と呼んでいたという(89)。三七年二月、対日戦の勃発が時間の問題と判断した蔣介石は、南京城壁を特製の強固なレンガを用いて修復させ、門楼はセメントで修築させ、屋上には高射小砲を配備させている。

三七年二月の何応欽軍政部長の軍事報告（前述）では、当時の国防工事の完成情況が報告されている。[90] 国防工事は首都防衛にかかわるものを優先し、まず各防衛陣地線上の骨幹にかかわる位置に永久性陣地を建設し、逐次それを補強し、最後に防衛陣地としての装備、体裁の整ったものにした。永久性陣地はドイツやソ連の最新の要塞築城の教範にもとづいて、鉄筋コンクリート製で、口径一五ミリの銃弾や五〇〇ポンドの爆弾に耐えられる軽・重機関銃掩体、出入り口は鉄扉で、防毒用の遮蔽、密封設備があり、さらに、射撃孔、展望孔などを備えた監視所、通信所、指揮所などのトーチカ類と掩蔽壕などが構築された。

同軍事報告によれば、上海・南京戦に関わる地域は国防工事区分で「江浙区」とされ、防御陣地工事の完成情況は以下のようになっていた。

京滬区防御陣地

(1)　滬杭区防御陣地

①　淞滬陣地（呉淞―上海）＝予定工事数四五　完成工事数一七　完成率三七・八％

②　呉福陣地（蘇州―福山）＝予定工事数二二六　完成工事数一五七　完成率六九・四％

③　錫澄陣地（無錫―江陰）＝予定工事数二九七　完成工事数二九七　完成率一〇〇％

①　乍平嘉陣地（乍浦―平湖―嘉興）＝予定工事数八四〇　完成工事数八三〇　完成率九八・八％

②　海塩―嘉興陣地＝予定工事数一一二　完成工事数八二　完成率七三・二％

③　乍澉甬海岸陣地（乍浦―澉浦―海寧）＝予定工事数一五〇　完成工事数一五〇　完成率一〇〇％

(2)　南京区防御陣地

①　南京城内と城壁周辺および長江沿岸および東南陣地（南京防衛戦では南京城複廓陣地と南京外囲防御陣

地と称された）＝予定工事数四二三　完成工事数四〇二　完成率九五％

② 江西北面陣地（長江の西北部）＝予定工事数四五　完成工事数四五　完成率一〇〇％

③ 鎮江付近陣地＝予定工事数三四　完成工事数〇　完成率〇％

④ 無湖陣地＝予定工事数二五　完成工事数二二　完成率八八％

上記の諸陣地の工事から国民政府は、上海に上陸した日本軍が長江を遡上するだけでなく、陸上を南京に侵攻することを想定して、前述の「一九三七年度国防作戦計画」の甲案にあった「乍浦―嘉興―無錫―江陰の防衛戦を確保して首都を防衛する」という作戦計画のとおりに京滬区と滬杭区に恒久的な掩体壕、塹壕とトーチカなどの防御陣地を構築したことがわかる。同じく南京区の防衛陣地工事は、南京―浦口―鎮江―無湖一帯の首都圏を防衛する「首都警衛軍」を配備した作戦計画のとおりに構築されていたのである。

工事の完成率は三七年二月の時点であるから、その後の進行も考えて、盧溝橋事件が発生した段階で、蔣介石は本格的に上海・南京戦を戦えるだけの防衛陣地が構築されたと判断していたと考えられる。

当時、国防建設工事にたずさわった工兵学校教官・黄徳馨の回想によれば、三三年から上海・杭州一帯の国防工事を開始、三四年〜三六年の三年間に工事を集中し、永久性陣地工事の建設計画は基本的に完成したという。永久性工事の設計は、ドイツ軍事顧問団の指導をうけながら主として参謀本部の城塞局が責任を負い、中央軍官学校と工兵学校の教官や技師がこれに参加した。防衛陣地の構築工事には、上海戦に最初に投入されることになる中央軍の第三六、五七、八七、八八師の歩兵と工兵第一団、工兵学校練習隊、憲兵団などの部隊が動員された。建設技術を有する大工、職人が必要であったので、上海の建設会社から多くの熟練工を調達して借用、後に彼らの大多数が工兵団に編入された。(91)

上海・南京戦地区の国防工事に責任者としてかかわったのが、最初は京滬抗日秘密組織部長、のちに京滬警備司令となった張治中で、上海戦が開始されると第九集団軍総司令、第三戦区中央軍総司令となり、緒戦の上海戦の事実上の指揮官の役割を担う。京滬警備司令張治中は、上海戦の緒戦の戦闘部隊となった第九集団軍を編成することになる第三六、八七、八八師、独立工兵団および淞滬警備司令部（上海保安総団と上海警察局から成る）を指揮して、三五年一二月〜三六年末にかけて前述した防衛線にそって永久性陣地の構築を行なっている。[92]

2　作戦と指揮

本項では、上海・南京戦の戦闘過程、展開過程を全体的にまとめることはせず、国民政府軍の構造と作戦の特徴や蔣介石の作戦と指揮の実態を分析することに主眼をおいて、国民政府の戦争指導体制、具体的な作戦指導から見る国民政府軍の指揮系統、兵員の「徴兵」の実態などについて検討することにしたい。

国民政府の戦争指導体制

三七年八月九日の大山事件をきっかけにして八月一三日から上海戦が始まり、日本の近衛内閣は第三師団と第一一師団の上海派遣を閣議決定し、一五日には両師団からなる上海派遣軍が編成され（軍司令官松井石根大将）、二二日に上海戦域に到着、上海上陸をめざして中国軍との本格的な戦闘を展開するようになるが、それまでの日本軍は海軍特別陸戦隊の総兵力五、〇〇〇に満たなかった。[93] 中国軍は京滬警備司令張治中が指揮する第八七師と第八八師が作戦にあたったが、国民政府も国防最高会議を設置し、上海・南京戦区を第三戦区として正式な戦闘序列に組み入れて、上海派遣軍との大規模な陣地戦を準備した。

上海・南京戦に備えて防御陣地の構築を指揮した京滬警備司令張治中は、八月一一日、南京の軍事委員会から、中央軍の精鋭の第八七師と第八八師を率いて上海付近に進軍するよう電話命令をうけ、一二日早朝には上海に進駐していた。虹口、楊樹浦の日本軍の拠点を包囲した張治中は、同日南京の蔣介石軍事委員長と何応欽軍政部長宛に一三日早暁攻撃の準備を打電したところ、一二日のうちに蔣介石から命令あるまで攻撃を禁止する電報命令が届いた。一三日、蔣介石から張治中に対して、日本の海軍陸戦隊の兵営と司令部の攻撃準備をせよと指示が電報で伝えられ、張治中の部隊は一四日午後三時になって正式に戦闘を開始している(94)。

蔣介石が中国軍にとって優位な一三日早暁の攻撃を阻止したのは、一二日午後に上海の領事団と第一次上海事変停戦協定共同委員会および英・米・仏領事が、日中両国に二四時間は租界付近での作戦は止め、上海を自由都市にして上海戦を回避するよう提案し、日本の岡本総領事と兪鴻鈞上海市長との会談が行なわれたことへの外交的な配慮からと思われる(95)。

中国空軍は八月一三日午後二時に空軍総指揮周至柔・副総指揮毛邦初の名で「空軍作戦命令第一号」を発令し、一四日の出撃準備を命令した(96)。さらに一三日夜には、航空委員会委員長の蔣介石から出撃航空部隊に電話で直接攻撃目標が指示されている(97)。一四日中国空軍の出撃部隊は上海の日本海軍特別陸戦隊司令部ならびに黄浦江上の日本海軍第三艦隊旗艦出雲を爆撃し、台北を飛び立ち渡洋爆撃を敢行した木更津航空部隊とも空中戦を展開し、三機を撃墜した。これを中国空軍の戦果と喜んだ蔣介石は早くも一六日、戦死した航空隊員二〇名に栄誉の勲章と遺族に賞金を与えるよう手令（直接命令）を出している(98)。

ところで、一四日の午後三時、空軍の空爆に呼応して総攻撃を開始した張治中の部隊は、当日の夜、また南京の軍事委員会から命令あるまで攻撃を停止せよという命令を受け取り、勝機がありながら一五日、一六日は包囲した日本軍の攻撃を控えざるを得なかった。一六日になってようやく蔣介石軍事委員長から一七日早暁全線で総攻撃を行ない、虹口を占領せよとの直接命令が出されたのである(99)。この攻撃中断の措置については、八月一五日、軍事委員会常務委員の白崇禧から軍事委員会委員長侍従室第一処主任の銭大鈞に対して、日本陸軍が上海に到着する前に決着をつけるべきだという意見が電話で寄せられている。[100]

張治中は一八日にも第三回目の攻撃停止命令を蔣介石から受けているが、上海戦の緒戦で、上海派遣軍が到着する前に劣勢の海軍特別陸戦隊を撃退しなかった作戦指揮のミスは、蔣緯国総編の『抗日禦侮』に、初期の兵力の優勢を生かさなかったこと、攻撃の重点の選定が不適切であったことにあった、と総括されているとおりである。[101]

蔣介石軍事委員長が張治中に八月一五日、一六日の攻撃の停止を命令したのは、八月一五日に英国陸軍が上海に上陸するので誤って阻止、攻撃しないように彼が命令していることや、[102]兪鴻鈞上海市長が上海の各国領事団緊急会議を招集させて、日本軍が中国軍攻撃の基地として共同租界を利用することを禁止する決定をするよう要請したり、各国の国防軍と義勇隊を上海南市から蘇州河以北に撤退させて、厳正中立区として難民区を設定することを提案していることなどを考えると、[103]多分に各国領事団や外国メディアなどに対する蔣介石の思惑が働いていたからだとも推測できる。

上海戦の開始によって日中全面戦争（中国にとっては全面抗日戦争）に突入したこの時期は、国民政府においても戦争指導体制に即応した機関の設置や改造がすすめられた。八月一一日、国民党中央政治委員会は国防最高会議を設置し、それまでの国防委員会（本章二四九頁参照）を解消することを決定した。国防最高会議は、軍事委員会委員長が主席（蔣介石）、国民党中央政治委員会主席が副主席（汪精衛）となり、国民党、国民政府の各機関の長官のほとんどすべてが委員として参画し、国防方針の決定、国防経費の決定、国家総動員事項の決定、その他国防に関係する重要事項の決定を行なう、全国の国防最高決定機関とされた。[104]

国防最高会議は八月一四日に第一次会議を招集し、対日抗戦は「宣戦絶交方式」を採用しないことを決定した。[105]理由は日本が「支那事変」と呼称して戦争ではないとしたのと同様に、アメリカの中立法の適用を回避するための措置と思われる。

国防最高会議は八月一六日、国民政府から蔣介石軍事委員長を三軍の大元帥として全国の陸、海、空軍を統帥する権限を授けるという決議を行なった。これよりさき、八月一一日の国民党中央政治委員会で陸海軍大元帥を特設して蔣介石を推挙、陸海空軍大本営を国民政府に直属して組織することを決定したが、その後日本と中国は宣戦をしていないので戦争事態とはいえないから、大本営を設置することはできないという正論が主張され、軍事委員会を最高統帥部として拡充して第一部＝軍令、第二部＝軍政、第三部＝経済、第四部＝政略、第五部＝宣伝、第六部＝組訓の六部で編制することに落ち着いた。(106)

しかし、大本営組織系統表も作成され、大元帥蔣中正を発令者とする大本営訓令も何号か出され、(107)外交部から陸海空軍大本営宛の秘密電報も打電され、蔣介石自身も軍事委員会への電報を南京大本営黄部長宛という表記をしているので、(108)蔣介石は大元帥であることにこだわったように思えるが、時間の経過につれて軍事委員長という職位名を公用することに落ち着いた。しかし、蔣介石は、大本営と同様な権限と機構を備えた最高統帥部の軍事委員会の委員長と国防最高決定機関の国防最高会議の主席を兼任することによって、抗戦時中国の軍事と政治において独裁的な権力を築く基盤を形成したといえる。

軍事委員会と国防最高会議の役割と機能の違いであるが、作戦計画の作成と指揮、戦場における具体的、直接的な作戦指揮、戦闘指揮は軍事委員会がかかわり、蔣介石は軍事委員長として戦場の指揮官に対して電報や電話を使って戦闘指揮に直接コミットしたのは既述のとおりである。いっぽう、国防最高会議は、国民党、国民政府の各部局、委員会の長が参加して、経済、政治、教育など戦時動員政策や戦時国防建設の立案と推進、とくに税の徴収と兵員の徴集などの方策を検討した。盧溝橋事件以後、七月一一日～八月一二日まで毎夜九時から、軍政部長何応欽が国民政府の主要機関の長官を招集して軍事情況の報告と軍政の打ち合わせをする「会報」を開催してきたが、[109]同様な役割と機能が国防最高会議に継承されたと思われる。

九月九日に国防最高会議の下部に国防参議会が成立した。共産党や第三党勢力、無党派、民主抗日人士などを網羅したところの、国民政府が抗日民族統一戦線的な政府であることをアピールするための機関で、後の国民参政会の前身としての性格を有した。[110]周仏海は当時軍事委員会第二部副部長兼侍従室第二処副主任として国防参議会に出席していたが、彼の日記によれば、同議会は抗日戦争の戦況ならびに軍政、内外政治状況にかかわる情報報告が多かったようである。[111]

国民政府軍も国共合作にもとづく抗日民族統一戦線的な軍隊であったということについては、本章では詳述しないが、上海・南京戦にかかわって、軍事委員会は一〇月二日、江南各地から集めた共産党軍を新四軍（葉挺軍長、項英副軍長）として国民革命軍の編制に入れ、第三戦区司令長官顧祝同の指揮下に、南京・蕪湖間で遊撃戦を行なうと規定した事実は記しておきたい。[112]

軍の編制と指揮系統

蔣介石は軍事委員長の名で八月一五日に全国総動員令を下達し、全国を五つの戦区に分け、上海・南京戦にかかわる江蘇省南部と浙江省を第三戦区とし、八月一八日に陳誠を第三戦区の前敵総指揮に任命し、八月二〇日に第三戦区の作戦指導方針と作戦計画にもとづく部隊編制と部隊配置を下達した。第三戦区の司令長官は馮玉祥、副司令長官は顧祝同であった。同作戦計画による部隊配置は以下のとおり（Dは中国では師と称する師団）。[113]

①淞滬包囲攻撃区　指揮官＝第九集団軍総司令張治中　三六Ｄ　五六Ｄ　八七Ｄ　八八Ｄ　九八Ｄ　その他
（部隊名省略）

②長江南岸守備区　指揮官＝第五四軍軍長霍揆章　一一Ｄ　一四Ｄ　六七Ｄ　その他

③長江北岸守備区　指揮官＝第一一一師師長常恩多　一一一Ｄ　その他
④杭州湾北岸守備区　指揮官＝第八集団軍総司令張発奎　六一Ｄ　六二Ｄ　五五Ｄ　五七Ｄ　その他
⑤浙東守備区　指揮官＝第一〇集団軍総司令劉建緒　一六Ｄ　六三Ｄ　一九Ｄ　五二Ｄ　新編三四Ｄ　その他

以上の第三戦区に配属された各師は第二期北伐戦争では蔣介石を総司令とする第一集団軍の麾下にあった部隊であり、国民政府軍の中央軍であった。ただし、第八軍総司令の張発奎は、かつて汪精衛を支持し、広西派軍人として反蔣介石戦争にも参加した軍人であるが、後に広西派から離れ、蔣介石に抜擢された高級軍人である。(114)

八月下旬から呉淞北の長江岸からの上陸をめざす上海派遣軍と、それを阻止しようとする中国軍とのあいだの戦闘が大規模に開始され、羅店鎮、顧家宅付近で激戦が開始されると、八月三〇日、第三戦区司令長官馮玉祥、副司令長官顧祝同の名で、以下のような淞滬付近の戦闘配置が作戦計画とともに下令された。(115)

第九集団軍　総司令張治中
右翼軍　指揮官＝孫元良　八八Ｄ　その他
中央軍　指揮官＝宋希濂　三六Ｄ　その他
左翼軍　指揮官＝王敬久　八七Ｄ　六一Ｄ　その他

第一〇集団軍　総司令陳誠
右翼軍　指揮官＝羅卓英　六Ｄ　一一Ｄ　九八Ｄ
左翼軍　指揮官＝陳誠　一四Ｄ　五一Ｄ
江防守備軍　指揮官＝劉和鼎　五六Ｄ　五八Ｄ
戦区総予備隊　五七Ｄ

右記の各師団は国民政府軍中央軍の精鋭部隊であり、蔣介石がこれらの部隊を配置したのは、上海派遣軍の呉淞―劉河鎮間への上陸を阻止するための戦闘を重視した証左である。苦戦を強いられた日本軍の参謀本部は九月一〇日に第九、第一三、第一〇一師団の三個師団の増派を決定する。いっぽう軍事委員長蒋介石も広西軍や広東軍の上海・南京戦への投入を指令している。[116]

この段階になって国民政府軍上層の指揮系統の人事配置が、反蒋介石派との妥協と牽制の両側面からなされたことの構造的な矛盾が露呈する。既述のように、第一戦区（河北省、山東省）の司令長官に蒋介石が就任して馮玉祥軍を牽制し、その「代替」として馮玉祥を第三戦区の司令長官に就けた。軍隊の戦闘序列からすれば第三戦区の作戦命令や指揮は馮玉祥司令長官からなされるべきであった。馮玉祥も司令長官としての任務を遂行すべく蘇州に出向しているが、実際の作戦命令や指揮は、軍事委員長の蒋介石が第三戦区副司令長官の顧祝同を通して行なっており、馮玉祥は命令書に名を記しているだけの名目的な存在にすぎなかった。

形式的にせよ命令文書や報告書などは馮玉祥司令長官を通さなければならない煩雑さや矛盾を解消するために、九月二一日、軍事委員長蒋介石はみずからが第三戦区司令長官を兼任することを馮玉祥に下達している。[117] 以後、第三戦区は軍事委員長蒋介石が司令長官として名実ともに直接に作戦、指揮を行なう戦場となった。蒋介石がそれだけ上海・南京戦を重視したことの現われであるといえるが、国家の最高戦争指導者が、特定戦場の司令長官も兼ねることは、近代国家の軍政制度としては考えられないことであるが、国民政府軍は高級軍人集団が制度や機関にもとづいて戦争指導を遂行できる段階にいたっておらず、蒋介石の独裁的な指導体制に全面的によったことは、それだけ蒋介石の主観的な判断が罷り通り、合理的な判断や作戦指導を損ねる側面をもった。

国民政府軍が近代的に制度化された指揮系統に基づいて作戦行動をする軍隊というよりは、蒋介石が戦闘序列にある指揮官の階級を飛び越えて、直接電話で指揮をしていたのは、すでに見てきたとおりである。蒋介石自身前線を視察に出かけているし、ドイツ軍事顧問団団長のファルケンハウゼンが、上海戦の指導にも関与しながら、蒋介石にも適宜戦況の報告やアドバイスを行なっていた。[118]

蔣介石が絶対的な権限をもって、指揮系統を超越して作戦指揮を行なったことは、国民政府軍が、高級指揮官が協議しながら合理的な作戦指揮を行なうのを妨げ、蔣介石との人間関係が絶対的な影響力をもつことにもなった。その典型が、京滬警備司令として上海戦の緒戦を最高指揮官として作戦指揮を行ない、後に第九集団軍総司令として活躍した張治中が、作戦、指揮をめぐる蔣介石との亀裂から疎まれるようになり、九月二一日に辞職届けを提出して戦線から離脱していったことである。(119)

3　兵員の徴発と動員

『中華民国重要史料初編――対日抗戦時期　第二編　作戦経過（二）』および『抗日戦争　正面戦場　上冊』には、上海戦において蔣介石が軍事委員長として出した、直接命令、電報命令、電話命令などの種々の命令が収録されている。そのなかから民衆の動員や兵員の補充の様子がうかがえる命令をいくつか列挙してみる。

まずは『抗日戦争　正面戦場　上冊』に収録された民間人の労働の徴発に関するもので、発令者はすべて軍事委員長蔣介石の電報命令である。（注記は省略、掲載頁のみ記す）

① 第八集団軍総司令張発奎宛：部隊を派遣して民間人の人夫を徴集して、指定地域のトーチカの構築、塹壕の開削、戦車防御壕の開削などを半月以内に完成するように。〈九月三日〉（三〇三頁）

② 鎮江・陳果夫主席宛：各県長、専門委員に命じて在地の有力者を招集し、郷民を監督、引率して重要地点の陣地構築、塹壕開削工事のために軍隊に協力するよう要請せよ。〈九月三日〉（三〇四頁）

③ 第三戦区副司令長官顧祝同、第八集団軍総司令張発奎、第九集団軍総司令張治中、第三戦区司令長官馮玉祥、江蘇省政府主席陳果夫、浙江省政府主席朱家驊宛：既存の永久性国防工事のほかに、歩兵掩体壕、指揮所、監視所、交通壕、障害物、陣地道路など多くは未完成である。当該省政府から工事地区の各県の

民間人人夫を徴集させ、部隊に協力して工事に従事させよ。各地の軍事機関の責任者は、工事の進行状況を報告せよ。〈九月三日〉（三〇四頁）

以上の命令からわかることは、省や郷鎮や県の政府に民間人から労働力を強制的に動員させ、陣地構築工事に従事させていることである。行政機構からいえば、地方政府に対する指示は行政院に直属する軍政部から行なうのが公式の手続きだと思われるが、緊急性、機密性ということもあってか、軍事委員長が直接に命令を下達している。③の電報命令の宛名を見ると、軍隊の階級が上位の第三戦区司令長官馮玉祥の順番が後になっている。それは、馮玉祥が実際の権限を有しなかった証左であるが、指揮系統の上下を厳格に重視する軍隊制度にあっては異例である。

次は『中華民国重要史料初編――対日抗戦時期　第二編　作戦経過（二）』に収録された地方軍の派遣と兵員の補充についての命令である。（同じく頁のみ記す）

①　武漢行営主任、湖北省政府主席、江西政府主席宛：保安団および各師団のなかから体格がもっとも壮健の兵士を五〇〇〇名、一〇日以内に南京に送るように。前線の欠員を補充する。〈八月一八日〉（一七四頁）

②　浙江省、河南省、陝西省各政府主席宛：保安団からもっとも壮健の兵士を五〇〇〇名、五日以内に上海に到着させるように。〈八月一八日〉（一七五頁）

③　軍政部長何応欽への指示：広西省から派遣してくる軍隊にたいして、規定にしたがい食費・手当を二五万元支給するほか、中央軍の戦時経費の例にしたがって支給するとして、どれくらいになるか、詳細を知らせたし。〈八月二四日〉（一七八頁）

④　広州綏靖公署主任宛：広州綏靖公署から派遣する部隊は、九月八日前に京滬路（南京―上海鉄道）に集結するよう、できたら浙湘鉄路と京漢水路とに分けてすみやかに輸送するように。〈八月二八日〉（一八〇頁）

⑤　軍政部長何応欽への指示：四川、貴州、陝西、甘粛、河南、湖北、湖南、浙江、福建、江西の省の各師団にたいして、師団ごとに現地で二団の補充兵を召募するように命令せよ。各師団は兵士四営ないし六営から戦闘兵二営、各独立旅団からは二営ないし三営から一〇〇〇名以上を選んで、一月以内に南京に輸送させせよ、前線の兵員の補充にあてる。〈九月九日〉（一九五頁）

⑥　軍事委員会第六部部長陳立夫への指示：上海の失業労働者を組織して、労働者隊を編成し、材料の運搬や塹壕掘りなど、軍隊を援助させるようにせよ。〈九月一一日〉（一九五頁）

⑦　河南省政府主席、第八師師長宛：第八師をまず南京に集結させ、ついで第四師から防衛陣地を受けついで京滬路に配備するように。〈九月一五日〉（二〇九頁）

⑧　広州綏靖公署主任宛：今度の抗戦で参戦部隊の半数以上が死傷している、六六軍（広東軍）は勇猛奮戦して犠牲が甚大であるので、後方で整理休養させているが、兵員の欠損が大きすぎ、また遠隔すぎて補充も容易でない。広東省から再び三師団を調達して南京の増援に送ってもらいたい。後方で二個師団を補充訓練するように、経費は中央が負担する。〈九月二五日〉（二〇三頁）

⑨　雲南の竜雲（第一集団軍総司令）宛：出征部隊の軍服と武器類は軍政部から支給するよう命じてある。今次の作戦経験から前方部隊が戦闘力を継続するためには、少なくとも同数の補充部隊を準備しなければならない、培する数ならばさらによい。ふたたび一二個団の歩兵を徴発して月内か翌月初に送りだすように。〈一一月三日〉（二〇八頁）

以上の軍事委員長蔣介石の命令や指示から、上海戦の緒戦段階では国民政府中央軍の精鋭部隊が日本軍と激戦を展開したが、日本側も軍隊を増派して、日中戦争における最大規模の戦闘に発展したために、中央軍だけでは戦力が不足し、急遽、地方軍を上海・南京戦に投入するようにしたことがわかる。さらに上海戦が三か月にもわたる長期戦になったために、中国軍の死傷者が膨大となり、全国の省から強制的に補充兵を供出させたことである。その方法は、三六年に実施した「徴兵制実施計画」によって、全国に設定した兵営区と全国に設定した六〇個師団の軍区ごとに徴兵と部隊編成、訓練を行なう制度にしたのを利用して、兵員供出を割り当てたことである。全国に設置された綏靖公署の主任ならびに各省政府の主席が徴兵と派遣の責任を負うようになっているが、制度としての徴兵制はまだ実施、定着されるにいたらず、「壮丁訓練」（前述）による補充兵の徴発がほとんどであり、それも実態は、農民の連行が多かったようである。

⑨の雲南の竜雲宛の命令は、徴兵が拉致、連行であることをうかがわせる。それは雲南から出征させた部隊は軍服も武器もない、したがって兵士ではない人員から編成されていることを意味する。筆者（笠原）は日中戦争当時中国で取材活動を行なった「シカゴ・デイリー・ニューズ」記者のA・T・スティールから聞き取りを行なった時、彼は若い農民たちが縄に繋がれて連行される写真を私に見せながら「これは中国兵を地方でリクルートするやりかたです。彼らは徴兵されたばかりです。軍隊が農村に行って年頃の男性を見つけると、後ろ手に繋ぎ合わせて兵隊にするために連行するのです。なかには若すぎる者も徴発されていました。これは雲南省で撮った写真です。雲南省は軍閥の支配した地域で、蔣介石の軍隊の供給源になっていました」と説明してくれた。[120]

上海・南京戦当時、国民政府軍の徴兵制度が行政的に正式に実施されていなかったのは、国民政府の最精鋭の模範的部隊であった教導総隊の兵士でさえも徴兵制度にもとづいて召集されたものではなかった事実からも推察できる。同部隊の兵士の多数は、安徽省北部、山東省西部、河南省中部という貧困の農村地帯から募集（実際は徴発に近かった）した農民からなった。上海戦から南京戦の戦場に移動、配備された教導総隊は、湖南省、安徽省、江西省の省境にあって新兵を徴集し、南京防衛陣地に配置されてから、短期間に実戦訓練を施したのである。(121)「徴兵制」や「壮丁訓練」さらには兵士供出の母体になった保安団などの実態については、今後地方史の資料を調査、発掘、収集するなどして、地方社会における実態を解明していく作業が求められるが、黄仁宇が指摘するように、当時の中国社会の構造には徴兵制度を実施して近代的軍隊を支える力は備わっておらず、徴兵の対象は農村社会の最下層部分であり、徴兵は各地方政府や各師団の徴兵担当官が請け負いで行ない、農村の保甲制度を利用して強制的に割り当てられ、さらには農民や民衆が拉致されて、逃亡を防ぐために縄で繋がれて連行されるという実態があった。(122)

前記の蔣介石の命令から知ることができるのは、上海戦の最初の段階は第三戦区に配置された国民政府軍の中央軍が戦闘の中心であったが、戦闘が大規模化、長期化するにともなって広西軍、広東軍などの地方軍を投入せざるを得なくなったことである。国民政府軍の構造としてあげた中央軍と地方軍の混成という矛盾を抱えた特質が上海・南京戦の戦闘に存在したということである。上海戦に投入された中国軍は、延べで七〇余個師、およそ七〇万の大兵力であったといわれる。蔣介石は中央軍のほとんどを投入したが、広東、広西、湖南、四川、貴州、雲南などの地方軍も投入され、(123)蔣介石自身が「我々は上海で一九万人を犠牲にした」と認めたほどの戦死者を出したのである。(124)南京戦では中央軍と広東軍、北方軍が中心となって戦ったが、蔣介石から南京戦への参戦を命令された四川軍の劉湘は、蔣介石が南京防衛を口実に四川軍の消滅を企んでいると疑い、蔣介石の命令に抵抗し、広徳・泗安への布陣を固持したという矛盾もあった。(125)

なお、南京戦の作戦、経緯ならびに参戦した国民政府軍のかなり詳細な分析は、注(121)の笠原十九司「南京防衛戦と中国軍」にまとめたので、参照していただけると幸いである。

おわりに――上海・南京戦の歴史的評価

上海・南京戦は蔣介石の対日戦略にもとづいて防衛体制が準備され、作戦計画が作成され、実際の戦闘指揮も蔣介石によってなされたといっても過言ではない。対日戦略として評価するならば、日本軍の主力をもっとも防衛態勢と防衛力の強固な上海・南京地域に引き寄せて消耗戦を強いて、日本の速戦速決作戦を挫折させて長期持久戦に引きずり込むという蔣介石の戦略は「成功」したといえる。

上海戦の緒戦段階では、上海派遣軍は二個師団にすぎなかった。それが九月二〇日の段階では、中国派遣の日本陸軍は、華北に約三七万、上海約一九万となり、さらに一〇月末の段階では、華中方面に九個師団、華北方面に七個師団と主作戦が華中に転換し、前後して総勢二〇余万の日本軍が上海戦に投入され、日本内地に残る常設師団は近衛師団と第七師団の二個師団のみになったのである(126)。

しかし、上海・南京を中心として欧米列強の利権が錯綜する華中に日本軍が侵攻することによって、アメリカやイギリスの武力干渉を引き起こすか、ソ連の対日戦争発動をうながすという蔣介石の戦略は、長期的には「成功」したといえるが、一九三七年の段階に短期的に限定していえば、予測と判断を誤ったといえる。

蔣介石は当時、国民政府軍事委員長として指揮できる全中国部隊の三分の一強の部隊を上海戦に投入し、中央軍の最精鋭部隊のほとんどを投入した。蔣介石が中国の命運をかけて上海戦にこだわったのは、上海や華中に利権をもつイギリスやアメリカの対日干渉を誘い出して停戦にこぎつけること、そのさいの講和条件を有利にするためにも戦局を優勢にすすめておくことが必要であった。もう一つは国際連盟に提訴して、連盟加盟国による対日の軍事的・経済的な制裁を引き出すことであった。アメリカ大統領ローズベルトの「シカゴ隔離演説」(三七年一〇月五日）やハル国務長官の「日本の行動は九か国条約と不戦条約に抵触する」という声明（同一〇月六日）をアメリカの孤立主義からの転換と蔣介石は喜んだのである。

上海戦も三か月が過ぎた一〇月下旬、中国軍の犠牲は甚大となり、平均してどの部隊も半数の死傷者を出す事態に、蔣介石も参謀本部の幕僚たちの建議を入れて、上海から中国軍を撤退させ、江陰―無錫―蘇州―嘉興の永久性工事が施された防御陣地線まで撤退させる準備を命令した。しかし、ブリュッセル会議（一一月三日から一五日まで）が開催され、外交部から九か国条約違反で対日制裁が決定される可能性があるという強い意見が具申されると、蔣介石は撤退命令を撤回し、同会議が結論を出すまで、最低二週間は戦闘を維持するよう命じたのである。この結果、中国軍に甚大な損失を与えることになった。

一一月五日に杭州湾上陸を敢行した日本の第一〇軍に、上海防衛陣地の中国軍は背後を襲われる結果となり、中国軍の総崩れが始まった。そのため、江陰―無錫―蘇州―嘉興の強固に構築された永久性防衛陣地線によって抗戦する作戦計画でいた中国軍は、指揮系統が混乱したまま潰走状態で退却したのである。前述した上海・南京間に幾重にも構築された防衛陣地線も有効に使用されることもなく、一度下令された撤退命令が撤回されたことからくる部隊の士気の喪失と混乱、さらに不利な戦況を無視した抗戦継続の作戦により、中国軍の死傷者は激増したのである。

南京防衛作戦においても蔣介石は同様な誤りを繰り返した。南京防衛作戦をめぐって軍事委員会の幕僚たちの多くは、名目的な抵抗にとどめ、ある程度の抗戦を行なったのちは自発的に撤退し、長期持久戦に移行するという作戦に賛同した。しかし、蔣介石は一定の期間は絶対に固守（死守）するという作戦に強硬に固執し、それに賛同した唐生智を南京防衛軍の司令長官に任命したのである。[127]

蔣介石が南京死守作戦に固執したのは、当時日本の陸軍、とくに関東軍の間に一九三七年末に日ソ戦が開始されるという危機感が広まっていたこととも関連していた。日本の参謀本部は、対ソ戦争の危機を三七年一一月ころと判断し、「昭和一二年度対露作戦計画」にもとづいて対ソ戦争を遂行する決意で、満州駐箚師団の戦力を増強し、九月には第一八師団を「満州」に派遣し、待機させる処置をとっていたのである。参謀本部は一〇月の段階において、ソ連が対日攻勢に出るとすれば、一一、一二月の晩秋初冬のころであろうと判断し、対ソ最危機の時期において日中戦争が膠着状態であれば、ソ連に対日攻勢の好機を与えることを憂慮して、それまでに戦局を打開することを企図した。[128]日本政府が、駐華ドイツ大使のトラウトマンに蔣介石政府との和平交渉の斡旋を依頼したのは、ブリュッセル会議開催に予想された欧米列強の対日実力制裁を怖れたと同時に、日ソ戦争危機への対応もあったのである。[129]

日本の参謀本部が最も警戒した日ソ戦争勃発の危機を煽るかたちで、蔣介石は軍事委員会参謀次長楊杰と国民党中央執行委員張冲をモスクワに駐在させ、スターリンやジューコフ元帥らのソ連指導者に対して戦闘機を中心に、戦車、重砲、高射砲などの兵器援助を交渉するとともに、対日参戦の要請も行なっていたのである。蔣介石は「ブリュッセル会議がもしも失敗しても、中国が軍事抵抗を徹底して行なうならば、ソ連は参戦の決心をするかどうか、その時期は何時か」について、楊杰と張冲に打診させている。[130]

ソ連の対日参戦を引き出すためには、国民政府軍が日本軍と強力に戦闘を維持できることをアピールする必要があった。蔣介石は一一月一〇日に、日本軍の杭州湾上陸のため、中国軍が上海から撤退する計画であるが、撤退は安全であり損失はなく、以後持久抵抗の段階に入る、とわざわざソ連に報告している。[131]一二月に入って、スターリンとジューコフ元帥から、ソ連は単独で即刻には対日参戦しないが、九か国条約違反で列強が対日出兵するならば出兵してもよいという回答があり、さらにトラウトマン工作の欺瞞に応じることなく、日本に屈服しないことが中国政府の任務であると警告、激励が伝えられた。[132]いっぽう蔣介石は、一二月六日、スターリンとジューコフ元帥宛に、トラウトマン和平工作に対して、日本軍に欺かれないよう対応する旨と、東アジアの和平のためにソ連が対日参戦して中国に実力援助を与えてくれるよう要請する電報を送っている。(133) 当時、立法院院長の孫科がソ連からの兵器、軍事援助を求める交渉のためモスクワを訪問中でもあった。

従来の研究では蔣介石がトラウトマン工作に期待して、和平交渉を有利にするために、南京死守作戦を強行したという分析がなされてきたが、(134) 蔣介石がソ連にたいして大がかりな兵器援助獲得の交渉と対日参戦工作をしていたことが、より切実で重要なファクターとして存在していたのである。

蔣介石はソ連を日中戦争に引きずり込み世界戦争に発展させるという対日戦略にこだわって、南京固守作戦を強行するために、唐生智という現代戦の指揮経験のない不適格者を南京防衛軍司令長官に任命してしまった。唐生智は、南京防衛の中国軍の撤退作戦の時期と方法を誤り、中国兵だけで戦死者、被虐殺者を含め、約一〇万人の犠牲を日本軍から被る中国軍側の要因を作ってしまったのである。(135)

「日中戦争を世界戦争へ」という戦略に拘泥して国際情勢を分析し、上海戦・南京戦の作戦指揮を強行した蔣介石が、短期的には失敗を犯した事実は、李君山が『為政略殉』を著し、蔣介石の政略によって、膨大な中国兵が犠牲になったことを論難しているとおりである。

また、国民政府にとっても、上海・南京戦において、精鋭の中央軍が壊滅的な打撃をうけ、国民政府が築いてきた軍事的な基盤を喪失し、一九三九年冬には、数量的には地方軍が中央軍を凌駕する情況が生まれたのである。(136)

いっぽう国民政府の戦争指導体制と国民政府軍の戦闘序列と指揮系統については、三八年一月一七日、軍事委員会の組織と人事の大改革を敢行し、国民政府軍の編制と戦区の再編成を行ない、上海・南京戦で露呈した反蔣介石派の地方の軍事指導者にたいする牽制と妥協という不合理な構成やその他の欠陥を改善し、国民政府軍の構造をより中央集権的に統一した合理的な機構に改造し、長期的な全面抗戦に備える体制を固めようとしたので

ある。(137)

これにたいして日本政府と軍部は、中国の全面屈服を目的とした南京戦が政略としては失敗した深刻な事実を総括しようともせず、三八年一月一六日、「爾後国民政府を対手とせず」という近衛声明を発表して、戦争解決、終結の展望もないまま長期泥沼戦争に突入していき、蔣介石の「日中戦争を世界戦争へ」という戦略を現実的なものにしていったのである。(138)

(1) 支那というのは、戦前の日本人が差別的に使用した言葉であるが、中支那方面軍、支那事変など固有名詞になっているものや、「暴戻なる支那」「支那膺懲」など歴史用語になっているものは、中国と言い換えずにそのまま支那という用語を使用した。

(2) 蔣介石軍事委員長の腹心として、抗日戦争を指導した軍政部長何応欽が著した『日軍侵華八年抗戦史』(台北、黎明文化事業公司、一九八三年) は、淞滬会戦＝三七年八月上旬至一二月中旬、と記しており、上海・南京戦をまとめてとらえている (同書、四四頁)。

(3) 日中戦争の拡大派の急先鋒であった参謀本部第一部作戦課長の武藤章大佐は、中支那方面軍の参謀副長として出向し、「中国は一撃で屈服する」と考えて南京攻略戦を強行にすすめた (笠原十九司『南京事件』岩波新書、一九九七年、参照)。

(4) 総編集秦孝儀『総統　蔣公大事長編初稿　巻一』台北、一九七八年、八五、九九、一〇一頁。

(5) 共産党軍である国民革命軍第八路軍 (八路軍)、同新編第四軍 (新四軍) が抗日戦争の主力であり、国民党軍は腐敗し、投降的で抗日戦力にならなかったという中国共産党 (中共) 中心の革命史観も反映している。

(6) F.F. Liu, "*A Military History of Modern China ; 1924-1949*", Princeton University Press, New Jersey, 1956. は、第二次世界大戦後の比較的早い時期に出版された本格的な軍事史研究書である。著者は国民党軍の参謀を務め、

国共内戦に敗れた後アメリカに渡り、科学技師となった人物であるが、自分の軍歴を生かして本書をまとめた。本書は軍事史の通史であり、上海・南京戦の記述は多くないが、国民政府軍の軍政系統や蔣介石の軍事指導体制とその構造、機能を理解するうえで有用である。

（7）Hsi-sheng Ch'i, "*Nationalist China at War ; Military Defeats and Political Collapse, 1937-45*". Ann Arbor The University of Michigan Press,1982. は、日中戦争に対する国民政府と国民党の対応と変容を全体的に分析した研究書である。国民政府の軍政や国民党軍の構造、蔣介石の作戦や戦闘の分析もなされている。上海・南京戦が列強の干渉引き出しの戦略にもとづいて指導された陣地戦であり、敗北後は長期持久戦、機動戦に移行していったという分析など、本稿の執筆にさいして大いに参考になった。

（8）黄仁宇『從大歴史的角度讀　蔣介石日記』台北、時報文化出版企業股份有限公司、一九九四年。著者は成都の中央陸軍軍官学校を卒業して国民政府軍の将校となった軍人で、総司令蔣介石を直接的あるいは間接的に認識できる立場にあった。黄氏は国共内戦による国民党の敗退により、アメリカに渡り、同国の陸軍大学で学び、後に歴史研究者に転じた人物である。同書は蔣介石の伝記であるが、著者の軍人としての経歴と関心から、軍事史の側面の分析にも相当なスペースが割かれている。とくに、国民政府軍の軍備、編制、作戦、指揮などすべてにわたって蔣介石の独裁性が強かったので、本章の蔣介石の軍事思想と作戦・指導の分析には大いに参考になるところがあった。

同書の日本語訳は、北村稔・永井英美・細井和彦訳、竹内実解説『蔣介石―マクロヒストリー史観から読む蔣介石日記』（東京、東方書店、一九九七年）が出版されているが、久保田文次「『蔣介石・マクロヒストリー史観から読む蔣介石日記』の翻訳について」（『近きに在りて』第三七号、二〇〇〇年六月、汲古書院）ならびに斎藤道彦「書評　最近の日本における蔣介石関係の書籍三点」（『研究誌　季刊中国』第七七号、二〇〇四年六月）において、二百数十か所の誤訳が指摘されている。笠原が点検したところ、誤訳箇所はもっと多数にのぼり、初歩的とも思われる誤訳も多数発見された。改訳版を出すべきであろう。

（9）張瑞徳『抗戦時期的国軍人事』（中央研究院近代史研究専刊六八）台北、中央研究院近代史研究所、一九九三

年。同書は、国民政府軍の軍人の構成と人事制度、中央軍と地方軍との関係を分析したもので、本章ではとくに中央軍と地方軍との関係の歴史的変遷が参考になった。

(10)　石島紀之『中国抗日戦争史』(東京、青木書店、一九八四年)は、中国共産党軍側の抗日戦争に重点が置かれているが、蔣介石政府、国民党軍側の抗戦についても批判的な視点から、相当の記述がなされている。

(11)　姫田光義「抗日戦争前、南京国民政府の軍事政策」(中国現代史研究会編『中国国民政府史の研究』東京、汲古書院、一九八六年)

(12)　今井駿「対日抗戦と蔣介石」(中国現代史研究会編『中国国民政府史の研究』東京、汲古書院、一九八六年)、後に今井駿『中国革命と対日抗戦』東京、汲古書院、一九九七年に「蔣介石の対日戦略」と改題して所収。今井論文は、対日持久戦論者としての蔣介石の戦略思想を正当に評価することを提起したものである。ただし、蔣介石の作戦指導の実態については分析していない。

(13)　家近亮子『蔣介石と南京国民政府』東京、慶應義塾大学出版会、二〇〇二年。同書は、国民政府の機構と政策の実態を構造的に分析しようとした本格的な国民政府史研究である。蔣介石が対日戦を内政、外交、対日政策全般を「持久戦」の枠組みでとらえて、日中戦争の以前から国防建設に努めたことが明らかにされ、日中戦争(抗日戦争)が勃発すると、戦時体制が構築されるなかで、蔣介石への権力集中が促進され、独裁政治が強化されていった経緯が分析されている。本章で取りあげて分析する上海・南京戦における蔣介石の作戦、指導の実態と国民政府の戦時体制、戦争指導体制との構造的な矛盾に着目するうえで、本書からは多くの教示をえた。

(14)　江田憲治「中国の視点から――蔣介石の対日戦争観を中心に――」[日本国際政治学会二〇〇三年度研究大会(二〇〇三・一〇・一八、つくば国際会議場)の〈部会4　歴史としての日中戦争　一九三七―四五〉における報告」(未定稿)。本章は江田憲治報告から多くの教示をえている。

(15)　楊天石「盧溝橋事変以前蔣介石的対日謀略―以蔣氏日記為中心所做的考察」(『近代史研究』二〇〇一年第二期)は、南京の第二歴史檔案館所蔵の『蔣介石日記』(毛思誠編集稿、一九二五年)を使って、蔣介石が一九三三年か

ら対日抗戦を準備して、陣地構築や国防建設を進めていたことを明らかにしたものである。蔣介石は対日不抵抗主義者、投降主義者と政治的に否定的に評価してきた中国（大陸）の研究者のなかで、このように蔣介石の対日抗戦戦略を実証的にとらえようとする研究者が現われたのは、歓迎すべきことである。

(16) 孫宅巍『南京防衛戦史』台北、五南図書出版有限公司、一九九七年。

(17) 笠原十九司「『天皇制集団無責任体制』――日中戦争拡大の構造」（田原総一郎責任編集『日本はなぜ負ける戦争をしたのか』東京、アスキー、二〇〇一年）で、この構造の意味を説明している。

(18) 「国軍編遣」については姫田光義前掲論文が蔣介石政権の軍事基盤の強化という視点から分析している。

(19) 蔣介石を委員長とする全国軍隊編遣会議の経緯と意味については、家近亮子前掲書の一四四頁。一九二九年一月一日に開会した国軍編遣会議の内容と経緯は、『中華民国史事紀要（初稿）――中華民国一八年一至四月份』（台北、国史館、一九八五年）に拠る。

(20) 護党救国軍司令部は総司令・李宗仁、副総司令・黄紹竑、前敵総指揮・白崇禧、第三路軍の総司令・張発奎、副司令・薛岳、第四路軍の総司令・唐生智、という顔ぶれであった。

（郭卿友主編『中華民国時期　軍政職官誌　上』蘭州、甘粛人民出版社、一九九〇年、一二五一頁より）

(21) 中華民国軍の陸海空軍司令部は総司令・閻錫山、副総司令・馮玉祥、李宗仁であった。第二集団軍は総司令・馮玉祥の下に宋哲元がおり、第三集団軍は総司令・閻錫山、第四集団軍は総司令・李宗仁、副総司令・黄紹竑、総参謀長・白崇禧の下に張発奎、薛岳などがいた。（『中華民国時期　軍政職官誌　上』、一二五二頁、劉国銘主編『中華民国国民政府軍政職官人物誌』北京、春秋出版社、一九八九年、五三七頁より）

(22) 『中華民国時期　軍政職官誌　上』、一二五七頁。広州国民政府の国民政府委員は次のとおり。唐紹儀、汪兆銘、孫科、古応芬、鄒魯、鄧沢如、蕭仏成、林森、李宗仁、許崇智、陳済棠、唐生智、蔣尊簋、李烈鈞、陳友仁、熊克武、伍朝枢。

(23) 秦孝儀総編纂『総統　蔣公大事長編初稿　巻二』一二九、一三三、一四八、一五九頁。以下、同書からの引用は

『総統　蔣公大事長編初稿　巻二』とのみ記す。他の文献も同様に二度目の引用の場合は、前掲書を省略して書名のみを記す。

(24) 南京政府の中央と地方の二重構造については、家近亮子前掲書一六五頁の指摘から教示をえた。

(25) 『総統　蔣公大事長編初稿　巻二』一七〇頁。

(26) 『中華民国時期　軍政職官誌　上』五二八頁。

(27) 張瑞徳前掲書は、抗日戦争が開始された段階では、国民政府軍のなかに地方系軍が二分の一を占めていたと指摘し（一二二頁）、地方軍部隊の中央への派遣サボタージュ、中央から地方軍へ派遣された将校の孤立、中央軍に対する地方軍の抵抗などの問題も含め、中央軍と地方軍との複雑な関係を具体的に分析している。

(28) 『総統　蔣公大事長編初稿　巻二』一三〇、一三二頁。『中華民国史事紀要（初稿）――中華民国二〇年七至一二月份』台北、国史館、一九九一年、四七八頁。

(29) 『総統　蔣公大事長編初稿　巻二』一五三頁。『中華民国史事紀要（初稿）――中華民国二〇年七至一二月份』七九二頁。

(30) 『総統　蔣公大事長編初稿　巻二』一六八頁。

(31) 同前、一七一頁。

(32) 同前、一六四頁。

(33) 同前、一八三頁。

(34) 同前、二〇二頁。

(35) 『総統　蔣公大事長編初稿　巻三』二八頁。

(36) 『総統　蔣公大事長編初稿　巻二』一六八頁。

(37) 同前、一八二頁、一八四頁、一八六頁。

(38) 蔣介石は一九三二年一二月一九日、中央軍官学校で「どのように中華民族を復興させるか」と題して、将来の対日戦争で長江以北がもっとも重要であると講演している（『総統　蔣公大事長編初稿　巻二』、二四六頁）。蔣介石はまた一九三五年三月四日、四川省で「四川は民族復興の根拠地にしなければならない」と題して、同年五月一三日に雲南省で「新雲南の建設と民族の復興」と題して講演している（『総統　蔣公大事長編初稿　巻三』、一七九頁、一九二頁）。

（39）中国国民党中央委員会党史委員会編『中華民国重要史料初編―対日抗戦時期　緒編（三）』台北、一九八一年、六一六～六一八頁。『総統　蔣公大事長編初稿　巻三』一四〇～一四五頁。

（40）楊天石前掲論文、二四頁。

（41）Frederick Leith-Ross, *Money Talks: Fifty Years of International Finance The autobiography of Sir Frederick Leith-Ross*, Huthinson of London, 1968, pp.223-224.

（42）『中華民国史事紀要（初稿）――中華民国二一年一至六月份』二〇九頁。

（43）同前、二二六頁。

（44）江口圭一『十五年戦争小史』東京、青木書店、一九九一年、四九頁。

（45）『総統　蔣公大事長編初稿　巻二』一九二頁。

（46）『中華民国重要史料初編―対日抗戦時期　緒編（三）』一〇七～一〇九頁。なお、廬山軍官訓練団は、軍事委員会委員長蔣介石が、三四年七月四日から二五日まで、全国、各省の部隊から選抜された将校を廬山に集め、短期間に特別な訓練を施したものである。期間中、蔣介石は軍人精神教育のための講演を何度も行なっている。『中華民国史事紀要（初稿）――中華民国二三年七至一二月份』台北、国史館、一九八八年、八二、一五三頁。

（47）『総統　蔣公大事長編初稿　巻三』二一八頁。

（48）同前、二八一頁。

（49）関東軍が満州国を前進基地として「ソ満国境」に鉄道を延ばして要塞など軍事施設を建設し、一貫して「日ソ戦争への道」を準備した経緯については、笠原十九司「歴史フィールド・ワーク　中東鉄道の旅（2）」（『近きに在りて』第三七号、汲古書院、二〇〇〇年六月）を参照されたい。

(50) 秦郁彦『太平洋国際関係史』東京、福村出版、一九七二年、二七三頁、二九一頁。

(51) 防衛庁防衛研修所戦史室『戦史叢書　支那事変陸軍作戦（1）』東京、朝雲新聞社、一九七五年、八三頁。

(52) 本章では分析の対象としなかったが、姫田光義前掲論文が指摘するように、蔣介石が江西省のソビエト政権に対する「囲剿」戦、共産党軍に対する「剿共」戦に勝利するために、国民政府軍を近代的軍隊として強化させた側面も重視する必要がある。

(53) 家近亮子前掲書の「第六章蔣介石の『安内攘外』期における南京国民政府の国家建設及び外交戦略」

(54) 『総統　蔣公大事長編初稿　巻三』三二八頁。

(55) 『総統　蔣公大事長編初稿　巻二』二六四頁。

(56) 『中華民国重要史料初編—対日抗戦時期　緒編（三）』二九四頁。『中華民国史事紀要（初稿）——中華民国二二年一至六月份』台北、正中書局、一九八四年、二三五頁。

(57) 松浦正孝「満州事変から『大東亜戦争』へ（1）——汎アジア主義の政治経済史——」［日本国際政治学会二〇〇三年度研究大会（二〇〇三・一〇・一八、つくば国際会議場）の〈部会4　歴史としての日中戦争　一九三七—四五〉における報告］（未定稿）参照。

(58) 『中華民国時期　軍政職官誌　上』五三三〜五三九頁。

(59) 『総統　蔣公大事長編初稿　巻二』二一三頁。

(60) 『総統　蔣公大事長編初稿　巻二』三四二頁。『中華民国史事紀要（初稿）——中華民国二二年七至一二月份』台北、国史館、一九八六年、一二三頁。

(61) 『総統　蔣公大事長編初稿　巻二』三四四頁。

(62) ドイツ軍事顧問団については、F. F. Liu 前掲書の第九章と第一〇章で詳述されている。同じく William C. Kirby, *Germany and Republican China*, Stanford University Press, 1984. の第七章にも詳述されている。さらに、John P. Fox, *Germany and the Far Eastern Crisis 1931-1938*, Oxford University press, 1982. にも詳細な記述がある。ゲルハルト・クレープス「在華ドイツ軍事顧問団と日中戦争」（軍事史学会編『日中戦争の諸相』東京、錦正社、一九九七年）は経緯の概要を記している。

(63) 中国第二歴史檔案館「国民党政府一九三七年度国防作戦計画（甲案）」（『民国檔案』一九八七年第四期、一九八七年一一月）、中国第二歴史檔案館「国民党政府一九三七年度国防作戦計画（乙案）」（『民国檔案』一九八八年第一期、一九八八年二月）。

(64) 『中華民国時期　軍政職官誌　上』五五一頁。

(65) 『中華民国重要史料初編―対日抗戦時期　緒編（三）』三四九～三八八頁。『中華民国史事紀要（初稿）――中華民国二六年一至六月份』台北、国史館、一九八五年、一二〇～一五〇頁。

(66) 『中華民国重要史料初編―対日抗戦時期　緒編（三）』一八四頁。

(67) 八戦区は応急的に設定されたのではなく、これまでの「国防作戦計画」中に設定されてきたものである。前述の「民国二六年度国防作戦計画」では第一方面軍～第五方面軍が戦区別に任務を遂行するようになっており、同じく何応欽の国民党第五次三中全会の軍事報告では、一〇の戦場区分にもとづいて陣地構築の情況が報告されている。

(68) 各戦区の上級指揮官のポストと名前は、『中華民国時期　軍政職官誌　上』の「第一期抗戦国民革命軍編建序列（一九三七・七――一九三七年・一二）」九四四～九五四頁、および劉国銘主編『中華民国国民政府　軍政職官人物誌』北京、春秋出版社、一九八九年、四一四～四一六頁。各軍人の派閥・系列については、山田辰雄編『近代中国人名辞典』東京、霞山会、一九九五年および、『民国高級将領列伝』第二集～第五集、解放軍出版社、一九八八年～一九九〇年）に拠った。

(69) 『中華民国史事紀要（初稿）――中華民国二一年七至一二月份』台北、国史館、一九八七一年、二一七頁。『総統蔣公大事長編初稿　巻二』二一五頁。

(70) 『中華民国史事紀要（初稿）――中華民国二三年一至六月份』台北、正中書局、一九八四年、九六二頁。『中華民国重要史料初編―対日抗戦時期　緒編（三）』三七七頁。

（71）　徴兵制が行政末端の農村部でどのように実施されたかを解明するためには、中国で史料公開がほとんどなされていない県単位の檔案館所蔵史料が将来公開されることが必要である。そうした困難な情況のなかで、笹川裕史「糧食と兵士の徴発」（日中友好会館日中平和友好交流計画歴史研究支援事業・国際シンポジウム報告集『国際シンポジウム「重慶国民政府の歴史的位置」』（二〇〇三年）は、四川省を事例にして分析した貴重な実証的研究である。笹川は、四川省では三六年に開始された徴兵制は容易に軌道に乗らず、実際には正規の抽選方式と保甲制度による勧告・指導、非合法な拉致という三つの方法で徴兵が行なわれたと指摘している（同報告書、八〇頁）。

（72）　何応欽上将『日軍侵華八年抗戦史』台北、黎明文化事業公司、一九八三年、一八頁。および三七年二月の何応欽軍政部長の軍事報告（『中華民国重要史料初編―対日抗戦時期　緒編（三）』三七七頁。

（73）　『総統　蔣公大事長編初稿　巻二』二一二頁、『総統　蔣公大事長編初稿　巻三』四五頁、『中華民国重要史料初編―対日抗戦時期　緒編（三）』三八一頁。

（74）　楊天石前掲論文、二六頁。『総統　蔣公大事長編初稿　巻三』三三七頁。

（75）　『中華民国重要史料初編―対日抗戦時期　緒編（三）』三八〇頁。

（76）　蔣介石が一九三六年一〇月、当時二〇歳であった次男の蔣緯国をドイツに留学させ、ドイツ国防軍陸軍の軍事を学ばせたのは、その証左である（『総統　蔣公大事長編初稿　巻三』三四〇頁）。

（77）　F. F. Liu,ibid.pp.82-102. なおファルケンハウゼンは、一九一〇―一四年にドイツ武官として東京に駐在した経歴をもち、第一次大戦ではトルコ戦線においてドイツ軍の司令官を務め、戦後のドイツ国防軍の再建にもかかわり、かつベルリンの学校で東洋学も学んだ親中国派であり、蔣介石にとって願ってもない軍事顧問団長であった。

（78）　田嶋信雄「解説II　一九三〇年代のドイツ外交と中国」（石田勇治編集・翻訳『資料　ドイツ外交官の見た南京事件』東京、大月書店、二〇〇一年）、三〇九～三一八頁。

（79）　中国国民党中央委員会党史委員会編『中華民国重要史料初編―対日抗戦時期　第三編　戦時外交（二）』一九八

一年、七〇五頁。

(80)　田嶋信雄前掲論文、三一九頁。

(81)　前掲「国民党政府一九三七年度国防作戦計画（甲案）」

(82)　前掲「国民党政府一九三七年度国防作戦計画（乙案）」

(83)　日本海軍が日中全面戦争化をリードしたことについて、笠原十九司『日中全面戦争と海軍――パナイ号事件の真相』青木書店、一九九七年で詳細に論じたので、参照されたい。

(84)　朱培徳（一八八九―一九三七）は、雲南軍の軍指導者で、中華革命党、国民党に加入、第二期北伐戦争時期国民革命軍では蔣介石を総司令とする第一集団軍の前敵総指揮についた。一九二九年に国民政府の参謀本部総長に就任、三二年三月に成立した軍事委員会弁公庁の主任に就任、三四年には代理参謀部参謀総長を務めている。蔣介石に信任されていた軍人であった。（徐友春主編『民国人物大辞典』石家荘市、河北人民出版社、一九九一年、より。以下、『民国人物大辞典』とのみ記す）

(85)　程潜（一八八一―一九六八）は、湖南軍の軍指導者であったが、湖南軍、湖南省政府内の主導権争いに敗れたのち、国民党系軍人として国民政府の中央において活躍、二八年から三二年まで共産党とのつながりがあるとされ、軟禁状態にあったが、三二年から公職に復帰した。反蔣介石派の地方軍の指導者とは異なる立場にあった。（山田辰雄編『近代中国人名辞典』霞山会、一九九五年、より、以下『近代中国人名辞典』とのみ記す）

(86)　賀耀組（一八九〇―一九六一）は、湖南軍の軍指導者として国民革命軍に加入、第二期北伐戦争時期国民革命軍の蔣介石の第一集団軍の第三軍団の軍団長兼第四〇軍軍長。二八年以降は、南京国民政府側にあって、国軍編遣委員などを務め、参謀本部の要職を歴任している。四二年に重慶市長に就任。（『民国人物大辞典』より）

(87)　顧祝同（一八九一―一九八七）は、蔣介石が校長であった黄埔軍官学校の戦術教官を務め、第二期北伐戦争時期国民革命軍の蔣介石の第一集団軍の第九軍軍長。三一年にはドイツ製武器で武装し、ドイツ式軍事訓練を行ない、師団以上の機関にすべてドイツ人顧問がついていたという国民政府警衛軍長兼第一師長についた。上海戦では第三戦区副司令長官として同長官の蔣介石に代わって実戦指揮を担当した。(『民国高級将領列伝』第四集、北京、解放軍出版社、一九八九年、より)

(88) 曹浩森(一八八四―一九五二)は、李烈鈞の指導をうけ、日本の東京振興武学校に留学中に同盟会員となり、のち国民党員となる。李烈鈞の指示で馮玉祥の国民連軍の幕僚となる。第二期北伐戦争時期国民革命軍では馮玉祥の第二集団軍の総参謀長。南京政府成立後は蔣介石の腹心となり、幕僚としての要職を歴任した。(『民国高級将領列伝』第二集、北京、解放軍出版社、一九八八年、より)

(89) 田嶋信雄前掲論文、三二一頁。

(90) 注(65)に同じ。

(91) 黄徳馨「京滬杭国防工事的設想、構築和作用」(原国民党将領抗日戦争親歴記『八一三淞滬抗戦』北京、中国文史出版社、一九八七年)、五五～六五頁。

(92) 張治中「掲開八一三淞滬抗戦的戦幕」、劉勁持「淞滬警備司令部見聞」、陳頤鼎「楊樹浦、蘊藻浜戦闘」(同前)。

(93)『戦史叢書　支那事変陸軍作戦(1)』二六二頁。

(94) 中国第二歴史檔案館編『抗日戦争正面戦場　上』江蘇省、江蘇古籍出版社、一九八七年、二六四、二六五頁。中国国民党中央委員会党史委員会編『中華民国重要史料初編―対日抗戦時期　第二編　作戦経過(二)』台北、中央文物供応社、一九八一年、一六九頁。『張治中回憶録　上冊』北京、文史資料出版社、一九八五年、一二一頁。

(95)『中華民国史事紀要(初稿)――中華民国二六年七至一二月份』台北、国史館、一九八七年、二八三頁。『張治中回憶録　上冊』一二二頁。

(96)『中華民国史事紀要(初稿)――中華民国二六年七至一二月份』二九〇頁。

(97) 王倬「中華戦鷹、殊死報国」(原国民党将領抗日戦争親歴記『八一三淞滬抗戦』)三五四頁。

(98) 中国国民党中央委員会党史委員会編『中華民国重要史料初編―対日抗戦時期　第二編　作戦経過(三)』七三頁。

(99)『張治中回憶録　上冊』一二三頁。『中華民国重要史料初編―対日抗戦時期　第二編　作戦経過(二)』一七〇頁。

(100)『抗日戦争正面戦場　上』三三八頁。
(101)蔣緯国将軍総編著『国民革命史　第三部　抗日禦侮　第五巻』台北、黎明文化事業公司、一九七八年、八六頁。張宏志『抗日戦争的戦略防御』軍事学院出版社、一九八五年も淞滬戦最初の一〇日間の作戦を国民党軍が勝機を逸した誤りであると指摘している（六二頁）。
(102)『中華民国重要史料初編―対日抗戦時期　第二編　作戦経過（二）』一七〇頁。
(103)『抗日戦争正面戦場　上』三八三頁。『中華民国史事紀要（初稿）―中華民国二六年七至一二月份』三〇八頁。
(104)『中華民国史事紀要（初稿）―中華民国二六年七至一二月份』二六六頁。『総統　蔣公大事長編初稿　巻四上冊』は、国民党中央常務委員会が国防会議を国防最高会議に改組したのを八月一二日としているが（九八頁）、本章では出典資料を明示している前者の八月一一日説をとった。
(105)『中華民国史事紀要（初稿）―中華民国二六年七至一二月份』二九九頁。
(106)同前、三一二頁。
(107)中国第二歴史檔案館「南京国民政府大本営関于全面抗戦作戦指導方案等訓令四件」（『民国檔案』一九八七年第一期）に四件の大本営訓令が掲載されている。
(108)『抗日戦争正面戦場　上』三八五頁、二七三頁。
(109)中国第二歴史檔案館「盧溝橋事変後国民党政府軍事機関長官会報第一至一五次会議記録」（『民国檔案』一九八七年第二期）、同「盧溝橋事変後国民党政府軍事機関長官会報第一六至三三次会議記録」（『民国檔案』一九八七年第三期）。
(110)『中華民国史事紀要（初稿）―中華民国二六年七至一二月份』四一九頁。『総統　蔣公大事長編初稿　巻四上冊』一一二頁。国防会議参議には、周恩来、林祖涵、秦邦憲、沈鈞儒、陶希聖、晏陽初、梁漱溟、黄炎培、蔣夢麟、張伯苓、胡適、傅斯年などが名を連ねた。
(111)蔡徳金編注『周佛海日記　上』北京、中国社会科学出版社、一九八六年。

(112)『総統　蔣公大事長編初稿　巻四上冊』一二五頁。
(113)『国民革命史　第三部　抗日禦侮　第五巻』二三～二四頁。ただし、陳誠の任命を八月一九日とあったのを、『抗日戦争正面戦場　上』二八九頁掲載の八月一八日付蔣介石から参謀総長程潜宛の任命電報によって一八日とした。なお、『総統　蔣公大事長編初稿　巻四上冊』一〇一頁に第三戦区司令長官は蔣介石が兼任とあるのは誤り。
(114)『近代中国人名辞典』一一一三頁。
(115)『中華民国重要史料初編―対日抗戦時期　第二編　作戦経過（二）』一八四～一八六頁。
(116)同前、一七八頁、一八〇頁。
(117)『抗日戦争正面戦場　上』三一二頁。馮玉祥は代わりに新たに設定された第六戦区の司令長官に任命されている（第六戦区は三七年一一月三日に日本軍占領により解消）。
(118)『中華民国重要史料初編―対日抗戦時期　第二編　作戦経過（二）』一八一頁、二〇五頁。
(119)『張治中回憶録　上冊』一三二頁。
(120)「A・T・スティールからの聞き書き」（南京事件研究会編訳『南京事件資料集　①アメリカ関係史料編』東京、青木書店、一九九二年）五八四頁。写真は五八二頁。
(121)笠原十九司「南京防衛戦と中国軍」（洞富雄・藤原彰・本多勝一編『南京大虐殺の研究』東京、晩聲社、一九九二年）二八八頁。
(122)黄仁宇『従大歴史的角度讀　蔣介石日記』二四一～二四五頁。
(123)『八一三淞滬抗戦』二頁。
(124)李君山『為政略殉』台北、国立台湾大学出版委員会、一九九二年、一六一頁。
(125)前掲笠原十九司論文、二四一頁。
(126)『戦史叢書　支那事変陸軍作戦（1）』三〇〇頁、三九〇頁。
(127)笠原十九司「南京防衛戦と中国軍」二一四～二二三頁。

(128)『戦史叢書　支那事変陸軍作戦（1）』三〇〇頁、三八五頁。
(129)笠原十九司『日中全面戦争と海軍――パナイ号事件の真相』青木書店、一九九七年に、「ブリュッセル会議とトラウトマン工作」（一四九～一五四頁）について書いたので参照されたい。
(130)『中華民国重要史料初編―対日抗戦時期　第三編　戦時外交（二）』三三四頁。
(131)『中華民国重要史料初編―対日抗戦時期　第二編　作戦経過（二）』二一一頁。
(132)『中華民国重要史料初編―対日抗戦時期　第三編　戦時外交（二）』三三九頁。
(133)『中華民国重要史料初編―対日抗戦時期　第三編　戦時外交（二）』三四〇頁。
(134)笠原十九司「南京防衛戦と中国軍」では、そのように分析した。張宏志『抗日戦争的戦略防御』（北京、軍事学院出版社、一九八五年）、李君山『為政略殉』も同じく、トラウトマン和平工作に幻想をもったと分析している。
(135)笠原十九司「南京防衛戦と中国軍」で詳細な分析を行なったので参照されたい。
(136)張瑞徳『抗戦時期的国軍人事』一一二頁。
(137)『中華民国史事紀要（初稿）――中華民国二七年一至六月份』国史館、一九八九年、九五頁。『総統　蔣公大事長編初稿　巻四上冊』一六四頁。
(138)日中戦争が「日米戦争の序曲」となった経緯と意味については、笠原十九司『日中全面戦争と海軍』に詳述した。

（笠原　十九司）

第六章　抗日戦争における中国の国家総動員体制
――「国家総動員法」と国家総動員会議をめぐって――

はじめに

盧溝橋事件に始まる日中戦争の全面化にさいして、周知のように日本側はいち早く国民精神総動員運動を展開し、さらに「国の全力を最も有効に発揮せしむる様、人的及物的資源を統制運用する（原文はカタカナ）」ことを目的とする「国家総動員法」を制定し（一九三八年四月）総動員体制を着々と構築していった。他方、中国側もやはりこの時点で抗日戦争の全面的開始と意識しつつも、これに対する総動員体制の構築は必ずしも十分とは言い難い情況にあった。筆者が先に「重慶国民政府における国民精神総動員体制と国民月会」という小論を書き、当時の国民政府の対日抗戦体制の一環としての国民精神総動員とその一部の具体的な運動形態である「国民月会」について論じたように、(1)本来ならば「国家総動員」の一環として位置づけられるべき「国民精神」の総動員が先行したのであった。当然この運動はそれ自体の意味をもちながらもその限界性をも露呈し、所期の目標を達成することができないまま、国家総動員法の公布、施行にともない国家総動員体制のなかに組み込まれ運動としての独自性を喪失していく。ではその中国の「国家総動員体制」とは実際上存在したのか、しなかったのか、存在したのなら、いつ、どのように成立しどのようなものとして存在したのか。それが次なる（本来は先にあるべき）問題である。

このような素朴な疑念から発して研究史を振り返ってみると、国と民族をあげて戦ったとされる抗日戦争に関する膨大な研究のなかに、国家総動員についての研究ないし言及が意外に少ないことに気付かされるのである。(2)実は筆者が精神総動員と国家総動員について研究したいと考えたそもそものきっかけは、このような研究状況に対する素朴で初歩的な疑念をもったからである。そこで結論から先に言えば、中国にも国家総動員体制と言えるものはあったが、それが名実共に備わるのは実に「国家総動員法」が成立し国家総動員会議が設置された一九四二年五月以降のことであった。これまた意外な事実だといわなければならない。なぜならあまりにも遅すぎたのではないかと言う感想だけでなく、周知のようにこの時期というのは、抗日戦争の極めて困難な段階ではあるが、日本側の猛烈な侵攻に耐え抜いて戦闘状況がある程度安定した、いわゆる「対峙段階」に達していたからである。したがってむしろなぜこのような段階になってやっと総動員法や総動員体制が成立したのかという新たな疑念がまたもや生じることになる。

上記のような様々な疑念・疑問をもちながら、本章はとりあえずその「名実共に備わった」国家総動員体制について、総動員法と総動員会議に焦点をあてて実証的に検討を加えるものである。

一　「国家総動員法」の制定過程

『中華民国史大辞典』の簡潔な説明によれば「国家総動員法」は一九四二年三月二九日に公布（五月五日施行）されたとあるが、「国家総動員」という言葉そのものは既に盧溝橋事件直後の三七年八月一日に設置された「国家総動員設計委員会」に見られるし、この同じ日の国民党中央政治委員会で国防最高会議の設立が決定され、同時に国防参議会の設立も決定されたが、この参議会で「国民総動員計画大綱」も議論されたという。[3]しかしここではまだ「設計」段階であったにすぎず、この「総動員」という概念がいま少し敷衍化されるのは、三八年三月の国民党臨時大会で採択された「抗戦建国綱領」であり（発表は七月二日国民政府による。これより先、三七年八月二五日に発表された中国共産党の「抗日十大綱領」は全国の軍隊と人民の総動員―全民抗戦を提起していた）、それを受けて国防最高会議（当時）の決定に基づいて同年六月に発行された国民政府軍事委員会政治部のパンフレットは『国家総動員』をそのままタイトルとしていた。[4]しかしその内容はいまだに抽象的で具体的な政策を提起したものとは言い難いものであった。次いで翌三九年一月、国防最高会議にかわって国防最高委員会が設立され、その「組織大綱」において「国防最高委員会に直属する総動員委員会」の新設が謳われた。[5]上記の「設計」段階から具体的な組織段階に入ったことを示しているが、この「大綱」そのもの、および直後に発行された政治部のパンフレット『総動員実施方案草案綱目』は「政治・軍事動員」などの詳細な動員内容の検討を述べているにもかかわらず、やはり現実の具体的な政策や運動論とはみなされ難いものであり、実際にこの草案に示されている項目が実施されたという事実は確認できない。[6]またこの総動員委員会はまだ「組織大綱」さえもたず、それが制定されるのは一一月になってからであった。[7]

このように設計委員会の設置とその後の総動員委員会の提起やパンフレット類の作成から見て、国民党・国民政府が早くに総動員体制の構築をめざしていたことは理解できるが、しかしまだ名実共に備わった実態としての国家総動員体制がこれまでに構築されたというわけにはいかないであろう。抗戦体制は中国国民党の指導部を中心とした国防最高委員会を頂点に組織されるようになったが、「人力・物力・財力」などの総動員体制はまだ統一的・組織的に構築されてはいなかった。それがなされないまま、「国民精神総動員」だけが先行したのであった。

しかし後になって蔣介石は総動員法の制定・公布にあたり「この総動員法は抗戦建国綱領の趣旨と精神に基づいて制定されたものである」と述べ、さらにまた「国家総動員法は現在はじめて頒布され実施されるが、実は過去においてわれわれは決して動員を実行しなかったわけではなく、実際上は各部門でみな実行し始めていたのである」として、あたかも三八年からすでに総動員体制が連続していたかのような印象を国民に与えようとしているが、(8) 逆にそれは国家総動員体制がそれまでは無かったことを証言しているのである。この点に関しては総動員法の公布後に様々な議論があったことは王冠青という人の論文からも窺える。(9) 同論文によれば、まず総動員の時期について「中国抗戦以来五年にもなり、なぜ早くに国家総動員を実施しなかったのか、今日に至ってやっと実施するのでは遅すぎるのではないか」と疑念を表明する人々がいることを紹介し、それに対する王の答えとして次のように述べている。中国の抗戦は「長期抗戦であり」「持久戦によって敵の実力を消耗させる」ものであり、「敵が幾度も全力動員して力を出し尽くした時にこちらが全力動員してこれを撃滅する」。そのタイミングとして太平洋戦争の勃発がある。「太平洋の戦場の開闢の戦略上の意義は敵が実力を消耗する範囲がますます広がることである。空間上の実力消耗の範囲が広がるほどに時間上の実力消耗の時期もますます切迫する。」したがって太平洋上の最近の日本の勝利もすべての実力を出し尽くしたものであり、これとは逆に「アメリカは動員し始め、中国も抗戦五年とはいえ国力の一部を動員してきただけで、今や部分的動員から全国的動員へと進むに至ったものである」と論じる。次に内容については、国家総動員法は「社会経済方面に偏重しているようで、その他の方面の動員業務が包括されておらず範囲が狭すぎるのではないかと考える」人々がいることを紹介し、これに対して王は「国家総動員法は国家総動員の法律面での表現であって」その範囲が「全ての国家総動員の事項を包括していると考えるのは一種の誤解である」とし、すでに軍令・政令などによって「総動員事項」の多くは発動されていたと反論している。

時期的にも内容的にも興味深い論文なのでやや長く引用したが、要するに王は蔣介石の主張を受けてこれを解説しているわけである。前記した「総動員実施方案」のような具体的な施策はすでに個々に実行に移していたのであり、「法律面」で表す緊要性がなかっただけだと言っているわけだが、この緊要性が認識されたのは実に太平洋戦争勃発後、中国が連合国の一員として位置づけられるようになって他国と同様の形と実態とをそろえることが必要と認識されるようになってからだということも、右の論文から窺い知ることができるであろう。実際に総動員法制定の直接の契機となる一九四一年一二月二三日、国民党第五期第九回中央委員会において採択された「加強国家総動員実施綱領案」では、その前文においてこれまでの「全国の動員の程度」は「戦争の要求に遠く隔たっており、潜在的国力がまだ十分に発揮されていなかった。今、太平洋戦争の爆発にあたり……我が国と友邦各国とは共に肩を並べ力をあわせて侵略に反対する聖戦に赴く」と謳っている。[10] これを受けて「国家総動員法」は行政院が起草し立法院の審議・議決を経て提出された草案を、国防最高委員会第三〇回常務会議（四二年三月二三日）で討議・修正し、三月二九日、国民政府の名において公布、五月五日より施行する運びとなったのである。また六月二二日、行政院より「国家総動員法実施綱要」が通達施行（六月二九日、常務会議第八七回会議で追認）されている。[11] この総動員法に基づきその実施責任母体としての国家総動員会議「組織大綱」が行政院から国防最高委員会第八二回常務会議（四二年四月二〇日）に提出、修正されて採択され、[12] 同会議は五月一日に設置された。[13] しかし法手続きとしては「国家総動員法」第二九条に基づき立法院の承認が必要であったから、この「組織大綱」は正式には国防最高委員会第八四回常務会議（四二年五月一八日）での決議を経て立法院に回されてから成立、「組織条例」と改称して七月二七日に公布されている。[14] ここにいたってそれまで「総動員委員会」とされていたものが正式に「国家総動員会議」と称されるようになったわけである。これらと関連して六月一五日の国防最高委員会第八六回常務会議で「国家総動員妨害懲罰暫行条例」が検討され、六月二九日、行政院より公布、八月一日施行されるにいたった。(15)

以上の「法」「綱要」「条例」が三点セットとなって多くの書籍・宣伝パンフレットとして情宣活動に用いられたが、その他の国家総動員会議の関連法令ないし措置としては社会部労働局の増設（第九一回常務会議で検討）、「人力・財力・物資・糧食・塩・交通・文化などの動員計画大綱」（第九八回常務会議での報告）、「国民精神総動員会」の国家総動員会議への縮小再編（第一〇五回常務会議での決議）などが提起され実施に移された（以上については後述）。

二「国家総動員法」の骨子

さて「総動員法」の実質的骨子は上記した国民党中央執行委員会での「国家総動員実施綱領案」に示されている。それによれば当面の動員工作で最大の努力を注ぐべき事項は次の五点であった。

1　全国人民の力の発揮、合理的使用
2　将兵の食糧、武器弾薬の不断の供給
3　土地の有効利用
4　全ての物力の継続的補充
5　全国人民の生活の健全な水準の維持

これをもう少し具体的に述べたのが「加強国家総動員実施綱領」で、そのなかの第一〇項で「中央は全国総動員機構を設置」し、それにともない「国民精神総動員委員会と新生活運動総会およびその他の動員に関する機構は工作を合併すべし」とされた。[16]ここに直ぐ後の総動員会議設置の根拠が明示されたわけである。

「総動員法」は全文三二か条で総動員物資、総動員業務、物資の調達・徴発、物資の生産・販売・使用・貯蔵・移動などの制限ないし禁止、言論・出版物の制限、動員によって蒙った人民の被害の補償など多岐にわたるが、その重点は行政院通令「国家総動員法実施綱要」(四二年六月二二日発布)によって知ることができる。[17]それによれば、第一に総論的に総動員法の使命として「全国の人力物力を集中して軍事第一勝利第一の目標を達成することであり、またその方法は生産を増加し消費を制限し使用を集中することであり、それゆえ物資の生産・分配・交易・貯蔵ないし買い上げ、徴発が実に急務となっている」とする。第二に総動員法の実施機構と業務の配分につき中央と地方それぞれの部局の分掌を説明している。第三に「国家総動員計画の要則」、第四に「国家総動員業務に従事する経済組織」、第五に「国家総動員業務にかかわる人民団体」の五項目にわたって具体的、かつ詳細に、総動員法の逐条的説明と実施方法、実施組織を説明している。これらを詳細に紹介し解説する紙面の余裕はないし、また必要に応じて策定された様々な通令通達、規則などがここで述べられているわけでもないので割愛する。ただ大きな組織原則だけを紹介すれば、行政院各関連部局(省庁)がそれぞれの職掌に応じて責任をもって業務を遂行すること、複数の部局にわたる業務の統括・連携に必要な審議と検討・検査は国家総動員会議が総覧すること、同会議は動員法令に違反した場合の検察事項を執行する検察機構をも管掌すること、業務の分掌の変更、関連組織の新設、改廃と調整等は同会議が行政院に提議することができ、また主管部局からの意見は行政院に提議し同会議の審査と同意を経て実行に移すことができること、同会議は軍需民用および資源の供給情況について詳細な審議をし、総合国力の総動員計画を作成し、行政院から国防最高委員会に提議し、その検討決定を経て施行すること、総動員計画がまだ策定されていないが迅速に処理しなければならない重要事項は、各主管機関から同会議に提出し、その検討決定を経て施行することなどが定められている。

なお地方については上記第二項に規定があり、やはり地方の中央直属部局が責任を持って総動員業務を主管するが、複数の部局にまたがる業務については中央と同じく各省市動員会議を設置し連携と調整の任にあてるとされている。ここで言う中央直属部局とは、地方の組織変革について触れた「国家総動員会議三三年度施政計画」に次のように説明されている。[18] 国防最高委員会設置時の組織大綱に「国防最高委員会に直属する総動員委員会（先述）が置かれることになっていたが、中央でそれに対応する組織（国家総動員会議）が設置される前に地方では各省動員委員会が設置されており「国防最高委員会に直属し、行政院・軍事委員会・国民精神総動員会の指揮を受ける。性質上は各省市県政府と平行の機構である」とされていた。しかし国家総動員会議が正式に設置されるにおよんで上記の体制は実情にそぐわず、これを改変して「各省市県の動員業務は各地方政府および中央主管機関が責任をもって遂行し、別に機構を設けず、経費を節約し推進の効率を高めることを期する。毎月該地方政府は当地の党・政・軍および民意機関の首長を招集し動員会議を二回挙行し、中央が発布した動員法令の実施および各省市県の動員業務の連携と促進を検討し審査審議する」ものとした。後に述べるように様々な動員法令・政策の実施にあたって地方がなかなか歩調を合わせないことに対する中央の苛立ちが垣間見られる。

以上、総動員法の実施主体を中心に見てきたが、これによって国民政府の国家総動員体制の組織形態が明らかとなった。すなわち国防最高委員会を頂点とし、その指導下に実行主体としての行政院があり、そのなかに動員にかかわる各省庁と地方からの報告、要請、提案などを受けて集中的に審議し政策立案、決定（行政院を通して法令の発布、命令下達、関係部局の決定など）、および各省庁の連携・調整を行なう総動員会議があり、さらにその下部組織的な地方の動員委員会（地方政府）があるという形である。

そこで次に総動員法に基づき特設された国家総動員会議の活動をその常務委員会および常務委員会予備会議の会議記録によって見ることによって法の具体的な運用実態を検討してみよう。

三　国家総動員会議常務委員会会議とその予備会議

上記のように国家総動員会議は一九四二年五月一日に設置されてから、七月以降実質的な活動に入り四五年四月まで存続した。同会議の職権と性格は国民精神総動員会が国防最高委員会直属であったのと異なり（後、総動員会議に統合される）、元来が行政院経済会議を改組したものとされるように行政院の管轄下にあり、主として総動員にかかわる人力・物力・財力の「統制」「運用」の策定を管掌し、行政院所属の各機関の関連方案・計画・法案、命令を審議し、それらの執行を調整し検査し、行政院以外の各機関の総動員関連工作との連携をはかるものとされている。またこの会議の構成員は、行政院院長を主席とし、行政院副院長・同秘書長・各部部長・四聯総処・国民党中央党部・国防最高委員会・中央設計局・党政工作考核委員会秘書長・主計処主計長・軍事委員会正副参謀長・軍令部長・後方勤務部部長・委員長侍従室各処処長・運輸統制局主任などであり、このなかから行政院院長が指名する三人が常務委員として院長を補佐して日常業務を処理するものとされている。[19]

現存の常務委員会議の資料によれば、会議には上記の三人の他にも常時出席していた者（当然人事異動による出入りはあるが）もある。行政院院長の蔣介石を筆頭に、孔祥熙（行政院副院長）、沈鴻烈（農林部部長）、呉鉄城（国民党中央党部秘書長）、張厲生（行政院副秘書長、後秘書長）、何応欽（参謀総長）、銭大鈞（参謀総長の代理）、賀耀祖（軍事委員会弁公庁主任・侍従室第一処主任）、翁文灝（経済部部長）、徐堪（糧食部部長）、谷正綱（社会部部長）、曾養甫（交通部部長）らの名が記録されている。その他関連部署の責任ある者が必要に応じて列席していた。[20]開会の場所は、主として常務委員会議は行政院院長の、その予備会議には副院長の官邸が使われていた。

現在手元にある資料の範囲だけで言えることだが、常務会議は創設以来ほぼ隔週で挙行されていた。しかし四三年五月五日の第三六回以降、一〇月二七日の第三八回までの間（三七回がいつ開かれたか不明）五か月半も間隔がある。原則が守られない何らかの理由があったのだろう。またこの常務委員会議の開催される前に、その予備会議が開かれていた。常務会議よりもずっと後になって開かれるようになったらしく両者の開催回数は一致していない。重要議題が検討される前に予め予備会議が開かれ根回しが行われるようになったのと、常務会議の決定を補足したり確認したりしている。今手持ちの予備会議の資料は一九四三年三月から五月までの四回分だけしかないが、特に四三年三月一〇日の第三二回と三月二四日の第三三回の常務会議の前後に、予備会議の第一二回（三月一七日）と第一三回（三月三一日）会議のそれぞれ二回分の連続した資料があるので、これを手がかりに両者の関係を探ってみよう。

第三二回常務会議では、[21]報告事項として財政部の「物価管制強化方案の実施弁法の修正」、社会部の各地の賃金制限情況の報告などがあり、討議事項としては、財政部の塩価管制方案の起草、社会部の戦時奢侈行為取り締まり弁法の起草があった。会議記録の注釈によれば、この「物価管制強化方案」「賃金制限実施弁法」は、すでに四二年一二月一六日の国家総動員会議第二六回常務会議で採択されていたもので、その重要性をあらためて各地の地方政府に通達し実行方を督促したものであるとされている。

他方、第一二回予備会議では、[22]物価制限品目のうちまず「食塩・食用油・布・綿花・燃料・紙・靴・靴下・鉄器・皮革およびその他の重要日用品」が対象とされることが報告され、また上記第三二回常務会議での議論を受けて重慶市と合同で各地の情況を研究し、「同一地区の同一等級の物品は同一価格とする」ことなどを骨子とする「物価制限・協議価格の物品種類補充弁法案」を決定した。物価抑制だけでなく第一一回予備会議（三月一一日）で修正された「重要物品の販売量制限案」をも決定した。[23]それによると、第一は米で、以下小麦粉、食塩、菜種油、石炭、布の順で列記されている。さらに社会部は上記「物価管制強化方案実施弁法」のうち、合作事業の部分について具体的な原案を起草した。それによると「生活必需品および最も多い農産品は徐々に次のように実行する。各級合作社を物資集中の中心機構とし、まず価格を制限した主要生産品について地域指定してこれを（物価制限）施行する」とあり、またそれを実施する組織として、中央に社会部合作事業管理局、省に合作事業管理処、県に県政府合作指導室を設けるものとしている。

次いで三月二四日の第三三回常務会議では、この社会部起草の合作事業部分の草案を修正した。この会議の議事録には記載されていないが、三月三一日の第一三回予備会議の議事録に、上記修正案は「各郷鎮保の合作社は税収に影響がないように依然納税義務を負うべきであり、国家総動員会議は財政部・社会部と合同して合作社法を修正した」ことを確認している。(24)

以上、二つの常務委員会議とその予備会議を検討することによって、両者の関係はある程度明らかにできる。当然常務委員会議が上位にあり予備会議はそのための準備、根回し、起草などや、前回の常務委員会議の確認も行っているが、興味深いことに院長（蔣介石）の直接指示(25)が提示されるのは予備会議の方であって、それに基づいて提起されたり策定される「案」はほぼ最終決定的意味をもっていた。したがって予備会議の方が重要性が高いとも見られ、常務委員会議はオーソライズするに過ぎない場合もあったということかもしれない。その他、手持ちの資料だけだが常務委員会議で議論され決定されたことを時期を追って見ておこう。

第二〇回（四二年一〇月一七日）会議では、報告事項として院長（蔣介石）の「物価管制強化方案についての指示」とそれに基づく重要方針が決定された。(26)院長の「最近数ヶ月の物価高騰は激しく、国家財政金融に悪影響が及んでいるだけでなく民生経済全体を危うくしている。抗戦建国の緊要な時期にこのような情況がほしいままに瀰漫することは絶対に許せない」という意見に基づき、ここに物価管制を実行することになったと記録されている。この委員長指示というのは蔣介石みずからが総動員会議に「報告書」という形で「手訂」し提出した文書を指しているが、蔣介石の深刻な情勢認識と物価統制を主とする動員が十分に貫徹されない現状への憤懣がよく現れている。(27)

具体的な対策としては、国家総動員会議常務委員会が全国の物価管制の最高決定機関として各主管機関がこれを実施するのを指導監督する、常務委員会を充実するため行政院副院長はじめ各部の部長を一律に出席させること、院長もしくは院長がやむをえず欠席の場合は副院長が親しく会議を主催し、決議案は行政院の命令として実行すること、その他の管制に必要な重要方針を決定した。その一環として物価を制限する拠点では賃金をも同時に制限することとされた。これは極めて重要な決定と措置であったといわなければならない。物価問題を契機に総動員会議が名実共に総動員体制の中心となったのであり、当時の国民政府がかかえていた深刻な問題と、それに対する決意のほどが知られるのである。

その他の報告としては各部門からの動員計画大綱があった。討論事項としては所得税と過分利得税税率の調整および直接税の徴収範囲拡大案があった。所得税については、物価高騰のため所得の低い者（公務員の平均賃金は三〇元だとされる）の生活が困難なので、最低徴収額を引き上げること、逆に高額所得者の最高税率（二〇％）と過分利得税税率（五〇％）を引き上げること、全額累進所得税とすることとされた。また直接税の範囲はこれまで所得税・遺産税・過分所得税の三つだけであったのを「財産売却所得税・財産賃貸し所得税」の二つを増設することとした。

以下、第二七回（一九四二年一二月三〇日）、第三〇回（四三年二月一〇日）、第三一回（四三年二月二四日）、第三二回（四三年三月一〇日）、第三三回（四三年三月二四日）、第三六回（四三年五月五日）、第三八回（四三年一〇月二七日）の記録はいずれも物価問題が主要な報告・討論事項であったことを示している。(28) 付加すべきこととしては、既述のように物価管制に対応して「賃金制限実施弁法」が第二六回会議で提案・採択され、第三二回会議ではその督促方が各省市政府に打電されたこと、重慶市の実施状況が重点的に報告検討されていること、当該事項に関する取締当局として重慶市に「経済警察大隊」が設置されたが、従来からあった「経済検察隊」と紛らわしいので、これを「市場警察隊」と改称したこと（第三〇回会議）、重慶市の奢侈品禁止を院長みずから指示して実行しはじめたこと（第三八回会議の報告事項による。それによると、この指示は四三年七月一二日の第三七回会議で提示され、その月内に実施されたという）、などが知られる。

以上の常務会議・常務会議予備会議の記録のほかに、年度毎に「国家総動員会議施政計画」が作成されていたことが知られている。今手元にあるのは「民国三十三年（一九四四年）」のものだけであるが、これによって抗戦末期の国民政府が戦後をも睨みつつ動員関係で何に苦悩し何を志向していたかがある程度明らかになる。[29] この資料は一九四四年度の単年度の計画書ではあるが、これまでの実施状況をも報告していて同会議の活動振りを知るのに便利である。また本資料からは総動員会議設立当初から特に食料・塩などの特定の重要物資と交通運輸に関しては「何年度増強生産総計画」が策定され各主管機関がその計画に基づいて施行していたこと、なかでも重要な軍用機材の生産に関しては総動員会議と軍政部とが協同で「軍需物資供応小組会議」を組織して「軍需計画供応大綱」に基づいて軍需物資の種類と数量とを決定し生産の増強を図ったことなどが知られる。

同「施政計画」は「物資動員」「物価管制」「その他の動員工作」「経済検察と調査」「その他」の五項目に区分され、さらに各項目は幾つかの細目に区分され、それぞれに「過去の処理状況」と「本年度の実施方法」に分けて記述されている。今ここに詳述する紙面の余裕はないので資料の所在だけを指摘するに止めるが、行間を通して真剣に企画・立案・実行に努め苦労していた官僚の存在をも浮かび上がらせている。彼らは動員計画とその実施にさいして地方の実力者の縄張り意識、そのもとで高級官僚と結託して甘い汁を吸っている商工業者の存在（多くの史料が「居奇屯積」「浪費」「奢侈」などの勝手気ままな無統制ぶりに苛立っている状況を示している）、輻湊する組織とそれぞれの縄張り争い、面従腹背、さらには一本化されていない（したがって抜け穴だらけの）総動員関係の法令、通達、罰則規定等に苦慮しつつ動員の効果を上げようとしていたのである。その創意努力を否定することはできないが、いかんせん全体としての抗戦信念と意欲の低さ—したがって結集力・凝集力の弱さ、私利私欲の優先こそが総動員の桎梏となっている現状を打破することはできなかった。そしてこれこそが、最高指導者である蔣介石の怒りと苛立ちの根源でもあった。物価制限について国家総動員会議に提出した蔣介石の前掲「報告書」[30]は、抗戦以来の経済問題、とりわけ物価上昇の問題が四〇年には重大化し、さらに四二年には焦眉の急となっていることを指摘し、強制的「管制」に踏み切ったことを率直に明らかにしている。国民政府の苦境と蔣介石の情勢認識が示されているものと理解される。

おわりに——中国の国家総動員体制の歴史的意味

国家総動員を日本流の「人的物的資源の統制運用」と言うならば、中国の総動員が実質的に相当に遅れていたことは事実である。またそれも総動員法の公布・実施と国家総動員会議の設置を出発点とするならば、それが経済中心だった（と言う批判）ことも確かだった。しかし他方では、事実上の総動員としての戦時諸法規、通達、命令、諸措置の公布、実施によってある程度具体化されていたという蔣介石らの主張もあながち牽強附会とは言い難い。その上、中国では物質よりも人の精神こそが戦争の帰趨を決定するとの考えから国民精神総動員を早くに制定・実施していたのである。したがって中国（その主権者である国民政府）が抗戦を怠っていたとすることは一面的な見方といわなければならない。

しかしにもかかわらず、やはり国民政府の抗戦体制に不十分さがあったことも認めざるをえない。そもそも中国の抗戦（および抗戦体制）は中国共産党をはじめ諸党派の賛意をも得て作られた「抗戦建国綱領」が出発点であり根本であるべきだったから、抗戦の基礎もこれに基づいて築かれなければならず、また抗戦の評価もこれを基本的な基準としなければならない。このような観点からすれば、国民政府の抗戦体制に欠けるところありとして批判されるのもやむをえないであろう。

もとより中国の抗戦体制は、戦争状態のもとでのそれであるから、上記のような総動員のみならず軍隊のありようと戦略戦術および戦闘自体を含めて検討すべきことがらである。中国の総動員体制の研究とは、以上のことを総体として把握すべきであって、本稿は「国民精神総動員」と合わせてその一部を検討し明らかにしたに過ぎない。読者諸賢のご批判を仰ぎ続稿を期するものである。

（1）「国民精神総動員体制下における国民月会」（石島紀之編『重慶国民政府史の研究』東京大学出版会、二〇〇四年）所収。

（2）古くは蔣緯国総編著『国民革命戦史、第三部、抗日禦侮』台北、一九七八年。新しくは劉大年・白介夫編（曾田三郎ら訳）『中国抗日戦争史』桜井書店、二〇〇二年。原著一九九七年刊を参照。文献目録としては日中歴史研究センター編『日中戦争関連中文書書名叢書名索引』、同編『日中戦争関連中文書分類目録』いずれも二〇〇四年四月、日中友好会館刊、国際共同研究日中戦争史組織委員会編『日中戦争関係文献目録』、同軍事史部会文献目録、石島紀之編『重慶国民政府史の研究（中間報告）』所収「重慶国民政府関係中文論文目録」

（3）張憲文・方慶秋・黄美真主編『中華民国史大辞典』南京、二〇〇一年、一一九九頁、前掲『中国抗日戦争史』一三四頁。

（4）国民政府軍事委員会政治部編刊『国家総動員』（一九三八年六月）、国民党中央委員会党史委員会所蔵（以下、党史委員会史料と略す）、四六類五二〇―一二二号。

（5）前掲姫田光義参照。
（6）国民政府軍事委員会政治部刊行「総動員実施方案草案綱目」（一九三九年一月）、党史委員会史料、一五類五二〇―二二号。
（7）前掲姫田光義参照。
（8）蔣介石「為実施国家総動員法告全国同胞書」（『総統蔣公思想言論総集』第三一巻）三〇四頁。
（9）王冠青「国家総動員的時機和体系」（『中央週刊』第四巻第四〇期、一九四二年五月一四日）。この人の経歴は劉国銘編『中華民国国民政府軍政職官人物誌』に一九四三年以降、中央図書雑誌審査委員会委員とある。
（10）「加強国家総動員実施綱領案」（国民党中央執行委員会宣伝部刊『国家総動員法』一九四二年四月、所収）。党史委員会史料、四八類五二〇号。
（11）国民政府社会部『人力動員法規彙編』（一九四三年刊行のパンフレット）所収。党史委員会史料、一〇類五二〇号。
（12）国民党中央委員会党史委員会編『国防最高委員会常務会議記録』台北、党史委員会史料、一九九五年、第三冊。
（13）同上、第四冊。
（14）同上。
（15）前掲『人力動員法規彙編』所収。
（16）前掲『加強国家総動員実施綱領案』。
（17）『国家総動員法実施綱要』（同名のポケット版パンフレット。発行者名なし）、党史委員会史料、四八類五二〇号。
（18）『檔案史料與研究』一九九三年第一期（総一七期）所収。
（19）前掲『中華民国大辞典』による。
（20）国家総動員会議常務委員会会議記録および同予備会議記録。党史委員会史料、第五七類五二〇―二二号。なお当時の職名は劉国銘編『中華民国国民政府軍政職官人物誌』による。

(21) 同上常務委員会会議記録。
(22) 同上予備会議記録。
(23) 同上常務委員会会議記録。
(24) 同上予備会議記録。
(25) 第一二回予備会議「討論事項四、五」での手諭。
(26) 同上常務委員会会議記録。
(27) 「国家総動員会議決定実施〝加強管制物価方案〟報告書」、党史委員会史料、一八類五二〇—二二号。
(28) 前掲常務委員会会議の各回記録。
(29) 前掲『檔案史料與研究』一九九三年第一期。
(30) 前掲「報告書」。

(付記) 本稿は中央大学の特定課題研究費の援助を受けた成果の一部であることを明示し、中央大学に謝意を表する。

(姫田　光義)

第二部　国民統合と地域社会

第一章　日常生活の改良／統制
――新生活運動における検閲活動――

はじめに

一九三四年二月一九日、蔣介石（国民政府軍事委員会委員長兼中国国民党中央執行委員会常務委員・中央政治会議常務委員）は剿共戦を指揮するため前年に江西省南昌市に設置した行営で、「新生活運動の要義」と題して演説を行なった。このなかで彼は、「衣食住行」という日常生活の基本的四項目のありさまこそが、「一般国民の知識・道徳の高低、すなわち文明か野蛮か」を示すものであり、「外国人は飯を食うのも、服を着るのも、家に住むのも、道を歩くのも、あらゆる行動がすべて現代国民としての条件に適い、国家を愛し民族に忠誠を尽くす精神を表しており、つまりはすべてが礼義廉恥に適っている」のに対して、「我々の一般国民が衣食住行のすべてにおいて、我々の先人や現代の外国人と同様に礼義廉恥に適うことができない」ために、外国人から対等に扱われず帝国主義者に侵略・圧迫されていると述べる。そして、「今後我々が対等を求め、我々の国家と民族とを復興させる」べく、中国人の日常生活における衣食住行の習慣・作法を改善することを提唱し、ここに新生活運動が発動されたのである(1)。

この際、蔣介石の腹心である鄧文儀（南昌行営調査課長）が起草した「新生活運動綱要」は、「紀律」・「清潔」を達成目標として定め、これに付された「新生活須知」は、「頻繁に入浴すること」・「衣服を整えること」・「穏やかな態度で話すこと」・「物を拾ったら持ち主に返すこと」・「飲食のさいに音を立てぬこと」・「所構わず痰を吐かぬこと」・「家を頻繁に掃除すること」・「駅・埠頭での乗降のさいには一人ずつ順番に進むこと」・「国旗掲揚・降納のさいには敬礼すること」等の、きわめて具体的な九五項目の規定を列挙している(2)。そして、二日後の二一日には鄧文儀を主任幹事とする南昌新生活運動促進会が組織され、これに呼応して三月から六月の間に南京・北平・福建・上海・河南・湖北・浙江・山東・湖南・陝西・綏遠・雲南の各省市、そして江西省内の二〇余県でも相次いで新生活運動促進会が成立した。さらに七月一日には、全国の運動を統一的に指導すべく新生活運動促進総会が南昌に設置され、蔣介石が委員長、熊式輝（江西省政府主席）・鄧文儀が正副主任に就任している(3)。

この運動が発動された当時、中国国民党政権は中国共産党の根拠地を殲滅すべく江西省において第五次囲剿戦を準備しており、また満州事変から約二年半を経て日本の帝国主義的膨張は華北へとおよび始めていた。しかし、この運動は以後も日中戦争・国共内戦の時期を通じてその内容・性質を次第に変化させながらも、中国国民党の大陸統治が終焉するにいたるまで一五年間にわたり一貫して遂行されることになる。このように深刻・重大な内憂外患に直面しながら中国国民党は、「礼義廉恥」という抽象的な道徳理念によって説明されているとはいえ、きわめて具体的な生活習慣・礼儀作法の改善という、いささか皮相・瑣末とも思われる啓蒙運動をなぜ発動・継続し、またこれがなぜ全国的大衆運動として展開されることになったのだろう。このとき、集団的な神経質・潔癖症が突然に中国人を襲ったのか、それともこれは単なる全体主義政党による強制的な大衆動員に過ぎなかったのだろうか。

新生活運動に関しては従来、さまざまな評価・解釈が行なわれてきた(4)。台湾では「新生活運動の主旨と内容について言えば国民精神・生活の改造運動であり、その推進の積極的効果について言えば深く広い社会改革運動であり、文化融合の観点について言えば民族文化と新時代の生活規範とを結合する文化建設運動でもあった」と性格づけられてきた。(5)他方、大陸では「新生活運動の目的は、封建的倫理綱常・四維八徳を用いて人々の思想を統制し、人々の言論・行動を束縛し、共産主義思想の影響から抜け出させることによって、国民党の統治を維持することであった」と、まったく対照的な評価が下されてきた。(6)この他に米国では、トムソン（James C. Thomson Jr.）がキリスト教系社会改良事業を新生活運動が吸収していった過程を検証し、(7)イーストマン（Lloyd E. Eastman）が運動の真の目的は藍衣社によるファシズムの普及・実現にあったと論じた。(8)また、チュー（Samuel C. Chu）は新生活運動の都市重視や表面的な形式への執着、家父長主義といった特徴は中国国民党自体の性質を象徴的にあらわしており、それが運動の失敗のみならず政権崩壊の原因となったと説き、(9)カービー（William C. Kirby）はファシズムを追求する藍衣社や伝統思想を重視するＣＣ系といった、党内の政治的・思想的立場の相違を超越・包摂し、ドイツにならって民族精神復興をめざす国民軍事化運動を蔣介石が構想したと説く。(10)ダーリク（Arif Dirlik）は運動の思想的側面にきわめて透徹した分析を加え、この運動が決して単純な保守・復古運動ではなく近代的な反革命運動であったこと、表面的な行動の改造を通じて内面的な道徳の向上を実現することにより、人民が一致団結して政府に服従するよう中国国民党の指導集団が企図したこと、「犠牲の山羊」となる外敵を欠いており大衆を喚起して人民の支持を得ることができなかった点で、欧州のファシズムとは異なっていたこと等を指摘する。(11)そして日本では、酒井忠夫が清末に曾国藩等が唱え善書の形で華中等に流布した「孝悌忠信礼義廉恥」の「八徳」が、民国期に湖南省政府主席何鍵を経て新生活運動の起源を成したと説き、(12)奥間一輝は一九三二年の第四次囲剿戦の時期にその原型が形成された新生活運動が、翌年の福建事変の影響が波及するのを防ぐために発動されたこと、華僑に中国への帰属意識を抱かせるべく海外各地でも運動が展開されたことを論じた。[13] また、丹野美穂は各種工作に従事し未来の国民を育成しうる健康な女性の身体が、公衆衛生に着目する新生活運動のなかで求められたと述べ、[14] 前山加奈子はＹＷＣＡとの関連を考察している。[15] 新生活運動に関してもっとも集中的・多面的な研究を行なっているのは段瑞聡で、蔣介石がこの運動を発動した思想的背景が伝統道徳・日本陸軍・ファシズム・キリスト教にあったこと、この運動を推進した主体が政府機構や社団組織ではなく蔣介石指導下のエリート集団であったこと、蔣介石が政治的に劣勢にあった時期にこの運動を通じて自己の権力を大衆に浸透させるとともに、現代国家の構成要素である教育の強化をはかったこと、この運動が「抗戦建国」にさいして一定の役割を果たしたこと等を主張している。[16] この他に韓国では、姚伝徳が新生活運動の発動された背景や、伝統文化との関係を好意的・肯定的に述べた論稿がある。[17] しかし、衛生・行動上の瑣末・具体的な規範と道徳・政治上の崇高・抽象的な理念との間の必然的内在関係は、いずれの論者によってもほとんど考察されてこなかった。

筆者はすでに別稿において新生活運動の理論的側面に分析を加え、この運動は精神（理性）が身体（欲望）を管理し集団の秩序が個人の恣意に優先するという、近代的な身体美学・公共意識を普及させることにより国民の創出を企図したもので、これが主に不特定多数の人間が集散・接触・交流する場所として、国家政府の社会人民に対する改良／統制が行き届きやすい都市社会を、その主要な対象として想定していたことを論じた。[18] しかし、このような意図に基づいて発動された運動が実際に人々の日常生活への浸透を試みた経緯、すなわち新生活運動の実践活動の具体的な状況にかんしては、筆者自身のものも含めて従来の関連著作にはほとんど言及がなく、わずかにチューと段とが活動の方法・組織・範囲等を概括的に紹介しているのみである。[19] ゆえに、本章ではその欠を補うべく運動の実践的側面に重点を置き、中国人の「衣食住行」の習慣・作法を対象としてたびたび行なわれた、新生活運動のなかの検閲活動を取り上げることにする。これは、「検閲」・「検査」・「調査」・「糾察」・「指導」・「勧導」・「教導」といったさまざまな名目のもとに行なわれた活動で、いずれも中国国民党の国家権力が中国人の社会生活のもっとも微細な部分にまで直接的に介入を試みたものである。これらの活動を本稿では「検閲」と総称して分析を加えることにより、中国国民党がどのように中国人の日常生活の具体的なありさまを認識してその改良／統制を図り、またこれに対して人々がどのように反応したのかを検討する。それにより、この革命と戦争の時代における政治と生活との関連をめぐって、初歩的な考察を試みるものである。

一 検閲の方法

まず、一九三四年に各都市で行なわれた検閲活動のうち、詳細な状況が明らかないくつかの事例に基づいて、その具体的な実施方法を検討してみよう。

南昌では三月一二日に、行営政訓処・憲兵営や学校職員を動員して組織された指導隊・糾察隊の男性指導員が街路、女性指導員が家庭を対象に指導・糾察を開始し、省公安局の各分局・分駐所警官も糾察隊長・隊員を兼務すべく徽章を左ポケットに縫いつけて、駅・埠頭の発着時刻や遊技場の開演・解散時刻に赴き、人々が紀律を遵守し「新生活須知」の各項の規定に違反せぬよう糾察活動を行なった。[20] 一八日に市民大掃除が挙行されたさいには、市内各学校・憲兵営・省党部・中国文化学会南昌分会等から選抜・編成された糾察隊・指導隊と公安局警官の総計七〇〇余人が、警官一人に三人一組が導かれた一八九組に分かれ、各々規定区域で二五〇から三〇〇の住戸を個別に検査している。[21] また、下旬にはおそらく同様の方法で市内にある四六の教育機関、四〇の政務機関、二七の駐贛軍師辦事処、二三の民衆団体、五の商業団体を対象に調査が行なわれた。[22] さらに六月から七月にかけて、学生・生徒を運動に動員すべく江西青年仮期服務団が組織され、南昌市を全一〇区に分かち各団員を住所に応じて配分し、夏期休暇を利用して毎日午前七〜九時と午後五〜七時に、宣伝・指導・検査・補助等の業務を遂行させた。(23) そのなかで、団員五〜七人が憲兵・警官一〜三人にともなわれて、南昌市内の住宅・劇場・駅・埠頭・食堂・遊技場・旅館・公園・街路・理髪店・浴場等を対象に、調査・指導活動を行なっている。(24)

南京では五月五日から、憲兵・警察・ボーイスカウト（童子軍）により組織された新生活隊が、街路での「普通勧導」を毎日午前九〜一二時と午後一〜四時・七〜九時に、埠頭・駅・遊技場での「特別勧導」を発着・営業時間に実施した。(25) 六月には総検査が行なわれ、一八日午前九〜一二時と午後二〜五時に行政機関、一九日午前八〜一二時と午後二〜五時に学校、二〇日午前八〜一二時に駅・埠頭、午後三〜五時と七〜九時に公共遊技場で、首都新生活運動促進会理事会の汪精衛・邵元沖・陳公博・朱家驊・葉楚傖・羅家倫・褚民誼・谷正倫等が、みずから各機関・団体の責任者や警官とともに検査の任に当たっている。(26) さらに七月二〇〜二九日には市内を八区に分けて、各区の警察局・区党部・区公所・清潔総隊・憲兵司令部が、街路と住戸戸外の紀律・清潔を検査した。(27)

武漢三鎮のうちで行政院の直轄市となっていた漢口を除き、武昌・漢陽では五月に湖北省公安局により清潔・紀律運動が行なわれた。前半が清潔運動週で一〇日に宣伝活動を開始し、一一日に機関・団体・学校および所属職員住宅、一二日に食料品市場・飲食店・理髪店・浴場・旅館・劇場および公共の場所、一三、一四両日に商店・住戸を検査し、一五日には各界代表大会を召集して全市大清掃・総検査を実施した。検査の任務は機関・団体・学校代表が分担し、省都区域内の一二区を各四組に分け、各組には現地公安分局が警官を派遣して検査に参加・協力し、検査ずみの住戸には「生活検査ずみ」の紙札を貼って識別した。後半は紀律運動週で、省公安局各分局の優秀な警官一八〇人を選抜して勧導隊を組織し、勧導長は「勧導新生活」の徽章を付け非番警官も出動・協力して、二四〜三一日の毎日午前七時〜午後九時に、管轄区域内を巡回したり適切な路傍や交差点に立ったりして、勧導・交通整理の任務を遂行した。(28)

その後も、南昌（一九三五年一一月七〜九日）[29]・広州（三六年一〇月一五日、一二月四〜五日、三七年二月一九日）[30]・南京（三七年二月二〇〜二二日）[31]・重慶（三八年二月二二〜二四日）等の各都市で[32]、それぞれ大規模な検閲活動が行なわれている。

これらの検閲活動に共通する特徴として、第一に官民・公私の別を越えた検閲対象の全面性を指摘できる。都市社会を構成するほとんどすべての職業・階層・世代の就業・就学領域に加えて個人生活までもが、検閲活動による認識と改良／統制の対象となった[33]。なお、民間人のみならず党・政府の官僚にも検閲が及んだことは、新生活運動の性格をよくあらわしている。すなわち、既存の統治・行政の枠組みに基づきながら、同時にそれ自身をも対象として試みられたのがこの運動であり、これは中国国民党が中国人民の日常生活を上から下へと監視・改造することを企図しながらも、エリートの運動への参加が大衆に同調を促す前提条件となるという認識を示す。換言すれば、これは新生活運動による近代的国民の創出が国家の社会に対する一方的な強制ではなく、統治者自身の率先垂範により非統治者を感化・教導するという構想であり、「新生活運動綱要」が「運動の順序」として、「公務人員から行ない始めて、さらにこれを民衆に推し拡げる」と定めているのにも合致する[34]。

これと関連する第二の特徴は、検閲業務に従事した人員が、まさにその対象であるさまざまな社会集団から選抜・編成され、さらにほとんどの場合に公安当局がそれに協力していたことである。これは、都市住民自身に主体的・能動的な参加を促すためであったろうが、同時に通常の支配の基盤を成す既存の強制力に依拠したために、むしろ検閲活動と警察行政との区分が不明瞭なものになること、換言すれば公安業務の都市住民による一定の分掌が行なわれたことを意味する。すなわち、検閲活動は暫時的であるとはいえ官憲と民間との相互嵌入・相互浸透や、さらには都市社会全体の非／超制度的な相互監視をも含意したのである。これは、国家が社会にその支配を浸透させることを試みながらも、それを可能にする十分な資源を所有していなかったために、むしろ後者に対する前者の依存が増大したという、「国家退縮（国家内巻化 state involution）」の議論を想起させる。[35]

さらに第三の特徴は、いくつかの都市では繰り返し検閲が行なわれたことを確認できるものの、それらがいずれも期間の限定された一時的な活動だったことである。これらの検閲活動は時として、提灯行列・仮装行列といった宣伝活動とあわせて行なわれた。すなわち、日常生活に対する改良／統制は恒常的・持続的に制度化されることはなく、あくまでも暫時的・断続的な活動にとどまるものであった。それゆえに、既存の統治機構・支配構造の改編は回避され、むしろこの活動は一時的・間歇的な祝祭としての性格すら帯びていたと考えられるのである。

二　検閲の内容

前述の方法で行なわれた検閲活動の具体的な内容を、屋内と屋外とに分けて検討してみよう。これは、前者が機関・学校・飲食店・遊技場・家屋等を含み、人々がなんらかの目的で一定の時間を過ごす場所であるのに対して、後者は街路・駅・埠頭等を意味し人々がおおむね移動のさいに一時的に通過する場所であるという、相異なった性格を持つためである。[36]

1　屋　内

次に掲げるのは、一九三四年秋に南昌で江西青年仮期服務団が、数軒の飲食店を対象に検閲（「教導」）を行なったさいの報告書の一部である。[37]

店名	従来の欠点	改善指導事項	改善状況
六扒館	広間・廊下の木柱に粉を吹いている所がはなはだ多く、とても見栄えが悪い	粉をきれいに吹き取り、以後は毎日一度磨く。	指示どおり処置ずみ。
	廊下の机・椅子が乱雑で、テーブルクロスを掛けていない。	テーブルクロスを掛け、きちんと並べる。	指示どおり処置ずみ。
	廊下の写真・額縁がきちんと掛けられていない。	はずして掛けなおす。	きちんと掛けなおしずみ。
	廊下の屏風の布が破損。	布を交換・洗濯し、木枠を磨く。	清掃・交換ずみ。
	廊下の床が汚れても、拭いていない。	毎日一度拭く。	清掃ずみだが、まだあまりきれいではない。
	廊下の壁の油絵が既に汚損。	石灰で油絵を塗りつぶす。	白く塗装ずみ。
	廊下にコンロや水桶が置かれ、見栄えが悪い。	布で覆う。	机・屏風を設置ずみ。
	ホールの壁が汚損。	新たに白く塗る。	白く塗装ずみ。
	ホールに掛け軸を掛けすぎ。	悪い絵を撤去し、掛けなおす。	きちんと掛けなおしずみ。
	ホールの床が汚れても拭いていない。	毎日一度拭く。	清掃ずみだが、まだあまりきれいではない。

六　扒　館

ホールの演壇のテーブルクロスが汚れ、あちこちに油の染み。	ただちに交換・洗濯し、以後は毎週少なくとも一度は洗濯・交換。	交換・洗濯ずみ。
ホールの姿見を磨いていない。	きれいに拭き掃除。	清掃ずみ。
休憩室の窓・門柱が汚れ、床を拭いていない。	窓・門柱・壁はただちに磨き、床は毎日一度拭く。	きれいに磨いて、きちんと塗装・清掃ずみ。
上階の壁がすでに汚損。	塗装しなおす。	すべて塗装ずみ。
上階の床を拭いていない。	毎日一度拭く。	きれいに清掃ずみ。
上階の通路に食品が乱雑に積まれ、見栄えが悪い。	戸棚に入れる。	戸棚を設置ずみ。
上階の天窓の木が汚れ、塵・埃がいっぱいに積もっている。	塗装しなおす。	塗装ずみ。
品書きの額縁に塵・埃がいっぱいに積もっても、拭いていない。	ただちに拭き、以後毎日一度拭く。	きれいに清掃。
小便所に表示がなく、内部が汚い。	小便所の表示を掲げ、内部をきれいに掃除する。	まだ掛けていないが、内部は清掃ずみ。
上階と門先のガラスに塵・埃がはなはだ多い。	毎日一度磨く。	清掃ずみ。
上階に飾った花瓶を拭いていない。	時々磨く。	清掃ずみ。
給仕が制服を着ていない。	以後は必ず制服を着る。	着用ずみ。

厨房の者が爪を切っていない。	切る。	処置ずみ。
品書きが汚れて不潔。	塗装しなおす。	塗装ずみ。
大三元酒家		
門前に自転車が置かれ、壁の茶だんすに什器がいっぱいに積まれ、見栄えが悪い。	自転車をよそへ移動させ、什器を収納・整頓。	移動・収納ずみ。
食卓に掛けた青い厚布がすでに汚れて古い。	白布・紙製敷物で代用し、ガラスを載せて下を白く整える。	掛けなおしずみ。
裏口の薔薇庁の脇に什器が置かれ、厨房が見えて、とても見栄えが悪い。	屛風で覆い隠す。	屛風で処置ずみ。
ソファの色が不統一。	一律に白布に交換する。	完全に交換。
部屋中に煙草の広告が貼られ、たいへん整然・清潔を欠く。	不要なものを分けて撤去。	分けて撤去ずみ。
天井の花棚が汚れて古い。	塗装・修理し、鉢を磨く。	塗装しなおしずみ。
裏口の天井木枠が汚れて古い。	塗装しなおす。	整然・清潔に塗装ずみ。
表口じゅうに金字塔煙草の広告が貼られ、見栄えが悪い。	完全に撤去し、壁を磨く。	撤去・清掃ずみ。
電灯・笠に塵・埃がとても多い。	きれいに磨く。	完全に清掃ずみ。
窓・扉や各所のガラス・床が汚い。	きれいに磨く。	それぞれ清掃ずみ。
厨房の床が汚く、平板でない。	床にレンガを敷き、毎日一度掃除し、平板・清潔にする。	煉瓦を敷き、清掃。

大三元酒家	客室の椅子カバーに汚いものが多く、交換・洗濯していない。	それぞれ洗濯・交換し、またアイロンをかける。	交換・洗濯ずみ。
	厨房のコンロの表面が汚い。	鉄板を敷き、時々磨く。	鉄板は敷いていないが、コンロ表面のタイルをきれいに清掃ずみ。
	門前の電灯の柄が汚れて古い。	青く塗装しなおす。	一通り塗装。
大上海酒楼	卓上ガラスに油染みが多い。	毎回食事の前後に磨く。	清掃ずみ。
	品書きが整然と置かれていない。	品書きは大小・様式によって分け、卓上ガラスの下に置き、きちんとする。	置きなおしずみ。
	点心を保存する皿に蠅帳を被せていない。	でき上がった点心は必ず蠅帳で覆う。	大きな蠅帳を設置ずみ。
	座席番号の文字が曖昧で、しかも整然としていない。	座席番号の文字をきちんと書きなおす。	整然と書きなおしずみ。
	給仕の制服が不潔。	給仕の制服は必ず毎日一度交換・洗濯する。	交換用制服を購入。
	雑巾が不潔。	雑巾は毎日必ず三回交換・洗濯する。	随時交換・洗濯ずみ。
	窓ガラスを磨いていない。	毎日一度磨く。	清掃ずみ。
	上階の床が汚い。	毎日一度拭く。	清掃ずみ。
	階段を磨いていない。	毎日一度磨く。	清掃ずみ。
	椅子のカバーがふぞろい。	椅子の大きさに合わせて作りなおす。	交換ずみ。

大上海酒楼	化粧台に塵・埃がとても多い。	きれいに磨く。	清掃ずみ。
	湯呑・杯をぬぐっていない。	使用後は必ず熱湯で煮沸・洗浄する。	指示どおり処置ずみ。
	厨房の床が湿って汚れ、狭く混みあっている。	厨房は①野菜部②菜食部③調理部に分け、板壁で区切って混雑を避け、床は必ず頻繁に掃除し、すのこを敷いて湿気や汚れを防ぐ。	厨房を拡張し、他も指示どおり改良。
	上階の壁に化粧板をはめていない。	上階の壁は一律に化粧板をはめる。	未処理。
	絨毯を洗濯・交換していない。	絨毯は毎日一度拭き、また交換できるよう二組備える。	洗濯ずみだが、未購入。
		汚水を流せるよう、厨房に流しを一つ設ける。	未処理。
		厨房の床のコンクリートは、必ず毎晩一度水洗いする。	清掃ずみ。
		二回の厨房側のガラスは、透けて見えぬように白く塗装する。	処理ずみ。
		給仕を集めて新生活の意義と給仕必須知識を説明。	
普雲斎	小便所に遮蔽物がなく外から見えて、とても見栄えが悪い。	板で区切って小部屋とし、また水洗いできるようにコンクリートを敷く。	適切に処置し、また塗装ずみ。
	廊下に衣類や雑多な物品が掛けられ、見栄えが悪い。	すべて撤去し、以後は掛けない。	撤去ずみ。

普雲斎		
階段入口に什器・家具が積まれ、整然を欠く。	よそへ移動させ、またほうき等は一定の場所に収納。	撤去ずみ。
入口のテーブルにクロスを掛けていない。	一律にテーブルクロスを掛ける。	処理ずみ。
肉を切るまないたに覆いがなく、蠅がたかったり埃がかかったりしやすく、衛生に差し支える。	鉄の蓋を購入して使用時以外はまないたに被せ、包丁も鉄のサックを被せる。	処理ずみ。
門が汚れて古い。	整然・清潔に塗装しなおす。	塗装ずみ。

一読してまず明らかなのは、微に入り細を穿った網羅的な検閲項目であり、これは服務団員たちが可能な限り多くの改善項目を指摘しようとしたことを示す。無論、これを彼らが功名心から一種の揚げ足取り、あるいは重箱の隅をつつくような検閲を行なったに過ぎないととらえることも、また逆にこれら四軒の飲食店に代表される当時の都市社会が実際に紀律・清潔を欠いており、彼らはそれを率直に描写したに過ぎないと考えることもともに可能ではある。しかし、時空を超えて万人が共有しうる公正かつ客観的な紀律・清潔の基準が存在しない以上、ここでは単に被検閲者には数多くの改善すべき問題点があると、検閲者によって認知された事実を確認するにとどめておこう。

しかし、このように多岐にわたる検閲項目を仔細に検討してみると、やはり人間の身体とその周囲の空間との紀律・清潔、換言すれば身体美学と公共意識とにおおむね検閲者の関心が収斂していることがわかる。以下、他のさまざまな検閲活動の事例とともにあわせて、その内容を分析してみよう。[38]

まず、公衆衛生に直接かかわる業種においては従業員の身体の清潔が関心の対象となり、旅館・飲食店の料理人・給仕が爪や髪を頻繁に切っていなかったり（南昌の名利旅館等――C・D・E）、肌脱ぎになっていたり（南昌の普安客桟・青蓮閣等――E）、また理髪師が客の顔を剃るさいにマスクを着けていなかったり（南昌の龍海水――F、南京の永記青年――G）することが指摘された。また、未成年者に対しては教育機関がその身体の清潔に恒常的な注意を払うように促すことが求められ、個人清潔検査表を作成して連日記入させたり（江西省立南昌女子中学附属小学――A）、毎週大学生の補助のもとに児童が爪を切ったり（江西省会普賢寺小学――A）、毎週二回清潔検査を行ない規定に合わぬ者に警告を与えたり（南昌の環湖路小学――A）することが試みられ、逆に児童の衣服・手・顔が不潔で皮膚病・眼病患者が多い事例も報告されている（南昌の私立女子平民補修学校――F）。

他方、身体を華美に装飾することは奢侈・浪費として戒められ、女子生徒の宿舎に衣類が散乱して化粧品・装飾品が多いこと（南昌の私立章江中学――F）や、パーマをあてていること（南京の外交部・三民中学――G）が批判され、学生・生徒・児童が一律に冬は青色、夏は白色の制服を着て徽章を付けることが提言された（南昌市――A）他、官公庁・遊技場・店舗等においても職員・従業員の制服未着用が指摘の対照となった（南昌の江西省党部や江西省財政庁・建設庁水利局や昌新舞台――D・F、南京の江南汽車公司・首都電話局・江蘇電報管理局・美容理髪店――G）。また、外套を着て授業をする教員（南昌の私立予章中学――F）や、授業中でもナイトキャップを被った生徒（南昌の私立江西中学――F）の存在が報告され、公務人員が就業時間を遵守せず時間通りに出勤・起床しなかったり（南昌の各政務機関――A、南京の参謀本部・龍王廟分駐所・姚家巷派出班――G）、勤務時間中に沐浴をしたり（南京の司法行政部――G）、喫煙・じゃんけん遊びをしたり新聞を読んだり（江西省財政庁営業税総局――F、南京の参謀本部・訓練総監部――G）していたことが批判されている。これとは逆に賞賛されたのが、番号徽章を作って新生活の規定に合わぬ生徒があれば誰でもその番号を記し、学校当局に伝えて処分を下させていた事例である（江西省立南昌第一中学――A）。これらは、就業・就学空間における人間の画一化と公的／私的な時間・空間の峻別、すなわち機関・学校・店舗等の公的領域から個人の私生活を可能な限り排除して、学業・職業に専念させるよう企図されたことを示す。なお、一時的に私的住居を代替する旅館においては宿泊客の日常生活までもが検閲対象となり、宿泊客の九割が午前八～九時まで寝ており室内に賭け麻雀をした形跡があると指摘された事例（南昌の名利旅館――D）も、都市社会の公的領域において営まれる私生活を圧縮する志向を含意するものであろう。

建造物内部の空間に関しては、やはり公衆衛生にかかわる接客業ではまず食品や什器・備品の秩序と、それらの衛生が検閲対象となった。たとえば、飲食店で厨房の湿った床に食物を乱雑に並べ、食物や調味料に蓋や蠅帳を被せず、食器もきちんと置いていないこと（南昌の明和楼等――C・D・E、南京の聚興飯館――G）、理髪店が消毒用品を常備していないこと（南京の新民・永記青年――G）が指摘されている。また、学校・官庁では公的な就業・就学空間のみならず、私的な生活空間においても秩序・美観に持続的関心を抱き、建造物の各部分（壁・窓・床・天井・門）を恒常的・定期的に清掃・補修することが要求された。たとえば、学級毎に四人が当番となって各所の床を一日おきに掃除し、化学室・博物館が清潔で床・ガラスには塵・埃がなく、講堂・図書室・応接室・事務室も整然として秩序があり厨房も清潔である（江西省立南昌第一中学――F）、受付室・用務員室の寝台が整然として清潔で床を毎週一度掃除し、生徒の寝室の寝台・寝具は「軍事化に適っている」（南昌の私立匡廬中学――A）等の事例が賞賛され、逆に寝室の床が汚れ寝台・寝具が整っていない（江西省立南昌師範学校附属小学――A）、引き出しの中や布団・寝台の下に無用な物がたまっている（南京の估衣廊・大悲巷・珠光路・通賢橋・将軍巷・文昌橋・三条巷・共和門・米行街・公園路等の警察派出班・分駐所――G）、講堂に埃・塵がいっぱいで事務室・応接室の配置は乱雑で床が汚れ、図書室や児童書籍の多くに落書きがある（南昌の棉花市小学――F）、応接室・校庭・廊下はいずれも塵・埃がいっぱいで、廊下・教室内の床に紙くずが捨てられ、ガラスが割れたり汚れたりしても交換・掃除しない（南昌の私立予章中学――F）、壁紙がすでに破れた所が多く什器の収納にやや整頓を欠く（江西省党部――F）、各所に塵や埃がいっぱいに積もり蜘蛛の巣がはなはだ多い（江西省財政庁営業税総局――F）、応接室の家具の多くがすでに汚れて古く、天井板もすでに壊れ床も磨いていない（江西省農村合作委員会――F）等の事例が報告されている。この他、南京の外交部・鉄心里派出班・中央国医館・貧児救養院（G）、南昌の江西省公安局第八分局・同財政庁（F）や湘贛公寓・福禄酒楼（D）等は「採光が悪い」、あるいは南昌の八軒の劇場は「空気が通らず座席が雑然として衛生設備がない」（B）といった、建造物の設計自体の問題点が指摘されることもあった。ただし、南昌の東壇巷小学が「純陽観内に設けられ、各部はいずれも整頓・清潔を欠き、時々道士が事務室に入り仏を拝んで経を読み、香を焚く者も往々にして絶えない」というように（F）、経営上の根本的な問題を抱えていたと思われる事例もなかには存在する。

なお、きわめて興味深いのは検閲者たちが食事・排泄といった体液をともなう生理的行為や身体の洗浄と、それらが行なわれる厨房・食堂・便所・洗面所等の水周りに、非常に強い関心を抱いていた点である。たとえば学校・官庁では、洗面所を設けて児童が手を洗うのに用い、教職員用の湯呑や応接室の湯呑にもすべて番号があって一人一つと定められ、その他の椀・箸等にもすべて規定がある（南昌の省会普賢寺小学――A）、厨房は狭いものの内部はきれいで、便所も汚れがたまらず時々石灰を撒いている（江西省会経堂小学――A）といった事例や、痰壺に蓋をしたり（南昌の北営坊小学――F）、痰壺を用いず紙包みで代用して焼却したり（南昌の私立義務女学――F）、下水道を浚渫して腐臭を防いだり（南昌烟酒牌照税南新烟酒稽征分局――A）していることが賞賛され、逆に便所が汚く尿が床いっぱいに溢れている（南昌の天后宮小学――A）、便所が狭隘で蛆虫がはい回り臭気を放っている（南昌の省会毛家橋小学――F）、厨房の米を磨ぐ水甕が臭気を発している（江西省公安局第二分局――F）、あるいは学生が教室で所構わず痰を吐き（南京の輜重学校――G）、たらいに塵や垢がたまっている（南京の珠光路・将軍巷分所——G）といった事例が指摘された。また、遊技場や飲食店でも所構わず痰を吐いたり食物の滓・皮を床に捨てたり、あるいは門前に汚水を流したり、便所に石灰や消毒剤を撒いていない（南昌の明星電影院・徳勝舞台・浜記・興記・民衆珈琲館・森春和等——B・D・F）といった状況が報告されている。さらに、講堂を会食場として兼用しているのが不適切（江西省民生庁——F）、二階・三階の小便所が外から見えぬよう囲いを設けるべき（江西省公安局第三分局——F）、室内の井戸と便所がつながっている（江西省財政庁営業税総局——F）、食堂を講堂の中に設けるべきでない（江西省衛生処——F）といった、建造物の設計上の問題点もやはりたびたび指摘された。これらは、いずれも各個人の食事・排泄といった行為を相互に隔離して特定の領域に定位・隠蔽し、しかもそれらが行なわれる空間を常に浄化・監視しようという意図を示しており、疫病の予防という公衆衛生上の配慮であると同時に、自然な生理現象に対する警戒・嫌悪・畏怖という美学上の身体意識をも含意すると思われる。(39)

それでは、このような検閲活動に対して人々はどのような対応を示したのだろうか。冒頭に掲げた報告書に記されている南昌市内の四軒の飲食店が、いずれもおおむね指導にしたがって改善を実施していることは注意を引くが、翌年四月に公安局が実施した「考査」の結果、六扒館・普雲齋は「優良公告牌」に掲載され大三元は「函奨」をうけたが、大上海酒楼は「警告」の対象となっている（F）。(40)また、同市内の合順茶社・咸福茶社・義順茶社・益楽天・茂盛祥・環城公寓・二品楼といった旅館・飲食店が、検査にはにこやかな態度で応対していたが時折慌てて説明が要領を得ず、一時しのぎにうわべだけ納得した風を装ったり、叱責・勧告・指導に対して責任逃れをしてごまかそうとしたりする者が多すぎ、指導された改善事項を実行しうるかいなかは依然として問題だと報告されている（D）。これは、既述のとおり検閲活動が公安当局という既存の強制力を背景に行なわれたため、人々が一時的に面従腹背の姿勢を取ることもあり得た事情を示唆するものではなかろうか。

2　屋外

次頁に掲げるのは、一九三四年五月二四〜三一日に湖北省公安局が、紀律運動週として武昌・漢陽の街頭で行なった検閲（「勧導」）の記録である。[41] この表からわかるように武昌・漢陽のいずれにおいても、勧告・指導の対象はほぼすべての社会集団・階層に及んでおり、おおむね当時の都市住民の人口構成を反映していると推測される。そして、彼らに求められたのは約言するならば街路・駅・埠頭を、公共交通のための領域と見なして集団の秩序を最優先する（――公共意識）と共に、これを不特定多数の群衆が集散・接触・交流する公的空間ととらえて、自己の身体とその挙止動作の美観に注意を払う（――身体美学）ことであった。南昌においても「歩行者は左側通行」という標識を立て、憲兵・警官に左側通行を訓練して模範を示させ、車両も運転者に試験を課して左側通行を習得させることが提起された。ただし、当初は道路の両側にある歩道の一方が上り他方が下りと定められたが、反対側に用のある歩行者が不便なため、両側の歩道を各々左右に分けて上り・下りとすることになった。また、人力車夫が衣服を着ずに布を羽織るだけなのはやむを得ないが見栄えが悪いと指摘され、野菜の行商人や露天商を取り締まるべきことも提言されている。[42]

そして、交通とは無関係で周囲の環境に影響を与える私的行為（飲食・排泄・娯楽）は戒められ、それらを可能な限り住戸内部に定位・隠蔽することが企図された。街路は単に公共交通の領域であるだけでなく、私的住居の延長として利用される場合もあったが、これも改善されるべき状況と認識されたのである。たとえば、南昌では棕帽巷康寧里の洋館の下に位置する徳章路内の貧民住宅から排泄物や汚水が勝手に捨てられ、また帥家坡等の住戸が街頭で豚を放し飼いにして排泄させていたため、公安局が勧告・禁止すべきことが提言された。さらに、ゴミ箱・便所を増設し蓋や壁を施して蠅・蚊や悪臭を防ぐとともに美観を保つべきこと、市街地から離れた所に

	通行者総数	勧告・指導を受けた者		勧告・指導に従った者	
		人数（人）	比率（%）	人数（人）	比率（%）
武昌	1,392,715	426,622	30.63	419,058	98.23
漢陽	320,500	60,886	19.00	58,316	95.78

	武昌		漢陽	
勧告・指導事項	人数（人）	比率（%）	人数（人）	比率（%）
服装が整っていない	109,619	25.69	18,421	30.25
歩道を歩かない	252,067	59.08	34,291	56.32
歩行中に喫煙する	11,813	2.77	3,348	5.50
歩行中に飲食する	5,005	1.17	1,389	2.28
歩行中に絶叫する	600	0.14	218	0.36
切符購入時に順番を守らぬ	569	0.13	0	0
乗降車時に先を争う	508	0.12	0	0
乗降船時に先を争う	6,257	1.47	6	0.01
人を罵倒・殴打する	291	0.07	20	0.03
街頭に衣服を干し物を並べる	2,766	0.65	123	0.20
肌脱ぎになる	2,558	0.60	663	1.09
所構わず痰を吐く	29,926	7.01	1,156	1.90
街頭で涼を取る	4,643	1.09	1,251	2.05
総　　計	426,622	100	60,886	100

	武昌		漢陽	
	人数（人）	比率（%）	人数（人）	比率（%）
農民	46,676	10.94	4,008	6.58
商人	125,762	29.48	22,227	36.51
労働者	160,419	37.60	25,791	42.36
公務員	9,896	2.32	700	1.15
軍人	14,278	3.35	154	0.25
自由業	2,367	0.55	1,916	3.15
学生	37,355	8.76	1,823	3.00
無職	29,869	7.00	4,267	7.01
総　　計	426,622	100	60,886	100

肥溜めを掘り多数の人夫を雇って公共・私宅双方の便所から排泄物を毎朝回収し、その売却した費用を人件費に充当することが提起されたのも、同様の趣旨に基づくものであろう。(43)

それでは、このような屋外における検閲活動に対して、人々はどのような反応を示したのだろうか。上掲の統計はほとんどすべての都市住民が勧告・指導にしたがったことを示している。また、ある報告によれば南昌では新生活運動の発動後、男性の背広・革靴や女性の華美・奇抜な服装は依然としてわずかに見られたものの、貧民のぼさぼさの髪や垢だらけの顔やぼろぼろの服、ならず者の胸をはだけ腕を露わにして靴をきちんとはかずぼたんをとめぬ姿は見られなくなった。(44) さらに、南昌の下層大衆の住宅街では路地が掃除されず室内も乱雑で通水溝は詰まり、「この世の地獄」にたとえられるありさまだったが、公安局が懇切丁寧に新生活の励行を督促したところ、家賃が安いので修理できず家屋は依然として腐って傾いているものの、路地は清潔になり各戸も整然となったと言う。(45) しかし、やはり人々の面従腹背の姿勢をうかがわせる記録もある。すなわち、南昌では一般市民が週末に糾察活動が行なわれると知ってあらかじめ十分に準備をしており、糾察隊が通過した後は旧態に復してしまうと、行営政訓研究班の糾察隊員が報告している。そこで彼らが、「中国人は面倒をもっとも恐れるので面倒な手段で対抗する」ため、路上で糾察するさいには該当者を呼び止めて指導することにより周囲の群衆の注意を引き、逆にぼたんをとめたり左側を歩いたりといった一挙手一投足の煩を厭わぬように仕向けたというのも、人々が必ずしも自発的・積極的に勧告・指導にしたがったわけではないことを暗示する。それゆえ、糾察隊員は自身の活動が「愚昧な者には恨まれ、狡猾な者には侮られ、賢明な者には慰められるが、悪賢い者は我々を正気ではないと嘲笑って」おり、「市内を奔走する隊員はほとんど市民の忌み嫌う対象となってしまった」と訴え、これを解決すべく人力車夫に「鼻薬を効かせる」ことにより下層大衆を指導させること、学校で新生活の実行を一つの成績評価基準とすること、そして責任を負わぬという評判が定着している警察官にも訓練を施して、運動遂行の責任を負わせる必要があることを唱えているのである。[46]

他方、検閲者自身の側にも時として問題があったようで、日本人外交官の報告によると安徽省蕪湖県では、一九三四年六月一日から「時刻ヲ定メ多数ノ軍警市中ヲ巡邏シ通行人ニ対シ　一、左側通行ノ励行　二、服装ノ整備　三、禁煙　等ヲ励行セシメツツアル処其取締振ヲ見ルニ全ク新生活運動ノ精神ヲ穿違ヘ弊害甚タシキモノアリ即チ本運動ハ蔣介石ノ厳命ニ依ルモノナリト称シ内外人ヲ問ハス無暗ニ強制実行シ甚タシキニ至ツテハ拳銃ヲ擬シ通行人ヲ脅カシテ通行停止ヲ命シ暑気烈シキ折柄涼ヲ採ランカタメ僅カニ一二ノ釦ヲ外シ居ル者又ハ吃煙スル者ヲ発見セハ之ヲ遠慮ナク咎メ立ツルニ反シ市中ノ放尿者及商店及住宅内ニアル裸体者等ヲ黙許シ其取締振甚タ矛盾多ク特ニ外国人ニ対シ斯カル態度ヲ以テ臨ムコトノ甚タ不穏当ナルコト勿論本邦人ニモ二三其ノ禍ヲ受ケタル者アル」という。[47]このように高圧的・恣意的でうわを取りつくろうだけの検閲姿勢が、人々の面従腹背の態度やさらには消極的抵抗を惹起することもありえたろう。

おわりに

このように新生活運動における検閲活動は、中国国民党が中国人の日常生活のあらゆる部分における無秩序・不衛生を逐一暴露するにとどまらず、すべての人々にもそれらに対する自己認識と自己改良／統制とを行なうよう促すことを通じて、近代的な身体美学・公共意識を普及させる試みであった。それはすでに筆者が別稿でも論じたとおり、あたかもエデンの園で禁断の果実を口にするようアダムとイブとをそそのかして、彼らに自然な身体が恥ずべきものだと初めて気付かせた蛇のような行為であったと言える。[48]しかも、それは既存の支配関係の枠組みのなかで間歇的・断続的に遂行された啓蒙・教育活動であったため、自己の「生」を否定・侮蔑された人々に相応の反省・覚醒が生じることもあったろうが、逆に一時的・表面的な面従腹背の反応を惹起したり、はなはだしくは当局への反感・懐疑を醸成したりするおそれもあった。すなわち、すべての人々が日常生活における自身の一挙手一投足を、自律的・恒常的・持続的に改良／統制することが期待されたのだが、その成否を権力に基づく他律的・暫時的・断続的な監視を通じて検証しようとしたところに、この検閲活動自体の難点が存在したのである。既述のとおり顕著な成果を挙げたことを誇る報告もいくつかあるが、それらが単なる虚偽・誇張に満ちた自画自賛であるか、あるいは事実の公平な描写であるかを判断することは容易でない。またかりに後者であるとしても、それが人々の自発的・能動的な意思に基づく現象であるか、それとも当局による強制に対する消極的な服従であるかは、おそらく何人にも（ことによると当事者にすら）知り得ないだろう。

その点で、ある日本人外交官の報告はきわめて興味深い。すなわち、「本件開始以来最モ注目ニ値スルハ政、党、軍所属ノ者カ官衙ニ於テハ固ヨリ宴会其他公私ノ会合ノ場所ニ於テモ決シテ煙草ヲ用サルコトニシテ此ノ努力ノミニテモ仲々ノ困難ナリト見受ケラルル次第ナルカ最近宴席等ニ於テ昵懇ノ要人連ニ其ノ感想ヲ叩クニ彼等ハ本件運動ニ殆ト期待ヲ持チ居ラサルモノノ如ク中ニハ卒直ニ『本運動ハ成ル程結構ニハ相違ナキモ永年ノ伝統ニ依ル官吏民衆ノ生活ハ一片ノ宣伝文位ニテハ改マル筈ナシ況乎其ノ要求スル所余リニ過大ナルオヤ現在官公吏ハ已ムヲ得ス禁煙丈ケヲ実行シ宴席ニ於テモ酒ヲ節約シ居ルモ右ハ表面且一時的ノコトニシテ自宅其他人目ニ付カサル場所ニテハ何ヲスルモ自由ナリ本件運動カ所謂「五分鐘的熱心」ニ終ラサレハ幸ナリ云々』ト皮肉リタルモノアリ」というものである。[49] このように、新生活運動が唱えた「紀律」・「清潔」といった理念や、この運動を通じて普及が試みられた近代的な身体美学・公共意識の意義は、おそらく当時の人々からも一定程度の理解と賛同とを得られたものと思われる。近代中国において衛生の制度化が積極的に希求されたことが近年次第に知られるようになってきたが[50]、そのような身体の合理的な機能の次元と同時に非合理的な嗜好の次元、すなわち身体の操作・提示方法の美観をめぐっても外国人の目に映る中国人の心象を改善する必要性が、近代中国知識人に意識されていたことを筆者はやはり別稿において論じた。[51]しかし、このように自身を見る他者の目をさながら「超自我」のごとく内面化させ、[52]日常生活において自己の行動を恒常的・持続的に監視することは多大な心理的緊張を要し、権力関係を背景とした他者による外からの監視が行なわれる場合でなければ、この態度を維持することはきわめて困難であった。それゆえに、「上に政策あれば下に対策あり」という有名な俚諺に象徴される、面従腹背の反応を引き起こすにとどまったり、あるいは改良／統制が一過性のものに終わったりすることが多かったのではなかろうか。

一九三四年四月八日に「新生活の真義」と題して南京の励志社で演説した汪精衛（国民政府行政院院長兼中国国民党中央執行委員会常務委員・中央政治会議常務委員）は、強制力をともなった「政治的制裁」・「法律的制裁」に「社会的制裁」を対置して、「たとえばある人が欧米各国の劇場のなかで勝手気ままに痰を吐いたりお喋りをしたりすれば、彼は必ず同じく芝居を見ている人々から制裁されるだろう」と述べ、「一般知識階級」が自分自身を「制裁」して人々の模範となるべきことを唱えた。[53]この汪精衛による例示は、フランスで資本家階級が労働者階級を、アメリカでWASPが黒人や新移民を、まさに啓蒙という名の「社会的制裁」による改良／統制、すなわち日常生活習慣の紀律化・清潔化を通じて国民化した歴史的経緯と符合する。[54]しかし、固定的な階級・人種も大規模な移民も存在せず他者の目が意識される機会が少ない中国社会において、近代的国民形成のための均質化圧力は「社会的制裁」ではなく「政治的制裁」・「法律的制裁」、すなわち国家政府の社会人民に対する強制力をともなった支配を通じてもたらされるほかはなく、それが必然的に先に述べたような困難をともなうという根本的な矛盾が存在していたのである。

孫文によって創設された中国国民党は元来、中華民国にもっとも強い帰属意識を抱く革命エリート集団であり、前衛革命政党として独占的・排他的に権力を掌握し、国家と社会との唯一無二の媒介となるという「党国全体主義体制」の樹立を構想していた。そして、「訓政」と呼ばれる政府による人民の馴致を通じて民族共和国に対する帰属意識を普及させ、革命エリート自身を雛形として近代的国民を創出するという、言わば「仏（国民国家）作って魂（国民）入れる」ことを企図したのである。[55] しかし、国民革命を経て中国国民党が実際に中国全土を掌握した後、蔣介石は軍を重んじ党を軽んじる方針を取ったため、国家・社会を前衛革命政党の指導下に置くという孫文の体制構想は形骸化した。[56] それでも、国民の原型たることに支配の正統性原理を求めていた中国国民党は、さながら自身に似せて人間を創造した神のように、近代的国民の創出という責務を放擲することはできず、本稿で取り上げた新生活運動もまさにそのような試みとして遂行されたのであった。しかし、あたかもアダムとイブとに自身の恥部を気付かせた蛇が呪詛・嫌悪・畏怖の対象となったごとく、いまだ存在せぬ想像上の「国民」との比較の下に、中国人民を侮蔑・否定した中国国民党が結局は彼らに唾棄・排斥され、逆にすでに存在する特定階級の現実的利益を代表することに正統性原理を求め、彼らの存在をあるがままに祝福・肯定すると標榜することにより、社会内部の競争関係を扇動・利用することに成功した、いまひとつの前衛革命政党に取って代わられたのは、実に歴史の皮肉であったと言うほかはない。[57]

（1）新生活運動促進総会編『民国二十三年新生活運動総報告』南昌、新生活運動促進総会、一九三四年、六〇～六一頁。
（2）同上、一〇六～一一二頁。
（3）同上、一一二・一一八～一一九・一三九頁。
（4）先行研究の調査・整理は、段瑞聡「新生活運動研究の視角とその意義」（『言語・文化・コミュニケーション』第二九号、二〇〇二年）によってほぼ完璧に行なわれており、本章はこれを参照しつつ若干の補充を行なった。

（5）李雲漢『中国国民党史述』台北、近代中国出版社、一九九四年、第三編、二三八頁。このほか、以下のような関連著作があるが、論旨に大差はない。謝早金「新生活運動的推行」（張玉法主編『中国現代史論集　第八輯　十年建国』台北、聯経出版、一九八二年）。鄧元忠「新生活運動之政治意義闡釈」（中央研究院近代史研究所編『抗戦前十年国家建設史研討会論文集（一九二八―一九三七）』台北、中央研究院近代史研究所、一九八四年、上冊）。何思瞇「新生活運動促進総会婦女指導委員会之研究（民国二十五年至民国三十四年）」（『国史館館刊』復刊第九期、一九九〇年）。王寿南「訓政時期的民族文化復興運動――以新生活運動為例」（中華民国建国八十年学術討論集編輯委員会編『中華民国建国八十年学術討論集』台北、近代中国出版社、一九九一年、第三冊）。

（6）張憲文・方慶秋・黄美真主編『中華民国史大辞典』南京、江蘇古籍出版社、二〇〇一年、一八一八頁。このほか、以下のような関連著作があるが、やはり論旨に大差はない。仇晨「国民党区的新生活運動」（『歴史教学』一九九〇年、第三期）。関志鋼「論抗日戦争時期的新生活運動」（『抗日戦争研究』一九九二年、第三期）。顧暁英「評蔣介石的新生活運動（一九三四―一九四九年）」（『上海大学学報（社会科学版）』一九九四年、第三期）。関志鋼・趙哲「抗戦爆発前新生活運動的衰落及其原因探析」（『浙江学刊』一九九五年、第一期）。林頌華「試論新生活運動的特点及効用」（『江西師範大学学報（哲学社会科学版）』一九九五年、第二期）。

（7）James C. Thomson Jr., *While China Faced West: American Reformers in Nationalist China, 1928–1937*, Cambridge, Mass.: Harvard University Press, 1969, chaps. 7, 8, 10.

（8）Lloyd E. Eastman, *The Abortive Revolution: China under Nationalist Rule, 1927–1937*, Cambridge, Mass.: Harvard University Press, 1974, pp.66–70.

（9）Samuel C. Chu, "The New Life Movement before the Sino-Japanese Conflict: A Reflection of Kuomintang Limitations in Thought and Action," in F. Gilbert Chan ed., *China at the Crossroads: Nationalists and Communists, 1927–1949*, Boulder: Westview Press, 1980.

(10) William C. Kirby, *Germany and Republican China*, Stanford: Stanford University Press, 1984, chap. 6.
(11) Arif Dirlik, "The Ideological Foundations of the New Life Movement: A Study in Counterrevolution," (*Journal of Asian Studies*, Vol. 34, No. 4, 1975).
(12) 酒井忠夫「近現代中国における善書と新生活運動」（立正大学史学会創立六十周年記念事業実行委員会編『宗教社会史研究II』東京、雄山閣、一九八五年）。同「新生活運動与現代化中国的新儒教文化」（蔣中正先生与現代中国学術討論集編輯委員会編『蔣中正先生与現代中国学術討論集』台北、中央文物供応社、一九八六年、第三冊）。
(13) 奥間一輝「世界華僑と新生活運動について」（『東洋史論』第九号、一九九六年）。同「新生活運動の起源について」（『歴史研究』第三八号、二〇〇一年）。
(14) 丹野美穂「民国期中国における「清潔」の希求と「国民」の創出――新生活運動の婦嬰衛生工作からみえるもの――」（『立命館言語文化研究』第一〇巻、第五・六号、一九九九年）。同「新生活運動の婦女工作機関誌――雑誌『婦女新運』の内容と史料的価値について――」（『近きに在りて』第三四号、一九九八年）。
(15) 前山加奈子「復古・新生活運動とＹＷＣＡ系雑誌にみるフェミニズム論――一九三三年～一九三七年――」（『駿河台大学論叢』第二七号、二〇〇三年）。
(16) 段瑞聡「新生活運動の背景について――思想的側面を中心に――」（『法学政治学論究』第二八号、一九九六年）。同「新生活運動の組織構造と人事――一九三四年二月～一九三七年七月――」（『法学政治学論究』第三四号、一九九七年）。同「蔣介石の権力浸透と新生活運動――一九三四年を中心に――」（『法学政治学論究』第三八号、一九九八年）。同「日中戦争期の新生活運動」（『近きに在りて』第三四号、一九九八年）。同「蔣介石の国家建設理念と新生活運動――一九三五～三七年――」（『法学研究』第七五巻、第一号、二〇〇二年）。
(17) 姚伝徳「新生活運動的淵源」（『中国史研究』第一九輯、二〇〇二年）。
(18) 深町英夫「林檎の後味――身体美学・公共意識・新生活運動」（『中央大学論集』第二四号、二〇〇三年）。同「近代中国の職業観――新生活運動の中の店員と農民」（『中央大学経済研究所年報』第三四号、二〇〇四年）。

(19) 前掲 "The New Life Movement before the Sino-Japanese Conflict: A Reflection of Kuomintang Limitations in Thought and Action," p.52。前掲「蔣介石の権力浸透と新生活運動――一九三四年を中心に――」五〇〜五二・五七〜六三頁。

(20)『中央日報』一九三四年三月三日、第一張、第二版「新生活運動　定期開始指導」。同、一九三四年三月三日、第二張、第二版「南昌新生活運動」。『中央夜報』一九三四年三月一九日、第二版「南昌新生活運動」。新生活運動促進総会編『新生活運動』南昌：新生活運動促進総会、第一編、一九三四年、一三〇〜一三五頁。

(21)『中央日報』一九三四年三月一七日、第一張、第三版「南昌新生活運動会　明日挙行総検査」。同、一九三四年三月二二日、第二張、第二版「南昌新生活運動　挙提灯大遊行」。『中央週報』第三〇四期、一九三四年「各地積極進行新生活運動」九頁。前掲『新生活運動』第一編、一〇三〜一〇四・一一四〜一一九頁。前掲『民国二十三年新生活運動総報告』一一四頁。

(22) 前掲『新生活運動』第一編、一〇五〜一一三頁。

(23) 前掲『民国二十三年新生活運動総報告』二四二〜二四三・二四七頁。

(24)『新生活促進総会会刊』第二期、一九三四年「調査報告」、第三期、一九三四年「調査報告」「江西青年仮期服務団工作続誌」、第四期、一九三四年「調査報告」、第五期、一九三四年「調査報告」、第六期、一九三四年「調査報告」、第八期、一九三四年「工作概況」、第十期、一九三四年「工作報告」。

(25)『中央日報』一九三四年五月五日、第三張、第二版「新生活隊　今日開始勧導工作」。同、一九三四年五月六日、第三張、第二版「新生活隊　勧導時間与方法」。

(26)『中央日報』一九三四年六月一四日、第三張、第二版「首都新生活総検査」。同、一九三四年六月一五日、第三張、第二版「新運会団体会員　十八日起検査」。同、一九三四年六月一七日、第三張、第二版「新運促進会　団体会員明日検査」。同、一九三四年六月一八日、第三張、第二版「新運促進会　今日起施行総検査」。同、一九三四年六月一九日、第三張、第二版「各機関新生活検査」。同、一九三四年六月二〇日、第三張、第二版「新運会昨挙行　各学校新生活総検査」。同、一九三四年六月二二日、第三張、第二版「新生活総検査昨告竣」。同、一九三四年六月二六日、第三張、第二版「新生活検査　今開評判会議」。同、一九三四年六月二七日、第三張、第二版「新生活総検査評判結果」。

(27)『中央日報』一九三四年七月七日、第三張、第二版「新運会決議挙行　整斉清潔総検査」。同、一九三四年七月一〇日、第三張、第一版「新運促進会　清潔総検査之意義」。同、一九三四年七月一八日、第三張、第二版「全市清潔総検査」。同、一九三四年七月一四日、第三張、第二版「新運会定後日挙行　全市清潔総検査」。同、一九三四年七月二〇日、第三張、第二版「首都新運会今日起挙行　全市清潔総検査」。同、一九三四年七月二一日、第三張、第二版「清潔総検査第一日」。同、一九三四年七月二四日、第三張、第二版「京市清潔総検査」。同、一九三四年七月二五日、第三張、第二版「清潔総検査第五日」。同、一九三四年七月二七日、第三張第二版「清潔総検査　日内即可蔵事」。同、一九三四年七月三一日、第三張、第二版「清潔総検査昨竣事」。同、一九三四年八月九日、第二張、第三版「全市清潔総検査」。同、一九三四年八月一一日、第二張、第三版「首都新運会　清潔総検査報告」。同、一九三四年八月一二日、第二張、第三版「首都新運会　清潔総検査報告」。同、一九三四年八月一三日、第二張、第三版「首都新運会　清潔総検査報告」。

(28)『中央日報』一九三四年五月三〇日、第二張、第三版「湖北省会公安局　努力推行新生活」。湖北省公安局編『推行新生活之実況　附清潔運動、規矩運動、員警新生活訓練』武漢、湖北省公安局、一九三四年、二～一九頁。

(29) 新生活運動促進総会編『民国二十四年全国新生活運動』南京、新生活運動促進総会、一九三六年、五〇一～五一六頁。

(30) 広州市新生活運動促進会編『広州市新生活運動輯要』広州、広州市新生活運動促進会、第一輯、一九三七年、五九・六五～六六・七一・七四～七五・七八・二五三～二八九頁。

(31) 首都新生活運動促進会編『首都新運三週年紀念特刊』南京、首都新生活運動促進会、一九三七年、四〇～八九頁。

(32)『新運導報』第一三期（総第五三期）、一九三八年「重慶新運四周紀念会籌備経過誌略」。

(33)　農村社会がほとんど対象とならなかったことに関しては、前掲「近代中国の職業観――新生活運動の中の店員と農民」を参照。

(34)　前掲『民国二十三年新生活運動総報告』一三三頁。一九三四年から一九三六年にかけて「新生活叢書」と題した全四一冊の小冊子の刊行が企画されたが、特定の職業・集団に新生活運動への参加を促す内容の二一冊のなかで、公職従事者（「政務官」・「公務員」・「軍官」・「警察」・「憲兵」・「士兵」・「県長」）が三分の一を占め、これに教員（「教育家」・「校長」）と「中国国民党党員」とを加えれば、約半数が社会の指導的立場にある者に向けられている。また、芸術・芸能（「文芸家」・「戯劇家」・「電影家」・「音楽家」）という特殊な領域に約五分の一が充てられたのも、これらの職業が社会の関心を集め一般大衆に模範を示すという、その教育的役割が重視されたためであろう。これは、中国国民党の創設者である孫文が、「党首＝発明者＝先知先覚」・「党員＝宣伝者＝後知後覚」・「非党員＝実行者＝不知不覚」の三類型を唱え、前衛革命党員を創造されるべき国民の雛形と位置づけたことに起源を有する構想であると考えられる。前掲「近代中国の職業観――新生活運動の中の店員と農民」三五四～三五五頁。

(35)　この概念に関しては、Prasenjit Duara, *Culture, Power, and the State: Rural North China, 1900-1942*, Stanford: Stanford University Press, 1988 を参照。

(36)　本節では、詳細な報告書を入手しうる一九三四～三五年の南昌・南京・武漢の事例を分析の対象とする。

(37)　『新生活運動促進総会会刊』第一〇期「工作報告」一五～二一頁。

(38)　ここで引用する事例は、下記の資料に基づく。A…前掲『新生活運動』第一編、一〇五～一一三・一三〇～一三五頁。B…『新生活促進総会会刊』第二期「調査報告」。C…同、第三期「調査報告」。D…同、第三期「江西青年仮期服務団工作続誌」。E…同、第五期「調査報告」。F…前掲『民国二十四年全国新生活運動』五〇一～五一六頁。G…前掲『首都新運三週年紀念特刊』七三～八九頁。

(39)　これは、逆に言えば中国人が従来は自然な身体や生理現象を、なんら恥ずべきものとは考えていなかったことを示す。このような身体意識の近代的転換に関しては、前掲「林檎の後味――身体美学・公共意識・新生活運動」を参照。
(40) ただし、大上海酒楼は翌五月には「函奨」を与えられている。
(41) 前傾『推行新生活之実況　附清潔運動、規矩運動、員警新生活訓練』附表。百分率の計算に一部誤りがあるので、引用にさいしてこれを訂正した。
(42) 前掲『新生活運動』第一編、一三〇〜一三三頁。前掲『民国二十三年新生活運動総報告』一一五頁。
(43) 前掲『新生活運動』第一編、一三一〜一三三頁。
(44) 『中央日報』一九三四年六月二七日、第二張、第三版「南昌新運実施後　社会有顕著進歩」。
(45) 『新生活促進総会会刊』第二期「調査報告」三五頁。
(46) 前掲『新生活運動』第一編、一三二・一三三〜一三五頁。
(47) 外務省記録I・四・五・一・一二「中国ニ於ケル新生活運動一件」東亜局普通第一二四号「新生活運動ヲ本邦人ニ強制実施ニ関シ報告ノ件」在蕪湖領事代理吉竹貞治発外務大臣広田弘毅宛（昭和九年七月四日）、外務省外交史料館所蔵。
(48) 前掲「林檎の後味――身体美学・公共意識・新生活運動」一〇一〜一〇二頁。
(49) 前掲「中国ニ於ケル新生活運動一件」東亜局普通第一〇八号「長沙ニ於ケル新生活運動促進会成立ノ件」在長沙領事代理高井末彦発外務大臣広田弘毅宛（昭和九年五月一一日）。
(50) 飯島渉『ペストと近代中国――衛生の「制度化」と社会変容――』東京、研文出版、二〇〇〇年を参照。
(51) 前掲「林檎の後味――身体美学・公共意識・新生活運動」。
(52) ジークムント＝フロイトによれば、超自我は父親による規制が内面化されたものであり、社会で広く認められている規範を摂取して望ましい行動基準によって自我を監視し、欲動に対しては検閲的態度を取ると言う。
(53) 汪精衛「新生活的真義」（『中央週報』第三〇六期、一九三四年）二〜三頁。
(54) 以下の各書を参照。アラン＝コルバン（山田登世子・鹿島茂訳）『においの歴史　嗅覚と社会的想像力』東京、藤原書店、一九九〇年。ジュリア＝クセルゴン（鹿島茂訳）『自由・平等・清潔――入浴の社会史』東京、河出書房新社、一九九二年。ジョルジュ＝ヴィガロ（見市雅俊監訳）『清潔になる〈私〉――身体管理の文化誌――』東京、同文舘、一九九四年。スーエレン＝ホイ（椎名美智訳）『清潔文化の誕生』東京、紀伊国屋書店、一九九九年。日本の事例にかんしては、小野芳朗『〈清潔〉の近代　「衛生唱歌」から「抗菌グッズ」へ』東京、講談社、一九九七年が詳しい。なお、近代社会におけるこのような身体と権力との関係を、抑圧・監視として否定的にとらえる傾向が近年では強まっているが、これはかつて支配的だった楽観的進歩史観に対する反動であり、またジェレミー＝ベンサムの考案した「パノプティコン（一望監視装置）」を近代的支配の比喩として援用した、ミシェル＝フーコーの議論の影響を強く受けたものであろう。筆者が本稿において「改良／統制」という各々正負の価値を含意する語を併用しているのは、「近代」を「薔薇色」に描き出すのも「灰色」に描き出すのも、共に一面的に過ぎると考えるからである。深町英夫「理論・概念・模式――理屈と膏薬はどこにでも付く」（『歴史評論』第六三八号、二〇〇三年）二五頁を参照。

(55)　拙著『近代広東的政党・社会・国家――中国国民党及其党国体制的形成過程』北京、社会科学文献出版社、二〇〇三年を参照。

(56)　王奇生『党員、党権与党争――一九二四～一九四九年中国国民党的組織形態』上海、上海書店出版社、二〇〇三年を参照。

(57)　身体の「美学」を追求すべく日常生活の改良／統制をはかった検閲活動に加えて、抗日戦争時期には傷痍軍人・帰国華僑・戦災難民の生活の保護・支援といった、身体の「福利」を含意する活動が新生活運動の主要な内容となっていった。これらの活動にかんして筆者は現在、別稿を準備中である。

（深町　英夫）

第二章　抗戦期におけるＹＷＣＡの活動と女性動員

はじめに

清末に誕生した中国ＹＷＣＡ（中華基督教女青年会　Young Women's Christian Association of China）は、中華民国、人民共和国という激しい時代の変化を生きぬき、現在もその活動は続いている。あまたの社会団体の中でも、一一〇年以上にわたるその歴史は比類ないものであるが、その活動と性格は各時代の状況を端的に映し出して、一様ではありえなかった。本章はこうした中国ＹＷＣＡの抗戦期における活動について取り上げ、その内容と特色がいかなるものであったか考察を試みるものである。その際、抗戦期の女性政策に触れて、女性運動全般についての検討を行なったうえで、ＹＷＣＡの活動の意味というものをとらえてゆきたい。

日本の侵略は、すべての中国女性を巻き込み、彼女たちの上にすさまじい破壊と犠牲をもたらしたが、そのことは同時に女性たちを抗戦へと動員する大きな契機ともなった。そして女性も抗戦建国への貢献を要請される存在と見なされていった。戦争とは当然のことながら女性たちの状況を一変させるものであり、ＹＷＣＡも戦時活動を積極的に展開したが、本章ではとくにこうした戦争という非日常における活動と、ＹＷＣＡの従来の活動との連続性と変化について留意して検討をすすめたい。

中国のYWCAに関する基本資料は、その全国協会の機関誌『女青年』(1)であるが、その他のYWCA自身が所有していた関係資料の多くは戦争や文革によって失われてしまい、その結果中国での研究はこれまでほとんどなされていない。(2)アメリカでは、Nancy Boydが米国人YWCA幹事たちの海外での活動を考察し、(3)Emily HonigはYWCAの労工事業に関する研究と、その事業を担った鄧裕志の生涯と思想を検討している。(4)また、Lien Ling-Lingはおもに『女青年』の文章から、YWCAの職業女性に関する事業について論じ、(5)Alice Druckerは一九二七年までのYWCAについて考察している。(6)しかし中国YWCAについてもっとも総括的に論じたのはElizabeth A. Littell-Lambで、同会の誕生から発展の過程を中国の新女性の形成と関連づけて検討し、都市中間階層女性のフェミニズムの意味を指摘している。(7)

日本では、佐藤明子と曾田三郎が女子労働問題からYWCAの活動を取り上げた。(8)しかし『女青年』の分析によって初めてYWCAを正面から取り上げたのは末次玲子で、YWCAの運動とその特質が指摘されている。(9)筆者も、これまでにアメリカ人幹事に関する考察と、上海近代史における上海YWCAの歴史と活動が果たした役割の分析、さらに抗戦の前段となる時期の中国YWCAの国際主義とナショナリズムの関係について、その日本観を通しての検討を行なった。(10)また前山加奈子は、YWCAと本稿でも取り上げる新生活運動との関係を抗戦開始まで検討している。(11)このように日本でのYWCA研究は多くの成果をあげつつある。

しかし、以上の研究においても、抗戦期のYWCAの活動について本格的に言及したものはほとんどない。それは戦争の勃発と進行により『女青年』が刊行不可能となって、抗戦中の活動の詳細を知る手がかりが少ないことが、その大きな理由として指摘できよう。(12)そこで本章では、抗戦期の女性の抗日民族統一戦線的役割をにない、YWCAのメンバーもかかわった新生活運動促進総会婦女指導委員会関係の資料の考察を中心に、当時のYWC

Ａの活動とその特色についての検討を試みたいと思う。石川照子③の論文では、三七年までの段階で中国ＹＷＣＡが自身のナショナリズムが高揚するなかでも、侵略を実行する日本人と被害者となる日本人を区別する視点、そして日本人との連帯の可能性への期待をそなえていたことが確認できた。本章でさらに激しくナショナリズムが燃えさかった抗戦という時代におけるＹＷＣＡの活動を検討することによって、あらためてこの国際主義とナショナリズムという問題についても示唆を得ることができると考えている。

一　抗戦開始前後のＹＷＣＡ

1　社会活動の展開

中国ＹＷＣＡの起源は、清末の一八九〇年に杭州の弘道女中にアメリカ人女性教師によって設置された校会（学校ＹＷＣＡ）にさかのぼることができる。その後〇六年には世界ＹＷＣＡに加盟し、〇八年には最初の市会（都市ＹＷＣＡ）の上海ＹＷＣＡが設立され、ほかに広州、北京等にも市会が誕生していった。そして二三年一〇月の第一回全国大会後に上海に全国協会が設置されると、その後は順調な発展を遂げて、市会、校会、会員数共にその数を増していった[13]。また中国ＹＷＣＡは欧米キリスト教諸国のＹＷＣＡの働きかけの結果誕生したという経緯から、当初は欧米ＹＷＣＡから派遣された外国人幹事がその運営をになっていた。しかし中国人幹事の養成の結果、二六年には丁淑静が全国協会の最初の中国人総幹事に就任している。

中国ＹＷＣＡの活動の中心をになったのは幹事たちであった[14]。彼女たちの多くは高学歴の女性で、外国に留学した経験をもつ者も少なくなかった。英語が堪能で、校会ＹＷＣＡの活動等を通してキリスト教、そしてＹＷＣ

Ａの活動に出会った者が多かった。こうした都市中間層の中国人女性たちが、次第にＹＷＣＡ全体を動かしてゆくようになるのである。

「キリスト教の教えに基づいた徳育・知育・体育・群育の発展を促進し、神に奉仕し、祖国につくす」という趣旨に基づき、布教活動よりも社会奉仕活動に主眼を置いて活動するキリスト教社会団体というＹＷＣＡの性格は、発足から現在まで変わらず維持されている。一九世紀半ばにロンドンの二人の女性による、産業化のなかの若い女性たちのための祈禱会開催、看護婦の宿泊施設設置、働く女性のための聖書クラスやクラブ活動等からＹＷＣＡは始まったとされており[15]、その活動は当初から社会活動に重点が置かれていた。中国ＹＷＣＡもその活動対象は主婦、女子職員、学生、労働者等、ノンクリスチャンも含めた多様な女性たちを想定して、幅広い活動を展開していった[16]。上海ＹＷＣＡの一九四〇年の統計では、会員総数一八八二人のうち、主婦が五一八人、職業女性が四五〇人、学生三三二人、労働者三〇四人、外国人二七八人であった[17]。

ＹＷＣＡの各会内部に設置された部や委員会は、各時代において取り組んだ課題にそって構成され、その結果それらの設置・廃止や名称の変更等が発生した。全国協会では、二三年には学生部、宗教教育部、編輯部、労働部があったが、翌年には編輯部が書報部に変わり、新たに幹事練習［訓練］部が設置され、さらに二八年には市会部、校会部、編輯部、訓練部、郷村部、職工事業部、児童部が置かれている[18]。三八年になると、学生部、少女部、労工部、成人教育部、宿舎部、体育部に変わっている[19]。上海ＹＷＣＡでは、三八年には会員部、学生部、労工部、少女部、国際支部、宿舎部、服務部、体育部、総務部が見られるが、四八年には学生部、少女部、労工部、職業婦人部、家庭婦女部に変わっている[20]。

そして具体的な活動は、その対象となる女性たちの需要に応じて展開された。上海ＹＷＣＡの場合を例に挙げると、児童の栄養と心理の研究、英語・フランス語・料理・ピアノ等の補習班設置、学生への奨学金給付、女工のための夜間学校設置、少女のための趣味のクラス設置、職業紹介、職業技能訓練班の設置、職業女性および学生のための宿舎設立、テニス・水泳等の体育班の設置等が挙げられている。[21]また三七年には中国で最初の託児所が上海ＹＷＣＡによって設立され、その他郷村活動として、宝山県の大場と劉行で成人教育として文教、衛生、生産教育等が行なわれていた。[22]

こうしたＹＷＣＡの多様な活動の中でも、とくに注目されるのは労工関係事業である。二二年に労働部が設置され、当初は職業女性の社会的地位と待遇改善要求等の活動が行なわれたが、[23]二〇年代後半からは教育に重点が置かれるようになった。もっとも活発に活動を行なった上海ＹＷＣＡの場合、鄧裕志、リリー・ハース、Ｔ・ガーラック等の幹事が中心となって女工夜間学校が市内に数か所開設され、運営された。仕事を終えた女工たちはその教室で識字・歴史・算術・経済等について学び、成長していった。また陶行知、金仲華、章乃器、洗星海、陳波児等の多彩な人々が講師を務めていたことが特筆される。[24]そして三一年の九・一八事変以降は、女工夜間学校、そして女工たちは積極的に抗日救亡運動へとかかわってゆくことになるのであった。

こうして抗日戦争の開始まで、ＹＷＣＡはその中身は少しずつ変えつつも、一貫して活発に社会活動を展開していったのであった。

2　抗戦の始まりとＹＷＣＡ

それでは、以上のようなＹＷＣＡの活動は、抗戦の開始によってどのように変化していったのだろうか。

三七年七月七日の盧溝橋事件勃発による日中全面戦争開始後の戦線の拡大は、ＹＷＣＡの活動にも大きな影響を与えた。[25]上海にあったＹＷＣＡ全国協会は、三七年末に漢口に事務所を置くことを決定し、鄧裕志たちが派遣されたが、さらに四一年には戦局の悪化を受けて、「大後方」の重要都市である成都に移転することとなった。[26]

全国協会が上海へ戻るのは、抗戦が終了してのちのことである。[27]一方、上海YWCAは三七年一一月に上海が陥落したのちも、上海にとどまって戦争終結まで同地で活動を継続した。ただし、全国協会移転の正確な日付については不明であり、また他の市会YWCAの移転の有無等についても定かではない。これらについては今後の調査に期したい。

次に抗戦初期のYWCAの活動についてみてみよう。なお、抗戦期全般の活動については、次節で考察する。まずYWCA全体の活動はどのようなものだったのだろうか。

一九三八年五月、宋美齢は個人の名において各地、各党派の女性指導者に呼びかけ、廬山において婦女談話会を開催した。同談話会の詳細については次節で触れるが、その目的は女性たちの抗日民族統一戦線の結成にあり、各団体や地区の女性代表たちがそれぞれの活動についての報告を行なった。そのなかで鄧裕志はYWCAを代表して、その戦時活動について述べている。その概要は以下の通りである。[28]

三七年の八・一三抗戦（第二次上海事変）以降、各地のYWCAは通常の活動以外に、戦時服務活動を展開した。それぞれの地区の状況の違いからその活動はまったく同じというわけではなかったが、もっとも普遍的かつ重要な活動は、救護訓練班、傷病兵・難民に必要な物品の収集、傷病兵の世話、難民救済、戦時教育、民衆教育、流亡学生救済、国際教育、占領地区の活動、新たな活動地区の開拓の一〇項目であった。それらの具体的な内容は、各市にみな救護訓練班を設置し、卒業した学生たちを病院や救護隊に配属し、また傷病兵・難民に必要な衣類、薬品等を集めて政府機関や赤十字等を通して配給した。[29]傷病兵の世話には家庭婦人や女学生、女工があたり、彼らに代わって手紙を書いたり、洗濯をしたりした。難民救済活動としては難民の教育衛生活動にたずさわった以外に、後述するようにYWCA自身の難民収容所を設立して運営にあたった。戦時教育の内容は、講演会、座談会、討論会、研究班、歌唱隊、演劇等を組織して、会員に抗戦に対する認識を深める努力を行なった。

民衆教育は郷村と都市の二つに分けて行なわれた。郷村での活動として、まず四川、湖南、湖北の三つの場所で実験的な活動が着手されたが、農村女性が抗戦認識を深め、文化水準を引き上げ、さらに自発的に自身の生活を改善することによって抗戦に参加することを目的として、幹部訓練、識字班の設置等の活動が行なわれた。都市の活動は全国協会の労工部が主としてになない、農村と同様に女性たちを教育して、戦地服務、病院・難民収容所での活動等、抗戦への参加を促すことを目的としていた。

流亡学生救済活動は、ＹＷＣＡ全国協会とＹＭＣＡ全国協会とが連合して流亡同学救済委員会を組織し、学生への金銭的援助、学生の戦時活動への参加促進と職業紹介等を行なった。国際教育は、国際問題研究会の設置、小叢書・小冊子の作成と放送[30]による国外への中国の抗戦建国の宣伝活動等を主な内容とした。また占領地区の活動については非常に困難であるが、精神的団結を求めた。最後に新たな活動地区の開拓として、中国西南地区をその対象として定め、西安にはすでに戦時工作委員会を設置し、難民学生の救済等にあたっていること、さらに宜昌、衡陽、貴陽、桂林等に分会設置の可能性を探っている。

さらに盧山婦女談話会の各地区代表の報告のなかに、それぞれの地におけるＹＷＣＡの活動を拾い上げることができる。湖南でのＹＷＣＡの活動は活発で、傷病兵の娯楽活動の場として傷病兵クラブが長沙のＹＷＣＡの発案によって設立された。また湖南キリスト教徒救国後援会の難民婦女子医院にはＹＷＣＡも参加しており、さらに流亡学生の救済にもあたっていた。[31]広東ではＹＷＣＡは戦時婦女服務団を組織し、[32]成都では代表的な五つの女性組織の一つとしてＹＷＣＡが挙げられている。[33]香港のＹＷＣＡは慰労・募金活動に取り組んでいた。[34]さらに鄧裕志の回想によると、漢口でも三八年九月に、漢口ＹＷＣＡ戦時服務団が組織され、また戦時首都重慶のＹＷＣＡを抗戦活動を行なう強力な組織とすることがはかられ、さらに昆明には新たにＹＷＣＡが設立されたという。[35]

このように抗戦の開始とともに、ＹＷＣＡは積極的に戦時活動を展開していったことが理解できる。しかし、

図1　YWCA全国協会組織系統図

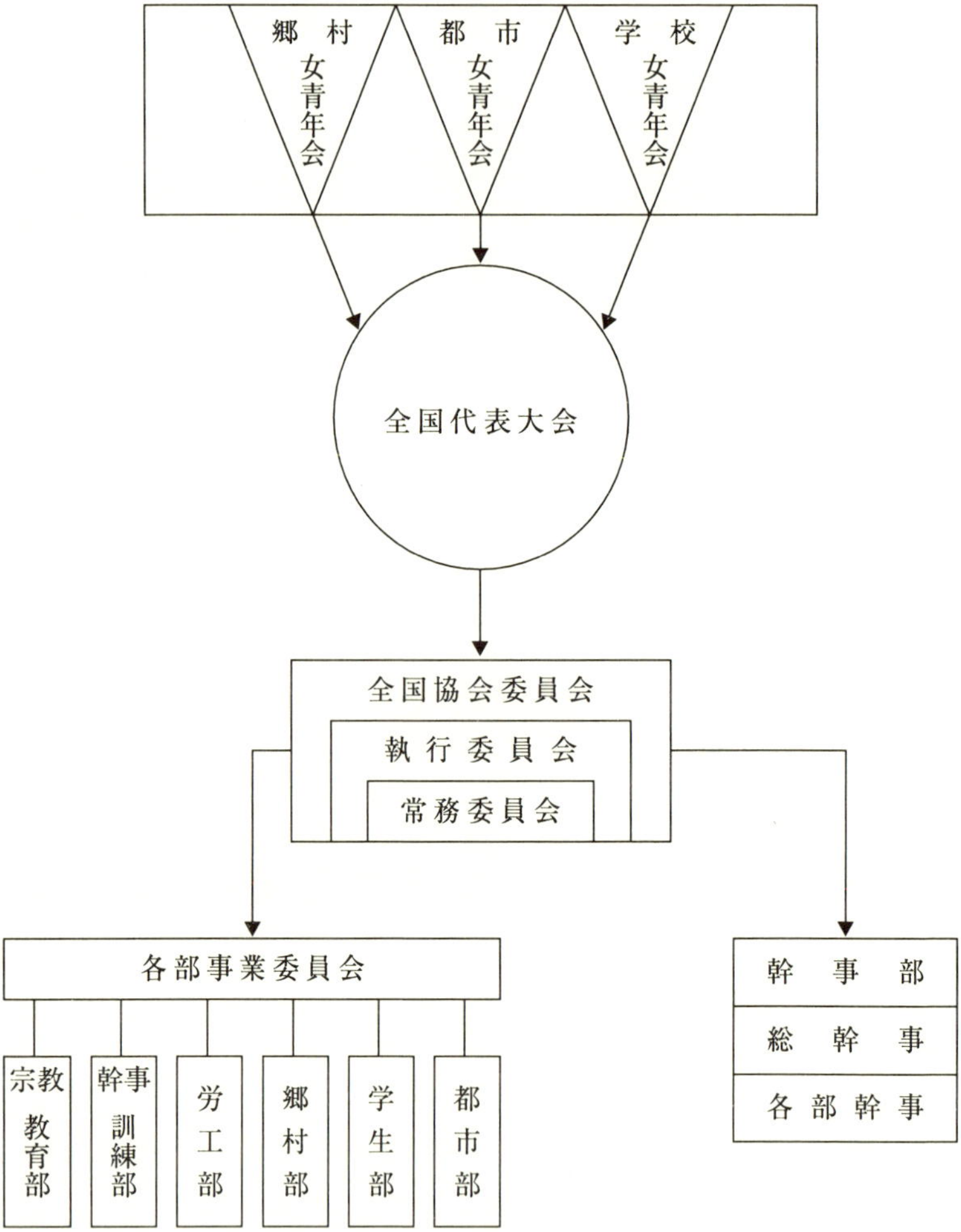

出典：鄧裕志④「中華基督教女青年会戦時工作簡述」。

鄧裕志の廬山での報告では通常の活動も継続されていたことが示唆されているのであるが、以上見てきたところではそれをうかがうことができない。抗戦初期の段階で、ＹＷＣＡの活動はすでに戦時活動に特化してしまったのであろうか。抗戦開始から終了まで上海を離れずに活動を行なった上海ＹＷＣＡの活動を考察してみよう。

鄧裕志は回想録のなかで、第二次上海事変が勃発すると、上海ＹＷＣＡはそのすべてが戦時活動に変わり、労工部は完全に難民・傷病兵活動に転じて募金等を行ない、女工夜間学校の教師と学生は積極的に抗日救亡運動に参加して、上海労働婦女戦地服務団も組織されたと述べている(36)。また、情報源は定かではないが、日本ＹＷＣＡもその機関誌のなかで、抗戦開始後の上海ＹＷＣＡは救済活動に活躍しているとし、目下なされている事業として傷病兵慰問事業、赤十字看護婦の宿舎提供、避難民救護事業、全上海婦人の奉仕への組織活動、本部事務所等の一般婦人界と宗教界への開放、外国人避難民救済を挙げている(37)。

しかし実際には、経常活動は中断することなく継続していたのであった。一九三八年六月に刊行された上海ＹＷＣＡの設立三〇周年の記念誌は、当時の同会の活動の現状を詳しく伝えている。国際支部は、主に上海の外国人女性のための活動を行なう部署であるが、最近外国人の職業女性のための宿舎を開設したほかに、タイプ・速記・英語等の技術訓練班の活動を行なっていると述べられている(38)。会員部は、家庭婦人のための英語・手芸・料理等の補習班活動、不用品交易所の設置、職業女性のためのバレーボール・ピンポン・水泳等の設備の提供と職業紹介活動を行なっていた(39)。また、家庭婦人、職業女性、女工、学生のための水泳・ピンポン・バレーボール等の体育活動も継続されていた(40)。学生部は今年の活動として、学生救済活動、学生宿舎の運営、バレーボール・水泳・スケート・唱歌・演劇等の各種の趣味のグループの組織等を行なっている(41)。また少女部の三年来の活動として、旅行参観、唱歌・演劇・舞踏・料理・手芸・看護研究等の趣味のグループ活動、サマーキャンプ、一二歳から二〇歳までの少女からなる華光団の活動等が挙げられている(42)。

また、鄧裕志が戦時活動一色となったと述べた労工部であるが、女工たちによる防疫活動、女工の生活改善のための努力等が伝えられ、また女工夜間学校の活動も継続していた(43)。ただし、労工部は上海ＹＷＣＡの組織のなかでもっとも戦時活動を活発に行なっていたことは事実のようである。たとえば女工夜間学校では従来の授業の他に、難民を招いて、避難の経過や現状についての話を聞いたことが報告されている(44)。さらに労工部は一九三八年の春には、失業した労働者のための収容所を一か所設立している(45)。労工部では、新たな戦時活動が行なわれた一方、女工夜間学校のように、従来から行なわれていた活動のなかに、戦時活動もまた組み込まれていたのである。

最後に、上海ＹＷＣＡが取り組んだ戦時活動のなかで特筆すべきものとして、婦女子難民収容所の活動を指摘したい。三八年五月当時、上海には一二二の難民収容所があったが、上海慈善団体連合会難民救済分会に属した収容所のなかで、婦女子専門のものはＹＷＣＡの二つの収容所のみであったという(46)。当時そこには併せて五七九人の難民が収容されており(47)、国際赤十字、上海慈善団体連合会難民救済分会、セント・ジョン大学、アメリカの教会、そして多数のＹＷＣＡの会友たちの精神的・物的両方の援助をうけていた(48)。この二つの収容所の特色として、難民自身が生産活動にたずさわることと、識字教育以外に生活教育を施すことが挙げられる。難民たちは毎日二時間の教育をうけるとともに、造花作り、刺繡、アップリケ、裁縫、靴作り、手袋編み等の労働に八時間従事し、さらに職業紹介も行なわれた(49)。また生産活動に参加する母親のために各収容所内に幼稚園も設けられ、三〇人余りの子供を世話していたという(50)。

二　抗戦期のＹＷＣＡの活動

1　抗戦期の女性政策と女性運動

それでは抗戦期全体において、ＹＷＣＡの活動はどのようなものだったのだろうか。まず、抗戦期における女性政策と女性たちの運動について、その概要について触れておきたい。

盧溝橋事件による日中全面戦争の開始は、国共両党の政策の転換を促し、三七年九月二二日には、第二次国共合作が正式に成立した。これをうけて共産党は、女性政策においても抗日民族統一戦線の方針にのっとり、中央組織部によって「婦女工作大綱」が公布された。同綱領は「一、女性の力量を動員し抗日戦争に参加させることで、抗日戦争の勝利を獲得することを基本的な任務とする。二、統一戦線の活動と組織をつうじて、各階層の広範な女性大衆を党の周囲に団結させること、特に労働女性をたちあがらせ組織する点に力を入れることを、わが党の女性工作の方針とする」[51]と規定して、闘争綱領として「全体目標——抗戦・民主・自由を獲得するなかで、男女の政治上、経済上、文化上の平等を確立し女性の地位を改善・向上し、すべての封建的な束縛と抑圧に反対する」[52]と述べている。さらに続けてブルジョワジーおよび小ブルジョワジー女性、女工、農村女性、都市の貧民女性それぞれの要求を指摘して、広範な女性を団結させ、抗戦へ動員することを最重要課題であると提起した。

一方国民党の側も、その女性運動の本部とされた中央社会部（のちに中央組織部が引き継ぐ）等の各活動報告において、女性団体組織の推進が提唱され、省市党部の婦女運動委員会の活動状況等が述べられている。[53]

それでは抗戦期において女性運動を実際に担ったのは、どのような組織であったのだろうか。[54]抗戦期には大小併せて三五〇以上の団体が誕生したと言われるが、[55]全国的な組織としては新生活運動促進総会婦女指導委員会(婦指会)、中国婦女慰労抗戦自衛将士総会、戦時児童保育会、婦女戦時救済協会、中央婦女運動委員会、三民主義青年団中央幹事会女青年処、中華基督教女青年会（中国ＹＷＣＡ）等が存在した。ＹＷＣＡもその一つとして挙げられているが、まずＹＷＣＡと婦指会の活動を述べる前に、その他の組織とその活動について、先行研究にそって簡単に触れたい。

まず中国婦女慰労抗戦自衛将士総会は、一九三七年八月一日に、宋美齢の指導によって成立した団体で、軍隊と将兵を支援するために救国公債の発行、募金や兵士に送る衣類・毛布・薬品等の徴収等の活動を行なった。[56]戦時児童保育会は宋美齢を理事長として、三八年三月一〇日に漢口で成立し、戦争の進行のなかで生まれた戦災孤児たちの救済を目的として、保育院を設置して子供たちを収容したが、海外からも多くの募金が寄せられた。[57]婦女戦時救済協会は、募金救国の国際的組織で、中国国内の三五の分会以外に、世界の中国人女性たちによって九つの分会が組織されて、救済活動が行なわれた。[58]中央婦女運動委員会は、先に触れた国民党の組織で、社会部に三八年五月に設立されたが、四一年春には中央組織部に移管され、また中央婦女運動委員会の指導下に、各省にも婦女運動委員会が設置されて、幹部訓練等が行なわれた。[59]三民主義青年団中央幹事会女青年処は、四〇年六月二四日に設置され、教育・生産事業・宣伝活動等に成果を挙げた。[60]

その他地方のレベルでも、多数の女性団体が活動した。[61]また、共産党の根拠地でも陝甘寧辺区各界婦女連合会、晋察冀辺区婦女抗日救国会等の組織が成立した。[62]

そしてこれらの組織の行なった活動は、戦時活動が中心であった。具体的には武装女性組織、戦地服務団、傷病兵慰労、文化教育、生産事業、幹部訓練、児童保育、募金・宣伝等で、多岐にわたっていた。[63]一方で、憲政運動の中で女性の参政権を求める運動は続いていた。三八年七月から四〇年四月まで開かれた第一期国民参政会には、呉貽芳、史良、鄧穎超らの女性参政員がおり、また四一年三月から一一月の第二期参政会では、職業上の男女平等が求められた。[64]憲政運動自身、抗日ナショナリズムのもとで民族的統一をはかるさいに重要な役割を付与されていたのではあるが、女性の権利を求める運動は抗戦中も継続されていたのであった。

次に、ＹＷＣＡのメンバーもかかわった新生活運動促進総会婦女指導委員会（婦指会）について見てみたい。婦指会は、三六年二月に、女性の新生活運動への参加・指導を目的に、宋美齢を指導長として、南京に設立された組織である。[65]同会は女性の生活改善指導、徳育・知育・体育・群育を発展させて、社会への奉仕と民族復興の責任を負うことを目的としていた。[66]そして婦女工作委員会と婦女労働服務団が組織され、清潔衛生、家庭衛生、国産品使用提唱、生活困難者の救済、女性の識字力拡大等を具体的な活動内容とした。[67]

抗戦までのＹＷＣＡのこの新生活運動と婦指会へのかかわりを見ると、婦指会が正式に成立する前の三五年六月一一日に、上海市婦女新生活運動促進会が成立したが、その一五人の理事のなかに当時中国ＹＷＣＡ総幹事だった丁淑静がいた。[68]また、三四年の段階で、長沙のＹＷＣＡが現地の新生活運動促進会の要請によって、新生活運動婦女服務団の一つとなったと報告されている。[69]そしてＹＷＣＡが具体的に行なった活動は、節約運動、募金活動、国産品購買の提唱であった。[70]新生活運動は、その当初からキリスト教、とくに宣教師との関係が深く、宋美齢はクリスチャンたちにこの運動への協力を呼びかけていたことが指摘されている。[71]詳細は明らかではないが、ＹＷＣＡもすでに抗戦前にこの運動にかかわっていたことは推測できよう。

新生活運動における女性政策の中心を担ったこの婦指会は、三八年五月二〇から二五日にかけて開かれた廬山婦女談話会を契機に、拡大改組された。この座談会は、前述したように同年四月に宋美齢が個人名で各党、各派、各地区の女性指導者に宛てて手紙を出して、出席を要請したものであった。この会に参加したのは四八人で、[72]国民党側からは沈慧蓮、唐国楨、陳逸雲等が、共産党側からは鄧穎超、孟慶樹等が、救国会からは史良、沈茲九、劉清揚等が、著名人・学者として李徳全、呉貽芳、兪慶棠等が、そしてＹＷＣＡからは張藹真、鄧裕志、陳紀彝、劉玉霜と、立場の異なる多数の人々の参加が見られた。(73)

この座談会開催の目的は、一つは全国の女性を「抗戦建国」へ動員するための統一戦線組織を作ることで、婦指会が改組を経てその性格をになうものとされていた。二つ目は、全国の女性を「抗戦建国」へ動員するための共同綱領を定めることであった。(74)そして「戦時女性活動問題」（徐闓瑞）、「いかに女性民衆を動員するか」（劉清揚）、「いかに女性を生産事業に参加させるか」（兪慶棠）、「女性生活の改善」（李徳全）、「女性団体連絡問題」（呉貽芳）、「宗教精神と救国運動」（曾宝蓀）という五つの講演が行なわれた。(75)

講演のなかで戦時における女性が参加すべき活動として、生産活動、児童保育、難民救済、政府の徴兵運動への協力、徴収活動、政府の漢奸偵察・反スパイ活動への協力、慰労救護・戦地服務が挙げられたが、(76)これらは最終的には同座談会で採択された大綱に、抗戦建国における女性の任務として戦時活動（宣伝、救護、徴収、慰労、救済、児童保育、戦地服務、漢奸偵察）と生産事業（工業、農業、合作事業）にまとめられた。(77)そして総務、幹部訓練、戦地服務、生活指導、慰労、児童保育、生産事業、文化事業の八つの組と連絡委員会が組織され、(78)各地にも新生活運動婦女工作委員会が設置された。さらに海外にもアメリカの九つの都市に分会が成立して、募金・物資調達活動等が主に展開された。(79)

改組された婦指会は、その構成メンバーの幅の広さ、組織の地域的広がり、戦時活動の総合的展開といった点において、多くの女性組織の中でも抜きんでた存在であった。実際には一九四一年一月の皖南事変後は、婦指会における共産党系の力が衰え、救国会の史良も離れて統一戦線的性格は失われたとされる。(80)確かに同年四月には重慶において婦運幹部工作討論会が開催されたさいには、現段階の女性運動の方針として「全国の女性を喚起し、中国国民党の指導のもとに一致して、抗戦建国のために努力する」(81)と述べられている。しかし、少なくとも抗戦

図２　新運婦指会組織系統図

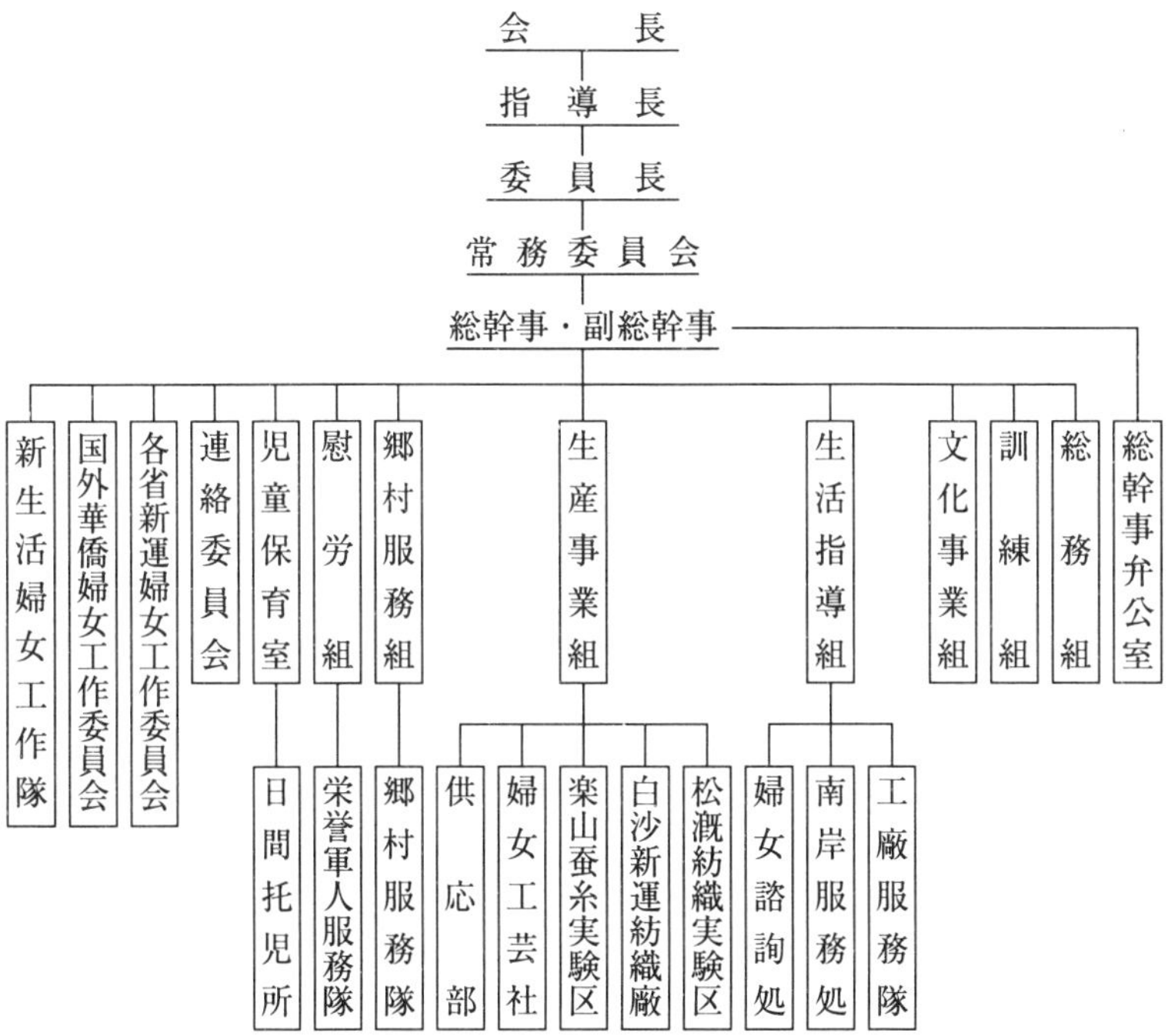

出典：『婦女新運』第６巻第10期、1944年12月。

の前半において、婦指会は「抗日建国」のための女性たちの統一戦線の役割を果たしたということはいえるであろう。

２　ＹＷＣＡの活動

それでは抗戦期全般においてのＹＷＣＡの活動はどのようなものだったのだろうか。四三年三月の『婦女新運』に掲載された「女青年会の過去と現在」という文章は、中国ＹＷＣＡの歴史と抗戦期の活動について報告している(82)。それによると、四一年初春には戦局の悪化にともない、全国協会は成都に移った。そして沿海地区のＹＷＣＡはみな活動が制限されたり打撃をうけたが、自由区の曲江、長沙、西安、成都、重慶、貴陽、昆明の七つの市会と沅陵烏宿、彭県隆豊郷の二つの郷村服務団、さらに大学・中学の校会等が人々の援助をうけて誕生、成長していた。[83]そして経常活動は継続され、さらに戦時において、とくに以下の七つの活動に注意が払われた。

(一)宿舎設備　抗戦にともない流入した女性や学生たちのためのもので、重慶、成都、昆明、貴陽等の各地に設けられた。

(二)傷病兵難民救済　防寒服を募ったり、献金、難民児童の保育等の活動を行なった。上海、北平、天津、香港等のＹＷＣＡは自身で難民キャンプを設けたり、難民教育活動を行なった。上海ＹＷＣＡの会員のなかには、前線に赴いて軍人のための活動を行なった者もおり、また漢口ＹＷＣＡの傷病兵服務隊は、軍隊と共に内地に入っていった。[84]さらにマカオのＹＷＣＡは、香港陥落にともない大量の難民が流入して食糧問題が発生すると、ポルトガル政府の援助を得て、難民を指導して牧畜と開墾にあたらせた。

(三)栄養活動　太平洋戦争開始によりシンガポール等から帰国した華僑たちの多くは、経済的に困難な状態にあり、とくに児童の健康への影響が懸念された。曲江ＹＷＣＡは食堂を設け、豆乳を彼らに配給した。

(四)託児所　働く母親のために上海、貴陽、成都、昆明等のＹＷＣＡが設置した。託児所は女性たちの社会活動を助けること以外に、いかに子供を教育し養うかという模範活動の意味もあった。全国協会もすでに「託児所をどのように設けるか」という小冊子を作成して、各ＹＷＣＡの活動を支えていた。

(五)生計教育　失業女性たちが生計を立てるのを支援する活動で、各地に訓練班が作られた。昆明、沅陵、貴陽、長沙には裁縫社が、貴陽には傘製造訓練班が、さらに重慶には縫製と製靴工業、烏宿には織機合作社、隆豊郷には羊毛紡染訓練班がそれぞれ設立された。

(六)学生救済　沿海地区から内地にやってきた学生たちのために、ＹＷＣＡとＹＭＣＡは学生救済ステーションを作り、宿舎や薬等、さらに救済金を与えた。両団体はさらに学生公社を設立して、本や新聞、雑誌を備え、また各種の娯楽活動を提供した。また幹事たちは個人、社会、道徳に関する問題について学生たちと討議し、徳育・知育・体育・群育のバランスのとれた発展をはかった。

（七）国際教育　国際性を備えていたＹＷＣＡは、今日の戦争の原因、国際関係、戦後の新たな世界の建設といったことについて、女性たちの理解が促進されるように注意を払った。そして対外的な活動として、抗戦期の建設と新たな動向について編纂した小冊子を作成して、各国のＹＷＣＡに送って伝えた。国内に向けては、世界大戦等を考える材料を会員に送って、正しい態度で国際問題について検討できるよう便宜をはかった。

これらはみな、戦時の活動の特色を備えたものであり、前述した婦指会が掲げた戦時の女性の活動の項目とも重なっていることが見てとれる。しかし報告は最後に、ＹＷＣＡはキリスト教の団体であり、その精神に基いて、とくに人格の修養に注意を払い、女性が至高と永遠の真理を追求して、新たな世界の実現を求めることを助けるものであるとまとめられている。戦時期においても、精神の修養は変わらず重要な目的であったことがうかがえる。また、宿舎や託児所は抗戦以前から取り組まれていた活動であり、抗戦初期と同様に抗戦期全般においても、従来からのこうした活動のなかに、新たに戦時期に必要とされた活動が盛り込まれたと理解することができるのである。

もちろんこの時期、ＹＷＣＡは戦時活動に大きな力を注いでいたことは確かなことである。前節でＹＷＣＡのメンバーが婦指会に参加していたことは述べたが、彼女たちの何人かは、以下のように同会の中心的な役割を担っていた。[85]

・陳紀彝　委員[86]（漢口ＹＷＣＡ総幹事）
・張藹真　総幹事　（ＹＷＣＡ全国協会董事兼会計）

表1　『婦女新運』YWCA関係者文章一覧（一部刊行期日不明）

巻	号	刊行	期日	著者名	文章名
一	一	一九三八	一二・二〇	張藹真	我們応有的工作態度
一	一	一九三八	一二・二〇	鈕珉華	対於辦理難童保育的幾点意見
一	二	一九三九		張藹真	新運与婦女抗戦工作――新運五週年紀念広播演講詞
一	四・五	一九三九	一〇	張藹真	動員並組織全国婦女
二	一	一九四〇		張藹真	本会的郷村服務工作
二	三	一九四〇		張藹真	開展戦地服務工作
二	三	一九四〇		陳紀彝	談談傷兵工作
二	六・七	一九四〇		張藹真	告高幹班学員書
二	九・一〇	一九四〇		張藹真	改善婦女生活
二	九・一〇	一九四〇		陳紀彝	談談工廠服務工作
四	一	一九四二		張藹真	団結戦闘在哨崗
四	五	一九四二		盧季卿	従民生哲学談到女工問題
四	七	一九四二		張藹真	検查工作鞏固工作
五	一	一九四三	一	張藹真	一年来的婦女工作――為時事新報元旦特刊而作
五	三	一九四三	三	張藹真	新約・新生活・新婦女――為新生活運動九週年紀念作――
五	三	一九四三	三	沈佩蘭	女青年会的過去与現在
五	四	一九四三	四	陳文仙	中国児童福利事業応有之動向
五	四	一九四三	四	姚希慧	玩要与玩具
五	六	一九四三	六	鄒得心	四年来的漢口女青年会戦時服務団
五	六	一九四三	六	姚希慧	抗戦与児童教育問題
五	七	一九四三	七	張藹真	迎接第六年――為本会五週年紀念作――
五	七	一九四三	七	陳紀彝	幹部的教育与培養――為本会五週年紀念作――
五	九	一九四三	一一	蔡葵	婦女的事業与婚姻
六	一	一九四四	一	張藹真	三十二年度婦女工作概況
六	三	一九四四	三	張藹真	紀念「三八」与促進憲政実施
六	七	一九四四	七	張藹真	婦女工作的「質」「量」問題
六	七	一九四四	七	陳紀彝	努力耕耘
六	一〇	一九四四	一二	張藹真	動員民衆
七	七（特刊）	一九四五	七	張藹真	加緊工作取勝利　贏取勝利――為本会七週年紀念作――
八	三	一九四八		張藹真	我們為什麼要挙辦児童福利広播
八	四	一九四八	六・二八	陳紀彝	南京母嬰保健委員会工作概況

・鈕珉華　児童保育組代理組長　（ＹＷＣＡ全国協会経済幹事）
・陸慧年　連絡委員会代理股長　（上海浦東ＹＷＣＡ労工学校教員）

とくに張藹真は実務の総責任者の重責を負っていて、会の機関誌『婦女新運』に頻繁に文章を掲載している。そのほか、一九三八年五月の廬山婦人談話会には、陳紀彝、張藹真以外に、鄧裕志（ＹＷＣＡ全国協会労工部主任）、劉玉霞（ＹＷＣＡ全国協会郷村部主任）が参加している。[87] また、『婦女新運』のＹＷＣＡ関係の執筆者として、陳紀彝、張藹真、盧季卿（元ＹＷＣＡ全国協会幹事）、沈佩蘭（役職名不明）、陳文仙（元ＹＷＣＡ全国協会所属）、姚希慧（元ＹＷＣＡ学生幹事）、鄒得心（役職名不明）、蔡葵（ＹＷＣＡ全国協会総幹事）の名前を見ることができる（『婦女新運』ＹＷＣＡ関係者文章一覧を参照）。[88]

しかし、以上のように婦指会の活動に対するＹＷＣＡ関係者の関与を指摘することはできるが、ＹＷＣＡという組織全体と婦指会との関係は、いまだはっきりしない。おそらく個人の資格でそれぞれ婦指会にかかわっていったと思われるのであるが、そのこととＹＷＣＡ全体との関係については、今後の調査を待ちたい。ただし、四〇年二月一九日に、婦指会がＹＷＣＡ全国協会の郷村・民教事業研究会代表、重慶ＹＷＣＡ董事、各地のＹＷＣＡ代表六〇人を茶話会に招待した際に、婦指会の各組長の活動報告ののちに、ＹＷＣＡの蔡葵が以下のように述べたと伝えられている。「一〇年前にＹＷＣＡはかつて一度検討会を行なったが、私たちの活動は広範で普遍的なものではなかったと感じた。今日、新運婦指会の活動報告を聞いて、一〇年前の夢が現在すでに実現したことを知った。ＹＷＣＡと新運婦指会の同志とは、実家の関係、嫁ぎ先の関係、学校の関係、友情の関係があり、今日、両家は大変親しいことを知った」。[89] この発言は、婦指会とＹＷＣＡとの間に密接な関係が存在したことを想像させる。新生活運動とキリスト教組織との強い関係性を、婦指会とＹＷＣＡの間にも存在したことが推測できるのである。[90] とはいえ新生活運動、そして婦指会とＹＷＣＡとの関係という問題については、引き続きさらなる解明を試みてゆきたい。

以上が抗戦期全般におけるＹＷＣＡの活動の概況であるが、次に分会の具体的な活動がどのようなものであったのか、上海ＹＷＣＡを取り上げてその抗戦期の活動について見てみたい。

抗戦が終結したのちの一九四八年に刊行された記念誌は、上海ＹＷＣＡの歴史をたどるなかで、三七年から四一年までを抗戦活動時期、四一年から四五年までを上海陥落活動困難時期と名づけている[91]。そして前者の時期においては、ＹＷＣＡは女性たちが抗戦活動、傷病兵服務、難民・流亡学生救済、女性戦地服務団の組織、抗戦宣伝等を行なうことに全力を集中したとされている。後者の時期は、太平洋戦争が起こり、上海は完全に敵の日本の魔の手に陥ち、多くのスタッフと会員は次々に大後方へと向かい、会の活動は逼迫し、経済的にも日々苦しい事態となった。しかし残った者は動揺することもなく、不撓不屈の姿勢で、懸命に仕事に専念した。当時のもっとも重要な活動は、児童活動と救済活動であり、各部は小規模な範囲でさらに深く適切に仕事にたずさわっていた、と述べられている[92]。

同記念誌の別の文章では、抗戦期の活動として戦地救護班の組織等が挙げられているが、日本占領下の人々に対する福利活動として、学生救済食堂、無料診療所、労工教育、託児所、女子宿舎、各種補習班、運動競技といった活動も行なわれていたことが述べられている[93]。たとえば託児所は、ＹＷＣＡのなかで女性の社会活動への参加を支える重要な事業であると認識された結果、まさに抗戦中の四〇年に、上海ＹＷＣＡに職業女性のための託児所が、翌年にはさらに貧困労働者家庭の子供たちのための託児所が設立されている[94]。また女工夜間学校も、三七年には約五〇〇名の学生がいたが、三九年と四〇年には約七五〇名に増えており、抗戦期を通じて夜間学校は継続して運営されていた[95]。このように、上海ＹＷＣＡにおいても直接的な戦時活動以外に、抗戦以前からの活動も含めた経常活動が継続されていたことが確認できるのである。

おわりに

以上の考察から、抗戦期における中国ＹＷＣＡの活動について、以下のようにまとめることができよう。日中戦争の勃発はＹＷＣＡにも大きな影響を与え、それまでの活動も変化を余儀なくされた。抗戦も中盤を迎えた四一年には、それまで上海に置かれていた全国協会が内陸の成都に移転し、沿海部の各ＹＷＣＡも困難な状況に陥ったが、一方で内陸には新たな分会も誕生した。それはＹＷＣＡが抗戦期の多くの女性団体の中でも、全国的な組織の一つとして存続し、活動を継続していたという指摘を裏付けている。本章では、上海ＹＷＣＡ以外の分会の状況については追うことができなかったが、今後各地のＹＷＣＡの活動を明らかにしてゆくことで、抗戦期のＹＷＣＡの状況と活動の全貌に迫ることができるだろう。

抗戦期においては、当然のことながら戦時活動の比重が急速に増してゆき、ＹＷＣＡは戦争終了まで抗戦への尽力、貢献を惜しまなかった。とくに新生活運動婦指会については、同会とＹＷＣＡ全体との密接な関係をうかがわせ、その重要なポストをＹＷＣＡ関係者が担当していたことが確認できた。また、戦時活動の一環として国際教育が行なわれたが、国際問題、国際関係等について女性たちの認識を深化させる活動や、各国のＹＷＣＡへ向けてのアピール活動は、本来の国際的性格にのっとったＹＷＣＡならではの活動であるということができるだろう。

ただし、抗戦開始以降のＹＷＣＡの活動の特色として、その積極的な戦時活動の展開を指摘することができるが、それはＹＷＣＡの活動のすべてが戦時活動に転化してしまったことを意味したのではなかった。それは、戦時下といえども戦争状況が進行する一方で、人々の日常のいとなみは変わらず継続されていたことを示唆している。戦時下の非日常の状況と日常の生活との並存は、ＹＷＣＡの活動のなかにも見てとることができるのである。そして、従来の活動が地道に継続されたことによって、抗戦期という特殊なある一定の期間に求められた活動への特化を免れたことが、戦後のＹＷＣＡの存続と活動の継続を、むしろ可能としたのではないだろうか。

今回の考察から、抗戦期のＹＷＣＡの状況と活動の輪郭、概要はおおよそのところをつかむことができた。しかし各地それぞれのＹＷＣＡの活動等、いまだ明らかでない点は多い。各地の関連資料、そして世界ＹＷＣＡ、アメリカＹＷＣＡ所蔵の資料を検討することによって、抗戦期のＹＷＣＡの総体を明らかにしてゆくことを、今後の課題として最後に提起して終わりたい。

（1）　北京大学図書館、上海図書館、台湾中央研究院近代史研究所図書館、米国スタンフォード大学フーバー研究所等に所蔵が確認されているが、全冊完全にそろっている機関はない。現在はマイクロフィルムの購入も可能となった。なお、『女青年』（一九二六年二月号までは『女青年報』と称した）は一九二二年から一九三七年七月まで刊行された。本章で取り上げる抗戦期においては、上海ＹＷＣＡが機関誌『女青年報』を刊行したことが確認されるが、全国協会の機関誌は刊行停止状態にあった。戦後は上海ＹＷＣＡが、月刊誌『婦女』を一九四五年一〇年から一九四九年七月まで刊行している。その他の都市のＹＷＣＡの機関誌の発行状況の詳細は明らかではないが、呂芳上「抗戦時期中国的婦運工作」（李又寧・張玉法編『中国婦女史論集　第一輯』台湾商務印書館、一九八一年）によると、『香港女声』（香港ＹＷＣＡ、一九三九年）と「女青年」（『貴州日報』掲載、貴陽ＹＷＣＡ、一九四一年四月～一九四二年五月）の存在が示されている。

（2）　労工事業の中心を担い、人民共和国成立後は中国ＹＷＣＡ総幹事を務めた鄧裕志の文集がまとめられているが（中華基督教女青年会全国協会編『鄧裕志先生紀念文集』中華基督教女青年会全国協会、二〇〇〇年、非売品）、本格的な研究は未着手であり、その他には概説書等においてＹＷＣＡの概要が述べられている。たとえば、中華全国

婦女連合会編著『中国婦女運動史（新民主主義時期）』春秋出版社、一九八九年（中華全国婦女連合会編著、中国女性史研究会編訳『中国女性運動史　一九一九―四九』論創社、一九九五年）、阮仁澤、高振農主編『上海宗教史』上海人民出版社、一九九二年、姚民権『上海基督教史（一八四三―一九四九）』上海市基督教三自愛国運動委員会、上海市基督教教務委員会、一九九四年、羅蘇文・宋鈷友『上海通史　第九巻・民国社会』上海人民出版社、一九九九年、許敏『上海通史　第一〇巻・民国文化』上海人民出版社、一九九九年等。

（3）Nancy Boyd, *Emissaries : The Overseas Work of the American YWCA, 1895-1970*, New York, Women's Press, 1986.

（4）Emily Honig, *Sisters and Strangers-Women in the Shanghai Cotton Mills*, Stanford University Press, 1986 ; Emily Honig, "Christianity, Feminism and Communism : The Life and Times of Deng Yuzhi" Daniel Bays ed., *Christianity in China-From the Eighteenth Century to the Present*, Stanford University Press, 1996.

（5）Lien Ling-Ling, "Searching for the "New Womanhood": Career Women in Shanghai, 1912-1945" Ph.D. thesis, University of California, Irvine, 2001.

（6）Alice Drucker, "The Role of the YWCA in the Development of the Chinese Women's Movement, 1890-1927" Social Service Review 53.3（Sept.1979）.

（7）Elizabeth A. Littell-Lamb, "Going Public : the YWCA, "New" Women, and Social Feminism in Republican China" Ph.D. thesis, Carnegie Mellon University, 2002.同論文では、『女青年』の他に、世界ＹＷＣＡとアメリカＹＷＣＡ所蔵の資料も参照されている。筆者は未見であるが、この二つの機関には中国ＹＷＣＡから送られた書簡や報告書等が大量に所蔵されていると思われる。

（8）佐藤明子「五・三〇運動における中国婦人」（『史海』二七、一九八〇年）、曾田三郎『中国近代製糸業史の研究』（汲古書院、一九九四年）。

（9）末次玲子「『女青年報』・『女青年』解題――中国ＹＷＣＡの機関誌が語る民国前期――」（中央大学人文科学研究

所編『民国前期中国と東アジアの変動』中央大学出版部、一九九九年）。なお末次は「中国における父権家族改革とキリスト教（一九一二―一九四九年）」（『中国女性史研究』第五号、一九九四年）でも、ＹＷＣＡの活動と思想を考察している。

(10) 石川照子①「タリタ・Ａ・ガーラックと上海ＹＷＣＡ」（『中国女性史研究』第六号、一九九六年）、同②「上海のＹＷＣＡ――その組織と人のネットワーク――」（日本上海史研究会編『上海――重層するネットワーク』汲古書院、二〇〇〇年、同③「中国ＹＷＣＡ（女青年会）の日本観――雑誌『女青年』の日本関係記事の考察――」（歴史学研究会編『性と権力関係の歴史』（シリーズ　歴史学の現在9）青木書店、二〇〇四年）。

(11) 前山加奈子「復古・新生活運動とＹＷＣＡ系雑誌にみるフェミニズム論――一九三三年～一九三七年――」（『駿河台大学論叢』第二七号、二〇〇三年）。

(12) 筆者は別途、中国ＹＷＣＡと交流のあった日本ＹＷＣＡについて、その日中戦争期の活動と言説について検討しているが（石川照子④「日本ＹＷＣＡの国際主義・ナショナリズム・ジェンダー――加藤タカの経験と言説を手がかりとして」（氏家幹人・桜井由幾・谷本雅之・長野ひろ子編『日本近代国家の成立とジェンダー』柏書房、二〇〇三年））、そのなかで日本ＹＷＣＡ所蔵資料から、当時の中国ＹＷＣＡの動向について触れている。なお同論文中でも若干言及した、日中戦争中に誕生した上海日本人ＹＷＣＡに関しては、同⑤「日本の大陸政策と上海日本人ＹＷＣＡ――「文化政策」への協力と「国際主義」――」（日本上海史研究会編『戦時上海　一九三七～四五』研文出版、二〇〇五年春刊行予定）を参照されたい。

(13) 一九二八年の段階で、市会一三、校会九〇余、会員一万一〇〇〇人を数えた。現在は市会ＹＷＣＡは上海、北京、天津、武漢、南京、広州、杭州、香港、台湾等にある。また全国協会は引き続き上海に置かれている。

(14) 幹事は実際の経常的な活動に従事して、報酬を得る存在であった。幹事以外に委員が置かれていたが、委員はボランティアで、名士の夫人たちが多数名を連ねていて、会の顧問的役割を担っていた。

(15) 日本ＹＷＣＡ八〇年史編集委員会編『水を風を光を　日本ＹＷＣＡ八〇年』日本キリスト教女子青年会、一九八七年、一二～一六頁。
(16) 当初の会員は社会問題に関心をもつ家庭の主婦が中心だったが、二〇年後半になると女子学生が活動の中心をになうようになった（前山加奈子、前掲論文、六頁）。
(17) （邱）麗英「上海女青年会運動」（『上海女青年』第一巻第一期、一九四〇年）。
(18) 『女青年報』第二巻一月号、一九二三年、第三巻一月号、一九二四年、『女青年』一九二八年四月号。
(19) 謝祖儀「女青年会的面面観」（『上海基督教女青年会三〇週年紀念特刊』上海基督教女青年会、一九三八年）五頁。
(20) 張志学「上海女青年会的過去、現在、和未来」（同右書）一九頁、「会務花絮」（『婦女』第三巻、一九四八年）。
(21) 張志学、同右文、一九頁。
(22) 鄧裕志①「基督教女青年会在中国九七年（一八九〇～一九八七）」（中華基督教女青年会全国協会編、前掲書）三三頁。なお原載は、『奉献』第一、三期、一九八八年。
(23) 前掲『中国女性運動史　一九一九―四九』、一一八～一一九頁。
(24) 鄧裕志②「上海基督教女青年会女工夜校」（中華基督教女青年会全国協会編、前掲書）二〇～二一頁。なお原載は、中華基督教女青年会全国協会・上海基督教女青年会史料組編『上海基督教女青年会女工夜校回憶録』一九九〇年。上海の女工夜間学校については、同書および鐘韶琴「労工事業的回顧和前瞻」（前掲『上海基督教女青年会三〇週年紀念特刊』）を参照。
(25) 鄧裕志①、前掲文、三四頁。
(26) 沈佩蘭「女青年会的過去与現在」（『婦女新運』第五巻第三期、一九四三年三月）五七頁、鄧裕志③「難忘的抗戦第一年――従上海、武漢到大後方参加活動片断回憶」（中華基督教女青年会全国協会編、前掲書）一三頁。なお後者の原載は、『奉献』第二、三期、二〇〇〇年。
(27) 鄧裕志②、前掲文、二一頁。
(28) 以下、鄧裕志④「中華基督教女青年会戦時工作簡述」（婦女談話会編『婦女談話会工作報告』一九三八年）による。なお同文は、陳鵬仁主編『中国国民党党務発展史料――婦女工作』（中国現代史史料叢編第二〇集）近代中国出版社、一九九六年、四四一～四四八頁にも所収。

(29) さらに海外のフィリピン、サンフランシスコ、シンガポールの各ＹＷＣＡが衣類、薬品、金銭を送り届けていた（同右文、二九頁）。

(30) 一九三八年四月二八日早朝に、宋美齢はアメリカのＹＷＣＡ全国代表大会に向けて、また前年一〇月には中国全国ＹＷＣＡ協会主席の孫王国秀が世界ＹＷＣＡに向けて、それぞれ演説を行なった（同右文、三一頁）。

(31) 張素我「湖南省婦女工作報告」（前掲『婦女談話会工作報告』）三九～四〇頁。

(32) 伍智梅「広東省婦女工作報告」（同右書）五七頁。

(33) 陳翠貞「成都婦女工作報告」（同右書）五七頁。

(34) 何艾齢「香港婦女工作報告」（同右書）五九頁。

(35) 鄧裕志③、前掲文、一二～一三頁。

(36) 鄧裕志①、前掲文、三四頁、鄧裕志②、前掲文、二一頁、鄧裕志③、同右文、一〇頁。

(37) 「中華民国基督教女子青年会」（『女子青年界』第三四巻第一二号、一九三七年一二月）一七頁。

(38) 範裴金思「国際支部概況」（前掲『上海基督教女青年会三〇週年紀念特刊』）二三～二四頁。

(39) 関李瑰瑄「女青年会会員部近況」（同右書）二六～二七頁。

(40) 呉厚柏「提倡婦女体育」（同右書）三二頁。

(41) 龔普生「今年的学生事業」（同右書）三九～四一頁。

(42) 楊清心「近三年来的少女部」（同右書）四六～四九頁。

(43) 鐘韶琴、前掲文、五三、五七～五八頁。

(44) 同右文、五五頁。女工夜間学校は八・一三事変後に四つの学校が破壊されるなどしたが（同右文、五四頁）、三九年初めには五つの学校が回復して、学生は六〇〇人を数えたという（鄧裕志②、前掲文、二一頁）。

(45)　同右文、五八頁。
(46)　張淑義「婦孺難民収容所」（前掲『上海基督教女青年会三〇週年紀念特刊』）六五頁。
(47)　同右文、七〇頁。
(48)　同右文、七二頁。
(49)　同右文、六八〜六九頁。
(50)　同右文、七一〜七二頁。
(51)　「婦女工作大綱」（中華全国婦女連合会婦女運動歴史研究室編『中国婦女運動歴史資料　一九三七〜一九四五』人民出版社、一九九一年）一頁。日本語訳は「新生活運動と「婦女工作大綱」――国共両党の女性運動」（中国女性史研究会編『中国女性の一〇〇年――史料にみる歩み』青木書店、二〇〇四年）一二九〜一三〇頁による。
(52)　同右文、一頁。日本語訳は同右文、一三〇頁による。
(53)　「五届六中全会中央社会部工作報告中有関婦女工作」一九三九年一月〜一一月（陳鵬仁主編、前掲書、一九一頁）、「五届一〇中全会中央組織部工作報告中有関婦女工作」一九四一年一二月〜一九四二年一一月（同書、三〇二〜三〇三頁）等。
(54)　抗戦期の女性団体と女性運動に関しては、台湾では、談社英①『中国婦女運動通史』婦女共鳴社、一九三六年（当時は大陸に在住）、談社英②「婦運四〇年」一九五二年（陳鵬仁主編、前掲書）、呂芳上、前掲論文、梁恵錦①「抗戦時期的婦女組織」（『国史館館刊』復刊第二期、一九八七年六月）、梁恵錦②「抗戦前後的婦女運動」（陳三井主編『近代中国婦女運動史』近代中国出版社、二〇〇〇年）等が挙げられる。大陸では、前掲『中国婦女運動史（新民主主義時期）』、資料集として、中華全国婦女連合会婦女運動歴史研究室編『中国婦女運動歴史資料』（一八四〇年から一九四九年までの五分冊）、一九八六年、一九九一年がまとめられている。
(55)　呂芳上、同右論文、三八〇頁。
(56)　同右論文、三八一頁、梁恵錦①、前掲論文、一七〇〜一七一頁。

(57) 呂芳上、同右論文、三八一頁、梁恵錦①、同右論文、一七一～一七三頁、梁恵錦②、前掲論文、二九八～三〇一頁。
(58) 呂芳上、同右論文、三八一～三八二頁、梁恵錦②、同右論文、三〇六頁。
(59) 呂芳上、同右論文、三八二頁、梁恵錦①、前掲論文、一七四頁、梁恵錦②、同右論文、三〇一～三〇三頁。
(60) 呂芳上、同右論文、三八二頁、梁恵錦①、同右論文、一七九頁、梁恵錦②、同右論文、三〇三～三〇四頁。
(61) それらの詳細については、呂芳上、同右論文、三八三頁、梁恵錦①、同右論文、一七九～一八五頁、梁恵錦②、同右論文、三〇六～三〇八頁を参照。
(62) 前掲『中国女性運動史　一九一九－四九』三四二～三四八頁。
(63) 呂芳上、前掲文、三八四～三九八頁、梁恵錦②、前掲文、三〇八～三九九頁。
(64) 「民主選挙・憲政運動――法治と民主を求めて」（中国女性史研究会編、前掲書）一六七頁、呂芳上、前掲論文、三九八～四〇三頁、呉貽芳「婦女今後之努力」（『湖南婦女』第五巻二・三合期、湖南省新生活運動促進会婦女工作委員会、一九四二年三月一日。前掲『中国婦女運動歴史資料　一九三七～一九四五』六二八～六三二頁に所収）。
(65) 新生活運動の先行研究については、本書の深町英夫論文および、段瑞聡①「新生活運動研究の視角とその意義」（『言語・文化・コミュニケーション』慶應義塾大学日吉紀要第二九号、二〇〇二年）を参照。なお、婦指会に関しては、台湾では何思瞇「新生活運動促進総会婦女指導委員会之研究（民国二五年至三四年）」（『国史館館刊』復刊第九期、一九九〇年一二月）、前掲の談社英①、談社英②、梁恵錦①、梁恵錦②の各研究があるが、とくに何論文の研究は詳細なものである。中国では前掲の『中国婦女運動史（新民主主義時期）』で触れられているほかに、後述する廬山婦女談話会については、夏蓉「宋美齢与抗戦初期廬山婦女談話会」（『民国档案』二〇〇四年一月号）があり、同談話会参加者の詳細な一覧表が掲載されている。日本では段瑞聡が②「日中戦争期の新生活運動」（『近きに在りて』第三四号、一九九八年一一月）で婦指会の改組と活動について論じているほか、③「新生活運動の組織構造と人事――一九三四年二月～一九三七年七月――」（『法学政治学論究』第三四号、一九九七年秋季）、④「蔣介石の権力の浸透と新生活運動――一九三四年を中心に――」(『法学政治学論究』第三八号、一九九八年秋季)、⑤「蔣介石の国家建設理念と新生活運動――一九三五～三七年――」(『法学研究』第七五巻一号、二〇〇二年一月)でも若干述べられている。ほかに丹野美穂が婦指会の機関誌『婦女新運』について、「新生活運動の婦女工作機関誌――雑誌『婦女新運』の内容と史料的価値について――」(『近きに在りて』第三四号、一九九八年一一月)をまとめている。なお、段瑞聡氏には関連論文をご提供頂き、また深町英夫氏には何思瞇氏の論文についてご教示頂いた。御両名に感謝を述べたい。

(66) 段瑞聡③、前掲論文、七六頁。

(67) 前山加奈子、前掲論文、五頁。

(68) 談社英①、前掲書、二八二頁。なお、『女青年』第一三巻第五号、一九三四年の「協会消息」において、丁淑静は、「今はまさに新生活運動励行に値する時である」と述べている。

(69) 「会務鳥瞰」『女青年』第一三巻第九号、一九三四年。

(70) 前山加奈子、前掲論文、一三～一五頁。

(71) 段瑞聡⑥「新生活運動発動の背景について――思想的側面を中心に――」(『法学政治学論究』第二八号、一九九六年春季)四四五～四五一頁。

(72) 段瑞聡②、前掲論文、二二頁、前掲『中国女性運動史　一九一九―四九』三六一頁。なお夏蓉は前掲の論文で、出席者の数に検討を加えて、五〇人余りが妥当だとしている。

(73) 同右書、三六一頁、夏蓉、前掲論文、一二五～一二六頁。

(74) 宋美齢「婦女談話会開会詞」(婦女談話会編『婦女談話会工作報告』一九三八年)二頁。

(75) 同右書、三～一八頁。

(76) 徐闓瑞「戦時婦女工作問題」(同右書)三頁。

(77) 「動員婦女参加抗戦建国工作大綱」(同右書)六〇～六三頁。

(78) 何思瞇、前掲論文、一四六〜一四九頁。
(79) 「各省及海外新運婦女工作委員会工作概況」(『婦女新運』第五巻第七期、新生活運動促進総会婦女指導委員会、一九四三年七月)。翌四四年には、分会は一二の省と海外(アメリカ)に一〇個存在し、三四の工作隊が活動していた(「附調査統計図表」(『婦女新運』第六巻第七期、一九四四年七月))。
(80) 段瑞聡②、前掲論文、二五頁。
(81) 中央組織部編印「婦運幹部工作討論会紀要」一九四一年(陳鵬仁主編、前掲書)二四七頁。なお同討論会は、一九四一年四月七日〜二八日まで開かれた。
(82) 沈佩蘭、前掲文。
(83) 『貴州日報』一九四二年六月一一日によると、四二年において、一九の都市にYWCAの分会が設けられていたという(呂芳上、前掲論文、三八二頁)。
(84) その詳細は、鄒得心「四年来的漢口女青年会戦時服務団」(『婦女新運』第五巻第六期、一九四三年六月)が伝えている。
(85) 以下の氏名および役職名は、「本会職員名録」(『婦女新運』第一巻第一期、一九三八年一二月)による。
(86) 『婦女新運』第八巻第五期に掲載された役職者名簿によると、同誌が刊行された一九四八年の時点では、陳は副総幹事の地位に就いている。
(87) 二人の職名は、夏蓉、前掲論文、一一五頁による。
(88) 以上の氏名と役職名は、『婦女新運』各期等による。
(89) 「本会招待女青年会協会郷村、民教代表、董事茶会」(『婦女新運通訊』第二巻第四期、一九四〇年二月一六日)。ただし日付は二月一六日となっているが、実際の刊行はこれより遅れたと思われる。
(90) ちなみに、宋美齢自身もかつて青年時代にYWCAの活動にかかわっていた。たとえば一九二六年には、上海YWCAの董事に選出されている(『女青年報』一九二六年一月号、二九頁)。ただし、名前は「美琳」と表記されている。

(91)　夏洋「上海女青年会対社会的貢献」(『上海中華基督教女青年会四〇週年紀念特刊』一九四八年)。
(92)　同右文。
(93)　王湯鳳美「上海女青年会四〇年之回顧」(前掲『上海中華基督教女青年会四〇週年紀念特刊』)。
(94)　何甘賢貞「本会的託児事業」(同右書)。
(95)　「本会二〇年来女工夜校発展状況」図(同右書)。

(石川　照子)

第三章　武漢・南京政権成立後の広州
――一九二七年一月～八月――

はじめに

広州は一九一七年九月から二六年一二月まで広州政権（南方政権）の所在地であった。しかし、二七年以後は中華民国の首都となることはなかった。（ただし、三一年に反蔣介石派の「広州国民政府」、国共内戦末期の四九年に「中華民国政府」がそれぞれ短期間置かれたことはある）この後、武漢政権期（二七年一月から八月、ただし、四月一八日以後は南京政権と並立）と、抗戦期から戦後初期にあたる三七年一〇月から四六年五月の重慶政権期を除いた時期に中華民国の首都であったのは南京であった。

筆者はこれまで、政権所在地としての広州とその周辺地域（珠江デルタの広東省内各県と香港・マカオの両植民地を含む）について、主に広東省・省内各県および広州市の地方自治改革とマカオをめぐるポルトガル共和国との外交問題を研究してきた。それは、政治的に「中央化」[1]した広州とその周辺地域に対する考察であった。本章では、広州が政権所在地でなくなった時点からの広州とその周辺地域について考察する。これは、この地域の政治的「非中央化」過程の研究である。[2]

広州が広州政権の所在地であったとき、広州・香港・マカオ在住中国人のこの政権に対する感情は二律背反的なものであった。第二次広州政権時の一九二一年五月五日、孫文は中華民国非常大総統に就任したが、広州市内では「慶祝会」が執り行なわれ、[3]市内の商店・工場には祝賀の旗が立てられた。[4]一方で、粤軍（広東軍）の指導者陳炯明は孫文の非常大総統選出に不満であったし、[5]広州に駐留する軍官の多くは連名で非常大総統就任反対の電報を孫文に出していた。[6]広東省議会は孫文に就任祝賀電報を出さなかった。[7]広東省民の多くは、「中華民国政府」と「中華民国国会」そして多くの「客軍」が広州に存在することによって「苛捐悪税」が増加していると感じていた。[8]

二三年二月からの第三次広州政権時には、広州市民と孫文を中心とする中国国民党によって指導された政権との矛盾はさらに大きくなっていた。北伐推進のため広州の商工業者にかけられる税は際限なく上がり、ついに二四年一〇月には広東商人たちの自衛団体である商団と政府軍の武力衝突まで起きている。[9]

広東省出身であった孫文によって建てられた政権は広東省民から一定の親近感をもって迎えられていた時期もあったが、他省からの客軍や国会議員の導入で財政負担が増えた広東省民は次第に広州における中央政権の存在を歓迎しなくなっていたのである。では、北伐の進行によって首都機能を喪失した二七年一月以後の広州では政治的「非中央化」はどのような過程であったのだろうか。本章では同年八月までの広州における政治動向を追いつつ、いくつかの仮説を立ててそれを検証してみたい。

逆説的なことであるが、広東省民とりわけ広州市民の国民化は非中央化以後にすすんだようである。「国民化」とは、「国家」に統合された「民」となることである。中華民国国民としてのアイデンティティーをもち、心情的に中央政府との結びつきがあることである。これはしばしば、国家の指導者個人や支配政党との結びつきとなる。孫文の存命中、広東省民の彼に対する評価は厳しいものであった。和平統一と北伐統一の間を揺れ動いた彼の政治的発言と行動は、彼に対する政治的不信感を省民の間に醸成した。省民は好んで「孫大砲」と彼のことを呼んだ。「大嘘つきの孫」というような意味である。汪精衛や蔣介石に対する評価も芳しくはなかった。彼らに対する評価が高まるのは、彼らが広州を離れてからであった。とりわけ、武漢・南京両政権統一後の蔣介石に対する広東省民の期待は大きかった。それと同時にすすんだのが、孫文とその三民主義に対する「信仰」の高まりであった。

国民化のもう一つの側面は自治の再編であった。市民の自治はある場合は、政府の政策に対抗する形で現われ、あるときは政府の役割を補完する形で出現した。本章では、新税に反対する過程で商人の政治的組織化が進行した事例と「商事公断処」という司法補助機関の設立によって商人自体が政府の機能を補完していった事例を考察する。

一 支配の再編と清党

国民政府が広州から武漢に移された当日の二七年一月一日、中山大学において二〇万人が参加したと言われる空前の規模の「慶祝北伐勝利大会」が開かれた。鄧中夏や蘇兆徴が演説をした。閉会後は数万人が夜の広州に提灯を掲げて出て行ったという。(10) 北伐勝利もさることながら、国民政府が広州より退出したことを喜ぶ市民の気持ちが現われているように思われてならない。

この後、広州では労働組合や学生会などを舞台に、中国国民党（以下、「国民党」と記す）内の共産党系のグループと反共産党系のグループの対立が高まっていく。(11) この頃、広東省政府主席には孫科が就任していたが、彼は国民政府とともに北上したので、李済深が省主席代理を務めていた。一月一〇日から一三日までは、広州市商民代表大会が国民党広東省党部礼堂で開かれ、二一九人が出席して、李済深が軍事報告を、李禄超が実業報告を、甘乃光が省政報告を行なった。この大会は市内の六つの商人団体が準備したもので、「国民党省党部の商民運動擁護」、「商人の革命化の実現」などの決議のほかに「汚職官吏の懲罰」や「一切の細雑苛捐の廃棄」といった要求も出されていた。

広東には古くから、旧暦正月二日に店の主人が従業員を食事に接待し、解雇する従業員の名簿を発表するというしきたりがあった。鶏料理が運ばれるとき、解雇される従業員の方向に鶏の頭が向けられたので、この行事は「無情鶏」と呼ばれていた。労働組合はこの習慣を廃止しようとしていたが、広州市政府は一月三〇日に「無情鶏」は合法であると宣告した。この年の旧正月は二月二日であったが、この次の日、二月三日「無情鶏」により広州市内で四、〇〇〇人から五、〇〇〇人の労働者が解雇された。この旧習に反対し、解雇を無効にするよう要求する「革命工人連合請願団」（機器工会・広東総工会・工人代表会などを含む）は、二月八日広東省政府農工庁に請願し、満足する回答を得た。しかし、同月一〇日、今度は広州市の四つの商会は広東省政府に「無情鶏」の継続を要求した。

二月一〇日夜、広東省政府は、労働組合・商会[12]・省政府実業庁・省政府農工庁・国民党工人部・国民党商民部の代表一二人を集めて仲裁会を組織し解決法を話し合うと宣言した。二月一五日から仲裁会は九回開かれ、三月二三日になってようやく中央政治会議広州分会（広州政治分会）から六項目の解決策が示された。それは以下のとおりである。

一　雇い主は毎年一回、日雇い・月雇い以外の労働者に対して、旧正月二日か協定で決められた他の日に解雇の通告ができる。

二　解雇する労働者には二か月分の給料を支給する。

三　人員を補充する場合は組合員を雇わなければならない。
四　雇い主は、営業停止か縮小の場合は、労働者に一か月の給料を支給すれば解雇できる。
五　労働組合専従者と雇い入れてから一年以内の者は解雇できない。
六　労働者が労働組合の用事で欠勤するのは、一年に三〇日を超えてはならない。

条件付きながら「無情鶏」の慣習が認められたのである。広州の労働者たちは、これに引き続き反対した。[13]

この時期、広州の労働運動は国際的かつ地域的な広がりももっていた。二月二五日には中山大学で「帝国主義者の対中武力干渉に反対する国際大会」が開かれた。この大会には、台湾・韓国・ビルマ・タイ・ベトナムからの代表も参加していた。三〇万の広州市民が集まった。[14]

三月二日には上海の「先施」・「永安」・「新新」・「蓮華」という四デパートの「職工連合会」代表団が広州を訪れ、上海での弾圧とストライキの経過を「広州三大百貨公司」の職員たちに伝えた。広州側は歓迎会を開き募金を集めて支援した。[15]

国民党に指導された広東省政府にはまだ共産党員の影響力が残っていて、マカオで謝英伯・呉英らによって組織された「反赤救国大聯合」のメンバーには、三月三日、省政府から逮捕状が出されていた。

三月八日には中山大学で「三八国際婦女節」が開かれ、日本・ソ連・アメリカからの代表が参加している。国民党からは婦女部の李慕貞が参加し、演説を行なった。彼女たちはデモ行進して国民党広東省党部と中央政治会議広州分会に赴き、男女平等の立法化、婚姻の自由、女性労働の保護、託児所の増設などを訴えた。

広州で国民党から共産党員を排除する「清党」が始まったのは一九二七年四月一五日であった。上海での蒋介石との会議から広州に戻って来た李済深は前日の一四日に「国民党中央委員・広東省・広州市党部執行監察委員連席会議」を開き、清党分共と武漢党中央との断絶を決定した。李のほか、古応芬・李福林・陳孚木・鄧彦華を委員として特別委員会が成立し、銭大鈞が戒厳司令に任ぜられた。この特別委員会のもとに「軍事督察委員会」、「宣伝委員会」、「民衆運動委員会」が設けられ、それぞれ「偵察・懲罰」、「宣伝・検閲」、「民衆運動の国民党への指揮統一」を担った。[16]「軍事督察委員会」は公安局と協力して「政治偵査隊」を組織し、鄧彦華がこれを指揮した。[17]九四の宣伝隊が編成され、各地に派遣された。労働組合などの各種団体には「清党運動委員会」が設置された。広州一帯では共産党員ら二〇〇余名が殺害され、二、一〇〇余名が逮捕されたと伝えられている。この事実上の反共クーデターの動きには少なからず行き過ぎや混乱もあったようである。四月二七日、広州市公安局は「軍政機関以外」が勝手に人民を逮捕することを厳禁している。[18]この後、広東の各団体では連日「清党運動」の会議が開かれた。[19]四月二二日には広州市内東較場にて「広東各界擁護国民党清党運動大会」が開かれた。[20]四月二七日には同じ場所で国民政府の南京移転を祝う集会も数万人規模で開かれている。[21]

四月一六日、共産党員の影響が強い北江農会・海員工会と国民革命軍の陳嘉祐部隊は韶関において広東省政府からの離脱を宣言した。韶関では連日、もともと広州にあった共産党系労働組合や農民協会の会議が開かれ、広州に蔣介石打倒運動を指揮する工作員が送られていた。[22]こうした動きに対抗して四月下旬、国民党広東省党部は省内の農軍をすべて省党部の直接指揮のもとに置くことを決定している。[23]このとき農会の指導者には彭湃がいた。しかし、この北江独立の動きは六月三日までにほぼ失敗している。五月中旬には共産党系の部隊を追撃する銭大鈞の部隊約三万は湖南省に進出している。[24]李済深と銭大鈞には蔣介石から湖南省への進軍が命令されていた。[25]この時期、東江上流でも共産党系部隊の掃討が進んでいた。[26]

労働組合からの共産党系指導者の排除も進められた。中華海員工業連合総会では四月二五日、国民党の改組委員陳毓梅らによって財産が接収され幹部人員の改選が行なわれている。この組合の広東銀行の口座にあった資金四万三、〇〇〇元は凍結された。[27]

一九二七年五月一日のメーデーは休日となり軍警政学農工各界ではデモ行進が行なわれたが、労働界のデモ行進がもっとも盛んであった。スローガンの第一には、「八時間労働制の実現」が挙げられていた。[28] 一〇万人の参加があったという。[29] 一二八の労働組合が参加し市内西瓜園から東較場まで二万人余が各所で演説を行ないながら行進した。この日、広東特別委員会は「共産党の粛清」に名を借りた労働者への残虐行為を禁止している。同日、特別委員会によって広東省政府民政庁長に任命されていた朱家驊が正式に就任し、業務を開始している。[30]

広州から「国民政府」が武漢に移動した後の最初の「五・四運動記念日」であった二七年五月四日（このとき、すでに蔣介石の南京国民政府も成立しており、広東の当局は南京国民政府を支持していた）、広州学生連合会は東較場において一万人以上の学生を集め正午から午後三時まで「五・四運動大会」を行なった。大会は陳永吉を主席に選出した後、「中華民国旗」、「中国国民党旗」及び「孫中山遺像」に対して「三鞠躬礼」を行ない、孫文の遺書である「総理遺嘱」が朗読された。これに続いて、主席が開会理由を宣布した。その中では一九年の五・四運動が「青年が救国運動に参加した第一幕」、「国民革命の第一日」そして「売国軍閥打倒の発端」として宣揚された。当時の孫文がこの学生運動に冷淡であったことなど完全に忘れられていた。二七年五月時期の広州は共産党員の学生運動・労働運動からの排除に一段落がつき、共産党員に指導された農団軍の一部は北江の韶関方面に退却していた。よってこの大会も反共の国民党支持者によって主導されていたから、「学生運動を分裂させる中国共産党を打倒して、われわれの学生運動を統一しよう」というスローガンが叫ばれていた。[31]

この翌日の五月五日は、二一年に孫文が広州において「中華民国非常大総統」に就任した記念日であったので、広州市内の公立・私立学校は休校となり、各商店は慶祝の旗を掲げることが求められた。この時期、香山県など広州以外の地でも「清党運動」が進められた。[32]

二四年の商団事件以後、広州市民の共産党に対する警戒心が強かったことが、広州市内からの共産党の影響力排除をスムーズに行なわせたひとつの要因かもしれない。この地域の新聞では、ロシア共産党の残虐さなども繰り返し報道されていた。(33)

この時期、広州市を中心とした広東省主要部の軍事は銭大鈞が掌握し、(34)国民党の党務は謝良牧・李済深や譚恵泉そして古応芬が中心となって運営されていた。(35)謝と古が主に蒋介石との連絡役を果たしていた。また、国民革命軍総政治部代理主任の陳希曽も蒋介石との調整のために南京を訪れている。(36)中央政治会議広州分会のメンバーは、古応芬・李済深・黄紹雄・戴伝賢（季陶）・陳孚木・甘乃光・陳可鈺・朱華驊・李福林・李宗仁・白崇禧・宋子文・何香凝であった。一九二七年五月中旬には、これに、陳策・林雲陵・李文範の三人が加えられている。(37)

広州における労働紛争の処理は、広東省政府農工庁と実業庁が広州市商民協会の協力を得ながらすすめることが決定された。(38)広州総商会は、香港と広州においてストライキに参加した労働者たち四万人余を元の職場か故郷に戻すための資金三五〇万元を銀行からの借り入れや募金によって集めることを五月四日に決定している。(39)特別委員会はこの時期、広州からの銀の持ち出しを制限している。(40)九龍との間の鉄道は直通運転が復活しつつあったが、機関車が足りず、英国側から借りている状態であった。電報通信は遅延気味であった。李済深は広東電報局長陳希曾に東江・北江方面の電信線を早く修理するように命じている。広州市市政庁は全市の街路の資産評価と補修のための資金集めをすることを決定している。(41)これらの動きに、広州市の治安を維持し、経済活動をすみやかに回復しようという地域社会の意思が表われている、と言えよう。

ストライキ参加労働者への援助資金三五〇万元は容易には集まらず、総商会は五月八日、とりあえず一五〇万元を集めて、これを広東省政府財政庁に貸し、広州市内に滞留している香港ストライキ参加労働者に一〇〇元ずつ支給することを会員商店に通知している。(42)この日までに集まっていたのは二五万元だけであった。(43)一人当たり一〇〇元の支給が具体化したのは五月中旬であった。広東総工会もこの措置がすみやかにとられるよう、広東省政府に催促している。[44] 結局、この援助資金の支給は六月二日に開始されることが、古応芬財政部長・鄧彦華公安局長・徐天深ストライキ委員長の間で、五月下旬に決まっている。[45] 援助資金の支給に合わせて、ストライキ参加者への食料配給ステーションも閉鎖されることが決まっていた。[46] この頃、食料配給ステーション維持のために毎日一万一、〇〇〇元が支出されていたという。[47]

広州総商会は六月初め、援助資金募集委員三〇名余を任命して、資金集めに奔走している。[48] 同月省港ストライキ委員会は公安局に対して、ストライキ参加労働者で民間施設に滞在している者を強制的に警察管区から追い出さないよう要請している。[49] 広州総商会は六月七日、援助資金の募集に応じない商店の店名と住所を公開するという措置を採った。[50] これはこの集金がいかに困難であったかを示している。広東省財政部は六月に入ってから、ストライキ参加者援助のため、塩務総処・煙酒公売処・印花総処など政府の歳入各部門に資金支出を求めている。[51]

この時期には、共産党系を排除した広東の労働組合の再編も進んでいた。五月二一日には広州で八つの労働組合の代表三七人が集まり、連席会議を開いている。この会議では、「広東全省労工団体総同盟」の設立が決められ、南京国民政府・広州政治分会・広東特別委員会に対して、「汚職官吏の厳罰」、「農工運動人員の保護」、「共産党粛清方法の策定」などを求めている。[52] 県長等の地方官が「党費徴収」を名目として「雑捐」を集めていたのである。[53] 労働者・市民にとっては共産党員の排除以上にこのような腐敗国民党員・地方官吏の取り締まりのほうが重要な課題だったのかも知れない。

李済深は地方武装勢力の再編にもあたっていた。彼を所長として「広東地方武装団体訓練養成所」が五月二日に開所している。[54] この養成所には省政府から武器も支給されている。この月には、広州市の各商会が集まって、商団や民団といった市民の武装自衛組織を復活させることも話し合われていた。二四年の商団事件以後消滅していた広州商団を政府の認可を受けて復活させようとしていたのである。[55] 広東省軍事庁は六月七日に会議を開き、農団・商団・民団等の広東省内の市民武装組織を統一する問題について話し合っている。(56)六月一五日頃には、これ以前にすでに授業を始めていた「広東地方武装団体訓練員養成所」の開学式を六月一九日に行なうことが決定している。(57)仏山市の民団は六月二〇日に復活している。(58)

広州市内の戒厳令は五月八日に解除が決定され、翌九日に発令された。(59)広州市民はとりあえず、蔣介石指導の「中央」のもとに安定した一地方として生きていくことを選択したようである。教育界の混乱も次第に収拾されていった。嶺南大学で続いていたストライキは広東省政府によって五月中旬に中止命令が出された。(60)また、近郊農村の治安の安定化も図られたようである。中央政治会議広州分会は農団軍を純粋に農民の自衛のための武装力として認めたが、「武器没収権」や「逮捕権」は認めなかった。(61)六月下旬、李済深は農団・民団は国民党直轄の農民協会が管理するものとし、「人民保衛隊」に改組して政府の監督をうけるよう指示した。(62)李はのちにはさらに農団・民団への国民党の指揮監督を強調するようになる。(63)共産党の影響力が強かった北江方面の農民協会でも共産党系を排除した委員改組が進んだ。(64)共産党系の残る曲江県や楽昌県の農軍は粛清されたが、減租政策や地主の圧迫への抵抗は継続されていたようである。各団の隊長は所管の警備司令から委任されることとされた。(65)民間武装組織の復活と再編はデリケートな問題であった。一九二四年の商団事件の経験や共産党の残存勢力といった問題もあり、国民党は自身の指揮・監督権の確保を重視していたのである。

事態の正常化の中で、広東省政府の改組も日程にのぼってきた。北伐進行の過程で、広東省政府委員五名のうち四名が広州を離れていたのである。改組作業は鄧沢如・古応芬・朱華驊・李済深が中心になってすすめられた。(66)同時に、政治会議広州分会の改組もすすめられた。五月二四日には第一回改組会議が開かれ、李済深・黄紹雄・陳孚木・林雲陵・朱華驊・李福林の六名（この他に、古応芬・宋子文・何香凝・戴伝賢・甘乃光・李宗仁・白崇禧・陳可鈺・李文範・陳策が委員に任命されている）が出席している。この会議で、政治会議のもとに、経済委員会・

宣伝委員会・民衆運動委員会・反革命裁判委員会・団務委員会の五委員会を設けることが決められた。(67)胡春霖が秘書長となった。(68)

政治会議広州分会の改組にともない、中国国民党広東特別委員会は五月三一日に解散した。(69)広州分会に隷属する委員会のうち、反革命裁判委員会は六月六日、李済深・李福林・林雲陵の三人を委員として成立し、同委員会組織大綱も通過した。同委員会のもとには政治警察も設置され、委員会はまた警察を直接指揮し、軍隊を調査することができる、と定められた。(70)南京の中国国民党中央執行委員会は、六月上旬、広州特別市党部に対して、党内分派活動の禁止などを命じている。(71)広州側は、中央からの「清党委員」の受け入れも承諾している。

広州当局の武漢政権との断絶もすすんだ。六月上旬広東省政府は広東省内における漢口中央銀行紙幣の流通を禁止している。(72)中国国民党広州市政府特別区党部では、六月一二日、所轄の各分部に対し新旧党員を審査のうえ彼らに新党員証を発給し旧党員証を廃棄するよう命じている。(73)

反共クーデター後の広州における支配の再編は、共産党員排除の清党運動を継続させながら、徐々にすすんでいった、と言える。その動きは、南京国民政府の全般的な指導・監督を受けていた。

二　労使関係の調整と新税問題・自治の再構築

1　労使関係の調整等

この時期、広東省政府が緊急の課題として取り組んでいたことのひとつは、「工商糾紛条例」の改正であった。労働運動における共産党員の進出と四月一五日以後の急激な排除という状況のなかで、労使紛争を制度的に解決する枠組みが崩れていたのである。二七年五月中旬、この条例の審査委員会が組織され、委員に李朗如・陳孚木・朱華驊・陳融・李禄超らが任命された。この条例の改正草案に対し、広州市商会や総商会は詳細な意見書を提出している。

商会側は労働争議への政府の積極的な関与とストライキ権の制限を求めていた。例えば、草案では政府の調停は一回限りでそれに経営者が従わないときは労働者のストライキを認めていたが、商会案では調停は二回まで行なわれるべきで、それまではストライキは認められない、とされていた。また商会案は、スト破りの禁止を緩和するよう求めていた。(74) ただし、この時期の条例改正案は元々かなり経営者寄りであった。ストライキ参加者による工場や商店の封鎖は認められていなかったし、基本給と労働条件以外の事項（諸手当など）の要求は労働組合側に許されていなかった。労働災害時の死亡保証金も上限が一、〇〇〇元とされていた。デモ行進時の工具携帯も禁止されていた。工具は容易に武器になったのであろう。この条例改正案は、五月二六日に通過し、批准のために政治会議広州分会（広州政治分会）に送られた。(75)

広州総商会は六月に入ってからも、「工商糾紛条例」の修正案を省政府に対し提出している。総商会によると、原案は労働組合側が無理に経営者側に押し付けた条項を多く含んでいるということであった。商会は解雇時の要件緩和などを求めていたのである。(76) 六月には南京の国民政府中央も農工庁と国民政府の仲裁機能を重視した「工商糾紛仲裁条例」を発布しているが、広東省条例との関係は明らかでない。(77)

この時期、広州では中山大学の校長人事も焦点のひとつであった。鄒魯が有力な候補であったが、学生たちが一致して反対していたのである。このため、中央政治会議は五月二九日、戴季陶を校長に、朱華驊を副校長にする人事を決定した。(78) 朱は戴に対して、蔡孑民と呉稚暉を中山大学委員とするよう要請している。

不思議なことに、広東省各地での清党（共産党員の国民党からの追放）運動実施以後、広州市以外の、労働組合運動がまだ盛んでなかった広東省内各地で労働組合設立の動きが強まった。共産党員の「指導」に躊躇していた労働者たちが自主的に組織し始めたようである。このような動きは南海・汕頭・江門などの各地であった。[79] 広東省内の六百余の労働組合を糾合して、広東総工会を作る動きも進んでいた。六月上旬から広東総工会第一次代表大会の準備が始まっている。[80] 共産党員排除後の国民党による労働運動の再編はまだ始まったばかりであった。しかし、解決されなければならない労働争議は頻発していた。

2　新税問題

清党運動の大きな波が一段落したのちの広州では、共産党員の取り締まりは断続的に続いたが、市民の主な関心は地方自治の回復と北伐経費負担の軽減に向かっていた。[81]

一九二七年六月二日には、黄埔軍官学校政治部が広州市内に潜んでいる共産党員検挙のために一〇組の検査隊を成立させている。三日にはこの隊が広州市内で二人の共産党員を捕らえた。[82] また、六月一一日広東省政府は外交部を通じて、マカオで捕らえられた共産党員の引き渡しを求めている。[83]

北伐経費負担の軽減に関連して、広州の四商会（広州総商会・広州市商会・広州商民協会の所謂広州三商会に広東商界連合会を加えた四団体）は「奢侈品印花税」という新税案の廃案を要求していた。「奢侈品」といっても歯ブラシなど日用品や漢方薬に属する物まで課税されることになっていたのである。商民側は連席会議を開き、「撤銷奢侈品印花税委員会」を組織することを、六月一二日に決定している。[84] 広州市民としては北伐の策源地としてこれまでも他地域にくらべ重税を負担してきたという意識があったのである。「青天白日旗のもと、広東民衆は国民革命に対して多大の貢献をし、負担をしてきた」旨が「撤銷奢侈品印花税委員会宣言」に書かれている。広州四商会は七月二日の会議で、財政部長と印花処長との直接会談を求めていた。[85]

この税金に関しては、商人・経営者だけでなく、一部の労働組合も反対していた。七月三日に皮革品の同業組合と労働組合は連名で反対声明を出している。[86] 広州市商会は、この税の対象物品の価格が広州市内だけで高くなり、周辺の香港やマカオとの競争に勝てなくなることを危惧していた。[87] 市商会は七月九日に奢侈品印花税反対集会を総商会で開くために、各同業会に対し、代表各四人を「撤銷奢侈品印花税委員会」に派遣し、請願を議決することを求める書簡を送っている。[88] この反対集会の予備会議は七月七日に、広州総商会・広東商界連合会・広州市商会の三団体連合で開かれている。それぞれの団体から、鄭耀文・林沢豊・楊公衛が選ばれ主席団を構成した。この会議では、広州市内の各同業界（行）と各地区（街）に予備会議を開くことが求められた。[89] この場合はある種の圧力団体の再構成をとおしてであったが、このような動きに地域社会を基層から再建していこうという市民の意思をみることができる。

この時期問題になっていたのは、新税制が広範囲の物品を対象としていることと、「一元以上の取引には必ず正式の領収書を切り、印紙を貼らなければならない」という包括性であった。それまでは、少額取引は「印花税」の対象外だったのである。この「一元以上立単案」問題はとりわけ広州市内の零細業者を恐怖に陥れた。彼らは、公課をこのような形で支払うことに慣れていなかったのである。また、ある商店の董事（理事）は、「印花」はもともと取引のために便利な場合に商人が自由に使った「自由税」で、政府が強制するのには本来なじまないと主張した。[90]

七月九日の午後二時半から前述の三商会合同の「商民大会」が開かれ、「奢侈品印花税」についての討論が行なわれた。この会議は広州総商会の鄭耀文を主席とし、彼の「総理遺嘱」の朗読から始められた。次に、印花税処長の陸耀文からこの会議に宛てられた手紙が紹介されている。陸はこの税金が政治会議の広州分会で決定されたものであることを強調していた。商人たちは、民国六年（一九一七年）以来広州が多額の軍事費を負担してきたことを指摘し、「この一年だけでも、広東省は数千万元の軍費を負担した、……商民が革命をしていないなどと言われることは絶対に納得できない。革命の進行を助けることは商民の最大の希望である」と述べた。大会では、商人の基層組織（業界・地区・分会）からそれぞれ代表者を選出することが決められた。新税に対する反対意見を李済深が委員長となっていた広州の政治分会だけでなく南京の中央政府にも提出することが全会一致で決議された。(91)

七月一四日、南京国民政府の胡漢民主席と国民革命軍の蔣介石総司令に郵便と電報で新税の取消を求める意見書が広州市の各商業団体から送られた。「奢侈品印花税」については、同一物品に対して普通印花税と特別入口税（などの移動税）の他に新たに課税するもので三重課税になってしまうこと、「一元以上立単案」については、日々の夕食のおかずを買うようなときにまでいちいち印紙付き領収書を発行しなければならず煩雑になることを指摘していた。(92)同様の請願は石竜市など広州周辺の各地の商会からもなされた。(93)広州市の基層組織からの代表者選出は順調に進み、七月一九日までに一〇〇人以上の代表者が選ばれている。またこの頃、広州市の四商会は代表を南京に派遣し、二つの新税制の取消を国民政府に求めている。(94)

「奢侈品印花税」はこの年の七月下旬に八月一日から実施されると布告されたが、商人側は強硬な反対の態度を崩さなかった。七月二二日に開かれた「請求取銷奢侈品印花委員会」第一回会議において、商人たちは「大請願」の準備を行なうとともに、八月一日以後「奢侈品」に指定された商品の取引を一律に停止する、と決定した。(95)大請願は八月二日から開始されると決められた。委員会は関係する各業界の商人に一致した参加を求めるとともに、関係業界の労働者の協力も求めている。各業界と各地区はそれぞれ請願隊を組織して代表者が隊長となり最低三日分の食料を用意することが決められた。(96)ここにいたって、政府と商人の間の緊張は商団事件のきっかけの一つとなった一九二四年の「統一馬路業権案」反対運動のとき以来のものとなっていた、と言うことができよう。

総商会を中心とする委員会は新税制反対大請願に向けて、綿密な準備をしている。七月三〇日までに、各デモ隊が横断幕・プラカード・食料・飲料・傘・提灯・寝袋などの準備をすることと、標語・シュプレヒコールのバリエーションなどが決定され各隊に通知されている。決定された標語はたとえば「某某街のすべての商店は奢侈品印花税の取消と一元以上領収書への印花添付の取消を請願する」とか、「奢侈品印花税の取消を政府に要求する」といったもののほかに、「商人の苦痛を除け」「雑多な税を取り消せ」という一般的要求もあれば、「中国国民党を擁護する」「帝国主義を打倒しよう」「不平等条約を改正しよう」「南京国民政府を擁護しよう」「対日経済断交を実行しよう」「孫総理の三民主義に服従しよう」「総理遺嘱を実現しよう」という国民革命を支持する政治的なものまであった。(97)「三民主義」と「反帝国主義」の旗を掲げて、政府の実際の増税政策には強硬に反対するという広州商人の態度が明確になっている。あれほど政策上で対立していた孫文の政治的遺産を逆に利用して、南京国民政府と広東省政府・広州市政府の政策に一定の影響力を与えようとする広州商人の戦術が看て取れる。国民政府を自分たちの政府にしていくのだ、という広州商人の意気込みが感じられるのである。

プラカードには各地区の名前や、業界団体名が書かれることとなった。三商会の態度は一致し、二日の大請願には二万人の動員を予定していた。(98)まさに、商人は「生死の関頭」にいたった思いなのであった。(99)何回か先送りにされた政府の新税制実施時期は、八月六日施行と布告された。(100)ここにいたって政府側も決意したのである。

一九二七年八月二日の大請願行動には二万人以上の広州市民が参加し、一一一のデモ隊が午後一時に総商会を出発した。デモ隊は各地区ごとの隊と業種別の隊に分かれていた。それぞれの隊にはリーダーがつき、秩序だった行進をした。デモ隊はまず広東省財政庁に赴いたが、昼休みのため請願書を渡せず、広東省政府と政治会議広州分会（広州政治分会）に向かった。政治分会では、李済深・李文範の二人の委員と面会した。この後、政治分会に現われた馮祝万財政庁長は激昂した群集の一人に刺されそうになった。総商会の鄭殿邦・胡頌棠、市商会の譚棣池・李紹舒・李継文、商界連合会の劉蔭蓀らは、李済深・李文範以外の政治分会委員の到着を待ったが、現われないので、政治分会秘書長の胡春霖とともに二人の政治分会委員を監禁するような形になってしまった。李済深は再三群集の解散を要求したが、市民たちは座り込みを続けた。三日の午前四時にいたり、ついに政府側は消防隊を導入し、市民たちに放水して強制解散させた。この排除には一部軍隊も動員され、市民に二人の負傷者が出た。[101] 商人たちの要求は、この直接行動によっても政府に受け入れられなかったのである。

商人側の「請求取銷奢侈品印花委員会」幹事たちは三日と六日に総商会において会議を開き今後の対応について協議した。その後、商人の代表たちは、李済深・朱華驊・戴季陶・古応芬らの政治分会委員らと討論会を開くが、この席で古は「広東の商人たちは南京・上海の商人たちにくらべて知識が足りない。奢侈品印花税は外国産品の大量流入を押さえるためのものであって、中国の国内産業を保護するという目的をもっている」と発言し、商人たちを批判した。この話し合いでは結局、商品と流通にかかる税制一般の調整の後「奢侈品印花税」は見直されるということになった。また、「一元以上立単案」についても、税法上当然ということで実施されることとなった。その結果、この二つの新税制案を撤回させるというこの運動の目標は達成されなかったわけで、委員会幹事たちは総辞職した。[102]

二七年の税制をめぐる政府と商人の対立はほぼ完全に政府側の勝利で幕を閉じた。ただし、「奢侈品印花税」の「将来的見直しの可能性」に含みをもたせることで、商人側はきわめて限定的な成果も得た、と言えるかも知れない。

この時期の広州では依然として共産党員の活動を完全には押さえることができず、八月初旬の時点でもほぼ連日共産党員によるものとみられる爆発事件が起こっていた。政府、とりわけ広州市公安局は、厳戒態勢を敷かざるを得ず、いきおい商人の運動に対しても厳しい態度を採ることになったのであろう。商人側の政治的組織化もまだ十分ではなかったと言える。総商会などの組織は、大商人同士の利害調整はできても、中小商人・店員を効果的に統制できなかったのである。

奢侈品印花税問題に対する商人の対応はその後二極に分裂してしまう。強硬派は、総商会などの指導を離れ、各地区と同業界という基層組織が主体となり、あくまで新税制の廃案を求め続けようとした。穏健派は、全面的な取消をあきらめ、施行細則で譲歩を求めた。つまり、奢侈品に指定される品目は主に輸入品に限定されるように要求し、また、手続きの簡素化を求めたのである。[103]

政府の強い態度に直面した広州の商人たちの多くは穏健派の考えに近かったようである。彼らは南京国民政府と広州の当局に向けて、電報や書簡による請願を続けた。[104]しかし、八月三日の大請願失敗後、新税制に対応するための各商会の会議参加者は次第に減少してしまう。[105]「国民党」の政府を自分たちの政府にしようという広州商人たちの試みは成功しなかったのである。その後、広州市糧食工会など労働組合からも新税制反対の声は上がるが、大きな運動とはなっていない。労働組合の反対意見は「奢侈品に日用品が多く含まれている」という点にあった。[106]

3　商事公断処と自治の再構築

税金問題以外でも、商人の自治再構築は進行していた。広州総商会は一九二七年七月中旬、「商事公断処」を設置することを決め、二か月以内に司法庁の批准を受けることをめざした。公断処職員は選挙で選ばれることとされた。公断処は広州総商会に付設され、商人間の商業上の紛争を処理することが目的とされた。これは、いわば商人による商業紛争仲裁機関として構想された。この商事公断処について少し詳しく見ていこう。

まず、設置場所は総商会の中で、経費も総商会がこれを負担する。職員は、公断処長一人、評議員二〇人、調査員六人、書記員四人で、処長・評議員・調査員はボランティアであり、交通費のみが二〇元以内で支給される。書記員はフルタイムで給料が支給される。評議員と調査員は総商会会員のなかから互選で選ばれる。処長は評議員のなかから互選で選ばれる。書記員の任用は処長と総商会正副会長が話し合って決める。評議員と調査員の任期は二年で、くじ引きによりその半数は連任できる。処長に事故があったときは、総商会会長がその職務を代行する。

商事公断処が受理することのできる事件は二種あり、第一に、まだ起訴されておらず、当事者が公断処の仲裁に同意した場合。第二に、起訴がすでになされた事件で裁判所が公断処に調査を依頼した場合であった。起訴がすでになされた事件で当事者または裁判所が公断処に事件処理を委託し、かつ訴訟当事者双方が同意した場合は、訴訟資料が裁判所から公断処に移送されると定められていた。また、事件の当事者双方が広州市内で営業している者でなければならなかった。広州市内で完結する正当な営業活動に基づく商業紛争について、政府の裁判所の下請けをする民間の公的な紛争処理機関として公断処を設置するという意図が読み取れる。しかし、公断処の決定に最終的な法律上の拘束力はなく、仲裁に不満がある場合には、当事者は裁判所に提訴できた。一方で、異議がない場合は、公断処は管轄する裁判所の許可を得て、強制執行することもできた。

評議員は、仲裁に裁判所の協力が必要な場合は、それを求めることができるとされた。各事件について抽選により三人または五人の評議員が担当となり、決定は多数決によるものとされた。特定の事件の評議員に選ばれた場合は、正常な理由がないかぎり就任を拒否できないと決められた。証拠の調査費などとして原告から徴収できる金額は訴訟対象金額の百分の二を超えないこととされた。片方の当事者が欠席している場合は、仲裁を開始してはいけない、などという規定も準備されていた。評議員には証人尋問権があったが、証人には強制出頭義務は課せられなかった。また、評議員には争議事実関係についての調査権があり、みずから調査しても調査員に調査を委託してもよいとされた。

仲裁の基準は法令の強制規定に抵触しない範囲で広州の市場の慣習を利用することが想定されていた。[107] ローカルな法秩序の存在を前提としていたのである。また、公断処の評議は公開で、商人に対しては傍聴を許し、商人以外も許可があれば傍聴できるとしていた。[108] 公断処は総商会の内部機関としての性格をもっていたが、同時に社会的・公的に承認された仲裁機関をめざしたのである。訴訟費用や時間などの面で、裁判所は商人たちにとって使いにくい機関であったのであろう。商人同士の商業上の紛争は、安価かつ迅速に商界内部で処理するという意図があったのである。

一九二四年一〇月の商団事件以後崩壊していた市民団体による基層からの自治の構築が再開されつつあったとみることができよう。[109] それは以前よりも綿密な形で、政府との協力も進めながら行なわれていたのである。

三　治安問題と対日運動

広東省内の治安問題は、二七年六月初めの時点ではまだ多くが未解決であった。広州から北上する粤漢鉄道は広東省内でたびたび焼き討ちに遭っていた。[110] 事情は香港・九龍へ向かう広九鉄道についても同様であった。六月一〇日に軍事庁長徐景棠は「反動派」から広九鉄道を守るよう「広九鉄路管理局」に命令している。[111] 広州市に駐留していた国民革命軍第一一軍（陳銘枢軍長）は六月一日解散し、広州市内の警備は、第一一師の師長陳済棠があたるようになっていた。[112] 銭大鈞の二〇師は省北部からまだ戻っていなかったのである。省内に駐留する軍人の横暴に対する取り締まりも始まった。六月上旬、李済深は軍人が切符を買わずに鉄道に乗車することを禁止している。[113] また、広東省財政庁は軍人が地方財政に関与することに対し、たびたび禁令を出している。[114] 七月初めには海軍の砲艦江固艦が広東省内で共産党系部隊に襲撃されるという事件も起きている。[115]

北伐と清党のために広東省が負担する軍事費も膨大なものとなっていた。二七年一月から五月までの五か月間に広東省の軍事支出は二、三三二万元余であった。このうち三分の一ほどが「前方軍費」として南京の前方総司令部に送られ、残りが広東省内での清党活動や銭大鈞部隊や広西軍の湖南遠征に支出された。これに対して、収入は塩税が一〇〇万元余、関税や内地税が八一万元余、印花税が五〇万元余、タバコ・酒税が六一万元余、アヘン税が六二万元余となっており、厳しい財政状況が窺える。[116]

治安責任者である公安局長の鄧彦華は、広東省の治安を乱しているのはその多くが労働組合と農民組合のメンバーであるとみていた。彼は、蔣介石に対して、「労働は神聖である」という考え方が「匪犯」の隠れ蓑になっていると、二七年七月に訴えていた。[117]「匪犯」は共産党員を指すのであろう。

このような治安状況のなか、広州は国民政府成立二周年を七月一日に迎えている。この日、党・政府・総商会など商会関係・学連・農民協会・女界連合会・広東総工会など労働組合関係・律師公会など専門職団体、といった広東各界の代表数千人は国民党広東省党部大礼堂に集まり、正午から盛大な「慶祝国民政府二周年紀念大会」を開催している。大会では、国旗・党旗・総理遺像に対して三鞠躬礼が行なわれ、「総理遺嘱」が朗読されている。広州市政府からは林雲陵、総司令部からは李済深の代理で姚雨平、公安局長鄧彦華、広州市党部の李家英、広州政治分会からは陳策・胡春霖、中華女界連合会からは代表の伍智梅、女権運動大同盟からは代表の鍾慧霞、広東総工会からは鄺炳南らが演説に立った。

大会では、次の三つの決議が通過した。第一に、「南京国民政府蔣総司令がすみやかに武漢共産政府を討伐するよう請求すること」、第二に、「中央党部が反党売国の汪精衛・孫科らの党籍を解除するよう請求すること」、第三に、「国民政府が日本の山東出兵に厳重抗議するよう請求すること」であった。大会はこのあとスローガンを高唱し、記念撮影をしたあと散会している。[118] 武漢国民政府に反対し、南京国民政府を中心とした政治体制に積極的に組み入れられることをめざす広東の姿勢が表われている。南京国民政府とその指導者蔣介石のもとでの「国民化」が進んでいたのである。この後、広東省党部は、南京中央党部・国民政府・蔣介石総司令に対して、武漢の「共産政府」を早く討つよう、七月九日に再度要請している。[119]

国民政府二周年大会の決議にもあるように、この頃、日中関係も広州市民の関心を引いていた。日本軍は北伐に干渉するため山東省の青島・済南方面に兵を動かしていたのである。学校や労働組合は反日デモと宣伝隊を組織した。たとえば、六月八日、順徳県立中学では「反対日本出兵大会」の準備委員会が招集されている。[120] また、国民党広州市党部は六月一四日に「反日出兵華北大会」を開くよう各界に呼びかけている。[121] この日、市党部商民部が「対日経済絶交」と「日本製品ボイコット」を決議したほか、広州の「航空同志会」や「女界連合会」なども反日の通電を発している。[122] 六月一八日には広州市で大規模な反日デモが行なわれた。[123] 反日ナショナリズムを紐帯とした民衆の国民化が進行していた、ということができる。ただし、政府はこの反日の動きが反帝国主義一般に拡大することには慎重で、公安局長鄧彦華は租界の沙面と向かい合う沙基一帯でのデモ行進を禁止している。[124] 英国との衝突をとくに警戒していたと思われる。香港を拠点とする英国海軍の存在は、中国南部とりわけ珠江デルタ地域では軍事的に卓越していたのである。

対日抗議の第一段階としての日本製品不買は七月一日から始まった。[125] 日本政府もこの広州における日本商品ボイコットに対しては一定の反応をしている。一九二七年七月初旬、広州駐在日本領事は広東省政府に対して抗議し、「日本の山東出兵は中国の内政に干渉するものではない」と弁明した。李済深はこれに応えて日本兵の撤退を要求し、日本製品ボイコットについては中国当局には責任がないと主張した。[126]

七月中旬、各業界の「対日経済絶交委員会」は頻繁に「審査日貨会議」を開き、広州に輸入されてくる貨物に日本製品がないかどうか検査を始めていた。この貨物検査が対日抗議の第二段階であった。検査は輸入業者の申請にもとづき行なわれたが、かなり厳しいものであり、「輸入不許可」の決定が多数出されていた。[127]

二七年六月中旬、広州市では、「中央清党委員会」の決定にもとづき、李家英を主席として「広州市清党委員会」が成立し、いわゆる「第二次清党」が開始されている。委員には、公安局長の鄧彦華も入っていた。この委員会はこの後、広州市党部に事務所を置き、週二回会議を開いて党員資格の再審査などを進めた。六月二七日には広州市内に再び戒厳令が敷かれ、約二〇〇人が逮捕されて、武器・弾薬が押収されている。武漢からかなりの共産党員が送り込まれていたらしい。水上交通は停止され、軍隊が再度市街地に導入された。[128]広州市公安局は、共産党や左派の通信やパンフレットを市内で熱心に取り締まっていた。[129]六月二九日には、一三名の共産党員が東較場で公安局によって銃殺されている。[130]また、六月六日に成立していた反革命裁判委員会は「処理反革命条例」を定めて、七月に正式に業務を開始した。[131]

二七年の六月時点で中央政府機関の多くはすでに南京に移っていたが、外交部人員の一部は広州に残って活動していた。広州での事務は韋玉宣伝局長が統括していたが、中央が正式に廃止を決定するまでは存続することとなった。[132]

第二次清党で騒然とした雰囲気のなか、前述のように七月一日、国民政府成立二周年記念大会が広東省党部大礼堂で挙行された。大会では蔣介石に武漢「共産政府」をすみやかに討伐し、汪精衛や孫科の党籍を解除するよう請求することが決議された。[133]また、日本の山東出兵に厳重に抗議することも南京国民政府に求められたのであった。[134]反共とナショナリズムの風潮が奇妙に混ざり合った大会のようであった。七月二八日には広州市内東較場にて一〇万人余の各界市民が集まり「慶祝北伐周年紀念大会」が開かれた。そこではやはり南京政府に日本軍の即時撤退について交渉するよう要求が出された。[135]

二七年というとすでに新文化運動の開始から一〇年以上が経過していた。広東省でも、「生活の近代化・科学化」に向けた動きが政府主導で行なわれていた分野もあった。広東省民政庁長を務めていた朱華驊は風水の迷信を排し、肥沃な土地を墳墓から解放するために、各県に公営墓地の設置を提案していた。これは旧墓地の改葬を含めた大胆なもので、朱にとっては農業生産を回復し民生問題を解決するためのものであった。(136)

おわりに

中央政府が広州から離れたあとの一九二七年の広州では、労使紛争の処理や新税制をめぐって、広州市民とりわけ商人たちが政策決定の過程に積極的に影響力を行使しようとした。その試みは必ずしも成功しなかったが、彼らの政治活動には二つの方向性があったことがわかる。

第一に、商人たちは、南京国民政府の成立と共産党の粛清という新しい状況のなかで、積極的に政治システムと同化しようとしていた。二四年の商団事件時のように国民党・政府と全面対決をするのではなく、共産党を排除し南京に移った国民党に対して、その権威をある程度受け入れたうえで、みずからの主張を実現しようとしていたのである。それは、「総理遺嘱」・「三民主義」・「国民党旗」に対する敬意や、「国民革命の擁護」・「帝国主義反対」といった政治的メッセージに現われている。国民革命軍総司令としての蔣介石に対する期待も大きかった。しかし、奢侈品印花税・一元以上立単の廃案要求に失敗したことで、このような商人たちの自主的な「国民化」傾向はそがれてしまう。ただし、日本軍の山東出兵に対する日本製品ボイコット運動は商人の「国民化」と政治システムとの統合にプラスに働いていたと言える。

第二に、商人たちは、市民による基層からの自治の再編に再び乗り出そうとしていた。それは二一年の広州市政改革の試みや、二四年の商団事件といった過程のなかで失敗してきたものである。自治再編の動きは「商事公断処」設置の動きや香港ストライキ参加労働者に対する自主的な支援に現われていた。しかし、度重なる政治的変動や重税の疲弊のなかで、このような試みにも限界があった。一部の大商人を除いて財源的に余裕がなく、また共産党勢力も完全には排除されていないという状況のなか、商人コミュニティー全体としてのコミットメントは実現しなかったのである。一九二七年という時期においては、地方自治の制度化もほとんどすすんでいなかった。

一言で言えば、広東省民の「国民化」は限定された形ではあるがある程度進行した。しかしそれは、地方自治の再生と中央レベルでの政策決定過程への参加を含む制度化には未だ結びついていなかったのである。

(1) 政治的な「中央化」とは、さしあたり一国の「中央政府」または「中央政府であるとみずから主張する政府」の所在地となることを指すこととする。これに対し、「非中央化」とはそのような政府が該地を離れることを指す。

(2) 中華民国期の広東省ならびに広州市の政治史・社会経済史に関する最近の研究としてまとまった著作のうち次の三冊はとりわけ重要である。

・Tsin, Michael. *Nation, Governance, and Modernity in China : Canton, 1900–1927*. Stanford : Stanford University Press, 1999.

・深町英夫『近代広東的政党・社会・国家――中国国民党及其党国体制的形成過程』、北京、社会科学文献出版社、二〇〇三年。

・広東民国史研究会編『広東民国史』(上・下冊)、広州、広東人民出版社、二〇〇四年。

また、論文としては、一九二〇年代でなく一九三〇年代を扱ったものであるが、次の姜論文がある。これは広東省の税制に取り組んだ研究である。

・姜珍亜「一九三〇年代中国における徴税請負制度の改革と国家――広東省陳済棠政権の徴税システムの整備の試み――」(歴史学研究会編『歴史学研究』二〇〇三年、一月号)三二～四四、六一頁。

(3) 『華字日報』一九二二年五月六日。

(4) 馬湘「跟随孫中山先生的回憶」(中国人民政治協商会議全国委員会・広東省委員会・広州市委員会文史資料研究委員会編『孫中山三次在広東建立政権』北京、中国文史出版社、一九八六年)一〇四頁。

(5) 『華字日報』一九二二年四月一二日。

(6) 『華字日報』一九二二年四月二六日。

(7) 『華字日報』一九二二年五月二日。

(8) 『華字日報』一九二二年一一月一日。

(9) 塩出浩和「広東商団事件――第三次広州政権と市民的自治の分裂――」(『東洋学報』第八一巻第二号、六三～八六頁)

(10) 広東省立中山図書館編『民国広東大事記』広州、羊城晩報出版社、二〇〇二年、二九九頁。

(11) 李の名は、史料上で「李済深」と「李済琛」の二種類で表記されているが、ここでは滝口太郎の説にしたがい、「李済深」を本名、「李済琛」を原名とし、「李済深」のほうに統一した。(滝口太郎「李済深」(山田辰雄編『近代中国人名辞典』霞山会、一九九五年)四〇五～四〇七頁)

(12) この時期、「商会」と言った場合、「広州総商会」(広東省総商会または広東総商会と呼ばれることもある)を指すのが普通であるが「広州市商会」を指す場合もある。史料にはただ「商会」としか書かれていない場合が多く、どちらを指しているか特定できないことがある。

尚、この二つの商会に「広州市商民協会」を加えた三団体が「広州三商会」または「広州三大商民団体」などと呼称されていた。しかし、史料と時期によっては「広州三商会」と言ったとき、「広州市商民協会」の代わりに「広東商界連合会」を入れる場合があった。

また、単に「総商会」と書かれているとき、団体・組織としての「広州総商会」を指している場合と、場所・建物・施設としての広州総商会の会館を示している場合がある。

(13) 前掲『民国広東大事記』、三〇三〜三〇四頁。
(14) 前掲『民国広東大事記』、三〇五頁。
(15) 前掲『民国広東大事記』、三〇六頁。
(16)『華字日報』一九二七年五月一二日。
(17)『華字日報』一九二七年五月一三日。
(18)『広州民国日報』一九二七年四月二九日。
(19)『華字日報』一九二七年五月三日。
(20)『華字日報』一九二七年五月一二日。
(21)『広州民国日報』一九二七年四月二九日。
(22)『華字日報』一九二七年五月五日。
(23)『広州民国日報』一九二七年四月三〇日。
(24)『華字日報』一九二七年五月一七日。
(25)『華字日報』一九二七年五月二五日。
(26)『華字日報』一九二七年五月二五日。尚、このように広東省各地で共産党の勢力による農民暴動が起きていたことは共産党系の史料からも読み取ることができる。たとえば、「中共広東特委通告（第三号）——組織農民進行各種破壊工作（一九二七年六月一五日）」、中央檔案館・広東省檔案館編『広東革命歴史文献彙集　一九二七年』、一〜三頁、を参照。
(27)『華字日報』一九二七年五月三日。
(28)『広州民国日報』一九二七年四月三〇日。

(29)『広州民国日報』一九二七年五月三日。
(30)『華字日報』一九二七年五月三日。
(31)『華字日報』一九二七年五月六日。
(32)『華字日報』一九二七年五月四日。
(33)『華字日報』一九二七年五月四日。
(34)『華字日報』一九二七年五月五日、六日、九日。
(35)『華字日報』一九二七年五月五日、七日、二四日。
(36)『広州民国日報』一九二七年六月八日。
(37)『華字日報』一九二七年五月二一日。
(38)『華字日報』一九二七年五月五日。
(39)『華字日報』一九二七年五月六日。
(40)『華字日報』一九二七年五月一三日。
(41)『華字日報』一九二七年五月二四日。
(42)『華字日報』一九二七年五月一一日、一七日。
(43)『華字日報』一九二七年五月二〇日。
(44)『華字日報』一九二七年五月一二日。
(45)『華字日報』一九二七年五月二四日。
(46)『華字日報』一九二七年五月二七日。
(47)『華字日報』一九二七年六月一〇日。
(48)『華字日報』一九二七年六月八日。
(49)『華字日報』一九二七年六月八日。

(50)『華字日報』一九二七年六月一一日。
(51)『華字日報』一九二七年六月一五日。
(52)『華字日報』一九二七年五月二四日。
(53)『華字日報』一九二七年五月二五日。
(54)『華字日報』一九二七年五月一七日。
(55)『華字日報』一九二七年五月二〇日。
(56)『華字日報』一九二七年六月九日。
(57)『広州民国日報』一九二七年六月一六日。
(58)『華字日報』一九二七年六月二二日。
(59)『華字日報』一九二七年五月一二日、一七日。
(60)『華字日報』一九二七年五月一七日。
(61)『華字日報』一九二七年五月一六日。
(62)『華字日報』一九二七年六月二九日。
(63)『華字日報』一九二七年七月一日。
(64)『広州民国日報』一九二七年六月八日。
(65)『華字日報』一九二七年七月五日。
(66)『華字日報』一九二七年五月二五日。
(67)『華字日報』一九二七年五月二六日。
(68)『華字日報』一九二七年五月二八日。
(69)『華字日報』一九二七年六月八日。
(70)『華字日報』一九二七年六月八日。

(71)『華字日報』一九二七年六月四日。
(72)『華字日報』一九二七年六月一一日。
(73)『華字日報』一九二七年六月一四日。
(74)『華字日報』一九二七年五月二六日。
(75)『華字日報』一九二七年五月二八日。
(76)『華字日報』一九二七年六月一五日。
(77)『広州民国日報』一九二七年六月一三日。
(78)『華字日報』一九二七年五月三〇日。
(79)『華字日報』一九二七年五月三一日。
(80)『華字日報』一九二七年六月一一日。
(81)『華字日報』一九二七年六月四日。
(82)『華字日報』一九二七年六月七日。
(83)『華字日報』一九二七年六月一三日、一六日。
(84)『華字日報』一九二七年六月一四日。
(85)『華字日報』一九二七年七月四日。
(86)『華字日報』一九二七年七月五日。
(87)『華字日報』一九二七年七月五日。
(88)『華字日報』一九二七年七月七日。
(89)『華字日報』一九二七年七月九日。
(90)『華字日報』一九二七年七月一三日。
(91)『華字日報』一九二七年七月一一日。

(92)『華字日報』一九二七年七月一六日。
(93)『華字日報』一九二七年七月一九日。
(94)『華字日報』一九二七年七月二二日。
(95)『華字日報』一九二七年七月二三日。
(96)『華字日報』一九二七年七月二五日。
(97)『華字日報』一九二七年八月一日。
(98)『華字日報』一九二七年八月一日。
(99)『華字日報』一九二七年八月三日。
(100)『華字日報』一九二七年八月三日。
(101)『華字日報』一九二七年八月四日。
(102)『華字日報』一九二七年八月八日。
(103)『華字日報』一九二七年八月一〇日。
(104)『華字日報』一九二七年八月一三日。
(105)『華字日報』一九二七年八月一五日。
(106)『華字日報』一九二七年八月一六日。
(107)『華字日報』一九二七年七月一五日、一六日、一八日、一九日。
(108)『華字日報』一九二七年七月二〇日。
(109)「広東商団事件」については、前掲「広東商団事件——第三次広州政権と市民的自治の分裂——」を参照。
(110)『華字日報』一九二七年六月九日。
(111)『華字日報』一九二七年六月一三日。
(112)『華字日報』一九二七年六月九日。

(113)『華字日報』一九二七年六月一〇日。
(114)『華字日報』一九二七年六月一一日。
(115)『華字日報』一九二七年七月六日。
(116)『華字日報』一九二七年七月一八日。
(117)『華字日報』一九二七年七月一一日。
(118)『華字日報』一九二七年七月四日。
(119)『華字日報』一九二七年七月一三日。
(120)『広州民国日報』一九二七年六月一〇日。
(121)『華字日報』一九二七年六月一三日。
(122)『華字日報』一九二七年六月一六日。
(123)『華字日報』一九二七年六月二一日。
(124)『華字日報』一九二七年六月二三日。
(125)『華字日報号外』一九二七年七月二日。
(126)『華字日報』一九二七年七月一一日。
(127)『華字日報』一九二七年七月一三日、一八日、一九日。
(128)『華字日報』一九二七年六月三〇日。
(129)『華字日報』一九二七年六月三〇日、七月六日。
(130)『華字日報』一九二七年七月一日。
(131)『華字日報』一九二七年七月六日。
(132)『華字日報』一九二七年六月二七日。
(133)『華字日報』一九二七年七月四日。

(134)『華字日報』一九二七年七月四日。
(135)『華字日報』一九二七年七月三〇日。
(136)『華字日報』一九二七年七月七日。

（塩出　浩和）

第四章　重慶戦時糧食政策の実施と四川省地域社会

はじめに

重慶国民政府による戦時糧食政策は、一九四一年七月以降、本格的に開始された。このとき、戦時糧食管理を専門に担当する中央の行政機関として糧食部が設置されるとともに、田賦の地方税から中央税への移管、およびその実物徴収と糧食の強制買い上げが、その統治下の全域で実施された。

ここにいたる経緯をごく簡潔に触れておく。三七年七月の日中戦争の勃発後、しばらくの間は糧食に対する戦時統制はほとんど行なわれず、そのための全国的な専門機関も設置されることはなかった。各地の糧食価格は比較的安定していたために、政府内部にも切迫した危機感はなく、戦時統制のための各種法規類は出されていたものの、事実上棚上げにされていた。ところが、四〇年前半になると、前年から始まった糧食価格の高騰がさらに勢いを増し、政府の存立基盤を脅かす深刻な社会経済不安を招くにいたった。このような情勢をうけて、重慶国民政府は、四〇年八月、全国糧食管理局を設置して、糧食調査、糧食隠匿（買いだめ・売り惜しみ）の摘発、糧食商人の管理など一連の糧食管理政策を実施したが、この段階の政策は基本的に各省での独自な展開に任されており、その効果も十分ではなかった。したがって、前述の政策を断行した一九四一年七月は、中央による糧食の統制が制度的に実現をみた画期にほかならなかった。(1)

　このような戦時糧食政策、とりわけその基軸であった田賦実物徴収は、各種の弊害を派生させたとはいえ、基本的には総力戦下の戦時体制に適合した政策であり、重慶国民政府の対日抗戦を支えるうえで重要な貢献をした。この点は、中国大陸や台湾における八〇年代以降の多くの先行研究がほぼ例外なく強調するところである。(2)対日抗戦への貢献度を主な基準として、政策内容やその成果を検証するという分析視角に立つ限り、戦時糧食政策の評価における基本線は、ほぼすでに定まっているとみてよいであろう。

　これに対して、本章の問題関心は、政策を受け止める地域社会に主な視点をおいて、政策過程の構造的特質を考察することにある。具体的な考察対象としては、重慶国民政府にとって重要な糧食供給源であった四川省を取り上げた。そして、歴史継承態としての四川省の行財政機構や社会構造の特質が、戦時糧食政策の政策過程にどのような影響を与えたのか、また逆に、政策の実施とそれにともなう諸矛盾が、四川省という地域社会をどのように翻弄していくのか、こうした点を具体的に論じていくことになろう。この作業は、中国社会の側から日中戦争の意味を見つめ直すという、より大きな研究課題の一環であることを強調しておく。(3)

　なお、本章が念頭に置いている方法論について若干の言及をしておこう。一般に政策過程は、政策を立案・決定する過程と決定された政策を執行する過程という二つの局面に大別できる。米国の政治学の分野で発展を遂げた政策過程分析の場合は、前者の立案・決定過程に比重を置く傾向があるが、前述したような問題意識にもとづく本章においては、むしろ後者の執行過程のほうに分析の重点を置いた。

　あらかじめ大ざっぱな見通しを述べておくと、ここで執行過程を重視する理由は、民国期中国においては、多くの場合、中央政府の決定が画一的・統一的な執行を必ずしも保障しないと考えられるからである。そこでは、近代国家の形成途上にあるという歴史的位置、あるいは前代から引き継いだ行財政機構や社会構造の特質に規定されて、均質で実効性の高い行政能力や、社会における政策の受け皿の存在を自明の前提とすることはできない。とりわけ、執行過程が社会との接触・軋轢のなかで進行する度合いが高い諸分野においては、地方レベルにおける合法的な裁量範囲が一般に想定されるよりも相当大きく、さらに末端レベルに降りていくと、これに加えて非合法なサボタージュや読み替えなどが広範に行なわれやすい。このような国家・社会の現実においては、中央政府の政策内容やその決定過程だけを考察することで見えてくる範囲は、自ずと限られている。したがって、社会との接触・軋轢のなかで進行する執行過程にこそ、政策が孕んでいる諸矛盾が幾重にも折り重なって立ち現われていると考えることができる。

一　中央における政策決定とその拘束力の低さ

1　中央における意思決定の過程

まず、重慶国民政府の戦時糧食政策の基軸となる田賦実物徴収が中央において決定される過程を、中国大陸や台湾の先行研究にもとづいて概観しておく(4)。

田賦実物徴収は、三八年春、緊迫した軍事情勢に迫られて山西省において先駆的に実施されたが、中央政府によって、その方針が最初に提示されたのは、四〇年七月二八日、国防最高委員会が公布した「本年度秋収後軍糧民食統籌辧法」である。これが、田賦実物徴収の実施を規定した最初の中央文献であるとされている。ただし、そこでは実施に踏み切るか否かの決定権は、地方政府および徴収機関に委ねられていた。

次いで、一九四〇年一一月一三日、財政部長孔祥熙が行政院会議において、各省がそれぞれの実情を斟酌して田賦を実物で徴収することを提案して決議された。こうした中央政府の方針をうけて、同年一一月に福建省、四一年三月に陝西省、五月に浙江省で田賦実物徴収に踏み切ったが、先の決議にも明確な強制規定は含まれてはいなかった。

さらに、四一年三月二九日、行政院は、「田賦改徴実物辦法暫行通則」七条を公布し、以前の「酌徴」（状況を斟酌して実物徴収）という表現を、より踏み込んだ「尽量徴収実物」（できる限り実物徴収）に置き換えたとはいえ、ここにおいても実物徴収を全国一律に即時実施することに対する中央政府の慎重な姿勢は、なお維持されていたということができる。

ところが、すでに始まっていた各地の糧食価格の高騰は、この時期さらに深刻な様相を示し（表1参照）、軍糧・民食の確保がきわめて困難になった。このため、中央政府はようやくその慎重な姿勢を転換する。すなわち、四一年四月に開催された国民党第五届八中全会において、田賦の中央移管とその実物徴収の実施を決議し、この決議をうけて、財政部は同年六月一六日に第三次全国財政会議を開催し、各省財政庁長および関係機関の代表、政府が選定した財政専門家等を招集して、具体的な実施方法が検討された。ところが、この会議の席上において、各省財政庁長の多くから、実施困難を理由に、法幣による徴収との併存や、実施の引き延ばしを求める意見が出された。政府は会議における「衆議を排し」て、四一年度後半から各省一律に田賦実物徴収を実施することを決議させた。また、この決議には、四一年度の田賦正附税総額一元につき稲穀二市斗を徴収するという換算基準も盛り込まれていた。この決議にもとづいて、財政部は「戦時各省田賦徴収実物暫行通則」一六条を作成し、これを行政院会議で通過させたうえで、七月二三日に正式に公布・施行した。この「通則」が四一年度の田賦実物徴収の最高準則になる。

表1　抗戦期後方重要糧食市場価格指数統計表（1930～1936年平均＝100）

地区	1937年(7-12月)	1938年	1939年	1940年	1941年	1942年	1943年	1944年	1945年(1-8月)
重慶	130	110	121	703	3,591	6,854	12,856	48,501	109,555
成都	141	155	173	713	3,289	5,275	15,814	62,957	126,825
南充	179	124	104	705	3,594	4,612	12,696	48,683	96,029
万県	116	107	122	492	2,864	5,568	15,695	44,019	134,830
宜賓	155	105	98	675	2,980	4,792	13,001	50,854	106,780
江津	97	122	143	666	3,211	5,540	16,256	55,326	95,607
簡陽	139	132	151	867	3,049	4,898	15,836	57,702	127,021
三台	159	133	124	791	3,972	6,520	18,153	70,344	146,385
雅安	122	137	203	783	3,429	5,373	16,598	79,116	141,150
昆明	81	114	349	1,011	1,491	6,899	20,037	70,431	361,804
貴陽	123	109	211	577	1,656	4,227	8,337	59,426	383,748
桂林	136	196	285	485	1,373	4,841	15,803	34,213	—
曲江	89	106	155	327	1,114	2,624	8,363	19,807	—
福州	99	112	154	743	—	1,673	7,858	31,100	—
衡陽	179	114	212	333	1,739	3,881	8,350	23,934	—
贛県	86	82	90	415	1,114	1,603	5,087	19,199	—
泰和	104	104	104	137	982	1,750	6,860	20,415	38,421
西安	122	103	142	273	1,987	3,513	15,127	20,876	87,420
渭南	111	87	146	163	734	3,624	10,387	24,597	88,322
南陽	140	149	220	352	1,259	5,852	24,493	23,701	42,413
蘭州	125	121	175	275	877	2,290	6,607	13,252	74,053
西寧	167	235	278	507	1,320	306	12,319	35,265	91,319
平均	128	126	167	533	2,134	4,284	13,080	38,759	115,146

注　：原表の「平均」欄の小数点以下は四捨五入して表示した。

出典：王洪峻『抗戦時期国統区的糧食価格』、4～5頁、表1－1より作成。

以上が、田賦実物徴収が中央政府において決定されるにいたる経緯である。ここでは、次の二点に注目しておきたい。第一点は、実物徴収の方針は早くから示されていたが、その全国一律的な即時実施については、中央政府は慎重な姿勢をなかなか崩さなかったことである。従来の研究のなかには、このような政策決定の緩慢さを、政府の失政の一つとして指摘するものもある。[5] 第二点は、この決定が各省の反対を押し切って行なわれたことである。前述したように、この決定について各省から合意を取り付ける場が第三次全国財政会議であったが、そこでは実施の緩和や引き延ばしを求める意見が頻発し、中央政府はこれらを強引に押さえ込んで決議にこぎ着けたのである。

2　中央による決定と各省の実施方式との乖離

さて、以上のような経緯で決定された「通則」は、前述のように一九四一年度の田賦実物徴収の最高準則とされたが、その内容がそのまま重慶政府統治下の全国各省で実施されたわけではない。中央における決定がその統治下の全国各省に対して厳格な拘束性をもたない点に、当時の重慶国民政府の特質の一つが示されている。

「通則」第二条には、第三次全国財政会議の決定にしたがって、四一年度の田賦正附税総額一元につき稲谷二市斗を徴収するという明確な換算基準が盛り込まれていた。この基準は、抗戦前の糧食価格を稲穀一市石を五元ととらえ、一元あたりの稲穀量を算出したものである。[6] しかし、注目すべき点は、この規定のすぐ後に、「税額が比較的重い省は、財政部が事情を斟酌して軽減するように申請することができる。」という文面が付加されていたことである。この部分は、一見、例外規定のように見えるが、実際にはきわめて重要な意味をもつことになる。

表2は、中央政府が提示した基準で換算した実物徴収額と、各省がそれぞれの申請にもとづいて財政部が認可

表２　1941年度各省田賦実物徴収の徴収額とその修正

	41年度正附税総額	中央の基準による実物換算	省の申請に基づく決定額
四川	10,473万元	2,095万市石	稲谷600万市石
広東	2,600余万元	520余万市石	稲谷260余万市石 法幣1,300余万元
浙江	1,885万元 (40年度賦額)	376万市石	稲谷135万余市石 一部、法幣で徴収
湖南	1,631万元	326万市石	稲谷320万市石
江西	1,530余万元	300余万市石	稲谷180万市石
雲南	1,500万元	300万市石	稲谷90万市石 法幣4,500万元
陝西	1,160余万元 (40年度賦額)	230余万市石	稲谷230余万市石
安徽	1,100万元	220万市石	稲谷120万市石
福建	1,037万元	207万市石	稲谷138万余市石
河南	943万元	189万市石	稲谷189万市石 法幣1,800万元
広西	909万元	182万市石	稲谷157万市石
湖北	900余万元	180余万市石	稲谷60万市石 一部、法幣で徴収
山東	848万元	169万市石	稲谷81万市石
貴州	522万元	104万市石	稲谷76万市石 包谷11万市石 法幣943万元
甘粛	367万元 実物32万石	105万市石	小麦90万市石
寧夏	242万余元	48万余市石	小麦及もち粟32万市石
西康	139万元 実物３万石	31万市石	稲谷31万市石
江蘇	—	—	稲谷10万市石 法幣12万元
山西	—	—	麦35万市石
綏遠	—	—	小麦10万余市石
合計	28,700余万元 実物35万石	5,580余万市石	稲谷2,670余万市石 包谷10余万市石 小麦及もち粟170万市石 法幣8,550余万元

注　：数字は千の位で四捨五入、原表で概数を表示している箇所はそのままにした。右端の決定額の欄は、この後も各省からの減額要求が相次ぎ、変動あり。
出典：陳友三・陳思徳『田賦徴実制度』正中書局、1945年６月、挿表１より作成。

した実際の決定額を示している。ただし、この決定額は、なお暫定的な数字であって、この後も各省からの減額要求が相次ぎ、変動を免れなかった。(7) とはいえ、この暫定的な数字にもとづいて考えても、中央の提示した換算額と比較すると、次のような点で大きな乖離が存在する。

第一点は、法幣による徴収から実物徴収へ切り替えるという原則それ自体が貫徹していないことである。表2に掲載された重慶国民政府の統治がおよんでいる二〇省のうち、完全に実物徴収に切り替えた省は一三省にとどまり、残りの七省、すなわち、広東・浙江・雲南・河南・湖北・貴州・江蘇の各省では、実物と法幣を併用して徴収することになっている。

第二点は、各省の予定された徴収額が大幅に減額していることである。稲穀の数量だけを見れば、中央の提示した換算額と一致ないし近似しているのは、湖南・陝西・河南・西康のわずか四省に過ぎない（ただし、湖南省は後に法幣と併用して徴収することに切り替えた）。これら以外のほとんどの省では、程度にばらつきがあるものの大幅な減額を実現している。たとえば、稲穀だけで徴収することになっている各省でいえば、中央提示額から減額された割合は、四川省で約七一％減、山東省で約五二％減、安徽省で約四五％減、江西省で約四〇％減、福建省で約三三％減、広西省で約一四％減である。全体としても、小麦、その他雑穀、法幣を含んでいるので単純な比較はできないが、相当な減額になっていると判断してよいであろう。

第三点は、単なる減額だけではなく、中央が提示した換算率そのものを改変し、独自な換算率を採用した省も見られることである。次節で取り上げる四川省の場合は、その代表的事例である。

以上のように見ていくと、中央による決定はそれに相応しい拘束力をもちえなかったことがうかがえる。逆にいえば、省政府がもっていた実質的な裁量範囲がきわめて大きかったのであり、しかも、各省が決定した徴収額が財政部の認可を得ていたことからすれば、その裁量範囲はまぎれもなく合法的なものであった。前述したように、中央は第三次全国財政会議において各省政府の意見を強引に押さえ込んだが、各省は譲歩を強いられながらも、以上のような形でその意思を貫いたともいえる。

もちろん、このような事態をもたらした要因として、戦禍の影響や日本占領区の拡大によって、各省政府の徴税可能な実効支配地域が流動的であったことが大きかった。このような窮状をそれぞれに言い募る各省の主張に、中央政府は抗する術をもちえなかったのである。しかし、そうした戦争・災害といった外部要因だけですべての事態を説明できないことは、次節で示すとおりである。いずれにせよ、ここには、当時の中央による政策決定がその統治下の全国各省に対して保持していた拘束力の低さが示されており、中央における政策決定過程とその内容分析だけでは、当時の実状を把握するにはきわめて不十分であるといわねばならない。

なお、一九四二年度以降の展開を簡単に言及しておこう。中央政府は、四二年七月に「戦時田賦徴収実物暫行通則」二三条を公布・施行する。これが、前述した旧「通則」に代わって、四二年度と四三年度の田賦実物徴収に適応された。旧「通則」との主な相違点は、以下のとおりである。すなわち、①特殊事情をもつ地方は、法幣による納税を認めたこと、②実物への換算率の変更、③旧滞納分は前年度では法幣による徴収であったが、これを実物に切り替えたこと、④徴収経費については別に徴収しないという規定を盛り込んだこと、などである(8)。このうち、①は、旧「通則」が示した全国一律の実物徴収という原則からすれば緩和措置であるが、実際は前述した四一年度の現実を単に追認した規定にほかならない。②は、田賦正附税総額一元につき稲谷二市斗を徴収するという換算率を稲穀四市斗に切り替え、小麦については二市斗八升という換算率を新たに明示している。稲穀への換算率は二倍となり、税負担を強化する改訂である。ただし、四一年度の例からすれば、これがどの程度実質的な意味をもつかは自明ではなかろう。

二　四川省における独自な基準設定とその特質

1　中央の基準を適用した場合の問題点

四川省は中央政府が位置する首都重慶の膝元であり、糧食生産が豊富で、重慶国民政府の糧食の戦時徴発を支えた重要な拠点であった。戦時糧食政策の実施以降、重慶国民政府が獲得した全糧食のうち、四川省が提供した糧食は約三分の一を占めた。ところが、四川省は中央の換算基準とはまったく異なった独自な基準を採用した代表的な地域でもある。それでは、四川省において中央が提示した基準をそのまま適用した場合、どのような不都合があったのか。その主要なものは、次の二点である。

第一点は、極端な過重負担となることである。もう一度、表2を参照されたい。四川省の欄を見ると、一九四一年度の田賦正附税総額は一億四七三万元にのぼり、中央の基準で実物徴収額を算定すれば、稲穀二、〇九五万市石となる(9)。この数字を他の各省と比較すれば、きわめて突出していることがわかる。二番目に多い広東省の約四倍の額であり、長江中流域の米所として有名な湖南省や江西省と比べると六、七倍の額である。四川省政府は、これはとても負担できる水準ではないと判断し大幅に減額することを要求したわけである。問題は、明らかに四川省における既存の田賦正附税総額にあった。

第二点は、県ごとの負担の大幅な不均衡である。これに直接かかわっているのは、田賦正附税のうちの附加税のほう、すなわち県政府が付加した税額である。県附加税は、各県政府がそれぞれの財政需要に応じて付加されたもので、政務の繁閑、田賦以外の財源の潤沢度、地方行政それ自体の良否などにより、県ごとの課税額は大きく異なっていたという。当時の調査によれば、四川省では県附加税が正税におよばない県から正税の一二倍にものぼる県まで存在し、きわめて不均衡であった。しかも、県附加税の額は、年ごとに大きく変動していたという。(10)以上のような事情によって、四川省では、中央の提示した四一年度田賦正附税総額を基準とすることを拒絶し、これに代わる基準設定が検討されたのである。

2　四川省政府が設定した換算基準――「両元併用」方式

四川省では、田賦実物徴収が始まるほぼ一年前の四〇年一〇月以降、中央の意向をうけて、財政庁が田賦実物徴収の実施に向けた準備を始めていた。このとき、各県から必要な関連資料が収集され、意見も聴取されている。次いで、四一年五月には四川省臨時参議会の決議にもとづいて、省政府内に「四川省田賦徴糧制実施辦法研究委員会」が設置された。同委員会は、七月末には実施方案を作成し、これが省臨時参議会で審議・可決された。ところが、中央では同じ七月に前述の「通則」が公布され、これが省臨時参議会の決議とは内容がまったく異なっていたことから、四川省政府は財政部・糧食部の主管人員を成都に集めて検討会議を開いた。その結果、四川省の事情に配慮する方向で両者の調整がはかられ、ここに中央とは異なった四川省田賦実物徴収の骨子が決定した。(11)

それでは、このような経緯を経て四川省で採用された独自な実物への換算基準とは、どのようなものであったのか。一般に「両元併用」と呼ばれるが、その内容を厳密に理解するためには、清末民初にさかのぼって四川省における田賦徴収額の錯綜した変遷を踏まえる必要がある。詳細は後述するとして、さしあたり、ごく表層的な説明をすれば、次のようになろう。

ここでいう「両」とは、民国初年（一九一二年）に銀両で表示された旧田賦正税額を指し、ここでいう「元」とは、民国三年（一九一四年）に「副税」「徴解費」を組み入れて銀元で換算表示された新田賦正税額を指す

図１　四川省田賦負担の歴史的継承

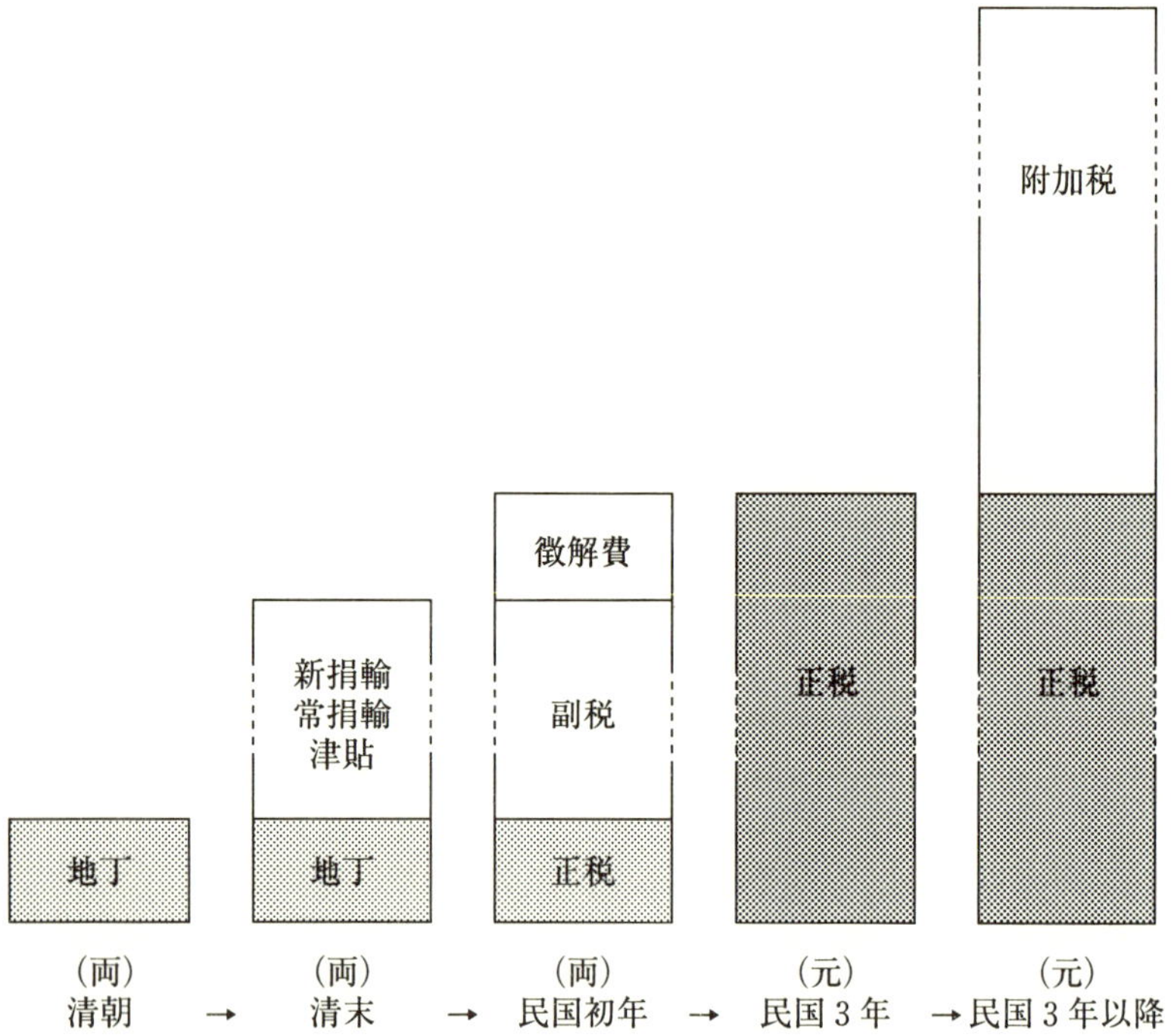

注：▒は、本文でいう「旧田賦正税額」、▒は、本文でいう「新田賦正税額」。

（図1参照）。この異なった新旧二種類の正税額を実物に換算するための基準として「併用」したのが、「両元併用」と呼ばれる方式である。

一九四一年度でいえば、具体的な換算率は、一両につき稲穀一一市石、一元につき稲穀一市石に換算し、これを合計して二で割った数字が実物徴収額と設定された。なお、同年度は糧食の強制買い上げ額は実物徴収額と同額とされた。たとえば、ある農民が「両」で表示された納税額が一両で、「元」で表示された納税額が一〇元であれば、(11市石×1両＋1市石×10元)÷2という計算式によって稲穀一〇・五市石が実物徴収額

として導かれる。糧食の強制買い上げ額はこれと同額であるから、両者を併せて稲穀二一市石が、この農民の負担となる。(12)

四川省全体でいえば、「両」で表示された旧田賦正税額は約六六・九万両で、「元」で表示された新田賦正税額は約七五五万元であるから、前述の換算率で計算すれば、実物徴収額は稲穀約七四五・四万市石となる。(13)ただし、この数字は、中央政府が認可・決定した四川省実物徴収配分額六〇〇万市石よりも一〇〇万市石以上も超過している。その理由は不明であるが、前述の方式による実物徴収が完全に実施できれば、目標額の大幅な超過達成になる。実際の獲得において不足額が出る可能性を、当初から織り込んでいたと考えられる。(14)

なお、表3は、田賦実物徴収の開始から日中戦争の終結までの五年間における四川省の糧食負担配分額および実際の獲得額を示した統計である。(15)四二年度以降、負担配分額は増加しているが、上述の「両」と「元」の両方を実物に換算するための基準とする四川省独自の原則（「両元併用」）は維持されていた。また、いずれの年度においても、四一年度と同様に、四川省政府の決定した配分額が中央の認可・決定した配分額を一〇〇万市石以上超過している。実際の獲得量（表中の表現でいえば「実収額」）は、四川省の決定した配分額には及ばないが、中央が認可・決定した配分額と比べると、四四、四五年度こそやや不足しているとはいえ、通年で合計すれば、これをわずかに超過していたことがうかがえる。

3　「両元併用」採用の効果と限界

さて、四川省政府が独自に考案した「両元併用」方式が内包する特質について、より立ち入った解説を加えておこう。そのなかから、この方式の効果と限界が浮かび上がることになろう。

中央政府が四一年度田賦正附税総額を実物への換算基準としたことと比較した場合に、まず留意すべき最大の

表3　1941年～1945年四川省糧食獲得量
（田賦実物徴収＋糧食の強制買い上げ[借り上げ]）

品種：稲穀　単位：万市石

	中央配分額(a)			四川省政府の配分額(b)	実収額(c)	中央配分額を超過した額 (c)－(a)
	徴実	徴購(借)	合計			
1941年	600	600	1,200	1,443	1,382	182
1942年	900	700	1,600	1,773	1,658	58
1943年	900	700	1,600	1,773	1,605	5
1944年	900	1,100	2,000	2,152	1,941	－59
1945年	900	1,100	2,000	2,134	1,822	－178
合計	4,200	4,200	8,400	9,275	8,408	8

注　：1945年９月下旬までの統計。表中の「徴実」は田賦実物徴収、「徴購（借）」は糧食の強制買い上げを指す。なお、四川省では1943年から糧食の強制買い上げ（徴購）は借り上げ（徴借）に改められた。

出典：陳志蘇・張恵昌・陳雁翬・於笙陔「抗戦時期四川的田賦徴実」、370～371頁。

相違点は、一九一四年以降の錯綜し肥大化した各種附加税を換算基準から完全に排除している点である。

周知のように、四川省は一七年以降、特異な歴史過程をたどる。すなわち、省内は軍事政治勢力（「軍閥」）による群雄割拠状態に陥り、いわゆる「防区制度」が形成された。この時期、軍事割拠勢力はそれぞれの「防区」内において田賦の「預徴」（次年度以降の田賦を繰り上げ徴収。年間四～六年分以上の徴収も行なわれ、最大では年間一二年分の徴収が行なわれたという）を行ない、さらに各地の政府や駐留部隊が必要におうじて雑多な名目で各種附加税を恣意的に徴収していた。[16]このような状況は、三四年に四川省が中央政府の統治下に組み入れられると、次第に整理されていくが、税負担の錯綜・肥大化が完全に解消されたわけではなかった。三五年以降も、省税として田賦正税額の三から五倍が徴収された。[17]これに県附加税が加わるが、県附加税も毎年変動し、また県ごとの税額がきわめて不均等であったことは前述したとおりである。これらの田賦正税以外の各種附加税の類は、すべて実物への換算基準からはずされたわけである。この点は、民国成立以降の四川省がたどった特異な歴史的経緯を抜きにして理解することはできない。

それでは、実物への換算基準として採用された二種類の田賦正税額には問題はなかったのであろうか。まず、旧田賦正税額（「両」）から見ていこう。前掲の図1に明らかなように、旧田賦正税額の淵源は、清朝時代の「地丁」である。四川省では雍正四年（一七二六年）に、それまで別個に徴収されていた「糧銀」「条銀」「丁銀」を一括徴収するようになり、これを「地丁」と称した。四川省の「地丁」が東南各省に比べて甚だ軽く、その負担の不均等も著しかったことは、よく知られている。これは、明末の戦災（張献忠の反乱）によって人口が激減して耕地が荒廃し、清初に湖南・湖北・江西・広東・広西などの各省から大量の移民を募って新たに開拓されたという、四川省の地域的来歴と大きくかかわっている。移民によって新たに開墾された耕地に対する把握・課税は、必ずしも厳格に行なわれたわけではなかったのである。[18]

四川省に即して、「地丁」を構成する各税の概要を説明しておこう。土地への課税額は、当初、「石」（実物の数量）で帳簿に記載され、後に銀両に換算して徴収された。これが「糧銀」である。しかし、当時の土地把握はきわめて粗放で、同じ等級の土地であっても単位面積あたりの税額（「石」）は県によって区々で、その格差は数倍から一〇倍以上におよんだ。さらに、税額一石につき徴収すべき「糧銀」（すなわち、「石」から「両」への換算率）も県によって一律ではなかった。

「条銀」は元々は「雑賦雑派」の総計であり、その額は各地の行政事務の繁閑や財政需要の多寡によって異なり、土地の肥沃度や面積とはほとんど関係がなかった。したがって、税額一石につき徴収すべき「条銀」は県によって当然区々であり、これを徴収しない県さえ存在した。

「丁銀」は、戸口に課された労役負担に由来し、これを銀納化したものであって、その税額は土地の面積や収益との相関関係は本来的にありえなかった。[19]

以上から、「糧銀」「条銀」「丁銀」の三者によって構成される「地丁」、すなわち、ここでいう旧田賦正税額が税負担の公平性という点からいえば、きわめて大きな欠陥を有していたのは明らかであろう。しかも、この額が百数十年にわたって固定されていたことは、その間の土地の変動は考慮されなかったことを意味し、課税額と土地の実態とはますます遊離していった。

次いで、もう一つの実物換算の基準である新田賦正税額（「元」）の検討に移ろう。前掲の図1からわかるように、清末に「津貼」「常捐輸」「新捐輸」という三種類の附加税が相次いで「地丁」に上乗せされ、民国初年には「地丁」を「正税」とし、先の三種類の附加税を「副税」として一括された。次いで、民国三年（一九一四年）に、「正税」と「副税」を併せ、これに「徴解費」一割を加えて、この三者の総計を銀元に換算して徴収されるようになった。[20] これが、ここでいう新田賦正税額（「元」）である。

ここでとりわけ重要な点は、三種類の附加税を併せた「副税」の性格をどのように理解すべきかという点である。「地丁」、すなわち旧田賦正税額（「両」）の不合理性・不公平性を緩和するような要素があったのかどうかが問われなければならない。

「副税」を構成する三種類の附加税を個別に概観していこう。まず、「津貼」は、一八五四年に太平天国を鎮圧するための軍需拡大に対応して導入されたもので、基本的に「地丁」一両につき「津貼」一両が徴収された。ただし、辺境の貧窮地区、「兵田」「公田」などの特殊な土地、零細な「小戸」は免除されたという。いずれにせよ、「地丁」額を基準として付加されたわけで、既存の税負担の不公平を拡大することとなった。その年間徴収総額は五〇余万両である。

次いで、「常捐輸」は、太平天国の指導者石達開の部隊が四川省に入ったことを契機として、一八六二年にこれに軍事的に対処するために導入されたものである。これも、辺境の貧窮地区が免除された以外は、「地丁」額にもとづいて割り当てがなされたが、注目すべき点は、各地の税負担能力の差異やその年々の収穫高にも配慮し、「紳」（地方有力者）を集めた会議によって負担調整が行なわれたことである。その結果、豊かな県への割り当てはやや多くなり、貧しい県への割り当てはやや少なくなるなど、従来の税負担の不公平を一定程度是正する効果を持ったとされる。その年間徴収総額は一八〇余万両である。

さらに、「新捐輸」は、義和団賠償金の支払いのために四川省に年一〇〇万両の負担を割り当てられたことによって、一九〇一年から導入されたものである。その徴収は「常捐輸」にその六割余りを加算する方法で徴収された。(21)

以上の三種類の附加税を合計すると、四川省全体で年三四〇余万両で、「地丁」額の五倍余りとなる。前述したように、これらが民国成立後に「副税」として一括徴収されることになるが、その際、前年の一九一〇年の税額を基準として毎年変動していた額を固定し、さらに貧窮各県および零細な「小戸」の「副税」徴収を免除した（ただし、「小戸」の「副税」免除は、これを悪用した不正な税逃れが行なわれやすく、一九一五年に廃止された）。当時の「副税」の「正税」に対する比率は、各県によって零倍から一五倍以上までの格差があり、六、七倍の県がもっとも多かった。(22)

以上の説明から、新田賦正税額（「元」）のうち「副税」の占める比重がきわめて大きかったこと、「副税」のうち八割程度を占める「常捐輸」「新捐輸」の場合、「地丁」額に内包されていた税負担の不公平を緩和する一定の工夫が盛り込まれていたことがうかがえよう。その点で、これを実物換算の基準の一部に組み込んだ「両元併用」は、たとえば旧田賦正税額（「両」）だけを基準にするよりも比較的優れているといえるかもしれない。事実、四川省では当初は旧田賦正税額（「両」）だけを基準にして負担配分を行なったが、省行政会議の審議の過程で、これでは一部の県がきわめて大きな不利益を被るという意見が出されたために、「両元併用」が最終的に採用されたという経緯があった。[23]

しかし、税負担の不公平を緩和するといっても、その程度はきわめて不徹底であったことも否定できない。前述した「常捐輸」の負担調整において本格的な土地の実態調査が行なわれたわけではなかったし、また当時の負担配分の決定には賄賂その他の不正行為が横行したこと、毎年各県の割当額が変動するため、そのたびに紛糾が起こりやすく、「官紳」の恣意的な介入によって弊害が多発していたことなどが指摘されている。[24]

総じていえば、「両元併用」は、一九一四年以降の錯綜・肥大化した課税額を継承することを否定したとはいえ、清朝の中葉から末期にいたる歴史的に堆積された税負担配分の矛盾をそのまま引き継いだものであった。

三　県および末端レベルの矛盾とその対処

1　負担配分における臨時的取り繕い策とその波紋

前節で述べたような性格をもった四川省の糧食獲得政策は、個人間の、あるいは各地域間の負担の不公平・不明朗を色濃く帯びたものであった。さらに、その矛盾を克服するために「土地陳報」（所有者による土地の自己申告）とそれにもとづく「科則改訂」（土地の等級ごとに設定された課税額の改定）が実施されたが、実施方針自体に不備がともない、受け皿となる社会の側の組織性が乏しかったために、その意図は空洞化を余儀なくされた。これに加えて、糧食の獲得・運搬・保管などにかかわる末端レベルの職員による各種不正行為が頻発した。これらの様相については、筆者は、各地で頻発した請願活動を素材にして、すでに明らかにしている。[25]

ここでは、県ぐるみの請願が繰り返された大竹県の事例を、やや視点を変えて再度取り上げたい。大竹県では、法団、士紳、地方行政機関、県臨時参議会、各郷鎮代表などが入れ替わり立ち替わり、実物徴収における同県の負担過重の是正を求める請願を行なっていた。これらの請願書には、同県が過重負担に陥るにいたった原因を説明するために、清朝中葉にさかのぼって錯誤に錯誤を重ねてきた税負担の歴史的経緯を振り返り、その結果、近隣諸県と比較して数倍の過重負担になっている実状が克明に記されている。(26) その記述は、際だって具体的かつ詳細なデータにもとづくものであると同時に、前節で論じた四川省の負担配分の内在的矛盾に照らし合わせても十分な説得力をもっている。しかも、請願者が入れ替わって多少の表現に変化が見られても、同じ事実認識がきちんと共有されていることにも注目しておきたい。

おそらく、このような請願を受け取った政府にとって、これに正面から反駁することは困難であったと考えられる。しかし、この請願にそった抜本的な県ごとの負担配分調整を行なう主体的条件は、当時の政府に備わってはいなかった。政府がなしえたことは、抜本策を先送りして、臨時の不十分な取り繕い策で大竹県の不満を和げることであった。すなわち、この請願をうけて政府は大竹県の配分額を約一二％減額した。しかし、請願に盛り込まれた要求は最低でも配分額の半分にすることであったから、その後も抗戦の最末期にいたるまで同じ内容の請願が執拗に繰り返されていく。(27)

他方、以上のような政府側の取り繕い策の実施は、大竹県にとって満足のいくものではなかったとはいえ、これが別の新たな波紋を生み出していく。たとえば、鄰水県では一九四三年七月に県臨時参議会が糧食負担の不公平是正を求める請願を省田賦管理処に提出しているが、そこでは大竹県において実施された負担減額について言及し、これと同じ措置を鄰水県にも適用することを要求している。(28) 表4は、その請願書に、負担の不公平を示す証拠として付されたものである。この統計自体は、負担総額を総人口で割った一人あたりの負担額を県ごとに比較したものであって、それぞれの県の農地面積やその生産性の格差を考慮していない点で欠陥は免れない。

表 4　鄰水県及び近隣各県の人口と糧食負担

県　　名	人　　口	1942年度配分額（市石）	1人当たりの負担額(市石)
鄰水県	305,673	178,958.337	0.585
長寿県	380,338	85,586.436	0.225
江北県	554,187	106,394.185	0.192
涪陵県	792,622	189,793.923	0.240
渠　県	749,902	196,482.923	0.259
大竹県	456,144	292,816.710	0.642

出典：四川省檔案館所蔵財政部四川省田賦管理処檔案91－7より作成。

しかし、県ごとの負担の不公平は、前節で述べた方式を採用する限り、多かれ少なかれどこでも見られる現象であった。そのようななかでは、原則の曖昧な一つの譲歩は、各地に潜在する不公平感をむしろ刺激し、それぞれの地域の結束を促しかねない可能性を秘めていた。社会それ自体の組織性の低さは糧食政策の様々な局面においてその浸透を妨げる要因の一つであった(29)が、このような形で高まる社会の組織性は、政府にとって甚だ対応に苦慮する厄介な動向であった。それゆえ、省内各県の実際の負担額や特別な減額は、相互の比較によって紛糾を生じさせないために、一括して公表されたことはなく、省臨時参議会における報告においても常に曖昧にされていたという(30)。

2　運搬・保管問題と糧食強奪事件の頻発

さて、以上のような矛盾を内包しながらも生産者から獲得した大量の糧食は、軍隊を最優先として、公務員、都市住民などに供給されることになる。しかし、そこにいたるまでには、糧食の運搬・保管という、もう一つの困難な業務が横たわっていた(31)。

四川省では、こうした業務に必要な運輸機構の拡充や倉庫網の整備に精力的に取り組んでいたが、田賦実物徴収・糧食の強制買い上げが始まると、取り扱う糧食の量は一挙に激増し、既存の運搬・保管能力を大幅に超過することになった。たとえば、糧食の保管能力についていえば、田賦実物徴収開始以前に四川省が有していた全倉庫の容量は合計約四〇〇万市石に過ぎず、この数字は、一九四一年度の田賦実物徴収と糧食の強制買い上げを合わせた四川省の糧食獲得予定量である一、二〇〇万市石に遠くおよばなかった。(32)こうした事態をうけて、四一年一〇月に四川省糧食儲運局が設置され、その管轄下で糧食の運搬・保管能力を緊急かつ格段に向上させると同時に、その維持・管理を担っていく。

ただし、ここにおいても様々な矛盾が派生し、実際に分配・供給された糧食の量は、その元々の獲得量にくらべて相当に減少していた。まとまった統計は確認できないが、四二年の四川省でいえば、両者の差額は二八六万市石にのぼる。(33)これは、糧食獲得量の一七％以上を占める。ここには様々な原因が複合的にかかわっていた。

まず、糧食の保管についていえば、カビや虫害による腐蝕があげられる。中央農業実験所が四〇年に行なった調査によれば、四川省の倉庫に保管された糧食の損耗率は、平均で一一・五八％に達し、ひどい場合には五〇％以上の事例もあったという。このような損耗率の高さは、倉庫の劣悪な実態に由来していた。前述した糧食保管の切迫した需要に対応するために、倉庫の新築や増改築が行なわれたほか、多くの民家や宗教施設（「祠堂廟宇」）が借用されていた。そのなかには、筵で囲っただけの粗末なものも含んでいた。このため保管状態は劣悪であり、管理も行き届かなかった。(34)劣悪な設備による高い損耗率は、それを隠れ蓑にした職員による糧食の着服・横領をも誘発していたと推測される。

また、糧食の運搬については、水運事故が多発していた。四川省の糧食運搬は水運が主体であり、これは同省の自然的社会的条件にもとづいていた。すなわち、一方で省内に長江を主軸として岷江、沱江、嘉陵江、涪江、渠江、烏江など、多くの河川が連結しており、他方で道路・鉄道などの陸上交通が未発達であった。事故が多発した原因は、これらの河川には流れの速い難所が少なくなく、船舶の安全な運航を妨げていたからであり、これに加えて、緊急に増員された船員の操船技術の低さや老朽化した船舶の使用も関係していた。(35)運搬量の緊急かつ大幅な増加は、安全管理面における劣化を惹起していたのである。運搬中の糧食を失う水運事故は、一九四二年に四四五回、四三年に一、二三五回、四四年に一、四四七回と年々増加しており、この三年間において合計三、一二七回におよんでいる。[36]これによる糧食の損失は約一六万九、〇〇〇市石、糧食の総運搬量の六・七%を占めた。ただし、この数字には、積み荷（糧食）を着服したうえで船を沈め、水運事故と偽って報告する偽装事故（「騰空放炮」）も含まれている。[37]四四年七月には、「土匪」「流氓」と船員が密かに結社を組織し、その結社に護送人員の組織が結びついて「騰空放炮」を繰り返していたという悪質で大がかりな事例さえ確認されている。しかも、この事例においては、当地の「劣紳」までが暗黙の支持を与えていたという。[38]

こうした偽装事故の場合も違法行為にほかならないが、糧食の運搬・保管をめぐる職員・雇員の汚職は、このほか様々な形で頻発していた。たとえば、四四年一月から八月までに糧食部督導室が汚職を摘発して軍法機関で処分をうけた者のうち八〇名の記録が公表されている。そのうち四一名が糧食を運搬していた船員であり、二一名が倉庫の管理・運営にたずさわっていた人員であった。[39]戦時糧食政策をめぐる汚職のなかで、その運搬・保管過程で発生した事件がとりわけ多かったのである。これもまた糧食の分配・供給量を低下させる要因であった。

しかし、糧食損失の原因は、以上で尽きるわけではない。運搬ないしは保管されている糧食をねらった強奪事件も珍しくはなかった。表5は、四三年四月後半から七月半ばまでに糧食儲運局に報告された糧食強奪事件を列挙したものである。[40]まず、注目したいのは、事件の頻度である。わずか三か月足らずの間に二三件の事件が発生している。ただし、この時期は、四川省内五九県市におよぶ地域に旱害が広がっていた時期と重なっており、[41]表5に示されている事件発生の頻度を早計に一般化することはできない。とはいえ、ほかの時期においても、こうした事件の個別報告を当時の行政文書から見つけ出すことはそれほど困難ではない。表5ほどの頻度はなくとも、同様の事件の発生は決してまれではなかったのである。

表5　食糧強奪事件（1943年4月20日～7月15日）

日　付	発生県	強　奪　者	被害額（市石）
4/20	郫　県	貧民八十～九十人	26.76
4/21	郫　県	記載なし	85.98
4/21	崇寧県	飢民数百人	86.40
5/8	郫　県	貧民	1.44
5/10	温江県	男女老幼数十人	6.00
5/13	新津県	飢民	(3200.00市斤)
5/15	成都県	飢民	2.12
5/15	金堂県	飢民	8.30
5/16	成都県	婦人・子供・青年 及び服装不揃いの軍人	51.15
5/20	温江県	暴徒数十人	10.50
5/24	新都県	飢民三百余人	52.40
6/6	崇寧県	婦人・子供・青年男子数百人	46.80
6/24	大邑県	婦人・子供数百人	12.60
6/25	大邑県	飢民	31.20
6/25	大邑県	莠民	249.00
6/26	新都県	飢民	16.00
6/26	大邑県	飢民千余人	108.60
6/26	邛崍県	飢民六～七百人	161.40
6/26	崇慶県	婦人・子供・飢民数百人	27.14
6/27-28	邛崍県	飢民・莠民・土匪	穀1361.233 米297.753
6/28	邛崍県	千余人	159.00
6/29	邛崍県	飢民数千余人	215.20
7/15	広漢県	飢民	(106.00市斤)

出典：「糧食部四川糧食儲運局成都区辦事処轄区各県倉庫被劫糧食応由地方賠繳数量簡表」（四川省檔案館所蔵四川省糧政局檔案92―94）より項目を整理して作成。

次に、強奪者に注目すると、多くが女性や子供を含む飢民であった。強奪者の人数は、数十人規模から数千人規模まで相当の幅が見られ、それに対応して一件あたりの被害額もごくわずかなものから数百市石に達するものまで様々であった。多くの報告書は、突然現われた飢民の群れに取り囲まれ、郷公所から救援が駆けつけるまで、制止する術もなく立ち尽くしている職員の姿を伝えている。また、強奪者のなかには、少数ではあるが、飢民とはやや異質な「暴徒」「莠民（不良の民）」「土匪」などの呼称や、「服装不揃いの軍人」が含まれていることにも留意したい。なかには、強奪に銃が使われたり、近隣の郷長や保長の関与が取り沙汰されている事件まであった。(43)これらの事件には、単純な飢民暴動にとどまらない、複合的な要素が混在していたことを示唆している。(42)

いずれにせよ、全体的にいえば、事件が多発する背景として、戦禍や戦時収奪によって零落した多種多様な受難者たちの存在があったことを想定して間違いはなかろう。たとえば、日本占領区や戦闘地域から流入してきた大量の難民、空爆や自然災害による被災民、徴兵によって一家の働き手を失い没落・離散した家族、さらには逃亡して潜伏中の元兵士など、戦時下の四川省社会には飢餓と隣り合わせの受難者たちは決して珍しくはなかった。戦時糧食政策は、本来、このような受難者を不十分ながらも救済する目的（民食の供給、糧食価格の抑制など）を一面で持っていたが、彼らは同時に、その実現に必要な業務を脅かす存在でもあった。

さらに留意すべき点は、糧食強奪事件が起こった場合、事件が発生した地域を管轄する郷鎮保甲に、その被害額を賠償する責任が負わされていたことである。(44)ただし、個々の保甲に即座に被害額を償える財力があるはずもなく、表5に列挙した事件に関していえば、そのほとんどが事件後一年以上経過しても実際に賠償していないことを確認できる。(45)また、もし郷鎮保甲に対して賠償を強引に迫れば、事態はより悪化する可能性も考えられた。たとえば、兵士の徴発においては、徴兵数を確保するように厳しい圧力をうけた保甲長が、これに応えるためにみずからが管轄する以外の地域から壮丁を拉致し、これを徴兵の数合わせに利用するという事件が多発していた。(46)

糧食の徴発においても、これと同様の事件が発生しても不自然ではない。糧食の強奪事件に、近隣の保甲の関与が取り沙汰される理由は、確かにあったのである。

3　強権的な督促・監視体制と憲兵の動員

以上のような状況のもとで糧食政策を遂行するためには、政府は強権的な督促・監視体制に頼らざるをえなかった。まず、四川省に即して、糧食政策執行の督促・監視体制を概観しておこう。この督促・監視の職務を担ったのは、①督糧特派員、②督糧委員、③督収員、④国民党および三民主義青年団、⑤憲兵隊、⑥県糧食監察委員会である。(47)

このうち、①から③までが、制度的には行政機構内部に配置された職員である。①の督糧特派員は、省内を東南・東北・西南・西北の四つの督糧区に分け、それぞれの督糧区に一人派遣され、行政院および軍事委員会に直属した。ただし、一人で管轄する地理的範囲は広く、その効果は自ずと限定されていた。

②の督糧委員は、中央党部・行政院・軍事委員会によって選抜されて各県に派遣され、糧食部の直接指揮下に置かれた。一九四二年初めの名簿によれば、省内各県に合計三九名が派遣されており、ほとんどの場合一人で一、二県を管轄するが、一人で三、四県を管轄する場合もまれに見られる。(48)人材の質や指揮系統の機動性によって、彼らの活動が最大の効果を収めたとされている。確かに、当時の行政文書のなかには、彼らの報告書が数多く含まれ、糧食政策の末端における実態を伝えている。なお、彼らの現職が判明する一五名についていえば、糧食部から九名、国民党中央組織から二名、行政院・軍事委員会・憲兵司令部・省臨時参議会議員から各一名が任命・派遣されている。(49)

③の督収員には、糧食部が直接派遣する者と各県政府が選抜・委任する者との二種類があり、いずれの場合も

各県県長の直接指揮下に置かれた。同じく一九四二年初めの名簿によれば、省内各県に合計一一四名が派遣されている。[50]ただし、人選には問題が多く、権限についても不明確で、職務執行を制約していたとされている。

これに対して、④から⑥は、制度的には行政機構の外側に位置する組織である。④の国民党および三民主義青年団には、糧食政策の宣伝・調査、違法行為の検挙などの任務が与えられ、四二年初めまでの統計によれば、省内六二県において党団糧政服務隊（各県の両組織と督糧委員の三者で構成）が結成されており、全体で分隊数一、〇七〇個、党員・団員の参加者二万四、二六八人、動員した現地の知識人・学生五万二、九六三人と報告されている。同じ報告によれば、彼らが違法行為を摘発した事例を十数件列挙しており、各地の県長、郷長、保長、徴購辦事処主任などが摘発されていた。[51]

⑤の憲兵隊による糧食政策に対する協力は、四〇年一二月から蔣介石の命令によって始まり、その効果が極めて顕著であったために、糧食部の成立後も継続された。これについては後述する。

⑥の県糧食監察委員会は各県の法団・士紳によって組織され、委員七～一〇名、幹事若干名で、ともに無給職である。ただし、効果をあげている県もあれば、内実は有名無実で「劣紳」に支配され、組織の健全化が課題とされている県もあったという。

以上から、糧食政策の執行に対する督促・監視は、行政機構の内外において重層的に行なわれていたことがうかがわれる。そのなかで、もっともあからさまな暴力機構が使用されているという点で注目されるのが、憲兵隊の動員である。

これについては、憲兵第九団と第三団が糧食部へ提出した二つの報告書が残っている。[52]それによれば、第九団は四一年八月から一二月にかけて憲兵司令部の命令によって、重慶北部に位置する一八県（銅梁・永川・潼南・遂寧・安岳・広安・岳池・渠・営山・南充・閬中・南川・大竹・通江・達・鄰水・墊江・合川）に派遣されている。総勢で官佐四四名、兵士五九四名である。第三団は、ほぼ同時期に省南部に位置する四県（宜賓・長寧・江安・南渓）に派遣されている。総勢で官佐一七名、兵士一〇一名である。

いずれの報告書においても、糧食供出の督促、運搬・保管の警護、市場の調査・監視、政府法令の広報、妨害勢力に対する実力的排除、末端職員による汚職の摘発、有力者や商人による糧食隠匿（買いだめ・売り惜しみ）の摘発など、憲兵が広範な職務を担い糧食政策の執行に深く関与していたことがうかがえる。糧食の徴収期間においては、各郷鎮の徴購辦事処に手分けして常駐し、職員の不正に対する監視や秩序の維持を担当するだけでなく、滞納者についてはその住居にまで赴いて督促を行なった。その点で、第九団の報告書では、糧食供出の督促機関として県党部・三民主義青年団・憲兵の三つをあげ、憲兵以外は会議を開いて理想論を述べるだけで実際の仕事には関与しないが、憲兵だけが深く郷鎮の現場に入り込んでみずから実践を行なっていると自負している点は注目に値する。第九団によって違法行為を摘発された者のなかには、達県の国民党県党部書記長も含まれており、同じ督促・監視体制の一角を担う国民党幹部であっても摘発の対象からはずすことはなかった。また、憲兵は、管轄地域の保甲に対する掌握・指導に努め、みずからの駐留がその地域の「反動分子」「悪劣勢力」の妨害活動を未然に抑制していたことを明確に意識していた。

このような強制機構を動員しながら、糧食の確保については、前掲の表3に示したように、一九四四年、四五年を除けば、中央政府の目標額をほぼ達成していた。とはいえ、もちろん憲兵とて万能ではありえなかった。激化する対日戦の戦場に最大限の兵力を割かねばならず、糧食の確保のために後方各地にきめ細かく多数の部隊を常駐させることは困難であったし、(53) なおかつ憲兵そのものの質も問題となる。たとえば、憲兵が違法行為として検挙した事件が後の裁判で冤罪とされたり、違法な糧食の差し押さえや常軌を逸した横暴ぶりによって憲兵自身が逆に告発される事件も起こっていた。(54)

なお、憲兵の動員に象徴される強権的な強制執行を受け止めた側の対応として、興味深い一事例を紹介しておきたい。一九四〇年一二月、璧山県政府は、軍当局による糧食管理の緊急命令にもとづいて、一つの米穀店を食米の隠匿（買いだめ・売り惜しみ）容疑で摘発した。この米穀店が所持していた一九市石の食米は、糧食価格抑制の一環として強制的に価格を切り下げて販売され、その代価は全額没収された。

この事件そのものは、当時としてはありふれた摘発事件の一つに過ぎない。注目すべき点は、その後の米穀店主の行動である。この米穀店主は、摘発された食米が売買の過程で一時的に手元にあったものであり、隠匿の意図はなかったと頑強に主張して譲らず、省政府・糧食部に対して処分の撤回を求める訴願を行なった。ところが、その主張は認められず、訴願は却下された。米穀店主はなおも諦めず、省政府・糧食部に対して同じ訴願を再提起し、またもや却下された。

二度にわたる訴願が却下された米穀店主は、今度は、処分を下した璧山県政府を相手取って行政法院に提訴した。行政法院の細かな法律解釈は省略するが、ここでようやく米穀店主の主張が認められ、被告である璧山県政府が行なった処分だけでなく、二度にわたる省政府・糧食部の訴願却下をも違法な行政行為と認定して、これらを取り消す判決を勝ち取った。さらに、その判決文は、璧山県政府が食米一九市石の販売価格二、六九五元を、これに判決執行の日までの利息を付けて、原告に賠償するように命じている。この判決が出たのは、四四年七月三一日である。戦時下にもかかわらず、事件発生から三年半以上にわたる米穀店主の粘り強い訴えは、ここに実を結んだ。(55)

粗暴な強制執行を被る側は、ただ手を拱いて従順にこれを受け入れていたわけではなかったのである。前述の事例はごく小さな事件であるが、戦時下であってもみずからが納得できない行政行為に対しては簡単には屈しない人々もいたことを示しており、何よりもその自己主張の頑強さと執拗さに目を奪われる。(56)このような姿勢は、筆者が以前に明らかにした抗戦末期から戦後にかけての「民意機関」の精力的な活動や、借り上げられた糧食の返還を求める戦後の大きなうねりとも、基底においてつながっているように思われる。[57]

以上から、県や末端レベルにおける糧食政策の執行過程が、強制機構に大きく依存しながらも、際限のない混沌と矛盾の連鎖のなかで展開されていた実態の一端がうかがえよう。数字に示された結果だけを見れば、糧食の確保は高い水準で実現したが、そのために地域社会が支払った代償はあまりに大きかったといわねばならない。

ただし、不均等で粗暴な戦時徴発にさらされ、これに翻弄され続けた地域社会について、単なる混乱や疲弊ばかりを平板に強調して済ますことはできない。そこには、戦後の政治的激動にもつながる多義的な要素も孕まれ育まれていた。たとえば、戦時徴発の増大を避けえないなかで、その負担配分における合理性や公平性を問題にする社会意識は高まり、それを背景にした地域の結束や相互の利害対立も先鋭化していく。[58]請願・陳情、汚職や違法行為の告発、裁判闘争、「民意機関」への結集とその活用、さらには剝き出しの暴力行使など、人々はそれぞれの利用可能な資源を駆使して、戦時下で劣化していくみずからの生活や利益の保全をはかろうと活発に行動していた。そうした戦時下の営みの総体が、戦後の出発点を形作っていく。戦後の四川省地域社会は、単なる戦前の延長線上にあったわけではない。

おわりに

最後に本章で提起した主な論点を抽出してまとめておく。

まず、中央政府において決定された統一的基準が各省に対して厳格な拘束力を有していなかった。各省は中央が設定した負担配分の大幅な減額や中央とはまったく異なる独自な基準設定をみずからの裁量で決定し、これを中央政府に合法的に認めさせていた。これには、日本による占領・戦災の影響など当時の悪化する戦時状況によって余儀なくされた面もあるが、四川省のように、歴史継承態としての独自な税制度とその固有の矛盾が背景となっていた場合も看取できる。

次いで、四川省が考案した方式（「両元併用」）であるが、それは、中央の基準を適用した場合と比較すると、負担総額の大幅な減額、省内における負担の不均等・不明瞭の一定の緩和を実現していた。しかし、負担配分の基準は、清朝の中葉から末期にかけての歴史的に堆積した矛盾をそのまま継承するものであって、その矛盾は、県や末端レベルの執行過程において大きく顕在化することになる。

執行過程においては、負担配分の不公平を是正するための方策（「土地陳報」「科則改訂」）も試みてはいたが、末端行政の粗放さや社会の組織性の低さのために成果を挙げるにはいたらず、各地で弊害や反発が噴出していた。このような事態に直面した政府は、抜本的な改善策の先送りと恣意的で不十分な取り繕い策に終始するしかなかった。とりわけ、後者の取り繕い策は、その不明朗さのゆえに、むしろ各地の不公平感をより一層あおる結果を招いた。公平性や明朗さを伴わない収奪の強化は、政府が望む方向とは異なった形で地域の結束を促し、さらには地域相互の反目さえ惹起しかねなかった。

さらに、こうして掻き集めた糧食の運搬・保管についていえば、糧食の腐蝕、水運事故、職員の汚職、糧食強奪事件などによって、少なからぬ糧食が失われた。このような事故・事件が頻発した背景には、一方では、四川省地域社会が有する既存の運搬・保管能力を超えて政府の緊急の要請に応えなければならなかったという事情があり、他方では、苛酷な戦禍や戦時収奪によってもたらされた社会秩序の劣化が間違いなく影を落としていた。

それでも、糧食政策が相当の成果を収めえたのは、本来の行政機構だけではなく、国民党、三民主義青年団から憲兵隊までを重層的に動員した強権的な督促・監視体制にあったと考えられる。しかし、そこでも限界や矛盾は免れず、地域社会は大きく翻弄され続けた。当時の行政文書（檔案）をひもとけば、本章でその一端を示したように、粗暴で強権的な強制執行にさらされる側も、ただ忍従に甘んじていたわけではなかったことが浮かび上がってくる。

冒頭で触れたように、政策過程の分析は、一般にその立案・決定過程に重点を置く傾向がある。しかし、本章で取り上げた戦時糧食政策において、もし政策内容と立案・決定過程だけを追跡するのであれば、この政策の複雑で錯綜した実態はほんの一部しか明らかにならない。本章で具体的に提示したように、問題は、矛盾が幾重にも折り重なって立ち現われる執行過程にこそ凝集しているからである。そして、そのなかで大きく変容を強いられていく地域社会の諸相をつぶさに分析することは、日中戦争や戦後の政治的激動の歴史的意義を中国社会の側からとらえ直すうえで不可欠な作業となろう。

（1）　金普森・李分建「論抗日戦争時期国民政府的糧食管理政策」（『抗日戦争研究』一九九六年第二期）参照。なお、金普森・李分建は、抗戦期国民政府の糧食管理政策を、「自由流通段階」（一九三七年七月〜四〇年八月）、「分級管理段階」（一九四〇年八月〜四一年七月）、「全国統制段階」（一九四一年七月〜四五年八月）の三段階に区分している。

（2）　台湾では、陸民仁「抗戦時期田賦徴実制度：実施及評估」（中華民国歴史与文化討論集編輯委員会編『中華民国歴史与文化討論集』第四冊、一九八四年）、蔣永敬「孔祥熙与戦時財政――法幣政策与田賦徴実――」（孫中山先生与近代中国学術討論集編輯委員会編『孫中山先生与近代中国学術討論集』第四冊、一九八五年）、侯坤宏「抗戦時期田賦徴実的実施与成效」（『国史館館刊』復刊第四期、一九八八年）、など。中国大陸では、〈抗日戦争時期国民政府財政経済戦略措施研究〉課題組編著『抗日戦争時期国民政府財政経済戦略措施研究』西南財経大学出版社、一九八八年、金徳群主編『中国国民党土地政策研究』海洋出版社、一九九一年、崔国華主編『抗日戦争時期国民政府財政金融政策』西南財経大学出版社、一九九五年、金普森・李分建・前掲論文、など。

（3）笹川裕史「糧食・兵士の戦時徴発と農村の社会変容――四川省の事例を中心に――」（石島紀之・久保亨編『重慶国民政府史の研究』東京大学出版会、二〇〇四年）も同じ問題関心にもとづく研究成果である。

（4）決定過程に関する以下の叙述は、主に次の諸研究に依拠している。侯坤宏・前掲論文、〈抗日戦争時期国民政府財政経済戦略措施研究〉課題組編著・前掲書、崔国華主編・前掲書。

（5）金普森・李分建・前掲論文、九二頁。

（6）侯坤宏・前掲論文、一五四頁。

（7）陳友三・陳思徳『田賦徴実制度』正中書局、一九四五年、挿表一の註四、参照。

（8）崔国華主編・前掲書、六一～六二頁。

（9）ただし、一九四一年度四川省田賦正附税総額は、文献により異同がある。彭雨新・陳友三・陳思徳『川省田賦徴実負担研究』（商務印書館、一九四三年）は九、〇〇〇余万元という概数をあげており、これを基準とすれば、実物徴収額は稲穀約一、八〇〇余万市石となる（四〇頁）。ただし、この場合においても四川省の負担が他省に比べて突出していたことに変わりはない。

（10）彭雨新・陳友三・陳思徳・前掲書、四〇～四二頁。

（11）馬驊「四川田賦徴実与糧食徴購（借）問題」（『四川経済季刊』第一巻第二期、一九四四年三月一五日）一四二頁。

（12）彭雨新・陳友三・陳思徳・前掲書、四三頁。

（13）陳友三・陳思徳・前掲書、挿表一に示されている四川省の「核准後之徴収辦法」欄、参照。ただし、この数字には、文献によって若干の異同がある。陳志蘇・張恵昌・陳雁翬・於笙陔「抗戦時期四川的田賦徴実」（『四川文史資料集粋』第二巻、四川人民出版社、一九九六年）によれば、四川省が決定した一九四一年度の田賦実物徴収と糧食の強制買い上げの合計額を一、四四三万市石としている（表3参照）。これを二で割ると実物徴収額は七二一・五万市石となり、陳友三・陳思徳が示す数字よりやや少ない。

(14)　陳志蘇・張恵昌・陳雁翬・於笙陔「抗戦時期四川的田賦徴実」(前掲) は、この超過分について、不足額が出ることを恐れて意図的に設定した「保険数字」と表現している (三六四頁)。

(15)　ただし、表3に示されている田賦実物徴収額と糧食の強制買い上げ (借り上げ) とを合計した数字が、当時四川省が負担した糧食の総額ではない。このほかに、軍隊への献糧 (約二三四万市石) や省政府が集めた「積穀」(備蓄用穀物、約九二二万市石) などがあった (陳志蘇・張恵昌・陳雁翬・於笙陔「抗戦時期四川的田賦徴実」(前掲)、三七二頁)。

(16)　彭雨新・陳友三・陳思徳・前掲書、二九～三二頁。なお、以上のような四川軍閥統治下における田賦負担の錯綜・肥大化を支えた四川省の潜在的な担税能力については、今井駿による示唆に満ちた試論がある。そこでは、清末民初における課税対象とされていない耕地の拡大や、附加税が増えた諸県と元々税負担が軽かった諸県との一定の相関関係、国際貿易に巻き込まれる過程で生じた農家の副業・現金収入 (アヘン・桐油など) の重要性などが指摘されている (今井駿「四川軍閥統治下における田賦の『重さ』について――一九三四年前後の犍為県を実例に――」『近きに在りて』第一一号、一九八七年五月。同「四川軍閥統治下における田賦の『重さ』について (その2) ――二一軍防区六三県における負担額の歴史的変遷をめぐる一考察――」『近きに在りて』第一六号、一九八九年一一月)。

(17)　正税のほかに、臨時軍費、保安経費、臨時国難費などの費目で付加された。たとえば、一九三五年・三六年は田賦正税額の五倍を一年間に省税として徴収され、「一年五徴」と表現された。ただし、徐々に軽減が進み、四〇年の省税は「一年三徴」であった (彭雨新・陳友三・陳思徳・前掲書、三二～三八頁)。

(18)　彭雨新・陳友三・陳思徳・前掲書、一～二頁。陳志蘇・張恵昌・陳雁翬・於笙陔「抗戦時期四川的田賦徴実」(前掲)、三六四頁。

(19)　彭雨新・陳友三・陳思徳・前掲書、二～三、一二～一八頁。

(20) 同前、二四〜二五頁。
(21) 同前、一九〜二三頁。
(22) 同前、二四〜二五頁。
(23) 馬驊・前掲文、一四三頁。
(24) 彭雨新・陳友三・陳思徳・前掲書、二三頁。
(25) 笹川裕史『中華民国期農村土地行政史の研究――国家―農村社会間関係の構造と変容――』汲古書院、二〇〇二年、第九章。
(26) 大竹県参議会（ママ）→糧食部長、呈、一九四三年六月三〇日発、糧食部檔案二七二―一二九四（四川大竹県徴実情形）、国史館。大竹県参議会（ママ）→四川省糧政局兼局長康、呈、一九四三年六月一七日発、財政部四川省田賦管理処檔案九一―七、四川省檔案館。大竹県臨時参議会→四川省田賦管理処処長石、呈、参総字第二二三号、一九四三年六月、同前。
(27) 大竹県城区鎮・各郷鎮公所→糧食部長、呈、糧字第九七一号、一九四四年六月発、糧食部檔案二七一―二八二七（四川省陳報訴願）、国史館。大竹県臨時参議会・各機関法団→四川省田賦管理処、代電、一九四五年二月一六日発、財政部四川省田賦管理処檔案九一―七、四川省檔案館。
(28) 鄰水県臨時参議会→財政部四川省田賦管理処、呈、一九四三年七月一五日受理、財政部四川省田賦管理処檔案九一―七、四川省檔案館。
(29) 笹川・前掲論文（二〇〇四年）、参照。
(30) 陳志蘇・張恵昌・陳雁翬・於笙陔・前掲文、三六四〜三六五頁。
(31) 重慶国民政府による糧食の運搬・保管を本格的に論じた研究は未だ公表されていない。そうしたなかで、公刊こそされていないが、譚剛「抗戦時期四川糧食儲運」（四川師範大学修士論文、二〇〇二年五月二〇日）が、四川省を事例にして、この問題を包括的に分析していて注目される。

(32) 譚剛・前掲論文、二七頁。
(33) 米慶雲「蔣政権下川糧九年徴実」(『四川文史資料選輯』第一一輯、一九七九年)一四八頁。ただし、米慶雲は運搬による損耗も支出に組み入れているが、これは除外して試算した。
(34) 譚剛・前掲論文、一五〜一六頁、二三〜三〇頁。
(35) 同前、三四頁。
(36) 洪瑞涛「三年余来之四川糧食配運業務」(糧食部督導処編『糧政季刊』第一期、出版年不明(一九四五年?))八一〜八二頁の「糧船失吉統計表」より。
(37) 四川省地方史編纂委員会編『四川省志・糧食志』四川科学技術出版社、一九九五年、二〇〇頁。
(38) 譚剛・前掲論文、三四頁。
(39) 「本部本年辦結貪汚及違反糧管政令案件」(糧食部督導処編『糧政月刊』第二巻二・三・四期合刊、一九四四年九月一六日)一一三〜一二〇頁。
(40) 「糧食部四川糧食儲運局成都区辦事処轄区各県倉庫被劫糧食応由地方賠繳数量簡表」(糧食部四川省糧食儲運局成都区弁事処→兼理主席張、呈、一九四三年一二月、四川省糧政局檔案九二―九四、四川省檔案館)。なお、それぞれの個別事件の具体的な状況報告は、別の檔案ファイルに分散して綴じ込まれている。
(41) ある統計によれば、一九四三年の四川省糧食生産量は、前年に比べて、小麦で約二六%減、トウモロコシで約六%減、稲穀で約二%減であった(譚剛・前掲論文、二九頁)。
(42) たとえば、一九四四年五月二七日、崇寧県安徳郷で運送中の糧食が強奪された事件(崇寧県県政府→四川省政府兼理主席張、呈、軍法字第六〇六三号、一九四四年八月一六日、四川省糧政局檔案九二―九四、四川省檔案館)。
(43) たとえば、邛峡県永豊郷の公民たちは、当地の郷長、倉庫主任、保長、「土劣」が結託して食糧強奪を偽装し、私腹を肥やしたと訴えている(邛峡県永豊郷公民等→省政府主席張、呈、一九四三年一〇月、四川省糧政局檔案九二―九四、四川省檔案館)。

(44)　糧食部四川省糧食儲運局成都区弁事処→兼理主席張、呈、一九四三年一二月、四川省糧政局檔案九二―九四、四川省檔案館。糧食部四川省糧食儲運局成都区弁事処→兼理主席張、呈、一九四四年二月、同前、など。

(45)　糧食部四川省糧食儲運局→四川省政府兼理主席張、呈、一九四四年九月二七日、同前。なお、この呈文は、このような状況を踏まえて、厳しく賠償を督促するように四川省政府に改めて要請したものである。

(46)　笹川・前掲論文（二〇〇四年）、参照。

(47)　以下の督促・監視体制の概要については、特に注記しない限り、陳開国「三十年度川省督糧工作的検討」（糧食部督導室編『督導通訊』第一巻第二期、一九四二年二月一日）を、参照。

(48)　「調整四川省督糧委員姓名及派遣地点清単」（『督導通訊』第一巻第一期、一九四二年一月一日）二三～二四頁。

(49)　「糧食部督導委員名単」（同前第一巻第二期、一九四二年二月一日）二三頁。

(50)　「四川省督収員姓名及派遣地点一覧表」（同前第一巻第一期）二四～二七頁。

(51)　陳開国「党団糧政服務隊之組織及其工作」（同前第一巻第三期、一九四二年三月一日）二～八頁。

(52)　「憲兵第九団協助糧食管理勤務報告書」（一九四二年一月二七日）、「憲兵第三団協助宜賓・長寧・江安・南渓等県糧管情形報告書」（一九四二年三月一〇日）。いずれも糧食部檔案八三―一四八三（中国第二歴史檔案館所蔵）に綴じ込まれている。

(53)　四川省糧食儲運局→糧食部、呈、「四川大竹県政府軍法判決書（一九四二年七月八日）」添付、一九四二年八月一九日、糧食部檔案八三―一六〇五、中国第二歴史檔案館。

(54)　四川省第一五区行政督察専員公署→四川省政府兼理主席張、呈、民建字第一七二四号、一九四二年五月二二日、四川省糧政局檔案九二―一三九四、四川省檔案館。東川郵区通江等郵局→陳視察員宣甫、公函、第三四八号、一九四二年四月一九日、同前。

(55)　「行政法院判決　三三年度判字第一八号（一九四四年七月三一日）」糧食部檔案八三―二八二、中国第二歴史檔案館。

（56）もちろん、このような判決が出た要因として、戦時の緊急命令の適用に不備があったことや、戦時下にもかかわらず厳格に法を適用しようとする裁判官たちが存在したことも無視できない。抗戦期の司法制度やその実態についての本格的な研究が待たれる。

（57）笹川・前掲書（二〇〇二年）、第九章、参照。

（58）笹川・前掲論文（二〇〇四年）は、不十分ながらも、この点をより意識的に検討している。

〈追記〉本章の完成稿を提出した後で、天野祐子「日中戦争期における国民政府の食糧徴発」（『社会経済史学』第七〇巻第一号、二〇〇四）が刊行された。内容的に本章と関連するが、言及できなかった。後日に期したい。

（笹川　裕史）

第三部　国際関係と辺疆問題

第一章　「田中上奏文」と日中関係

はじめに

周知のように「田中上奏文」とは、一九二〇年代の末ごろから、中国などで流布された怪文書である。そこでは、田中義一首相が東方会議の「満蒙積極政策」を昭和天皇に上奏したとされる。

この「田中上奏文」が偽書であることに疑いはない。一木喜徳郎宮内大臣に宛てられたという形式からして、あり得ないことであろう。不可解なことに、すでに他界していた山県有朋が、九か国条約の成立を大正天皇と協議してもいる。そのため、日本の学界では、「田中上奏文」が偽造であることは、当然視されてきた。このことを前提として、流通経路が争点となってきたのである。

先行研究で嚆矢となったのは、稲生典太郎氏による一九六四年の論文である。これに山口一郎氏や江口圭一氏、秦郁彦氏などの研究が続く。こうした研究動向については別稿を用意しており、ここでは立ち入らない。ただし、代表的な研究の一つとして、秦郁彦氏の見解には触れておきたい。

秦氏が着眼したのは、王家楨の回想録であった。この王家楨とは、慶應義塾大学出身の張学良外交秘書である。

秦氏によれば、「台湾の友人」蔡智堪が「某政党の幹事長」こと床次竹二郎の自宅で東方会議や大連会議に関連した書類を筆写し、一〇数回にわたって奉天に送ったところ、王家楨が雑多な文書を整合性のある文章に書き改め、「上奏文」に合成した。王家楨は仕上がりに自信がなく、政府機関だけに配布を限定していたところ、心ならずも宣伝文書として利用されたという(1)。

これ以降、日本で顕著な研究はなく、解決済みとされた感がある。そうした内外の先行研究に、本章は多くを学んでいる。とはいえ、従来の研究は、あまりにも王家楨や蔡智堪の回想録に依拠してはこなかっただろうか。そのような史料的限界から、未解決の論点も少なくない。なぞの多くは、情報の出所や、中国側の動向についてである。すなわち、蔡智堪や床次、東北政権、外交部、国民党、駐華日本公使館などの相互関係、さらには中国の宣伝外交といった側面である。本章が分析を加えるのも、これらの点にほかならない。主たる分析視角は四つある。

第一に、「田中上奏文」の発端である。東京駐在の蔡智堪と張学良外交秘書の王家楨、さらには床次竹二郎や牧野伸顕の関与について検証せねばならない。とりわけ王家楨については、近年、中国で関係史料が刊行されており、王へのインタビューが注目される(2)。

第二に、中国東北の内外における流通経路である。そこでは東北政権というよりも、新東北学会や遼寧省国民外交協会が重要な役割を果たす。この点に関しては、遼寧省檔案館や関東庁警務局の史料が有益となる。また、アメリカ側の認識については、国務省知日派のバランタイン（Joseph W. Ballantine）やドゥーマン（Eugene H. Dooman）によるオーラル・ヒストリーを用いたい(3)。

第三に、日本外務省の対応である。もっとも、「田中上奏文」関連の外務省記録は、少なからず消失している(4)。それでも、断片的な記録はある。また、太平洋問題調査会京都会議への対策については、外務省情報部に勤務し

ていた筒井潔の証言が残されている。(5)

第四に、国民政府、とりわけ外交部の立場である。これについては、近年、外交部檔案が公開された。(6)それによれば、実のところ外交部は、「田中上奏文」が偽書であると知っていた。のみならず、重光葵駐華公使の要請を受け、満州事変前には取り締まりに努めていた。外交部檔案の引用に際しては、日本外務省記録の消失分を補うため、ときには煩をいとわず全文を掲載したい。

本章では以上の視角から、「田中上奏文」をめぐる日中関係を精緻化していく。時期については、満州事変までとする。その後については、他日を期したい。

一　蔡智堪と王家楨

国民党と日本軍の初期的な衝突としては、一九二八年五月の済南事件が知られている。しかし、中国側は、すでに済南事件以前から日本に警戒を強めていた。

一例を挙げれば、一九二八年二月八日の『中央日報』には、「日帝国主義者　満蒙侵略的官話」という記事が掲載されている。その内容は、木下謙次郎関東長官の談話であった。記事によれば、満鉄が子会社を設立し、北満の資源開発を計画しているという。他にも同紙では、「益趨具体化的日本対満鉄路侵略策」や「田中内閣積極政策的反響」といった記事に事欠かない。(7)

1　蔡智堪――東京から瀋陽へ

「田中上奏文」の素材となった東方会議は、一九二七年六月から七月に東京で開催された。

それにしても、いかにして「田中上奏文」は顕在化したのであろうか。この「田中上奏文」を入手したと自称するのが蔡智堪である。まずは、蔡の声に耳を傾けてみよう。

蔡智堪

蔡智堪は、一九二八年夏に二晩かけて、皇居で「田中上奏文」を筆写したと後年語っている。かつて蔡は、慶應義塾大学留学中の王家楨と親交を深め、駐日秘密情報員として政情を伝え続けたという。入庫に際して蔡は、書陵部員で牧野伸顕の血縁にあたる山下勇の助力を得たとされる。(8)

台湾の研究者である程玉鳳氏によれば、蔡智堪は「田中上奏文」の筆写を急ぐ余り、書き損じや不明箇所が生じ、王家楨が翻訳と補筆を行なったために、原文との乖離が生じたという。(9)

しかしながら、蔡智堪の回顧談は、国民政府外交部にすら信用されていない。ここでは詳説しないが、蔡は一九五四年四月一一日の陳誠行政院長宛書翰で、職位を要求している。これを受けた行政院は五月八日、外交部に褒賞を打診した。蔡自身も、葉公超外交部長に宛てた六月五日付けの書翰にて、外交部顧問への就任を要求している。

かくして外交部は、行政院と蔡の双方から打診を受けた。ここで外交部は、本当に蔡智堪が「田中上奏文」を入手したのかを外交部檔案で検証した。そして、疑わしいとの結論に達した。そのため外交部としては、褒賞を不要としたのである。(10)

こうした経緯からして、蔡智堪が「田中上奏文」を皇居で筆写したとは考えにくい。それにしても、日本側の情報をいかに入手したのかというなぞは残る。

秦郁彦氏は、蔡智堪が床次竹二郎の自宅で東方会議などの資料を筆写し、王家楨に送ったと推定する。また、中国の研究者である沈予氏によれば、床次が田中内閣打倒のために、田中外交に批判的な牧野と連携し、蔡智堪による「田中上奏文」の入手を支援したという(11)。

それでは、床次や牧野は本件に関与し、あるいは蔡智堪と接触したのであろうか。

床次竹二郎

結論からいえば、床次と牧野の両者ともに、関与の形跡はないようである。

床次の動きは複雑であった。一九二七年六月に政友本党を解党し、憲政会と合同して民政党を結成していた。ここで床次は若槻礼次郎、山本達雄、武富時敏とともに、民政党の顧問となっている。だが、床次は一九二八年八月に、当時野党の民政党を離脱し、新党倶楽部を結成した。さらに床次は一九二九年七月に、新党倶楽部を解党し、政友会に復帰している。

注目すべきことに、新党倶楽部を立ち上げた床次は、一九二八年一二月七日から三週間ほど中国を訪れている。元奉天総領事で衆院議員の赤塚正助も同行した。床次らは、南京と瀋陽で、それぞれ蔣介石や張学良と会見した。

そこで問題となるのが、張学良の幕僚であった胡俊の回想である。胡俊によれば、床次は張学良や楊宇霆との会見で、田中外交を非難したという。のみならず床次は、みずからが後継首班となることで、日中関係の改善を意図していたとされる。張学良も一九二九年一月の楊宇霆暗殺時に、外交秘書主任の王家楨を介して胡俊を訪日させ、床次に真意を伝えた。胡俊は、張学良が床次に五〇万元の工作金を与えたとしている。ただし、胡俊は東方会議や「田中上奏文」に言及していない(12)。

このように胡俊は、張学良と床次の緊密さを強調し、床次は田中外交に批判的であったとする。しかし、松本剛吉日誌の記述は、これに反している。というのも床次は、訪中前に田中首相と協議していた。中国では、蔣介石や張学良の申し出に明答を避けた。帰国した床次は、そのことを田中に報告している。新党倶楽部結成の経緯をみても、床次の方針は、幣原外交から田中外交に近寄り始めていた。(13)

また、一九二九年一月一一日の牧野伸顕日記によれば、床次が対中方針の緩和と早期撤兵を促したのに対して、田中は規定方針を変更しないと答えている。それでも田中は、拓務大臣ないし外務大臣としての床次入閣を考慮するにいたった。(14)

したがって、床次を抱き込んだとする胡俊の回想録は、相当に割り引かねばならない。確かに張学良は、床次との関係を強化することで、田中内閣に打撃を与えようとしたであろう。だが床次は、概して慎重に振る舞ったといえる。こうした経緯から判断して、床次が東方会議の材料を蔡智堪に提供し、田中内閣を揺さぶったとは考えにくい。

牧野伸顕

牧野内大臣の関与についてはどうか。確かに牧野は、田中の外交に不安を抱いていた。しかし、牧野はそれ以上に、内政面を含めて「陛下に御累を及ぼさゞる事を第一に考慮」する。これには、西園寺公望も賛同していた。(15)その牧野が、素性の知れない中国人に便宜を与えるであろうか。牧野日記にも、当然そのような記述はない。

また、田中による一九二九年五月の上奏について、牧野文書に備忘録が収められている。もちろん、一九二七年七月の「田中上奏文」とは無関係である。そこには、「昭和四年五月二十五日田中首相カ口頭ニテ上奏セシ事項要領」と記されていた。

牧野の備忘録によれば、田中は、国民政府を正式承認し通商条約改定に着手するが、治外法権については条件付きとすべきであり、内地雑居は満州のみとして、中国情勢の安定後に駐華公使館の昇格を決行すると上奏した。

済南事件や張作霖爆殺事件への反省からか、穏当なものといってよい。このように、実際に上奏された主旨は、「田中上奏文」とまったく相容れないのである。[16]

以上を要するに、床次や牧野は、本件に直接関与しなかったと思われる。

東方会議と「田中上奏文」

それにしても、「田中上奏文」の題材になった東方会議の情報は、どこから発信されたのだろうか。これについては、一九二七年七月三一日付で、莫徳恵奉天省長に宛てた楊宇霆の書翰が手掛かりとなる。短文なので詳細は不明だが、汪栄宝駐日公使を通じて、東方会議の概略を把握していたようである。[17] ある程度の情報は、正規のルートで中国側に送られていたのだろう。

ここで、一つの疑問が生じてくる。「田中上奏文」は東方会議を踏まえたとされるが、東方会議の議事と「田中上奏文」は、本当に合致するのであろうか。結論からいえば、俞辛焞氏も指摘するように、「田中上奏文」と東方会議の内容には、相当な不整合がみられる。[18] まずは「田中上奏文」の項目を振り返っておこう。

満蒙に対する積極政策
満蒙は支那の領土にあらず
内外蒙古に対する積極政策
朝鮮移民の奨励および保護政策
新大陸の開拓と満蒙鉄道
通遼熱河間鉄道
洮南より索倫に至る鉄道

長洮鉄道の一部鉄道
吉会鉄道
吉会線および日本海を中心とする国策
吉会線工事の天然利益と付帯利益
琿春から海林に至る鉄道
対満蒙貿易主義
大連を中心として大汽船会社を建設し東亜海運交通を把握すること
金本位の実施
第三国の満蒙に対する投資を歓迎すること
満鉄経営方針変更の必要
拓殖省設立の必要
京奉線沿線の大凌河流域
支那移民侵入の防御
病院、学校の独立経営と満蒙文化の充実

以上が「田中上奏文」の項目である。しかしながら、この項目には、東方会議では議題となっていないものが多い。具体的には、「内外蒙古に対する積極政策」、「金本位の実施」、「拓殖省設立の必要」などである。不正確な記述は、鉄道問題にもある。とりわけ、「田中上奏文」では、洮南―索倫鉄道が重要視されている。しかし、実際の東方会議では、ソ連への配慮から、洮索鉄道の優先順位はもっとも低い。また、「田中上奏文」には、吉林―敦化線が竣工したとある。だが、吉敦線の完成は、一九二八年一〇月であった。[19]東方会議の一年以上も後のことである。「田中上奏文」が執筆されたのは、それ以降なのであろう。

逆に、東方会議の懸案であった山東問題や張作霖については、あまり「田中上奏文」では論及されていない。おそらく「田中上奏文」の執筆時に、山東問題や張作霖は、すでに過去のものとなっていたのだろう。前述のような吉敦線の記述を勘案すれば、「田中上奏文」は、張作霖爆殺のかなり後に執筆されたと推測できる。

したがって、東方会議と「田中上奏文」は、似て非なるものである。それだけに、「田中上奏文」の情報源を特定するのは、不可能に近い。当時、田中内閣としては、東方会議の情報漏洩に細心の注意を払うことになっていた。『外務省公表集』にも、東方会議のことは出てこない。[20] しかし現実には、新聞報道が、内容豊富に東方会議を伝えていた。

これについては、当時、駐奉天領事であった森島守人の回憶録がある。森島は、「田中上奏文」の出所について、「東方会議に関連していろいろの記事が新聞に出ていたので臆測を逞しうすればこの位の材料を作り上げることは容易」とする。[21] つまり、新聞が「田中上奏文」の情報源だというのである。一見すると、森島説はもっともらしい。だが、簡単な検証によって、そうではないとわかる。

というのも、当時の新聞は、準備の段階から東方会議を報道し続けている。田中首相をはじめとする要人の言動も、多数掲載された。新聞をみていれば、東方会議の動向を把握できたはずである。とくに重要なのは、一九二七年七月八日の新聞記事である。この日に掲載された田中の訓示は、会議の結論に当たる対支政策綱領ときわめて近い。仮に日本の新聞を読んでいれば、容易にその内容を「田中上奏文」に盛り込めたはずである。[22]

しかし、現実の「田中上奏文」は、東方会議の内容とかけ離れている。「田中上奏文」の作成者は、日本の新聞すら十分に閲覧できない状況だったのであろう。つまり、日本通でないだけでなく、日本から地理的に遠かったのではなかろうか。だとすれば、蔡智堪は真の作成者ではなく、断片的な情報や着想の提供者という域を出ないことになる。

2　王家楨——瀋陽から南京へ

蔡智堪から断片的な情報や着想が提供されたにしても、整合性のある文章に仕上げられたのは、中国東北においてであろう。それでは、東北政権はいかなる立場に置かれ、蔡智堪からの提供をどのように処理したのか。前述のように秦郁彦氏や程玉鳳氏は、「田中上奏文」の出所を別とすれば、王家楨が相当程度に加筆したとすることでは共通している。

王家楨と張学良

王家楨は、黒龍江省に生まれた。慶應義塾大学に八年間学んだ後に、一九二八年八月には、張学良の率いる東北保安総司令部にて、外交秘書辦公室主任となっていた。王家楨は、一九三〇年五月からは国民政府外交部の常任次長となり、威海衛の返還などで、王正廷外交部長を支えてもいる[23]。

張作霖が爆殺されたのは、一九二八年六月のことであった。その直後に、張学良は村岡長太郎関東軍司令官と面会し、落涙した。その理由を張学良は、「自分の父を殺した者に対して頭を下げなければならない不甲斐なさ、父に対する済まなさからだ」と王家楨に語った。王家楨からこれを聞いた林久治郎駐奉天総領事は、「父を殺しておいてその子が心から協力するだろうなどと思うのが初めから馬鹿げ切つた話である」と振り返る[24]。

その張学良に圧力を行使すべく、林権助が訪中してきた。王家楨は林権助と張学良の会談を通訳している。一九二八年一一月の昭和天皇即位礼にも、王家楨は元奉天省長の莫徳恵とともに派遣された。このとき、王家楨は東北易幟について、田中首相と意見を交換している。その後も王家楨は、しばしば日本を訪れた[25]。一九二九年一

月の楊宇霆暗殺に際して、張学良の意向で奉天機関に出向き、説明に当たったのも王家楨である。(26)

王家楨と蔡智堪

王家楨によれば、一九二八年の末ごろから二週間前後の間隔で、「東京駐在の台湾人」から、文書が一〇数回に分けて送られて来たという。「某政党幹事長」宅にて筆写された文書は、東方会議の記録を上奏したものであった。そこで王家楨は、これを「田中上奏文」と名付けた。文書には誤字脱字が多く、訳出して語句を補うころには、一九二九年春になっていた。張学良にみせたうえで二〇〇冊だけ印刷し、主として東北内部に配布したが、南京の国民政府にも四冊だけ送付した。宣伝材料に使う予定はなかったものの、はからずも南京で某愛国者が小冊子にしたという。以上が王家楨の証言である。(27)

先行研究はこの王家楨回顧録に主として依拠し、「東京駐在の台湾人」と「某政党幹事長」を、それぞれ蔡智堪および床次竹二郎と推定してきた。しかし、床次が関与していないであろうことは、前述のとおりである。

王家楨と蔡智堪の関係についてはどうか。これついては高殿芳氏が一九八三年、王家楨にインタビューしている。

王家楨によれば、蔡智堪は床次や永井柳太郎と親密であったという。さらに、蔡の筆写した「田中上奏文」は乱筆で誤りもあり、数回に分けて送られて来たものの、蔡自身から寄せられたものではなく、その内容も完全な事実とはいえないとして、王は立腹していた。「田中上奏文」の不備ないし創作に含みを持たせた言い回しである。それでも王家楨は、蔡が「田中上奏文」の材料を送って来たことについては、認めたことになる。(28)

とはいえ、疑問も残る。最大の疑問は、「田中上奏文」が東京からの情報に依拠しているのであれば、なぜかくも東方会議の議題を踏み外しているのかである。おそらく、蔡の情報は、断片的であったのだろう。中国東北では、さほど重用されなかった感がある。王と蔡の関係は、先行研究でいわれるほどに緊密ではなかったように思える。だとすれば、「田中上奏文」の実質的な作成は、東北側の主導ではなかろうか。

　いずれにせよ、一九二九年の夏頃から「田中上奏文」は、中国各地に小冊子で流布されていく。また、同じ頃には、『日本人謀殺張作霖案』という著作が瀋陽で刊行された。著者の龔徳柏は、上海の『申報』元記者である。同書では張作霖暗殺の首謀者として、田中義一の写真を巻頭に掲載していた。林総領事は、遼寧交渉署長の王鏡寰に対し、同書の発禁を繰り返し求めた(29)。

二　太平洋問題調査会

　一九二九年九月一六日のことである。駐華臨時代理公使の堀内謙介から幣原外相のもとに、不可解な電報が舞い込んできた。上海ＹＭＣＡ書記長の陳立廷が、太平洋問題調査会の京都会議にて、「田中前首相カ嘗テ闕下ニ奏上セル国策案ナルモノノ翻訳」を朗読予定だというのである。陳立廷は、中国ＹＭＣＡ総幹事の余日章とともに、太平洋問題調査会の中心人物でもあった(30)。

　実際のところ陳立廷は、三六頁から成る「田中上奏文」の英文小冊子を用意していた。その表紙には、次のように記されている。

MEMORIALS OF PREMIER TANAKA

Translated by L. T. Chen

1929

Printed for private circulation among Chinese and other members of the Institute of Pacific Relations.

その序文で陳は、日本の伝統的な対満蒙政策に「田中上奏文」を位置づけ、信憑性に疑いはないと断じた。英文の冊子は、日本太平洋問題調査会理事であった高木八尺の文庫などにも収められている。[31]

第三回の京都会議は、一九二九年一〇月下旬から一一月上旬に開催された。日本側からは、松岡洋右や新渡戸稲造、阪谷芳郎、埴原正直などが出席する。余日章は会議の冒頭で、済南事件や張作霖爆殺を糾弾した。しかし、「田中上奏文」への言及はない。日本外務省が、予防措置を講じていたのである。[32]

太平洋問題調査会は、民間人の国際交流を目的としていた。本来的には、日本政府が直接に関与すべきものではない。[33]しかし、「田中上奏文」が朗読予定ともなれば、無作為というわけにもいかない。日本側は官民一体に近い形で、開会前より、アメリカの委員に捏造だと説くなどしていた。[34]

外務省の対応については、当時、情報部事務官であった筒井潔の証言が残されている。筒井は「田中上奏文」の情報を、日本太平洋問題調査会の中国問題担当者に通報していた。その担当者とは、水野梅暁や小村俊三郎である。さらに、日本太平洋問題調査会理事長の新渡戸稲造が外務省情報部に見解をただしたところ、多忙な斎藤博情報部長や白鳥敏夫第二、第三課長に代わって、情報部第一課長の河相達夫が京都に出向いて対策を練った。

その河相課長に対して、筒井は「田中上奏文」の内容的不備を書き出していた。有田八郎亜細亜局長も省内を調整した。これを受けた水野らは、中国側に「田中上奏文」の偽造箇所を指摘したところ、会議に「田中上奏文」は提起されなかった。散会後に、幣原外相が会議出席者を六義園に招待したこともあり、日中間の緊迫感はほぐれていったという。[35]

こうして太平洋問題調査会は、無事に閉幕した。しかし、「田中上奏文」の危機は去らない。

三　流　通

1　新東北学会

一九二九年の晩秋には、中国東北にて、「田中上奏文」の流布が顕著となっていく。当初、配布を主導したのは新東北学会であった。すなわち、新東北学会は「田中上奏文」を印刷し、各県政府や学校に広く配布していた。これを察知した関東庁警務局は、その流通経路を調査し始めた。

その調査によれば、新東北学会は、一九二八年六月に設立された。創設者は、教育や報道の関係者である。新東北学会の事務局は、瀋陽の東北民衆報におかれたようである。一九二九年二月頃には、東北学会が東北大学の教育学院内に設置され、排外的な宣伝文を散布した。しかし、調査によっても、東北学会の所在は判明しない。にもかかわらず、雑誌『東三省』などには、「田中上奏文」が掲載され始めた。[36] 新東北学会や東北学会は、あるいは「田中上奏文」の作成自体にも関与したのであろうか。

なお、東北大学は、「最モ排日思想ノ盛ン」な教育機関とされていた。また、新聞としては、瀋陽の『醒時報』、『東三省民報』、『新亜日報』、『新民晩報』などが排日記事を掲載している。とりわけ、『醒時報』は、一九二九年一二月に「田中上奏文」を数回にわたって連載した。[37]

2　『時事月報』

一九二九年一二月になると、『時事月報』第一巻第二号に「田中上奏文」が掲載された。この『時事月報』とは、南京で発行された小さな雑誌であった。記事は巻頭の「特件」であり、「驚心動魄之日本満蒙積極政策――田中義一上日皇之奏章」と題された。

同稿の序文によれば、時事月報社の調査で、「田中上奏文」を都内某所にて入手したとされる。さらに、田中の「満蒙積極政策」は明治天皇の遺志を継承したものであり、政治、経済、移植を通じて中国征服に邁進しているという。

この序文に、「田中上奏文」と「一木宮内大臣宛田中書翰」が続く。総計で、二〇頁となる。記事は一九三〇年の二、三月頃から各都市にて、小冊子や新聞に転載されていく。そのことには、日本の外務省や陸軍も気づき始めていた。(38)

3　『支那人の観た日本の満蒙政策』

日本で「田中上奏文」が紹介されたのは、一九三〇年六月のことであった。日華倶楽部編訳の小冊子『支那人の観た日本の満蒙政策』である。小冊子の「例言」には、中国における流通経路などが示されているため、以下に全文を引用しておきたい。傍点は原文のままである。

例言

一、本年三月頃より、満洲に於て『日本侵略満蒙政策』又は『節訳田中内閣対満蒙積極政策奏章』の表題ある数種のパンフレツトが支那側各方面に於いて頒布発売されつゝある。

一、右は伝へられるところに拠れば、余日章が五万円の出費によつて日本に於いてその原文書を入手し、これを英語に翻訳し、さきの第三回太平洋問題調査会会議に提出せんとしたのであつたが、他国の側よりの勧告あり、提出は見合せた、しかしその英文訳は諸外国へ配られたものであるといふ。

一、該文書の支那訳文は南京で発行されてゐる『時事月報』（民国十八年十二月第一巻第二期）に同誌編輯者の序文を付して掲載された。その後満洲に於いては奉天の『建設』（張学良の主催する雑誌）に掲載された。長春『大東報』、吉林『吉林日報』の両紙にもその一部が掲載されたが、それぐ其地駐在日本領事、総領事の抗議に依つて中止された。

一、数種の支那文パンフレットに就いて見るに、『驚心動魄的』なる形容詞を付した『日本侵略満蒙政策』と題するものは、王若僖、陸裕相印贈と記し、十九年三月江蘇建設庁に於いて識した王若僖の序文があり、四六版五号活字組本文五十頁である。なほ三葉の漫画が挿入されてゐる。

『節訳田中内閣対満蒙積極政策奏章』と題するもの〻一種は、十八年九月北大に於いてと記した紀清漪の序文があり、四号活字組五十五頁であり、その長春大東報社印刷本は哈洋二角で発売されて居り吉林商工会もそれを三千部印刷し配布した由である。問題のもの〻他の一種は新東北学会で印行され、それには本文の上欄に註釈的な激越語が陳ねてあり、哈爾浜、吉林の学生団体に依つて配布されたものである。又その一本には一頁分の檄文がある。

一、以下、本文と四種の序文を訳出して、支那の民間団体に依つてなされつ〻ある反日的政治的傾向を窺ふ資とする。

翻訳の意図は、文末に記されているため、ここでは繰り返さない。また、日華倶楽部とは、東京の銀座に設立されていた坂西利八郎系の親善団体である。坂西は、長年中国に駐在した陸軍軍人であった。(39) 一九三一年三月には、一三〇頁ほどの小冊子『日華要覧』を初めて刊行している。その序文によれば、日華倶楽部の使命は「日華良友多数の親善融和」だという。日中間の理解を促すべく、『日華要覧』には両国の地理や歴史、交易などがまとめられている。[40]

4　英語版「タナカ・メモリアル」と米国務省知日派

「田中上奏文」の流通は、何も中国や日本に限られない。アメリカには、英語版が流布されていく。英文では、Tanaka Memorial と称されることが多く、Tanaka Memorandum とも表記される。

それでは、いかにして英語版はアメリカに流入したのであろうか。また、アメリカでは、本物と信じられていたのか。その疑問を解く鍵が、国務省知日派として著名なバランタインとドゥーマンのオーラル・ヒストリーに残されている。

バランタインは当時、国務省で対日関係を担当していた。そのバランタインは、一九二九年の秋ころに、国務省極東部長のホーンベック（Stanley K. Hornbeck）によって呼び出された。このとき、すでに英語版の「田中上奏文」が、アメリカに流入していたのである。その出所は、太平洋問題調査会の京都会議に、中国側が持ち込んだものであった。

ホーンベックの専門は中国であり、日本語を解さない。そこでホーンベックは、英語版「田中上奏文」をバランタインにみせて、意見を求めた。「田中上奏文」の原文はなく、英訳だけが存在するとホーンベックは説明した。英文を一瞥したバランタインは、上奏文としての形式的な不備を指摘し、即座に偽物と喝破している。[41]

一方、ドゥーマンは、駐日米国大使館の一等書記官であった。ドゥーマンもやはり、「田中上奏文」を偽造と見なした。だれかが原文書を閲覧したという噂も聞かない。バランタインと異なり、最初にドゥーマンがみたのは日本語版である。流布され始めた直後という回顧談から推測して、一九三〇年六月に日華倶楽部が刊行した小冊子『支那人の観た日本の満蒙政策』を読んだのであろう。

ドゥーマンによれば、「田中上奏文」は日本的というよりも、中国的な表現に満ちており、中国人が書いたものと断言できるという。次いでドゥーマンは、英語版の翻訳者についても推測していく。アメリカ人の使わないようなイギリス英語だというのである。(42)

したがって、国務省は当初から、「田中上奏文」を偽造と知っていた。もっとも、そのようにみずから判断できるのは、当時としては相当に少数派の日本通だけである。怪文書という認識も、さしずめ国務省内にとどまったであろう。

アメリカ全体で考えれば、事情は異なってくる。「田中上奏文」を真に受けるアメリカ人もいた。これについては、フレデリック・モアー（Frederick Moore）の回顧録が参考になる。モアーは幣原駐米大使期に、大使館の広報担当として採用されていた。ワシントン会議でも、随員となっている。モアーは一九二二年三月、日本外務省本省に着任した。(43)

そのモアーは一九二六年に、外務省の顧問を解かれている。それでも、一九二七年には、新聞記者として田中首相と面会した。モアーの回顧録を読む限り、意外にも「田中上奏文」を本物と信じていたようである。「田中上奏文」は外国人の間で悪名高く、『我が闘争』の日本版と呼ばれていたという。英訳者は日本人ではないともされる。

モアーの回顧録が刊行されたのは、一九四二年のことであった。その時期から判断して、戦意高揚のためという可能性もある。しかし、同書が戦後に邦訳された際にも、日本語版への序文を含めて、訂正はされていない。(44)日本外務省の顧問にしてこの程度の認識とすれば、欧米では、少なからず実在が信じられていたのであろう。と

りわけ、満州事変後には、英語版「タナカ・メモリアル」がさらに流布されていく。(45)

四　駐華日本公使館と国民政府外交部

こうした「田中上奏文」の流布を、日本側が傍観していたわけではない。吉林総領事の石射猪太郎は、一九三〇年一月中旬に、「田中上奏文」が先月号の『時事月報』に掲載されていると気づいた。しかも、その記事は、当地で注目されている。そこで石射は、幣原外相や上村伸一駐南京領事に、警戒を呼びかけた。(46)

これを受けた上村は、国民政府外交部の周龍光亜洲司長に、取り締まりを要請した。これに対して周龍光は、「迅速其ノ出所等ヲ突止メ斯ル無稽ノ言説ニ依リ日支間ノ空気ヲ害セサル様措置スヘキ旨答ヘタリ」という。すなわち、『時事月報』には気づかなかったとする周龍光だが、この問題で対日関係を悪化させたくないと考えたのである。(47)

1　駐華日本公使館

にもかかわらず、「田中上奏文」は冊子体で頒布されるようになり、新聞や雑誌もこれを採り上げた。一九三〇年二月には、幣原外相が中国駐在の各総領事らに注意を喚起している。

もっとも、当時の対中政策を主導していたのは、臨時代理公使の重光葵を中心とする駐華日本公使館であった。日本公使館は一九三〇年四月七日、文書にて国民政府外交部に「田中上奏文」の取り締まりを要請している。いささか長文だが、ここにいたる経緯を伝えるものであり、全文を引用しておきたい。

外第一一号

拝啓。陳者、客年八九月以来貴国内ニ於テハ日本側ヨリ入手セリト称スル田中内閣ノ満蒙積極政策ニ関スル上奏文ナルモノ漢文及英文ノ冊子体ニテ刊行頒布セラレ又ハ新聞雑誌ニ登載セラレ居ル処、右漢文冊子ハ当初新東北学会ノ刊行ニ依リ「節訳田中内閣対満蒙積極政策奏章」ト題シ紀清猗ナルモノノ序文有之、英文ノモノハ Memorials Of Premier Tanaka ト題シ上海基督教青年会書記長陳立廷ガ客年京都ニ於テ開催セラレタル太平洋会議出席者ニ配布ノ目的ヲ以テ漢文冊子ヨリ訳出セルモノノ由ニテ、本文書ハ先ツ南京、天津方面ニ現ハレ漸次上海、吉林、長春、奉天其ノ他ノ各地ニモ流布セラルルニ至リタル次第ニ有之候。然ルニ、本文書ハ全然虚構ニ属シ、田中前総理大臣ニ於テ何等斯ル上奏ヲ為シタル事実ナキハ勿論、本文書ノ体裁内容ヨリ見ルモ斯ル上奏ノ有リ得ヘカラサルコトハ一見明瞭ニ有之候。執筆者ニ於テ之ヲ真物視セシムル為相当苦心セリト想像セラルルニ拘ラス尚明ニ其ノ偽物ナルコトヲ現ハセル点多々有之、序説ノ一説ニ「回憶華盛頓会議九国条約成立以後我対満蒙之進出悉被制限、我国上下世論嘩然大正先帝陛下密召山県有朋及其他重要陸海軍等妥議対於九国条約之打開策当時令臣前往欧美、密探欧美重要政治家之意見云々」ト記載セル処、九国条約ノ調印ハ大正十一年二月六日批准ハ同年八月五日ニシテ大正天皇ハ其前年即大正十年十一月以来已ニ摂政ヲ置カセラレ居リ山県公ハ同年十月頃ヨリ引続キ病床ニ在リテ右調印前即十一年二月一日薨去シ居リ、時日ニ於テ何等符合スル所ナク、又田中男ノ海外出張ハ前後三回ニシテ明治三十年乃至三十五年ニハ露国ニ滞在シ大正二、三年ニハ欧米各国ニ出張シ更ニ大正十一年二月比律賓総督本邦来訪ニ対スル答礼トシテ比律賓ニ出張シタルモノニシテ九国条約成立後欧米ニ出張セルノ事実ナク、之等ノ記述ハ全然虚妄ニ属シ候。更ニ同序説中「至臣義一向欧米各国密商発展満蒙之事帰経上海、在上海波止場被支那人用炸弾暗殺未遂誤傷美国婦人」ノ一節アル処、右狙撃事件ハ田中男比律賓出張帰途ノ出来事ニテ、斯ル明白ナル虚偽ヲ上奏文ニ記載スル如キハ固ヨリ想像シ得サル所ニ有之候。

前述ノ如ク本文書ノ虚構ナルコトハ我国情ニ通スル者ノ容易ニ感知スル所ナルヲ以テ我方トシテハ従来別段弁明又抗議ノ措置ニ出テサリシモ、該文書ノ流布ハ今日ニ至ルモ尚其ノ跡ヲ絶タサルニ付我国情ニ充分精通セサル貴国人間ニハ或ハ之ヲ真物視シテ我方公正ノ態度ニ疑惑ヲ抱クカ如キモノナキヲ保セス右ハ延イテ貴我両国々交上ニモ面白カラサル影響ヲ生ジ遺憾ノコトト被存候ニ付テハ貴部ニ於テ右ノ次第御諒承ノ上今後本件文書ハ一切刊行、頒布又ハ新聞雑誌等ニ登載方ヲ厳禁セラルル様御措置相成様致度、尚右刊行物ノ出所ニ付テモ此際併セテ御取調ヘノ上何分ノ儀御回示相煩度、此段照会得貴意候。敬具。

昭和五年四月七日

日本帝国公使館

国民政府　外交部　御中

日本公使館からの申し入れは、「田中上奏文」の根本的な誤りを説くものといってよい。山県有朋が九か国条約の調印前に死去していたこと、田中義一が九か国条約の成立後に出張したのは欧米ではなくフィリピンであったこと、などである。外交部檔案に記されているように、その抗議文は、王正廷外交部長や李錦綸外交部政務次長、張我華外交部常任次長に閲覧された。したがって、外交部の首脳は、遅くともこの時点で「田中上奏文」が偽書であると知ったことになる。(48)

2　国民政府外交部と『中央日報』

その直後、一九三〇年四月一二日のことである。『中央日報』の国際面に、地味ながら注目すべき記事が掲載された。記事は「田中上奏文の真偽問題」と題され、「中日親善提唱者の談話」などの副題が付されている。以下では適宜、段落を改めながら全訳していきたい。

田中上奏文の真偽問題
　小冊子の形で中国各地に流布
　日本の陰謀を詳論、震撼の内容
　　中日親善提唱者の談話

　去年の八、九月ころから、いわゆる田中上奏文が小冊子の形式で中国各地に流布されている。日本の陰謀を詳論するものであり、我々を震撼させるに十分である。しかし、最近中日親善を提唱している者の談話によれば、田中上奏文は偽物であり、そのことは上奏文の矛盾を列挙することで実証できるという。

　すなわち、田中上奏文によれば、ワシントン会議の九か国条約締結後に、大正天皇が山県有朋を呼んで密議をこらし、田中を密かに欧米へ派遣したとされる。だが、実際には、ワシントン会議の九か国条約は一九二二年二月六日に調印されたが、山県は一九二二年二月一日に逝去している。要するに山県の死は、九か国条約の締結以前である。大正天皇が密議をこらしたという説は、すでに破綻したといえる。

　また、田中が欧米に赴いたのは、生涯を通じて三回ある。一回目は一八九七年から一九〇二年で、ロシアに滞在した。二回目は一九一三年から一九一四年で、欧米を遊歴した。三回目は一九二二年二月にフィリピンを訪問し、フィリピン総督の来日に返礼した。田中が九か国条約の締結後に欧米を訪れた形跡はない。

　さらに、この上奏文では、田中が密かに欧米を訪れた帰途、上海で中国人に狙撃されたとされる。しかし、これも大きな誤りである。田中が狙撃されたのは、フィリピンからの帰路である。それを欧米としているのは、事実に合致しない。このように小冊子の記述は、矛盾に満ちている。その流布を放置するならば、中日交流に悪影響を及ぼすであろう。このことを危惧して、対処せざるを得ない。

　この記事が掲載されたのは、駐華日本公使館による照会の五日後であった。一読して明らかなように、山県の死去や田中の訪問先など、記事の内容は、日本公使館の抗議文に酷似している。公使館の抗議に対応したものであろう。だとすれば、「中日親善提唱者」とは、ほかならぬ日本公使館と推定できる。日本側の要請は、無駄ではなかった。「田中上奏文」が怪文書として致命的な誤りを含むことは、『中央日報』によって公表されたのである。

また、この記事を筆写したものが、国民政府外交部檔案に残されている。そこには、一九三二年一一月二六日の日付にて、徐謨外交部政務次長の閲覧済みとある。「田中上奏文」が偽書であることは、満州事変後の外交部内でも、再確認されたのであった。(49)

五 遼寧省国民外交協会

このように、国民政府外交部は、駐華日本公使館の取り締まり要請に応じようとした。しかしながら、その成果は疑わしい。とりわけ、中国東北では、「田中上奏文」が流通し続けていた。それはなぜか。

1 蔡智堪と王家楨の足跡

まずは、「田中上奏文」の起点となった蔡智堪と王家楨の足跡を追ってみよう。

東京駐在の蔡智堪は一九三一年三月、木村鋭市満鉄理事による張学良との交渉について、浜口首相や幣原外相の動向を伝えていた。こうした情報は、胡俊らを介して張学良に伝えられた。蔡智堪はみずから朝鮮や中国東北を訪れ、さらなる宣伝材料を求めてもいる。万宝山事件に際しても、若槻内閣の対応を外交秘書辦公室辦事員の趙凌勛に報告した。その内容は、張学良にも届いている。(50) ただし、少なくとも「田中上奏文」の流布に関する限り、蔡智堪が主役ではない。

一方の王家楨はどうか。張学良外交秘書の王家楨は一九三〇年四月一四日、国民政府外交部の常任次長に任ぜられた。就任は五月八日である。[51] それでも王家楨と張学良は、満鉄による撫順炭田での採掘について連絡を取り合うなど、関係を保っていた。[52] 王家楨は、譚延闓や胡漢民に東北の近況を報告してもいる。[53]

また、王家楨は一九三〇年一二月に、南京で上村伸一領事と会見している。そこで王家楨は、張学良と蔣介石が排日を共謀しているとの風説を否定し、対日関係を良好に保とうとした。[54] 重光も王家楨に、緊張緩和の推進を期待した。そのほかにも王家楨は、張学良の指示により、閻錫山の大連脱出を取り締まるよう日本側に要請してもいる。[55] 王家楨が「田中上奏文」を流布したようにはみえない。

次に、地方政府をみておこう。瀋陽では、林総領事が「田中上奏文」の頒布に抗議していた。これを受けた遼寧交渉署は一九三〇年三月に、遼寧省政府が「田中上奏文」を発禁にしたと回答している。[56] 遼寧省政府が取り締まりを訓令したことは、関東庁警務局にも伝わっていた。[57] また、遼寧省政務委員会には一九三一年八月、「田中上奏文」の情報が日本への留学生から寄せられた。しかし、遼寧省政府は、これを宣伝に利用していない。[58]

ただし、地方政府が反日宣伝を自制したといっても、「田中上奏文」に限ってのことである。それ以外では、教育面を含めて、遼寧省政府や吉林省政府の反日宣伝は残された。[59]

2　遼寧省国民外交協会

当時の中国東北で反日運動の中心となっていたのは、遼寧省国民外交協会である。同協会は、一九二九年七月に瀋陽で設立された。前述のような新東北学会による「田中上奏文」の流布にも、協会は関係したようである。[60]

協会の前身であった奉天全省商工拒日臨江設領外交後援会は、一九二七年八月に組織され、駐臨江日本領事館の

設置を阻止するなどしていた。(61)

外交部の駐遼寧特派員辦事処は、遼寧省国民外交協会に向けて、対日関係の経緯を伝えていた。(62)国民政府は交渉員制度を廃止し、各地に特派員を設置していたのである。(63)だが、同協会は、辦事処の対日姿勢を物足りなく感じており、そのことを辦事処や遼寧省政府、張学良に訴えている。(64)さらに協会は、南京滞在中の張学良と遼寧省国民会議代表に、関東州や安奉線の即時回収を提議するよう求めた。(65)

遼寧省国民外交協会は設立当初より、宣伝活動にも努めていた。協会の宣伝部は、国産品の使用をスローガンとして、小冊子を発行している。その組織大綱には宣伝活動を筆頭に、経済侵略への抵抗、外交的勝利を当局に督促すること、売国的漢奸の阻止、国民的外交教育の促進、の五項目が掲げられた。各地に分会も成立している。(66)

こうした協会の排日運動については、田代重徳駐長春領事や荒川充雄駐牛荘領事からも、幣原外相に通報されていた。(67)林駐奉天総領事は、「外交協会等ノ反日言動」を取り締まるよう張学良に要請している。(68)

それでも、遼寧省国民外交協会は、「田中上奏文」に目をつけてくる。関東庁警務局によれば、協会は「田中首相ノ上奏文ト称スルモノヲ巧ニ利用シ新聞ニ雑誌ニ誇大ニ報道シ」ているという。のみならず、「之等ヲ材料トシテ東北省ニ於ケル日本ノ罪悪史ナルモノヲ編纂シテ密カニ頒布宣伝シツツアリ」とされる。(69)

実際のところ、中国東北の新聞は満蒙問題を論じる際に、しばしば「田中上奏文」を援用していた。遼寧で刊行されていた『東三省民報』や『東北民衆報』、『醒時報』、『新民晩報』などである。林総領事が辦事処に「田中上奏文」の取り締まりを要請したことも、記事として掲載されている。各紙は、遼寧省国民外交協会の活動についても、積極的に報道していた。また、奉天東北建新与地学社も、「田中上奏文」を刊行した。そのほかには、「田中上奏文」を題材とした排日宣伝ポスターまで販売されている。こうした新聞記事などについては、関東庁警務局が丹念に調査していた。(70)

それでは、新聞社と遼寧省国民外交協会は、いかなる関係であろうか。これについても、関東庁警務局の極秘調書が手掛かりとなる。調書によれば、協会の前身である奉天全省商工拒日臨江設領外交後援会の中心は、奉天総商会であった。その後、一九三一年五月の段階で、遼寧省国民外交協会の委員は二一名いた。このなかには、東三省民報社長や東北民衆報社長が含まれている。(71)新聞社と協会は、きわめて密接といえる。

加えて、遼寧省国民外交協会の規模は、どの程度であろうか。一九三一年四月に瀋陽で開催された大会には、省下三九県から、分会各代表として三〇〇余名が集まっている。大会の講演では、「田中ハ常ニ支那ヲ征服セントセハ先ツ満蒙ヲ征服セサルヘカラス、世界ヲ征服セントセハ須ク支那ヲ征服スヘシト云ヒ」とされた。(72)

六　満州事変へ

前節では、中国東北を軸に「田中上奏文」の流通経路をみてきた。とはいえ、「田中上奏文」の流布は、もちろん東北に限らない。

一例を挙げれば、一九三一年一月には、広州の滬粤愛国社が『日本侵呑満蒙毒計之大披露』として出版している。(73)同年一〇月には、国民革命軍第一集団軍軍事政治学校が、『田中密摺』を刊行した。『田中密摺』には、巻頭言や数種類の序文が付されている。(74)

こうした状況下で、駐華日本公使館は一九三一年九月八日にも、外交部に取り締まりを要請した。以下に全文を引用しておきたい。

外第五八号

拝啓。陳者、昭和四年八九月以来所謂田中内閣ノ満蒙積極政策ニ関スル上奏文ナルモノ「節訳田中内閣対満蒙積極政策奏章」及 Memorials of Premier Tanaka ナル漢英両文ノ冊子トシテ各地ニ流布セラレタル件ニ関シテハ、客年四月七日付公文ヲ以テ本文書カ全然虚構ニ属シ田中前総理大臣ニ於テ斯ル上奏ヲ為シタル事実ナキハ勿論斯ル上奏ノ有リ得ヘカラサル所以ヲ明白ニ指摘スルト共ニ本文書ノ刊行頒布転載ノ厳禁方並其出所取調方申進置キタル次第有之候。

然ルニ其後モ本文書ノ重印転載頒布ヲ継続シ居ルモノアリ其流布ハ各地ニ於テ依然トシテ止マス、就中英文冊子ハ最近奉天 Mukden Club ノ会員間ニ頒布セラレ、其他前記所謂上奏文ヲ基礎トシテ作成セリト称スル「日本侵略我国満蒙積極政策解剖」ナル伝単流布セラレ居ルカ如キ実状ニ有之候。

事態依然斯クノ如キモノアルニ於テハ日華両国々論ノ甚タ機微ナル状態ニ在ル今日貴国人ニ対シテハ勿論我国人ニ対シテモ無益ニ其感情ヲ刺戟シ結果貴我国交ニ累ヲ及ホスコト少ナカラサルヘキヲ惧ルル次第ニ有之候。就テハ公然タルト秘密タルトヲ問ハス此種文書ノ流布ハ之ヲ絶滅セシムル様厳重取締方御措置相成様致度、此段重テ照会得貴意候。敬具。

昭和六年九月八日

日本帝国公使館

国民政府　外交部　御中

ここからも明らかなように、一九三〇年四月以来の申し入れは、あまり奏功していない。それでも外交部は、日本側の要請に対応すべく準備していた。(75) 仮に満州事変がなければ、「田中上奏文」は、当時無数に存在した反日文書の一つに終わっていたであろうか。(76)

しかし現実には、満州事変が事態を一変する。これ以降に国民政府は、ジュネーブの国際連盟会議などで「田中上奏文」を宣伝に活用していく。

おわりに

本章では、「田中上奏文」をめぐる日中関係を論じてきた。序論の問題提起と対応させながら、その経緯を振り返っておきたい。

第一の論点は、「田中上奏文」の発端であった。蔡智堪は回顧談でみずから皇居で「田中上奏文」を筆写したとする。しかし、その逸話は、国民政府外交部にも信用されていない。また、床次竹二郎や牧野伸顕も、本件には直接関与しなかったようである。牧野文書に残された備忘録から判断しても、牧野は「田中上奏文」が偽造であると知っていたであろう。

確かに、蔡智堪は、日本の情報を中国東北に伝え続けていた。とはいえ、それほど機密性の高い情報ではないように思える。王家楨へのインタビューが暗示するように、どうやら王家楨は蔡智堪の創作に立腹していたようである。そもそも、「田中上奏文」は、東方会議の内容と大きく離反している。吉敦線の記述などを勘案するならば、「田中上奏文」は一九二九年の上半期に、中国東北の主導で作成された可能性が高い。

それでは、真の作成者はだれなのか。おそらくは王家楨の周辺か、東北学会ないし新東北学会のいずれかであろう。しかし、これ以上は、どうしても史料的に詰め切れない。

第二に、「田中上奏文」の流通経路である。これについては、太平洋問題調査会の中国側代表や遼寧省国民外交協会などに加えて、新東北学会に注目すべきであろう。新東北学会は、遼寧省国民外交協会とも関連するようである。いずれにせよ、「田中上奏文」の発端はともかく、その流通が民間主導であることは確かである。こうした中国側の動向については、関東庁警務局が丹念に調査していた。それでも、新東北学会の実態については、不詳のことが少なくない。

また、アメリカの国務省には、太平洋問題調査会の京都会議から、英語版「タナカ・メモリアル」が伝わってきた。国務省知日派のバランタインやドゥーマンは、「タナカ・メモリアル」の実在に否定的であった。しかし、日本外務省顧問まで務めたモアーは、なぜか本物と見なしていた。このことから推察して、欧米でも広く本物と信じられていたのであろう。とくにロシアでは、現代にいたるまで、実存説が根強い。

第三に、日本外務省の対応である。外務省は、手をこまぬいていたのではない。まずは、太平洋問題調査会の京都会議に向けた対策であった。ここでは、外務省の亜細亜局と情報局が、中国側代表による「田中上奏文」の朗読を封じ込めた。駐華日本公使館や各総領事館も、「田中上奏文」の取り締まりを要請していた。その際には、「田中上奏文」の根本的な誤りについても、十分に主張されている。外務省記録の消失などにより、先行研究では無策とされがちな点である。

第四に、国民政府、とりわけ外交部の立場である。遅くとも一九三〇年四月に、重光からの抗議を受けた時点で、外交部は「田中上奏文」が偽書であると知った。さらに、「田中上奏文」の誤りは、『中央日報』によって公表された。つまり、満州事変までの外交部は、取り締まりの要請に応じていたのである。そのほか、遼寧交渉署も林総領事に協力的であった。

もっとも、外交部によって中国外交が一元化されていたわけではない。複雑な中央—地方関係に加えて、地方の内部では、政策的に分裂していた側面もあった。すなわち、遼寧省政府が「田中上奏文」の取り締まりを訓令したにもかかわらず、遼寧省国民外交協会や地方紙は、「田中上奏文」を存分に利用したのである。

こうした中国外交の多層構造が日本を翻弄し続けた末に、やがては満州事変を迎えてしまう。(77)

（1）稲生典太郎「『田中上奏文』をめぐる二三の問題」（『国際政治』第二六号、一九六四年）七二〜八七頁、山口一郎『近代中国対日観の研究』アジア経済研究所、一九七〇年、一一三〜一二六頁、江口圭一『日本帝国主義史論』青木書店、一九七五年、二九六〜三〇五頁、秦郁彦『昭和史の謎を追う』上巻、文藝春秋、一九九三年、九〜二四頁、王家楨「日本両機密文件中訳本的来歴」（『文史資料選輯』第一一輯、一九六〇年）一二七〜一三一頁。

稲生典太郎「『田中上奏文』をめぐる二三の問題」は、同『日本外交思想史論考 第二』小峯書店、一九六七年、三五九〜三八三頁、同『條約改正論の歴史的展開』小峯書店、一九七六年、六八九〜七一三頁、同『東アジアにおける不平等条約体制と近代日本』岩田書院、一九九五年、一八五〜二〇九頁、にも収録されている。また、稲生典太郎「『田中上奏文』その後」が、同『東アジアにおける不平等条約体制と近代日本』二一一〜二一六頁に掲載されている。

王家楨「日本両機密文件中訳本的来歴」は、高殿芳主編『愛国人士王家楨——田中奏摺的歴史見証人』北京、団結出版社、一九九七年、三一〜三六頁、に転載されている。

（2）高殿芳「王家楨与《田中奏摺》」（同主編『愛国人士王家楨』）六七〜八八頁。

（3）遼寧省檔案館編『電稿奉系軍閥密電』全六巻、北京、中華書局、一九八五年、同編『奉系軍閥檔案史料彙編』全一二巻、南京、江蘇古籍出版社、一九九〇年、同編『「九・一八」事変檔案史料精編』瀋陽、遼寧人民出版社、一九九一年、同編『日本侵華罪行檔案新輯』全一五巻、桂林、広西師範大学出版社、一九九九年、同編『遼寧省檔案館珍蔵張学良檔案』全六巻、桂林、広西師範大学出版社、一九九九年、後藤総一郎監修『関東庁警務局資料』全八〇リール、日本図書センター、二〇〇一年、reminiscences of Joseph W. Ballantine, 1961, Oral History Research Office, Columbia University; reminiscences of Eugene H. Dooman, 1962, Oral History Research Office, Columbia University.

遼寧省国民外交協会については、尾形洋一「瀋陽における国権回収運動——遼寧省国民外交協会ノート」（『社会科学討究』第二五巻第二号、一九八〇年）二一〜五四頁、が詳しい。

（4）「排日関係　田中内閣満蒙積極政策上奏文関係」、A.1.1.0, 消失記録（外務省外交史料館編『外交史料館所蔵　外務省記録総目録〔戦前期〕別巻』原書房、一九九三年）八三頁。

（5）筒井潔「いわゆる『田中上奏文』（一）（二）（三）（四）（五）」（『霞関会会報』第二九九～三〇三号、一九七一年）一六～一九、一四～一六、五～八、一二～一四、一三～一五頁。

太平洋問題調査会については、山岡道男『「太平洋問題調査会」研究』龍溪書舎、一九九七年、一八六～一九一、二一〇頁、片桐庸夫『太平洋問題調査会の研究――戦間期日本ＩＰＲの活動を中心として』慶應義塾大学出版会、二〇〇三年、一六四―一六五頁のほか、原覚天『現代アジア研究成立史論――満鉄調査部・東亜研究所・ＩＰＲの研究』勁草書房、一九八四年、一七五～三二三頁、Tomoko Akami, *Internationalizing the Pacific: The United States, Japan and the Institute of Pacific Relations in War and Peace, 1919–45* (London: Routledge, 2002), を参照。

（6）国民政府外交部檔案としては、「日相田中対満蒙政策之奏章」（外交部檔案、亜東太平洋司、檔号 011/2, 原編檔号 351/131, 中華民国外交部檔案庫所蔵）を中心に考察する。

東方会議前後の北京政府外交部檔案には、外交部檔案、03.33.7.8.7, 03.46.22.22.7, 03.45.22.22.8, 中央研究院近代史研究所所蔵、がある。しかし、東方会議や「田中上奏文」に関する記録は、あまり残されていない。

（7）『中央日報』一九二八年二月八日、二月一二日、三月一四日。

（8）蔡智堪「我怎様取得田中奏摺？」（『自由人』一九五四年八月二八日）。

（9）程玉鳳「『蔡智堪与『田中奏摺』――再論奏摺的真偽」（『世界新聞伝播学院学報』第六号、一九九六年）二九〇頁。

（10）「日相田中対満蒙政策之奏章」。

（11）秦郁彦『昭和史の謎を追う』上巻、二〇頁、沈予「関于『田中奏摺』若干問題的再探討」（『歴史研究』一九九五年第二期）九三頁。

（12）胡俊「代表張学良赴日連絡日本政友本党総裁床次竹二郎的経過」（『文史資料選輯』第五二輯、一九七八年）一〇一～一〇六頁。

楊宇霆暗殺や床次訪中については、王家楨「一塊銀元和一張収据――張学良槍斃楊宇霆、常蔭槐和収買日本政友本党的内幕」（『文史資料選輯』第三輯、一九六〇年）五八～七一頁、も参照。

(13) 岡義武、林茂編『大正デモクラシー期の政治――松本剛吉政治日誌』岩波書店、一九五九年、六〇二～六〇四、六〇九、六一一～六一二、六二二頁。

また、前田蓮山編『床次竹二郎伝』床次竹二郎伝記刊行会、一九三九年、九〇七～一〇〇四頁も、離党の一因は対中政策であり、民政党の不干渉主義に不満を抱いたとする。すなわち、床次の立場は、張学良に圧力をかけていた田中外交に近く、外交問題を政争の具とすることにも批判的であったというのである。

(14) 伊藤隆、広瀬順晧編『牧野伸顕日記』中央公論社、一九九〇年、三二九、三四七頁。

(15) 同上、二七二頁。

(16) 「牧野伸顕関係文書」（書類の部、リール五八、国立国会図書館憲政資料室所蔵）、伊藤隆、広瀬順晧編『牧野伸顕日記』三六五頁。

(17) 遼寧省檔案館編『奉系軍閥檔案史料彙編』第六巻、四七四頁。

(18) 東方会議の議事録については、外務省編『日本外交文書』昭和期Ⅰ、第一部、第一巻、外務省、一九八九年、一～六七頁、が基礎史料である。以下、ここからの引用には注を付さない。

そのほか、兪辛焞「中国における日本外交史研究」（『愛知大学国際問題研究所紀要』第七三号、一九八三年）一七七頁、佐藤元英『昭和初期対中国政策の研究――田中内閣の対満蒙政策』原書房、一九九二年、七七～一六四頁、も参照した。

(19) 馬里千、陸逸志、王開済編『中国鉄路建築編年簡史（一八八一～一九八一）』北京、中国鉄道出版社、一九八三年、四七頁。

(20) 外務省編『日本外交文書』昭和期Ⅰ、第一部、第一巻、三九頁、同編『外務省公表集』第八、九、一〇輯、一九二七〜一九二九年。

(21) 森島守人『陰謀・暗殺・軍刀――一外交官の回想』岩波新書、一九五〇年、八頁。

(22) 『東京朝日新聞』一九二七年六月一四、一五、一八、一九、二〇、二三、二七、二八日、七月一、二、八日、ほか。

(23) 王家楨の経歴については、高殿芳「王家楨簡歴」(同主編『愛国人士王家楨』)二〜一二頁、が参考になる。ただし、「田中上奏文」や床次の関与について、同稿は王家楨の回想録をそのままに受け入れており、本章とは見解を異にしている。

(24) 「日本外交の過誤」に関する林久治郎談話、一九五一年五月三〇日(『外交史料館報』第一七号、二〇〇三年)七八頁。

(25) 王家楨「日本鼓動張学良搞独立王国的一段陰謀」(『文史資料選輯』第六輯、一九六〇年)一二五〜一三三頁。

(26) 奉天機関から岡本連一郎参謀次長、一九二九年一月一一日(「満蒙政況関係雑纂　楊宇霆、常蔭槐射殺問題」、A.6.1.2.1-5, 外務省外交史料館所蔵)、奉天機関から阿部信行陸軍次官、一月一一日(同上)。王家楨「一塊銀元和一張収据」五八〜七一頁、も参照。

(27) 王家楨「日本両機密文件中訳本的来歴」(『文史資料選輯』第一一輯、一九六〇年)一二七〜一三一頁。

(28) 高殿芳「王家楨与《田中奏摺》」(同主編『愛国人士王家楨』)七五頁。なお、高殿芳氏は程玉鳳氏の研究などを参照して、蔡智堪はみずから瀋陽に赴き、「田中上奏文」を王家楨に手交したとする(同上、七六〜七七頁)。

(29) 龔徳柏『日本人謀殺張作霖案』瀋陽、長城書局、一九二九年、遼寧省檔案館編『奉系軍閥檔案史料彙編』第八巻、四六三、六八一頁、第一〇巻、一二七頁。

(30) 堀内から幣原、一九二九年九月一六日着(「太平洋問題調査会関係一件」第一巻、B.10.1.0.3, 外務省外交史料館所蔵)、筒井潔「いわゆる『田中上奏文』(二)」一六頁。

(31) 「高木八尺文庫」三六〜七、東京大学教養学部アメリカ太平洋地域研究センター所蔵。英文冊子は、「大窪愿二コレクション」(Nd-A923 (2)、一橋大学附属図書館所蔵)、にも収録されている。

また、京都会議での高木については、松本重治『上海時代』上巻、中公新書、一九七四年、二三〜二五頁、が参考になる。

(32) 佐上信一京都府知事から安達謙蔵内務大臣、幣原外相、一九二九年一〇月二九日(外務省編『日本外交文書』昭和期I、第二部、第四巻、外務省、一九九一年)四五四―四五八頁。前後の議事については、「大窪愿二コレクション」、Nd-A880、も参照。

(33) 京都会議直前の外務省内における打ち合わせについては、「太平洋問題調査会々議討議事項ニ関シ省内打合セ会」、一九二九年一〇月七日(「太平洋問題調査会関係一件」第二巻)、を参照。

(34) 堀内から幣原、一九二九年一〇月三日(同上)。

(35) 筒井潔「いわゆる『田中上奏文』(一)」一七頁、同「いわゆる『田中上奏文』(三)」五、七頁。外務省の方策については、森島守人『陰謀・暗殺・軍刀』七〜九頁、山岡道男『「太平洋問題調査会」研究』一三四〜一四〇頁、も参照。
また、渋沢栄一主催で一九二九年一一月一二日に開催された晩餐会については、渋沢青淵記念財団竜門社編『渋沢栄一伝記資料』第三七巻(渋沢栄一伝記資料刊行会、一九六一年)六四一〜六四七頁、に記録がある。

(36) 中谷政一関東庁警務局長心得から小村欣一拓務次官ほか、一九二九年一一月二九日(前掲『関東庁警務局資料』リール三五)、中谷から小村ほか、一二月一〇日(同上)。

(37) 末光高義警部「排日運動状況視察報告書」、一九三〇年二月二七日(前掲『関東庁警務局資料』リール三七)。

(38) 特件「驚心動魄之日本満蒙積極政策――田中義一上日皇之奏章」(『時事月報』第一巻第二号、一九二九年)一〜二〇頁、筒井潔「いわゆる『田中上奏文』(四)」一二頁。
一例を挙げれば、一九三〇年一二月一六日付の『河北日報』に「田中上奏文」が掲載されたことについては、鈴木貞一駐北平陸軍武官補佐官から岡本連一郎参謀次長、一九三〇年一二月一七日(「帝国ノ対支外交政策関係一件」

第二巻、A.1.1.0.10, 外務省外交史料館所蔵)、を参照。

(39) 坂西利八郎「日華倶楽部の使命」(吉見正任編『隣邦を語る――坂西将軍講演集』坂西将軍講演集刊行会、一九三三年)七九~八八頁。坂西将軍講演集刊行会は、銀座の日華倶楽部内に置かれた。坂西の講演も、多くは日華倶楽部でなされている。

(40) 林賢治編『日華要覧』昭和六年版、日華倶楽部、一九三一年、序文。吉見正任編『隣邦を語る』とともに、拓殖大学八王子図書館で閲覧した。日華倶楽部については、橋川文三「田中上奏文の周辺」(『中国』第一五号、一九六五年)一四頁、も参照。

(41) Reminiscences of Joseph W. Ballantine.

(42) Reminiscences of Eugene H. Dooman.

(43) 内田外相から井上勝之助式部長官、一九二二年一一月三日(「本邦雇傭外国人関係雑件 本省ノ部」、K.4.2.0.1-5, 外務省外交史料館所蔵)。

(44) Frederick Moore, *With Japan's Leaders: An Intimate Record of Fourteen Years as Counsellor to the Japanese Government, Ending December 7, 1941* (New York: Charles Scribner's Sons, 1942), pp. 1, 19-24. 邦訳は、フレデリック・モアー(寺田喜治郎、南井慶二訳)『日米外交秘史――日本の指導者と共に』法政大学出版局、一九五一年。

(45) その一例として、「タナカ・メモリアル」は、カリフォルニア大学バークレー校所蔵のE・T・ウィリアムズ(Edward Thomas Williams)文書に収められている。*Tanaka Memorial*, published by the China Critic, Shanghai, China, 1931, Folder: Miscellaneous Writings, Japan, Carton 5, Edward Thomas Williams Papers, Bancroft Library, University of California at Berkeley, を参照。

(46) 石射から幣原、一九三〇年一月一八日着(外務省編『日本外交文書』昭和期I、第一部、第四巻、外務省、一九九四年)九三四頁。

(47)　上村から幣原、一九三〇年一月二一日着（同上）九三四～九三五頁、筒井潔「いわゆる『田中上奏文』（四）」一二～一三頁。

(48)　駐華日本公使から国民政府外交部、一九三〇年四月七日（「日相田中対満蒙政策之奏章」）。なお、田中とフィリピン総督ウッド（Leonard Wood）の会談については、田中に同行した来栖三郎が回顧録に記している。来栖三郎『泡沫の三十五年』中公文庫、一九八六年、二一九～二二一頁、参照。

(49)　「日相田中対満蒙政策之奏章」。

(50)　遼寧省檔案館編『電稿奉系軍閥密電』第四巻、一四五～一四六、一六二～一六三頁、同編『奉系軍閥檔案史料彙編』第一一巻、四八六～四八八頁、同編『奉系軍閥檔案史料彙編』第一二巻、六三～六四頁、同編『「九・一八」事変檔案史料精編』一〇〇～一〇七、一九六～一九八頁、同編『遼寧省檔案館珍蔵張学良檔案』第五巻、一二一～一二六、一四〇、二一九～二二四頁。

木村鋭市満鉄理事による鉄道交渉については、満鉄交渉部資料課「昭和五年度綜合資料（木村理事用）」一九三一年六月六日、Folder 1, Box 1, Kimura Eiichi Papers, Hoover Institution, Stanford University; 同「昭和六年度綜合資料（木村理事用）」年月日不明、Folder 2, Box 1, Kimura Papers, が比較的にまとまった史料である。そのほか、林から幣原、一九三一年一月二三日（外務省編『日本外交文書』昭和期Ⅰ、第一部、第五巻、外務省、一九九五年）二八～二九頁、林から幣原、二月一一日（同上）五五～五六頁、林から幣原、二月二八日（同上）六九頁、林から幣原、二月二八日（同上）六九～七一頁、林から幣原（同上）七一頁、を参照。

(51)　張朋園、沈懐玉編『国民政府職官年表（一九二五～一九四九）』第一巻、台北、中央研究院近代史研究所、一九八七年、九四頁。

(52)　遼寧省檔案館編『奉系軍閥檔案史料彙編』第一一巻、二一六、二一八～二二〇、三九四頁、同編『「九・一八」事変檔案史料精編』八九～九八、九九頁、同編『遼寧省檔案館珍蔵張学良檔案』第五巻、九二～九四、九七～九九頁、畢万聞主編『張学良文集』第一巻、北京、新華出版社、一九九二年、二九六頁。

(53) 林駐奉天総領事から幣原、一九三〇年六月二三日着（外務省編『日本外交文書』昭和期Ⅰ、第一部、第四巻）七三九―七四〇頁、上村から幣原、八月二六日（同上）六七五頁。
(54) 上村から幣原、一九三〇年一二月二八日着（同上）九五六頁。
(55) 重光から幣原、一九三一年一月九日（外務省編『日本外交文書』昭和期Ⅰ、第一部、第五巻）九～一〇頁、重光から幣原、二月二一日（同上）六一～六二頁、重光から幣原、三月一六日（同上）七六～七七頁、林から幣原、八月一〇日（同上）九一七～九一八頁。
(56) 遼寧省檔案館編『奉系軍閥檔案史料彙編』第九巻、六八七頁。
(57) 中谷政一関東庁警務局長心得から吉田茂外務次官ほか、一九三〇年九月九日（外務省編『日本外交文書』昭和期Ⅰ、第一部、第四巻）六七五～六七七頁。
(58) 遼寧省檔案館編『「九・一八」事変檔案史料精編』二一四～二四八頁。
(59) 森島守人駐奉天総領事代理から幣原、一九三〇年九月一八日（外務省編『日本外交文書』昭和期Ⅰ、第一部、第四巻）六七八～六八一頁、石塚邦器駐鉄嶺領事館事務代理から幣原、一二月二日（同上）七一四～七一五頁。
(60) 中谷政一関東庁警務局長心得から小村欣一拓務次官ほか、一九二九年一二月一〇日（前掲『関東庁警務局資料』リール三五）。
(61) 遼寧省檔案館編『奉系軍閥檔案史料彙編』第六巻、四七八、四九〇、四九六～四九七、五三一～五三三、五五四、五七二～五七三頁。
遼寧省国民外交協会の概要については、外務省亜細亜局第一課「遼寧省国民外交協会ノ活動」、一九三〇年一月（「支那国民外交協会関係雑纂」第一巻、A.6.1.1.7, 外務省外交史料館所蔵）、関東庁警務局高等警察課「国民外交協会排日運動大要」、一九三一年五月（「支那国民外交協会関係雑纂」第二巻）、を参照。
(62) 遼寧省檔案館編『奉系軍閥檔案史料彙編』第十一巻、五二三～五二六頁、同編『日本侵華罪行檔案新輯』第七巻、一三五～一四八頁。

(63) 石射駐吉林総領事は、「新制ハ単ニ其名称ヲ変更シテ旧制ヲ継続シタルモノニ過キス」と冷ややかにみていた。石射から幣原、一九三〇年八月一六日（外務省編『日本外交文書』昭和期Ⅰ、第一部、第四巻）九八三～九八五頁。また、特派員との交渉については、林から幣原、一九三一年一月一〇日（外務省編『日本外交文書』昭和期Ⅰ、第一部、第五巻）一〇～一一頁、林から幣原、一月一五日（同上）一四頁、参照。

(64) 遼寧省檔案館編『奉系軍閥檔案史料彙編』第九巻、一九四～一九五頁、一一巻、四三九～四四〇頁、遼寧省檔案館編『「九・一八」事変檔案史料精編』八二～八三頁、同編『日本侵華罪行檔案新輯』第七巻、四三〇～四三二頁、同編『遼寧省檔案館珍蔵張学良檔案』第五巻、一〇〇～一〇二頁。

(65) 林から幣原、一九三一年五月一一日（外務省編『日本外交文書』昭和期Ⅰ、第一部、第五巻）一〇一～一〇二頁。

(66) 遼寧省檔案館編『奉系軍閥檔案史料彙編』第九巻、三四～三八、一四九～一五〇、二〇四～二〇五、三六三～三六四頁、中谷政一関東庁警務局長から永井松三外務次官、一九三一年一月一〇日（外務省編『日本外交文書』昭和期Ⅰ、第一部、第五巻）八四〇～八四一頁、林から幣原、四月八日（同上）八七一～八七二頁、林から幣原、四月一三日（同上）八七二頁。

(67) 田代から幣原、一九三〇年六月三日（外務省編『日本外交文書』昭和期Ⅰ、第一部、第四巻）六四一～六四二頁、荒川から幣原、一二月一二日（同上）七二一頁。

(68) 林から幣原、一九三一年四月一七日着（外務省編『日本外交文書』昭和期Ⅰ、第一部、第五巻）八六～八八頁。

(69) 関東庁警務局「警察概要」、一九三二年六月（前掲『関東庁警務局資料』リール四五）。

(70) 関東庁警務局高等警察課「漢字新聞排日的記事月報」第一号、一九三一年一月（「各国ニ於ケル排日、排貨関係雑纂 中国ノ部 関東庁報告ノ部」、E.3.3.0.J/X1-C1-2, 外務省外交史料館所蔵）、同「漢字新聞排日的記事月報」第四号、一九三一年四月（前掲『関東庁警務局資料』リール四四）。

(71) 関東庁警務局高等警察課「国民外交協会排日運動大要」、一九三一年五月（前掲『関東庁警務局資料』リール四六）。

(72)　関東庁警務局高等警察課「国民外交協会排日運動大要」、一九三一年一月から六月（同上、リール四五）。
(73)　吉林省図書館偽満洲国史料編委会編『偽満洲国史料』第二四巻、北京、全国図書館文献縮微複製中心、二〇〇二年、五七七〜六三九頁、所収。
(74)　同上、第一巻、二〇三〜三三六頁、所収。
(75)　駐華日本公使館から国民政府外交部、一九三一年九月八日（「日相田中対満蒙政策之奏章」）。
(76)　そのほかの代表的な反日文書として、中華民国律師協会抗日救国宣伝団「日本併呑満蒙之秘密計画」、一九三一年一〇月八日、がある。その内容は、一九三〇年一二月七日付の「拓務省会議録」である（前掲『関東庁警務局資料』リール五三）。
(77)　中国外交の多層構造については、以前に論じたことがある。拙著『東アジア国際環境の変動と日本外交　一九一八―一九三一』有斐閣、二〇〇一年、四六、六二、二六二頁、を参照していただければ幸いである。

（服部　龍二）

第二章　華北抗戦と国民党政権

はじめに

一九三三年一月一日、山海関で関東軍と東北軍何柱国部隊とが武力衝突を起こした。山海関事件である。南京政府と張学良の華北政権は新たな対日戦争の始まりを危惧した。その危惧は、二月中旬からの日本軍の熱河侵攻によって現実のものとなる。以後、熱河抗戦、長城抗戦、関内抗戦と、五月三一日に塘沽停戦協定が締結されるまで、熱河・冀東（唐山を中心とする河北省東部）・平北（北平の北側）・察東（チャハル省東部）を戦場に戦争が続く。

この一連の抗戦の途中、熱河省をめぐる熱河抗戦が敗北に終わった三月初旬の段階で、一九三〇年以来、華北の政治・軍事の指導権を握りつづけた張学良は辞任した[(1)]。その後、華北の政治・軍事の指導権をだれが握るかが明確でないまま、長城抗戦・関内抗戦が展開される。このなかで、国民党政府によって華北政治の指導者として起用されたのが黄郛であった[(2)]。黄郛は、日本軍の一時的撤退によって関内抗戦が中断した際に行政院駐北平政務整理委員会（以下、「北平政務整理委員会」）委員長に任じられ、華北に赴任する。日本軍・対日協力軍の攻撃が再開され、北平・天津が危機にさらされるなかで、黄郛は華北政治の混乱の収拾と対日交渉にあたる。

この一連の抗戦の指導に、国民党中央・国民政府および華北軍幹部らはどう対応しようとしたか。また、そのなかで、北平政務整理委員会委員長に任じられた黄郛は、国民党中央・国民政府と華北軍幹部と関東軍との三者の勢力の間に立ってどのように活動したか。本章では、これらの点に焦点をあてて、山海関事件から塘沽協定締結までの動きを中心に考察を進めたい。

この主題をとりあげるのは、この抗戦指導の過程に一九三一年の九・一八事変から三七年の抗日全面戦争勃発までの国民党政権の対外・対地方・対共産党政策の問題点が強く表われているからである。それは、江西省を中心とする共産党軍事勢力の包囲撃滅（囲剿）を外国（具体的には日本）の侵略への対処より優先しなければならない（「攘外必先安内」）とするものであった。「安内攘外」政策と呼ばれるものである。だが、一方で、三一年一二月には、関東軍の黒竜江省侵攻に対して強硬姿勢を採らない蔣介石政府に激しい抗議運動が向けられ、政治が麻痺状態に陥るという事態も起こっていた。それは、国民革命を遂行することをその存立の正統性の根拠としている政権にとって、外国からの侵略に抵抗しないという選択はあり得ないことを示していた。外国からの侵略行動が停止しているかその動きが緩慢で、抗戦を先送りできる状態では、「安内攘外」政策の遂行には問題が生じないにしても、抗戦の必要性が現実のものとなったばあい、「安内攘外」政策は困難に逢着する。その困難に国民党政権はどのように対処するのだろうか、また、その困難に直面することで国民党政権や「安内攘外」政策の一面を窺い知ることはできないだろうか。本章の関心はそこにある。(3)

この一連の抗戦の過程は次のような四つの時期に分けて整理することができる。(4)

第一の時期は熱河抗戦の段階である。関東軍の熱河侵攻から、熱河省主席湯玉麟が熱河省からほとんど無抵抗で逃亡した二月下旬までである。

第二の時期は、長城抗戦の段階である。中国側の積極的な軍事的抵抗が始まり、それとともに中央政府・華北の組織が大きく変化した時期である。ほぼ三月いっぱいがこの段階である。

第三の時期は、関東軍が関内に侵攻してから、いったん撤退するまでの第一次関内抗戦の段階である。この時期に、黄郛の北平政務整理委員会委員長就任が決まり、黄郛は上海で対日停戦の方途を模索する。四月がほぼこの時期に相当する。

第四の時期は、関東軍が再び関内に侵攻した第二次関内抗戦の段階である。黄郛は北平に赴任し、華北軍幹部・関東軍と停戦について協議を行ない、塘沽停戦協定締結にいたる。

以下、この段階ごとに区切って議論を進める。

一　熱河抗戦期

山海関事件から、二月に熱河に関東軍が侵攻して抗戦が勃発し、熱河省が陥落するまでの時期である。

この時期の華北は張学良と東北軍系の軍人・政治家の支配下にあった。国民政府は、前年一九三二年一月に張学良を北平政務委員会筆頭常務委員に任じ、北平政務委員会に北平市・天津市と河北・チャハル両省の政治を委任していた。また、軍事面でも、国民政府直属の軍事委員会に、軍事委員会委員長の蔣介石が委員長を兼任する北平分会を置き（軍事委員会北平分会、略称「北平軍分会」）、その委員長代理を張学良に委ねており、華北の軍事指導権は張学良が握っていた。また、河北省主席と平津衛戍司令に東北軍のなかでも張学良に近い軍事指導者の于学忠と王樹常を置き、チャハル省主席は張学良を支持する立場をとっていた西北（馮玉祥）系の軍人宋哲元が務めるなど、各省や大都市の政治・軍事も東北系の主導下に置かれていた。

この張学良による華北支配は、民国前期の「軍閥」の地方割拠を受け継ぐものであった。一方で、それは国民政府や中央の軍事委員会の承認と支持を得たものでもあった。国民党政権と地方軍事勢力の妥協の上に成り立つものだったのである。つまり、東北軍はその勢力を保持するために地方の政治・軍事権力を握りつづけることを必要としていた。他方の国民党・国民政府・軍事委員会などの中央国民党政権は、東北軍の地方割拠を好ましくないものと考えていたが、江西省に根拠地を持つ共産党軍事勢力の撃滅を優先し、東北軍の「割拠」を容認していたのである。この国民党政府と張学良・東北軍勢力との関係は、何度もの転変を経ながら一九三〇年九月以来続いているものであったから、必ずしも不安定なものとはいえない。妥協の上に成り立っている体制であり、それを成り立たせている条件が変われば容易に崩れる可能性があった。

国民党中央・国民政府は、熱河での抗戦が華北の陥落につながるのではないかという懸念を、関東軍の熱河侵攻が具体化する以前から持っていた。国民党中央・国民政府が懸念していた点は、具体的には、第一に、東北軍中心に編成された華北の軍が日本軍・対日協力軍の侵攻を防衛しきれるかということ、第二に、華北の旧北洋系の政治家や軍幹部が関東軍の動きに呼応して華北の独立を画策するのではないかということだった。

国民党・国民政府が特に警戒したのは、関東軍の動きに呼応するかのように華北に入っていた北洋派長老の段祺瑞・呉佩孚であった。一月二二日にはこのうち段祺瑞が天津から南下して南京に入って蔣介石と会談し、そのまま上海に居を定めて華北には戻らないことを決めた。呉佩孚も親日的態度を示そうとしなかったため、関東軍の謀略の中心は、段祺瑞系の張敬堯と馮玉祥系の宋哲元・方振武などに移る(5)。

このような情勢のなかで、蔣介石―宋子文（行政院長代理）政権は、共産党軍事勢力に対する第四次囲剿（包囲撃滅）戦を継続しながら、華北での抗戦にも備えるという選択を行なった。

これは、華北・東北での対日策を張学良に委ねて、結果的に東北喪失をもたらした九・一八事変の失敗を繰り返さないための選択であった。蔣介石は、三二年以来、東北での日本の侵略への軍事的対応（「攘外」）よりも江西省の共産党軍事勢力の撃滅（「安内」）を優先する「攘外必先安内」という意味の「安内攘外」政策をとってきた。これを「安内・攘外」を同時に行なう政策へ転換したのである。また、それは、対日強硬論者である宋子文の主張に沿った選択でもあった。華北の張学良・閻錫山も国民党・国民政府の決定に協力し、華北の対日抗戦部隊は張学良の指揮下に編成された。その主力はなお張学良系の軍隊であり、山西軍・中央軍がこれに部分的に加わるという態勢になっている。熱河省主席湯玉麟に対しては、宋子文・張学良がともに東北に赴いて督励し、財政部長でもある宋子文は抗戦のための破格の軍費の支給を湯玉麟に約束した。

しかし、二月一八日の関東軍の熱河への侵攻開始によって、共産党軍事勢力と関東軍の双方と同時に戦うという政策は破綻した。湯玉麟は、日本に対する抵抗をほとんど行なわないまま省会（省政府所在地）の承徳を無血で関東軍に委ね、みずからは天津に逃亡したのである。熱河省内ではわずかに孫殿英が軍事的抵抗を実行したのみであった。[6] 熱河陥落により、抗戦の焦点は長城線へと移る。

この敗北は張学良の華北支配体制に致命的な影響を与えた。

マスコミは、一年半前に瀋陽を無抵抗で喪失し、いま熱河を再び無抵抗で喪失した責任者である張学良を厳しく非難したが、今回の熱河陥落は湯玉麟の独断であり張学良の意思に反したものであった。同じ東北軍でも張学良の父張作霖と同世代の湯玉麟は、張学良の意思よりもみずからの勢力保持を優先したのである。しかし、東北軍内部の事情はどうあれ、この行動は「抗日に対する中央の（とくに財政的な）支援を要求しながら対日抵抗を行なわない張学良」[7]という、前年八月に汪精衛が張学良に投げかけた非難をみずから実証する結果となってしまった。張学良に、これ以上、華北の支配を委ねつづけると、張学良への厳しい批判が蔣介石・宋子文や国民政府・軍事委員会に波及するおそれがあった。また、一面では、これまで不可能だった華北の政治・軍事権力を中央に回収する好機でもあった。

蔣介石・宋子文は、まず、華北を中央政府の手で掌握するため、張学良を華北の政治・軍事指導者から解任した。三月六日、蔣介石は囲剿戦の指揮にあたっていた南昌から漢口に飛び、みずから「抗日軍事」を指揮するためと称して漢口から平漢線で北上した。蔣介石は八日に石家荘に到着し、九日、張学良が参加して蔣介石・宋子文・何応欽とともに保定で今後の華北体制についての会談が行なわれた。この会談で張学良の辞任が決まり、東北軍は于学忠・万福麟・王以哲・何柱国によって分担して指揮されることとなった。なお、張学良の軍事委員会北平分会（以下、「北平軍分会」）代理委員長・北平政務委員会常務委員からの辞任は三月一二日に正式に国民政府から発令された。

熱河抗戦の一方的敗北によって、国民党中央と張学良・東北軍の妥協の上に成立していた協調体制は崩れた。それは、張学良にとってはもちろん、蔣介石・宋子文が描いていたシナリオどおりの展開でもなかった。だが、一方で、それは、南京中央政権にとって華北の政治・軍事権力を回収する好機ともなったのである。問題は、それが抗戦の失敗という非常事態によってもたらされたことだった。蔣介石―宋子文体制は、従来の体制に替わる華北支配体制の構築を抗戦体制の立て直しと同時に進めなければならなかったのである。

二　長城抗戦期

張学良が務めていた北平軍分会委員長代理の職は、蔣介石系の軍人政治家何応欽（軍政部長）が兼任することとなり、何応欽は北平に赴任した。(8)

保定会談が行なわれていた三月九日には、二九軍を率いる宋哲元が喜峰口の戦闘で勝利を収め、熱河陥落と張学良更迭で暗転していた世論、ことに華北の世論を沸き立たせた。ただし、長城抗戦は、この宋哲元の喜峰口での勝利以降に本格化する。華北社会では、蔣介石の指揮のもとで、中央軍が日本軍の侵略に対して全面的に抗戦するという期待が高まった。だが、蔣介石は張学良を辞任させた後、何応欽に後事を託して再び南下し、共産党軍事勢力の包囲撃滅戦争の指揮に戻る。この行動は、華北社会に重ねて幻滅を味わわせ、その後の華北の混乱の一要因となる。

蔣介石の南下後、中央政府で大きな動きがあった。張学良の辞任を承けて、三月一七日、汪精衛が行政院長の職務に復帰し、宋子文は行政院長代理の職務を停止して外遊に出発した。汪精衛は、二〇日、対日政策の方針として、国民党の「中央紀念週」で「一面交渉一面抵抗」論を訴えた。だが、前年八月の「刺し違え通電」事件で汪精衛と決定的に関係を悪化させていた張学良が去り、宋子文も海外に去った後も、汪精衛の復帰に対する抵抗はなお根強かった。香港では胡漢民が談話を発表し、汪精衛の「一面交渉一面抵抗」論を強く批判し、その復職に異議を唱えた。汪精衛は、二三日、南京から上海に戻り、行政院長を辞任し宋子文を正式に後任に任命するよう求めた。

上海に滞在していた黄郛は汪精衛に復職を強く勧めた。これに対して、汪精衛は、黄郛に自分の非公式の顧問として活動することを求めた。黄郛はこの条件に同意し、これを承けて、三月三〇日、行政院長職に復帰した。黄郛は、汪精衛から、蔣介石と汪精衛の関係の調整役を期待され、黄郛もそれに応じたのである。国民政府テクノクラート層との関係が強く、対日強硬派である宋子文とは異なり、黄郛とならば協調が可能だと汪精衛は判断したのである。(9)

しかし、長城抗戦では、物資と軍費の補給が続かなくなり、戦況が次第に不利になりつつあった。しかも、馮玉祥が張家口に入り、抗日のためと称して中央とは無関係に軍隊を編成し始めた（チャハル・綏遠民衆抗日同盟軍）。馮玉祥は抗戦の重要な一翼を担う宋哲元の旧上官でもあった。この影響で宋哲元は、四月七日、チャハル省主席を辞任する意向を表明することになる。(10)

四月に入ると、長城線での抗戦が中国軍劣勢の状況で続くなか、関東軍は河北省内への侵攻を開始する。長城抗戦の期間は華北の新たな支配体制の構築と抗戦体制の立て直しの期間であった。だが、張学良解任後の華北の指導体制は、東北軍幹部の集団指導体制と決められただけで、政治的にも軍事的にも不確定のまま残された。何応欽が張学良の後任として抗戦を指揮する地位に就いたのみである。しかし、北平軍分会の委員は以前と変わらない華北の軍幹部が中心で、何応欽の指導体制は黄紹竑・張群らの補佐を得られるだけの暫定的で弱いものにすぎなかった。国民政府では、これまでの宋子文に代わって、「刺し違え通電」事件以後、東北軍や宋哲元などの軍事指導者と関係のよくない汪精衛が行政院長に復帰したが、その権力基盤は十分に安定したものではなかった。その状況で抗戦の戦場では物資と軍費が乏しくなりつつあったのである。

三　第一次関内抗戦期

関東軍は四月一〇日から関内（長城先南側の河北省内）への侵攻を開始した。関東軍は、この作戦について、熱河抗戦後、その敗残部隊が関内から熱河省内の治安を乱しているという理由を掲げていた。(11)

この攻勢は、中央政府にも華北の政治・軍事指導者にも強い危機感を持たせるにいたった。蔣介石は、四月一一日、黄郛に華北への赴任を要請した。これと並行して、中央政治会議が、張学良の辞任と華北での抗戦ですでに有名無実となっていた北平政務委員会を廃止することを決議した。北平政務委員会の代替機関に黄郛を起用するための準備である。黄郛が選ばれたのは、前年以来、蔣介石が華北の政治長官として想定していた人物であることと同時に、張家口で独自の軍事行動を準備している馮玉祥を説得するためには、馮玉祥と関係の深い黄郛を起用することが有効だと考えたからであろう。[12] 以後、華北をめぐる政治・軍事情勢はこの黄郛の起用を焦点に動いていくことになる。

黄郛はこの要請に難色を示した。その理由は、華北に黄郛に対する反対勢力が多いことだった。黄郛は、張学良が去った後も華北で強い勢力を保つ東北軍に根強い不信を持っていた。[13]

黄郛が逡巡している間に戦況は悪化した。その状況に直面した山西省主席徐永昌は、四月二〇日、汪精衛に宛てて、早く和平を決断すべきだという内容の電報を送った。徐永昌が危惧しているのは北平・天津（以下、適宜、両都市を合わせて「平津」と呼ぶ）の陥落であった。平津が陥落すれば華北全体が取り返しのつかない危機に陥ると徐永昌は述べている。[14]

この電報を受け取った汪精衛は黄郛を南京に招いた。この直後、黄郛は、張群とともに、蔣介石の再度の呼び出しを受けて、南昌へ向かった。汪精衛・蔣介石間で黄郛の起用をめぐる合意が形成されていたと推測される。四月二六日、黄郛は南昌に到着し、蔣介石をはじめとして、唐有壬・蔣作賓・張群・何成濬とも会談し、新設の華北政治機構の長官の地位を引き受ける決心を固めた。会談では、日本に対してどこまでの妥協を許すかという限度についても話し合われた。五月一日、黄郛は南京に戻り、再び汪精衛と意見を交わした。汪精衛も、華北に政治機構を新設することと、黄郛がその長官となることに同意した。[15]

五月三日、国民政府は、中央政治会議の決議に依拠して、「行政院駐平政務整理委員会」を新設することを発表し、同時に黄郛を委員長とすることを発令した。その管轄範囲は、河北・山東・山西・チャハル・綏遠の五省と北平・青島の二市（特別市）とされた。[16]

この時期の黄郛の認識は、当時、上海で黄郛にインタビューした『大晩報』記者の回想に基づけば、次のようにまとめることができる。[17]

一、関東軍の関内作戦に伴う戦況の苛烈化に対応して、蔣介石を囲剿戦に専念させつつ、華北での和平をみずから主導することが黄郛の任務である。蔣介石が「安内」＝囲剿戦と「攘外」＝日本への対応の同時並行政策を遂行できるよう、「攘外」の問題を引き受けて和平に務めることが黄郛の役割である。

二、ただし、対日和平はあくまで抵抗のための「時間稼ぎ」である。

三、これと同時に、華北「独立」の懸念が現実化しないように、華北での反中央運動が発生する可能性を抑制する。そのために、旧北洋派の政客・「軍閥」への監視と働きかけを重視する。

四、黄郛自身の役割はあくまで政治面に限定され、軍事的指揮権は持たない。

なお、黄郛が蔣介石・汪精衛の要請に応じてから、関東軍は関内（長城線以南・以西の河北省内）作戦をいったん中断して、長城線への撤退を開始していた。[18] 黄郛が要請に応じた段階では平津陥落の懸念が大きかったが、北平政務整理委員会設立発令の段階では関東軍はいったん後退したかたちになっていた。黄郛はその情勢を見て北上を決意した。具体的な平津陥落の危機に対処することは当初は予定していなかった。

この黄郛の起用によって、これまで不確定だった華北の政治指導体制はいちおう固まることになる。同時に、黄郛の起用は、それが四月二〇日の徐永昌電報を受けて本格的に決定されたことからもわかるように、中央政府の方針が明確に対日和平を求める方向に確定したことを意味していた。華北を中央の指導下に置き、対日和平を実現することが黄郛に託された使命であった。黄郛も、日本軍が関内侵攻を停止している時期を好機と見なしてようやくその要請を受け入れたのである。

しかし、北平政務整理委員会委員長を引き受けた黄郛が最初に対処しなければならなかったのは、日本軍の関内作戦再開による華北情勢の緊迫であった。

四　第二次関内抗戦期

黄郛は、関東軍の関内作戦再開の原因が中央や現地の中国軍の側にもあると判断し、中国側の挑発行為を問題にした。[19]

その情報源は根本博（上海駐在武官）であった。根本の情報は、関東軍は中国軍を密雲―玉田―豊潤―灤州の線まで押し戻すことを最初の目標にしており、その理由は中国軍が前線でときおり「挑戦行為」を行なっているからだというものであった。楊永泰からの電報で、蒋介石も同じ懸念を持っていることが黄郛に伝えられた。五月六日、黄郛は中央の強硬論・楽観論を汪精衛の権威によって抑えてほしいと要望した。これは、単に日本側をこれ以上刺激しないための策であるにとどまらなかった。華北で対日講和を成功させたとしても、それを中央の強硬論・楽観論により覆されることを黄郛はおそれているのであった。[20]

黄郛は、中国軍の自発的撤退で停戦を実現するために上海での情報収集を進めていた。五月一三日、黄郛は、「関東軍某要人」（黄郛夫人の沈亦雲によると岡村寧次）が「上海の友人」（同じく根本博）に宛てた電報の内容を聞き出し、それを蒋介石・汪精衛（陳儀経由）に報告した。これによると、関東軍には平津まで進撃する意志はないが、中国軍が日本軍の守備区域から砲の射程の外の地点まで後退することが必要だ、ということであった。

黄郛は、この情報を、陳儀の得た情報などと照らし合わせ、中国軍が密雲―玉田―灤州―灤河の線まで後退することを求められていると解釈した。そこで黄郛は古北口方面の中央軍を密雲後方の牛欄山まで後退させることを提案した。ところが、北平からは、黄郛の提案を受けた何応欽・黄紹竑が、「確実な黙契」か「相当な保証」があるかどうかを確認してほしいと返電を送ってきた。翌一四日、何応欽・黄紹竑からは「一八日以前に、密雲

―平谷―玉田―薊県―唐山の線に撤退する」という案が寄せられ、中国軍が自発的にこの線に撤退すれば日本側が進撃を停止する保証があるかどうかを再び問い合わせてきた。[21] 中央の代表として華北軍を指導する立場にある何応欽・黄紹竑も、撤退した後に「追い討ち」をかけられることを危惧する華北軍幹部の懸念を考慮しなければならなかったのである。

前線での軍費不足も深刻になっていた。とくにチャハル方面の部隊の士気が低下していることが伝えられた。黄郛は、軍費の財源確保のために、上海で銀行界との交渉を開始し、蔣介石にも華北の軍費問題についての対処を要求した。黄郛は、当面の軍費はほぼ確保したものの、二か月間の軍費は確保したがそのあとのことはまったく目途が立たないと判断していた。[22]

黄郛が上海で情報収集と軍費調達交渉にあたっている間も、北平の張群は黄郛の速やかな北上を求めていた。張群は、北平政務整理委員会委員長である黄郛が北平に入らなければ、形勢が変化し、華北でクーデターが発生して親日派政権が樹立されてしまうことを強く警戒していたのである。[23] だが、黄郛は、北平政務整理委員会委員長に任じられながらも上海を離れず、黄紹竑・何応欽・張群による日本側との交渉を上海から指揮する姿勢をとった。

何応欽は、北平の永津佐比重武官と交渉し、双方の「黙契」のもとで戦闘を停止することが可能であるという見通しを黄郛に送った。黄郛は、張群・何応欽・黄紹竑・陳儀の電報に対して、何応欽・黄紹竑の案に従い中国軍がすみやかに自発的に牛欄山に撤退することを求めた。それが実現すれば何応欽のいうような停戦も可能であると判断したのである。

しかし、黄郛の指示した方針に汪精衛・陳儀は賛成しなかった。陳儀が懸念していたのは、中国軍が撤退しても日本軍が密雲―玉田―豊潤―灤州の線からさらに進撃を続ければ、けっきょく平津が危機にさらされるということだった。それを防ぐためには、黄郛がすみやかに北上して交渉を開始することがどうしても必要だと考えた汪精衛・陳儀も、張群と同様に、黄郛の速やかな北上を求めることになる。[24]

この時点で、四月二〇日付徐永昌電報に示されていた「平津陥落」の懸念が、華北情勢に関心を持ち対日和平を主張する中央政府のスタッフに、南京・上海・北平のいずれの都市にいるかにかかわりなく共有されていることが注目される。平津陥落は華北陥落を意味するとして、冀東・察東地域での関東軍の南下は平津を危機に陥れるからこそ阻止しなければならないという認識が共有されている。そこで懸念されているのは、抽象的な領土喪失ではなく、具体的な平津喪失の危機であった。黄郛は、おそらく上海での根本博武官との接触から、中国軍の自発的撤退を決めれば十分だと考えていたが、張群・汪精衛・陳儀らは、中国軍の撤退よりも黄郛の北上のほうが重要だと考えていたのである。北平に華北政治全般を指揮しうる指導者が存在しないことをより危険なことだと判断していたのである。

黄郛は、その要請に応え、黄紹竑・何応欽が中国軍の撤退ラインを決めたことを受けて、ようやく自ら北上することを決めた。[25]

黄郛が華北への赴任に際して最初に行なったのは、急を要する停戦交渉ではなく、華北の省主席クラスの軍人政治家との顔合わせであった。まず、黄郛は、済南で山東省主席韓復榘および省政府各庁長・政府委員と会見し、北平政務整理委員会への協力を要請した。一七日には河北省省会の天津に到着し、河北省主席于学忠の招待に応じて省政府を訪問した。[26] 一七日夜には北平に到着し、北平軍分会で会議を開いた。この会議後、何応欽が、宋哲元・商震・龐炳勲・何柱国らを北平に招集する電報を発した。停戦へ向けての華北軍人の間での合意作りのためであった。黄郛は、北平政務整理委員会を正式に成立させることよりも、対日和平の実現を優先したのであった。[27]

しかし、黄郛が対日和平の動きを始めると、それに対する反対の動きが、国民党の有力元老胡漢民の影響下にある広州の国民党西南執行部・西南政務委員会から起こった。西南政務委員会は、外交部や国際連盟代表の顧維鈞と連携しつつ、停戦交渉の情報を流し、黄郛の活動を牽制しようと図った。この動きに対して黄郛の対日和平交渉を支えたのは汪精衛であった。また、「国民政府紀念週」での報告では、「広州の一部分の中央委員が根拠のないうわさを信じている」として、西南執行部・西南政務委員会を批判した。汪精衛は、和平実現のために対日強硬論を抑え、黄郛を支える役割をひとまずは果たしたわけである。[28]

西南執行部・西南政務委員会の反対よりも深刻だったのは、関東軍との戦争で窮地に立たされている華北の軍人自身が必ずしも和平に積極的でなかったことである。五月一七日の黄郛の呼びかけで、二一日、華北の諸将領が集まって軍分会で会議が開かれた。しかし、この会議では、白河の線を決死の抵抗線と定めたのみで、和平への合意は得られなかった。[29]

同じ二一日、黄郛が北平の日本公使館に永津武官を訪問したところ、中国人の一青年が日本公使館の守衛に斬りつけるという事件が起こり、交渉が行なえなかった。[30]

和平は西南執行部・西南政務委員会・外交部から反対を受け、直接に和平に関係する華北諸将領の積極的協力も得られず、日本軍との交渉も進展しないまま、華北の危機感は募っていた。北平から脱出する住民も出始めた。[31]

汪精衛・蔣介石は、和平がいっこうに進展しないことに関して強い懸念を持った。

汪精衛は、抽象的な表現ながら、「わが軍の対応の方法」について何応欽・黄紹竑・黄郛に「授権」すると告げ、また、「軍費は当然ながら全力を尽くして捻出する」、「捻出の方法は財政部と協議して、また告知する」と、財政面で黄郛を支持することを約束した。蔣介石は黄郛の活動が進展していないことに不快感と不安を表明した。蔣介石は、何応欽の報告を引用して、「平津まで攻撃しようという敵の意図はすこしもなくなっていないようだ」と黄郛に警告し、熊斌を送ったので緊密に連絡をとってほしいと要請した。蔣介石は、また、黄郛からの連絡があまり頻繁でないことに不満を示して、「すべての情勢・形勢は、その日ごとに電報でお示しいただき、遠方にいる弟（蔣介石）の懸念を払拭するようにしていただきたい」と求めた。[32]

厳しい状況のなかで、黄郛は関東軍との直接交渉による打開策を考え、五月二二日、殷同を長春（満洲国の新京）に派遣した。[33] 同じ日、北平軍分会は撤兵を命令し、徐庭瑤を北平都市防衛司令に任命した。白河防衛という計画は放棄され、自発的に撤兵して北平の防衛に集中することがようやく具体的に命令されたのである。華北の軍幹部がようやく和平に同意し始めた。二三日の上海の『申報』は日本側の和平交渉に関する報道を流した。[34]

しかし、日本軍は、一九〇一年の辛丑条約（義和団戦争後の北京議定書）上の権利として、日本居留民保護のために北平城内に軍隊を合法的に送りこむことができた。殷同を派遣し、北平への撤兵が命令された二二日、天津軍が、北寧鉄路局長・鉄道部次長の銭宗沢に居留民保護のために北平に部隊を送りこむために北寧線に特別列車を走らせるよう要求してきた。中国軍を北平の防衛のために集中的に投入したとしても、もし日本軍が北平城内に入れば北平城は内外からの挟撃を受けかねない。銭宗沢から連絡を受けた黄郛は和平交渉に踏み切ることを決し、中央政府に急を知らせるとともに、その危機感の薄さを非難する電報を蔣介石・汪精衛宛に送った。[35]

これと行き違いに汪精衛は和平交渉に関する具体的条件を電報で送っていた。満洲国を承認し、四省（遼寧・吉林・黒竜江・熱河）を割譲するという条約を調印すること以外であれば、その他の条件はすべて受け入れてよい、黄郛の決定で受け入れるかどうかを決せよ、という内容である。

二二日深夜、汪精衛の電報を受け取った黄郛は、黄紹竑と協議し、黄郛・黄紹竑・李択一の三人で中山（詳一、代理公使）・永津・藤原（喜代間、海軍武官）らと電話を用いて午前二時まで話し合いを行なった。[36]

この電話交渉の内容は、二三日には早くも『天津大公報』が号外で発表している。黄郛自身も、二三日、何応欽・黄紹竑と連名で、中山・永津・藤原との交渉結果をつぎのように報告した。これによると、日本側が提出し

た条件は以下の四項だという。(37)

一、中国軍は、延慶―昌平―順義―高麗営―通州―香河―宝坻―林亭鎮―寧河以南・以西に撤退し、今後いっさい挑戦行為をしない。

二、日本軍もこの線を越えて進撃しない。

三、何応欽〔軍分会代理〕委員長が正式に任命した停戦全権員を密雲に派遣し、日本軍の高級指揮官に対して停戦の意思を示す。

四、以上のことが正式に約定された後、関東軍司令官の指定した日本軍代表と中国側の軍事全権代表が、何日何時と定めて、北寧線上のいずれかの地点で停戦に関する成文協定を作成する。

この停戦ラインは、一四日の何応欽・黄紹竑提案よりも南西寄りであり、中国側にとって不利なものとなっていた。

ところが、黄郛が実際に停戦交渉に入ると、汪精衛・蔣介石の姿勢は一転して和平に消極的になった。(38)

蔣介石は、五月二四日、「事すでにここにいたったからには、「委曲求全」することはやむを得ざることであり、私が責任を負うべきであろう」としながらも、停戦を明文で取り決めることに関しては強い難色を示した。それは、東北三省・熱河省の地名が成文協定に記載されれば、中国が割譲を認めたと解釈されるのを懸念したからである。汪精衛も、国防会議の決定として、文字を用いた規定を作ってはならないこと、やむを得ざる場合にかぎって軍事協定は認めるが政治協定は認めないこと、その内容は中央の批准を得ることなどを何応欽・黄郛に命令した。黄郛に全権を委任するように読める二二日の電報とはニュアンスが大きく異なる。(39) 汪精衛・蔣介石は、さらに、北平政務整理委員会・軍分会の北平からの退出を決めた黄郛に平津死守を命令してきた。汪精衛は、平津は世界の注目を集める場所であるからわが国が怯懦な姿勢を見せれば「国家の人格」を疑われるであろう、また戦争が激烈になれば各国が干渉してくるであろうとして平津防衛を命じるというものであった。諸外国の干渉は一・二八事変（第一次上海事変）の例を念頭に置いたものである。汪精衛は、英米の支持によってわが国に有利な解決が望めることを強調し、黄郛が強く懸念している財政面（軍費の支給）でも宋子文が米英と折衝しているので希望がある、と、それまでの論調から一転して「英米の支持があるので一定の対日強硬策を維持せよ」という主張を強めている蔣介石も、北平の防衛を固めてから転機をはかることが必要だとし、五月二五日の電報でもかさねて北平死守の必要を強調した。「弟（蔣介石）には倭寇に休戦の誠意があるとはとうてい思えない」というのがその理由であった。また、「文字方式」による協定を作成してはならないのは、「将来、これを例に引かれることになり」、日本の侵略拡大の「端緒を吾人がみずから開くことになってしまう」ためであった。(40)

平津を喪失すれば華北は極度の混乱に陥る。それを防止するためには対日和平を実現するしか方法がない。しかし、停戦を実現しても日本が侵略を止めるという保証はない。しかも、その停戦協定が日本の東北占領〜満洲国樹立の正当化と華北へのさらなる侵略の足がかりに使われるおそれがある。停戦を決断せずに華北を混乱に陥れれば中央政府の支配の正統性は失われるが、停戦を決断してなお華北を喪失すれば中央政府はさらに苦境に陥る。汪精衛・蔣介石のジレンマはそこにあった。黄郛はそのジレンマの解決を押しつけられたのである。黄郛は、対日交渉を継続しながら、蔣介石・汪精衛を説得しなければならなかった。

黄郛は、五月二七日付電報で、対日交渉の経過を報告するとともに、蔣介石の対応に対して強い不満を示した。領土の問題に触れてはならないという指示に対しては、対日停戦協定が、国家対国家ではなく、あくまで軍対軍の協定として結ばれるという点を強調している。蔣介石・汪精衛が、いったん黄郛にフリーハンドを許したはずの停戦交渉に対して条件をつけたことにも強い不快感を示した。(41)

しかし中央政府の成文協定締結に対する慎重姿勢は変わらなかった。汪精衛は、二七日にも「成文協定は関係が重大であり、一字一句がじつにのちの禍福の起こる源になりかねない」という理由で、蔣介石との協議が終わるまで待つように命令し、しかも、風が強くて飛行機が飛べず、蔣介石との協議ができないという理由でさらに期限を一日延期した。二八日、汪精衛・孫科（立法院長）・羅文幹（外交部長）・馬超俊・會仲鳴・王世杰・陳紹寛・梁寒操は、牯嶺で蔣介石と華北問題に関して協議を行なった。しかし何の進展もなかった。(42)

中央が慎重姿勢をとりつづけるなかで、黄郛は関東軍との交渉を進めていた。二二日深夜の合意に従い、北平軍分会の参謀徐燕謀が黄郛・何応欽側を代表して、二五日、密雲に赴いた。交渉相手は永津・藤原両武官であった。ここで永津武官が提示した条件は、二二日深夜〜二三日早朝の電話交渉と基本的に同じであった。ただし、両武官側は関東軍司令官と何応欽委員長との双方の全権代表による「停戦に関する成文の協定」の作成を求めていた。(43)黄郛・黄紹竑・何応欽はこの要求をもとに停戦協定締結を進める。

停戦協定締結の概要が固まった二八日、中央との調整を行ない、停戦協定について承認を得るために、黄紹竑が華北から蔣介石のいる廬山へ向かった。黄紹竑は二九日夜に牯嶺に到着し、蔣介石・汪精衛・孫科・羅文幹と協議した。(44)

その間に、華北軍・関東軍両軍の代表は、塘沽に集まり、五月三〇日午後四時から交渉を開始した。「政治協定」の内容を含まない停戦協定として、軍と軍の協定という形式をとった。華北軍の代表委員は、北平軍分会総参議参謀本部庁長熊斌（陸軍中将、委員長）、鉄道部政務次長銭宗沢、北平軍分会高級参謀徐燕謀（上校＝大佐）、軍事委員会顧問李択一・雷寿栄、華北軍第一軍団参謀処長張熙光（于学忠が派遣）の六人であった。日本側は、関東軍副参謀長岡村寧次、関東軍から喜多誠一・遠藤三郎・藤本鉄雄・河野悦次郎・岡本英一、北平公使館付武官永津佐比重の七人である。

三〇日の夜になって、蔣介石は、ようやく「中央内部は一致することができた」と電報で黄郛に知らせた。蔣介石によれば、孫科・羅文幹・王世杰らに加えて、汪精衛も、協定の形式・内容・手続きに疑問を持っており、それが中央政府が和平を決断できなかった理由だという。この会議で、協定締結には中央の批准を必要とするというこれまでの条件はようやく撤回された[45]。このときすでに塘沽での停戦協定交渉は後戻りのできない段階まで進んでいた。協定は、三一日午前中の会議で議決された。協定の正本は、中文・日文各二通ずつ作成され、熊斌・岡村によって調印された[46]。

協定は、前文で、関東軍司令官武藤信義が「昭和八年五月二十五日」(「民国二二年」の表記はない)に密雲で何応欽の派遣した参謀徐燕謀から正式に停戦の提議を受け、双方代表の岡村と熊斌によって協定が締結されたことを述べている。協定は、中国軍の撤退ラインを延慶─昌平─高麗営─順義─通州─香河─宝坻─林亭鎮─寧河─蘆台と定め、その撤退が確実に実施されていることを確認するために日本軍が飛行機その他の方法で「視察」を行なうことができるとし、しかも、この「視察」には中国側が保護と便益を供与しなければならないと定めた。これに対し、日本軍の撤退については、中国軍の撤退完了後、自発的に、「概ね」長城線まで「帰還」するという、条件付きであいまいな部分を残した規定になっていた。また、この撤退ライン以北・以東には、中国側は軍隊を進入させることができないとされ、治安維持には中国の「警察機関」があたることとされ、しかもその「警察機関」には「日本の感情を刺激する武力団体」を使ってはならないとされた。この規定は関東軍や天津特務機関が育成した親日系軍隊をこの「警察機関」に転用するための伏線であった。

この協定の文章は、読み下し文として読めばそのまま日本語として読めるもので、日本案を中国語に直訳したものである。

塘沽協定の停戦ラインは、当初、黄郛が考えていた「密雲─玉田─豊潤─灤州」の線よりさらに平津に近い線に決まり、停戦ラインから長城線の間が非武装地帯として設定された。戦区と呼ばれる地区である。しかも、戦区に日本軍を残留させることを容認し、戦区の治安維持について関東軍に介入の口実を与えることとなった。さらに、中国軍の撤退状況を確認するための飛行を認めたことは、その目的を越えて、平津の上空を日本軍の飛行機が飛ぶことで市民に不安を与え、中国側に圧力をかけるという目的で使われることになる。

この塘沽協定の評価は中央政府内でも分かれた。

交渉担当者の熊斌自身は、何応欽・黄郛に経過を報告した後、「国民全体の了解を得ることは期しがたいが、みずから良心に問うてなお心安んじることができるものである。双方がこの誠意にもとづいて、日々親善に向かうことを望むのみである」という談話を発表した(47)。

中央政府でこの停戦協定をいち早く支持する声明を発表したのは汪精衛である。当日中に書面談話が出ていることから、停戦協定の内容を知る以前にあらかじめ用意しておいたものであろう。この談話は、「昔は抵抗せずに失地を出し、いまは抵抗して失地を出した」として、今回の「失地」は九・一八事変・熱河抗戦とは性格のちがうものであるとしたうえで、中央が全面的に抵抗することができなかったのは「赤匪」と「その他の牽制」によるものであるとした。「昔は抵抗せずに失地を出し」たというのは東北軍に対する非難、「その他の牽制」とは西南政権（国民党西南執行部・西南政務委員会・西南軍分会）に対する非難で、九・一八事変・熱河抗戦での東北四省喪失は東北軍の責任であるが、長城抗戦・関内抗戦での敗北は「赤匪」と（抗戦に協力的でなかったと汪精衛が考える）西南政権の責任であるとする。停戦協定そのものについては「局部的な緩和によってであれば、領土主権や国際的に得た地位には影響を及ぼさない。そこで、久しく疲弊しきった軍隊と困窮しきった人民の回復のための計を行なうことには、政府が毅然と責任を負う」と擁護する姿勢を示している(48)。

しかし、国民政府でも、外交部長羅文幹は、この日、「密雲で調印された条款」への駐外公使（施肇基・顧維鈞・郭泰祺）の反応を何応欽・黄郛に送ることで、塘沽協定への抗議の意思を表した(49)。

このような反対意見も意識して、汪精衛は、翌六月一日、国民党中央常務委員会の席で、停戦協定は軍事的にも屈服を意味せず、政治（つまり国民党政権が満洲国を承認したか否か）にも無関係であること、抗戦から停戦にいたる過程での問題はむしろ西南の非協力的な動きであること、今後の中国―日本間の問題については国際連盟が処理すべきものであることなど、塘沽停戦協定についての見解をあらためて述べた。汪精衛は翌二日と五日にも塘沽協定について同様の発言を繰り返した。このように汪精衛が繰り返し塘沽協定を擁護する発言を繰り返さなければならなかったことは、国民党・国民政府内部に停戦協定への根強い反対があったことを窺わせる。また、塘沽協定を擁護するにさいして東北軍や西南政権などに対して非難を繰り返しているのも汪精衛の発言の特徴である。(50)

おわりに

以上の熱河抗戦から第二次関内抗戦にいたる過程を中央政府の政治指導・戦争指導体制と華北の政治・軍事体制の二つの面から整理してみる。

まず、中央政府の抗戦指導の主体の変遷を見る。

熱河抗戦の時期には、中央で抗戦を指導したのは蔣介石（軍事委員会委員長）と宋子文（行政院副院長・院長代理）であった。蔣介石自身は囲剿戦の指揮を執り、宋子文が華北を訪問し、財政面での抗戦支援も行なった。しかし、熱河抗戦は湯玉麟の敵前逃亡で敗北に終わり、長城抗戦の時期には蔣介石自身が囲剿戦を一時的に中断して北上せざるを得なくなった。この時期の途中で行政院長に汪精衛が復帰し、行政院の主導権は宋子文から汪精衛に移る。蔣介石―宋子文―張学良の協力体制が終焉し、一九三二年八月の「刺し違え通電」事件以来中断していた汪精衛―蔣介石合作が復活したのである。長城抗戦の期間はこの政権移行の時期に重なる。また、長城抗戦の時期には、蔣介石は「攘外必先安内」の政策を一時的に変更せざるを得なかったが、汪精衛の復帰が決まると同時に蔣介石は再び囲剿戦の指揮に戻り、「攘外必先安内」政策に復帰した。第一次関内抗戦期・第二次関内抗戦期は汪精衛―蔣介石が中央政府で抗戦を指導する。蔣介石は囲剿戦を再開してその前線にいたが、対日講和のような重要な問題は汪精衛だけで決断することができず、囲剿戦の前線に蔣介石を訪ねて方針を決めていることがわかる。汪精衛と蔣介石は概ね協調して動いているが、足並みの乱れも見られる。とくに、五月二二、二三日の交渉に関して黄郛に交渉の全権を委任するような指示を出したのは汪精衛の独断で、それがその後の対日交渉を混乱させる結果となった。その後の対日停戦交渉への指示を見れば、抗戦指導の主導権を握っているのはあくまで蔣介石であり、汪精衛は行政院長の立場からそれを支持する役割を担っているに過ぎない。なお、第二次関内抗戦の時期に入って、北平政務整理委員会の設立と黄郛の委員長就任がようやく決まる。

次に、華北の抗戦指導の主体に注目して整理する。

熱河抗戦の時期には、張学良が、東北軍および宋哲元・商震など諸軍の指揮権を握り、それが抗戦軍の主体となっていた。しかし、湯玉麟には張学良の指揮権は実質的には及ばず、それが熱河抗戦の敗北をもたらした。その後の長城抗戦の時期には、華北社会は蔣介石が直接に抗戦の指揮を執ることを期待したけれども、実現しなかった。この時期には抗戦軍の士気は概して高く、日本軍を長城線で食い止めることに成功していた。しかし、その華北軍の指揮については、于学忠（河北省主席）など東北軍幹部と宋哲元（チャハル省主席）・商震らを、中央から赴任してきたばかりの何応欽が束ね、華北政治の指導体制も固まらず、政治面でも軍事面でも体制的には不安定な状況が続いた。第一次関内抗戦期には、華北抗戦の指導は、張学良の後任として北平軍分会代理委員長に就任した何応欽を黄紹竑と張群が補助して行なわれた。いずれも中央政府から派遣された指導者である。しかし、その指導力は政治面には及ばない限定されたものだった。華北現地で政治を指導するのがだれかがはっきりせず、何応欽らはその点を衝いて日本軍の対日協力政権樹立工作が展開されることにたえず神経をとがらせなければならなかった。第二次関内抗戦期に入ってようやく黄郛が中央から派遣される。この時期まで、何応欽・黄紹竑・張群らと、于学忠・宋哲元などそれまで張学良の指揮下にあった諸将領と何応欽らの協調は十分ではなかった。黄郛は日本軍当局（関東軍・北平駐在武官など）と精力的に交渉して停戦協定をまとめた。黄郛の対日交渉は、華北諸将領がみずから抗戦を継続する能力も士気も喪失した状態で、その頭越しに中央政府と連絡を取りつつ行なわれたものだった。だが、黄郛が赴任しても、黄郛・何応欽など中央から派遣された政治家・官僚と于学忠・宋哲元らとの関係が根本的に改善されたわけではなかった。そのうえ、蔣介石・汪精衛など中央政府とも停戦協定締結の方針をめぐって議論が続き、黄郛は必ずしも中央政府の全面的な支持を得られないまま交渉を行なわなければならなかったのである。

この時期の政治・軍事指導は「安内攘外」政策に強く規定されていた。「安内攘外」政策が全体として成功したか破綻したかを本章で取り上げた内容から検討するのは性急に過ぎる。ただ、「安内攘外」政策を遂行するうえでの種々の困難さは、この一九三三年二月〜五月の華北抗戦の過程にも十分に表われていた。

その困難さは、華北で実際に軍を指揮している華北軍幹部と、中央（国民党中央、国民政府）や中央から派遣された政治家・官僚との関係の困難さとしてまず表われる。熱河抗戦が敗北に終わるまで、地方の基盤を死守したい地方軍事勢力と、地方軍事勢力の「割拠」を終わらせたいと考えながらも共産党軍事勢力の撃滅を優先する国民党中央政権との妥協が成立していた。これが蔣介石軍事委員会委員長―宋子文行政院長代理―張学良北平軍分会委員長代理による抗戦指導体制だった。だが、現実に抗戦が起こり、現地で地方軍事勢力が指導する抗戦が失敗すると、その妥協も崩れる。その結果、中央政権に汪精衛が復帰して対日方針が見直され、華北にも何応欽・黄郛が中央から派遣された。しかし、何応欽・黄郛は華北軍幹部との信頼関係を持つことができず、協調関係を築けなかった。そのなかで停戦交渉を行なうことができたのは、戦況が決定的に不利だったうえに軍費支給もおぼつかない状態で、華北軍自身に停戦以外の選択肢がなくなっていたからである。

だが、「安内攘外」政策の困難さは、華北抗戦の場では、そうした人や集団の立場の違いや対立以外に、直面する政策目標の違いというレベルでも表面化した。それがもっとも先鋭に表われたのが停戦交渉の過程である。黄郛は蔣介石の「異姓昆弟」であり、黄郛と蔣介石は人間的な信頼関係で結ばれていた。だが、停戦交渉の過程では、平津地域への日本軍の侵攻を阻止するという目標では一致しながらも、一刻も早い停戦の成立をめざす黄郛・何応欽・黄紹竑らと、「満洲国承認」と解釈されうる成文協定をなるたけ避けたい国民党中央政権との間で交渉権限をめぐる考えの違いが表面化し、その対立は停戦協定締結直前まで解消しなかったのである。

「攘外必先安内」の「安内攘外」論は「攘外」の実行をとりあえず先送りできる状況では有効性を持ったと言える。だが、現実に侵略行動が行なわれ、いかに限定的なものであっても抗戦が必須のものとなったとき、その状況は当時の国民党政権の内部に存在したさまざまな矛盾点を表面化させる結果となったのである。それは、一九三三年当時の国民党政権は、地方軍事勢力の省以下の地方社会支配を容認するか否か、政権所在地以外の地方への侵略に国家全体の問題として対処するか地方的な軍事紛争の一種として対処するかという点で未確定な要素を抱えていたことを示している。

国民党政権は、これらの問題を抱えたまま一九三七年の抗日全面戦争に突入していくことになる。その過程の検討や、ここで華北の対日地方外交という特殊な事例を素材として論じたことが他の地域や他の国との関係についてどこまで一般化できるかという重要な課題の考察は、今後の課題としたい。

（1）一九三二年一月以来、北平政務委員会筆頭常務委員（この委員会は委員長を置かなかった。張学良が実質的に委員長）、同年八月より軍事委員会北平分会（北平軍分会）代理委員長。張学良は、これらの職に就くことで、北平・天津と河北省・チャハル省の政治・軍事の指導権を握っていた。

（2）沈雲龍編著『黄膺白先生年譜長編』台北、聯経出版事業公司、一九七六年、によると、黄郛は、一八八〇年、浙江省紹興府に生まれた。一九〇四年、黄郛は浙江武備学堂に入る。翌一九〇五年、日本に留学し振武学校に入学、閻錫山・張群・蒋介石らと知り合う。一九〇九年、日本から韓国を経て帰国する。一九一一年、辛亥革命が勃発すると、陳其美らとともに上海に上海軍都督府を樹立した。このとき、陳其美・黄郛・蒋介石の三人は「異姓昆弟」の契りを交わした（電報などで黄郛が蒋介石を「弟」と呼ぶのはこのためである）。第二革命敗北後、日本に亡命し、のちにシンガポールに移る。一九一八年に帰国し、「戦後之世界」・「欧戦之教訓与中国之将来」などを著す。一九二一年にはワシントン会議の中国代表団の一員に選ばれるが、会議途中で帰国。帰国後、北京政府で外交総長・教育総長を歴任する。一九二四年、馮玉祥による北京政変に参加し、政変後、国務総理として大総統の職務を兼任する「摂政内閣」を組織した。段祺瑞の執政就任とともに辞任し、一九二六年に国民党政府側に参加、一九二七年に上海特別市市長に任ずる。一九二八年には外交部長として済南事変の処理にあたる。その後、故郷に近い江蘇省の保養地莫干山に隠退していた。

（3）石島紀之「国民政府の『安内攘外』政策とその破産」（池田誠編著『抗日戦争と中国民衆』法律文化社、一九八七年）は、国民党中央政権の安内攘外政策について概観し、時期的に性格づけつつまとめている。この一九三三年の華北抗戦の過程を通史的に詳細に論じたものとしては、日本史の視点から論じたものではあるが、島田俊彦「華北工作と国交調整（一九三三年～一九三七年）」（日本国際政治学会太平洋戦争原因研究部『太平洋戦争への道 3』一九六二年）を挙げなければならないだろう。鹿錫俊『中国国民政府の対日政策 一九三一～三三』東京大学出版会、二〇〇一年、はこの時期を含む国民政府の外交政策を、多くの史料を読みこみ、対ソ政策とも関連させながら詳しく論じた優れた業績である。熊宗仁『何応欽――漩渦中的歴史』貴陽、貴州人民出版社、二〇〇一年、は何応欽の伝記で、何応欽の抗戦指導についても詳しく触れている。ただ、これらの先行業績においては、蔣介石・汪精衛・黄郛・何応欽の立場は基本的に一致しているものとして叙述される傾向が強い（その対日妥協的傾向を擁護するにせよ、非難するにせよ）。もちろんそのような見かたは不当ではない。たとえば当時の中国共産党の立場と比べればこれらの政治家・官僚の立場はほぼ一致したものだろう。また、李際春・劉桂堂ら対日協力的な軍人の立場と較べてもやはり一致しているだろう。しかし、本章ではあえてこれらの政治家・官僚・軍指導者の間に存在した違いにより注目している。

（4）　日本陸軍では、この第一・第二の段階をあわせて「熱河作戦」とし、一九三三年二月二三日〜三月一九日をあてている。また、第三段階と第四段階を合わせて「北支作戦」とし、四月一〇日〜五月二二日まで、このうち第一次北支進出を四月一〇日〜二四日まで（本章の第三段階に相当する）、第二次北支進出を五月八日〜二二日（本章の第四段階に相当する）としている。陸軍省調査班『自昭和六年九月一八日至昭和八年六月中旬満洲事変経過ノ概要』一九三三年八月、一二〜一四頁。

（5）　『黄膺白先生年譜長編』一九三三年一月一八日、二二日、五三三頁。

（6）　なお、北伐時に敗北したきわめて「軍閥」色の強い山東軍閥張宗昌から独立した部隊で、みずからも「軍閥」的な性格を持つということでこれまで悪評の高かった孫殿英は、この抗戦で評判を回復した。このことが、孫殿英のその後の馮玉祥の抗日同盟軍への加入という行動を決定したものと思われる。孫殿英の抗戦については『申報』一九三三年三月二日など。孫殿英は、『申報』に、抗日に関する声明文を出している。「孫殿英啓事」『申報』一九三三年五月一九日など。

（7）　一九三二年八月、汪精衛は、当時、北平政務委員会常務委員・北平綏靖公署主任だった張学良に、みずからも辞任するという条件で辞任を求めた（「刺し違え通電」事件）。蔣介石は張学良を辞任させ、汪精衛を慰留する意向だったと見られるが、宋哲元を筆頭とする華北将領の反対で張学良の北平軍分会代理委員長就任（事実上の留任）が決まり、汪精衛は行政院長を休職していた。

（8）『黄膺白先生年譜長編』一九三三年三月六～一二日、五三六～五三七頁。東北軍の指揮を分担した四人のうち、于学忠は一九三〇年から北平衛戍司令・河北省主席（一九三二年八月～）を務め、また、万福麟も一九三一年の九・一八事変前に華北の緊張に対処するために任地の黒竜江省から華北に動員されていた。于学忠の河北省主席就任は、宋哲元のチャハル省主席就任と同時に行なわれた。この両名に対して、王以哲は瀋陽での限定的抗戦を指揮して東北軍を退却させた司令官であり、何柱国は山海関事件で日本軍と衝突したときの責任者である。この二人は、関東軍との戦闘の経験者で、張学良の幹部としては新しく擡頭したメンバーである。

（9）『黄膺白先生年譜長編』一九三三年三月二〇～三〇日、五三七～五三八頁。

（10）『黄膺白先生年譜長編』一九三三年四月七日、五三九頁。

（11）陸軍省調査班前掲『満洲事変経過ノ概要』一二～一三頁。

（12）四月一一日、蔣介石は「あらゆることについて会って相談したい」と電報を送り、黄郛を南昌に呼んだ。黄郛はこれを婉曲に断った。蔣介石はなおも「兄（黄郛）が北での事務を担任することを願わないのなら、私人の名義で北方に赴き、力を貸していただくわけにはいかないでしょうか」と重ねて要請を行なった。『黄膺白先生年譜長編』一九三三年四月一一日～一二日、五三九～五四〇頁。なお、なぜ黄郛が選ばれたのかについて、黄郛夫人の沈亦雲はつぎのように説明している。「今回、国難が重くのしかかったことについては、内外から、党治の責任を問う声が集中せざるを得なかった。膺白（黄郛）は党員ではなく、しかも訓政に賛成していなかった。しかし革命の長い歴史を生きてきており、〔革命の〕領袖たちとも深い親交を結んでいた。日本人のなかでも、比較的自由主義的な者はだいたい彼を知っていた」。『亦雲回憶』『黄膺白先生年譜長編』六三八頁。

（13）『亦雲回憶』『黄膺白先生年譜長編』六七九～六八二頁。

（14）徐永昌→汪精衛（電報、一九三三年四月二〇日）『黄膺白先生年譜長編』五四〇～五四一頁。この徐永昌の電報は、日本の謀略による張敬尭クーデター予定日(四月二一日)の前日に発せられているので、徐永昌はその情報を知り、それに対処するためにこの電報を発したと考えられる。徐永昌電報については、鹿錫俊、前掲書、二〇〇～二〇二頁。

(15)『黄膺白先生年譜長編』一九三三年四月二日一〜二九日、五四一〜五四二頁および同箇所に引く黄郛日記。黄郛が先に華北への赴任を断った後に、中央政府の一部では、段祺瑞を華北の長官に起用するという案が検討されていた。汪精衛はこの段祺瑞起用に反対した。汪精衛は、黄郛を呼んだとき、黄郛をその経緯を伝えた。

(16)『黄膺白先生年譜長編』一九三三年五月一日〜三日、五四二〜五四三頁。『申報』一九三三年五月五日。委員は、黄紹竑、李石曾、張継、韓復榘、于学忠、徐永昌、宋哲元、王伯群、王揖唐、王樹翰、傅作義、周作民、恩克巴図、蔣夢麟、趙恒惕、張志潭、王克敏、張伯苓、劉哲、張礪生、湯爾和、丁文江、魯蕩平の二三人（委員長は除く）。また、秘書処・政務処・財務処の三つの「処」（部局）が設けられ、何其鞏が秘書長に、王樹翰が政務主任に、王克敏が財務主任に選ばれた。ただし、塘沽停戦協定にいたる交渉過程ではこの委員会は実際に設立されるにいたっていない。

(17)『黄膺白先生年譜長編』一九三三年五月一八日、五五三頁。「家伝」同書、六七八頁。この回想は第二次大戦後のものであるため、潤色されている可能性も否定できないが、他のインタビューでも黄郛は同じような認識を示しており、少なくとも黄郛が当時、公式に示していた立場と判断してよいだろう。たとえば、五月一八日の北平での記者会見でも、華北の記者「諸君は南方の状況をよく知らない」と中国共産党軍事勢力の脅威を強調し、共産党軍事勢力には中央政府が、華北の日本軍には黄郛が対処するという役割分担があると答えている。同書、五四三〜五四五頁、『申報』一九三三年五月九日。

(18)なお、四月一九日から、何応欽が中心となり、華北の知識人　蔣夢麟らの協力も得て、イギリス公使ランプソンを介した和平工作が展開されていた。同書編輯委員会『何応欽将軍九五紀事長編』台北、黎明文化事業出版、一九八四年、二八五〜二八九頁、熊宗仁前掲書、二八四〜二八六頁。

(19)それが関東軍が掲げた作戦理由でもあった。陸軍省調査班　前掲『満洲事変経過ノ概要』一三頁。

(20)根本から入手した情報と、それに関する情勢判断については、黄郛→陳儀（電報、一九三三年五月六日）『黄膺白先生年譜長編』五四六頁。陳儀は軍政部次長である。軍政部長何応欽が北平に赴任しているため、南京軍政部の実質的な長官であった。その後の対応については、楊永泰→黄郛（蔣介石→黄紹竑・何応欽、電報、一九三三年五月六日）『黄膺白先生年譜長編』五四五〜五四六頁。黄郛の情報源として、相手方の名がわかるのは根本博武官だけであるが、ほかにも南京には陳儀を通じたルートがあり、さらに殷汝耕を通じた情報収集も行なわれていたようである。関東軍が関内作戦の再開に関する情報も黄郛は上海で収拾している。楊永泰→黄郛（電報、一九三三年五月八日）『黄膺白先生年譜長編』五四六頁、同書、一九三三年五月一二日、五四八頁。黄郛は日本の有吉明公使とも接触している。第二五七号、一九三三年五月一三日、上海（有吉）、『日本外交文書・満洲事変』第三巻、八四七〜八四九頁。

（21）「関東軍某要人」は岡村寧次、「上海の友人」は根本博だとするのは、黄郛夫人沈亦雲の回想に基づく。この点も含め、『黄膺白先生年譜長編』一九三三年五月一三〜一四日、五四九〜五五〇頁。なお、黄郛は、この前日、日本軍関係者に探りを入れたところ、日本軍は密雲まで進撃を停止しないようだという感触を得たと蔣介石に報告している。黄郛→蔣介石（電報、一九三三年五月一二日）『黄膺白先生年譜長編』五四八頁。なお、中国側が灤河の防衛を重要視したことについては、『申報』一九三三年五月一七日「時評」。

（22）『黄膺白先生年譜長編』一九三三年五月一二日、五四八頁。五月一五日には新聞記者のインタビューに「華北の政治財政整理の計画は汪院長と協議しないとなんとも言えない」と答え、明確な答えを避けた。同書五五〇頁。

（23）『黄膺白先生年譜長編』一九三三年五月一一日、五四七頁。

（24）『黄膺白先生年譜長編』一九三三年五月一二日、五四七〜五四八頁。陳儀・黄郛の日本側との接触については、関東軍司令部「北支における停戦交渉経過概要」『現代史資料　7　満洲事変』みすず書房、一九六四年、五一二〜五一三頁。なお、五月一一日の陳儀の黄郛宛電報（『黄膺白先生年譜長編』五四七頁）および五月一三日の黄郛の陳儀宛電報（『黄膺白先生年譜長編』五四九頁）を見ると、第二次関内抗戦期には、黄郛・蔣介石・陳儀・何応欽・黄紹竑の間には暗号電報が直接に交わされているにもかかわらず、汪精衛のみは暗号書を持っておらず、もっぱら陳儀の翻訳に頼っていたことがわかる。すなわち、黄郛と汪精衛の間の電報での連絡は自動的に陳儀経由となる。

(25)『黄膺白先生年譜長編』一九三三年五月一四日、五五〇頁。「亦雲回憶」同書、六七九～六八二頁、六八四頁。

(26)『黄膺白先生年譜長編』一九三三年五月一六日～一七日、五五一～五五二頁、「亦雲回憶」同書、六八三頁。なお、黄郛の下車後、天津で黄郛の乗ってきた列車に爆弾が投げつけられるという事件が発生した。黄郛はこの爆弾事件に関して「私が北平に着けば日本と妥協するという説が流れているが、これはちがう。私は、この情勢下に、中華民国の国民ならばだれ一人として日本と妥協しようなどとは考えないものと思う」というコメントを発表し、「私は、中央の一面交渉一面抵抗の趣旨にそって華北の危機に対応するつもりである」と結んだ。また、一八日の記者会見でも、重ねて、「中央の意思に従って処理し、相互了解という程度のものの下に和平解決の方法を探り、それによって大局を維持したいと希望しているのであって、これは絶対に妥協ではないし、こちらから和を請うというものでもない」と強調した。『黄膺白先生年譜長編』一九三三年五月一七～一八日、五五二～五五三頁。爆弾事件および黄郛のインタビューについては、『申報』一九三三年五月一八日。

(27)『黄膺白先生年譜長編』一九三三年五月一七～一八日、五五二～五五三頁。黄郛が、北平政務整理委員会の組織より対日和平を優先したことについて、黄郛夫人沈亦雲の回想がある。「北平政務整理委員会が成立せず、膺白が〔委員長に〕就任する以前に、〔黄郛は〕先に塘沽停戦協定を成立させることに協力しなければならなかった。その原因は三つある。第一は、戦闘がすでに平津に近づいており、国家の急を先にしなければならなかったこと、第二は、平津が陥落すると、華北全体が陥落することになり、北平政務整理委員会など存在し得なくなる〔だから平津保全が先である〕ということ、第三に、華北のそのときの情勢のために努力することがもともと中央の最大の目的であり、政務整理などというのは仮につけたタイトルに過ぎなかったということである」。「亦雲回憶」同書、六八五～六八六頁。

(28)『黄膺白先生年譜長編』一九三三年五月一八日、二〇日、二二日、五五三～五五六頁。

(29)『黄膺白先生年譜長編』一九三三年五月二二日、五五五頁。なお、華北の軍幹部のなかで、山西省主席 徐永昌だけは、以前と同じように対日和平推進論であった。徐永昌は、関東軍が「密雲〜玉田」の線まで進出すると、そこで進撃を停止せずに平津を脅かすであろうという見通しを述べ、密雲で関東軍が進撃を停止するという楽観的な和平論を批判した。徐永昌がおそれたのは、抗戦が長引き、中国軍が平津から撤退せざるを得なくなり、十万の敗残兵が華北から南下するという展開であった。徐永昌→蔣介石（電報、一九三三年五月一七日）『黄膺白先生年譜長編』五五二〜五五三頁。

(30)『黄膺白先生年譜長編』一九三三年五月二一日、五五五頁、『申報』一九三三年五月二三日。

(31)『黄膺白先生年譜長編』一九三三年五月二一日、五五五頁。

(32)『黄膺白先生年譜長編』一九三三年五月二三日、五五六〜五五七頁。

(33) 殷同は、江蘇省の出身で、日本陸軍高等経理学校を卒業しており、一九一三年には陸軍第二師の参謀長をしている。日本の国情を熟知しているということで、とくに登用されたのである。黄郛は、停戦交渉が政治問題に渉らないよう条件をつけて、殷同を長春（＝満洲国の新京）に派遣し、交渉を行なわせた。『黄膺白先生年譜長編』一九三三年五月二二日、五五七頁。

(34)『黄膺白先生年譜長編』一九三三年五月二二〜二三日、五五七〜五六〇頁、前掲『申報』一九三三年五月二三日。黄郛→蔣介石・汪精衛（電報、一九三三年五月二二日）『黄膺白先生年譜長編』五五七頁。『申報』に報道された和平案とは、（一）中央軍は黄河以南に撤退する、（二）長城内八〇里には中国は兵を駐屯させてはならない、（三）〔中国側は〕抗日組織の撤廃を命令する、（四）中国側軍事当局は日本に対して謝罪する というものであった。『黄膺白先生年譜長編』一九三三年五月二二日、五五七〜五五八頁。793.94/6315 Telegram, Peiping, 1933.5.24. *Foreign Relations of the United States.* 152 (1933 vol III), p344.

(35)『黄膺白先生年譜長編』一九三三年五月二二日、五五八〜五五九頁。黄郛・何応欽はこれと同時に政治・軍事機関の北平からの脱出をはかった。黄郛が移転の準備にかかったのは、翌日の蔣介石電報が「両機関」と表現しているので、北平政務整理委員会（この段階では黄郛の私的な事務所でしかないが）と軍分会であろう。日本側の藤原喜代間（公使館付武官輔佐官）「停戦交渉経過概要」は「何応欽以下全く狼狽の極に陥り北平脱出の準備さえ整え」としている。『現代史資料　7　満洲事変』五六一頁。これに対し、二三日、蔣介石は返電を送り、移転を不可とした。同前書、一九三三年五月二三日、五六〇頁。この前後、黄郛が中央政府に不満を抱いている理由の一つは、蔣介石のこの返答である。なお、移転先はここでは保定としているが、長辛店としている電報もある。黄郛→蔣介石（電報、一九三三年五月二七日）同前書、五六四〜五六五頁。なお、一九三三年五月二三日、北平輔佐官→関東軍参謀長、北京五九二電報「関東軍参謀部第二課機密作戦日誌抜萃」『現代史資料　7　満洲事変』五五六〜五五七頁は、同日、何応欽は保定に移動したという情報を伝えている。

(36)　『黄膺白先生年譜長編』一九三三年五月二二日、五五九頁、黄郛→蔣介石（電報、一九三三年五月二七日）同前書、五六四〜五六五頁。なお、何応欽は徐庭瑤と協議中で、不在だった。

(37)　『黄膺白先生年譜長編』一九三三年五月二三日、五五九頁。『天津大公報』の報道も要点は同じである（文言や項目分けなどに異同がある）。日本側記録は一九三三年五月二三日、北平輔佐官→関東軍参謀長、北京五九二電報「関東軍参謀部第二課機密作戦日誌抜萃」『現代史資料　7　満洲事変』五五六〜五五七頁、第二二二〜二二三号、一九三三年五月二三日、北平（中山詳一）、『日本外交文書・満洲事変』第三巻、八六五〜八六六頁。原案は五月二一日の北平輔佐官→関東軍参謀長、北京五八三電報、同前書、五五四〜五五五頁。

(38)　黄郛・黄紹竑・李択一は「汪院長の電報による指示の趣旨に則り、何応欽より日本の公使代理（中山詳一代理公使）に以下のようにその四条件をすべて受け入れ、また、大佐・参謀の徐燕謀を停戦代表として今日中にも派遣することにしております」として、承認を求めた。黄郛らは、日本人は斉燮元・孫伝芳・白堅武ら「失意の軍閥」に多くの資金を援助して華北に「連治政府」を組織しようとしているという現状を報告し、なるべく早く停戦を発効させるよう中央に求めた。『黄膺白先生年譜長編』一九三三年五月二三日、五六〇頁。黄郛は、黄郛・黄紹竑・李択一連名のこの報告とは別に、黄郛個人の名義で蔣介石に事情説明の電報を送っている。ここでは、日本軍が本日

（二三日）払暁に大挙攻撃をかけることを決定していたとして、交渉が急を要するものであったと説明するとともに（この攻撃決定については管見のかぎり他には見えない）、平津喪失が大きな不利をもたらすことについてあらためて論じている。同前書、一九三三年五月二三日、五六〇～五六一頁。この電報で、黄郛は蒋介石に「私は涙が目に溢れ、胆が裂ける思いです。弟（蒋介石）にもまたかならずご想像いただけるものと存じます」とその胸中を告白している。当初から「城下の盟」を結ぶために派遣されていた黄郛にとってさえ、日本との停戦は大きな心理的負担と感じられたのである。また、和平への合意ができた後にも、日本軍は北寧鉄路局への要求どおりに北平に軍隊を送りこみ、牛欄山に攻撃を加えた。牛欄山は密雲からの自発的撤退先として黄郛が考えていた場所である。同前書、一九三三年五月二三日、五六一頁。また、第二九六号、一九三三年五月二三日、南京（日高）、『日本外交文書・満洲事変』第三巻八六六～八六七頁は、何応欽はこのときの黄郛の対応を「準備なき妥協」と非難したと、「真偽確ナラサルモ御参考迄」との註釈付きで伝える。

(39)『黄膺白先生年譜長編』一九三三年五月二四日、五六一～五六二頁。

(40)『黄膺白先生年譜長編』一九三三年五月二三～二五日、五六一～五六四頁。『申報』一九三三年五月二五日は、華北情勢についての汪精衛の「絶対に妥協しない」というコメントを掲載している。この記事によれば、二四日、中央政治会議が開かれ、続いて対日強硬論者の孫科ら三十数人と協議したことが、汪精衛の態度の強硬化につながっているようである。

(41)『黄膺白先生年譜長編』一九三三年五月二七日、五六四～五六五頁。

(42)『黄膺白先生年譜長編』一九三三年五月二八日～二九日、五六六頁。ところが、汪精衛は、黄郛が不満を表明すると、中央は両兄（黄郛と何応欽）の停戦交渉を掣肘しようという意図はないと釈明し、停戦交渉を進めるよう指示してもいた。汪精衛の決意が停戦論と停戦慎重論の間で揺れ動いていることが看取される。蔣介石は、何応欽・黄郛に、戴笠が入手した関東軍の内部情報を転送し、中央が停戦に対して慎重になっている事情を説明した。蔣介石は、停戦交渉の開始によって関東軍が平津への攻撃を断念したわけではないこと、依然として反蔣謀略を進めていることを交渉当事者に伝達したのである。側近に戴笠のような情報提供者を持っている蔣介石と、それを持たない汪精衛の立場の違いがここに表われている。『黄膺白先生年譜長編』一九三三年五月二八〜二九日、五六六頁。
(43)『黄膺白先生年譜長編』一九三三年五月二五日、五六三頁。蔣介石は、戴笠を介して、関東軍が「成文の協定」を求めていることを察知していた可能性がある。
(44)『黄膺白先生年譜長編』一九三三年五月二八日、五六六頁。
(45)『黄膺白先生年譜長編』一九三三年五月二五日、五六三頁、五月二八〜二九日、五六六頁。
(46)『黄膺白先生年譜長編』一九三三年五月三〇〜三一日、五六七〜五六八頁。以下、中国文正文は『黄膺白先生年譜長編』一九三三年五月三一日、五六八〜五六九頁による。日本語の正文は『日本外交年表並主要文書（下）』二七四頁。
(47)『黄膺白先生年譜長編』一九三三年五月三一日、五六九頁。
(48)『黄膺白先生年譜長編』一九三三年五月三一日、五七〇頁。『申報』一九三三年六月一日。
(49)『黄膺白先生年譜長編』一九三三年五月三一日、五七〇〜五七一頁。
(50)『黄膺白先生年譜長編』一九三三年六月一〜五日、五七一〜五七四頁。

（光田　剛）

第三章　第二次世界大戦末期の中ソ関係と中国辺疆

――アルタイ事件をめぐる中ソ交渉を中心に――

はじめに

近現代中国の国家建設の至上課題の一つは、失われた領土・主権を回復し、領域的には清朝の版図に復帰させることであった。なかでも、辛亥革命以後中国から実質的に独立・半独立状態にあった、チベット・モンゴル・新疆という三大辺疆地域のうち、とくに中ソ関係と密接にかかわるモンゴル・新疆の中国との関係を決定付けるうえでもっとも重要な時期は、一九四〇年代、とくに第二次世界大戦末期からの国際・国内政治の激動期である。国民政府にとって、対日抗戦は多大の犠牲を余儀なくされた。だからこそ、勝利した暁には、その悲願が達成されねばならなかった。そして、連合軍の勝利がみえ始めると、米ソを軸に新たな国際秩序の形成が模索され始め、そのなかで領土と主権にかかわる問題が次第に議論の俎上にのぼり、中国にとって問題解決のチャンスが訪れることになった。

しかし、モンゴルや新疆の領土・主権は、同じ連合国のソ連がかかわる問題であり、国内の共産党問題との関係もあって、慎重に対処する必要があった。力関係からしても、中国はソ連と直接問題の解決をはかることはできず、アメリカの影響力に期待せざるをえなかった。しかし、そのアメリカにしても、枢軸国との戦争を早く終わらせ、戦後に新たな国際秩序を創出するためには、ソ連の全面的な協力が必要であった。そして、戦争の早期終結という観点からみて、アメリカは国民政府の抗戦の仕方には強い不満をもっており、米中関係自体がギクシャクしていた時期でもあった。換言すれば中国の辺疆問題の解決は、中ソ関係、米ソ関係、そして米中関係に強く規定されざるを得なかったのである。

本章では、このようにきわめて困難な立場におかれた国民政府が、情勢をどのようにとらえ、そのなかで辺疆問題をどう解決しようとしていたかを主に近年公開された国民政府関係史料に基づき描き出す。それは、ソ連とどのような関係を築くかという問題でもあった。その意味では、本章は、辺疆問題から中ソ関係をみるとともに、中ソ関係が辺疆問題の解決をどう規定したのかをみることにもなろう。周知のように、この問題は、ヤルタ協定を経て中ソ友好同盟条約の締結にいたって、一応の決着を見るのであるが、そこに行き着くまでの過程については、なお不明な部分が多い。

本章では、その出発点として、これまであまり注目されてこなかった、アルタイ事件をめぐる中ソ交渉の過程を中心にこの問題に迫りたい。アルタイ事件とは、一九四四年三月中旬、新疆西北部のアルタイ地区とモンゴルの境界地域で、カザフ族の反乱を掃討しようとしていた中国軍に対し、モンゴルの軍が攻撃を加え、赤い五角星のマークを付けた飛行機がそれを掩護して中国軍に爆撃を行なったことに始まる、一連の紛争を指す。この事件は、「新疆事件」と「アルタイ事件」という二つの呼称があるが、当該事件はモンゴルとの衝突事件でもあり、新疆の問題だけではなく、後のヤルタ協定に基づく中ソ交渉で最大の焦点となったモンゴル問題も絡んでいるため、私は「アルタイ事件」と呼ぶほうが妥当だと考える。それは、次に示すアルタイの特殊性によるものであった。

第一に、モンゴルとの境界の問題である。清朝統治下では、アルタイはもともとモンゴルのコブトに駐在する参賛大臣の管轄下にあり、新疆を治めるイリ将軍の管轄下にはなかった。後、一九〇六年にコブトから分かれてアルタイの承化（現在のアルタイ）に駐在する弁事大臣の管轄に移り、辛亥革命後モンゴルが離脱したときには、結果として、中国に残ることになった。ただ、コブトを占領したモンゴル・ロシア軍と戦闘になったさい、コブトとアルタイの境界（アルタイ山脈の主脈）からアルタイ寄りに停戦ラインが引かれた。こうして、清朝期のコブトとアルタイの境界と、このときの停戦ラインという、二つの境界線が出現することになったのである。その後、一九年、楊増新がアルタイに阿山道を置いて新疆に編入したが、アルタイとモンゴルの境界は、二つの境界線に挟まれた地域をめぐって、紛争が絶えなかった。[1]四〇年にソ連が作成した地図では、問題の地域をモンゴルの側に区画している。要するに、アルタイは中国とモンゴルの係争地を抱えていたのである。

この境界問題が本章でとりわけ重要な点になるが、さらに加えるならば、第二に挙げるべきは、その地政学上の位置である。アルタイはソ連のカザフスタン共和国とも隣接しており、モンゴル族と同じ遊牧の民であるカザフ族が大多数を占めていた。そして第三には、タングステンなど、豊富な国防資源が埋蔵されていた。こうしたことから、ソ連も当該地域には強い関心を示していたのである。いずれにせよ、アルタイは新疆の一部としてのみ片付けられる地域ではなく、そこで起こる問題は、ソ連だけでなくモンゴルとも密接にかかわっており、その結果、戦後の新たな国際秩序作りが模索され始めるこの時期には、モンゴルの帰属問題とも絡むことになったのである。

これまで、同事件の重要さがまったく意識されなかったわけではないが、新疆問題に限った言及が主であり、モンゴル問題についてはごく表面的な記述しかない。この状況は「新疆事件」と呼ばれる傾向が強いことに現われているが、[2]それは当時中ソ関係への影響を極力避け、是非とも新疆の局地的な紛争として処理したかった、国民政府とアメリカの側の呼称であった。しかし、そのように呼ぶことは、事件を新疆問題にのみ矮小化することになり、辺疆問題全体ひいては中ソ関係のなかに正しく位置づけられないであろう。また当時事件の報道が極力抑えられたために、広く知られていないからだとも考えられる。

一　前　史

一九四一年六月の独ソ戦の開始と、一二月の太平洋戦争の勃発は、新疆の情況とそれをめぐる国民政府とソ連の関係をも大きく変えた。ソ連の敗勢は、国民政府に対抗して新疆を支配していた盛世才にとってバック・アップの弱体化を意味し、動揺した盛は国民政府との関係改善をはかり、翌四二年八月、中央に帰順する。ただし、盛はなお独自に三万人余りの軍を掌握しており、新疆の中央化には程遠かった。

また、国民政府にとっては、それまでの対日抗戦のためにソ連に強く頼らねばならなかった情況が一変し、アメリカというより大きな後ろ楯を得ることになっただけでなく、むしろ新疆などでの主権を回復する絶好のチャンスともなった。蔣介石ら国民政府の指導部は、これを機に、新疆だけではなく、東北・モンゴルの問題を含む、中ソ間の諸懸案の解決もはかろうとした。それが「収復新疆主権方略」である。香島明雄氏によれば、その要点は、(一)軍事・外交的にソ連を強く刺激するおそれのある行動は当面手控える、(二)新疆におけるソ連の優越的地位を掣肘するため、英米を同地域に誘致する、というものであった。ソ連との関係悪化を避け、英米にも関与させながら、新疆での主権の回復をはかっていこうとしたのである。

ただし、実際のソ連との関係では、盛世才は外交官を除くソ連人全員の新疆からの引上げを要求し、独山子油田の中ソ合弁案も決裂した。こうしたなかで、ソ連はついに四三年四月、盛の要求に応じるとともに、五月には独山子油田からも撤収することを通知した。他方、国民政府の要請により、四三年四月、英米両国はウルムチに領事館を置いた。(3)こうして、新疆の主権回復のための外交は大成功を収めたかにみえた。国民政府はソ連が撤退した後の新疆に、新たな移民をおこなって開発しようとする計画を、密かにたてていた。二月二日、蔣介石は行政院秘書長張厲生に「新疆への移民と新疆を開発するという情報は、新聞に載せてはならない。各機関に従うよう命令すべきである」、と指示している。(4)

しかし後から見ると、ソ連の撤退は、新たな始まりのための終わりにすぎなかったようである。この間にも、国際情勢は大きく変動しつつあったからである。

四三年二月、スターリングラード攻防戦でドイツ軍が降伏したことによって、ソ連は最大の危機をのりこえ、やっと一息つくことができた。そしてドイツに対して防衛から攻勢へ転じるとともに、次第に極東へも再び目を向けられるようになってきた。先の新疆からのソ連の撤退通告は、こうした時期に行なわれている。

同年五月四日、ソ連共産党中央政治局会議は、新疆に関する政策を決定すると同時に、この政策を遂行するための体制作りを行なった。すなわち、盛世才を忘恩無恥の徒とし、彼を取り除き、代わりに「ソ連に忠実な新疆土着民の代表が組織する政府が省内の権力を握る」ようにし、その実行を指導する機関として、内務部と国家安全部のもとに「行動小組」を成立させた。(5)これが事実であるならば、それは後のクルジャ（伊寧）事件の発生につながる動きだとみるべきであろう。さらにこの頃、ソ連政府は後にみるオスマンの情報も得ており、(6)モンゴルを通して接触していったようである。これがアルタイ事件につながっていったと思われる。

同時に、国際的には、ソ連の対日参戦問題と戦後に向けた新たな秩序の形成が現実的な問題となっていった。ソ連は米英と協調するために、四三年五月にコミンテルンの解散を宣言した。そして、米ソを中心とした本格的な交渉が開始される。四三年一〇月、モスクワで米英ソの三国外相会議が開かれ、一〇月三一日には、米英中ソによる「全般的な安全保障に関する宣言」が出された。翌一一月下旬には、対日戦争の基本方針を討議する、米英中首脳によるカイロ会談が開催され、引き続き、主にヨーロッパの第二戦線の問題を討議する、米英ソ首脳によるテヘラン会談が開かれた。

こうしたなかで、中国の辺疆に関する話し合いもおこなわれている。蔣介石はカイロ会談でローズヴェルト（Franklin D. Roosevelt）に、中国はソ連がモンゴルを返還してくれるよう願っていることを伝えた。蔣介石は次のように言っている。「ロシアが現在外モンゴルを占領しているのは、日本〔原文は倭〕を防ぐためであり、倭寇が消滅すれば、シベリアは心配しなくてもよくなる。外モンゴルは中国に返還すべきだし、またロシアが安心できるよう、中国は将来外モンゴルには大軍を移駐しない」と。これに対して、ローズヴェルトは、「戦後に国際警察が成立すれば、各国の辺疆はどこも兵士を駐留させる必要はなくなる」、と答えたという(7)。

テヘラン会談では、ローズヴェルトがスターリンと極東問題も話し合い、モンゴルにも言及した。スターリンは、「外モンゴルは遊牧民族だから、ソ連は長く占領するつもりはない」と言ったという(8)。またこのとき、スターリンはチャーチルとチベット問題についても話し合った、という(9)。一九四四年二月、ソ連は新たな国際組織に備えて、域内の各共和国に軍事と外交権を与えることにした。蔣介石はこれを外モンゴルの回収に困難をもたらす事態だと認識した(10)。

こうして、中国の辺疆問題、とくにモンゴル問題が水面下で議論され始めたが、それと関連して、ソ連の対日参戦も次第に現実性を帯びるようになった。そうした情況のなかで、アルタイ事件が勃発するのである。

二　アルタイ事件の勃発

アルタイでは、盛世才の統治に対するカザフ族の反乱が、すでに一九四〇、四一年の二度、起こっていた。反乱は鎮圧されたが、後に指導者となるオスマンはモンゴルの領域内に逃れ、そこでモンゴル政府との接触ができ、概略次のような協定を締結したという。オスマンは子弟らをモンゴルに留学させ、その一族・家畜や財産はモンゴルに移し、本人はアルタイで民衆を動員して反乱を起こすこと。モンゴルは顧問一名・兵二〇〇名を送り、必要な武器弾薬を供給し、青格里・富蘊両県の境界付近に軍を駐屯させること。全アルタイを占領した後は、哈騰沃巴一帯をモンゴルに帰属させ、それ以外はオスマンが管理すること。モンゴルはアルタイで、カザフの宗教を弾圧したり、共産主義を実行して財産を没収したり、カザフ族の頭目を逮捕したりしないこと。この協定を締結する際、「ソ連の教官」と「カザフスタンの首領」もその場にいたという。

その後、オスマンはアルタイに戻って、四三年六月に反乱を起こしたが、飛行機三機を含む盛世才側の掃討によって、一二月にはモンゴルの方に退却せざるをえなかった。この頃、「アルタイカザフ復興委員会」を組織するとともに、カザフ族に決起するよう呼びかけている。[11]

それからまもなく、翌四四年早春、オスマンは再び大挙してアルタイの青河・烏河に進出した。これを討伐するために派遣された部隊に対して、三月二日、ソ連の飛行機一機が偵察飛行をした、と伝えられた。蔣介石は、ソ連の飛行機と外モンゴルの軍隊が越境してオスマンを支援したとしたうえで、反乱の要因が盛世才の統治に対するカザフ族の恨みにあり、「ソ連・モンゴルが公然とオスマンの反乱を支持する」のは、新疆が中央に帰順したことに対してソ連が不満で、新疆に傀儡政権を樹立しようとしているのだ、ととらえている。[12]

三月一一日以後には、ソ連機によって爆撃されたという報告が続いた。この日、外交部駐新疆特派員呉沢湘と新疆督弁盛世才が、それぞれ重慶の外交部と蔣介石に事態の厳しさを伝え、対処案を建議する電報を打った。呉沢湘は、ソ連の飛行機一〇機が三〇分間爆撃してモンゴル域内に飛んで行なったとし、二日の件は九日に迪化駐在ソ連領事に手紙で抗議したが、この日の件はすぐに抗議した、と伝えた。さらに、こうした爆撃はソ連の計画的な行動の開始であり、その目的は、一方では盛世才に服従を迫り、それが駄目なら新疆から駆逐すること、他方では中共の軍事行動に呼応して政府を牽制することだ、という見方を示している。そのうえで、情況が厳しいので、直ちに迪化に外交・軍事の要人を派遣して、現地で対応をはかるよう求めた。(13)

盛世才は一一日の電報で、ソ連・モンゴルの行動には新疆に侵攻する全体的な計画があるようだとし、(14)後の電報では共産党を支援しようとしている疑いもある、としている。(15)そして、ソ連に抗議するとともに、米英に事態を伝えてソ連の行動を抑制させるよう、建議した。さらに、軍事的対処のために、政府に飛行機や高射砲などを送るよう求め、(16)また新疆で三万人の兵を募集したい、ともしている。(17)

呉・盛の報告は、蔣介石に強い危機感をもたらした。蔣介石は一一日の盛世才の報告を受けて、次のように言っている。「これはロシアがカザフ族の匪賊を掩護し、わが軍の掃討を許さず、また盛世才に対し示威をおこなう挙動である。これから新疆は必ず紛争が多くなり、ロシアのわれわれに対する政策も変化が起こるだろう」(18)と。また翌日には、次のような感想を記している。「先月中共が、三月一二日以後に林祖涵を重慶に派遣して協議すると報告した。今回のロシア機の新疆侵犯はちょうどこの一一、一二の両日だから、ロシアのこの行為は盛に対する脅迫だけではないことがわかる。その目的は、共産党との協議に対して寛大にすべきだと、わが中央に警告することである」(19)と。さらに『長編』では、一五日の記事に次のようにある。「ソ連の飛行機が一一日以来、たびたび外モンゴルから新疆の承化・奇台一帯の上空に侵入して、われわれの匪賊討伐部隊を爆撃し掃射しており、同時に『中共』が陝北においてまた密かに部隊を集中して、蘭州あるいは西安に進攻するという突発的な変化を準備している」から、「これらはソ連と『中共』が相互に結託した陰謀だと確信」した、と。[20]

これらの記事から、この時点の蔣介石はソ連の意図について、盛世才を脅迫するためと、政府の共産党に対する態度を寛大にさせるためだととらえていることがわかる。さらに後の展開から興味深いのは、次のように記していることである。「憂慮すべきは、盛らの幼稚さと愚鈍さであり、強くなって自立しようとすることを知らず、逆に英米に頼ろうとすることであり、これが中央の処置をさらに困難にする理由である」[21]と。この時点での蔣介石の強い自立志向がうかがえる。

こうした判断のうえで、蔣介石は外交・軍事や共産党への対処に関する命令を相次いで出した。まず一三日、外交部次長の呉国楨はソ連駐華大使パニューシキンに接見し、事件について説明したうえで、類似の事件の再発を防止するためとして、飛行機がどこからきたかを調査するさいのソ連の協力を求めた。[22]ソ連の飛行機だとにおわせるだけで、抗議ではなく協力要請という形をとったところに、国民政府のきわめて慎重な姿勢が見てとれる。他方、翌一四日、蔣介石は蘭州にいた第八戦区司令長官の朱紹良に対して、万が一に備えるために、全体的な計画を策定すべきであり、すみやかに準備プランを起草して報告し、また迪化を守るために随時現地へ飛ぶよう要求する電報を打った。[23]同日、朱紹良からも蔣介石に対して、すみやかに蘭州から戦闘爆撃機を派遣するよう求める電報があった。[24]さらにこの頃、精鋭の三個師団を新疆に投入することを決めるとともに、第八戦区副司令長官胡宗南・陝西省主席祝紹周・甘粛省主席谷正倫に、共産党の暴動を厳しく防ぐよう命令した。[25]

以上の措置をとった後、三月一九日に、蔣介石は再度ソ連側の意図について推測し、とるべき対策をまとめた。ソ連側の意図については、全体的な計画があるはずで、モンゴル・カザフ族に新疆全体を占領させるのか、または一時的な妥協をはかって、中国政府に盛世才を更迭するよう暗示しているのかの、いずれかであろうとしている。後者については、以前には盛世才自身に対する示威・脅迫だととらえていたが、それを国民政府への暗示だと修正したのである。そして、こうした意図について慎重に考慮して、次のような方針で臨むことを確認した。

(一)軍事面では、まず二個師団を派遣して新疆の匪賊討伐を増援し、また一個師団を迪化に進駐させ、匪賊を粛清した後に盛世才を中央の職務に移し、別に代わりの幹部を派遣すること。

(二)外交面では、ロシアに対してはしばらく緩和・忍耐の方針をとり、これを盛世才個人に対する報復の行動だとして、中央は決裂させず、ロシアに旋回する余地を与えること。

(三)中共問題全体に対しては、必ずカザフの匪賊が鎮圧され、新疆が安定してから、解決に着手しなければならないこと。

そして、こうした方針をとる理由として、「盛世才が新疆を離れなければ、新疆の紛糾は平定できない。新疆が平定されなければ、共匪と内政もまた解決し難い。そして共匪が除去できないと、抗戦と外交はともに成功の道がないから」だ、としている[26]。

ここには、いくつかの注目すべき点がある。まず、実際にはソ連の意図に新疆に対する野心を感じながら、中国側としては盛世才個人に対する報復行動として受け取っているのだというメッセージを送り、責任をすべて盛に負わせることによって、ソ連との決裂を避けようとしていることである。そのためにも、盛世才の新疆での権力を奪って中央に召還しなければならない。この点から見るならば、三個師団の派遣は「匪賊討伐」以外の意味をもつことになろう。三個師団は一三日に盛世才が求めた三万人の兵力増員に応えた形にはなるが、盛が求めたのは中央の軍の派遣ではなく、彼が統治している現地新疆での募集であった点で、決定的な相違がある。中央から派遣される精鋭の三個師団は、盛世才支配下の軍より強力であり、盛の新疆での権力基盤は弱体化せざるをえない。まず二個師団を新疆に進駐させることを決定したさい、蔣介石が「これは主権を回復する一大事である」と言っていることからも明らかなように、三個師団の派遣は新疆の軍事的中央化の重要な措置でもあった。というのは、三個師団の派遣は、一九四二年四月、蔣介石が張元夫を通して、盛世才に出した談判条件の一つでもあったからである。[28]

共産党に対しては、「共匪が除去できないと、抗戦と外交はともに成功の道がない」とはしながらも、本格的な対応をアルタイ事件の解決後に延ばしたことが注目される。この前日、蔣介石は「新疆がロシア機の爆撃を受けた後は、中共に対しては他の方策を定めねばならない」と記していた。[29]彼がアルタイ事件を、国民政府に共産党への態度を寛大なものに変えるよう求める、ソ連のシグナルでもあるととらえていたことを想起すれば、ソ連の意を汲んで、当面は「緩和・忍耐」の方針で、共産党に対してもある程度妥協せざるをえないと考えたのであろう。

さて、これより先の一六日、蔣介石は財政部長孔祥熙・外交部長宋子文と会談し、財政問題とともにソ連に対する外交措置の方針を相談して、アメリカのローズヴェルト大統領にアルタイ事件の実情を知らせることにした。[30]翌一七日、大統領に秘密の電報を打ち、「最近若干の重大な事件が発生しており、極東の戦争の発展とは密接に関係があります」として、第一に一一〜一三日のアルタイ事件の情況を述べたうえで、「これは実に地方の事件とみなしてはならず、ソ連の当面及び将来の極東政策における極めて重要な兆候です」、と注意を喚起している。そして第二として、共産党問題に関連して、次のように言っている。「中国共産党は、表面上は中国政府の抗日政策を擁護すると称していますが、二月以来、彼らはすでに密かに各地の遊撃隊を移動させて、陝北に集中していています。明らかにチャンスを狙って反乱を起こし、またわれわれの黄河流域の作戦基地である西安を奪取しようと準備しているのであり、こうした形跡はもはやきわめて明白で、客観的な態度で検討すれば、その間の情況はソ連と日本の間にすでになんらかの了解がなかったとしたら、中国共産党はあえてこのような行動はとらないだろうと思われます」と。そして、こう記した後、さらに第三として、日本が最近大規模な攻勢をかけていることを伝えている。[31] これは大陸打通作戦の開始を指しているが、このように、蒋介石の電報は、ソ連の行動を共産党と結びつけるだけでなく、日本の動きとも結びつけることによって、アメリカに事態の重大さを認識させ、ひいてはソ連に圧力をかけることを期待したものであった。

三月二二日、ローズヴェルトから短い返電がきた。アルタイ事件に関しては、大変残念なことだとはしながら、ソ連と日本の間に了解があるのではないかという蒋介石の見方に対して、否定的な見解を示すにとどめている。[32] ローズヴェルトは、局地的な紛争と見るべきで、事態を重大視しないよう求めているのである。

この時期、共産党問題や国民政府の戦い方などをめぐって、米中関係もギクシャクしていた。このときのローズヴェルトの電報は、アメリカの軍事視察団派遣の問題にも触れており、その二日前にはやはりローズヴェルトから、ビルマ戦線を支援するために雲南の軍を動かして欲しい、という電報も届いていた。[33] これらに対して、蒋介石は次のような感想を記している。「(一)ローズヴェルトはわが雲南の部隊がビルマを攻めるよう強制している。(二)アメリカは必ず要員を派遣して延安を視察し、共産党と連絡をとって、わが中央政府を牽制しようとする策をとろうとしている。その意図はすこぶる不可解であるが、余はただ理によって精一杯抵抗するのみである。最近外交が次第に不利な情勢になっていくが、こんな時には自立自主するしかなく、軍事を失敗しなければ、独立して頼ることなく、人に求めることなく、相手もまたわれわれをどうしようもないのだ」[34]と。

二七日に蒋介石はローズヴェルトに返電を打った。『事略稿本』では、ビルマへの中国軍の派遣をしばらく延期するというものだったとしたうえで、次のような一節を記している。「本月中旬にロシアの空軍と外モンゴルの軍隊が新疆に侵入して以来、今にいたってもまだ対峙情況にあり、このため、連合国が共同して抗戦を行なうのだという一般の兵士や民衆の心理に、影響を及ぼさざるをえません。つまり、連合国の以前の盟約と宣言は、もはや効力を失ったのではないかということです」[35]と。これによれば、アルタイ事件に対するローズヴェルトの冷淡さに業を煮やして、中国軍のビルマ派遣問題をカードとして、アメリカに圧力をかけようとしたのである。四月二日に届いたローズヴェルトの返電は、次のようなものであった。「閣下の三月二七日付の電報を読み、とても安心しました。電報で示されました新疆の情勢が、近日中におのずとはっきりして、連合国はできるだけの努力をしてわれわれの共通の敵を打ち破ろうとしているのだということを、貴国の兵士・民衆が了解できるようになることを望みます」[36]と。

以上のように、この段階の国民政府はアルタイ事件を深刻にとらえていたが、ソ連との関係を悪化させないことに気を配っていた。このために、事件もできるだけおおやけにせず、対内的には盛世才に責めを負わせ、対外的にはアメリカとの関係もギクシャクしていたが、そのアメリカになんとか局面を打開させようとしていた。ただし、事件については、新疆の問題と共産党の問題としてのみとらえていたのであり、モンゴル問題が絡んでいるという認識は弱かったようである。

三　ソ連政府の声明とタス通信の報道

呉沢湘が現地の迪化で九日と一一日にソ連領事に提出した抗議は、一四日に口頭での返答を得た。その返答は爆撃したのがソ連の飛行機だとは認めず、抗議はソ連に対する計画的な挑発であって受け取れない、というものであった。[37]これは、ソ連の関与を否定するものである。この後しばらくはソ連側の反応はなかったが、二週間たった三一日になって、パニューシキン大使が中国の外交部部長宋子文に、次のようなソ連政府の声明文を提出した。

ソ連政府が得た信頼すべき情報によれば、新疆の地方当局は去年の末から、カザフの人民をアルタイ区から南疆へ移住させ始めた。一部のカザフ人民はこのような移住に反対して、国境を越えてモンゴル人民共和国に逃げ込んだ。モンゴル人民共和国の当局は、これらの人民は難に遭って身を隠す場所を探している者だとして、その領土内に受け入れた。新疆東北部にいた中国の軍隊は、カザフ人民を追跡して、ついにモンゴル人民共和国の領土に侵入し、また飛行機からこのような難民及びモンゴル人民共和国の住民がいる所を掃射した。

このような情況のもとで、モンゴル人民共和国政府は、侵入した新疆の部隊を食い止めるために、相応の措置をとらざるを得なかったのである。

以上に述べたことに基づいて、ここにソ連政府の訓示にしたがって、謹んで以下のように声明する：もし新疆の軍隊が将来再びこのようにモンゴル人民共和国の国境を破壊するようなことがあれば、ソ連政府は現行の一九三六年三月一二日のソ連とモンゴル人民共和国が締結した互助条約に基づいて、モンゴル人民共和国の領土の安全を保護するために、該共和国政府にあらゆる必要な援助と支持を与えざるを得ない[38]。

この声明は、国民政府に大きな衝撃を与えた。国民政府の側では、迪化駐在のソ連領事の返答のように、ソ連側は関与したことを認めないであろうと思っていた。それを前提に国民政府側も極力事態の沈静化をはかったのである。ところが、ソ連は将来の行動を予告するという形をとりながら、実質的にはソ連機による爆撃を肯定した。それはソ連側の厳しい姿勢を示すものであった。しかも、その行動をモンゴルとの国と国の条約に基づくものとしたのである。これは、モンゴルを独立国として扱うという意思表示であり、アルタイ事件が、新疆や共産党の問題という枠を越えて、モンゴル問題にもかかわってきたのである。

この日、蔣介石は次のように記している。アルタイ事件に対する「われわれの抗議に対して、初めは相手にしなかったが、最後には逆にわが国の飛行機が外モンゴルを爆撃したと称し、ついに露蒙同盟協定を理由にして先のことを承認し、時局の厳しさはこれ以上のものはない。このため中共代表もまた来るのを中止して脅迫した。……ロシアの行動はヨーロッパでもアジアでも、皆すでに盟約に違反しており、明らかに連盟の範囲を離脱して積極的な侵略行動をとっている。今後世界の戦争の趨勢と結果は、けっして昔想像していたような容易なものではない」[39]と。蔣介石はただちに宋子文に、返答文を起草して論駁すること、交渉の経過を英米両国に正式に通知することを命じた[40]。今までのような、ソ連に対しては事実関係の調査への協力の打診にとどめ、アメリカに対しても秘密電報でしか伝えないというやり方では対応できなくなったのである。

命令を受けた宋子文は、四月の一日、二日、外交部次長の呉国楨・胡世沢、国防最高委員会秘書庁秘書長王寵恵、軍事委員会参事室主任王世杰（国民参政会秘書・国防最高委員会法律委員会主任）、帰国中の駐米大使魏道明を召集して、ソ連側の声明文に対する返答文の検討を重ねた。そのなかで王世杰は、慎重さが必要であり、事実および外モンゴルに対する中国の法的立場について声明を行なうにとどめ、事態を拡大させるいかなる表現もしてはならない、と力説した[41]。この主張が受け入れられ、返答文は次のようになった。

三月三一日に貴国大使が本人〔宋子文〕に提出した声明に関して、ここに本国政府の訓示を受けて、以下のように返答する。すなわち、

われわれが得た確実な報告によれば、われわれの新疆駐屯部隊は新疆省内のアルタイ区（外モンゴルと新疆省の境界から約七五キロ離れた地帯）で匪賊を討伐していたのであり、われわれの方は飛行機を使ったことはない。三月一一日から二二日まで、新疆の領域内でわが軍を偵察し掃射したり爆撃したりしたすべての飛行機には、いずれも赤い五角星の標識がついていた。このような事実は、すでにわれわれの方から重ねて貴国の大使に通知している。

一九二四年の中露懸案解決大綱協定の第五条の規定に照らせば、ソ連政府は、外モンゴルが完全に中華民国の一部であり、また当該領土内での中国の主権を尊重すると承認している。一九三六年三月一二日に、ソ連といわゆるモンゴル人民共和国が締結した議定書については、中国政府は同年四月七日にソ連に正式な抗議を提出しており、貴国の外交人民委員長のリトヴィノフも四月八日の返答文において、一九二四年の中ソ協定に対して再度確認している。ソ連側について言えば、依然効力を保持して、将来に及ぶものである。モンゴルが中国の領土の一部であることは、まったく疑いのないことである。故に一九三六年三月一二日の議定書は、中国にとっては効力を発生しえず、かつ中国の政府と人民もまた断じて承認しないのである。(42)

この返答文は、飛行機をめぐる簡単な事実関係を指摘し、モンゴル問題に対する中国側の法的立場を説明するのみの、最低限の反駁にとどめた、きわめて抑制されたものであるといえよう。あくまでソ連を刺激するのを避けようとしたのである。

しかし、返答文の起草を終えた頃、国民政府に一層の衝撃を与える事態が起こった。四月二日、タス通信が、先のソ連政府の声明とほぼ同じ内容の報道をしたのである。(43)王世杰によれば、このことを知って、蔣介石は「ひどく憤り悶えた」という。(44)それだけの衝撃をうけたのは、まず、ソ連が連合国内部の対立を国際的に公表したからである。これまでみてきたように、中国側の対応はきわめて慎重であり、アメリカ政府にも正式には伝えず、ただローズヴェルトに秘密電報で報せただけである。事件が公になるのを避けたのであり、ソ連側がこのような形で公表するとは、まったく考えていなかったに違いない。そしてまた、そこで示されたのがモンゴル問題であった。まさしく中国側にとっての懸案事項であるが、ソ連との関係をそこねないために苦慮していた問題である。それをソ連側がタス通信によって、みずからの立場を一方的に、しかも国際的に示したのである。

「ひどく憤り悶え」ても、慎重な姿勢は継続されねばならなかった。四月三日、蔣介石は病床で三、四回も宋子文・王世杰や軍事委員会侍従室第二処主任の陳布雷に会い、対ソ外交の方針と宣伝の要旨について協議した。すでに起草したソ連宛の返答文の内容を変えないとしたほか、対外宣伝のやり方や要旨と言葉遣いをめぐって、熟慮を重ねたという。以下の三つの案が提出され、最終的には(三)を採用することが決定された。

(一)中国軍は外モンゴルの境界地域に入ってはおらず、飛行機を派遣して掃射したりもしていないことを説明するにとどめ、ソ連とモンゴルが今回新疆でおこなった爆撃やかき乱しなどの事実には言及せず、またソ蒙互助協定を承認しないことを声明する。

(二)タス通信が発表した報道に反駁し、また外モンゴルは中国の領土であるという法的立場を声明する。

(三)タス通信が伝えたウランバートル情報の内容は、絶対に事実に合わないということを声明するにとどめる。(45)

(一)・(二)が採用されなかったのは、そうすると、モンゴル問題でソ連と正面から争うことになりかねず、中国が当時置かれていた情況では、是非とも避けたかったからに違いない。(三)は王世杰が主張した意見である。彼の日記によれば、王世杰はこのとき、世論と争うべきではなく、ソ連の面子を潰してしまうと事態はますます収束しがたくなると力説し、他のことは言わないで、中央社には「政府側の情報によればタス通信が伝えたことは事実に符合しない」と発表させるだけでよい、と主張したという。(46)これは蔣介石の証言とも符合しており、当時の蔣の考え方をよく示しているので、以下に引用する。

当時、雪艇〔王世杰〕がこの案〔(三)〕を力説し、今はソ連に弱さを示すことがわれわれの外交方針であり、決して政府が根本的に意気地がないということではない、と言った。皆がこれを聞いて決定したのである。幸いに今日の政府の基盤と民衆の信念からして、対外的にたまたま弱さを示しても、政府の威信に差し支えはないし、各友邦はさらにわれわれの政策と環境を一層理解するようになり、決してわれわれの対応が屈辱的だと思わない。政治家という者は、必ずわれわれがとる方針を理解できるのだ。もしわれわれがロシアに対して徹底的に反駁することによって、ロシアが恨めしさと恥ずかしさで怒りだしたり、或は交渉・抗議と返答文を正式に宣布して、その獰猛な面子をつぶしたりしたら、ロシアはさらに一歩進めて、公然と外モンゴルを引き連れて新疆に侵入せざるをえず、甚だしくはその使節を召還して、両国の外交関係の中止を表明し、倭寇に一層大胆に中国を侵略させる、というような不測の行動を、いずれもやりかねないのである。われわれの法律的な立場と事実経過を各回の抗議と返答文の中で詳細に説明して、ロシアにわれわれが決して形式上勝負するのではなくて、一歩譲歩して余地を残していると知らせさえしておけば、将来の争いはわれわれの方に原因があるということはないし、たとえ以後事態が拡大し、甚だしくは手をひくことができなくなっても、われわれの過ちではない。もしロシアがこれで一段落させて、事態を拡大しようとしなければ、この機に乗じて手をひくかもしれない。思うに抗戦以来、外交において弱さを示すことは、これより甚だしいことはない。屈辱に耐え、辛苦をなめることによって、われわれは経験をさらに積んだのであり、自強をはからないでいられようか。

ソ連を刺激することによって、ソ連が公然と新疆に侵入したり、使節を召還して外交関係を中断させ、日本を勇気付けることを恐れたのである。

こうして三日の午前中に、蔣介石は宋子文に、タス通信の報道に対する宣伝対策を指示するとともに、先述のソ連政府への返答文を提出する際に口頭で述べる内容も示した。すなわち、国民政府「中央は最初に、匪賊を討伐する〔新疆の〕部隊に勝手に外モンゴルの境界地域に入ってはならないと厳しく命令した。この命令は今日なお継続して有効であり、またすでに重ねて申し渡している」、というものである。その目的はソ連に対して、タス通信の報道の意図を中国は理解できており、中国はソ連を困らせるつもりはないということを知らせることであった。[47]

また、すぐに中央常務委員会で、宋子文にタス通信の報道の件の経過と政府の対策を報告させた。はからずも会議では、立法院院長孫科が中国の外交は親ソでなければ亡ぶとして、盛世才をすぐに更迭すること、新疆の飛行機がモンゴルを爆撃したのかどうかをすぐ調査すること、タス通信の報道を中国側の公報と一緒に新聞に載せることを主張し、国民参政会秘書長邵力子も同調した、という。[48] 孫科らの主張にもかかわらず、四月四日、中央社は政府中枢が決定したとおり、次のように報道した。「今月二日にタス通信がウランバートル情報として伝えた、われわれの新疆部隊が外モンゴルの領域内に入り、また飛行機で掃射したということは、本社が政府の信頼すべき筋から得た情報によれば、その内容は事実と絶対に符合するものではない」。[49]

対応方針を決定した後、四月三日、蔣介石はローズヴェルトへ秘密電報を打ち、アルタイ事件の三月一四日以降の状況を知らせた後、以下のように述べている。「あらゆる経過・情況について、われわれの方はすべて随時ソ連大使に問いただし、またソ連政府に『当該飛行機がどこからきたのかを調査するとともに、今後このような事件が発生しないよう防止する』よう伝えさせました。ソ連はこれに対する返答を遅らせ、やっと三月三一日、つまりソ連と日本が漁業協定及び北千島油田炭鉱協定を締結した翌日に、ソ連大使パニューシキンが宋部長に会って以下のような声明を行ないました」と。ついで、ソ連側の声明とこれに対する中国側の返答文を引用した後、末尾には、「こうした事態の発展は、ソ連の極東政策を明らかに示し、その影響は戦局全体に及ぼうとしており、わが政府はこれをきわめて深刻なことだと認識して、とるべき手立てを検討しているところです」、と記している。[50] 以前ローズヴェルトがその可能性を否定した、日ソ間の協定が実際に締結されたことを示し、ソ連側の声明がその翌日であることを指摘して、日ソ間の結びつきの可能性を暗示し、アメリカに危機感をもたせようとしたのだといえよう。

蔣介石にとって、アメリカの動向は気になるものであった。四月七日、陳布雷がワシントン方面の事件に関する世論を伝えてきた。満足すべき内容だったようで、蔣介石は「これによって、アメリカの一般人士は中共とソ連が結託して中国を害しようとする陰謀を深く理解し、幸いまだ共産党の宣伝の毒に当っていないことがわかり、とても心が慰められた」、と言ったという[51]。

ローズヴェルトからの返電は、四月一〇日に届いた。それは、アルタイ事件については注意し憂慮しているが、三月中旬以来その他の事件は発生していないようだとして、中国側に強く自制を求めるものであり、次のように言っている。「私は同盟国間で発生した誤解は、皆自制と友好という方法で氷解させ得ると信じています。この他、もし外モンゴルと新疆の境界の事件が、勝利を勝取って日本の侵略の危険を永久に消滅させるという大目標を妨げることになってしまうと、世界の全局面は統一して按配しようがなくなってしまうでしょう。事実について言えば、私はこの目下の事件を棚上げし、今回の戦争の終結を待ってから、いかなる主権・利権も放棄しないようにすることを建議いたします」[52]と。戦争の終結を最優先とし、それまでアルタイ事件を含めた中国のあらゆる主権・利権に関する問題を棚上げするよう、求めたのである。

同じ四月一〇日には、国務長官のハル（Cordell Hull）がアメリカの外交政策を明らかにしている。なかには、「中・米・英・ソの四カ国が団結・協力することが、アメリカ外交の基本原則である」という項目があり、中国側はもしソ連が中国と衝突したり、中国を侵略したりすると、米ソの協力が難しくなるということを暗示していると理解した。ソ連に対しても自重するように警告した、ととらえたのである。蔣介石は、「これは精神上、われわれに有益である」と言っている[53]。

四月一二日、アメリカの戦時情報局（ＯＷＩ）は、副大統領のウォレス（Henry A. Wallace）がまもなく重慶を訪問するというニュースを発表した[54]。同じ日、蔣介石はローズヴェルト宛の返電を打ったが、それは実質的には、ローズヴェルトの情況認識が甘いとし、中国に自制を求めたことに反論するものであった。ローズヴェルトの意見を尊重すると言いつつも、次のように言っている。「ただこの間の実際の情況からみれば、私は、本件は中国側の『自制』に頼るだけでは真に鎮めることはできず、もし現在よりもさらに厳しい情況が発生して、棚上げして戦後まで待てなくなったら、われわれの対日作戦の困難を増すだけではなく、世界の全局面に不幸をもたらすのではないか、と恐れています。閣下があらゆる可能な努力をなされて、私が現在保持しています極端に慎重な態度に有効な援助を下さり、徒労となることなくわれわれの共通の目標を達成できると、私は深く信じております」と。事態の深刻さを訴え、中国に自制を求めるだけでなく、局面を打開するために動くよう求めたのである。電文の最後には、魏道明大使に帰任してローズヴェルトに一切を伝えるよう指示した、と言っている[55]。

四月一五日、ローズヴェルトから、「四月一二日の電報は受け取りました。魏大使が帰任される時に、私は喜んで接見いたします。閣下の各問題に対しては、必ず慎重に考慮いたします」という返電がきた[56]。これによって、蔣介石はようやく少し安堵したようである。当日の「今週反省録」において、蔣介石は次のように記している。「ロシアのタス通信が先週発表した蒙疆問題に関する報道は、アメリカの中国に対する外交方針に動揺があるかどうかを探ることに、その意図があった。もしそうであったら、その探りは完全に失敗した。アメリカの中国に対する大方針は、なお動揺していないことがわかる」[57]と。アメリカに対する懸念が、少しは払拭されたのである。

ただし、四月一七日、蔣介石は駐米大使の魏道明と、外交方針および国際情勢を協議した。そのさい、次のように指摘している。「ロシアと『中共』はカイロ宣言の発表後、その極東政策をすでに、先にわが国民政府を覆し、赤色傀儡政権を作り上げて、中国問題を解決してから、ロシアは初めて日本問題の解決に従事できる、という方向に転換したのだ」[58]と。ソ連や中共に対しては、なお強い不信感をもっていることがうかがえる。

さて、現地の中国軍は事件の拡大を避けるために、三月一五日に外モンゴルの境界から約一二〇キロはなれた二台（烏河）地方に撤退し、その翌日からは偵察飛行はあっても爆撃はなく、二三日以後は偵察飛行さえほとんどなくなったようである。[59] ローズヴェルトが「三月中旬以後はその他の事件は発生していないようだ」[60]としたとおりであった。そして「ソ連に弱さを示す」という悲痛な対応策を決定し、ローズヴェルトに秘密電報を打った日の二日後、四月五日には、盛世才から「二台の前方の匪賊軍はすでに完全に撤退しました」、という電報が届いた。これを見た蔣介石は、次のように言ったという。「もしかしたらソ連はこれで一段落させて、今後のソ連に対する中国の態度如何を観察しようとしているのかもしれない。実際にそうであれば、今回定めたソ連と一時の是非を争わないという交渉のやり方は、実に危険な状態を切り抜けるもとになったのだ」と。そして「要するに、今回の雲南の軍隊をビルマ攻撃に加えなかったことと、新疆事件に対する慎重な処理という、この二つの方針がまた大変な難関を越えさせたのだ」と評価している。[61] このように、アルタイでの戦闘自体は、次第に下火になっていったようである。

しかし、オスマンらが、アルタイの要衝であり鉱産物が豊富な富蘊の占領を狙っているなど、「ソ連・モンゴルの陰謀」に関する情報もあり、万一に備えるためにも、新疆への中央軍の派遣とそのための工事は進められていった。四月八日、蔣介石は新疆に派遣する各軍の駐屯地を検討するために地図を見て、猩猩峡とハミの間が距離的にも地形的にも最も襲撃を受けやすく、この間が切断されると、新疆に入る部隊が後方との連絡を絶たれてしまうことに気づき、玉門からハミの間に一個師団の兵力を置くことにした。先に決定した三個師団と合わせて、四個師団を派遣することにしたのである。当日、蔣介石は、朱紹良と盛世才にそれぞれ電報を打って、新疆に赴く四個師団の駐屯地を指定した。玉門県城―ハミ間（司令部は安西付近、以下同じ）、奇台―鎮西間（奇台）、烏蘇―綏来間（綏来）、焉耆―トゥルハン間（焉耆）である。そして、期日を設定して関連する防御設備を構築し道路を建設するよう指示している。[62]

こうしたなかで、盛世才は動揺していた。アルタイ事件の直接の要因が自分の反ソ政策にあることは明らかであり、中央政府のなかには立法院長の孫科のように、すぐに彼を更迭せよと主張する者もいた。そして、現地で三万人の新兵力を募集するという盛の提案は退けられ、代わりに四個師団の中央軍が派遣され、それが実現すれば、ウルムチを包囲する形となる。これが盛世才にとって、大きな脅威になったのは疑いない。

内外の一通りの対応策をとった後、四月一七日、王世杰はアルタイ事件に関して、蔣介石に次のような建議を提出し、一九日に同意を得た。

(一)新疆省当局に境界地域での衝突を避けるよう厳しく命令すること。

(二)来月の一二中全会後に、盛世才を新疆から転任させること。

(三)中ソ間の感情が回復するのを待って、アメリカ大統領に国連の組織の方案を提出するよう促すこと(63)

このうち第一項目は、極力事件の沈静化をはかろうとしたものである。また第三項目には、王の国際社会への強い期待が示されている。ここで注目すべきは第二項目で、盛世才の更迭の段取りを具体的に提起し、五月の一二中全会後としたことである。この問題については、王世杰は事前に軍事委員会参謀総長の何応欽や同副参謀総長の白崇禧と相談しており、両者とも同様の主張であったので、王は「本件を蔣先生に強く建議する」と決めたのである(64)。日付は特定できないが、ソ連駐華大使のパニューシキンは、立法院長の孫科に対して、最近新疆で発生した一連の大小の事件は、すべて中国側の反ソ気運が日増しに濃厚になったことの例証だと語ったという。これは、暗に盛世才の更迭を求めたものと受け取られたようである(65)。

こうしたなかで、王世杰がパニューシキンと会談することになった。四月二四日午後、蔣介石は王に、新疆の特殊な情況のために中央政府は新疆での事件を急には処理できないのだということを、会談のさいに伝えるよう求めた。この「特殊な情況」については、王世杰は「盛世才がなお三万人余を擁している」、というメモ書きをしている[66]。

翌二五日、王はパニューシキンを訪問し、一時間半にわたって会談を行なった。当日の王の日記によれば、パニューシキンは、最近中国で反ソ気運が高まっているとして、盛世才を例として挙げたという。これに対して王は、新疆の情況は特殊で急激な改正はできない、と答えたという。おそらく、政府には盛世才を更迭する意思があることを示したうえで、彼がなお三万人余りの軍隊を持っているため、急には更迭できないことに理解を求めたのであろう。そして、反ソ気運について王は否定し、逆に中ソの友好関係を強化したいという希望は以前よりも増していることを伝えた。そのうえで、表面的には中ソ関係が以前より冷たくなっていることを認め、次のように言ったという。「これは、わが国の朝野がソ連が対日問題でなお中立を守っていることに鑑み、誤解を避けるために、率直に多くを語りたくないからです[67]」と。婉曲にではあるが、ソ連に対日関係を断つよう求めたのである。

こうした国民政府の慎重な行動にもかかわらず、中ソ関係は深刻になっていった。五月一二日、パニューシキン大使は蔣介石を訪れ、身体の不調を理由に、ソ連政府の命令を受けて一五日に帰国し、中国にいる軍事顧問も全員同時に召還される、と伝えた[68]。蔣介石が恐れていた最悪の事態になったのである。このときパニューシキンは、ソ連政府は盛世才の反ソ行動をきわめて重視している、と伝えたという[69]。これに対して蔣介石は、新疆では多くの遺憾な誤りが出現したが、数千キロの国境を持つ両国には誤解は常にあるものだ、とした。事件を誤解によるものだとしたのである。そのうえで、新疆では最終的には変化があり、誤解もすべて漸次解消するだろう、とした[70]。盛世才の更迭をほのめかしたのであろう。さらに、戦争でのソ連の貢献をたたえ、中ソ関係の発展を希望するという、スターリン宛の手紙を託した。しかし、スターリンからの返事は六月六日で、内容も儀礼的なものでしかなかった。

四　ウォレス使節団の訪中

その六月六日、連合軍によるノルマンディー上陸作戦がおこなわれた。ソ連が望んでいた、ヨーロッパの第二戦線が開かれたのである。これは、アジアでの第二戦線――ソ連の対日参戦を現実的なものとした。そうなれば、参戦の条件問題に絡んで、中国の辺疆の問題がクローズアップされるのは必至であった。

四月一二日に発表されたウォレスの訪中は、まさにこのようなときに実現した。この使節団の目的について、随員であったラティモア（Owen Lattimore）[71]は、「公式面では、全面的戦争遂行において、アメリカとソ連・中国との協力関係を強化するため」だとし、主要な目的は延安にアメリカの視察団を派遣するのを蔣介石に認めさせることであった、としている。[72]そのとおりであろうが、当のソ連と中国の関係がアルタイ事件をきっかけとして悪化しており、さらにその背景として新疆だけでなくモンゴルの問題も見え隠れし、さらにはそれがソ連の参戦問題と絡んで注目されることから、この使節団は中ソ関係、そして新疆・モンゴル問題にも大きくかかわることになった。

使節団は五月二〇日に出発し、アラスカ・シベリアを経てタシュケントついでアルマ・アタに行き、そこから飛行機でウルムチに入った。シベリア滞在中に、連合軍がノルマンディーに上陸したという情報を受け取ったのである。[73]タシュケントでは、六月一五・一六日に、ウォレスはアメリカの駐ソ大使のハリマン（W. Averell Harriman）と会っている。ハリマンはこの直前（六月一〇日）にスターリンと中国情勢について話し合っており、その内容をウォレスに伝えた。ハリマンとの会談の際、スターリンの「中国共産党の共産主義はマーガリン共産主義だ」という発言と「蔣介石を支持し続ける他なかろう」という言明がなされ、ウォーレスはそれを蔣介石の説得に使うのであるが、[74]このときスターリンは同時に、新疆の問題にも触れたようである。すなわち、盛世才が中蒙境界の衝突を作り出したと非難し、彼を辞めさせることが中ソ関係の改善にとって重要な意味を持つと語ったという。(75)これはウォレスを通しての、中国へのメッセージであった。

中国の方では、ウォレスがソ連から新疆経由で重慶に来るため、蔣介石は王世杰に新疆まで出迎えるよう求めた。王は当初辞退したが、蔣介石がなお強く要請したため、最終的には新疆へ行くことになった。(76)

この頃、六月一〇日、蔣介石は情勢について、次のように記している。「ヨーロッパの第二戦線が開かれた後、ロシアはすでに米英との対日共同作戦を承諾していたようであり、あるいはアメリカに基地を借りて日本を爆撃するかもしれない」(77)と。ソ連の対日参戦の可能性が強まったことを意識しているが、そうなると、参戦の条件の問題に関する交渉が現実の日程に上ることになり、そのさいには、中国の辺疆問題が無関係ではありえない。

同じ日、王世杰は、蔣介石がウォレスと会談するさいに重点的に話すべき問題について、次のようにまとめた。

(一)中ソ関係の問題。中国はアメリカ大統領のあらゆる斡旋を受け入れたいと、暗示すること。

(二)国際安全組織の問題。年内に成立するよう願っていることを示すこと。

(三)軍事問題。中・英・米がただちに協定を成立させて、回復した地域や占領地域（日本の領土）の行政をどのように処理するかを規定すること。(78)

まず(三)に注目しよう。日本の降伏がまだ見通せないこの時期に、「回復した地域や日本の占領地」の行政に関して、ただちに中・英・米の三カ国で協定を結ぼうというのである。これは明らかにソ連の参戦問題を意識しており、その前に米英とのみアジアの戦後処理の大枠を作ってしまおうということであろう。さらに深読みすれば、これによって中国の辺疆問題の解決を有利に運ぼうとしたのかもしれない。ただしそのさいにも、すでに悪化しているソ連との関係をそのまま、あるいはさらに深刻にするわけにはいかない。(一)にあるように、アメリカの斡旋を強く望まざるをえないのである。

さて、迪化に到着した翌一七日の朝、王世杰は盛世才に、ウォレスとの会談のさいには露骨にソ連を攻撃しないように求めた。蔣介石から託された盛宛の手紙でも、同様な指示をしている。当日夜の歓迎の宴で、王は、各民族の合作・平等と融合を主旨とする、新疆の未来の建設の目的について、意見を述べたという。[79]

ウォレスはウルムチを経て、二〇日に重慶に到着した。当日発表した書面談話において、中国にとって新疆を含む西北部は、アメリカにとっての西部の重要性に似ている、と述べた。[80] ウォレスは重慶に五日間滞在し、計五回・十余時間、中ソ関係・国共関係、および太平洋問題の前途をめぐって、蔣介石と会談をおこなった後、[81] 七月二日に中国を離れた。[82]『事略稿本』によれば、蔣介石に語ったことの要点は下記のとおりだという。

(一)中露の国交の改善について、ロシアはアメリカが間で疎通をはかることは願うが、アメリカが仲裁の立場にたつことは願わない。

(二)アメリカ政府はロシアに対して、中米の国交はその極東政策の礎石であり、かつ蔣委員長が指導する政府を最後まで援助する、と表明した。

(三)ロシアがアメリカの駐露大使に説明したことの概略。

(1)　わが国民政府に対して不満の意を表明した。

(2)　中共については、理論的な立場がなく、けっして真の共産主義者ではなく、ロシアとはそれほど関係はない、と明言した。

(3)　ロシアは中国内部が団結して抗戦することを希望するが、その意味はつまりわれわれが共産党の力を受け入れて共同で抗戦すべきだということを指す。[83]

これに対して、「蔣介石は、共産党の信ずべからざること、米国内の親共産党的報道は共産分子の策謀であることを強調したが、他方で意外にも米国が共産党支配地域にオブザーヴァーを派遣することを認めた」。[84] ラティモアによれば、「総統は圧力がかけられるのを待たずに寛容な協調的態度にでることを決めていた」ことは、はっきり見てとれたという。[85] 使節団の主要な目的は、予想外なほど容易に達成されたのである。それは、中ソ関係が深刻化するなかで、蔣介石がアメリカの斡旋を強く希望し、そのためにもアメリカとのギクシャクした関係を改善したかったからである。会談のさい、蔣介石は、中ソ関係の改善のために、アメリカが間で斡旋してくれることを強く願い、それによって中ソないし中ソ米の会議が実現するよう希望していることを表明している。[86] ラティモアによれば、「蔣介石はロシアと接近する案に賛成して、アメリカの仲介を希望し、会見のためロシア領へ――モスクワまでも――必要とあらば出かける用意があったのである」。[87] また会談でウォレスは蔣介石に、スターリンが新疆から盛世才を除くよう求めていることを伝え、盛を更迭すれば中ソ関係は改善できるだろうと建議した。[88]

注目すべきは、公式の会談以外の場で、モンゴル問題がしばしば顔を出していることである。ラティモアによれば、六月二三日の朝、蔣介石の希望によって彼と話し合いをした。このときラティモアが強調した六つの問題のなかで、少数民族政策についてはソ連の政策を高く評価し、中国はイギリスの植民地政策のようなやり方ではなく、ソ連のような政策をとるべきだと主張している。その翌日朝の散歩のとき、ウォレスとラティモアに向かって「蔣介石は、戦争中は困難で何もできないが、戦争が終ったらチベット・外蒙古その他の地域は、英国がその統治国に与えそうなものより、もっと広汎で有利な自治権を享受できるだろう、と述べた」という。[89]

その三日後の六月二七日、ワシントンでは、孔祥熙がローズヴェルトと会談し、アルタイ事件の近況について尋ねられている。この時孔は、モンゴルに対する中国側の法的立場を説明した後、中国政府は将来外モンゴルに相当な自治権を与えることを解決案としていると言った。これに対して、ローズヴェルトは大変妥当だとし、またテヘラン会談でスターリンと極東の問題を話し合ったとき、スターリンはソ連は外モンゴルに野心がないと述べ態度が好転したので、非常に意外だったと語ったという。[90] ともかくこのように、中国はアメリカに対して、モンゴルに対してかなり高度の自治を認めるという意思表示をしたのである。

ウォレス視察団についてさらに注目すべきは、中国からの帰路にモンゴルに立ち寄って、チョイバルサンとも会っていることである。ラティモアによれば、モンゴル訪問に関するソ連との交渉は、使節団がシベリアにいるときに始められ、重慶滞在中もソ連大使館を通じて進められていたという。「名目上は燃料補給のためとされた」このモンゴル訪問について、ラティモアはウォレス個人のモンゴルに対する興味によるものとしているが、[91] 中ソ間の仲介をおこなったそのすぐ後に、その懸案地域を訪問するというのは、個人的な動機とは考えられない。副大統領がアメリカとは外交関係がない所に行くという点でも、異例であろう。中ソ間の懸案地域となったモンゴルについて、アメリカが情況の把握をしようとしたのだと思われる。

五　盛世才の解任

さて、ウォレスは中国を離れる前に、戦後になると一層困難になるのを避けるために、対ソ外交は積極的に行なうべきであるということを、宋子文を通して蔣介石に伝えさせた。[92] これをうけて、蔣介石・王世杰らは中ソ関係の改善をはかるべく模索する。蔣介石は宋子文を訪ソさせたい旨をソ連側に伝えたが、ソ連側は一貫して冷淡であった。宋の訪ソが実現したのは、約一年後の一九四五年六月末である。

七月四日、蔣介石は、中ソの両国が境界地域で互いに駐兵防備しないことを提起すべきだと言った。このとき王世杰は、今の時期にそれを言っても成果は難しいと感じたという。[93] 七日、抗戦七周年の宣言（七七宣言）では、蔣介石は一年来の戦争におけるソ連の貢献をとくに讃えた。[94] それは、中国がソ連との友好関係を望んでいることを、内外、とくにソ連に訴えようとしたものであった。一一日、王世杰は四日の蔣介石の提案に関連して、書面で次のように力説した。「現時点でソ連に、(一)境界地域で互いに軍を駐屯させて防備しないこと、あるいは、(二)英ソ同盟の方法にならって中ソ同盟を締結することを提起しても、実際には実現は容易ではなく、しばらくは別の方法を考えるべきであり、準備工作としては、(一)新疆の政治と人事を調整すること、(二)中ソ親善の世論をかきたてることである」[95]と。

以上の経過はむしろ、ソ連との関係改善を切望しているにもかかわらず、中国側は手詰まり状態にあることを示していると言えよう。王世杰は蔣介石の提案を現実性がないと否定しているが、彼自身にも具体的な提案はないし、準備工作としての(二)も蔣の七七宣言などに現われているが、即効性を持つものではない。そして(一)は、盛世才の更迭を意味するが、肝心のこの問題も難航していたのである。先に示したように、蔣介石は五月の一二中全会後に盛世才を更迭するという王世杰の提案に同意していたが、一二中全会が閉会してからすでに二カ月もたっていた。盛世才はなお三万余の軍を保持しており、蔣介石も決断がつかなかったのであろう。

このためかどうかはわからないが、ソ連側は逆に関係を悪化させていったようである。六月から七月にかけて、パニューシキンに続いて、ソ連は成都・西安・蘭州から最後の軍事顧問約六〇名を引き揚げさせた。同時に、ソ連の新聞・雑誌にも、中国の民族主義的傾向を批判する論評や報道が増えた[96]。また、七月一二日には、外交部が魏道明駐米大使からの電報を伝えた。それは、ソ連が対日戦争に参加していないことを理由にして、戦後の平和組織について中国と協議するのを拒否し、米英とのみ協議したいと希望したため、四強国会談が米英中と米英ソの二つの談判に分けられることになるという、アメリカのハル国務長官からの報せを伝えるものであった[97]。後のダンバートン・オークス会議である。

さらに七月二四日には、駐ソ大使の傅秉常から電報が届き、新疆でロシア人が殺されて遺体が川に捨てられたことを、中国侵略の口実にしているという。[98]この報に接して蔣介石は、「日本が中国を侵略したやりくちとぴったり同じだ」と言った。そして続けて、次のように言っている。「今日の米ソ政府のわれわれに対する態度を論じると、わが国はすでに本当に暗黒時代に入っている。しかし、もしエホバが中国に加護を与えてくだされば、相手が狡猾で凶悪横暴であっても、われわれをどうしようもないだろう」と。[99]米中関係も思わしくなく、日本の大陸打通作戦への惨敗ぶりから、スティルウェル（Joseph W. Stilwell）に軍の指揮権を渡せという圧力が強まっていた。蔣介石としては、神に祈るしかなかったのであろう。

七月二二日、蔣介石が国内外の情勢を分析し、みずから記した所感には、次のような大変興味深い一節がある。

（一）アメリカの最近のロシアに対する政策は、中国の側にあってはロシアの嫉みを避けようと焦って、中共勢力の保存を贈物にしており、その中国政府に対する牽制作用も非常に大きい。最近わが国をめぐる国際情勢は、すでに甚だしく圧迫的になっているというべきで、……。

（二）わが国が北方のモンゴルでは、モンゴルの兵を組織・訓練することができず、西北の新疆では回教の兵を組織し訓練することができず、西方の西康・チベットではチベットの兵を組織・訓練できなければ、国防はついには強固にはしがたい。今後、蒙・回・蔵の同胞に十分な教育を受けさせて、濃厚な国家観念を養成させなければならないが、それが実現するのは、二〇、三〇年先のことでしかないであろう。しかし、今から準備しても遅くはないようだ[100]

ここには、中国の国防における北方・西北の重要性の他、蒙・蔵・新三大辺疆地域の民族統合の難しさが示されており、また蔣介石の憂慮は辺疆の深刻な状況の反映でもあった。

一時なりを潜めていたカザフ族の動きも、再度活発になってきた。まだウォレスが中国にいる六月二六日、蘭州の朱紹良が、新疆への入口に当たる甘粛の安西—玉門の間で軍事力を強化するために、兵力の増強と飛行機の派遣を要請していた。[101] 二八日には蘭州から、新疆側に入った猩猩峡と安西の間で、多数のカザフ族のゲリラがいたる所で交通を破壊し地雷を埋め、ガソリンや軍需物資を奪い、安西はパニックに陥っている、という報告が入った。[102] 猩猩峡とハミには、抗戦初期の援助の謝礼としてソ連に贈られたタングステン・錫・茶・羊毛などが残されていたのである。[103] また、七月四日に呉沢湘から来た電報では、最近アルタイの匪賊の勢いがまた盛んになり、外交とかかわるので、盛世才は呉に重慶に戻って情況を報告し指示を仰ぐよう求めている、と伝えている。[104]

こうしたなかで、対策を相談するために、蔣介石は七月九日には新疆監察使羅家倫を、[105] 一三日には蘭州から朱紹良を重慶に呼び戻した。[106] 三〇日には呉沢湘が蔣に会っている。[107] 呉は八月一日には王世杰に会い、「盛世才はなお更迭されたくはなく、外モンゴル境界のカザフの匪賊は、最近ソ連側の公然とした援助を受け、情勢はひどく憂慮すべきだ」と伝えた。王は日記に、「新疆の政治を主宰する人員をなるべく早く交替させるべきであり、聡明で老練な者を後任に選ぶべきだと思う」と記している。[108]

もはや結論は出ていた。八月二日、蔣介石は時局を考慮して、「新疆省政府の改組の時期は早いほうがよい」、と言ったという。[109] 一〇日、アルタイでモンゴルの匪賊が暴れまわっているという報告を読んだ蔣介石は、「これは絶対に、ロシアが盛世才追い出しを口実にして新疆を侵略したいのだ」と言った。[110] その翌一一日、蔣介石は蒙蔵委員会委員長の呉忠信に、近日中に新疆省政府を改組する予定なので、主席に就任するよう要請した。[111]

ウォレスが蔣介石に伝えた、自分を辞めさせせよというスターリンからの伝言を漏れ聞いた盛世才も、激しく動揺していた。ソ連に再び接近しようともしたが、ソ連はもはや相手にしなかったという。[112] 八月一〇日、盛世才は蔣介石に転任を求める電報を打った。一二日にこれを受け取った蔣は、「これなら新疆のことは処置しやすい」と言ったという。[113] しかし、転任を求める電報を打った翌一一日、盛世才は突如、政府中央が派遣した新疆の工作人員を大量に逮捕する挙に出た。省政府の庁長から地方の幹部まで二〇〇人余りが逮捕・投獄され、その中には建設庁長林継庸・省党部書記長黄如今も入っていたので、「八・一一黄林案」とも言われている。[114]

蔣介石は朱紹良を派遣して盛世才と談判させた。若干の中央部隊が新疆に駐屯していたがその圧力も加えて、ついに盛に転任を承諾させた。二二日、国防最高委員会常務会議は、盛世才を農林部長へ転任させ、呉忠信を新疆省政府委員兼主席に任命し、新疆の部隊を軍事委員会の直轄下におき、辺防督弁公署を廃止して保安司令部が引き継ぐことを決定した。[115] 省主席に就任する呉忠信は、当時蒙蔵委員会委員長であり、この人事は中央が少数民族問題を重視していることを示すものであった。

前記の諸措置の執行は、盛世才の部下が「倒盛陰謀」を起こして情勢が中央に有利に転じるまでなお数日かかり、八月二九日に盛世才は正式に解任され、九月一一日に新疆を離れた。正式の解任の前日、ソ連の武官が蔣介石に暇乞いにきたとき、蔣は盛世才がまもなく新疆から転勤することを告げ、また中ソ外交が今後二度と疎隔が生じないようにと希望した。しかし、当時秘密にされていたが、この少し前、八月一七日、モンゴルとの関係が深いトヴァ人民共和国は、「ソ連邦への併合を申請」していた。[116] そして、盛世才が新疆を離れて二カ月後に、クルジャ事件が起こるのである。

おわりに

アルタイ事件が勃発したとき、国民政府はソ連が背後にいるととらえていたが、モンゴル問題も関係するという認識は弱く、ソ連の狙いを新疆と共産党の問題に求めていた。ソ連との関係の悪化を恐れた国民政府は、「緩和と忍耐」の方針をとって正式の抗議もせず、報道も抑えて事件の拡大を極力避ける一方、ローズヴェルトに対して秘密電報でソ連と日本との結託もほのめかし、ソ連に圧力をかけさせようとした。

しかし、思いもよらぬことに、ソ連はモンゴルとの互助協定という問題を持ち出し、しかもそれをタス通信で報道した。アルタイ事件をモンゴル問題と絡め、しかもそれを国際的に示すという行動に出たのである。国民政府は大きなショックをうけたが、ソ連に対する慎重な姿勢と、ローズヴェルトへの働きかけを継続するしかない。連合軍の結束の乱れを心配するローズヴェルトは、問題の棚上げと中国側の自制を求めた。蔣介石は彼の認識の甘さを指摘し、事態の深刻さを訴えて、慎重に考慮するという言質を引き出した。ソ連に対しては、モンゴル問題での論争をできる限り避けてあくまで新疆の問題とし、盛世才を更迭する意志はあるがすぐには困難なことを伝えている。しかし、国民政府側のきわめて慎重な行動にもかかわらず、ソ連は大使や軍事顧問を召還し、中ソ関係は悪化していった。

アメリカ視察団を延安に派遣するための交渉を主目的とするウォレス使節団は、こうした情況のもとで訪中し、中ソ関係や新疆・モンゴル問題にも大きくかかわることになる。ウォレスは、盛世才の更迭が必要だというスターリンの要求とともに、ソ連が中ソ関係でアメリカの仲裁を望んでいないことを伝えた。これに対して蔣介石は、視察団の主目的をあっさり承認したうえで、中ソ関係でのアメリカの斡旋を強く希望している。中ソ関係におけるアメリカの役割について、ソ連は間のとりもち役に限定しようとするのに対して、中国は内容にまで関わる斡旋を期待していたのである。

その後、蔣介石らが盛世才の更迭に手間どる間に、アルタイ情勢は深刻になり、ソ連側も関係を悪化させていった。ようやく盛世才を解任し、盛が新疆を去った二カ月後に、新疆の軍がアルタイに集中した虚をついて、クルジャ事件が起こるのである。

以上の経過から、どのような構図がみえてくるであろうか。まずはっきりしていることは、国民政府の側はアルタイ事件をソ連の陰謀であるととらえながら、終始一貫してソ連を刺激するのを避け、事件を新疆の問題、それも盛世才個人の問題として、処理しようとしている。中ソ関係の悪化を、極力避けようとしたのである。関係の悪化は、明らかにソ連側が一方的に進めたものであった。では、ソ連はなぜそのような行動をとったのか？そもそも、アルタイ事件はソ連が意図的に引き起こしたのであろうか？

これらの疑問については、現段階では事実から類推するしかない。アルタイ事件については、ソ連よりもモンゴルの影のほうが色濃く感じられるが、少なくとも後には、ソ連が国民政府に揺さぶりをかけるのに利用したことは確かであろう。宋子文の問い合わせと協力要請に対して、その前の呉沢湘の抗議に対する返答のときのように、ソ連は関知していないと突っぱねるほうが、問題は少ないはずである。事実、モンゴルの独立が承認された後の一九四七年に起こった、よく似た事件である北塔山事件に際しては、そのような返答をしている。[117]なぜ、このときには、モンゴルとの相互援助協定を持ち出し、しかもタス通信によって事件を国際的に公表したのか？考えられるのはただ一つ、モンゴルを独立国として扱っていることを示すことによって、モンゴル問題に関する立場を国際的に、とくにアメリカに暗示するためではなかろうか。

アメリカも、このシグナルを理解したはずである。ウォレス使節団が帰路モンゴルに立ち寄ったのは、このために情況を把握しようとしたためではなかろうか。随行員としてモンゴル・新疆問題の専門家であるラティモアを起用したのも、あるいはそのためかもしれない。[118]そしてウォレスは、中ソ関係の改善におけるアメリカの役割に関して、中ソ両国の考えが対照的であることを知った。それは当該情勢下での両国の力関係を反映しており、蔣介石としては、延安視察団の件で妥協してでも、アメリカの斡旋を期待せざるをえなかったのである。

しかし、アメリカにとって中ソ関係の悪化は憂慮すべきであったが、その主導権はソ連が握っていた。そして、アメリカにとって、ソ連の対日参戦と戦後の国際秩序樹立のための協力は不可欠であった。だからむしろ、ソ連が対中国関係を悪化させればそれだけ、アメリカはその意向を無視できなくなるのである。その後、この件でのアメリカの行動は、ソ連の意向に沿ったものになった、といってよかろう。アメリカは仲裁者にはならず、中ソの話し合いに委ねたのであり、それでは中国が不利になるのは避けられなかった。こうしてアルタイ事件は、ヤルタ協定からその後の中ソ交渉へと移る際の、中米ソの立場を確定していく契機になったと言えよう。

(1) 李毓澍「科阿分界案研究」(同『蒙事論叢』台北、里仁書局、一九九〇年)。
(2) 関連する記述は、中ソ関係・新疆史・「三区革命」とソ連・盛世才・米中関係に関する論著にみられる。主なものは以下のとおり。羅志剛『中蘇外交関係研究（一九三一―一九四五）』武漢大学出版社、一九九九年。沈志華「中蘇結盟与蘇聯対新疆政策的変化（一九四四―一九五〇）」(『近代史研究』一九九三年第三期)。高素蘭「盛世才帰順中央（民国三十一～三十三年）」(『中華民国史専題論文集』（第五届討論会）、台北、国史館、二〇〇〇年)。同編写組『新疆三区革命史』民族出版社、一九九八年。黄建華『国民党政府的新疆政策研究』民族出版社、二〇〇三年。張大軍『新疆風暴七十年』(九)、台北、蘭渓出版社、一九八〇年。牛軍『従赫爾利至馬歇爾――美国調処国共矛盾始末』福建人民出版社、一九九二年。Allen S. Whiting and General Sheng Shi-ts'ai, *Shinkiang : Pawn or Pivot?* Michigan State University Press, 1958.
(3) 香島明雄『中ソ外交史研究　一九三七―一九四六』世界思想社、一九九〇年、一〇七～一〇八頁。
(4) 秦孝儀総編纂『総統蔣公大事長編初稿』巻五（以下、『初稿』と略記)、一九七八年。
(5) 薛銜天『中蘇関係史　一九四五―一九四九』四川人民出版社、一九一頁。同「試論民族因素対蘇聯調停三区革命的影響」(『中共党史研究』二〇〇三年第一期）七四頁。
(6) 五月にソ連は直接オスマンに面会を求め、彼の革命を偉大な民族解放運動だともちあげ、金品を贈ってソ連の視察団の自動車を妨害しないよう求めたという（張大軍前掲書、五一九二頁)。
(7) （台北、国史館所蔵）『蔣中正総統檔案――事略稿本』（以下、『事略稿本』と略記)、一九四四年一月二二日。『事

略稿本』は蔣中正総統檔案のうちの文物図書の一種である。蔣介石に関連する手紙・電報・命令〔告〕および蔣介石日記の抜粋からなり、編年体の形式でまとめられたものである。質・量とも豊富で、史料的価値は極めて高い。二〇〇三年から影印本が刊行されつつある。但し、本文で使用したものは未刊行である。

(8)『事略稿本』一月二九日。

(9)後の中ソ会談におけるスターリンの話。

(10)『事略稿本』二月三日・五日。

(11)張大軍前掲書五一八七~五一九八頁。

(12)『初稿』三月二日。

(13)『中華民国重要史料初編――対日抗戦時期　第三編　戦時外交（二）』（以下、『戦時外交』と略記）、中国国民党中央委員会党史委員会編印、一九八一年、四五七~四五八頁。

(14)『事略稿本』三月一一日。

(15)『事略稿本』三月一三日。

(16)『事略稿本』三月一一日。

(17)『事略稿本』三月一三日。

(18)『事略稿本』三月一三日。

(19)『事略稿本』三月一四日。

(20)『初稿』三月一五日。この時期の国共関係については、楊奎松『失去的機会?――戦時共談判実録』（広西師範大学出版社、一九九二年）を参照。

(21)『事略稿本』三月一三日。

(22)『戦時外交』四五八頁。

(23)『事略稿本』三月一四日。

(24)『事略稿本』三月一四日。
(25)『初稿』三月一五日。
(26)『事略稿本』三月一九日。
(27)『事略稿本』三月二五日。
(28)李嘉谷「蔣介石収復盛世才始末」（中共党史学会『百年潮』二〇〇二年第二期）五九頁。
(29)『事略稿本』三月一八日。
(30)『事略稿本』三月一六日。
(31)『初稿』三月一七日。
(32)『事略稿本』三月一七日。
(33)『初稿』三月二〇日。
(34)『初稿』三月二四日。
(35)『事略稿本』三月二七日。
(36)『事略稿本』三月二七日。
(37)『事略稿本』三月一七日。前掲、張大軍著書、五一九九頁。
(38)『事略稿本』四月三日。（台北、国史館所蔵）外交部檔案、檔号：172—1—1428、『中蘇関係案』八～一〇頁。
(39)『事略稿本』三月三一日。
(40)『初稿』三月三一日。
(41)中央研究院近代史研究所『王世杰日記（手稿本）』第四冊、四月一日。
(42)『事略稿本』四月三日。前掲、外交部檔案、八～一〇頁。
(43)『王世杰日記』四月三日。『初稿』四月三日。
(44)『王世杰日記』四月三日。

(45)『事略稿本』四月四日。
(46)『王世杰日記』四月三日。
(47)『事略稿本』四月四日。
(48)『事略稿本』四月四日。
(49)『事略稿本』四月四日。
(50)『事略稿本』四月三日。
(51)『事略稿本』四月七日。
(52)『事略稿本』四月一〇日。*Foreign Relations of United States* (*FRUS*), *Diplomatic Papers*, *1944*, Vol.6 (Washington D. C., 1969), pp.798, 800-803. 1944, vol.6.
(53)『初稿』四月一〇日、五〇七頁。
(54)『事略稿本』四月一二日。
(55)『事略稿本』四月一二日。
(56)『事略稿本』四月一二日。
(57)『事略稿本』四月一五日。
(58)『初稿』四月一七日、五〇八頁。
(59)『事略稿本』四月三日。
(60)『事略稿本』四月一〇日。
(61)『事略稿本』四月五日。
(62)『事略稿本』四月八日。
(63)『王世杰日記』四月一七日・一九日。
(64)『王世杰日記』四月一四日。

(65)　前掲『新疆三区革命史』一三頁。
(66)　『王世杰日記』四月二四日。
(67)　『王世杰日記』四月二五日。
(68)　『初稿』四月一二日。
(69)　前掲『新疆三区革命史』一三頁。
(70)　田保国『民国時期中蘇関係　一九一七―一九四九』済南出版社、一九九九年、一七二頁。
(71)　ラティモアについては、毛里和子「オウェン・ラティモア考（一）」（『お茶の水史学』第二二号、一九七九年）を参照。
(72)　ラティモア（磯野冨士子編・訳）『中国と私』みすず書房、一九九二年、二〇六・二一二頁。この問題については、松村史紀「米国と『中国の統一』（一九四〇年代）」『早稲田政治公法研究』第七五号（二〇〇四年）を参照。
(73)　同上、二一一頁。
(74)　長尾龍一『アメリカ知識人と極東――ラティモアとその時代』東京大学出版会、一九八五年、六一頁。
(75)　前掲『新疆三区革命史』一三頁。ただし、同書ではスターリンがウォレスにも直接語ったかのような記述をしている。
(76)　『王世杰日記』五月二三・二七日。
(77)　『事略稿本』六月一〇日。
(78)　『王世杰日記』六月一〇日。
(79)　『王世杰日記』六月一七日。新疆の民族事情について、午前迪化市の内外を参観した王世杰は、当日の日記で次のように記している。「新疆の民族は最も複雑である。ウィグル族が多数で、新疆全人口の半数以上を占める（ウィグル族は計二五〇万だと言われる。新疆の全人口は四〇〇万だといわれる。新疆全体の漢人の人口は二〇万に過ぎない。しかしすべては確かな統計がない。迪化の都市部には、漢人が最も多く、その次がウイグル族で、そしてウズベクだと聞いた。白系ロシア（別称は帰化族）も少なくない）」と。

(80)『初稿』六月二〇日。
(81)『初稿』六月二四日。
(82)『初稿』七月二日。
(83)『事略稿本』六月二四日。
(84)長尾龍一前掲書、六一頁。
(85)ラティモア前掲書、二一七頁。
(86)『事略稿本』六月二四日。
(87)ラティモア前掲書、二一八頁。
(88)『初稿』八月一一日。前掲『新疆三区革命史』一三頁。
(89)ラティモア前掲書、二一三〜二二〇頁。
(90)『事略稿本』六月二七日。
(91)ラティモア前掲書、二二八〜二三〇頁。
(92)『事略稿本』六月二九日。
(93)『王世杰日記』七月四日。
(94)『王世杰日記』七月四日。
(95)『王世杰日記』七月一一日。
(96)沈志華前掲論文、二一六頁。朱培民「一九四三年至一九四九年蘇聯対新疆政策的演変」（同『二〇世紀新疆史研究』、新疆人民出版社、二〇〇〇年）。
(97)『初稿』七月一二日。

(98)『事略稿本』七月二四日。
(99)『事略稿本』七月二四日。
(100)『初稿』七月二二日。
(101)『事略稿本』六月二六日。
(102)『事略稿本』六月二八日。
(103)『張治中回憶録』中国文史出版社、一九八五年、五二六頁。
(104)『事略稿本』七月四日。
(105)『事略稿本』七月九日。
(106)『事略稿本』七月二三日。
(107)『事略稿本』七月三〇日。
(108)『王世杰日記』八月一日。
(109)『事略稿本』八月二日。
(110)『事略稿本』八月一〇日。
(111)『事略稿本』八月一一日。
(112)高素蘭前掲論文。
(113)『事略稿本』八月一二日。
(114)例えば、前掲の李嘉谷論文。
(115)中国国民党中央委員会党史委員会『国防最高委員会常務会議記録』第六冊、八月二二日。
(116)坂本是忠「トゥヴァ自治共和国――中ソ間におけるその位置づけ」、アジア・アフリカ国際関係研究会編『中国を巡る国境紛争』、巌南堂書店、一九六七年。
(117)吉田豊子「戦後国民政府の対ソ認識――北塔山事件を通して」（姫田光義編著『戦後中国国民政府史の研究　一

九四五―一九四九年』中央大学出版部、二〇〇一年)。

(118)　一九四五年初、アメリカ国務省中国課長ヴィンセント(John C. Vincent)は、新疆やモンゴルに関する専門家が必要だという理由で、ラティモアを国務省顧問とする案をグルー(Joseph. C. Grew)次官に提出している。だが、「ラティモア氏のように多方面に意見を発表している人は、国務省にはふさわしくない」と却下された。長尾龍一前掲書、一〇九頁。

＊　本稿は平成一六年度文部科学省科学研究費補助金(特別研究員研究奨励費)による研究成果の一部である。

(吉田　豊子)

附録

国民党政権研究のための文書館・図書館案内

行政文書を中心とする第一次史料を、中国史研究では「檔案」とよぶ。その保管先である檔案館（文書館）は、大別すると、中央レベルと地方レベルに分かれ、さらに前者は、明清期の宮中檔案を所蔵する中国第一歴史檔案館（北京）、中華民国期の中央政府の檔案を所蔵する中国第二歴史檔案館（南京）、中国共産党中央および人民共和国建国後の国家檔案を所蔵する中央檔案館（北京）に分かれる。

このうち、第一檔案館と第二檔案館はそれぞれ機関誌『歴史檔案』、『民国檔案』を発行し、また三館とも檔案史料集を多数刊行している。そのため、三館が所蔵する檔案の一部は、現地へ行かなくとも、それらを通じてみることができる。

しかし、現地に行って、膨大な檔案の山と向き合うことは大切である。なぜなら、檔案の海に一度溺れるからこそ新たな史実を発見できるのであり、檔案を扱う難しさとその問題点をその後にじわじわと実感できるからである。

では、檔案原本の公開はどうなっているのであろうか。文末に掲げた参考文献が檔案の公開状況を詳細に紹介しているが、たとえば、第二檔案館の場合、一九九〇年代前半と比較して閲覧制限が若干厳しくなったといわれている。実際、申請手続きの段階で、非公開の壁に阻まれることがある（ただし、台湾の中央研究院近代史研究所（台北）、中国国民党中央文化伝播委員会党史館（台北）、国史館（新店）などで注意深く調査すれば、その壁を一部突破することができる）。また、今後は中国近現代史研究のなかで民国史研究を相対化していく必要があり、そのためには一九四九年以後の檔案調査が必要となってくるが、中央檔案館の公開状況は依然として厳しい。しかし他方で、二〇〇四年春、外交部は人民共和国建国初期の外交文書を初めて公開した。新聞記事「中国外交文書をはじめて公開」によれば、次のとおりである。「外交部はこのほど外交部開放檔案借閲処の開所式を行った。これにより、外交部に保管されている新中国成立後の外交文書の一部が国内外に正式に公開されることになった。まず公開されたのは、外交部の一九四九年―一九五五年の文書である」。今後のさらなる公開に期待が膨らむ。

さて、ここでは、本論文集の趣旨に配慮して、国民党政権とのかかわりあいの深い檔案館・図書館に対象を絞って利用状況を紹介していくことにしたい。ただし、台湾の中央研究院近代史研究所、党史館、国史館については川島真氏らの一連の紹介文が、また、近代史研究所と国史館についてはそれぞれのホームページ（中央研究院近代史研究所 http://www.sinica.edu.tw/imh/ 国史館 http://www.drnh.gov.tw/）が充実しており、大陸の上海市檔案館および北京市檔案館もそれぞれの機関誌（『檔案与史学』、『北京檔案』）とホームページ（http://www.archives.sh.cn/, http://www.bjma.org.cn/MAIN.asp）で積極的な情報公開をおこなっていることから、ここでは対象外としたい。また、内部文書や貴重な雑誌類を保管する北京・南京・上海・重慶の図書館のうち、高田幸男氏らによって詳細な紹介がおこなわれている上海図書館（ホームページ http://www.library.sh.cn/）についても対象外としたい。したがって、ここで取り上げる檔案館・図書館は、第二檔案館、南京図書館歴史文献部（旧古籍部・特蔵部）、中国国家図書館（北京図書館）、中国社会科学院近代史研究所、重慶市檔案館、重慶図書館となる。筆者は重慶市檔案館を充分には活用できていないが、これらの檔案館・図書館と今回対象外としたきわめて重要度の高い台北および上海の檔案館・図書館にバランスよくアクセスすることが、国民党政権を研究するうえで強く求められる。

もっとも、この理想論は研究方法上の理想論とイコールではない。しかし、たとえば、ある法案が廃案に追い込まれるさいの政権内部の動きは檔案を通じてしか解明できない場合があり、歴史像をトータルに把握するためにも、やはり各所で檔案調査をおこなう必要がある。方法論からして檔案との距離がもっとも遠いと考えられる思想・文学研究においても、教育部檔案、中央宣伝部檔案、中央文化運動委員会檔案などを手にとることで、検閲の有無とその実態を特定できる場合があり、テキストの行間に潜む政治性と思想・文学を生み出す政治的かつ社会的文脈をより確実なものとして浮かび上がらせることができるだろう。また、檔案の公開がすすんでいない人民共和国研究においても、一部の地方檔案館では一九五〇年代の檔案を公開しており、それら受領側の公文にあたれば、中央檔案館に所蔵されている檔案の内容を部分的に知ることができる。現状ではそれらを継ぎ接ぎで利用することには慎重にならざるを得ないが、今後のさらなる公開に備えて各地の檔案館で情報を収集・整理しておくことは必要不可欠な作業である。

以下、各地の檔案館・図書館の利用状況を紹介していく。ただし、文末に掲載した関連文献と「中国檔案館指南叢書」がそれぞれ詳細な情報を提供しているので、ここでは必要最小限の情報のみを掲載しておく。また、各館の蔵書の特徴は、あくまでも筆者の問題関心にもとづくものであり、客観性が含まれるかどうかは読者各位のご判断に委ねたい（開館時間は季節により変動する場合がある。また、複写費はおおむねA四の料金であり、史料保護費などを別途支払わなければならない場合もある。）。

中国第二歴史檔案館

① 場所

南京市中山東路三〇九号

② 開館日・開館時間

月～金（ただし水は午前のみ）。八時～一一時半、一三時～一六時（金は一五時閉館）。

③ 利用手続き

所属機関の紹介状が必要。中国側の機関・研究者の紹介状のほうが望ましい（学生はそれらの提出を求められる）。事前申請も可能で、紹介状のほかに、研究テーマ・調査する檔案（どの「全宗」のどんな内容をみるのか）を記した文書を同館秘書処宛に郵送する。なお、直接申請する場合には約半日の時間を要する。

④ ホームページ・機関誌

『民国檔案』

⑤ 複写

一部コピーが認められない場合もあるが、基本的には可能である。ただし、受け取るまでに半日の時間を要する。複写費は二元／枚。

⑥ 蔵書の特徴

中国国民党中央党史史料編纂委員会を引き継いだ同館は、中央レベルの党・政府檔案を保管しているが、その所蔵量と質とは必ずしも比例しないようである。川島氏が指摘したように、外交をはじめとする重要な案件は台湾の党史館、国史館などに移管されていると考えられる。筆者の経験からしても、国民政府檔案、行政院檔案、内政部檔案については党史館、国史館での成果のほうが大きかった。したがって、一般論としていえば、まず台湾で史料調査を実施し、その後に南京に足を運んだほうが効率的である。

しかし、このことを理由に、第二檔案館の利用価値が下がるわけではない。なぜなら、台湾では収集できない重要な檔案を同館で発見できるからである。高田氏が示唆するように教育部檔案はその一例であると考えられるが、たとえば立法院檔案は、台北の立法院付設の図書室が外国人に開放されていないこともあり（注：二〇〇四年の状況は未確認）、第二檔案館で調査したほうが大きな成果を期待できる（事前に、中国第二歴史檔案館編『国民政府立法院会議録（一）〜（四五）』広西師範大学出版社、二〇〇四年で調査しておくことをお奨めしたい）。

ただし、同館には閲覧制限がある。個人檔案のほかにも、中央宣伝部檔案、軍事委員会戦時新聞検査局檔案、中央図書雑誌審査委員会檔案、中国新聞学会檔案などが非公開であり、『中国第二歴史檔案館指南』（趙銘忠等主編、中国檔案出版社、一九九四年）で紹介されているすべての檔案が公開されているわけではない。非公開檔案の情報を研究者間で絶えず更新していくことは、史料収集の効率を上げるためにもますます重要となってくるだろう。

なお、同館で非公開であったとしても、他の檔案館・図書館で公開されている場合がある。前述の非公開檔案のうち、中央宣伝部檔案は党史館で、軍事委員会戦時新聞検査局檔案、中央図書雑誌審査委員会檔案は国史館で閲覧できる。また、中国新聞学会檔案と中央宣伝部檔案の一部が南京図書館歴史文献部に保管されている。

［以上は二〇〇三年冬のデータ］

南京図書館歴史文献部（旧古籍部・特蔵部）

① 場所

南京市虎踞路八五号

② 開館日・開館時間

月〜金。九時〜一七時。

③ 利用手続き

中国側の機関・研究者の紹介状と身分証明書（パスポート、学生証など）を事前に用意する。申請手続きはとくに必要ない。

④ ホームページ・機関誌

http://www.jslib.org.cn/web.htm

⑤ 複写

複写費は約五元／枚であるが、他の図書館にはない「単本」の場合は二五元／枚と跳ね上がる。また、閲覧冊数は一回につき二冊であり（注：合併直後には一日八冊までの制限があった）、複写枚数も一冊につき三分の一以内となっている。

⑥ 蔵書の特徴

南京図書館歴史文献部は、二〇〇一年に旧特蔵部と旧古籍部が合併して誕生した。合併以前の旧特蔵部は、閲覧・複写にかんする制限を厳しく設定しておらず利便性が高かったが、複写欄で記したように、現在は制限が厳しくなっている。

しかし、旧特蔵部の蔵書が、中国国民党中央党部図書館で保管されていた文書と国立中央図書館で保管されていた民国期の文献から成り立っていることを考えれば、やはり歴史文献部にも足を運ばざるを得ない。筆者が知り得る範囲内の同部の最大の特徴は、国民党・国民政府内部で発行されていた貴重な刊行物を閲覧できること、民国期に発行されていた雑誌・書籍類が豊富に保管されていることである。もちろん、党・政府内部で発行されていた文書は党史館でも閲覧できるが（注：台北市内に移転後、目録カードは閲覧室から撤去されている［二〇〇四年二月時点］）、党史館や第二檔案館で探し出せなかった、あるいは非公開であった文書を同部で発見できることがある。また、民国期の雑誌・書籍については、重要度の高いものが優先的に保管されている可能性があり、史料を集中して読み込むには効率的である。抗戦期の文献についても、後述する重慶図書館よりも保管状況がよく、重慶では探し出せなかった抗戦期の文献が同部に保管されていることがある。

ただし、注意すべき点もある。同部所蔵の文献は、『一八三三―一九四九 全国中文期刊聯合目録 増訂本』（書目文献出版社、一九八一年）、『民国時期総書目』（北京図書館編、書目文献出版社、一九八六年～一九九六年）、『中文期刊大詞典（上下）』（伍杰主編、北京大学出版社、二〇〇〇年）などで事前に調査できるが、実際に申請すると、保管されていない場合がある。それが単なる未整理によるのかどうかは不明であるが、それらの一部が北京の国家図書館に保管されていることがある（もとは南京図書館で保管されていたことは一目瞭然な場合が多い）。したがって、北京でも民国期の文献を調査しなければならない。

⑦　その他

・南京図書館本館とは併設されていないので、注意が必要である。

・旧特蔵部が保管していた民国期の雑誌類は、古籍部との合併後、未整理である。公開は二〇〇五年秋以降（予定）。

［以上は二〇〇四年冬のデータ］

中国国家図書館

①　場所

北京市海淀区中関村南大街三三号

②　開館日・開館時間

民国期の文献は「特蔵閲覧室」（南三三七）で請求する。土曜日以外の九時〜一七時に利用できる。なお、閲覧室によって開館日・開館時間が異なっているので、事前に同館ホームページで確認しておくことをお奨めする。

③　利用手続き

必要事項を記入した申請書とパスポートを提示し、「臨時読者卡」を発行してもらう。有効期限は三〇日で、その場で受け取れる。一九四九年以前の文献（「基蔵書刊」）を調査する場合には、申請時に保証金一〇〇元を預け、最終日に返してもらう。なお、手続きは八時半〜二〇時半までおこなえる。

※「特蔵閲覧室」を利用する場合には、新しい規定により、研究者の身分を証明しなければならなくなった。

④　ホームページ・機関誌

http://www.nlc.gov.cn/

⑤　複写

一九四九年以後の文献は〇・三元／枚。「特蔵閲覧室」での複写は、香港・台湾で発行された出版物と美術本のみの複写が許可され、費用は〇・五元／枚である。ただし、スキャナーでの複写制限はなく、一九九二年以降のものは二元／枚、それ以前のものは四元／枚となっている。

⑥　蔵書の特徴

国立北平図書館を前身とする同館は、南京図書館歴史文献部に匹敵するほどの、もしくはそれ以上の民国期の書籍を保管している。確かに抗戦期に発行されていた書籍の所蔵量と所蔵されている書籍の質とを問題にした場合、南京図書館歴史文献部にくらべて若干見劣りするが、それでも、同館の価値がさがるわけではない。しかも、前述したように、もともと南京図書館歴史文献部に保管されていた（と思われる）貴重な文献が同館に移管されていることがある。国民党政権を研究するにあたり、南京図書館歴史文献部との併用が期待される。

［以上は二〇〇四年夏のデータ］

中国社会科学院近代史研究所

① 場所

北京市王府井大街東廠胡同一号

② 開館日・開館時間

月・木。八時半〜一一時半。

③ 利用手続き

利用にさいしては、近代史研究所科研所の許可を得、事前に科研所から図書館へ連絡してもらう。

④ ホームページ・機関誌

http://www.cass.net.cn/chinese/y-03/y-03-40jdsyjs.html、『近代史研究』

⑤ 複写

一般の書籍の複写は認められているが（〇・四元／枚）、民国期の文献は基本的に認められていない。また、分量と依頼する時間によっては、翌日の受け渡しとなる。

⑥ 蔵書の特徴

一九五〇年六月に成立した同研究所は、延安のマルクス・レーニン学院歴史研究室を前身としている。約六〇万冊（件）の図書・定期刊行物・檔案・マイクロ史料を保管し、併せて林則徐・曾国藩・李鴻章・張之洞・黄炎培・胡適らの手稿・日記も保管する。民国期の新聞・雑誌についていえば、国家図書館に保管されていないもの（汪精衛政権下の南京で発行されていた『新動向』など）があり、興味深い。

［以上は二〇〇四年夏のデータ。なお、基本データは水羽信男氏（広島大学）に提供してもらった。］

重慶市檔案館

① 場所

重慶市沙坪垻区天星橋晒光坪五六号

② 開館日・開館時間

月～金。八時半～一一時四〇分、一四時～一七時。

③ 利用手続き

檔案館に直接手紙を書くか、同館信息技術処陳杰光氏まで（jieguang@sina.com―檔案館のメールアドレスではないため、いつまで使用可能かは不明―）にメールを送信して申請をおこなう。紹介状は必要ない。

④ ホームページ・機関誌

『檔案史料与研究』

⑤複写

複写費は一・五元／枚、檔案保護費は複写費×二・二五。また、案巻数にかかわらず、史料費として一日六〇元を支払う。

⑥ 蔵書の特徴

※詳細な情報は重慶市檔案館編『重慶市檔案館四〇年』（中国檔案出版社、二〇〇〇年）を参照のこと。

［以上は二〇〇四年夏のデータ。なお、掲載データは山本真氏（筑波大学）に提供してもらった。］

重慶図書館

①　場所

［両路口］重慶市渝中区長江一路一一号

［枇杷山］重慶市渝中区枇杷山正街九三号（歴史文献部）

②　開館日・開館時間

月〜金。八時四〇分〜一七時半。ただし、一時半〜一四時まで貸し出し停止。

③　利用手続き

紹介状（中国側の機関・研究者の紹介状が望ましい）を持参する。申請手続きはとくに必要ない。

④　ホームページ・機関誌

http://www.cqlib.cn/main.asp

⑤　複写

史料保護費として、一枚につき五元を支払う。ただし、外国人の場合は、二倍の料金を支払わなければならない。

⑥　蔵書の特徴

前身は国立ローズベルト図書館で、国連文書を一部保管しているが、同館の最大の特徴は、民国期の出版物を中心に約三六〇万冊の書籍が収集されていることである。とくに、戦時首都が重慶におかれたこともあり、抗戦期の貴重な文献は同館に眠っている可能性が高い。ただし、戦後の首都機能がふたたび南京へ戻されたことから、同館にない抗戦期の文献が、南京図書館歴史文献部に保管されていることがある。

⑦　その他

新館の建設計画があり、移転の可能性がある。

［以上は二〇〇四年夏のデータ。なお、一部の情報は山本真氏（筑波大学）から提供してもらった。］

最後に、関連文献を列挙し、読者各位の参考に供したい。ただし、すべての文献を網羅できておらず、過去に善意から情報を発信してくださった一部の方々には深くお詫び申し上げなければならない。

なお、中国と国際連合との関係が今後注目を集めていく可能性があるので、関連情報を末尾に掲載しておいた。

【檔案制度に関する文献】

呉宝康・馮子直主編『檔案学詞典』（上海辞書出版社、一九九四年）
張憲文『中国現代史史料学』（山東人民出版社、一九八五年）
中央檔案館編『中共文書檔案工作文件選編（一九二三―一九四九）』（檔案出版社、一九九一年）
鄒家煒等編著『中国檔案事業簡史』（中国人民大学出版社、一九八五年）

【檔案読解に関する文献】

清水元助・有馬健之助『時文研究支那新聞の読み方』（外語学院出版部、一九三五年）
山腰敏寛編『清末民初文書読解辞典〔改訂増補版〕』（汲古書院、一九九四年）
――『中国歴史公文書読解辞典』（汲古書院、二〇〇四年）
董浩編著『軍政農工商学新公文程式集成』（出版社不明、一九四一年）
劉文杰『歴史文書用語詞典（明、清、民国部分）』（四川人民出版社、一九八八年）
William C. Kirby, Man-houng Lin, James Chin Shih, and David A. Pietz (eds), *State and Economy in Republican China* (Harvard University Asian Center, 2000)

【史料公開状況、檔案館・図書館利用状況などを紹介した文献】

飯島渉「インターネットと近代中国研究」（『歴史評論』第六三八号、二〇〇三年）
飯塚靖「台湾に中華民国農業政策関係史料をたずねて」（『近きに在りて』第三〇号、一九九六年）
桂川光正「天津図書館『日本文庫』の紹介」（『近きに在りて』第三六号、一九九九年）
――「『天津図書館日本文庫』再訪記」（『近きに在りて』第四〇号、二〇〇一号）
金丸裕一・荘樹華・姜正華「台湾・中央研究院近代史研究所檔案館」（『近きに在りて』第二一号、一九九二年）
――「中国第二歴史檔案館所蔵の日本語史料をめぐって――「華中水電株式会社」文書を中心に――」（『近きに在りて』第三一号、一九九七年）
――「戦時江南図書『略奪説』誕生の歴史的背景」（『歴史学研究』第七九〇号、二〇〇四年）
川島真「中華民国国史館所蔵檔案の概観」（『近きに在りて』第二五号、一九九四年）
――「中華民国外交檔案保存・公開の現状」（『News Letter 近現代東北アジア地域史研究会』第六号、一九九四年）
――「台湾における新公開檔案――一九二〇―四〇年代国民政府・国民党檔案を中心に」（『中国研究月報』第五七八号、一九九六年）
――「戦後台湾の行政文書・党務文書公開の現状」（若林正丈監修・台湾史研究環境調査会『台湾における台湾史研究:制度・環境・成果』交流協会、一九九六年）
――「〃新公開〃された戦前・戦後の台湾行政文書および国民党文書」（『アジア経済』第三八巻第一号、一九九七年）
――「台湾における史料公開状況――外交部檔案資訊処・国防部史政局を中心に」（『近代中国研究彙報』第一九号、一九九七年）
――「台湾における日中戦争関係史料の保存・公開状況」（『軍事史学』第三三巻第二・三号、一九九七年）
――「台湾史をめぐる檔案史料論――檔案の『視線』」（台湾史研究部会編『台湾の近代と日本』中京大学社会科学研究所、

二〇〇三年）
久保亨「中華民国檔案史料の紹介と検討」（東京大学東洋文化研究所東アジア部門『中国朝鮮檔案史料研究』、一九八六年）
小浜正子「上海社会科学院経済研究所企業史資料研究中心の紹介」（『近きに在りて』第二三号、一九九三年）
笹川裕史「中国国民党中央委員会党史委員会（台湾）の所蔵史料と利用方法と所蔵目録」（『近きに在りて』第二二号、一九九二年）
副島昭一「檔案館訪問記」（『近きに在りて』第二二号、一九九二年）
陳進金（三品英憲訳）「国史館所蔵『大渓檔案』について」（『近きに在りて』第三一号、一九九七年）
陳紅民（土田哲夫訳）「ハーバード・イェンチン図書館所蔵の胡漢民文書紹介」（『近きに在りて』第三二号、一九九七年）
高田幸男「新上海図書館体験記――一九九七年夏」（『近代中国研究彙報』第二〇号、一九九八年）
――「中国近現代文書へのアクセス」（『歴史評論』第六三八号、二〇〇三年）
中村元哉「台湾史料調査報告（一九九七年七―八月）」（『近きに在りて』第三二号、一九九七年）
坂野正高「中央研究院近代史研究所の外交檔案」（『東洋学報』第四三巻第四号、一九六一年）
三品英憲「台湾・法務部調査局資料室紹介」（『近きに在りて』第四二号、二〇〇二年）
横山宏章「中国国民党の史料を求めて　図書館行脚」（『東方』第一二七号、一九九一年）
吉田豊子「国防最高委員会檔案について」（『近きに在りて』第三七号、二〇〇〇年）
陳金進「国史館典蔵『蔣中正総統檔案』始末」（『国史館館刊』復刊第二二期、一九九七年）
国家檔案局編『中国檔案館名録』（檔案出版社、一九九〇年）
林満紅主編『台湾所蔵中華民国経済檔案』（中央研究院近代史研究所、一九九五年）

Ye Wa and Joseph W. Esherick (eds), *Chinese Archives : An Introductory Guide* (Regents of the University of California, 1996)

【その他＝国連ドキュメンテーションサービス】

① UN-I-QUE（特定のテーマやキーワードを指定し、国連文書番号・国連出版物番号を調査できる）http://lib-unique.un.org/lib/unique.nsf

② UNBIS Net（国連本部図書館・ジュネーブ事務所図書館の蔵書検索 Bibliographic Information、投票記録 Voting Records、スピーチ検索 Index to Speeches が可能）http://unbisnet.un.org/

③ ODS（国連文書番号・件名・書名・出版年月日によって文書を検索し、Full-text 検索も可能。このシステムは現在有料であるが、二〇〇四年末を目処に無料化の予定。）http://www.ods.un.org/faq-E.htm

（中村　元哉）

あとがき

中央大学人文科学研究所の研究チーム「国民党期中国研究」は、これまでの「民国史研究」チームの成果を引継ぎ、新たなメンバーを加え、一九九九年四月よりスタートした。この間、ほぼ毎月一回のペースで例会を開催し、参加者相互の研究報告と討論を積み重ねてきた。最初の三年ほどは特にテーマを定めず、外国からの訪問研究者や若手研究者をも報告者にお招きし、研究会活動を対外的に広げ、活発化させることに努めた。その後の二年ほどは、共同研究の成果を論文集として出版するべく、研究チーム内での話し合いと執筆予定論文の予備報告と討論を中心にインセンティブな活動を行なってきた。

この間の研究会活動では、中国現代史研究会（東京）、上海史研究会、辛亥革命研究会等にもご支援頂いたほか、本書執筆者以外に下記の方々にもご報告頂いた（敬称略。所属は報告当時のもの）。

張海鵬（中国社会科学院近代史研究所）、李長莉（同）、汪朝光（同）、牛大勇（北京大学）、魏宏運（南開大学）、沈祖煒（上海社会科学院経済研究所）、熊月之（同歴史研究所）、陳謙平（南京大学）、陳紅民（同）、馬敏（華中師範大学）、陳鋒（武漢大学）、周恵民（政治大学）、王笛（Texas A&M University）、飯塚靖（明海大学［兼任］）、岩間一弘（東京大学大学院）、大澤武司（中央大学大学院）、小浜正子（鳴門教育大学）、周偉嘉（産能大学）、高田幸男（明治大学）、西野可奈（成蹊大学大学院）、萩原充（釧路公立大学）、坂野良吉（埼玉大学）、馮青（聖心女子大学大学院）、前山加奈子（駿河台大学）、山口千咲、李廷江（中央大学）、若林正丈（東京大学）。

また、常日頃、私たちの研究活動を支えてくれている中央大学研究所合同事務室のみなさん、特に細井孝雄事務長、新橋雅敏課長、人文研担当の佐藤久美子さん、石塚さとみさん（現、国際交流センター）にも、心からお礼申し上げる。
以上の方々の暖かいご支援の下に、私たちは「国民党期中国研究」チームの第一期五年間の成果として、本書をまとめることになった。まだまだ、不十分なところも多いだろうが、内外の学界各位および広く関心を持つ市民や学生諸君にご覧いただき、ご批正いただければ幸いである。

（執筆　土田哲夫）

中央大学人文科学研究所研究叢書

1　五・四運動史像の再検討　A５判 564頁（品切）

2　希望と幻滅の軌跡　A５判 434頁 定価 3,675円
―反ファシズム文化運動―

様ざまな軌跡を描き，歴史の襞に刻み込まれた抵抗運動の中から新たな抵抗と創造の可能性を探る．

3　英国十八世紀の詩人と文化　A５判 368頁（品切）

4　イギリス・ルネサンスの諸相　A５判 514頁（品切）

5　民衆文化の構成と展開　A５判 434頁 定価 3,670円
―遠野物語から民衆的イベントへ―

全国にわたって民衆社会のイベントを分析し，その源流を辿って遠野に至る．巻末に子息が語る柳田國男像を紹介．

6　二〇世紀後半のヨーロッパ文学　A５判 478頁 定価 3,990円
第二次大戦直後から80年代に至る現代ヨーロッパ文学の個別作家と作品を論考しつつ，その全体像を探り今後の動向をも展望する．

7　近代日本文学論　―大正から昭和へ―　A５判 360頁 定価 2,940円
時代の潮流の中でわが国の文学はいかに変容したか，詩歌論・作品論・作家論の視点から近代文学の実相に迫る．

8　ケルト　伝統と民俗の想像力　A５判 496頁 定価 4,200円
古代のドルイドから現代のシングにいたるまで，ケルト文化とその稟質を，文学・宗教・芸術などのさまざまな視野から説き語る．

9　近代日本の形成と宗教問題　〔改訂版〕　A 5 判 330頁　定価 3,150円

外圧の中で，国家の統一と独立を目指して西欧化をはかる近代日本と，宗教とのかかわりを，多方面から模索し，問題を提示する．

10　日中戦争　日本・中国・アメリカ　A 5 判 488頁　定価 4,410円

日中戦争の真実を上海事変・三光作戦・毒ガス・七三一細菌部隊・占領地経済・国民党訓政・パナイ号撃沈事件などについて検討する．

11　陽気な黙示録　オーストリア文化研究　A 5 判 596頁　定価 5,985円

世紀転換期の華麗なるウィーン文化を中心に20世紀末までのオーストリア文化の根底に新たな光を照射し，その特質を探る．巻末に詳細な文化史年表を付す．

12　批評理論とアメリカ文学　検証と読解　A 5 判 288頁　定価 3,045円

1970年代以降の批評理論の隆盛を踏まえた方法・問題意識によって，アメリカ文学のテキストと批評理論を，多彩に読み解き，かつ犀利に検証する．

13　風習喜劇の変容　王政復古期からジェイン・オースティンまで　A 5 判 268頁　定価 2,835円

王政復古期のイギリス風習喜劇の発生から，18世紀感傷喜劇との相克を経て，ジェイン・オースティンの小説に一つの集約を見る，もう一つのイギリス文学史．

14　演劇の「近代」　近代劇の成立と展開　A 5 判 536頁　定価 5,670円

イプセンから始まる近代劇は世界各国でどのように受容展開されていったか，イプセン，チェーホフの近代性を論じ，仏，独，英米，中国，日本の近代劇を検討する．

15　現代ヨーロッパ文学の動向　中心と周縁　A 5 判 396頁　定価 4,200円

際立って変貌しようとする20世紀末ヨーロッパ文学は，中心と周縁という視座を据えることで，特色が鮮明に浮かび上がってくる．

16　ケルト　生と死の変容　A 5 判 368頁　定価 3,885円

ケルトの死生観を，アイルランド古代／中世の航海・冒険譚や修道院文化，またウェールズの『マビノーギ』などから浮び上がらせる．

17　ヴィジョンと現実　A 5 判 688頁　定価 7,140円

十九世紀英国の詩と批評

ロマン派詩人たちによって創出された生のヴィジョンはヴィクトリア時代の文化の中で多様な変貌を遂げる．英国19世紀文学精神の全体像に迫る試み．

18　英国ルネサンスの演劇と文化　A 5 判 466頁　定価 5,250円

演劇を中心とする英国ルネサンスの豊饒な文化を，当時の思想・宗教・政治・市民生活その他の諸相において多角的に捉えた論文集．

19　ツェラーン研究の現在　A 5 判 448頁　定価 4,935円

20世紀ヨーロッパを代表する詩人の一人パウル・ツェラーンの詩の，最新の研究成果に基づいた注釈の試み．研究史，研究・書簡紹介，年譜を含む．

20　近代ヨーロッパ芸術思潮　A 5 判 320頁　定価 3,990円

価値転換の荒波にさらされた近代ヨーロッパの社会現象を文化・芸術面から読み解き，その内的構造を様々なカテゴリーへのアプローチを通して，多面的に解明．

21　民国前期中国と東アジアの変動　A 5 判 600頁　定価 6,930円

近代国家形成への様々な模索が展開された中華民国前期(1912～28)を，日・中・台・韓の専門家が，未発掘の資料を駆使し検討した国際共同研究の成果．

22　ウィーン　その知られざる諸相　A 5 判 424頁　定価 5,040円

——もうひとつのオーストリア——

二十世紀全般に亙るウィーン文化に，文学，哲学，民俗音楽，映画，歴史など多彩な面から新たな光を照射し，世紀末ウィーンと全く異質の文化世界を開示する．

30　埋もれた風景たちの発見　A５判 660頁
—ヴィクトリア朝の文芸と文化—　定価 7,665円

ヴィクトリア朝の時代に大きな役割と影響力をもちながら，その後顧みられることの少くなった文学作品と芸術思潮を掘り起こし，新たな照明を当てる．

31　近代作家論　A５判 432頁
定価 4,935円

鷗外・茂吉・『荒地』等，近代日本文学を代表する作家や詩人，文学集団といった多彩な対象を懇到に検討，その実相に迫る．

32　ハプスブルク帝国のビーダーマイヤー　A５判 448頁
定価 5,250円

ハプスブルク神話の核であるビーダーマイヤー文化を多方面からあぶり出し，そこに生きたウィーン市民の日常生活を通して，彼らのしたたかな生き様に迫る．

33　芸術のイノヴェーション　A５判 528頁
モード，アイロニー，パロディ　定価 6,090円

技術革新が芸術におよぼす影響を，産業革命時代から現代まで，文学，絵画，音楽など，さまざまな角度から研究・追究している。

34　剣と愛と　A５判 288頁
中世ロマニアの文学　定価 3,255円

十二世紀，南仏に叙情詩，十字軍から叙事詩，ケルトの森からロマンスが。ヨーロッパ文学の揺籃期をロマニアという視点から再構築する。

定価は消費税５％を含みます。

執筆者紹介（執筆順）

斎《さい》藤《とう》 道《みち》彦《ひこ》　中央大学経済学部教授

土《つち》田《だ》 哲《あき》夫《お》　中央大学経済学部教授

中《なか》村《むら》 元《もと》哉《や》　日本学術振興会特別研究員・中央大学兼任講師

味《あじ》岡《おか》 徹《とおる》　聖心女子大学文学部教授

笠《かさ》原《はら》 十《と》九《く》司《し》　都留文科大学文学部教授

姫《ひめ》田《た》 光《みつ》義《よし》　中央大学経済学部教授

深《ふか》町《まち》 英《ひで》夫《お》　中央大学経済学部教授

石《いし》川《かわ》 照《てる》子《こ》　大妻女子大学比較文化学部専任講師

塩《しお》出《で》 浩《ひろ》和《かず》　城西国際大学留学生別科専任講師・中央大学兼任講師

笹《ささ》川《がわ》 裕《ゆう》史《じ》　埼玉大学教養学部教授

服《はっ》部《とり》 龍《りゅう》二《じ》　中央大学総合政策学部助教授

光《みつ》田《た》 剛《つよし》　成蹊大学法学部助教授

吉《よし》田《だ》 豊《とよ》子《こ》　日本学術振興会特別研究員・中央大学兼任講師

民国後期中国国民党政権の研究

中央大学人文科学研究所研究叢書　35

2005年3月31日　第1刷発行

編　者　中央大学人文科学研究所

発行者　中央大学出版部

代表者　辰川弘敬

192-0393　東京都八王子市東中野 742-1

発行所　中央大学出版部

電話 0426（74）2351　FAX 0426（74）2354

http://www2.chuo-u.ac.jp/up/

十一房印刷工業㈱・東京製本

ISBN4-8057-4208-9

事項索引

あ　行

アメリカ……………………………171-173
──戦時情報局………………………548
安内攘外………68, 99, 241, 248, 253, 496
威海衛回収専約…………………………30
「いかにわれらの最後の敵を
　消滅させるか」……………………97
委曲求全………………………………510
遺産税…………………………………308
囲剿（剿共戦）…………33, 78, 99, 197, 496
一元以上立単案………………394, 395, 397
一二・九運動…………………………170
一面交渉一面抵抗……………………501
以党治国……4, 32, 49, 56, 57, 60, 65, 66,
　84-86, 99, 237
移民……………………………………429
院（行政院）轄市………………………28
内モンゴル自治運動……………………31
梅津・何応欽協定……………………107
粤軍（広東軍）…………………………382
燕京大学…………………………163, 167
汚職…………………………436, 441, 443, 444

か　行

海軍特別陸戦隊………………………267
開始実行法………………………………71
改組派…………20, 128, 129, 131-133, 235
「外侮に抵抗し，民族を復興する」………67,
　69, 245
カイロ会談………………………534, 549
各省行政督察専員暫行条例……………28
革命実践研究院…………………………98
華光団…………………………………357
科則改訂…………………………432, 444
割拠……………………………………498
過分所得税……………………………308
過分利得税税率………………………308
河北………………………………497, 503
華北……………………………………107
華北軍…………………………………496
華北分離工作……………………241, 255
紙の配給制度…………………………177
漢口……………………………………500
漢口英租界回収協定……………………30
漢口前進指揮所…………………………38
『観察』…………………………………177
関税自主条約……………………………30
関東軍……………236, 237, 241, 244, 246
関東庁…………………456, 478-480, 482
広東省…………………………………381
広東省港澳輪船公司……………………7
広東総工会……………………388, 393, 401
広東特別委員会………………………387, 389
関内………………………………495, 504
関内抗戦………………………………495
皖南事変………………………………362
「幹部同志の敵に対する最後の決戦の方法
　と理論闘争の準備」…………………97
冀察戦区…………………………………38
吉林……………………………………509
吉林日報………………………………470
冀東……………………………………495
喜峰口…………………………………500
華北分離工作…………………………251
基本教育……………………………78, 93
飢民……………………………………438
九・一八事変→満州事変
九か国条約………………238, 244, 247, 280,
　281, 455, 475, 476
旧田賦正税額……………425, 427, 429, 430
牛欄山…………………………………506
京滬区防御陣地………………………265
共産主義……………53, 64-66, 85, 99, 100
行政院組織法……………………………27
行政改革………………………………189
行政効率…………………………189, 209
行政三聯制…………………27, 193, 210
行政督察専員…………………28, 202, 206

行政法院 ……………………………………442
郷長 ……………………………………438, 440
教・養・衛 ……………………………………69
玉田 ……………………………………505
居留民 ……………………………………509
義和団賠償金……………………………………431
近代国家 ……………………………………41, 98
九江英租界回収協定 ……………………………………30
区・坊・閭・鄰 ……………………………………29
軍 ……………………………………173
「軍官総隊の任務とその訓練の要点」……89
軍事委員会暫行組織大綱修正案 …………34
軍事基本常識――『軍事訓練の要領』……80
国軍編遣会議 ……………………………………37
訓政 …………………158, 159, 162, 173, 181
「軍政・訓政・憲政」三段階論 ………49, 52,
59, 65, 72, 80, 85, 99
軍政府宣言 ……………………………………51, 52
軍閥 ……………………………………498
「訓練の目的と訓練実施綱要」……………79
桂系 ……………………………………20
薊県 ……………………………………506
建国運動 ……………………………………78, 79
建国大綱……58, 59, 66, 67, 71, 72, 80, 86,
89, 94, 98, 202
「建国の行政」……………………………………68
建国方略 ………………52, 70, 72, 73, 80, 99
県参議会 ……………………………………212-214, 216
県(市)臨時参議会 ……………214-216, 433
憲政 …………123, 158, 162, 173, 177, 181
憲政運動 ……………………………………171, 172
憲政実施協進会 ……………………172, 173
「憲政実施において持つべき確かな
認識」……………………………………82
「県政の推進と政治建設」……………………67
建設委員会 ……………………………………27
県組織法 ……………29, 194, 199, 203, 213
憲兵 ……………………………………441, 442
憲兵司令部 ……………………………………439, 440
憲兵隊 ……………………………439, 440, 444
憲法起草委員会……………………74, 82, 83
憲法草案審議委員会……………………88, 174
県糧食監察委員会 ……………………439, 440
五院制 ……………………………………26, 54
香河 ……………………………………510
紅軍 ……………………………………242
公使館 ……………………………………30
広州独立……………………………………20
広州 ……………………………381-383, 508
広州陥落……………………………………38
広州国民政府 ……………………………………236
「広州国民党党務会議での講話」…………57
広州市商会 ……………………………392, 396
広州商団事件 ……………………………61, 102
広州政権 ……………………………………381, 382
広州前進指揮所 ……………………………………38
杭州前進指揮所 ……………………………………38
広州総商会 ……………………382, 388, 389,
391, 392, 396, 398
杭州湾北岸守備区 ……………………………………272
工商糾紛条例……………………………391, 392
合署弁公 ……………………………………200, 206
江西 ……………………………………498, 499
江西剿共戦 ……………………………37, 68, 81
江浙区 ……………………………………265
抗戦建国綱領 …………14, 81, 82, 211, 299
後知後覚者 ……………………………………53
行都 ……………………………………12, 242
抗日十大綱領 ……………………………………299
抗日同盟軍 ……………………………………501
黄埔軍官学校…………32, 61, 259, 292, 393
黄埔系 ……………………………130, 133, 173
滬粤愛国社……………………………………480
国軍編遣 ……………37, 235, 237, 239, 250
国際赤十字……………………………………358
国際報道自由運動 ……………………………………171
国際連盟 ……………………………………246, 279
国史館 ……………………………………573, 574
国難会議……………………………………12
国防委員会……………………………25, 249, 250
国防会議 ……………………………………14, 25
国防最高委員会 …………14, 17, 21, 25, 36,
79, 81, 83, 119, 172, 210, 215,
299, 417
国防最高会議 ………………4, 24, 25, 36, 40,
108, 109, 119, 211, 267, 270,
269, 294, 299
国防参議会 ……………………4, 81, 271, 299

国民化 ……………………………………382, 405
国民会議組織法 ……………………………………66
国民会議 ……………………………………66, 67
国民革命軍出師宣言 ……………………………9
国民革命軍 ……………………………32, 230, 395
国民革命同盟会 …………………………………110
国民革命 ……………………………………………496
「国民革命と経済の関係」…………………………65
国民軍訓 ……………………………………………257
国民経済建設運動 ……………28, 71, 79, 80
「国民経済建設運動の意義およびその実施」……………………………………………68
国民月会 ……………………………………………297
「国民参政会の任務」 …………………………82
国民参政会 …………………4, 12, 20, 81-83, 123, 171, 211, 214, 271, 361
国民参政会組織 ……………………………………14
国民精神総動員 …………………………………297
——綱領 ……………………………………………80
国民政府軍 …………………………………………278
「国民政府設立案の説明」……………………57
国民政府 ……3, 10-12, 16, 21, 22, 26, 28, 29, 31-33, 39, 41, 50, 59, 67, 73, 74, 76, 79-81, 83, 88, 89, 96, 98, 100, 103, 108, 122, 170, 173, 180, 230-233, 235, 249, 252, 256-258, 260, 264, 267, 269, 271-273, 277, 279, 281, 282, 284, 292, 383, 457, 473, 475, 477-479, 481, 485, 457, 499→武漢国民政府, 南京国民政府, 重慶国民政府も参照
——行政院 ………………170, 172, 275, 301, 340, 418, 439, 498
———院長, 副院長 ……………122, 305, 308
———新聞局 ………………………………………162
———外交部 ……………60, 331, 333, 456-458, 464, 473, 482, 485, 493
———教育部 …………………………………………60
———軍政部 ………60, 253, 256, 275, 309, 500
———工商部 ……………………………………27, 60
———交通部 ……………………………………27, 60
———国防部 ……………………………34, 36, 40
———財政部 ……………60, 307, 418, 420, 422, 425, 508
———実業部 …………………………………………27
———司法行政部 …………………………………331
———社会部合作事業管理局 ……………307
———鉄道部 ……………………………………27, 509
———内政部 …………………………………………60
———農鉱部 ……………………………………27, 60
———兵役部 …………………………………………33
———糧食部 ……………415, 425, 436, 439, 440, 442
——軍事委員会 ………3, 10, 12, 20, 32-37 40, 108-110, 116, 122, 140, 151, 159, 172, 181, 235, 237, 251, 253-255, 259, 260, 263, 264, 267-271, 276, 280, 282, 288, 292, 299, 377, 439, 497
———委員長行営 ……………………………………33
————南昌行営 ………69, 200, 202, 203
————参事室 ……………………127, 128, 151
————侍従室 ………………………………151, 169
————侍従室第二処 ………………166, 168 169, 172
———資源委員会 ………………27, 259, 260
———政治部 ……………110, 118, 128, 163
———戦時新聞検査局 ………………………172
———調査統計局(軍統) ……………20, 174
———辦公庁 …………………………………………20
———北平分会 ……………………………………497
——軍事参議院 …………………………………250
——全国経済委員会 ……………………………27
——参謀本部 …………………………251, 280, 331
——立法院 ……………………………………301, 512
国民政府訓政時期施政宣言 ……………………22
国家総動員法 …………………………………297, 298
国民大会 …16, 55, 60, 63, 64, 66, 74-76, 78, 82, 84, 87-96, 100, 123, 173
国民大会案 ……………………………………………88
「国民大会制憲大会開会の挨拶」……78, 89
国民党→中国国民党
国民党元老 ……………………………………………169
国民党左派 ……………………20, 131, 159, 160
黒竜江 ……………………………………………496, 509

五権憲法 …49, 50, 52-56, 59, 60, 62, 63, 65, 71, 72, 82, 83, 94, 98, 99, 102, 173
五権分立 ……………………54, 60, 72, 94, 100
滬杭区防御陣地 ……………………………265
国家総動員施政計画…………………………309
――実施綱要 ………………………………303
――設計委員会 ……………………………298
――法 ……………………33, 38, 80, 297, 298
国家総動員会議 ……………33, 38, 301, 304
――常務委員会議 …………………………305
国共合作(第一次) …………………………159
――(第二次)…………………………111, 359
国共内戦 …………………………217, 318
護党救国軍 ……………………………………37
湖南キリスト教徒救国後援会 ……………355
古北口 ………………………………………505
コミンテルン ………………………………533
牯嶺 …………………………………………512
コロンビア大学 ……………………………163

さ 行

裁局改科………………………………………202
財産賃貸し所得税 …………………………308
財産売却所得税 ……………………………308
済南 …………………………………………507
済南事件 ………………………461, 467, 519
刺し違え通電…………………………………501
山海関 ………………………………………495
「三十五年〔一九四六年〕元旦に全国軍民に告ぐる書」 …………………………………87
山西 …………………………………………503
「参政会第四期第二回会議開幕の辞」……88
山西軍 ………………………………………499
三達徳…………………………………………85
山東 …………………………………………503
山東出兵 ………………………401, 403, 404
三民主義青年団中央幹事会女青年処 …360
三民主義青年団 ……………14, 21, 106, 113, 114, 118, 124, 130, 134, 135, 141, 166, 173, 175, 439, 440, 441, 444
三民主義 ……………………53-57, 63, 162
「三民主義と五権憲法概要」 ………………61
「三民主義と中国民族の前途」………54, 102
「三民主義の体系とその実行の順序」……83
「三民主義の要旨と三民主義教育の重要性」 ……………………………………64
四維 ……………………………………80, 104
四・一二(反共軍事行動)…………17, 18, 65, 99, 103, 159
CC系 ………127-130, 132, 135, 140, 158, 166, 167, 173, 174, 180, 319
市議会組織法 …………………………………29
四綱 ……………………………………………51
市参議員選挙法 ………………………………29
時事月報 ……………………………469, 470
『時事新報』 ……………………164, 166, 176
次植民地 ………………………53, 243, 245, 246
士紳 ……………………………………433, 440
「四川支部に返信し,党義を宣揚し同志を団結させるよう励ます書簡」……………56
四川省田賦徴糧制実施辦法研究委員会 425
四川省糧食儲運局 ……………………………435
四川省臨時参議会 ……………………………425
市組織法…………………………………………29
実業計画(物質建設) …………52, 55, 71, 99
幣原外交 ………………………………………460
祠堂廟宇 ………………………………………435
「支那人の観た日本の満蒙政策」…………472
資本の節制 ……………………………58, 63, 64
社会建設(民権初歩) …………………………70
社会主義…………………………………………53
奢侈品印花税 ……………………393, 395, 397
社長(責任制) ……161, 166-168, 175, 177
上海海軍特別陸戦隊 …………………………261
上海慈善団体連合会難民救済分会 ……358
上海市檔案館 …………………………………574
上海市婦女新生活運動促進会 ……………361
上海事変(第一次,一・二八事変) …33, 34, 197, 237, 239, 241, 244, 253, 261, 268, 511
――(第二次,八・一三事変) ……229, 263, 354, 357
上海戦(1937,淞滬会議) ………33, 81, 229, 233, 256, 267, 269, 274, 278, 282, 283, 292
上海図書館………………………………………574

上海派遣軍 ……………229, 267, 272, 279
上海労働婦女戦地服務団 …………………357
重慶…………………………………………160, 161
重慶会談 ……………………………………87
重慶国民政府 ……………51, 415-417, 420,
422, 424, 448
重慶市 ………………………………………309
――市場警察隊 …………………………309
重慶市檔案館……………………………574, 581
重慶図書館………………………………574, 582
自由権………59, 64, 74, 76, 88, 90, 91, 94,
100
十五年戦争…………………………………238
収復新疆主権方略 ………………………532
首都衛戍司令部 ……………………………7
「首都還都慶祝大会での挨拶」…………89
常捐輸………………………………430, 432, 431
蔣介石手令(手諭・手訂)……181, 268, 307
攘外必先安内 ……………………………496
豫鄂皖三省剿匪総司令部 ………196, 198,
202-204
条銀 ……………………………………429, 430
蔣桂戦争……………………………………32
淞滬包囲攻撃区 …………………………271
省参議会 …………………………………29, 75
商事公断処 ……………383, 398, 399, 405
省自治法……………………………………92
省市臨時参議会 ……………………211, 216
商団 ……………………………………382, 390
省田賦管理処 ……………………………433
蔣唐戦争……………………………………32
承徳 …………………………………………499
蔣馮戦争……………………………………32
省臨時参議会……………………………434, 439
昭和一二年度対露作戦計画 ……………281
女界連合会 ………………………………401
『女青年』…………………………………350
「初代総統就任宣誓の挨拶」……………96
所得税 ……………………………………308
『新亜日報』………………………………468
「新雲南の建設と民族の復興」…………288
新運婦指会………………………………363
新捐輸 …………………………………430, 431
『新華日報』………………………………160
新京 …………………………………………509
新疆事件 …………………………………531
新県制 …29, 212-214, 216, 217, 219, 226
晋察冀辺区婦女抗日救国会 ……………360
新生活運動……………20, 68, 70, 71, 73, 79,
80, 86, 103, 367, 376
新生活運動促進総会婦女指導委員会
(婦指会) ……………350, 360, 361, 369
『新生週刊』………………………………169
辛丑条約 …………………………………509
津貼 …………………………………………430
新田賦正税額 …………425, 427, 430, 431
新東北学会 ……………………456, 468, 482
『新聞報』…………………………………176
新編第四軍 …………………………………38
『申報』 ……………………………164, 176, 509
新民晩報 ……………………………468, 479
『新民報』…………………………………166
瀋陽 …………………………………………499
新四軍 ………………………………………271
心理建設(孫文学説) ……………………70
綏遠 …………………………………………503
西安事変 ……………………………19, 22, 33
政学系 ………………………………132, 133
請願……………………………………432, 433, 443
請求取銷奢侈品印花委員会 ………395, 397
政協憲草 …………………………………174
「整軍の目的と高級将領の責任」…………89
政権………………………………53, 55, 84, 96
制憲国民大会 ………………………………174
西山(会議)派 …8, 20, 129, 131, 132, 160
政治協商会議開会の辞 ……………………88
政治協商会議……………4, 17, 20, 88, 173
醒時報 ……………………………………468, 479
清党 ………103, 383, 385, 393, 401, 403
→四・一二の項も参照
西南政務委員会 …………………………29, 508
青年党 ………………………………………174
成文協定 …………………………………511
赤十字 ………………………………………357
節制資本……………………………………53
浙東守備区…………………………………272
陝甘寧辺区各界婦女連合会 ……………360
戦区 …………………………………………513

「全国同胞に一致して安内攘外されんことを告ぐ」……68
全国内政会議……192, 195
全国糧食管理局……415
戦後五大国……162
戦後世界秩序……171
戦時児童保育会……360
戦時体制……140, 416
戦時糧食政策……415-417, 424, 436, 438, 445
先知先覚者……53
宣伝政策……181
セント・ジョン大学……358
倉庫……435
総商会……392
壮丁訓練……257, 277
総統…17, 27, 40, 74, 75, 91, 95, 96, 173
『掃蕩報』……160, 163, 175
総理遺教概要……70
総力戦……416
訴願……442
蘇北戦区……256
ソ蒙互助協定……545
孫文学説（心理建設）……51, 52, 54, 71, 99

た 行

第一戦区……254, 273
第一防衛区……239
大元帥府……33
大公報……160, 166, 176, 209, 509
第五戦区……255
第三次全国財政会議……418, 420, 423
第三勢力系……173
第三勢力……174
第三戦区……255, 267, 267, 271-273, 278, 295
第三防衛区……239
大使館……30
対支政策綱領……463
第一四世ダライ・ラマ転世大典……31
大西洋憲章……171
『大東報』……470
大統領内閣制……93
「第二期第二回大会での閉幕の辞」……83
第二次広州政権……382
第二次世界大戦……123
第二次全国内政会議……197
第二戦区……254
第二防衛区……239
『大晩報』……176
太平天国……430
太平洋戦争……38, 301
太平洋問題調査会……456, 466-468, 471, 482, 483
第四戦区……255
第四防衛区……239
大陸打通作戦……172, 540, 559
代理公使館……30
大連会議……456
第六戦区……295
台湾……38
田中外交……460
田中上奏文……31, 456-469, 471-473, 475-483
塘沽……512
塘沽停戦協定……497
ダンバートン・オークス会議……558
団部組織案……21
治権……53, 82, 54
智・仁・勇……85
地丁……429-431
知難行易……55, 71, 73, 79, 81, 85
地方自治……29, 52, 59, 60, 67, 70, 71, 75, 77, 79, 82, 84-86, 92, 94, 100, 193, 203, 206, 210, 213, 217, 218
地方自治開始実行法……52, 66, 72, 86, 67
地方自治事務六項目……52, 72, 86
チャハル……497, 503
中央化……381
中央軍……499
中央軍官学校……7, 287
——武漢分校……7
中央訓練団……163
中央研究院近代史研究所……573, 574
中央広播無線電台管理処……13
中央政治会議……3, 12, 21-24, 34, 35, 159, 200, 206, 207, 249, 317

――広州分会(広州政治分会)…384, 388-391, 396
――暫行条例……22
――条例修正案……11
中央政治学校……163, 166, 167, 180
――新聞学院……163
中央設計局……27
中央宣伝員養成所……163
中央通信社……166, 168
中央党政連席会議……33
『中央日報』……20, 104, 128, 157-163 166, 176, 181, 209, 217, 457, 475, 477, 483
―――(湖南)……166
―――(上海)……160, 177
―――(重慶)……166-169, 171, 176, 180, 181
―――(成都)……177
―――(南京)……160, 166-171, 174, 177, 179
―――(武漢)……159, 160
―――(総)主筆……161, 166, 168, 174
―――総編集……166
―――の広告収入……176
―――の発行収入・部数……176, 179
中央農業実験所……435
中央陸軍軍官学校……257
注音識字運動……15, 80
中華基督教女青年会……349, 356, 360
中華民国訓政時期暫定約法……66, 67
中華民国憲法(1947)……4, 89, 90, 96, 98, 174, 217
中華民国憲法草案初校(1934)……73-74
――草案(1935)……207
――草案(五五憲草 1936)…13, 76, 78, 88, 90-96, 99, 173, 174
中華民国国民政府組織法……22
中華民族…49, 53, 58, 62, 66, 79, 80, 100, 287
中原大戦……33, 37, 236
『中興日報』……166
中国共産党……2, 31, 32, 39, 41, 105, 129, 131, 172-174, 190, 198, 231, 271, 283, 299, 318, 498
中国共産党員……65, 68, 81, 88, 97
中国国民党……105-107, 109, 110, 111, 157, 160-163, 170, 173-175, 180, 318, 319, 323, 338, 340, 346, 499
――一全大会宣言……58, 77
――訓政綱領……22, 66
――総章5, 8-10, 12, 14, 16, 18, 114, 122
――総裁…5, 14, 15, 39, 81, 83, 112-114, 116, 117, 121-126, 129, 130, 140
――総理……5, 9, 10, 14, 39, 73, 82, 112, 122, 387
――中央監察委員会……5, 8, 39, 113, 114, 135
――中央執行委員会……39, 302, 317, 340
―――組織大綱……22
―――秘書処……114, 116, 121, 125, 127, 134, 135, 140, 149
―――秘書長……114, 117, 118, 124, 126-127
―――海外部……5, 114, 116, 117, 126, 128, 134, 135
―――社会部……109, 114, 116-118, 126, 128, 134
―――宣伝部……5, 13, 20, 109, 114, 116, 117, 121, 126, 128, 134, 135, 141, 161, 162, 167, 168, 172, 173
―――組織部……5, 13, 109, 111, 114, 116-118, 121, 126-129, 134, 135, 141, 148, 149
―――婦女部……5, 117
―――民衆訓練部……13, 109, 126
―――訓練委員会……114, 116, 118, 126, 129, 134
―――財務委員会……121, 134
―――常務委員会(中央常会)……3, 6, 8, 9, 18, 19, 22-25, 36, 39, 40, 66, 83, 89, 108, 110, 111, 114, 115, 119, 120, 122-126, 134, 140, 149
―――政治委員会(中政会)……3, 9, 17 22-25, 40, 108, 109, 114, 119,

209, 270, 299→中央政治会議の項も参照
———党務委員会 ……………114, 116-118
117, 120, 121, 134, 140, 149
———調査統計局(中統) ……20, 118, 125,
126, 134, 135, 141
———婦女運動委員会 ……………………360
——地方党部 ……………………………5, 6
——中央党部 …………………………21, 29
——特別党部……………………………………7
——中央特別委員会 …………………3, 8, 17,
21, 35, 39
——中央非常委員会 ……17, 21, 25, 40, 98
——中央文化伝播委員会党史館 …573, 574
——海員党部 ……………………………6, 7
——軍隊党部……………………………………7
——鉄道党部……………………………………7
——区分部 ……………………………………5
——モンゴル党部………………………………12
——広州特別市党部 ………………………391
——西南執行部 ……………………29, 508
——全国代表大会 ……………………………129
——第一回全国代表大会(一全大会) …3, 5,
6, 8, 18, 57, 58, 161
——一期一中全会 ……………………7, 8, 19
——一期二中全会 ……………………………9
——一期三中全会 ……………………………9
——第二回全国代表大会(二全大会) …6, 9,
18
——二期一中全会 ………………9, 19, 21
——二期二中全会 ………………………9, 19
——二期三中全会 ………………9, 19, 23
——二期四中全会 ………8, 10, 19, 35, 159
——二期五中全会 ……………10, 22, 37
——二期臨時全会 ……………………………9
——第三回全国代表大会(三全大会) ……10
66, 193
——三期一中全会 ……………………………11
——三期二中全会 ……………………11, 193
——三期三中全会 ……………………………11
——三期四中全会 ……………………………11
——三期五中全会………………………11, 24
——三期第一回臨時全会 ……………………11
——三期第二回臨時全会 ……………………11
——第四回全国代表大会(四全大会) …6, 7,
12, 197
——四期一中全会………………………………12
——四期二中全会 ……………………12, 34, 35
——四期三中全会………………………………12
——四期四中全会………………………………12
——四期五中全会………………………………13
——四期六中全会………………………………13
——第五回全国代表大会(五全大会) …6, 7,
13, 130, 133, 162, 207, 213,
218
——五期一中全会 ……………13, 19, 22, 24
——五期二中全会………………………………14
——五期三中全会………………………………14
——臨時全国代表大会(「臨全大会」) …4, 5,
14, 20, 21, 81, 111, 116, 120,
122, 127-130, 140, 211
——五期四中全会 …………………………14, 212
——五期五中全会………………………………14
——五期六中全会………………………………14
——五期七中全会 ……………………15, 27
——五期八中全会………………………………15
——五期九中全会 ……………………15, 301
——五期一〇中全会 …………………15, 19
——五期一一中全会 …………………15, 83
——五期一二中全会……………………16, 172
——第六回全国代表大会(六全大会) 7, 16,
122, 130, 131, 133, 162, 176
——六期一中全会……………………………16, 19
——六期二中全会 …17, 25, 173, 175, 217
——六期三中全会………………………………17
——六期四中全会 ……………………17, 21, 97
——六期臨時全会………………………………17
——の政策決定…………106, 121, 122, 124,
125, 140, 176
——の党内派閥…………106, 127, 129, 130,
131, 133, 153
——党報 ……………………………157, 158, 175
———社論委員会 ……………………………168
———の企業化…………158, 162, 167, 175,
176, 179, 180
中国国家図書館 ……………………574, 579
中国固有の道徳 ………………………………53, 73
駐国際連盟中国全権代表事務所 …………30

中国社会科学院近代史研究所 ……574, 580
中国第二歴史檔案館 …………………573-575
中国地方自治学会 ……………………………209
中国同盟会 ……………………49, 61, 62, 102
『中国の命運』…………………50, 80, 81, 101
中国婦女慰労抗戦自衛将士総会…………360
中国文化学会……………………………………321
中山艦事件 …………………………65, 103
中支那方面軍 ……………………………………229
中ソ友好同盟条約 ……………………………530
中独貿易協定 ……………………………………259
中米特種技術合作所(中米合作所) ………21
中露懸案解決大綱協定…………………………544
徴解費 ……………………………………425, 430
張家口 ……………………………………………503
張献忠の反乱 ……………………………………429
長江南岸守備区 …………………………271, 272
徴購辦事処 ………………………………440, 441
張作霖爆殺 ……………………461, 463, 467
長春 ………………………………………………509
長城抗戦 ……………………………33, 495, 513
徴兵(制) ………………256, 277, 278, 438
賃金制限実施弁法 ……………………………306
鎮江英租界回収照会 ……………………………30
青島 ………………………………………………503
通州 ………………………………………………510
丁銀 ………………………………………429, 430
帝国主義 ……………………53, 62, 64-66, 99
「敵か？友か？
　――中日関係の検討――」 ……………242
撤銷奢侈品印花税委員会……………393, 394
テヘラン会談……………………………534, 556
天下為公〔天下を公と為す〕……53, 73, 84,
　85
天津 ………………………………………497, 498
天津特務機関 ……………………………………513
天津ベルギー租界回収協定 …………………30
田賦 ………………………………………………415
田賦実物徴収 ……416-418, 420, 423, 425,
　427, 434
ドイツ軍事顧問団………251, 259, 264, 266
トヴァ人民共和国 ……………………………561
統一馬路業権案 …………………………………395
「党員は官になろうという気持を持っては
　ならない」…………………………………………57
東京振武学校 ……………………………………293
党＝国家体制(「党国体制」) ………105, 158
唐山 ………………………………………………506
『東三省民報』……………………………468, 479
統帥部 ………………………………………………34
党政関係 …………………………………………112
党団糧政服務隊 …………………………………440
東方会議 …………455-458, 460-463, 465
東北易幟 ……………………………49, 66, 464
東北学会 …………………………………468, 482
東北軍 ……………………………497, 498, 503
東北民衆報…………………………………………479
同盟軍中国戦区最高統帥 ………………………38
「当面する県政の要務」…………………………67
「当面の建国の要務と五権制度実施の
　要領」………………………………………………82
督収員 ……………………………………………439
特別市 ……………………………………………6, 28
督糧委員 …………………………………439, 440
土地陳報 …………………………………432, 444
土匪 ………………………………………436, 438
トラウトマン工作 ………………………………281

な 行

中原大戦……………………………………………195
南京 ………………………………………………381
南京陥落……………………………………………160
南京区防御陣地 …………………………………265
南京国民政府 ………50, 51, 61, 65, 66, 70,
　78, 99, 100, 159, 292, 389,
　391, 395, 396, 402-404, 495
南京政権 …………………………………………381
南京戦 ……………229, 230, 233, 282, 283
南京図書館歴史文献部……………574, 577
南昌 ………………………………………………500
二九軍 ……………………………………………500
日独防共協定 ……………………………………248
日米開戦……………………………………………123
日華倶楽部…………………………………469-472
日華要覧 …………………………………………471
日中戦争(坑日戦争) 3, 32, 33, 38, 40, 78,
　97, 99, 105-107, 109, 113,
　119, 122, 138, 160, 190, 191,

193, 210, 211, 216, 219, 229, 230, 234, 242, 244, 246, 247, 252, 254, 258, 260, 269, 281-283, 296, 318, 372, 415, 416, 427, 445
日本 ……496
寧漢合流・対立 ……20
「寧武らが以党治国の主旨を貫徹することを励ます書簡」……56
熱河 ……495, 496
熱河抗戦……33, 495
農団 ……390
農民協会 ……390, 401
ノルマンディー上陸作戦 ……553

は　行

陪都 ……12, 79
白河 ……509
八徳 ……79, 80, 85, 103
ハプロ協定……259
バラバラの砂 ……53, 72
反共軍事行動 ……65
反蔣戦争 ……33, 235, 250
反帝国主義 ……49
東トルキスタン共和国 ……31, 45
匪賊掃蕩の意義と重要原理の総論 ……97
非中央化 ……381
非武装地帯……513
ビルマ戦線……540
馮系 ……20
附加税 ……424, 425, 428, 430, 431
武漢 ……383
武漢国民政府 ……22, 159, 381, 391, 402
副税 ……425, 430, 431
復旦大学 ……163
婦指会……362, 363, 365, 367
婦女工作大綱 ……359
婦女談話会 ……361
婦女新運 ……363, 367
婦女戦時救済協会 ……360
不知不覚者 ……53
物価管制強化方案 ……306
複決 ……52-55, 59, 60, 62, 63, 65, 91, 94, 95, 99
福建事変 ……33, 249, 319
復興社 ……130, 173
物質建設(実業計画) ……54, 56, 70, 72
不平等条約 ……30, 78
──廃止宣言 ……67
ブリュッセル会議 ……280, 281
武嶺学校 ……240
分区督導 ……112
兵役部 ……33
兵役管区司令部 ……33
兵役法 ……33, 256
平均地権〔地権の平均〕…51, 53, 58, 62, 64
兵士……438, 441
平津衛戍司令 ……497
幣制改革……28
北平 ……497
北平政務委員会 ……497
北平政務整理委員会……495
北京市檔案館 ……574
北京大学……167
防区制度 ……428
奉系 ……20
邦交敦睦令……169
法団 ……433, 440, 422, 423
奉天全省商工拒日臨江設領外交後援会 ……478, 480
奉天総商会……480
北塔山事件……563
北寧鉄路 ……509
北伐 ……30, 32, 401, 402
北伐軍 ……235
北洋系 ……498
保甲 ……198, 204-206, 212, 215, 217, 218, 251, 278, 438, 439, 441
保甲長 ……438, 440
保定 ……500
香港 ……381, 382, 394, 402, 501

ま　行

マカオ ……381, 382, 385, 393, 394
満州国……245-247, 261, 509
満州事変(九・一八) …169, 236, 238-240, 253, 261, 318, 353, 457, 498
満鉄 ……457

万宝山事件……477
ミズーリ大学(ジャーナリズム学部)……164, 167
密雲……505
『密勒氏評論報』……167
民意機関……443
民権主義……55, 57, 58, 62, 64, 70, 83, 85
民権初歩(社会建設)……52, 99
民社党……174
民生史観……83, 100
民生主義……53, 56, 58, 59, 63, 64, 70, 74, 85, 93, 94, 100
民族自決……53, 58, 59, 62, 64, 70, 88
民団……390
民報……53, 102, 157
民盟……174
民有・民治・民享……54, 55, 89, 90, 96
無情鶏……384, 385

や　行

ヤルタ協定……530
預徴……428
四大民権……29, 52-55, 59, 60, 66, 67, 74-76, 90, 92, 94, 95, 100
「四中全会の成果と本党の今後なすべき努力」……97

ら　行

『礼記』……85
藍衣社……319
灤州……505
力行……71, 73
陸海軍大元帥……270
陸軍整理委員会……37
「李鴻章への上書」……67
『立報』……176
立法……173
柳条湖事件……236, 238
流氓……436
流亡同学救済委員会……355
糧銀……429, 430
両元併用……425-427, 431, 432, 444
領事裁判権……30
糧食価格……415, 418, 420, 438, 439, 442
糧食強奪事件……436, 438, 444
糧食儲運局……436
糧食の強制買い上げ……415, 426, 427, 434
遼寧……509
遼寧省国民外交協会……456, 477-480, 482, 483
礼・義・廉・恥……73, 79, 102-104
劣紳……436, 440
連合政府論……173
盧溝橋事件……38, 50, 65, 68, 78, 103, 107, 232, 253, 270, 266, 353, 359
廬山……512
廬山軍官訓練団……205
廬山婦女談話会……355, 367
魯蘇戦区……38
六期二中全会開幕の辞……88
魯南戦区……255
露蒙同盟協定……543
『論語』……63, 102

わ　行

YMCA……39, 355
YWCA……349-365, 367-370
ワシントン体制……247
和平建国綱領……4, 88
『和平日報』……166, 175

人名索引

あ 行

赤塚正助……459
荒川充雄……479
有田八郎……467
イエニッケ，ヴォルフガング……209, 210
韋玉……403
石射猪太郎……473
一木喜徳郎……455, 469
殷同……509
ウォレス……548, 553-557, 559, 560, 562, 563
于学忠……255, 497
于右仁……22, 26, 35, 249
閻錫山……17, 18, 24, 26, 33, 35, 37, 115, 236, 237, 254, 286, 231, 499
王安石……67
王以哲……500
汪栄宝……461
王家楨……455-459, 464, 465, 477, 478, 482
王冠青……300
王敬久……272
王子壮……106, 117, 146, 147, 149, 153
王樹常……497
汪精衛(兆銘)……4, 5, 11, 17-19, 22-26 31, 33, 35, 40, 68, 108, 112, 122-124, 126, 129, 132, 159, 160, 170, 219, 235, 236, 248, 269, 286, 322, 340, 383, 401, 403, 499
王世杰……126, 128, 149, 172-174, 543-545, 551, 554, 557, 558, 560
王正廷……475
王造時……211
王寵恵……24, 174, 543
翁文灝……27, 305
王法勤……23
岡村寧次……505
オスマン……533, 535, 550

か 行

何応欽……17, 18, 26, 27, 32, 34-36, 239, 242, 253, 255, 258, 265, 268, 270, 275, 283, 291, 305, 500, 505, 551
霍揆章……271
郭泰祺……173, 514
何鍵……319
何香凝……43, 388, 390
何浩若……165, 176
何成濬……503
何柱国……495
上村伸一……473, 478, 491
賀耀組……263, 264, 292, 305
河相達夫……467
ガーラック，T……353
管子……191
甘乃光……19, 131, 163, 208, 384, 388, 390
管仲……67
韓復榘……255, 507
魏道明……543, 549, 558
木村鋭市……477
居正……19, 26, 131
許徳珩……211
金仲華……353
クライン，ハンス……259
桂永清……260
顧維鈞……508, 514
呉貽芳……361, 362, 376
項英……38
黄炎培……172, 294
ゴヴォロフ……35
黄琪翔……36
黄季陸……208
黄紹雄(紹竑)……198, 286, 388, 390, 502
孔祥熙……26, 27, 260, 305, 418, 539, 556
黄如今……561
黄郛……495
鄺炳南……401

呉英 ……………………………………385
古応芬 ……………286, 385, 388, 390, 397
胡漢民(展堂) ………4, 17, 18, 23, 33, 35, 129, 131-133, 235, 236, 249, 395, 478, 501
呉玉章 ……………………………19, 23
谷正綱 ……………………126, 128, 305
谷正倫 ……………………………322, 537
胡健中 ……………………………165, 166
呉国楨 ……………………………537, 543
顧祝同 ……………253, 271-274, 292, 255
胡俊 ……………………459, 460, 477, 485
胡春霖 ……………………………391, 401
胡頌棠 ……………………………………396
胡世沢 ……………………………………543
胡宗南 ……………………………………537
呉沢湘 ……………536, 541, 560, 560, 563
呉稚暉(敬恒) ……………………249, 392
伍智梅 ……………………………374, 401
呉忠信 ……………………26, 206, 560, 561
伍朝枢 ……………………………23, 35
呉鼎昌 ……………………………………27
胡適 ………………………………………39
呉鉄城 ……………………26, 126-128, 305
呉佩孚 ……………………………………498
小村俊三郎 ………………………………467
顧孟余 ………19, 20, 23, 35, 126, 128, 159
胡有瑞 ……………………………………183
胡林翼 ……………………………………67

さ　行

西園寺公望 ………………………………460
蔡葵 ………………………………366, 367
戴季陶 ……………………………5, 42, 132
蔡元培(孑民) ……………………17, 392
崔国華 ……………………………………446
蔡智堪 456-459, 463-465, 477, 478, 482
斎藤博 ……………………………………467
阪谷芳郎 …………………………………467
重光葵 ……………………457, 473, 483
施肇基 ……………………………………514
幣原喜重郎 ………………466, 477, 479
謝英伯 ……………………………………385
朱家驍 ……………………………………258
謝持 ………………………………………20
謝良牧 ……………………………………388
周恩来 ……………………………36, 294
周至柔 ……………………………………268
劉湘 ………………………………………278
周仏海 126, 128, 146, 148, 152, 153, 271
周龍光 ……………………………………473
朱家驊 ………26, 106, 118, 121, 124, 126-128, 130, 132, 133, 149, 151, 274, 322, 387, 388, 390, 392, 397, 404
祝紹周 ……………………………………537
ジューコフ ………………………………281
朱紹良 ……………………537, 550, 559
朱其華 ……………………………………50
朱培徳 ……………23, 32, 35, 263, 264, 292
蔣緯国 ……………………………………269
常恩多 ……………………………………272
蔣介石(中正) …4, 14, 16-20, 22, 23, 25-28, 32-36, 38-40, 42, 45, 49, 50, 60, 61, 63-65, 67, 73, 78, 81, 86, 95-97, 99, 108, 110, 112, 113, 115, 116, 118, 119, 121-126, 129, 130, 133, 140, 151, 152, 159, 160, 167, 169, 170, 172, 174, 180, 181, 190, 191, 195, 198-200, 204, 206, 212-214, 216, 230, 232-240, 242, 243, 245, 247, 248, 250-256, 258, 263, 264, 266, 268-274, 277-282, 300, 305, 310, 317-320, 338, 341, 381, 383, 385, 388, 390, 395, 401-404, 440, 459, 496, 532, 535-537, 539, 540, 542-560, 562, 563
上官雲相 …………………………………255
鍾慧霞 ……………………………………401
邵元沖 ……………………………23, 322
蔣作賓 ……………………………………503
邵従恩 ……………………………………214
商震 ………………………………………507
章乃器 ……………………………………353
蔣鼎文 ……………………………………255
邵力子 ……………………173, 174, 547

昭和天皇 ……455, 464
徐永昌 ……36, 503
徐燕謀 ……512
徐恩曾 ……118
徐闓瑞 ……362, 377
徐景棠 ……400
徐謙 ……19, 23, 35
徐堪 ……305
徐庭瑤 ……509
徐天深 ……389
徐道鄰 ……242
徐謨 ……477
白鳥敏夫 ……467
史良 ……361, 362
沈亦雲 ……505, 524
沈鴻烈 ……255, 305
沈茲九 ……361
沈佩蘭 ……366, 367, 373
鄒韜奮 ……171
鄒得心 ……366, 367, 378
鄒魯 ……5, 20, 115, 131, 236, 286, 392
スターリン ……281, 534, 552, 553, 556, 562
スティルウェル ……123, 172, 559
盛世才 ……532, 535-538, 541, 547, 550-553, 555, 556, 558, 560-562
石達開 ……430
石友三 ……37
ゼークト, ハンス・フォン ……251, 258, 260
冼星海 ……353
銭宗沢 ……509
銭大鈞 ……268, 305, 386, 388, 401
銭端升 ……148
宋子文 ……23
孫科 ……17
曾琦 ……211
宋希濂 ……272
宋慶齢 ……17, 23, 132, 154
孫元良 ……272
曹浩森 ……264, 293
宋子文 ……16, 27, 35, 388, 390, 498, 539, 541, 543, 544, 546, 557, 563
曽醒 ……5, 43
曹成建 ……220
會仲鳴 ……512
宋哲元 ……254, 286, 497
宋美齢 ……354, 360, 361, 377
曾宝蓀 ……362
蘇炳文 ……36
曾国藩 ……319
蘇兆徵 ……383
曾養甫 ……305
孫科 ……4, 18, 19, 26, 27, 35, 115, 126, 130-133, 172, 173, 174, 236, 249, 286, 383, 401, 403, 512, 547, 551
孫殿英 ……499, 520
孫文(中山) ……4, 5, 14, 23, 26, 28, 29, 39, 49, 50, 52, 54-61, 63, 65, 67, 69-72, 80-82, 85, 86, 90, 94, 95, 97-99, 112, 122, 173, 193, 202, 213, 219, 340, 346, 382, 387

た 行

戴季陶(伝賢) ……4, 19, 249, 388, 390, 392, 397
大正天皇 ……455, 474, 476
譚平山 ……5, 19, 23
高木八尺 ……467
武富時敏 ……459
田代重徳 ……479
田中義一 ……455, 466, 469, 472, 474-476, 481
譚恵泉 ……388
譚延闓 ……19, 23, 26, 32, 35, 478
段祺瑞 ……498
譚棣池 ……397
譚平山 ……19
チャーチル ……534
鈕珉華 ……366, 367
チョイバルサン ……557
張藹真 ……362, 365-367
張我華 ……475
張学良 ……33, 35, 66, 237, 239, 255, 455, 456, 459, 460, 464, 465, 477, 478
張居正 ……67
張群 ……26, 27, 502

張継 ……20
張敬堯 ……498
張元夫 ……539
張国燾 ……132
張作霖 ……466, 499
張静江(人傑) ……9, 24, 131
張其昀 ……220
張治中 ……267-269, 271, 272, 274, 293, 295
張道藩 ……118, 126, 128, 152, 153, 166
張発奎 ……35, 132, 272, 274, 286, 235
張厲生 ……111, 121, 126-128, 132, 153, 305
許崇智 ……35
褚民誼 ……322
陳毓梅 ……386
陳逸雲 ……361
陳永吉 ……387
沈慧蓮 ……361
陳可鈺 ……388, 390
陳果夫 ……19, 115, 126, 128, 152, 153, 166, 274
陳嘉祐 ……386
陳儀 ……505
陳紀彝 ……362, 365-367
陳希曽 ……388
陳炯明 ……62, 382
陳公博 ……19, 20, 23, 27, 126, 322
陳済棠 ……36, 68, 237, 239, 255, 286, 400
陳策 ……388, 390
陳樹人 ……126, 128
陳紹寛 ……260
陳誠 ……18, 36, 118, 124, 128, 129, 153, 253, 271, 272, 295, 458
陳博生 ……165, 166
陳波児 ……353
陳孚木 ……385, 388, 390, 392
陳布雷 ……50, 153, 163, 167-169, 172, 174, 242, 545, 548
陳文仙 ……366, 367
陳銘枢 ……36, 237, 249, 400
陳融 ……392
陳友仁 ……23
陳立夫 ……4, 26, 42, 106, 117, 126, 128, 129, 135, 143, 165, 166, 276
丁惟汾 ……19
程希孟 ……211
丁淑静 ……351, 361
程潜 ……32, 34, 35, 254, 264, 292, 295
程滄波 ……163, 165, 166, 168, 176, 186
鄭殿邦 ……396
鄭耀文 ……394
鄧演達 ……23, 35
陶希聖 ……50, 165, 166, 174, 294
湯玉麟 ……496
鄧彦華 ……385, 386, 389, 401-403
董顕光 ……163, 167
陶行知 ……353
唐国楨 ……361
唐紹儀 ……69, 286
唐生智 ……35, 37, 235, 264, 280, 282, 286
鄧沢如 ……286, 390
鄧中夏 ……383
陶百川 ……165, 166, 169
鄧文儀 ……318
ドゥーマン ……456, 471, 472, 483
鄧裕志 ……350, 353, 354, 356-358, 362, 367, 373, 374
唐有壬 ……503
鄧穎超 ……361
徳王(ドムチョクドン) ……31, 44
床次竹二郎 ……456, 458-460, 465, 482
杜重遠 ……170
トラウトマン ……281

な 行

永井英美 ……284
永津佐比重 ……506, 508
中山詳一 ……509
新渡戸稲造 ……467
任卓宣 ……132
根本博 ……505

は 行

白崇禧 ……32, 34, 36, 250, 255, 268, 286, 388, 390, 551
ハース, リリー ……353
波多野乾一 ……50

埴原正直……467
パニューシキン……537, 541, 547, 551, 552, 558
浜口雄幸……477
林久治郎……464, 478, 491, 492
林権助……464
バランタイン……456, 471, 483
ハリマン……553
ハル……280, 548, 558
潘公展……165, 166
樊鐘秀……35
万福麟……500
譚剛……448
ファルケンハウゼン,アレクサンダー・フォン……251, 259, 260, 264, 273, 291
馮玉祥……17, 18, 22, 32, 35, 37, 115, 131, 231, 235, 237, 249, 254, 255, 271, 273-275, 286, 293, 295, 497
傅作義……254
藤原喜代間……509
傅秉常……558
方覚慧……208
方振武……35, 498
彭素民……5
彭湃……386
龐炳勲……507
ホーンベック……471

ま　行

牧野伸顕……456, 458-460, 482
マーシャル……88
馬星野……163, 165, 166
松岡洋右……467
松本剛吉……459
水野梅暁……467
武藤信義……513
村岡長太郎……464
モアー, フレデリック……472, 483, 489
孟慶樹……361
毛沢東……98, 101, 102
毛邦初……268
森島守人……463

や　行

山県有朋……474-476
山本達雄……459
熊式輝……318
熊斌……508
兪慶棠……362
兪鴻鈞……268, 269
楊愛源……254
楊宇霆……459, 461
楊永泰……505
姚希慧……366, 367
楊希閔……35
楊公衛……394
葉公超……458
楊増新……531
葉楚傖……24, 115, 126, 160, 165, 166, 322
葉挺……38
楊匏安……19
姚雨平……401
余漢謀……255
吉田茂……491

ら　行

ライヘナウ……259
羅家倫……322, 560
羅卓英……272
ラティモア……553, 555-557, 563
羅文幹……512
李煜瀛(石曾)……24
李禄超……384
李家英……401
李錦綸……475
陸慧年……367
陸耀文……394
李継文……397
李元鼎……214
李済深……32, 35, 249, 383-386, 388-391, 395-397
李紹舒……397
李之竜……65
リースロス……244
李宗黄……208
李宗仁……17, 26, 32, 35-37, 68, 98, 235, 237, 249, 255, 286, 388, 390

林祖涵……19
李大釗……17
李択一……509
リトヴィノフ……544
李徳全……362
李福林……32, 385, 388, 390, 391
李文範……390, 396, 397
李慕貞……385
劉蔭蓀……397
竜雲……276, 277
劉玉霜……362, 367
劉建緒……272
劉光炎……165, 166
劉湘……231
劉震寰……35
劉清揚……362
劉和鼎……272
梁寒操……171
梁漱溟……39
廖仲愷……5, 19, 23, 35
李烈鈞……33, 35, 36, 132, 154, 286, 293, 237
李朗如……392
李禄超……392
林蔚……263
林雲陵……390, 391, 401
林継庸……561
林森……5, 12, 22, 24, 83, 236, 286
林祖涵……5, 23, 294, 536
林沢豊……394
盧季卿……366, 367
ローズヴェルト……279, 534, 539, 540, 544, 547-549, 556, 561

わ　行

若槻礼次郎……459

The Nationalist Regime in Late Republican China, 1928-1949

Preface SAITO Michihiko

Introduction: A Bird's-eye View of the Nationalist Regime in Late Republican China SAITO Michihiko

Part I The Ideology and Organization of Rule

The Three Principles of the People and the Ideas on State-making of Sun Yat-sen and Chiang Kai-shek SAITO Michihiko

The Central Headquarters of the Chinese Nationalist Party during the War Period, 1937-1945 TSUCHIDA Akio

The National Government and the *Central Daily*, Nanjing and Chongqing, 1929-1949 NAKAMURA Motoya

The National Government's Reforms of Local Administration AJIOKA Toru

The Structure of the Nationalist Army and Its Strategy: The Case of the Battles of Shanghai and Nanjing KASAHARA Tokushi

China's General Mobilization System during the Anti-Japanese War HIMETA Mitsuyoshi

Part II National Integration and Local Societies

Reforming/Controlling the Daily Life: The Inspectional Activities in the New Life Movement — FUKAMACHI Hideo

The Activities of the Chinese YWCA and Women's Mobilization during the Sino-Japanese War — ISHIKAWA Teruko

Canton after the Establishment of the Wuhan and Nanjing Governments: From January to August, 1927 — SHIODE Hirokazu

The Wartime Grain Levy Policy of the Chongqing National Government and Sichuan Local Society — SASAGAWA Yuji

Part III International Relations and Frontier Issues

'The Tanaka Memorial' and Sino-Japanese Relations — HATTORI Ryuji

The Resistance War in North China and the Nationalist Regime — MITSUTA Tsuyoshi

Sino-Soviet Relations and China's Frontier in Late WWII — YOSHIDA Toyoko

Appendix

A Guide to Libraries and Archives for Nationalist China Studies — NAKAMURA Motoya

Postscript — TSUCHIDA Akio

Chinese Summaries and Titles

English Titles

民国后期中国国民党政权之研究

序论　民国后期在中国之国民政权的鸟瞰图

斋藤道彦

本文的主要内容为第一，关于民国后期中国国民党政权的鸟瞰图，是略述国民党的组织构成、国民政府的机构、国民政府的经济、教育、外交等诸政策、军事机构以及国民党、国民政府所致力参与的战争。第二，在这当中，以整理省党部、国民党大会・国民党中央执行委员会全体会议、中央执行委员会・中央特别委员会、中央常任委员会、中央政治委员会（政治会议）、国民政府军事委员会等党政军的结构布局，作为民国后期研究的基础工作。

第一部　国民党统治的理念与结构

第一章　孙文与蒋介石的三民主义建国论

斋藤道彦

本文首先对孙文的三民主义建国论进行了探讨。在通过对《建国大纲》等概况之阐述，认为孙文的三民主义、五权宪法的构想基本上是符合近代国家的基本政治原理。其后，对蒋介石的三民主义建国论进行了探讨。在蒋介石、国民党所追求实现的《中华民国宪法》中，含括了孙文遗教、“三民主义”共和国、五权分立=五院制政府、国民的自由权、四大民权、国民大会代议制、地方自治、民生主义经济政策等规定。从这一点可以看出，该宪法是试图体现孙文的三民主义建国论、民主宪政思想的宪法，此乃孙文所提倡，经在蒋介石、国民党的推动而使三民主义建国运动达到最高峰。蒋介石在国民党、国民政府中，一贯积极地扮演着推动宪政的重大脚色。

第二章　抗战时期的国民党中央党部

土田哲夫

本文主要立足于国民党中央常务委员会之会议记录等国民党的党内刊物和多数的党务资料，对抗战时期的国民党中央党部的组织及其实态进行全面的分析、研究。具体而言，抗战爆发后国民党的军事化所引发的党之弱势化事实，国民党临时全国代表大会前后之党组织和领导体制的改编，国民党中央党部的机构和权限，国民党的决策，特别是总裁蒋介石的领导地位，从国民党中央领导人的更迭与中央委员的派系构成之变化过程中所反映的党内派系斗争情况，以及国民党党部职员的构成和特征等等皆为本文所要探讨的内容。又因为本文所研讨的对象为国民党政权之核心机构——中央党部，所以文中对中国国民党之组织实态，以及国民党政权的内部结构、统治特征，尤其是在抗战时期所发生的变化、产生的问题等等所作的分析与阐述，都将成为今后研究的一个基础。

第三章　南京政权与南京、重庆《中央日报》

中村元哉

本文从人事、社论、经营三个侧面对南京、重庆发行的国民党机关报——《中央日报》（1929 年 2 月－1949 年 4 月）展开分析。该报并没有忠实反映国民党政权统治意识的一贯性，反而在机关报纸的制度束缚中，渐渐滋生出了自主性。这种自主性的形成，不仅与国民党内固有的党派斗争和党员的不同政策理念有关，而且与政治的民主化、媒体的市场化有关。此外，它也是国民党的宣传政策从革命政党向近代国家转变中出现的政治现象。国民党机关报《中央日报》的这种自主性，从另一个方面说明了训政时期政治体制的脆弱，是近几年赞成虚弱一党独裁体制论的又一论据。

第四章　国民党政权的地方行政改革

味冈　徹

中国国民党政权(1928-1949)，为了实现其建国目的进行了各种各样的行政改

革。这些行政改革的对象主要有两个：一为行政制度，一为官吏的统率，即“整饬吏治”。行政制度改革，其目标主要是整顿中央与地方的行政机构，尤其是地方行政机构，使之能进行有效的统治。

本文主要探讨了国民党政权自其政权成立初期至抗日战争结束前后，致力于地方行政改革的这一过程。主要论点有：1)国民党政权虽然以推进地方自治为其重要之任务，但由于 1930 年代初期的国内外局势的变化，在蒋介石主导下实行了集权主义的地方行政改革；2)1935 年以后又因再度重视推行地方自治政策，集权主义的改革就不得不稍作妥协，这种倾向直延至抗日战争结束以后。

第五章　国民政府军的结构与战略：以“八一三”淞沪抗战和南京保卫战为例

笠原十九司

京沪战役（“八一三”淞沪抗战和南京保卫战的通称。1937 年 8 月 13 日至 12 月 13 日）是抗日战争初期国民政府首次与日军进行的全面性的国家防卫战争，并且是陆海空军总动员的现代化之战、国力之战。“九一八”和 1932 年“一二八” 淞沪战役后，国民政府大元帅蒋介石确信日本必然要全面侵略中国。蒋介石一面实行“安内攘外”政策，一面做抗日防卫战争的军事准备。蒋介石的抗战策略是将日军主力引至京沪地区，消耗其力量，以挫败日军的“速战速决作战”，而将其拖入“长期持久战略”。中国继续抗战之间，日本受国际干涉而引发第二次世界大战，然后美国和英国打败日本，而中国得到胜利。

国民政府军原本是为达成国民革命而创设的革命军，后来经过几次内战，蒋介石取得了绝对的威信和领导权。国民政府军是中国的国军，应该通过军政机构发动作战，但是在由革命军转变为国军的改造尚未完成之前，被投入京沪战役，结果国民政府军在机构、作战、指挥及战斗当中，出现了不少的矛盾，因而受到了很大的限制。由于蒋介石在作战和指挥上的独断专行，京沪战役上，中国军队蒙受了巨大的牺牲。但是，蒋介石的对日战略最终还是取得了胜利。

第六章　抗战时期中国的国家总动员体制：关于《国家总动员法》和国家总动员会议

姬田光义

在推进抗战的过程中，中国国民政府构筑的总动员体制与日本相比，有很大的差距。国民政府除了国民精神总动员运动以外，在人力、物力、财力和资源开发等方面都欠缺具有系统性和组织性的办法。只是在 1942 年 5 月，战局比较稳定的时候，才制定了国家总动员法，并组织了国家总动员会议。本文论述了上述法律和会议的成立过程，具体内容及其成果和界限。

第二部　“党治”下的国民整合与地方社会

第一章　日常生活的改良／控制——新生活运动中的检阅活动

深町英夫

新生活运动是中国国民党政权在 1934 年至 1949 年之间推动的中国历史上第一次全国性群众动员运动，本文主要探讨这一运动中的检阅活动。为了改良／控制日常生活的各种习惯和实现“规矩”及“清洁”，国家权力试图直接介入社会生活之最细微的部分。具体而言，都市社会中所有的职业、阶层、集团的成员需要对自己的上班、上学领域和个人生活中的“衣食住行”进行检阅活动，实现、维持自己身体的举止动作的“规矩”和“清洁”。但是，由于这一活动是在原有的统治框架里依靠政治权力来推进的，因此未能促使一般人民自发地、主动地参与和支持此项运动，反而经常引起人民表面服从，内心不服的反应，甚至酿成了中国人民对中国国民党政权的怀疑和反感。

第二章　抗日战争时期女青年会的活动与妇女动员

石川照子

于清末设立的女青年会（中国ＹＷＣＡ）历经动荡的中华民国、中华人民共和国时代，至今仍然存在。在众多的社会团体之间，拥有 110 年以上历史的女青年会是一个无与伦比的组织。但是该组织的活动与性质因时代不同而异。本文所要探讨的

是抗日战争时期女青年会活动的内容及其特色。战争给妇女带来了深刻的变化，女青年会也积极展开了战时活动。本文在研讨的过程中，对战争情况下的非日常性活动与经常性活动的连续性和变化特予注意，首先对抗战时期的妇女政策与妇女活动总体进行探讨，然后考察当时整个情况下女青年会的活动意义。

第三章　武汉、南京政权成立后的广州：1927 年 1 月至 8 月

盐出浩和

随着北伐的进行，由 1929 年 1 月起，广州已不再是中华民国的“首都”。在这个非中央化的广州，以商人为中心的广州民众，把“国民政府”及蒋介石与自身视为一体。广州民众本身与决策过程有切身关系的意识比以前增长不少。换言之，在民众的“国民化”进程中，由基层发动的“自治转形”亦在进行。国民化的过程，在劳动节及“五四运动大会”中对孙中山及三民主义发誓效忠的仪式上明显可见。可是，税制改革的问题引起了民众与政府的对立，削弱了国民化的倾向。1924 年的商团事件，引发了“由基层发动的自治转形”，中国国民党破坏了这个转形。广州的民众在 1927 年的“商事公断处”的设立及香港劳动者的罢工支援运动中，显示出自治行动的重建。可是，这些活动有一定的范围。

第四章 重庆战时粮食政策的实施和四川省地域社会

笹川裕史

本文围绕支撑重庆国民政府对日抗战的战时粮食政策这一问题，主要从承受政策的地域社会的角度，对政策过程的结构上的特质进行了考察。本文以重庆国民政府重要的粮食来源四川省为研究对象，利用当时的调查报告和行政文书(档案)等资料、具体阐明了继承了以前历史的四川省的行政、财政机构和社会结构特质给政策过程带来的独特的影响，以及政策的实施和随之引发的各种矛盾如何拨弄，改变了四川省这一地域社会。本文是从中国社会方面重新探讨日中战争历史意义的重大课题的一部分。

第三部　国际关系和边疆问题

第一章　“田中奏折”和中日关系

服部龙二

有关“田中奏折”的起源，据蔡智堪称是他亲自在日本皇宫所抄而成。但是，这段逸闻连国民政府外交部也不相信。另外，床次竹二郎和牧野伸显大概没有直接参与此事。“田中奏折”和东方会议的内容大相违背，估计在 1929 年上半年由中国东北主导制作的可能性为高。

关于“田中奏折”的流通途径，除了太平洋学会的中国代表和辽宁省国民外交协会等之外，还应注意到新东北学会的存在。从太平洋学会京都会议开始，英文版“田中奏折”就流传到了美国国务院。在这种情况下，日本外务省在京都会议上封阻了中方代表对“田中奏折”的朗读。在中国的日本公使馆和各领事馆还要求取缔“田中奏折”。接到驻华公使重光葵抗议的国民政府知道“田中奏折”是伪造的文件。并且《中央日报》公布了“田中奏折”的虚谬。然而当时的中国外交并非由外交部主导的一元化外交。除了复杂的中央地方关系，地方内部在政策上也有分裂的一面。这种中国外交的多元结构持续捉弄了日本，结果不久便迎来九一八事变。

第二章　华北抗战与国民党政权

光田　刚

本文以 1933 年 2 月至 5 月的华北对日抗战为研究对象，通过政治、军事两方面的分析来探讨国民党政权的战争领导体制，并以此阐明其“安内攘外”政策的特点。

热河抗战之前，华北的张学良与蒋介石军事委员长、宋子文行政院代院长领导下的中央政府合作指挥战役。2 月至 3 月热河抗战的失败，使这种体制无法持续。张学良辞职、宋子文出国后，汪精卫复任政院长之职，但是如何巩固抗战的领导体制决非易事。4 月底日本关东军退至长城，5 月复又攻入关内，在军费缺乏的情况下华北抗战陷入了僵局。这时，黄郛任北平政务整理委员会委员长赴华北，领导华北政治，开始对日停战谈判。中央政府的汪精卫、蒋介石和华北的黄郛虽然都愿意与日方达成协议，但是这两方面的步调却难以达成一致。这是“安内攘外”政策之复

杂性的结果。

第三章　第二次世界大战末期的中苏关系与中国边疆

吉田丰子

在第二次世界大战末期的中苏关系史上，“阿山事件”的影响不容忽视，以往的研究虽有提及，但是仍未予以充分的认识。有鉴于此，本文主要利用近年公开之国民政府方面史料，对以“阿山事件”为契机而严重恶化之一九四四年春夏期间的中苏关系进行了综合性论述，同时强调了在这一过程之中有关中国领土主权之蒙古问题的重要性。亦即是围绕“阿山事件”所展开的中苏交涉，不仅反映了中苏双方在中国边疆问题上的基本方针之異，而且对于自雅尔塔协定之签订至中苏友好同盟条约的缔结过程中，美国在有关蒙古问题上所采取的基本态度上，也起到了一定的作用。就国民政府史的角度而言，本文是对国民政府在当时极其困难的国际国内环境之下，不得已对苏联采取极其慎重之“缓和忍耐”外交方针的具体真实写照，而且对于进一步加深理解国际环境对国民政府边疆民族政策之影响，也有其一定的意义。

附录　国民党政权研究可利用的档案馆、图书馆介绍

中村元哉

本文为有志于从事国民党史、民国史研究的年轻学者介绍了相关的档案馆、图书馆的资料分布状况。文中对中国第二历史档案馆、南京图书馆历史文献部、中国国家图书馆（北京）、中国社会科学院近代史研究所、重庆市档案馆、重庆图书馆的基本情况进行了登载。在今后的研究中，如果将本文与其他介绍上海、台北等地图书馆、档案馆的文章一并利用，本人将深感荣幸。